2021

中国教育经费统计年鉴

China Educational Finance Statistical Yearbook

教　育　部　财　务　司
国家统计局社会科技和文化产业统计司　编

中国统计出版社
China Statistics Press

图书在版编目（CIP）数据

中国教育经费统计年鉴. 2021 / 中华人民共和国教育部财务司, 国家统计局社会科技和文化产业统计司编. -- 北京 : 中国统计出版社, 2022.4
ISBN 978-7-5037-9796-5

Ⅰ. ①中… Ⅱ. ①中… ②国… Ⅲ. ①教育经费－统计资料－中国－2021－年鉴 Ⅳ. ①G526.72-54

中国版本图书馆 CIP 数据核字(2022)第 048290 号

中国教育经费统计年鉴—2021

作　　者/教育部财务司　国家统计局社会科技和文化产业统计司
责任编辑/罗　浩
执行编辑/宋怡璇
封面设计/李雪燕
出版发行/中国统计出版社有限公司
通信地址/北京市丰台区西三环南路甲 6 号　邮政编码/100073
发行电话/邮购（010）63376909　书店（010）68783171
网　　址/ http://www.zgtjcbs.com
印　　刷/河北鑫兆源印刷有限公司
经　　销/新华书店
开　　本/880×1230㎜　1/16
字　　数/1320 千字
印　　张/41　彩插 0.25
版　　别/2022 年 4 月第 1 版
版　　次/2022 年 4 月第 1 次印刷
定　　价/368.00 元

《中国教育经费统计年鉴—2021》
编辑委员会

前　言

《中国教育经费统计年鉴—2021》比较全面、系统地反映了2020年全国教育经费来源和使用的情况，为国家和地方编制教育发展规划、制定教育财政政策提供了重要的参考依据。它对于研究教育经费结构和使用效益有一定价值；对于各地之间的情况交流，提高教育财务管理水平，也将会起到促进作用。

全国教育经费统计资料的各项数据是从最基层单位开始填报，经过乡（镇）、县（市、区）、地（市）、省（自治区、直辖市）等教育主管部门层层汇总的。各级教育和统计部门对教育经费统计工作十分重视，从人员、时间、设备等方面给予了保证，并认真组织，按照准确、及时、完整的要求编制报表，保证了全国教育经费统计资料汇总工作的顺利完成。

教育部财务司组织了全国教育经费统计资料的审核、整理工作，以及全国教育经费统计分析的计算机程序编制工作。国家统计局社会科技和文化产业统计司对全国教育经费统计工作给予了很大的支持，并与教育部财务司联衔编印出版此年鉴。

目前，中国教育经费统计工作还处于充实、完善阶段，加之全国性教育经费统计涉及范围广，工作量大，因此在资料的收集、编排、整理等环节上难免有不足之处，诚望同志们提出批评和建议，以便今后加以改进，把教育经费统计工作做得更好。

编　者

2021年12月

目 录

第二部分　各地区按来源分类教育经费收入

第三部分 各地区各级各类教育机构教育经费收入

第四部分 各地区各级各类教育机构教育经费支出明细

第五部分　各地区各级各类教育机构财政补助支出明细

第七部分 各地区教育和其他部门各级各类学校生均教育经费

2020 年教育经费简况

2012-2020 年全国教育经费总投入及增长情况

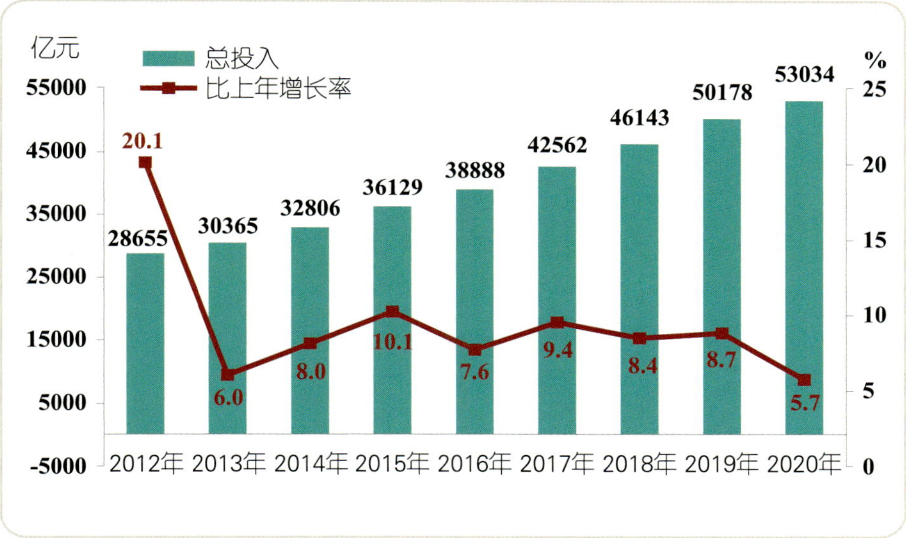

2012-2020 国家财政性教育经费及占 GDP 比例

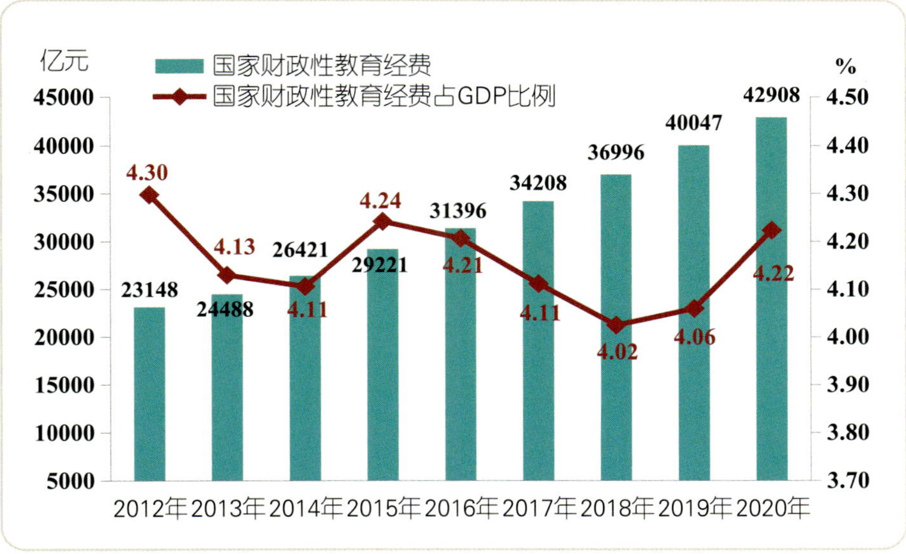

注：2012-2020 年涉及到国内生产总值数据，均来源于《中国统计年鉴 -2021》。

2020 年全国及分省一般公共预算教育经费占一般公共预算支出比例比上年增减百分点

2020 年分省一般公共预算教育经费与财政经常性收入增长幅度比较

2020 年全国及分省一般公共预算教育经费增长情况

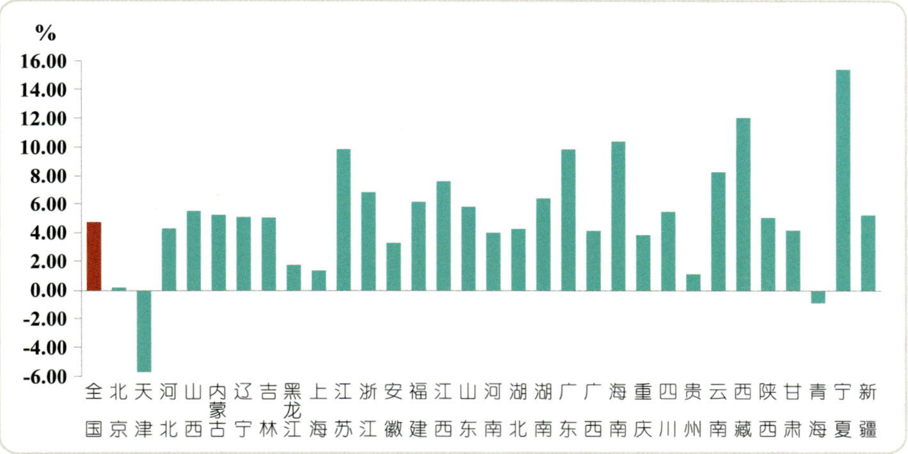

2020 年各级各类学校生均一般公共预算教育经费及增长情况

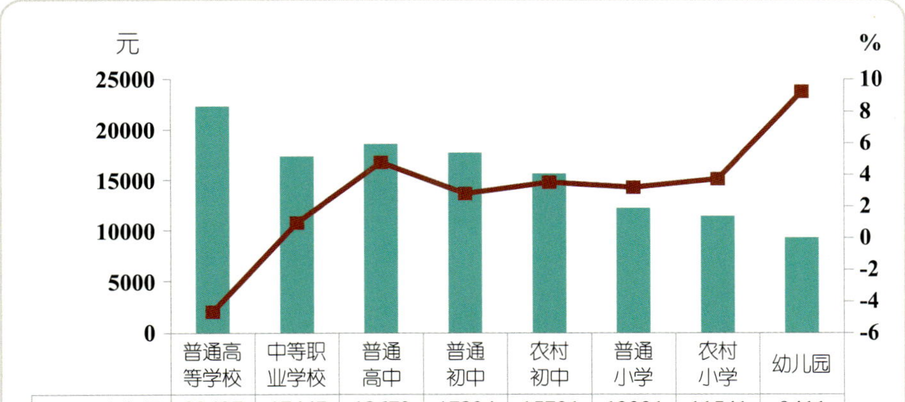

	普通高等学校	中等职业学校	普通高中	普通初中	农村初中	普通小学	农村小学	幼儿园
生均额	22407	17447	18672	17804	15731	12331	11541	9411
增长率	-4.7	1.0	4.8	2.8	3.5	3.2	3.7	9.2

2020 年各级各类学校生均一般公共预算教育事业费支出及增长情况

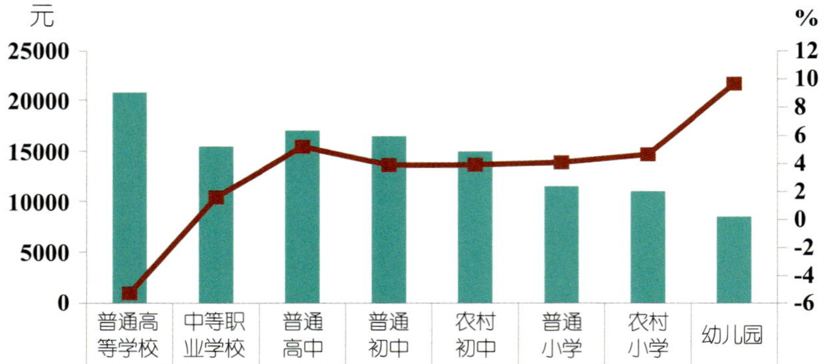

	普通高等学校	中等职业学校	普通高中	普通初中	农村初中	普通小学	农村小学	幼儿园
生均额	20919	15625	17187	16633	15112	11655	11179	8645
增长率	-5.3	1.6	5.2	3.9	3.9	4.1	4.7	9.7

2020 年各级各类学校生均一般公共预算公用经费支出及增长情况

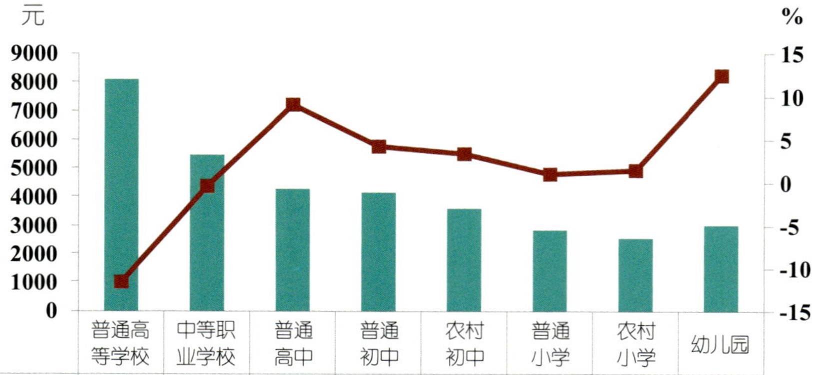

	普通高等学校	中等职业学校	普通高中	普通初中	农村初中	普通小学	农村小学	幼儿园
生均额	8120	5490	4305	4184	3634	2873	2587	3050
增长率	-11.6	-0.4	9.1	4.3	3.4	1.0	1.5	12.5

第一部分

全国教育经费收支

1-1 全国教育

年 份	合 计(千元)	国家财政性教育经费	#一般公共预算教育经费	民办学校中举办者投入	捐赠收入	事业收入	#学费	其 他教育经费
1991	73150282	61782860	48217992		6282097		3234756	1850569
1992	86704905	72875058	56493638		6962852		4393193	2473802
1993	105993744	86776183	67661503	333227	7018561		8714769	3151004
1994	148878126	117473956	93112851	1077952	9744871		14692281	5889066
1995	187795011	141152333	109294729	2036715	16284140		20124225	8197598
1996	226233935	167170455	128808414	2619989	18841895		26103612	11497984
1997	253173257	186254163	144126882	3017464	17065876		32607920	14227834
1998	294905918	203245257	165401831	4803140	14185373	60915149	36974735	11756999
1999	334904164	228717561	191136888	6289571	12586942	74971737	46361079	12338353
2000	384908058	256260557	219176521	8585372	11395569	93827167	59483043	14839393
2001	463766262	305700995	270565484	12808952	11288518	115751371	74560135	18216426
2002	548002776	349140475	325494252	17255487	12727910	146091688	92277917	22787216
2003	620826530	385062366	361909774	25901478	10459269	172183991	112149847	27219426
2004	724259892	446585748	424442091	34785288	9342038	201142680	134655173	32404138
2005	841883905	516107593	494603791	45221850	9316129	233999909	155305446	37238424
2006	981530865	634836475	613534811	54905830	8990776	240730422	155233010	42067362
2007	1214806630	828021421	809433686	8093374	9305839	317723573	213090822	51662423
2008	1450073742	1044962956	1021296753	6984793	10266633	336707107	234929828	51152253
2009	1650270650	1223109354	1197497528	7498291	12549905	352759391	251559826	54353709
2010	1956184707	1467006696	1416390290	10542536	10788394	410606635	301555934	57240446
2011	2386929356	1858670092	1782173800	11193198	11186751	442469266	331697419	63410049
2012	2865530519	2314756979	2031416851	12817531	9569193	461984036	350483008	66402780
2013	3036471815	2448821774	2140567150	14740887	8554445	492620868	373768686	71733841
2014	3280646093	2642058205	2257600985	13134764	7967003	542715808	405303926	74770313
2015	3612919267	2922145113	2586187400	18766195	8699601	580972390	431736109	82335968
2016	3888838503	3139625189	2770063252	20327326	8104474	627682918	477093392	93098597
2017	4256200690	3420775455	2991978381	22500611	8499744	695757339	529328150	108667542
2018	4614299799	3699577044	3199272981	24062098	9475745	773824986	589583432	107359927
2019	5017811662	4004654525	3464856852	22013039	10137523	872350208	668630236	108656368
2020	5303386810	4290815427	3631047281	22925156	11723547	870411767	676143023	107510913

注：1.“其他教育经费”数据1991–1997年包含扣除“学费”后的事业收入；“民办学校中举办者投入”数据1993–2006年为社会团体和公民个人办学总经费；“一般公共预算教育经费”数据1991–2011年包括教育事业费、基本建设经费、教育费附加、科研经费和其他经费，2012年起仅包括教育事业费、基本建设经费和教育费附加，2015年起教育事业费包含地方教育附加和土地出让收益计提的教育资金。
2.表中“#”表示其中的主要项，以下同；表中“空格”表示无该项数据，以下同。

经费总收入

构成(%)	国家财政性教育经费	#一般公共预算教育经费	民办学校中举办者投入	捐赠收入	事业收入	#学费	其他教育经费
100.00	84.46	65.92		8.59		4.42	2.53
100.00	84.05	65.16		8.03		5.07	2.85
100.00	81.87	63.84	0.31	6.62		8.22	2.97
100.00	78.91	62.54	0.72	6.55		9.87	3.96
100.00	75.16	58.20	1.08	8.67		10.72	4.37
100.00	73.89	56.94	1.16	8.33		11.54	5.08
100.00	73.57	56.93	1.19	6.74		12.88	5.62
100.00	68.92	56.09	1.63	4.81	20.66	12.54	3.99
100.00	68.29	57.07	1.88	3.76	22.39	13.84	3.68
100.00	66.58	56.94	2.23	2.96	24.38	15.45	3.86
100.00	65.92	58.34	2.76	2.43	24.96	16.08	3.93
100.00	63.71	59.40	3.15	2.32	26.66	16.84	4.16
100.00	62.02	58.29	4.17	1.68	27.73	18.06	4.38
100.00	61.66	58.60	4.80	1.29	27.77	18.59	4.47
100.00	61.30	58.75	5.37	1.11	27.79	18.45	4.42
100.00	64.68	62.51	5.59	0.92	24.53	15.82	4.29
100.00	68.16	66.63	0.67	0.77	26.15	17.54	4.25
100.00	72.06	70.43	0.48	0.71	23.22	16.20	3.53
100.00	74.12	72.56	0.45	0.76	21.38	15.24	3.29
100.00	74.99	72.41	0.54	0.55	20.99	15.42	2.93
100.00	77.87	74.66	0.47	0.47	18.54	13.90	2.66
100.00	80.78	70.89	0.45	0.33	16.12	12.23	2.32
100.00	80.65	70.50	0.49	0.28	16.22	12.31	2.36
100.00	80.53	68.82	0.40	0.24	16.54	12.35	2.28
100.00	80.88	71.58	0.52	0.24	16.08	11.95	2.28
100.00	80.73	71.23	0.52	0.21	16.14	12.27	2.39
100.00	80.37	70.30	0.53	0.20	16.35	12.44	2.55
100.00	80.18	69.33	0.52	0.21	16.77	12.78	2.33
100.00	79.81	69.05	0.44	0.20	17.39	13.33	2.17
100.00	80.91	68.47	0.43	0.22	16.41	12.75	2.03

1-1 续表

指 标	总 计		
	合计	中央	地方
总 计	**5303386810**	**406741058**	**4896645752**
一、国家财政性教育经费	4290815427	270961987	4019853440
1.一般公共预算安排的教育经费	4081024339	216059476	3864964863
(1)一般公共预算教育经费	3631047281	160720906	3470326375
①教育事业费	3403842734	154161458	3249681276
②基本建设经费	90824876	6559448	84265428
③教育费附加	136379670		136379670
(2)其他一般公共预算安排的教育经费	449977058	55338570	394638488
①科研经费	34240178	20866754	13373424
②其他	415736880	34471817	381265063
2.政府性基金预算安排的教育经费	138953656	3353569	135600086
#彩票公益金	5383624	108980	5274644
3.国有及国有控股企业办学中的企业拨款	2913035	542392	2370643
4.校办产业和社会服务收入用于教育的经费	5258061	3734604	1523457
5.其他属于国家财政性教育经费	62666337	47271946	15394391
二、民办学校中举办者投入	22925156		22925156
三、捐赠收入	11723547	4572420	7151127
#港澳台及海外捐赠	831345	201929	629416
四、事业收入	870411767	102985086	767426681
#学费	676143023	35517827	640625196
五、其他教育经费	107510913	28221566	79289348

单位：千元

教育部门和其他部门			国有及国有控股企业办学			民办学校
合计	中央	地方	合计	中央	地方	地方
4699421345	**391380929**	**4308040416**	**25769149**	**15360129**	**10409020**	**578196316**
4194669834	257336909	3937332926	19111322	13625078	5486244	77034271
3990602940	203559146	3787043793	15256749	12500330	2756419	75164650
3544893138	149996224	3394896914	13361546	10724682	2636865	72792596
3324320171	145053640	3179266530	11512697	9107817	2404880	68009867
88567255	4942584	83624671	1621644	1616864	4780	635977
132005713		132005713	227205		227205	4146752
445709801	53562922	392146879	1895203	1775648	119554	2372054
33996969	20788988	13207981	78072	77766	306	165137
411712832	32773934	378938898	1817131	1697883	119248	2206917
136764447	2902965	133861482	545372	450604	94768	1643836
5139286	45200	5094085	63894	63780	114	180444
			2913035	542392	2370643	
4981399	3712318	1269081	276662	22286	254376	
62321049	47162480	15158569	119504	109466	10038	225784
						22925156
9722632	4565064	5157568	10919	7356	3563	1989995
447424	201929	245495				383921
404481179	101711601	302769578	5773655	1273484	4500171	460156932
245766418	34728928	211037490	4341814	788899	3552914	426034791
90547699	27767355	62780344	873253	454210	419042	16089961

1-2 各级各类教育机构

学校类别	总计	国家财政性教育经费	一般公共预算安排的教育经费	一般公共预算教育经费	教育事业费	基本建设经费	教育费附加	科研经费
总计	**5303386810**	**4290815427**	**4081024339**	**3631047281**	**3403842734**	**90824876**	**136379670**	**34240178**
一、高等学校	1400377831	891112112	774329591	683696074	647024778	31707674	4963623	33158179
1.普通高等学校	1382951533	882320156	765959457	676432502	639922015	31646363	4864124	33149970
高等本科学校	1106806696	692457516	603330973	525690324	495721572	27699763	2268989	32946303
高职高专学校	276144837	189862640	162628484	150742178	144200443	3946601	2595135	203666
2.成人高等学校	17426298	8791956	8370133	7263572	7102763	61310	99499	8210
二、中等职业学校	286936240	254771305	230483608	207039464	188160419	5022297	13856748	80268
1.中等专业学校	132888130	118547086	107569994	96489192	87271144	2576508	6641539	24279
2.职业高中	103140855	94531931	83936959	75939325	68407917	1601534	5929874	53599
#农村	45629221	42694427	37000960	33782888	30867904	669122	2245862	12070
3.技工学校	39701280	32002186	29447073	26507955	24725180	828114	954661	1829
4.成人中专学校	11205975	9690103	9529581	8102993	7756177	16142	330674	561
三、中学	1499815900	1310824725	1281379453	1147402749	1068521939	24281087	54599723	144844
1.普通中学	1499125042	1310205409	1280761229	1146835313	1067990393	24279418	54565503	144835
普通高中	555530272	455110809	440257203	392886385	362510673	10579048	19796664	70048
#农村	220016587	180772830	175516601	158079444	150776653	2177285	5125506	11080
普通初中	943594769	855094600	840504026	753948928	705479720	13700369	34768839	74788
#农村	507150895	476941134	472914620	425842758	409263218	4245707	12333833	15086
2.成人中学	690859	619316	618224	567436	531546	1670	34220	9
四、小学	1467090620	1369322207	1350292139	1208074596	1142961438	17649948	47463210	105767
1.普通小学	1467084735	1369316322	1350286254	1208068786	1142955628	17649948	47463210	105767
#农村	831479372	800791504	793236156	708405549	685797066	5898730	16709753	31823
2.成人小学	5885	5885	5885	5810	5810			
五、特殊教育	19692704	19427805	19179924	16827832	16098137	203506	526188	608
1.特殊教育学校	18788721	18554945	18317623	16103960	15411789	203506	488665	608
2.工读学校	903983	872860	862301	723872	686348		37523	
六、幼儿园	420462841	253365202	238057448	220094513	204334750	4909948	10849815	17701
#农村	182582212	116479482	111161286	103162608	98362907	1611475	3188226	8105
七、教育行政单位	40876006	39380788	37795080	32556429	30995366	569744	991320	132958
八、教育事业单位	83835434	71311850	69611375	61210223	58159174	945514	2105535	294215
九、其他	84299234	81299433	79895721	54145400	47586733	5535158	1023509	305639

教育经费收入情况(全国)

单位：千元

其　他	政府性基金预算安排的教育经费	#彩　票公益金	国有及国有控股企业办学中的企业拨款	校办产业和社会服务收入中用于教育的经费	其　　他属于国家财政性教育经费	民办学校中举办者投　　入	捐赠收入	事业收入	#学　费	其　　他教育经费
415736880	**138953656**	**5383624**	**2913035**	**5258061**	**62666337**	**22925156**	**11723547**	**870411767**	**676143023**	**107510913**
57475337	48475115	607977	1313743	4327327	62666337	2919888	6081921	430104713	290411772	70159196
56376985	48150832	607277	1307547	4238454	62663865	2919888	6081053	421935796	283977676	69694640
44694346	22535978	252391	94600	4016427	62479537	946859	5803078	344499831	220077721	63099412
11682640	25614853	354886	1212947	222027	184328	1973029	277975	77435965	63899955	6595227
1098352	324283	700	6196	88873	2471		868	8168917	6434097	464556
23363875	23639591	703820	221219	426888		1504847	101724	25376032	15545156	5182331
11056523	10724414	616424	35367	217311		665004	41091	11465961	6758263	2168989
7944036	10521927	75438	44880	28165		737009	46044	6550070	4300066	1275801
3206001	5673673	18734	16972	2822		128225	30363	2398693	1412383	377513
2937290	2260882	9341	137745	156485		38606	12213	6061802	3696478	1586474
1426026	132369	2617	3226	24927		64229	2377	1298199	790348	151067
133831860	29141355	1589427	258315	45601		7850402	2233049	166011615	141831837	12896109
133781081	29140264	1589427	258315	45601		7850402	2233010	165976214	141814788	12860006
47300771	14725051	510640	82954	45601		4025109	1221118	88888263	72588315	6284973
17426077	5185601	269291	64828	5800		2173765	452088	34593704	27262562	2024200
86480310	14415213	1078787	175362			3825293	1011892	77087951	69226473	6575033
47056776	3874106	425493	152409			2002919	322052	25186370	21762401	2698419
50779	1092						39	35400	17049	36103
142111776	18978419	1510404	51649			4260216	1603553	82483247	75728196	9421398
142111701	18978419	1510404	51649			4260216	1603553	82483247	75728196	9421398
84798785	7548499	947990	6848			2329888	655125	23858035	20743901	3844821
75										
2351485	247713	63871		168		8227	25499	90109	49288	141063
2213055	237322	63835				2920	25475	73346	40908	132035
138430	10391	36		168		5307	24	16763	8379	9028
17945234	14233608	301470	1068109	6037		6381576	606077	155429624	151961569	4680362
7990573	5169833	193987	145755	2607		2538050	239588	61885997	60507806	1439095
5105693	1585708	178590					129879	123820		1241518
8106938	1288998	397039		411477			933778	8682652		2907154
25444682	1363148	31026		40564			8066	2109954	615205	881781

1-3　各级各类教育机构

学校类别	总　计	国家财政性教育经费	一般公共预算安排的教育经费	一般公共预算教育经费	教育事业费	基本建设经费	教育费附加	科研经费
总　　计	**428320284**	**292541213**	**239939176**	**179928950**	**173122822**	**6727617**	**78511**	**22772596**
一、高等学校	380854889	252550405	200559794	162383527	156506915	5825922	50691	22503131
1.普通高等学校	378482034	252175717	200232258	162130259	156253647	5825922	50691	22503113
高等本科学校	374964503	249743643	198342727	160411084	155156301	5204092	50691	22502436
高职高专学校	3517531	2432075	1889531	1719175	1097346	621830		676
2.成人高等学校	2372855	374687	327535	253268	253268			18
二、中等职业学校	1402046	1138740	862619	779355	718362	60994		67
1.中等专业学校	1190036	1021800	761607	679390	618397	60994		20
2.职业高中	16445	16428	16428	16428	16428			
#农村	8138	8138	8138	8138	8138			
3.技工学校	160416	83234	67307	67260	67260			47
4.成人中专学校	35148	17278	17278	16277	16277			
三、中　学	7368992	6289963	6258855	5649987	5166496	458821	24670	2263
1.普通中学	7368992	6289963	6258855	5649987	5166496	458821	24670	2263
普通高中	3798392	2960094	2950067	2715310	2458600	238185	18525	1704
#农村	701723	622653	619284	541155	491240	49914		121
普通初中	3570600	3329869	3308788	2934678	2707896	220637	6145	559
#农村	2053236	2044124	2023947	1760930	1635691	125239		482
2.成人中学								
四、小　学	4707086	4505328	4468269	3899145	3766222	129773	3150	3778
1.普通小学	4707086	4505328	4468269	3899145	3766222	129773	3150	3778
#农村	2837615	2808143	2771131	2321127	2275995	45132		2166
2.成人小学								
五、特殊教育	6258	6258	6258	4233	4233			
1.特殊教育学校	6258	6258	6258	4233	4233			
2.工读学校								
六、幼儿园	2505680	1846903	1674015	1544038	1504094	39945		40
#农村	791636	754833	745692	663120	632059	31060		40
七、教育行政单位	653836	632759	620729	426537	423066	3472		
八、教育事业单位	8275301	3889572	3838073	3525357	3468828	56530		147530
九、其　他	22546197	21681286	21650564	1716770	1564607	152162		115788

教育经费收入情况（中央）

单位：千元

其　他	政府性基金预算安排的教育经费	#彩　票公益金	国有及国有控股企业办学中的企业拨款	校办产业和社会服务收入中用于教育的经费	其　他属于国家财政性教育经费	民办学校中举办者投　入	捐赠收入	事业收入	#学　费	其　他教育经费
37237631	**3310609**	**65840**	**542392**	**3734604**	**45014433**		**4572420**	**102985086**	**35517827**	**28221566**
15673136	2950895	33200	363124	3662159	45014433		3654840	98396636	34447280	26253008
15598887	2904475	33200	363124	3661589	45014271		3654340	96494090	32798617	26157887
15429207	2639325	33200	86300	3661214	45014076		3654252	95565120	32147908	26001489
169680	265150		276824	375	195		88	928970	650709	156398
74250	46420			570	162		500	1902546	1648663	95121
83197	251362		11923	12835			247	164341	80899	98718
82197	251362		1155	7677			27	96423	40184	71786
								17		
			10768	5159			220	57910	35436	19053
1000								9992	5279	7879
606604	27260	7759	3848				30295	315428	208354	733305
606604	27260	7759	3848				30295	315428	208354	733305
233053	7372	89	2655				26992	315289	208354	496016
78008	714	46	2655				15773	47371	38495	15926
373552	19888	7670	1193				3303	139		237289
262536	18984	7625	1193				2340	17		6755
565346	34158	14947	2902				1410	90		200256
565346	34158	14947	2902				1410	90		200256
447838	34110	14899	2902				613	44		28815
2026										
2026										
129937	9158	4934	160594	3135			18220	530646	491725	109912
82533	8438	4214	256	446			7	25543	22737	11253
194191	12030	5000					102			20975
165186				51498			867250	2972817		545662
19818007	25746			4976			55	605127	289569	259730

1-4　各级各类教育机构

学校类别	总　计	国家财政性教育经费	一般公共预算安排的教育经费	一般公共预算教育经费	教育事业费	基本建设经费	教育费附加	科研经费
总　计	**4875066525**	**3998274214**	**3841085163**	**3451118331**	**3230719912**	**84097259**	**136301160**	**11467583**
一、高等学校	1019522942	638561708	573769797	521312547	490517863	25881752	4912932	10655049
1.普通高等学校	1004469499	630144439	565727199	514302243	483668368	25820442	4813433	10646857
高等本科学校	731842193	442713873	404988246	365279240	340565270	22495671	2218299	10443867
高职高专学校	272627305	187430566	160738953	149023003	143103098	3324771	2595135	202990
2.成人高等学校	15053443	8417269	8042598	7010304	6849495	61310	99499	8192
二、中等职业学校	285534195	253632566	229620988	206260109	187442057	4961304	13856748	80201
1.中等专业学校	131698094	117525286	106808387	95809802	86652748	2515515	6641539	24259
2.职业高中	103124411	94515503	83920531	75922897	68391489	1601534	5929874	53599
#农村	45621082	42686288	36992822	33774750	30859765	669122	2245862	12070
3.技工学校	39540864	31918952	29379767	26440695	24657920	828114	954661	1782
4.成人中专学校	11170826	9672825	9512303	8086716	7739900	16142	330674	561
三、中　学	1492446908	1304534762	1275120598	1141752762	1063355443	23822266	54575053	142581
1.普通中学	1491756050	1303915446	1274502374	1141185326	1062823897	23820596	54540833	142572
普通高中	551731880	452150714	437307136	390171075	360052072	10340864	19778139	68344
#农村	219314864	180150176	174897317	157538290	150285413	2127371	5125506	10958
普通初中	940024170	851764732	837195238	751014251	702771824	13479732	34762694	74229
#农村	505097659	474897010	470890672	424081828	407627526	4120468	12333833	14604
2.成人中学	690859	619316	618224	567436	531546	1670	34220	9
四、小　学	1462383534	1364816878	1345823870	1204175451	1139195216	17520175	47460060	101989
1.普通小学	1462377649	1364810994	1345817985	1204169641	1139189406	17520175	47460060	101989
#农村	828641756	797983361	790465026	706084422	683521070	5853599	16709753	29657
2.成人小学	5885	5885	5885	5810	5810			
五、特殊教育	19686445	19421546	19173666	16823599	16093905	203506	526188	608
1.特殊教育学校	18782462	18548686	18311365	16099728	15407556	203506	488665	608
2.工读学校	903983	872860	862301	723872	686348		37523	
六、幼儿园	417957161	251518299	236383434	218550475	202830656	4870004	10849815	17661
#农村	181790576	115724648	110415594	102499489	97730847	1580415	3188226	8065
七、教育行政单位	40222170	38748030	37174352	32129892	30572300	566272	991320	132958
八、教育事业单位	75560133	67422278	65773302	57684866	54690347	888984	2105535	146685
九、其　他	61753037	59618147	58245156	52428631	46022126	5382996	1023509	189851

教育经费收入情况(地方)

单位：千元

其　他	政府性基金预算安排的教育经费	#彩　票公益金	国有及国有控股企业办学中的企业拨款	校办产业和社会服务收入中用于教育的经费	其　他属于国家财政性教育经费	民办学校中举办者投　入	捐赠收入	事业收入	#学　费	其　他教育经费
378499249	**135643047**	**5317785**	**2370643**	**1523457**	**17651904**	**22925156**	**7151127**	**767426681**	**640625196**	**79289348**
41802201	45524220	574777	950619	665168	17651904	2919888	2427081	331708077	255964493	43906188
40778099	45246357	574077	944423	576865	17649595	2919888	2426713	325441706	251179059	43536753
29265139	19896653	219191	8300	355213	17465461	946859	2148826	248934712	187929813	37097924
11512960	25349703	354886	936123	221652	184133	1973029	277887	76506995	63249246	6438829
1024102	277863	700	6196	88303	2309		368	6266371	4785434	369435
23280679	23388229	703820	209296	414052		1504847	101477	25211691	15464257	5083613
10974327	10473052	616424	34213	209634		665004	41064	11369538	6718079	2097203
7944036	10521927	75438	44880	28165		737009	46044	6550053	4300066	1275801
3206001	5673673	18734	16972	2822		128225	30363	2398693	1412383	377513
2937290	2260882	9341	126977	151327		38606	11993	6003892	3661042	1567421
1425026	132369	2617	3226	24927		64229	2377	1288208	785070	143188
133225255	29114095	1581668	254467	45601		7850402	2202754	165696186	141623482	12162804
133174476	29113003	1581668	254467	45601		7850402	2202715	165660786	141606434	12126701
47067718	14717678	510552	80298	45601		4025109	1194126	88572974	72379960	5788957
17348069	5184887	269245	62172	5800		2173765	436316	34546332	27224067	2008275
86106758	14395325	1071117	174169			3825293	1008589	77087812	69226473	6337744
46794240	3855122	417868	151216			2002919	319713	25186353	21762401	2691664
50779	1092						39	35400	17049	36103
141546430	18944262	1495458	48747			4260216	1602142	82483157	75728196	9221141
141546355	18944262	1495458	48747			4260216	1602142	82483157	75728196	9221141
84350947	7514389	933091	3946			2329888	654512	23857990	20743901	3816006
75										
2349459	247713	63871		168		8227	25499	90109	49288	141063
2211029	237322	63835				2920	25475	73346	40908	132035
138430	10391	36		168		5307	24	16763	8379	9028
17815297	14224450	296536	907515	2901		6381576	587857	154898978	151469844	4570450
7908040	5161395	189773	145499	2161		2538050	239581	61860454	60485070	1427842
4911502	1573678	173590					129777	123820		1220543
7941752	1288998	397039		359978			66528	5709836		2361492
5626675	1337402	31026		35588			8011	1504827	325637	622052

1-5 各级各类教育机构

学校类别	总计	国家财政性教育经费	一般公共预算安排的教育经费	一般公共预算教育经费				科研经费
					教育事业费	基本建设经费	教育费附加	
总计	**4696303452**	**4191551942**	**3987485711**	**3542341972**	**3321855939**	**88535504**	**131950529**	**33979044**
一、高等学校	1236122245	869788759	755073871	666240854	630867753	30574608	4798493	32903344
1.普通高等学校	1218978428	861066144	746766670	659024804	623812511	30513298	4698995	32895153
高等本科学校	978186691	678929283	590496563	514392518	484993715	27192982	2205821	32694700
高职高专学校	240791737	182136860	156270107	144632286	138818796	3320316	2493174	200453
2.成人高等学校	17143817	8722616	8307201	7216050	7055241	61310	99499	8192
二、中等职业学校	262175753	245388711	222396995	199129195	180782331	4944984	13401880	80101
1.中等专业学校	121967239	113649126	103659580	92691752	83683931	2514195	6493626	24259
2.职业高中	95602343	92324198	81817971	73856765	66481648	1586534	5788583	53499
#农村	43085169	41830426	36153943	32950672	30082486	669122	2199063	12070
3.技工学校	34464569	29908231	27544657	24630831	23011561	828114	791156	1782
4.成人中专学校	10141603	9507156	9374787	7949847	7605191	16142	328514	561
三、中　学	1334554300	1285714519	1257025926	1124580182	1047755479	23485913	53338790	142665
1.普通中学	1333863441	1285095203	1256407702	1124012746	1047223933	23484243	53304570	142656
普通高中	489086882	446871616	432410333	385786806	356382182	10085531	19319093	69378
#农村	194578057	176443623	171488743	154550413	147623073	1972978	4954363	10809
普通初中	844776560	838223587	823997368	738225940	690841751	13398711	33985478	73278
#农村	471904017	469019183	465218077	418547277	402236243	4094364	12216671	14372
2.成人中学	690859	619316	618224	567436	531546	1670	34220	9
四、小　学	1358393419	1348497320	1329667779	1188366217	1124466060	17511289	46388869	103142
1.普通小学	1358387534	1348491436	1329661894	1188360407	1124460250	17511289	46388869	103142
#农村	796597698	792102756	784594493	700333353	677880680	5851363	16601311	29565
2.成人小学	5885	5885	5885	5810	5810			
五、特殊教育	19506846	19313809	19065928	16716985	15987357	203506	526121	608
1.特殊教育学校	18617150	18441009	18203687	15993173	15301069	203506	488598	608
2.工读学校	889696	872800	862241	723811	686288		37523	
六、幼儿园	277327599	231557757	217612743	199955848	185722843	4856994	9376011	17161
#农村	130034816	108968599	103857017	96009229	91524470	1572765	2911994	7565
七、教育行政单位	40566843	39092703	37519025	32317968	30760376	566272	991320	132958
八、教育事业单位	83686591	71218107	69517633	61133166	58088427	939204	2105535	294215
九、其　他	83969856	80980257	79605812	53901556	47425313	5452734	1023509	304851

教育经费收入情况(教育和其他部门)

单位：千元

其　他	政府性基金预算安排的教育经费	#彩　票公益金	国有及国有控股企业办学中的企业拨款	校办产业和社会服务收入中用于教育的经费	其　他属于国家财政性教育经费	民办学校中举办者投　入	捐赠收入	事业收入	#学　费	其　他教育经费
411164695	**136763783**	**5139226**		**4981399**	**62321049**		**9722632**	**404481179**	**245766418**	**90547699**
55929673	48161700	551219		4232139	62321049		5534495	301824190	174487179	58974800
54846714	47837417	550519		4143318	62318739		5533627	293863192	168149487	58515465
43409346	22282763	195833		4013633	62136324		5324249	240581051	125103191	53352108
11437368	25554653	354686		129685	182416		209378	53282142	43046296	5163358
1082959	324283	700		88822	2309		868	7960998	6337693	459335
23187699	22736745	699719		254971			87320	12249682	5134772	4450040
10943569	9866761	612323		122785			39771	6352886	2709660	1925456
7907707	10478859	75438		27367			38993	2181399	735533	1057753
3191200	5673661	18734		2822			28849	898644	211807	327250
2912044	2258756	9341		104819			7353	3188070	1533190	1360915
1424379	132369	2617					1204	527327	156390	105916
132303078	28642992	1525367		45601			1537076	36719325	24816494	10583380
132252299	28641900	1525367		45601			1537037	36683925	24799445	10547276
46554149	14415681	509616		45601			987912	35848596	24799445	5378757
16927522	4949080	269102		5800			408560	15886898	10800750	1838977
85698150	14226219	1015751					549124	835329		5168519
46656428	3801106	417768					265709	153603		2465522
50779	1092						39	35400	17049	36103
141198419	18829542	1439891					1081676	753843		8060580
141198345	18829542	1439891					1081676	753843		8060580
84231575	7508263	932849					615262	336372		3543308
75										
2348336	247713	63871		168			22337	37848	1534	132851
2209906	237322	63835					22313	30004	1534	123823
138430	10391	36		168			24	7844		9028
17639733	13945014	257504					388107	41984557	40711233	3397179
7840223	5111582	168999					155324	19768615	19352736	1142278
5068099	1573678	173590					129777	123820		1220543
8090252	1288998	397039		411477			933778	8680530		2854176
25399405	1337402	31026		37043			8066	2107383	615205	874149

1-6 各级各类教育机构

学校类别	总计	国家财政性教育经费	一般公共预算安排的教育经费	一般公共预算教育经费	教育事业费	基本建设经费	教育费附加	科研经费
总　计	**412540406**	**278496386**	**227028790**	**168875642**	**163716809**	**5080322**	**78511**	**22694564**
一、高等学校	375866187	248809009	197394367	159803468	154802653	4950124	50691	22429135
1.普通高等学校	373618080	248484546	197116893	159586613	154585799	4950124	50691	22429135
高等本科学校	372438553	247697730	196535647	159059102	154131841	4876570	50691	22428458
高职高专学校	1179528	786816	581246	527511	453957	73554		676
2.成人高等学校	2248106	324463	277473	216854	216854			
二、中等职业学校	196233	117885	117885	101027	101027			
1.中等专业学校	186684	117885	117885	101027	101027			
2.职业高中								
#农村								
3.技工学校								
4.成人中专学校	9548							
三、中　学	3174154	2225292	2225292	2137952	2113282		24670	1350
1.普通中学	3174154	2225292	2225292	2137952	2113282		24670	1350
普通高中	2253132	1534216	1534216	1474656	1456131		18525	1350
#农村	184460	143530	143530	126805	126805			
普通初中	921022	691075	691075	663296	657151		6145	
#农村	20433	20250	20250	2800	2800			
2.成人中学								
四、小　学	1242082	1072275	1072275	1013304	1000154	10000	3150	1550
1.普通小学	1242082	1072275	1072275	1013304	1000154	10000	3150	1550
#农村	43536	43468	43468	8194	8194			
2.成人小学								
五、特殊教育								
1.特殊教育学校								
2.工读学校								
六、幼儿园	1373802	769313	769313	710590	710350	240		
#农村	54802	42016	42016	12381	12381			
七、教育行政单位	344673	344673	344673	188076	188076			
八、教育事业单位	8126458	3795829	3744331	3448301	3398081	50220		147530
九、其　他	22216819	21362110	21360656	1472925	1403187	69738		115000

教育经费收入情况(中央教育和其他部门)

单位：千元

其　他	政府性基金预算安排的教育经费	#彩　票公益金	国有及国有控股企业办学中的企业拨款	校办产业和社会服务收入中用于教育的经费	其　他属于国家财政性教育经费	民办学校中举办者投　入	捐赠收入	事业收入	#学　费	其　他教育经费
35458584	**2859695**	**2000**		**3712318**	**44895583**		**4565064**	**101711601**	**34728928**	**27767355**
15161764	2859695	2000		3659365	44895583		3654184	97335873	33803939	26067120
15101145	2813275	2000		3658795	44895583		3653684	95507770	32187513	25972080
15048087	2608125	2000		3658420	44895538		3653684	95139317	31890180	25947821
53058	205150			375	45			368453	297333	24259
60619	46420			570			500	1828102	1616426	95040
16858							27	60132	24200	18189
16858							27	50583	19055	18189
								9548	5145	
85989							24649	256586	161816	667626
85989							24649	256586	161816	667626
58210							23689	256509	161816	438717
16725							15290	13278	11137	12362
27779							960	77		228910
17450										183
57421							791	15		169001
57421							791	15		169001
35273										68
58723							18107	485746	449404	100636
29635								9850	9332	2935
156597										
148501				51498			867250	2970694		492684
19772730				1455			55	602556	289569	252098

1-7 各级各类教育机构

学校类别	总计	国家财政性教育经费	一般公共预算安排的教育经费	一般公共预算教育经费	教育事业费	基本建设经费	教育费附加	科研经费
总计	**4283763046**	**3913055556**	**3760456921**	**3373466330**	**3158139130**	**83455182**	**131872018**	**11284480**
一、高等学校	860256058	620979750	557679504	506437386	476065100	25624484	4747803	10474210
1.普通高等学校	845360348	612581598	549649777	499438190	469226713	25563174	4648304	10466018
高等本科学校	605748138	431231553	393960916	355333416	330861874	22316412	2155130	10266242
高职高专学校	239612210	181350045	155688861	144104775	138364839	3246762	2493174	199776
2.成人高等学校	14895710	8398152	8029728	6999196	6838387	61310	99499	8192
二、中等职业学校	261979521	245270826	222279110	199028168	180681305	4944984	13401880	80101
1.中等专业学校	121780555	113531242	103541696	92590725	83582904	2514195	6493626	24259
2.职业高中	95602343	92324198	81817971	73856765	66481648	1586534	5788583	53499
#农村	43085169	41830426	36153943	32950672	30082486	669122	2199063	12070
3.技工学校	34464569	29908231	27544657	24630831	23011561	828114	791156	1782
4.成人中专学校	10132055	9507156	9374787	7949847	7605191	16142	328514	561
三、中　学	1331380146	1283489227	1254800634	1122442230	1045642197	23485913	53314120	141315
1.普通中学	1330689288	1282869912	1254182410	1121874794	1045110651	23484243	53279900	141306
普通高中	486833750	445337400	430876117	384312150	354926051	10085531	19300568	68028
#农村	194393598	176300093	171345213	154423608	147496267	1972978	4954363	10809
普通初中	843855538	837532512	823306293	737562644	690184600	13398711	33979332	73278
#农村	471883584	468998934	465197828	418544477	402233443	4094364	12216671	14372
2.成人中学	690859	619316	618224	567436	531546	1670	34220	9
四、小　学	1357151337	1347425046	1328595504	1187352914	1123465906	17501289	46385719	101592
1.普通小学	1357145452	1347419161	1328589619	1187347104	1123460096	17501289	46385719	101592
#农村	796554162	792059288	784551026	700325159	677872485	5851363	16601311	29565
2.成人小学	5885	5885	5885	5810	5810			
五、特殊教育	19506846	19313809	19065928	16716985	15987357	203506	526121	608
1.特殊教育学校	18617150	18441009	18203687	15993173	15301069	203506	488598	608
2.工读学校	889696	872800	862241	723811	686288		37523	
六、幼儿园	275953798	230788444	216843430	199245258	185012493	4856754	9376011	17161
#农村	129980014	108926583	103815001	95996848	91512089	1572765	2911994	7565
七、教育行政单位	40222170	38748030	37174352	32129892	30572300	566272	991320	132958
八、教育事业单位	75560133	67422278	65773302	57684866	54690347	888984	2105535	146685
九、其　他	61753037	59618147	58245156	52428631	46022126	5382996	1023509	189851

教育经费收入情况(地方教育和其他部门)

单位：千元

其 他	政府性基金预算安排的教育经费	#彩票公益金	国有及国有控股企业办学中的企业拨款	校办产业和社会服务收入中用于教育的经费	其他属于国家财政性教育经费	民办学校中举办者投入	捐赠收入	事业收入	#学 费	其他教育经费
375706111	**133904088**	**5137226**		**1269081**	**17425466**		**5157568**	**302769578**	**211037490**	**62780344**
40767908	45302005	549219		572775	17425466		1880311	204488318	140683241	32907680
39745568	45024142	548519		484523	17423157		1879943	198355422	135961974	32543385
28361258	19674638	193833		355213	17240786		1670565	145441734	93213011	27404287
11384310	25349503	354686		129310	182371		209378	52913689	42748963	5139098
1022340	277863	700		88252	2309		368	6132895	4721267	364295
23170841	22736745	699719		254971			87293	12189550	5110572	4431851
10926711	9866761	612323		122785			39744	6302302	2690605	1907267
7907707	10478859	75438		27367			38993	2181399	735533	1057753
3191200	5673661	18734		2822			28849	898644	211807	327250
2912044	2258756	9341		104819			7353	3188070	1533190	1360915
1424379	132369	2617					1204	517779	151245	105916
132217089	28642992	1525367		45601			1512426	36462739	24654678	9915753
132166310	28641900	1525367		45601			1512387	36427339	24637629	9879650
46495939	14415681	509616		45601			964223	35592086	24637629	4940041
16910797	4949080	269102		5800			393270	15873620	10789612	1826614
85670371	14226219	1015751					548164	835252		4939609
46638978	3801106	417768					265709	153602		2465339
50779	1092						39	35400	17049	36103
141140998	18829542	1439891					1080885	753829		7891578
141140923	18829542	1439891					1080885	753829		7891578
84196302	7508263	932849					615262	336372		3543239
75										
2348336	247713	63871		168			22337	37848	1534	132851
2209906	237322	63835					22313	30004	1534	123823
138430	10391	36		168			24	7844		9028
17581010	13945014	257504					370000	41498811	40261829	3296543
7810588	5111582	168999					155324	19758765	19343404	1139342
4911502	1573678	173590					129777	123820		1220543
7941752	1288998	397039		359978			66528	5709836		2361492
5626675	1337402	31026		35588			8011	1504827	325637	622052

1-8 各级各类教育机构

学校类别	总计	国家财政性教育经费	一般公共预算安排的教育经费	一般公共预算教育经费				科研经费
					教育事业费	基本建设经费	教育费附加	
总计	**26321172**	**19663345**	**15808462**	**13830973**	**11951214**	**1652075**	**227683**	**78338**
一、高等学校	9122959	5849389	4229754	3588066	2711061	875858	1147	74302
1.普通高等学校	8850082	5781421	4168195	3541918	2664913	875858	1147	74284
高等本科学校	2582608	2063430	1816298	1361200	1033678	327522		73978
高职高专学校	6267474	3717990	2351897	2180717	1631234	548336	1147	306
2.成人高等学校	272877	67968	61559	46148	46148			18
二、中等职业学校	3296254	2305474	1660366	1562023	1415016	60994	86013	67
1.中等专业学校	1762335	1408060	1026804	947303	855885	60994	30425	20
2.职业高中	161133	95631	49953	47997	47997			
#农村	26352	25189	8218	8218	8218			
3.技工学校	1307344	751103	561082	545294	489716		55578	47
4.成人中专学校	65441	50680	22527	21428	21418		10	
三、中　学	4692118	4366602	4081027	3557345	3094984	460138	2223	913
1.普通中学	4692118	4366602	4081027	3557345	3094984	460138	2223	913
普通高中	1727592	1520780	1430454	1253620	1014546	238185	889	354
#农村	621242	551310	485768	422726	372009	49914	802	121
普通初中	2964525	2845822	2650572	2303725	2080438	221953	1334	559
#农村	2246605	2193570	2022177	1776094	1650503	125239	352	482
2.成人中学								
四、小　学	3757102	3599290	3513484	2979046	2849207	123176	6663	2228
1.普通小学	3757102	3599290	3513484	2979046	2849207	123176	6663	2228
#农村	2865467	2813339	2772381	2346472	2299452	45132	1888	2166
2.成人小学								
五、特殊教育	6258	6258	6258	4233	4233			
1.特殊教育学校	6258	6258	6258	4233	4233			
2.工读学校								
六、幼儿园	4659097	2835328	1657866	1580898	1409556	39705	131637	40
#农村	1333208	1043244	884384	827231	769690	31060	26481	40
七、教育行政单位	309163	288086	276056	238461	234990	3472		
八、教育事业单位	148842	93742	93742	77057	70747	6310		
九、其　他	329379	319176	289909	243844	161420	82424		788

教育经费收入情况(国有及国有控股企业办)

单位：千元

其他	政府性基金预算安排的教育经费	#彩票公益金	国有及国有控股企业办学中的企业拨款	校办产业和社会服务收入中用于教育的经费	其他属于国家财政性教育经费	民办学校中举办者投入	捐赠收入	事业收入	#学费	其他教育经费
1899151	**545682**	**63954**	**2913035**	**276662**	**119504**		**10919**	**5773655**	**4341814**	**873253**
567386	91200	31200	1313743	95188	119504		706	2790328	1819428	482536
551993	91200	31200	1307547	95137	119342		706	2590278	1730761	477678
381120	31200	31200	94600	2794	118538		568	459020	280023	59590
170873	60000		1212947	92342	804		138	2131258	1450738	418088
15393			6196	51	162			200050	88667	4859
98276	251972		221219	171917			540	830082	452606	160158
79481	251362		35367	94526				261979	99551	92296
1956			44880	798			79	64927	51176	497
			16972					1162		
15741	610		137745	51666			461	497132	296218	58648
1099			3226	24927				6044	5661	8717
522769	27260	7759	258315				5675	250227	215993	69614
522769	27260	7759	258315				5675	250227	215993	69614
176480	7372	89	82954				3303	145933	127520	57576
62922	714	46	64828				483	65886	55971	3563
346288	19888	7670	175362				2372	104294	88472	12038
245601	18984	7625	152409				2368	40454	35758	10213
532210	34158	14947	51649				619	124616	115317	32577
532210	34158	14947	51649				619	124616	115317	32577
423743	34110	14899	6848				613	22765	21859	28750
2026										
2026										
76928	103316	5049	1068109	6037			3278	1773708	1738470	46783
57113	10497	4214	145755	2607			707	276602	263943	12656
37594	12030	5000					102			20975
16686								2122		52978
45277	25746			3521				2571		7632

1-9 各级各类教育机构

学校类别	总计	国家财政性教育经费	一般公共预算安排的教育经费	一般公共预算教育经费	教育事业费	基本建设经费	教育费附加	科研经费
总　计	**15779878**	**14044827**	**12910386**	**11053308**	**9406012**	**1647295**		**78031**
一、高等学校	4988702	3741395	3165427	2580059	1704262	875798		73996
1.普通高等学校	4863954	3691171	3115365	2543646	1667848	875798		73978
高等本科学校	2525950	2045912	1807080	1351982	1024460	327522		73978
高职高专学校	2338003	1645259	1308285	1191664	643388	548276		
2.成人高等学校	124749	50224	50062	36413	36413			18
二、中等职业学校	1205813	1020855	744735	678329	617335	60994		67
1.中等专业学校	1003352	903916	643722	578364	517370	60994		20
2.职业高中	16445	16428	16428	16428	16428			
#农村	8138	8138	8138	8138	8138			
3.技工学校	160416	83234	67307	67260	67260			47
4.成人中专学校	25600	17278	17278	16277	16277			
三、中　学	4194838	4064672	4033563	3512035	3053214	458821		913
1.普通中学	4194838	4064672	4033563	3512035	3053214	458821		913
普通高中	1545261	1425878	1415850	1240654	1002469	238185		354
#农村	517263	479123	475754	414349	364435	49914		121
普通初中	2649578	2638793	2617713	2271382	2050745	220637		559
#农村	2032802	2023874	2003698	1758130	1632891	125239		482
2.成人中学								
四、小　学	3465004	3433054	3395994	2885841	2766069	119773		2228
1.普通小学	3465004	3433054	3395994	2885841	2766069	119773		2228
#农村	2794079	2764675	2727663	2312933	2267801	45132		2166
2.成人小学								
五、特殊教育	6258	6258	6258	4233	4233			
1.特殊教育学校	6258	6258	6258	4233	4233			
2.工读学校								
六、幼儿园	1131878	1077590	904702	833448	793743	39705		40
#农村	736834	712817	703676	650738	619678	31060		40
七、教育行政单位	309163	288086	276056	238461	234990	3472		
八、教育事业单位	148842	93742	93742	77057	70747	6310		
九、其　他	329379	319176	289909	243844	161420	82424		788

教育经费收入情况(中央国有及国有控股企业办)

单位：千元

其 他	政府性基金预算安排的教育经费	#彩 票公益金	国有及国有控股企业办学中的企业拨款	校办产业和社会服务收入中用于教育的经费	其 他属于国家财政性教育经费	民办学校中举办者投 入	捐赠收入	事业收入	#学 费	其 他教育经费
1779047	**450914**	**63840**	**542392**	**22286**	**118850**		**7356**	**1273484**	**788899**	**454210**
511372	91200	31200	363124	2794	118850		656	1060763	643341	185888
497741	91200	31200	363124	2794	118688		656	986320	611105	185807
381120	31200	31200	86300	2794	118538		568	425802	257728	53668
116621	60000		276824		150		88	560517	353376	132139
13631					162			74444	32237	81
66339	251362		11923	12835			220	104210	56699	80528
65339	251362		1155	7677				45840	21129	53597
								17		
			10768	5159			220	57910	35436	19053
1000								443	134	7879
520615	27260	7759	3848				5646	58842	46538	65679
520615	27260	7759	3848				5646	58842	46538	65679
174842	7372	89	2655				3303	58780	46538	57300
61284	714	46	2655				483	34094	27358	3563
345772	19888	7670	1193				2343	62		8379
245086	18984	7625	1193				2340	17		6572
507925	34158	14947	2902				619	76		31255
507925	34158	14947	2902				619	76		31255
412564	34110	14899	2902				613	44		28746
2026										
2026										
71214	9158	4934	160594	3135			113	44900	42321	9276
52898	8438	4214	256	446			7	15692	13404	8318
37594	12030	5000					102			20975
16686								2122		52978
45277	25746			3521				2571		7632

1-10　各级各类教育机构

学校类别	总　计	国家财政性教育经费	一般公共预算安排的教育经费	一般公共预算教育经费	教育事业费	基本建设经费	教育费附加	科研经费
总　计	**10541294**	**5618517**	**2898076**	**2777665**	**2545202**	**4780**	**227683**	**306**
一、高等学校	4134257	2107994	1064327	1008007	1006799	60	1147	306
1.普通高等学校	3986128	2090249	1052830	998271	997064	60	1147	306
高等本科学校	56658	17518	9218	9218	9218			
高职高专学校	3929471	2072732	1043612	989054	987846	60	1147	306
2.成人高等学校	148128	17744	11497	9735	9735			
二、中等职业学校	2090441	1284618	915631	883694	797681		86013	
1.中等专业学校	758983	504144	383082	368940	338515		30425	
2.职业高中	144689	79203	33525	31569	31569			
#农村	18213	17051	80	80	80			
3.技工学校	1146928	667869	493775	478034	422456		55578	
4.成人中专学校	39841	33402	5249	5150	5140		10	
三、中　学	497279	301930	47463	45310	41771	1316	2223	
1.普通中学	497279	301930	47463	45310	41771	1316	2223	
普通高中	182332	94902	14604	12966	12077		889	
#农村	103979	72186	10014	8376	7574		802	
普通初中	314948	207028	32860	32344	29693	1316	1334	
#农村	213802	169695	18479	17964	17612		352	
2.成人中学								
四、小　学	292098	166237	117490	93205	83138	3404	6663	
1.普通小学	292098	166237	117490	93205	83138	3404	6663	
#农村	71388	48663	44717	33539	31651		1888	
2.成人小学								
五、特殊教育								
1.特殊教育学校								
2.工读学校								
六、幼儿园	3527219	1757738	753164	747450	615813		131637	
#农村	596375	330427	180708	176493	150012		26481	
七、教育行政单位								
八、教育事业单位								
九、其　他								

教育经费收入情况(地方国有及国有控股企业办)

单位：千元

其　他	政府性基金预算安排的教育经费	#彩　票公益金	国有及国有控股企业办学中的企业拨款	校办产业和社会服务收入中用于教育的经费	其　　他属于国家财政性教育经费	民办学校中举办者投　　入	捐赠收入	事业收入	#学　费	其　　他教育经费
120105	**94768**	**114**	**2370643**	**254376**	**654**		**3563**	**4500171**	**3552914**	**419042**
56014			950619	92394	654		50	1729564	1176086	296649
54252			944423	92342	654		50	1603958	1119656	291871
			8300					33218	22295	5922
54252			936123	92342	654		50	1570740	1097362	285949
1762			6196	51				125606	56430	4778
31937	610		209296	159081			320	725873	395907	79630
14142			34213	86849				216140	78422	38700
1956			44880	798			79	64910	51176	497
			16972					1162		
15741	610		126977	46508			241	439223	260782	39596
99			3226	24927				5601	5527	837
2154			254467				29	191385	169454	3935
2154			254467				29	191385	169454	3935
1638			80298					87153	80982	276
1638			62172					31792	28614	
516			174169				29	104232	88472	3659
516			151216				29	40437	35758	3641
24285			48747					124540	115317	1321
24285			48747					124540	115317	1321
11178			3946					22721	21859	4
5715	94158	114	907515	2901			3165	1728808	1696150	37508
4215	2059		145499	2161			700	260910	250539	4338

1-11 各级各类教育机构

学校类别	总计	国家财政性教育经费	一般公共预算安排的教育经费	一般公共预算教育经费	教育事业费	基本建设经费	教育费附加	科研经费
总　　计	**580762185**	**79600140**	**77730166**	**74874336**	**70035580**	**637297**	**4201458**	**182796**
一、高等学校	155132627	15473964	15025965	13867154	13445964	257208	163982	180533
1.普通高等学校	155123023	15472591	15024593	13865781	13444591	257208	163982	180533
高等本科学校	126037397	11464802	11018112	9936606	9694178	179259	63169	177626
高职高专学校	29085625	4007789	4006481	3929175	3750413	77949	100813	2907
2.成人高等学校	9604	1373	1373	1373	1373			
二、中等职业学校	21464233	7077121	6426247	6348247	5963071	16320	368856	100
1.中等专业学校	9158556	3489900	2883610	2850136	2731329	1320	117488	
2.职业高中	7377379	2112103	2069036	2034563	1878271	15000	141291	100
#农村	2517700	838812	838800	823999	777200		46799	
3.技工学校	3929367	1342851	1341335	1331829	1223903		107927	
4.成人中专学校	998931	132267	132267	131718	129568		2150	
三、中　学	160569483	20743604	20272501	19265222	17671475	335037	1258710	1266
1.普通中学	160569483	20743604	20272501	19265222	17671475	335037	1258710	1266
普通高中	64715798	6718412	6416415	5845959	5113944	255332	476682	315
#农村	24817288	3777897	3542090	3106306	2781572	154394	170341	150
普通初中	95853684	14025191	13856085	13419263	12557531	79705	782027	951
#农村	33000273	5728381	5674365	5519387	5376472	26105	116811	232
2.成人中学								
四、小　学	104940099	17225596	17110876	16729332	15646172	15482	1067678	397
1.普通小学	104940099	17225596	17110876	16729332	15646172	15482	1067678	397
#农村	32016206	5875409	5869282	5725724	5616934	2236	106554	92
2.成人小学								
五、特殊教育	179600	107738	107738	106615	106548		67	
1.特殊教育学校	165313	107677	107677	106554	106487		67	
2.工读学校	14287	60	60	60	60			
六、幼儿园	138476144	18972118	18786839	18557767	17202351	13250	1342166	500
#农村	51214188	6467639	6419885	6326148	6068747	7650	249751	500
七、教育行政单位								
八、教育事业单位								
九、其　他								

教育经费收入情况(民办)

单位：千元

其 他	政府性基金预算安排的教育经费	#彩 票公益金	国有及国有控股企业办学中的企业拨款	校办产业和社会服务收入中用于教育的经费	其 他属于国家财政性教育经费	民办学校中举办者投入	捐赠收入	事业收入	#学 费	其 他教育经费
2673034	**1644190**	**180444**			**225784**	**22925156**	**1989995**	**460156932**	**426034791**	**16089961**
978279	222215	25558			225784	2919888	546720	125490195	114105166	10701860
978279	222215	25558			225784	2919888	546720	125482326	114097429	10701497
903880	222015	25358			224675	946859	478261	103459760	94694507	9687715
74399	200	200			1109	1973029	68459	22022565	19402921	1013782
								7869	7737	363
77900	650874	4101				1504847	13865	12296268	9957778	572132
33473	606290	4101				665004	1320	4851096	3949052	151237
34373	43067					737009	6972	4303744	3513357	217551
14801	12					128225	1515	1498886	1200576	50263
9505	1516					38606	4399	2376600	1867070	166911
548						64229	1174	764828	628297	36434
1006013	471103	56301				7850402	690299	129042062	116799350	2243116
1006013	471103	56301				7850402	690299	129042062	116799350	2243116
570141	301997	935				4025109	229903	52893734	47661349	848640
435634	235807	143				2173765	43046	18640920	16405841	181661
435872	169106	55366				3825293	460396	76148328	69138001	1394476
154746	54016	100				2002919	53975	24992313	21726643	222684
381147	114720	55566				4260216	521258	81604788	75612878	1328241
381147	114720	55566				4260216	521258	81604788	75612878	1328241
143467	6126	242				2329888	39250	23498897	20722042	272763
1123						8227	3162	52261	47753	8212
1123						2920	3162	43342	39374	8212
						5307		8919	8379	
228572	185278	38917				6381576	214692	111671359	109511866	1236400
93237	47754	20774				2538050	83557	41840780	40891127	284161

1-12 各级各类教育机构

学校类别	合　计	个人部分	工资福利支出	对个人和家庭的补助支出	#助学金
总　　计	**5223155436**	**3269140040**	**2860163712**	**408976328**	**209584203**
一、高等学校	1347676369	681382818	535295774	146087044	99305506
1.普通高等学校	1331299339	672684929	527503196	145181733	99122089
高等本科学校	1062946543	541407585	420974009	120433577	81712041
高职高专学校	268352796	131277344	106529187	24748157	17410048
2.成人高等学校	16377030	8697889	7792578	905311	183417
二、中等职业学校	282132063	156090174	135316802	20773372	11288987
1.中等专业学校	130454751	71691989	61306207	10385783	5898051
2.职业高中	101901730	56597504	49332901	7264603	4164361
#农村	45405520	24179003	21023887	3155116	2278686
3.技工学校	38650476	20025922	17589223	2436700	1122179
4.成人中专学校	11125105	7774758	7088471	686287	104397
三、中　学	1490449190	1022357913	923430381	98927532	47259413
1.普通中学	1489772021	1021917460	923018874	98898586	47259174
普通高中	548182752	362129970	331115504	31014466	14495936
#农村	217313418	146861374	133596703	13264670	8263203
普通初中	941589269	659787490	591903370	67884120	32763238
#农村	507042283	372714316	332140617	40573699	22501642
2.成人中学	677168	440454	411507	28946	239
四、小　学	1468627302	1050962374	933853236	117109139	44689306
1.普通小学	1468621418	1050959974	933850835	117109139	44689306
#农村	833667921	626136745	551813273	74323472	31773215
2.成人小学	5885	2400	2400		
五、特殊教育	19665742	13391152	12244135	1147017	388888
1.特殊教育学校	18766690	12835109	11728069	1107040	380952
2.工读学校	899052	556043	516066	39977	7936
六、幼儿园	427956500	257748867	244909250	12839618	6582900
#农村	183426946	115249724	108420199	6829525	4674072
七、教育行政单位	39759823	22646604	18566862	4079743	
八、教育事业单位	81115802	43839282	39137689	4701593	30615
九、其　他	65772647	20720854	17409584	3311270	38586

教育经费支出明细(全国)

单位：千元

公用部分	商品和服务支出	其他资本性支出	专项公用支出	专项项目支出	基本建设支出
1856266790	**980951196**	**875315594**	**303565238**	**571750356**	**97748607**
634745106	363809990	270935116	130202384	140732732	31548444
627153147	357742815	269410332	129481262	139929070	31461263
493616815	304884545	188732271	98875527	89856744	27922142
133536332	52858271	80678061	30605735	50072326	3539121
7591959	6067175	1524784	721122	803662	87182
120563753	53855625	66708128	24045356	42662771	5478136
55887203	25013800	30873403	11101358	19772045	2875559
43796226	17408845	26387381	8012563	18374818	1508001
20677664	7117751	13559913	3609393	9950519	548853
17549473	9137190	8412283	4550276	3862007	1075081
3330852	2295790	1035061	381160	653902	19495
441378491	203876796	237501694	64196829	173304866	26712786
441143446	203743036	237400410	64182057	173218353	26711116
175064409	82084681	92979727	26266143	66713584	10988374
68219132	30759588	37459544	9242151	28217393	2232913
266079037	121658355	144420683	37915914	106504769	15722742
129708810	57615400	72093410	16792153	55301257	4619157
235045	133760	101285	14772	86512	1670
396845299	194466622	202378677	54276196	148102481	20819629
396841815	194466401	202375414	54272934	148102481	20819629
200807626	93481259	107326367	25105301	82221067	6723550
3484	222	3263	3263		
6062743	3417265	2645478	975426	1670052	211847
5719734	3232812	2486922	925587	1561335	211847
343009	184453	158556	49839	108717	
164925171	100866875	64058296	19261949	44796347	5282462
66435279	37406651	29028628	7201892	21826736	1741942
16478546	12630270	3848276	1717863	2130413	634672
36466890	28302712	8164178	4330860	3833318	809630
38800791	19725040	19075752	4558375	14517376	6251001

1-13 各级各类教育机构

学校类别	合 计	个人部分	工资福利支 出	对个人和家庭的补助支出	#助学金
总 计	**395684891**	**196495178**	**146064289**	**50430889**	**34260968**
一、高等学校	367729932	183503926	134663039	48840887	33953409
1.普通高等学校	366228652	183027498	134217409	48810090	33953409
高等本科学校	362739134	181492776	132896592	48596183	33833144
高职高专学校	3489517	1534723	1320817	213906	120264
2.成人高等学校	1501281	476428	445630	30798	
二、中等职业学校	1191616	550946	469577	81369	41438
1.中等专业学校	950536	387135	316161	70974	36688
2.职业高中	16428	9882	7569	2312	187
#农村	8138	5006	2995	2011	146
3.技工学校	180793	121619	116750	4869	4388
4.成人中专学校	43859	32310	29097	3213	175
三、中 学	7062707	4502333	3958278	544055	120881
1.普通中学	7062707	4502333	3958278	544055	120881
普通高中	3636102	2322283	2060598	261685	62808
#农村	649327	440095	354886	85209	10405
普通初中	3426605	2180050	1897680	282370	58072
#农村	2025831	1238382	1038215	200167	32565
2.成人中学					
四、小 学	4529492	3304956	2847452	457504	67625
1.普通小学	4529492	3304956	2847452	457504	67625
#农村	2788529	2194365	1829524	364842	58001
2.成人小学					
五、特殊教育	6208	5233	3875	1358	98
1.特殊教育学校	6208	5233	3875	1358	98
2.工读学校					
六、幼儿园	3303409	2376189	2232888	143300	19605
#农村	725774	486428	399565	86863	15050
七、教育行政单位	651093	328789	187732	141057	
八、教育事业单位	6984125	1166606	1064870	101737	30615
九、其 他	4226308	756199	636578	119621	27297

教育经费支出明细(中央)

单位：千元

公用部分	商品和服务支出	其他资本性支出	专项公用支出	专项项目支出	基本建设支出
191636556	**136361906**	**55274650**	**33276390**	**21998260**	**7553157**
177453768	124565553	52888215	32233696	20654520	6772238
176428915	123615939	52812976	32163829	20649147	6772238
174655249	122918058	51737192	31992488	19744703	6591109
1773666	697881	1075784	171341	904443	181129
1024853	949614	75240	69866	5373	
598386	278422	319963	81982	237981	42285
521116	217688	303428	77687	225741	42285
6546	3217	3329	2016	1314	
3133	1439	1693	1074	619	
59174	46000	13174	2247	10926	
11549	11517	32	32		
2139305	1245665	893639	374592	519047	421070
2139305	1245665	893639	374592	519047	421070
1082537	762167	320370	174101	146269	231282
159527	106938	52590	22918	29672	49704
1056768	483498	573269	200491	372778	189788
669886	183369	486518	140232	346285	117562
1126438	692212	434226	147418	286808	98098
1126438	692212	434226	147418	286808	98098
562877	291605	271273	81985	189288	31286
975	866	109	109		
975	866	109	109		
913648	684557	229091	125491	103600	13572
233141	141426	91715	38558	53157	6205
270691	164690	106001	24215	81786	51613
5767067	5551659	215408	156480	58929	50451
3366278	3178281	187997	132409	55588	103831

1-14 各级各类教育机构

学校类别	合 计	个人部分	工资福利支出	对个人和家庭的补助支出	#助学金
总 计	**4827470545**	**3072644862**	**2714099423**	**358545439**	**175323235**
一、高等学校	979946436	497878892	400632735	97246157	65352098
1.普通高等学校	965070687	489657431	393285787	96371644	65168680
高等本科学校	700207409	359914810	288077416	71837393	47878897
高职高专学校	264863279	129742621	105208370	24534250	17289784
2.成人高等学校	14875749	8221462	7346948	874514	183417
二、中等职业学校	280940446	155539228	134847225	20692003	11247549
1.中等专业学校	129504214	71304854	60990046	10314808	5861363
2.职业高中	101885303	56587622	49325332	7262290	4164174
#农村	45397382	24173997	21020892	3153105	2278539
3.技工学校	38469683	19904303	17472473	2431831	1117791
4.成人中专学校	11081246	7742448	7059374	683074	104222
三、中 学	1483386482	1017855580	919472103	98383477	47138533
1.普通中学	1482709314	1017415127	919060596	98354531	47138294
普通高中	544546650	359807687	329054906	30752781	14433128
#农村	216664091	146421278	133241817	13179461	8252797
普通初中	938162664	657607440	590005690	67601750	32705166
#农村	505016453	371475933	331102402	40373532	22469077
2.成人中学	677168	440454	411507	28946	239
四、小 学	1464097810	1047657418	931005783	116651635	44621681
1.普通小学	1464091925	1047655018	931003383	116651635	44621681
#农村	830879393	623942380	549983750	73958630	31715213
2.成人小学	5885	2400	2400		
五、特殊教育	19659534	13385919	12240260	1145659	388790
1.特殊教育学校	18760482	12829875	11724193	1105682	380854
2.工读学校	899052	556043	516066	39977	7936
六、幼儿园	424653091	255372678	242676361	12696317	6563295
#农村	182701172	114763296	108020634	6742663	4659021
七、教育行政单位	39108730	22317815	18379130	3938685	
八、教育事业单位	74131678	42672676	38072819	4599857	
九、其 他	61546339	19964655	16773006	3191649	11289

教育经费支出明细(地方)

单位：千元

公用部分	商品和服务支出	其他资本性支出			基本建设支出
			专项公用支出	专项项目支出	
1664630233	**844589289**	**820040944**	**270288848**	**549752096**	**90195450**
457291338	239244437	218046900	97968688	120078212	24776206
450724232	234126876	216597356	97317433	119279924	24689025
318961566	181966487	136995079	66883039	70112041	21331033
131762666	52160389	79602277	30434394	49167883	3357992
6567105	5117561	1449544	651256	798289	87182
119965367	53577203	66388164	23963375	42424790	5435851
55366086	24796112	30569975	11023671	19546304	2833274
43789679	17405628	26384051	8010547	18373504	1508001
20674531	7116312	13558219	3608319	9949900	548853
17490299	9091190	8399109	4548028	3851081	1075081
3319302	2284273	1035029	381128	653902	19495
439239186	202631131	236608055	63822237	172785818	26291716
439004141	202497371	236506771	63807465	172699306	26290046
173981872	81322514	92659357	26092042	66567315	10757092
68059604	30652650	37406954	9219233	28187721	2183209
265022270	121174856	143847413	37715423	106131991	15532954
129038924	57432032	71606892	16651921	54954972	4501595
235045	133760	101285	14772	86512	1670
395718861	193774410	201944451	54128778	147815673	20721531
395715376	193774189	201941188	54125515	147815673	20721531
200244749	93189654	107055095	25023316	82031779	6692264
3484	222	3263	3263		
6061768	3416399	2645369	975317	1670052	211847
5718760	3231946	2486814	925478	1561335	211847
343009	184453	158556	49839	108717	
164011522	100182318	63829204	19136458	44692747	5268890
66202138	37265226	28936913	7163334	21773579	1735737
16207855	12465580	3742275	1693648	2048627	583060
30699823	22751053	7948770	4174381	3774389	759179
35434513	16546758	18887755	4425967	14461788	6147170

1-15 各级各类教育机构

学校类别	合 计	个人部分	工资福利支出	对个人和家庭的补助支出	#助学金
总 计	**4630350656**	**2940266718**	**2564991011**	**375275707**	**183444825**
一、高等学校	1202700520	622629019	489606121	133022898	88107807
1.普通高等学校	1186617000	614113675	481985779	132127895	87924656
高等本科学校	954227993	497258480	385996966	111261514	73649754
高职高专学校	232389006	116855195	95988814	20866381	14274902
2.成人高等学校	16083521	8515344	7620342	895003	183152
二、中等职业学校	257754370	144188158	125901817	18286341	9088542
1.中等专业学校	120080965	66789668	57673287	9116382	4765261
2.职业高中	93864108	52483577	46010493	6473083	3425733
#农村	42292924	22350474	19509225	2841249	1987576
3.技工学校	33684008	17662122	15583330	2078793	851147
4.成人中专学校	10125288	7252791	6634707	618083	46401
三、中 学	1329861180	926061436	834687284	91374152	41403278
1.普通中学	1329184012	925620982	834275776	91345206	41403039
普通高中	485251871	325687703	297090865	28596838	12554353
#农村	192975594	133108119	120900240	12207880	7378551
普通初中	843932141	599933279	537184911	62748368	28848686
#农村	471996892	351241215	312678978	38562237	20856390
2.成人中学	677168	440454	411507	28946	239
四、小 学	1359474341	985692626	875993432	109699193	39923863
1.普通小学	1359468456	985690225	875991032	109699193	39923863
#农村	798117363	604494130	532388206	72105924	30062809
2.成人小学	5885	2400	2400		
五、特殊教育	19475994	13293599	12163131	1130468	376304
1.特殊教育学校	18591433	12741017	11650466	1090551	368428
2.工读学校	884561	552582	512665	39917	7876
六、幼儿园	275296421	161498474	151692454	9806020	4475829
#农村	129561525	79177517	73749609	5427908	3526262
七、教育行政单位	39401411	22500586	18533885	3966701	
八、教育事业单位	80952341	43784159	39093008	4691151	30615
九、其 他	65434078	20618662	17319880	3298782	38586

教育经费支出明细(教育和其他部门)

单位：千元

公用部分	商品和服务支　出	其他资本性支　出	专项公用支　出	专项项目支　出	基本建设支　出
1593972760	**815350264**	**778622496**	**269385361**	**509237135**	**96111179**
549022517	325028749	223993768	113277800	110715968	31048984
541541522	319062533	222478990	112562978	109916012	30961803
429448561	273970626	155477935	86315006	69162929	27520953
112092961	45091906	67001055	26247971	40753083	3440850
7480995	5966217	1514778	714823	799956	87182
108170284	46265350	61904934	22630772	39274162	5395927
50463086	22045701	28417386	10566316	17851070	2828211
39887531	15129453	24758078	7519396	17238682	1493001
19393597	6348959	13044638	3422292	9622347	548853
14966665	7170408	7796258	4220716	3575541	1055221
2853002	1919789	933213	324345	608868	19495
377837954	163171290	214666664	57717145	156949519	25961791
377602909	163037529	214565380	57702373	156863006	25960121
149064148	67081006	81983142	23472903	58510239	10500020
57840315	25800611	32039704	7959867	24079837	2027160
228538761	95956523	132582238	34229470	98352768	15460101
116281298	49305854	66975443	15221660	51753783	4474379
235045	133760	101285	14772	86512	1670
353070656	162761165	190309491	49955612	140353879	20711059
353067172	162760943	190306228	49952349	140353879	20711059
186934087	84460638	102473449	23609629	78863820	6689146
3484	222	3263	3263		
5970548	3360695	2609853	966525	1643328	211847
5638569	3178002	2460567	916746	1543821	211847
331979	182693	149286	49779	99507	
108544025	54261487	54282538	14316463	39966076	5253922
48656909	23142477	25514431	5710354	19804077	1727099
16317766	12573637	3744129	1695502	2048627	583060
36370764	28277732	8093032	4318398	3774634	797419
38668246	19650159	19018086	4507145	14510942	6147170

1-16 各级各类教育机构

学校类别	合计	个人部分	工资福利支出	对个人和家庭的补助支出	#助学金
总　计	**380426689**	**187676688**	**138840979**	**48835709**	**33774012**
一、高等学校	362991606	181264608	132858534	48406074	33699759
1.普通高等学校	361612217	180872040	132490341	48381699	33699759
高等本科学校	360249806	180249164	131933588	48315576	33665884
高职高专学校	1362411	622876	556753	66123	33874
2.成人高等学校	1379390	392568	368194	24375	
二、中等职业学校	201850	107012	100438	6573	3512
1.中等专业学校	192521	103041	96643	6399	3337
2.职业高中					
#农村					
3.技工学校					
4.成人中专学校	9329	3971	3796	175	175
三、中　学	2912079	1977890	1870597	107294	8729
1.普通中学	2912079	1977890	1870597	107294	8729
普通高中	2098907	1406742	1322560	84183	7345
#农村	152111	114706	100805	13902	24
普通初中	813171	571148	548037	23111	1384
#农村	14182	8943	8282	661	76
2.成人中学					
四、小　学	1117262	736562	690791	45771	2396
1.普通小学	1117262	736562	690791	45771	2396
#农村	21281	19350	17335	2015	1211
2.成人小学					
五、特殊教育					
1.特殊教育学校					
2.工读学校					
六、幼儿园	2202807	1642355	1598801	43554	1704
#农村	52777	43370	41858	1512	654
七、教育行政单位	292681	182771	154755	28016	
八、教育事业单位	6820664	1111483	1020188	91295	30615
九、其　他	3887740	654007	546874	107133	27297

教育经费支出明细(中央教育和其他部门)

单位：千元

公用部分	商品和服务支出	其他资本性支出			基本建设支出
			专项公用支出	专项项目支出	
186262015	**133762810**	**52499205**	**32400568**	**20098637**	**6487986**
175287390	123416671	51870718	31889094	19981624	6439609
174300568	122496840	51803728	31823771	19979957	6439609
173698967	122246921	51452045	31747192	19704853	6301676
601601	249919	351682	76579	275104	137933
986821	919831	66990	65323	1667	
94838	90406	4432	4432		
89480	85047	4432	4432		
5359	5359				
934188	758138	176050	162938	13112	
934188	758138	176050	162938	13112	
692165	564640	127524	118360	9164	
37405	29980	7424	3853	3571	
242023	193498	48526	44578	3948	
5239	1047	4192	412	3780	
370700	295550	75150	44165	30985	10000
370700	295550	75150	44165	30985	10000
1931	1564	367	217	150	
560314	463907	96407	72889	23518	138
9407	7216	2190	1155	1035	
109911	108057	1854	1854		
5670941	5526679	144262	144017	245	38240
3233733	3103401	130331	81178	49153	

1-17 各级各类教育机构

学校类别	合 计	个人部分	工资福利支出	对个人和家庭的补助支出	#助学金
总 计	**4249923967**	**2752590030**	**2426150032**	**326439998**	**149670814**
一、高等学校	839708914	441364411	356747587	84616824	54408049
1.普通高等学校	825004783	433241635	349495438	83746196	54224897
高等本科学校	593978187	317009316	254063377	62945938	39983870
高职高专学校	231026595	116232319	95432061	20800258	14241027
2.成人高等学校	14704131	8122776	7252148	870628	183152
二、中等职业学校	257552520	144081146	125801379	18279768	9085030
1.中等专业学校	119888444	66686627	57576644	9109983	4761923
2.职业高中	93864108	52483577	46010493	6473083	3425733
#农村	42292924	22350474	19509225	2841249	1987576
3.技工学校	33684008	17662122	15583330	2078793	851147
4.成人中专学校	10115959	7248820	6630912	617909	46226
三、中 学	1326949102	924083545	832816687	91266858	41394549
1.普通中学	1326271933	923643092	832405179	91237912	41394310
普通高中	483152964	324280960	295768305	28512655	12547008
#农村	192823483	132993413	120799435	12193978	7378528
普通初中	843118969	599362131	536636874	62725257	28847302
#农村	471982710	351232272	312670696	38561576	20856314
2.成人中学	677168	440454	411507	28946	239
四、小 学	1358357078	984956064	875302641	109653423	39921467
1.普通小学	1358351194	984953663	875300241	109653423	39921467
#农村	798096082	604474780	532370871	72103909	30061598
2.成人小学	5885	2400	2400		
五、特殊教育	19475994	13293599	12163131	1130468	376304
1.特殊教育学校	18591433	12741017	11650466	1090551	368428
2.工读学校	884561	552582	512665	39917	7876
六、幼儿园	273093614	159856119	150093653	9762466	4474126
#农村	129508748	79134147	73707751	5426396	3525608
七、教育行政单位	39108730	22317815	18379130	3938685	
八、教育事业单位	74131678	42672676	38072819	4599857	
九、其 他	61546339	19964655	16773006	3191649	11289

教育经费支出明细(地方教育和其他部门)

单位：千元

公用部分	商品和服务支出	其他资本性支出	专项公用支出	专项项目支出	基本建设支出
1407710745	**681587454**	**726123291**	**236984793**	**489138498**	**89623193**
373735128	201612078	172123050	81388706	90734344	24609375
367240954	196565692	170675262	80739207	89936055	24522194
255749594	151723705	104025890	54567814	49458075	21219277
111491360	44841988	66649372	26171392	40477980	3302917
6494173	5046385	1447788	649499	798289	87182
108075446	46174944	61900502	22626340	39274162	5395927
50373607	21960654	28412953	10561883	17851070	2828211
39887531	15129453	24758078	7519396	17238682	1493001
19393597	6348959	13044638	3422292	9622347	548853
14966665	7170408	7796258	4220716	3575541	1055221
2847643	1914430	933213	324345	608868	19495
376903766	162413151	214490614	57554207	156936407	25961791
376668721	162279391	214389330	57539435	156849895	25960121
148371983	66516366	81855618	23354543	58501075	10500020
57802910	25770630	32032280	7956014	24076266	2027160
228296737	95763025	132533712	34184892	98348820	15460101
116276059	49304808	66971251	15221249	51750003	4474379
235045	133760	101285	14772	86512	1670
352699956	162465615	190234341	49911446	140322894	20701059
352696471	162465393	190231078	49908183	140322894	20701059
186932157	84459074	102473083	23609413	78863670	6689146
3484	222	3263	3263		
5970548	3360695	2609853	966525	1643328	211847
5638569	3178002	2460567	916746	1543821	211847
331979	182693	149286	49779	99507	
107983711	53797580	54186131	14243573	39942558	5253784
48647502	23135261	25512241	5709199	19803042	1727099
16207855	12465580	3742275	1693648	2048627	583060
30699823	22751053	7948770	4174381	3774389	759179
35434513	16546758	18887755	4425967	14461788	6147170

1-18 各级各类教育机构

学校类别	合 计	个人部分	工资福利支出	对个人和家庭的补助支出	#助学金
总 计	**26205485**	**15284372**	**13110386**	**2173986**	**843120**
一、高等学校	9095151	4567165	3755248	811917	508602
1.普通高等学校	8824648	4398245	3596310	801935	508336
高等本科学校	2545871	1277512	986780	290731	175967
高职高专学校	6278777	3120733	2609529	511204	332369
2.成人高等学校	270504	168920	158939	9982	266
二、中等职业学校	3096015	1684201	1487247	196954	111802
1.中等专业学校	1514459	751667	644625	107043	57621
2.职业高中	237414	111522	102788	8733	3304
#农村	40288	26886	24808	2078	206
3.技工学校	1264786	760201	683364	76837	49946
4.成人中专学校	79355	60812	56470	4342	931
三、中 学	4650557	2742695	2295648	447047	118954
1.普通中学	4650557	2742695	2295648	447047	118954
普通高中	1721811	1003499	822833	180666	56408
#农村	604698	356115	282364	73751	11186
普通初中	2928746	1739196	1472815	266381	62547
#农村	2220522	1290581	1087997	202584	35323
2.成人中学					
四、小 学	3715538	2791136	2352238	438898	70834
1.普通小学	3715538	2791136	2352238	438898	70834
#农村	2840283	2228298	1859271	369027	60301
2.成人小学					
五、特殊教育	6208	5233	3875	1358	98
1.特殊教育学校	6208	5233	3875	1358	98
2.工读学校					
六、幼儿园	4781575	3190608	3048767	141841	32831
#农村	1250649	854171	761721	92451	19016
七、教育行政单位	358412	146019	32977	113042	
八、教育事业单位	163461	55123	44681	10442	
九、其 他	338568	102192	89704	12488	

教育经费支出明细(国有及国有控股企业办)

单位：千元

公用部分	商品和服务支出	其他资本性支出	专项公用支出	专项项目支出	基本建设支出
9851163	**5104798**	**4746365**	**1507183**	**3239182**	**1069950**
4195297	2089890	2105407	697817	1407590	332689
4093714	1998312	2095401	691517	1403884	332689
978926	692509	286416	246566	39850	289434
3114788	1305803	1808985	444951	1364034	43256
101584	91578	10005	6299	3706	
1369529	773447	596082	204692	391390	42285
720507	313683	406824	144509	262315	42285
125893	37902	87991	17739	70252	
13402	5636	7766	6647	1119	
504585	403411	101174	42351	58823	
18544	18451	93	93		
1485476	552641	932835	250084	682750	422387
1485476	552641	932835	250084	682750	422387
487031	223711	263320	67969	195350	231282
198879	85228	113651	29689	83962	49704
998445	328930	669515	182115	487400	191105
812378	195616	616762	158541	458220	117562
832901	459477	373424	112191	261233	91501
832901	459477	373424	112191	261233	91501
580699	301194	279505	86662	192842	31286
975	866	109	109		
975	866	109	109		
1577533	1071982	505551	156236	349315	13434
390272	267150	123123	55771	67351	6205
160781	56634	104147	22361	81786	51613
96126	24980	71146	12463	58684	12211
132545	74880	57665	51231	6435	103831

1-19 各级各类教育机构

学校类别	合计	个人部分	工资福利支出	对个人和家庭的补助支出	#助学金
总计	**15258202**	**8818490**	**7223310**	**1595180**	**486956**
一、高等学校	4738326	2239318	1804504	434814	253650
1.普通高等学校	4616435	2155459	1727068	428391	253650
高等本科学校	2489328	1243612	963004	280608	167260
高职高专学校	2127107	911847	764064	147783	86390
2.成人高等学校	121891	83859	77436	6423	
二、中等职业学校	989767	443934	369139	74796	37926
1.中等专业学校	758016	284094	219519	64576	33351
2.职业高中	16428	9882	7569	2312	187
#农村	8138	5006	2995	2011	146
3.技工学校	180793	121619	116750	4869	4388
4.成人中专学校	34530	28339	25301	3038	
三、中学	4150629	2524442	2087681	436762	112151
1.普通中学	4150629	2524442	2087681	436762	112151
普通高中	1537195	915541	738038	177503	55463
#农村	497216	325389	254081	71308	10382
普通初中	2613434	1608902	1349643	259259	56688
#农村	2011648	1229439	1029933	199506	32490
2.成人中学					
四、小学	3412230	2568395	2156661	411733	65229
1.普通小学	3412230	2568395	2156661	411733	65229
#农村	2767248	2175015	1812189	362826	56790
2.成人小学					
五、特殊教育	6208	5233	3875	1358	98
1.特殊教育学校	6208	5233	3875	1358	98
2.工读学校					
六、幼儿园	1100602	733833	634087	99746	17902
#农村	672997	443058	357708	85350	14396
七、教育行政单位	358412	146019	32977	113042	
八、教育事业单位	163461	55123	44681	10442	
九、其他	338568	102192	89704	12488	

教育经费支出明细(中央国有及国有控股企业办)

单位：千元

公用部分	商品和服务支出	其他资本性支出			基本建设支出
			专项公用支出	专项项目支出	
5374542	**2599097**	**2775445**	**875822**	**1899623**	**1065170**
2166378	1148881	1017497	344601	672896	332629
2128347	1119099	1009248	340058	669190	332629
956283	671136	285146	245296	39850	289434
1172064	447962	724102	94762	629340	43196
38032	29782	8249	4543	3706	
503548	188017	315531	77549	237981	42285
431637	132641	298996	73255	225741	42285
6546	3217	3329	2016	1314	
3133	1439	1693	1074	619	
59174	46000	13174	2247	10926	
6191	6159	32	32		
1205116	487527	717589	211654	505935	421070
1205116	487527	717589	211654	505935	421070
390372	197527	192846	55741	137105	231282
122123	76957	45165	19065	26101	49704
814744	290000	524744	155913	368831	189788
664647	182322	482325	139820	342505	117562
755738	396662	359076	103253	255823	88098
755738	396662	359076	103253	255823	88098
560947	290041	270906	81768	189138	31286
975	866	109	109		
975	866	109	109		
353335	220650	132685	52602	80083	13434
223734	134209	89525	37402	52122	6205
160781	56634	104147	22361	81786	51613
96126	24980	71146	12463	58684	12211
132545	74880	57665	51231	6435	103831

1-20 各级各类教育机构

学校类别	合计	个人部分	工资福利支出	对个人和家庭的补助支出	#助学金
总计	**10947283**	**6465882**	**5887076**	**578806**	**356164**
一、高等学校	4356825	2327847	1950744	377103	254952
1.普通高等学校	4208213	2242786	1869242	373544	254686
高等本科学校	56543	33900	23776	10124	8707
高职高专学校	4151670	2208886	1845465	363421	245979
2.成人高等学校	148613	85061	81502	3559	266
二、中等职业学校	2106248	1240267	1118108	122159	73876
1.中等专业学校	756443	467573	425106	42467	24270
2.职业高中	220987	101640	95219	6421	3117
#农村	32150	21880	21813	67	60
3.技工学校	1083993	638582	566614	71968	45558
4.成人中专学校	44825	32472	31169	1303	931
三、中学	499928	218253	207967	10285	6803
1.普通中学	499928	218253	207967	10285	6803
普通高中	184617	87958	84795	3163	944
#农村	107482	30726	28283	2443	805
普通初中	315312	130294	123172	7122	5859
#农村	208873	61142	58064	3079	2833
2.成人中学					
四、小学	303308	222741	195577	27164	5605
1.普通小学	303308	222741	195577	27164	5605
#农村	73035	53283	47082	6201	3511
2.成人小学					
五、特殊教育					
1.特殊教育学校					
2.工读学校					
六、幼儿园	3680973	2456774	2414679	42095	14929
#农村	577652	411113	404013	7101	4620
七、教育行政单位					
八、教育事业单位					
九、其他					

教育经费支出明细(地方国有及国有控股企业办)

单位：千元

公用部分	商品和服务支出	其他资本性支出			基本建设支出
			专项公用支出	专项项目支出	
4476621	**2505701**	**1970920**	**631361**	**1339559**	**4780**
2028919	941009	1087910	353215	734694	60
1965367	879213	1086153	351459	734694	60
22643	21373	1270	1270		
1942724	857840	1084883	350189	734694	60
63552	61796	1756	1756		
865981	585430	280551	127143	153408	
288870	181042	107828	71254	36574	
119347	34685	84661	15723	68938	
10270	4197	6073	5573	500	
445411	357411	88000	40104	47896	
12353	12292	61	61		
280359	65114	215245	38431	176815	1316
280359	65114	215245	38431	176815	1316
96658	26184	70474	12229	58245	
76756	8271	68485	10624	57861	
183701	38930	144771	26202	118569	1316
147731	13295	134436	18721	115715	
77163	62815	14348	8938	5410	3404
77163	62815	14348	8938	5410	3404
19752	11154	8598	4894	3705	
1224199	851332	372866	103634	269232	
166539	132941	33598	18369	15229	

1-21 各级各类教育机构

学校类别	合　计	个人部分	工资福利支　出	对个人和家庭的补助支出	#助学金
总　　计	**566599295**	**313588951**	**282062315**	**31526636**	**25296257**
一、高等学校	135880697	54186635	41934405	12252230	10689097
1.普通高等学校	135857692	54173010	41921107	12251903	10689097
高等本科学校	106172678	42871594	33990263	8881331	7886320
高职高专学校	29685014	11301416	7930844	3370572	2802777
2.成人高等学校	23005	13625	13298	327	
二、中等职业学校	21281678	10217815	7927738	2290077	2088643
1.中等专业学校	8859327	4150654	2988295	1162358	1075170
2.职业高中	7800208	4002406	3219620	782786	735324
#农村	3072308	1801643	1489854	311789	290904
3.技工学校	3701682	1603599	1322529	281070	221085
4.成人中专学校	920462	461156	397294	63862	57064
三、中　学	155937452	93553783	86447449	7106333	5737181
1.普通中学	155937452	93553783	86447449	7106333	5737181
普通高中	61209069	35438768	33201806	2236962	1885176
#农村	23733126	13397139	12414100	983040	873465
普通初中	94728383	58115015	53245643	4869371	3852005
#农村	32824869	20182519	18373642	1808877	1609929
2.成人中学					
四、小　学	105437424	62478613	55507565	6971048	4694609
1.普通小学	105437424	62478613	55507565	6971048	4694609
#农村	32710275	19414318	17565797	1848521	1650104
2.成人小学					
五、特殊教育	183540	92320	77129	15191	12486
1.特殊教育学校	169049	88858	73728	15131	12426
2.工读学校	14491	3462	3401	60	60
六、幼儿园	147878504	93059785	90168029	2891756	2074240
#农村	52614772	35218036	33908870	1309166	1128794
七、教育行政单位					
八、教育事业单位					
九、其　他					

教育经费支出明细(民办)

单位：千元

公用部分	商品和服务支出	其他资本性支出	专项公用支出	专项项目支出	基本建设支出
252442867	**160496134**	**91946733**	**32672694**	**59274039**	**567477**
81527291	36691350	44835941	16226767	28609174	166771
81517911	36681970	44835941	16226767	28609174	166771
63189329	30221409	32967920	12313954	20653965	111756
18328583	6460561	11868021	3912812	7955209	55015
9380	9380				
11023940	6816829	4207111	1209892	2997219	39923
4703609	2654416	2049193	390534	1658660	5063
3782802	2241490	1541312	475428	1065884	15000
1270664	763156	507508	180455	327053	
2078222	1563371	514851	287208	227643	19860
459306	357551	101755	56722	45033	
62055061	40152866	21902195	6229599	15672597	328608
62055061	40152866	21902195	6229599	15672597	328608
25513230	14779964	10733266	2725270	8007995	257072
10179938	4873749	5306189	1252595	4053594	156048
36541831	25372901	11168930	3504328	7664601	71537
12615134	8113929	4501205	1411951	3089254	27216
42941742	31245980	11695762	4208394	7487368	17069
42941742	31245980	11695762	4208394	7487368	17069
13292840	8719426	4573414	1409009	3164404	3118
91220	55704	35517	8792	26724	
80190	53944	26247	8732	17514	
11030	1760	9270	60	9210	
54803613	45533406	9270207	4789250	4480957	15106
17388098	13997024	3391074	1435766	1955307	8638

1-22 各级各类教育机构

学校类别	合 计	个人部分	工资福利支出	对个人和家庭的补助支出	#助学金
总 计	**4164357397**	**2743866581**	**2386050032**	**357816549**	**178754833**
一、高等学校	803657858	444620234	339738503	104881731	74368470
1.普通高等学校	794840070	438498921	334305855	104193065	74215385
高等本科学校	611920893	345293236	261735698	83557538	59207113
高职高专学校	182919177	93205685	72570157	20635527	15008271
2.成人高等学校	8817788	6121313	5432648	688666	153086
二、中等职业学校	248478474	141197199	121565255	19631944	10709249
1.中等专业学校	115220861	64678457	54900809	9777648	5588679
2.职业高中	92726614	52884357	45848112	7036244	4025245
#农村	41790923	22572892	19529692	3043200	2212102
3.技工学校	30965474	16516288	14354215	2162073	1004417
4.成人中专学校	9565524	7118097	6462118	655979	90908
三、中 学	1305721454	922789295	829018522	93770773	43846774
1.普通中学	1305110542	922364172	828621241	93742932	43846535
普通高中	451868763	316300122	288324724	27975398	12636814
#农村	179431953	129723015	117827432	11895583	7429517
普通初中	853241779	606064051	540296517	65767534	31209721
#农村	476578797	354157880	314524992	39632888	21811175
2.成人中学	610912	425122	397281	27841	239
四、小 学	1368051993	994016926	878846283	115170643	43452584
1.普通小学	1368046108	994014525	878843882	115170643	43452584
#农村	801313973	607611917	534172850	73439068	31206524
2.成人小学	5885	2400	2400		
五、特殊教育	19305451	13279488	12155248	1124240	377701
1.特殊教育学校	18466152	12730160	11645409	1084751	370113
2.工读学校	839299	549328	509839	39489	7589
六、幼儿园	248742216	143547495	131977433	11570063	5969295
#农村	115979785	71824115	65529214	6294901	4352773
七、教育行政单位	38040837	22393958	18411249	3982710	
八、教育事业单位	69627651	41899874	37408857	4491017	
九、其 他	62731464	20122113	16928684	3193429	30758

财政补助支出明细(全国)

单位：千元

公用部分	商品和服务支出	其他资本性支出	专项公用支出	专项项目支出	基本建设支出
1322742209	**624857514**	**697884695**	**234433270**	**463451426**	**97748607**
327489179	166906354	160582826	84734175	75848651	31548444
324879886	165073898	159805988	84298635	75507353	31461263
238705515	133653893	105051622	62879188	42172434	27922142
86174371	31420005	54754366	21419447	33334919	3539121
2609293	1832455	776837	435540	341298	87182
101803139	42049873	59753267	21154316	38598950	5478136
47666845	20034617	27632228	9748199	17884029	2875559
38334257	14235660	24098597	7240603	16857994	1508001
18669178	5956186	12712992	3329578	9383414	548853
13374105	6251291	7122814	3852323	3270491	1075081
2427932	1528304	899628	313191	586436	19495
356219373	149629700	206589673	54345691	152243983	26712786
356035253	149540688	206494565	54335426	152159139	26711116
124580267	49383608	75196658	20179164	55017495	10988374
47476025	18129602	29346423	6650661	22695762	2232913
231454987	100157080	131297907	34156262	97141645	15722742
117801760	51221027	66580733	15253555	51327178	4619157
184120	89012	95108	10265	84843	1670
353215438	166618104	186597334	49606281	136991053	20819629
353211954	166617883	186594071	49603018	136991053	20819629
186978505	86284529	100693976	23387726	77306251	6723550
3484	222	3263	3263		
5814117	3288139	2525978	933650	1592328	211847
5524146	3130951	2393195	894444	1498751	211847
289971	157188	132783	39205	93577	
99912259	46959427	52952832	14084861	38867971	5282462
42413728	17798922	24614805	5369761	19245044	1741942
15012206	11488406	3523800	1564714	1959086	634672
26918147	20142244	6775903	3713376	3062527	809630
36358350	17775267	18583083	4296205	14286877	6251001

1-23　各级各类教育机构

学校类别	合　计	个人部分	工资福利支　出	对个人和家庭的补助支出	#助学金
总　　计	**217473184**	**128424511**	**94384539**	**34039973**	**23525501**
一、高等学校	196837755	118478730	85795559	32683170	23266641
1.普通高等学校	196480609	118320382	85647771	32672612	23266641
高等本科学校	194307444	117614914	85114099	32500815	23161581
高职高专学校	2173165	705468	533671	171797	105060
2.成人高等学校	357146	158348	147789	10559	
二、中等职业学校	882168	381029	305982	75047	38241
1.中等专业学校	771284	300640	235532	65108	33874
2.职业高中	16428	9882	7569	2312	187
#农村	8138	5006	2995	2011	146
3.技工学校	77593	54920	50331	4589	4179
4.成人中专学校	16863	15588	12550	3038	
三、中　学	6080490	4057869	3564507	493361	113524
1.普通中学	6080490	4057869	3564507	493361	113524
普通高中	2833551	1956583	1735456	221127	55768
#农村	597252	416140	342864	73276	9445
普通初中	3246939	2101286	1829052	272234	57756
#农村	2003293	1234317	1038001	196315	32472
2.成人中学					
四、小　学	4304618	3183211	2734932	448279	67175
1.普通小学	4304618	3183211	2734932	448279	67175
#农村	2749021	2185644	1825532	360112	57604
2.成人小学					
五、特殊教育	6208	5233	3875	1358	98
1.特殊教育学校	6208	5233	3875	1358	98
2.工读学校					
六、幼儿园	1652863	1107284	1003797	103486	18535
#农村	666027	449227	363581	85646	15046
七、教育行政单位	559059	322956	187732	135224	
八、教育事业单位	3811091	385784	360657	25127	
九、其　他	3338932	502416	427496	74920	21287

财政补助支出明细(中央)

单位：千元

公用部分	商品和服务支出	其他资本性支出	专项公用支出	专项项目支出	基本建设支出
81495515	**53637535**	**27857980**	**20496251**	**7361729**	**7553157**
71586787	45527178	26059609	19728139	6331469	6772238
71387988	45364178	26023810	19694008	6329802	6772238
70101421	45025492	25075929	19541974	5533955	6591109
1286568	338686	947881	152034	795847	181129
198798	163000	35798	34131	1667	
458854	172326	286528	64261	222267	42285
428360	153635	274725	61963	212762	42285
6546	3217	3329	2016	1314	
3133	1439	1693	1074	619	
22673	14209	8464	273	8191	
1275	1266	9	9		
1601551	888448	713103	293093	420010	421070
1601551	888448	713103	293093	420010	421070
645687	460685	185002	116406	68596	231282
131409	87539	43869	18040	25829	49704
955864	427763	528101	176687	351414	189788
651414	182224	469190	136363	332826	117562
1023310	643178	380131	122746	257385	98098
1023310	643178	380131	122746	257385	98098
532092	288144	243947	73717	170230	31286
975	866	109	109		
975	866	109	109		
532007	373906	158101	83651	74450	13572
210595	130905	79690	36253	43437	6205
184491	157359	27133	19223	7910	51613
3374856	3266565	108291	97702	10590	50451
2732685	2607710	124975	87327	37648	103831

1-24 各级各类教育机构

学校类别	合计	个人部分	工资福利支出	对个人和家庭的补助支出	#助学金
总　计	**3946884214**	**2615442070**	**2291665493**	**323776577**	**155229332**
一、高等学校	606820103	326141504	253942943	72198561	51101829
1.普通高等学校	598359461	320178538	248658085	71520454	50948744
高等本科学校	417613449	227678322	176621599	51056724	36045532
高职高专学校	180746012	92500216	72036486	20463730	14903211
2.成人高等学校	8460642	5962966	5284859	678107	153086
二、中等职业学校	247596306	140816170	121259273	19556897	10671009
1.中等专业学校	114449577	64377817	54665277	9712540	5554805
2.职业高中	92710187	52874475	45840543	7033932	4025057
#农村	41782785	22567886	19526697	3041189	2211955
3.技工学校	30887880	16461368	14303884	2157484	1000238
4.成人中专学校	9548662	7102509	6449568	652941	90908
三、中　学	1299640964	918731426	825454014	93277412	43733250
1.普通中学	1299030052	918306304	825056733	93249571	43733011
普通高中	449035211	314343539	286589268	27754271	12581045
#农村	178834701	129306875	117484568	11822307	7420072
普通初中	849994841	603962765	538467465	65495299	31151965
#农村	474575504	352923563	313486991	39436573	21778703
2.成人中学	610912	425122	397281	27841	239
四、小　学	1363747375	990833715	876111351	114722364	43385409
1.普通小学	1363741490	990831314	876108951	114722364	43385409
#农村	798564951	605426274	532347318	73078956	31148920
2.成人小学	5885	2400	2400		
五、特殊教育	19299244	13274254	12151373	1122882	377603
1.特殊教育学校	18459944	12724926	11641533	1083393	370015
2.工读学校	839299	549328	509839	39489	7589
六、幼儿园	247089354	142440212	130973635	11466576	5950760
#农村	115313758	71374888	65165633	6209255	4337727
七、教育行政单位	37481778	22071003	18223517	3847486	
八、教育事业单位	65816560	41514090	37048199	4465891	
九、其　他	59392532	19619697	16501188	3118509	9472

财政补助支出明细(地方)

单位：千元

公用部分	商品和服务支出	其他资本性支出			基本建设支出
			专项公用支出	专项项目支出	
1241246694	**571219979**	**670026715**	**213937019**	**456089696**	**90195450**
255902393	121379175	134523217	65006036	69517181	24776206
253491898	119709720	133782178	64604627	69177551	24689025
168604094	88628401	79975693	43337214	36638479	21331033
84887804	31081319	53806485	21267413	32539072	3357992
2410494	1669455	741039	401409	339631	87182
101344285	41877547	59466739	21090056	38376683	5435851
47238486	19880983	27357503	9686236	17671267	2833274
38327711	14232443	24095268	7238588	16856680	1508001
18666045	5954747	12711298	3328504	9382794	548853
13351432	6237082	7114350	3852050	3262300	1075081
2426657	1527039	899618	313182	586436	19495
354617822	148741252	205876570	54052598	151823972	26291716
354433702	148652240	205781462	54042333	151739129	26290046
123934580	48922924	75011656	20062758	54948898	10757092
47344617	18042063	29302554	6632621	22669933	2183209
230499122	99729317	130769806	33979575	96790231	15532954
117150345	51038802	66111543	15117192	50994352	4501595
184120	89012	95108	10265	84843	1670
352192129	165974926	186217203	49483535	136733667	20721531
352188644	165974705	186213940	49480272	136733667	20721531
186446414	85996385	100450029	23314008	77136021	6692264
3484	222	3263	3263		
5813142	3287273	2525869	933541	1592328	211847
5523171	3130085	2393086	894335	1498751	211847
289971	157188	132783	39205	93577	
99380252	46585521	52794731	14001210	38793521	5268890
42203133	17668018	24535115	5333508	19201607	1735737
14827715	11331047	3496668	1545492	1951176	583060
23543291	16875680	6667612	3615674	3051937	759179
33625665	15167557	18458107	4208878	14249229	6147170

1-25 各级各类教育机构

学校类别	合 计	个人部分	工资福利支出	对个人和家庭的补助支出	#助学金
总 计	**4069643379**	**2693584044**	**2360110593**	**333473451**	**159991987**
一、高等学校	784505191	432481550	336417164	96064386	66549591
1.普通高等学校	775749903	426421098	331038832	95382266	66396752
高等本科学校	599401567	337333965	259412866	77921099	54046846
高职高专学校	176348337	89087134	71625967	17461167	12349906
2.成人高等学校	8755288	6060452	5378332	682120	152839
二、中等职业学校	239717700	136719449	119310242	17409207	8720481
1.中等专业学校	110660457	62605748	53992394	8613354	4537758
2.职业高中	90547494	51628131	45293979	6334152	3360146
#农村	40934620	22047135	19282363	2764772	1951585
3.技工学校	29094316	15451486	13591102	1860384	777964
4.成人中专学校	9415433	7034084	6432767	601317	44613
三、中 学	1281082373	909912913	820813738	89099175	40345522
1.普通中学	1280471461	909487791	820416457	89071334	40345283
普通高中	443903265	311819364	285076024	26743340	11684565
#农村	175347829	127491356	116145229	11346127	6967184
普通初中	836568196	597668427	535340433	62327994	28660719
#农村	468820461	350258975	311967644	38291331	20716614
2.成人中学	610912	425122	397281	27841	239
四、小 学	1347319634	982088059	873034961	109053097	39685271
1.普通小学	1347313749	982085658	873032561	109053097	39685271
#农村	792677900	602962115	531260103	71702012	29893418
2.成人小学	5885	2400	2400		
五、特殊教育	19191776	13223613	12113437	1110176	366165
1.特殊教育学校	18352537	12674345	11603598	1070748	358637
2.工读学校	839239	549268	509839	39428	7528
六、幼儿园	228116600	135036878	125838542	9198336	4294198
#农村	108655755	68499964	63314866	5185098	3404411
七、教育行政单位	37774459	22253773	18378271	3875502	
八、教育事业单位	69522798	41847577	37365015	4482562	
九、其 他	62412848	20020233	16839223	3181009	30758

财政补助支出明细(教育和其他部门)

单位：千元

公用部分	商品和服务支出	其他资本性支出			基本建设支出
			专项公用支出	专项项目支出	
1279948156	**595523938**	**684424218**	**228307750**	**456116468**	**96111179**
320974657	164292607	156682050	82518912	74163138	31048984
318367002	162461790	155905213	82083372	73821841	30961803
234546649	132034880	102511769	61223032	41288737	27520953
83820353	30426910	53393444	20860340	32533103	3440850
2607655	1830818	776837	435540	341298	87182
97602324	39640533	57961791	20661058	37300732	5395927
45226498	18888705	26337793	9524139	16813655	2828211
37426363	13595661	23830702	7123820	16706881	1493001
18338632	5723893	12614739	3278654	9336085	548853
12587609	5661077	6926532	3720980	3205552	1055221
2361854	1495090	866764	292120	574644	19495
345207669	141939186	203268483	53487952	149780531	25961791
345023549	141850174	203173375	53477687	149695687	25960121
121583881	48092185	73491696	19927940	53563756	10500020
45829312	17685615	28143697	6533355	21610341	2027160
223439668	93757989	129681679	33549748	96131931	15460101
114087107	48460250	65626856	14935402	50691455	4474379
184120	89012	95108	10265	84843	1670
344520516	159454058	185066459	48857230	136209228	20711059
344517032	159453836	185063196	48853968	136209228	20711059
183026640	82974238	100052402	23109188	76943214	6689146
3484	222	3263	3263		
5756316	3250937	2505379	926637	1578743	211847
5466345	3093749	2372596	887431	1485165	211847
289971	157188	132783	39205	93577	
87825800	37673160	50152640	12356509	37796131	5253922
38428692	14786383	23642309	4896579	18745730	1727099
14937626	11439104	3498522	1547346	1951176	583060
26877803	20123671	6754131	3701949	3052182	797419
36245445	17710681	18534764	4250157	14284607	6147170

1-26 各级各类教育机构

学校类别	合 计	个人部分	工资福利支出	对个人和家庭的补助支出	#助学金
总 计	**204828547**	**120911979**	**88293298**	**32618680**	**23109606**
一、高等学校	193832641	117168936	84779618	32389318	23079647
1.普通高等学校	193525041	117059878	84674933	32384944	23079647
高等本科学校	192590704	116756515	84409211	32347304	23059169
高职高专学校	934337	303362	265722	37640	20478
2.成人高等学校	307600	109058	104685	4373	
二、中等职业学校	117330	65197	62091	3106	1300
1.中等专业学校	117330	65197	62091	3106	1300
2.职业高中					
#农村					
3.技工学校					
4.成人中专学校					
三、中 学	2101531	1568507	1496682	71826	3548
1.普通中学	2101531	1568507	1496682	71826	3548
普通高中	1434409	1071539	1016796	54743	2354
#农村	137498	107309	99452	7857	14
普通初中	667122	496968	479885	17083	1194
#农村	13945	8733	8083	651	65
2.成人中学					
四、小 学	936323	623129	581480	41650	2376
1.普通小学	936323	623129	581480	41650	2376
#农村	19232	17676	15662	2013	1209
2.成人小学					
五、特殊教育					
1.特殊教育学校					
2.工读学校					
六、幼儿园	821487	569416	563823	5593	1448
#农村	19884	14996	13767	1229	654
七、教育行政单位	292681	182771	154755	28016	
八、教育事业单位	3706238	333487	316815	16672	
九、其 他	3020316	400536	338035	62501	21287

财政补助支出明细(中央教育和其他部门)

单位：千元

公用部分	商品和服务支出	其他资本性支出			基本建设支出
			专项公用支出	专项项目支出	
77428582	**51830173**	**25598409**	**19740264**	**5858145**	**6487986**
70224096	44992703	25231393	19449318	5782075	6439609
70025554	44829960	25195595	19415187	5780408	6439609
69532513	44679141	24853373	19348069	5505304	6301676
493041	150819	342222	67119	275104	137933
198542	162744	35798	34131	1667	
52133	49729	2404	2404		
52133	49729	2404	2404		
533024	426034	106990	95929	11061	
533024	426034	106990	95929	11061	
362870	286312	76558	69433	7125	
30188	24269	5920	2348	3571	
170154	139722	30431	26495	3936	
5212	1020	4192	412	3780	
303193	250290	52903	29035	23869	10000
303193	250290	52903	29035	23869	10000
1557	1190	367	217	150	
251933	212244	39689	34171	5518	138
4888	3098	1790	968	822	
109911	108057	1854	1854		
3334511	3247992	86520	86275	245	38240
2619780	2543124	76656	41279	35377	

1-27 各级各类教育机构

学校类别	合　计	个人部分	工资福利支　出	对个人和家庭的补助支出	#助学金
总　计	**3864814832**	**2572672065**	**2271817295**	**300854770**	**136882381**
一、高等学校	590672551	315312614	251637546	63675068	43469944
1.普通高等学校	582224863	309361221	246363899	62997322	43317105
高等本科学校	406810863	220577449	175003654	45573795	30987676
高职高专学校	175414000	88783771	71360244	17423527	12329428
2.成人高等学校	8447688	5951394	5273647	677746	152839
二、中等职业学校	239600370	136654251	119248151	17406101	8719181
1.中等专业学校	110543127	62540551	53930303	8610247	4536458
2.职业高中	90547494	51628131	45293979	6334152	3360146
#农村	40934620	22047135	19282363	2764772	1951585
3.技工学校	29094316	15451486	13591102	1860384	777964
4.成人中专学校	9415433	7034084	6432767	601317	44613
三、中　学	1278980842	908344406	819317057	89027349	40341975
1.普通中学	1278369930	907919284	818919776	88999508	40341736
普通高中	442468856	310747825	284059228	26688597	11682211
#农村	175210331	127384047	116045777	11338270	6967170
普通初中	835901074	597171459	534860548	62310911	28659525
#农村	468806516	350250242	311959561	38290681	20716549
2.成人中学	610912	425122	397281	27841	239
四、小　学	1346383311	981464929	872453482	109011448	39682895
1.普通小学	1346377426	981462529	872451081	109011448	39682895
#农村	792658668	602944439	531244441	71699999	29892209
2.成人小学	5885	2400	2400		
五、特殊教育	19191776	13223613	12113437	1110176	366165
1.特殊教育学校	18352537	12674345	11603598	1070748	358637
2.工读学校	839239	549268	509839	39428	7528
六、幼儿园	227295113	134467462	125274719	9192743	4292750
#农村	108635871	68484968	63301099	5183870	3403757
七、教育行政单位	37481778	22071003	18223517	3847486	
八、教育事业单位	65816560	41514090	37048199	4465891	
九、其　他	59392532	19619697	16501188	3118509	9472

财政补助支出明细(地方教育和其他部门)

单位：千元

公用部分					基本建设支出
	商品和服务支出	其他资本性支出			
			专项公用支出	专项项目支出	
1202519574	**543693764**	**658825810**	**208567486**	**450258323**	**89623193**
250750561	119299904	131450657	63069594	68381063	24609375
248341448	117631830	130709618	62668185	68041433	24522194
165014136	87355740	77658396	41874963	35783433	21219277
83327312	30276091	53051222	20793222	32258000	3302917
2409113	1668074	741039	401409	339631	87182
97550191	39590805	57959386	20658654	37300732	5395927
45174365	18838976	26335389	9521734	16813655	2828211
37426363	13595661	23830702	7123820	16706881	1493001
18338632	5723893	12614739	3278654	9336085	548853
12587609	5661077	6926532	3720980	3205552	1055221
2361854	1495090	866764	292120	574644	19495
344674644	141513151	203161493	53392024	149769470	25961791
344490525	141424140	203066385	53381759	149684626	25960121
121221011	47805873	73415138	19858506	53556631	10500020
45799124	17661347	28137777	6531007	21606770	2027160
223269514	93618267	129651247	33523252	96127995	15460101
114081895	48459230	65622664	14934990	50687675	4474379
184120	89012	95108	10265	84843	1670
344217323	159203767	185013555	48828196	136185360	20701059
344213838	159203546	185010293	48824933	136185360	20701059
183025083	82973048	100052035	23108972	76943064	6689146
3484	222	3263	3263		
5756316	3250937	2505379	926637	1578743	211847
5466345	3093749	2372596	887431	1485165	211847
289971	157188	132783	39205	93577	
87573867	37460915	50112952	12322339	37790613	5253784
38423804	14783285	23640519	4895611	18744908	1727099
14827715	11331047	3496668	1545492	1951176	583060
23543291	16875680	6667612	3615674	3051937	759179
33625665	15167557	18458107	4208878	14249229	6147170

1-28 各级各类教育机构

学校类别	合 计	个人部分	工资福利支出	对个人和家庭的补助支出	#助学金
总 计	**15583758**	**9197951**	**7374856**	**1823096**	**695049**
一、高等学校	4059458	1998178	1471382	526796	379914
1.普通高等学校	3998331	1937316	1417066	520250	379667
高等本科学校	1724906	866565	704888	161677	110578
高职高专学校	2273425	1070751	712178	358573	269089
2.成人高等学校	61127	60862	54316	6546	246
二、中等职业学校	1678690	851218	679741	171476	100571
1.中等专业学校	1037163	478842	382678	96164	54447
2.职业高中	49482	27090	18982	8108	2778
#农村	8218	5065	2995	2071	206
3.技工学校	569852	324562	260716	63846	43141
4.成人中专学校	22193	20723	17365	3358	204
三、中 学	4026103	2519085	2091105	427980	114501
1.普通中学	4026103	2519085	2091105	427980	114501
普通高中	1413617	893719	725430	168289	53682
#农村	469769	316504	249263	67241	9615
普通初中	2612486	1625366	1365675	259691	60819
#农村	2007799	1240613	1042713	197900	34476
2.成人中学					
四、小 学	3485636	2654628	2222664	431964	69903
1.普通小学	3485636	2654628	2222664	431964	69903
#农村	2774499	2205840	1841686	364154	59768
2.成人小学					
五、特殊教育	6208	5233	3875	1358	98
1.特殊教育学校	6208	5233	3875	1358	98
2.工读学校					
六、幼儿园	1637817	875247	739808	135439	30063
#农村	822378	525176	434593	90583	18372
七、教育行政单位	266378	140185	32977	107208	
八、教育事业单位	104853	52297	43842	8455	
九、其 他	318616	101880	89461	12419	

财政补助支出明细(国有及国有控股企业办)

单位：千元

公用部分	商品和服务支出	其他资本性支出			基本建设支出
			专项公用支出	专项项目支出	
5315857	**2613938**	**2701919**	**992160**	**1709759**	**1069950**
1728591	776423	952168	394498	557670	332689
1728326	776157	952168	394498	557670	332689
568908	346351	222556	193906	28651	289434
1159418	429806	729612	200593	529019	43256
265	265				
785187	372346	412841	133076	279765	42285
516036	179085	336951	103962	232989	42285
22392	15393	7000	3730	3270	
3153	1459	1693	1074	619	
245289	176408	68881	25376	43506	
1470	1461	9	9		
1084632	477501	607131	197662	409469	422387
1084632	477501	607131	197662	409469	422387
288616	179754	108862	47224	61638	231282
103561	65192	38369	15944	22425	49704
796016	297747	498268	150438	347831	191105
649624	184450	465174	136085	329089	117562
739507	410299	329207	94798	234409	91501
739507	410299	329207	94798	234409	91501
537373	293228	244145	73734	170411	31286
975	866	109	109		
975	866	109	109		
749136	444042	305094	97172	207922	13434
290997	188836	102161	47992	54169	6205
74580	49302	25279	17369	7910	51613
40344	18573	21771	11427	10344	12211
112905	64586	48319	46049	2271	103831

1-29 各级各类教育机构

学校类别	合 计	个人部分	工资福利支出	对个人和家庭的补助支出	#助学金
总 计	**12644636**	**7512533**	**6091240**	**1421292**	**415895**
一、高等学校	3005114	1309794	1015941	293853	186994
1.普通高等学校	2955568	1260505	972837	287667	186994
高等本科学校	1716740	858399	704888	153511	102412
高职高专学校	1238828	402106	267949	134157	84582
2.成人高等学校	49546	49290	43104	6185	
二、中等职业学校	764838	315832	243891	71941	36941
1.中等专业学校	653954	235443	173441	62002	32574
2.职业高中	16428	9882	7569	2312	187
#农村	8138	5006	2995	2011	146
3.技工学校	77593	54920	50331	4589	4179
4.成人中专学校	16863	15588	12550	3038	
三、中 学	3978959	2489362	2067826	421536	109977
1.普通中学	3978959	2489362	2067826	421536	109977
普通高中	1399142	885043	718660	166384	53414
#农村	459755	308830	243412	65419	9431
普通初中	2579817	1604318	1349166	255152	56562
#农村	1989348	1225584	1029919	195665	32407
2.成人中学					
四、小 学	3368295	2560082	2153452	406629	64798
1.普通小学	3368295	2560082	2153452	406629	64798
#农村	2729789	2167968	1809870	358098	56395
2.成人小学					
五、特殊教育	6208	5233	3875	1358	98
1.特殊教育学校	6208	5233	3875	1358	98
2.工读学校					
六、幼儿园	831376	537868	439975	97893	17088
#农村	646143	434231	349813	84418	14392
七、教育行政单位	266378	140185	32977	107208	
八、教育事业单位	104853	52297	43842	8455	
九、其 他	318616	101880	89461	12419	

财政补助支出明细(中央国有及国有控股企业办)

单位：千元

公用部分	商品和服务支出	其他资本性支出	专项公用支出	专项项目支出	基本建设支出
4066933	**1807362**	**2259571**	**755987**	**1503584**	**1065170**
1362690	534475	828216	278821	549394	332629
1362434	534218	828216	278821	549394	332629
568908	346351	222556	193906	28651	289434
793527	187867	605659	84916	520744	43196
256	256				
406721	122598	284124	61856	222267	42285
376227	103906	272321	59558	212762	42285
6546	3217	3329	2016	1314	
3133	1439	1693	1074	619	
22673	14209	8464	273	8191	
1275	1266	9	9		
1068527	462414	606113	197164	408949	421070
1068527	462414	606113	197164	408949	421070
282817	174373	108444	46972	61471	231282
101220	63270	37950	15692	22258	49704
785711	288041	497670	150192	347478	189788
646202	181204	464998	135952	329046	117562
720116	392888	327228	93711	233517	88098
720116	392888	327228	93711	233517	88098
530535	286954	243581	73501	170080	31286
975	866	109	109		
975	866	109	109		
280074	161662	118412	49481	68932	13434
205707	127807	77900	35284	42616	6205
74580	49302	25279	17369	7910	51613
40344	18573	21771	11427	10344	12211
112905	64586	48319	46049	2271	103831

1-30 各级各类教育机构

学校类别	合　计	个人部分	工资福利支　出	对个人和家庭的补助支出	#助学金
总　　计	**2939122**	**1685418**	**1283615**	**401803**	**279153**
一、高等学校	1054344	688384	455440	232943	192920
1.普通高等学校	1042763	676812	444229	232583	192674
高等本科学校	8167	8167		8167	8167
高职高专学校	1034597	668645	444229	224416	184507
2.成人高等学校	11581	11572	11212	360	246
二、中等职业学校	913852	535386	435850	99535	63630
1.中等专业学校	383209	243400	209237	34163	21873
2.职业高中	33054	17208	11413	5795	2591
#农村	80	60		60	60
3.技工学校	492258	269642	210385	59258	38962
4.成人中专学校	5330	5135	4816	320	204
三、中　学	47144	29723	23279	6444	4524
1.普通中学	47144	29723	23279	6444	4524
普通高中	14475	8676	6771	1905	267
#农村	10014	7673	5852	1822	184
普通初中	32669	21047	16509	4539	4257
#农村	18452	15029	12794	2235	2070
2.成人中学					
四、小　学	117341	94547	69212	25335	5104
1.普通小学	117341	94547	69212	25335	5104
#农村	44710	37872	31816	6055	3374
2.成人小学					
五、特殊教育					
1.特殊教育学校					
2.工读学校					
六、幼儿园	806442	337379	299833	37546	12975
#农村	176235	90945	84780	6165	3980
七、教育行政单位					
八、教育事业单位					
九、其　他					

财政补助支出明细(地方国有及国有控股企业办)

单位：千元

公用部分	商品和服务支出	其他资本性支出	专项公用支出	专项项目支出	基本建设支出
1248924	**806576**	**442348**	**236173**	**206175**	**4780**
365900	241948	123953	115677	8275	60
365892	241939	123953	115677	8275	60
365892	241939	123953	115677	8275	60
9	9				
378466	249749	128717	71220	57497	
139809	75179	64630	44403	20227	
15846	12176	3670	1714	1956	
20	20				
222616	162199	60417	25103	35315	
195	195				
16104	15087	1017	497	520	1316
16104	15087	1017	497	520	1316
5799	5381	419	252	167	
2341	1922	419	252	167	
10305	9707	598	246	353	1316
3422	3246	177	134	43	
19390	17412	1979	1087	892	3404
19390	17412	1979	1087	892	3404
6838	6274	564	233	331	
469062	282381	186682	47692	138990	
85290	61029	24261	12708	11553	

1-31 各级各类教育机构

学校类别	合　计				
		个人部分			
			工资福利支　出	对个人和家庭的补助支出	
					#助学金
总　　计	**79130260**	**41084586**	**18564583**	**22520003**	**18067797**
一、高等学校	15093208	10140506	1849957	8290549	7438965
1.普通高等学校	15091835	10140506	1849957	8290549	7438965
高等本科学校	10794420	7092706	1617944	5474762	5049689
高职高专学校	4297415	3047800	232013	2815787	2389276
2.成人高等学校	1373				
二、中等职业学校	7082084	3626533	1575272	2051261	1888197
1.中等专业学校	3523242	1593867	525737	1068130	996474
2.职业高中	2129638	1229136	535151	693985	662320
#农村	848085	520691	244334	276357	260310
3.技工学校	1301306	740239	502398	237842	183312
4.成人中专学校	127899	63290	11986	51304	46091
三、中　学	20612978	10357297	6113678	4243618	3386751
1.普通中学	20612978	10357297	6113678	4243618	3386751
普通高中	6551880	3587039	2523270	1063769	898568
#农村	3614356	1915155	1432940	482215	452718
普通初中	14061098	6770258	3590409	3179849	2488183
#农村	5750537	2658292	1514635	1143657	1060084
2.成人中学					
四、小　学	17246723	9274239	3588657	5685582	3697410
1.普通小学	17246723	9274239	3588657	5685582	3697410
#农村	5861573	2443963	1071061	1372902	1253337
2.成人小学					
五、特殊教育	107468	50642	37936	12706	11438
1.特殊教育学校	107408	50581	37936	12645	11378
2.工读学校	60	60		60	60
六、幼儿园	18987799	7635371	5399083	2236288	1645035
#农村	6501651	2798975	1779755	1019220	929991
七、教育行政单位					
八、教育事业单位					
九、其　他					

财政补助支出明细(民办)

单位：千元

公用部分	商品和服务支出	其他资本性支出	专项公用支出	专项项目支出	基本建设支出
37478196	**26719638**	**10758558**	**5133360**	**5625198**	**567477**
4785931	1837324	2948607	1820765	1127842	166771
4784558	1835951	2948607	1820765	1127842	166771
3589958	1272662	2317297	1462251	855046	111756
1194600	563289	631311	358514	272796	55015
1373	1373				
3415628	2036993	1378635	360182	1018453	39923
1924312	966828	957484	120098	837385	5063
885502	624606	260896	113053	147843	15000
327394	230834	96560	49850	46710	
541206	413806	127401	105968	21433	19860
64608	31754	32855	21062	11792	
9927073	7213013	2714060	660077	2053983	328608
9927073	7213013	2714060	660077	2053983	328608
2707770	1111670	1596100	204000	1392100	257072
1543152	378794	1164358	101362	1062995	156048
7219303	6101343	1117960	456077	661883	71537
3065028	2576326	488702	182068	306634	27216
7955416	6753747	1201668	654253	547416	17069
7955416	6753747	1201668	654253	547416	17069
3414493	3017063	397430	204803	192626	3118
56826	36336	20490	6904	13586	
56826	36336	20490	6904	13586	
11337322	8842225	2495097	1631179	863918	15106
3694039	2823704	870335	425189	445146	8638

1-32 各级各类教育机构一般公共预算

学校类别	合 计	个人部分	工资福利支出	对个人和家庭的补助支出	#助学金
总 计	**3469779780**	**2370543461**	**2071537857**	**299005604**	**172586476**
一、高等学校	668566591	392584847	296798558	95786289	72152718
1.普通高等学校	661403351	387504061	292208309	95295752	71999729
高等本科学校	515439290	304537693	227986085	76551608	57388833
高职高专学校	145964061	82966368	64222224	18744144	14610896
2.成人高等学校	7163240	5080787	4590249	490537	152989
二、中等职业学校	190472828	119901282	104091797	15809485	9884440
1.中等专业学校	88336673	54595033	46590857	8004176	5126093
2.职业高中	69041939	45170141	39485207	5684934	3738236
#农村	31049966	19677867	17025121	2652746	2047653
3.技工学校	25369164	14397043	12695405	1701637	929244
4.成人中专学校	7725051	5739066	5320328	418738	90868
三、中 学	1090039915	794120672	717176560	76944112	42339532
1.普通中学	1089506338	793740445	716818288	76922156	42339293
普通高中	371573026	270059146	247503126	22556020	12210930
#农村	152761460	113119712	102662306	10457406	7235980
普通初中	717933313	523681299	469315162	54366136	30128363
#农村	413181813	308892997	275146560	33746436	21145852
2.成人中学	533577	380227	358271	21956	239
四、小 学	1159682245	856844035	765188160	91655875	42035747
1.普通小学	1159676435	856841709	765185835	91655875	42035747
#农村	691877301	525445359	466689417	58755942	30332226
2.成人小学	5810	2326	2326		
五、特殊教育	16214696	11137637	10300206	837431	352074
1.特殊教育学校	15531199	10690816	9877358	813458	344923
2.工读学校	683497	446821	422847	23973	7152
六、幼儿园	206911163	126761836	116707688	10054148	5791206
#农村	99818609	64271101	58455709	5815392	4258179
七、教育行政单位	30961121	18142882	15477548	2665334	
八、教育事业单位	58031488	34555636	31616993	2938643	
九、其 他	48899732	16494634	14180347	2314287	30758

教育事业费和基本建设支出明细(全国)

单位：千元

公用部分	商品和服务支出	其他资本性支出	专项公用支出	专项项目支出	基本建设支出
1010961588	**550969823**	**459991766**	**175436357**	**284555409**	**88274731**
245923984	140847195	105076789	68500183	36576605	30057760
243921879	139287096	104634783	68180169	36454615	29977411
184180835	110286133	73894702	50087648	23807054	26720762
59741044	29000963	30740081	18092520	12647561	3256648
2002104	1560099	442005	320015	121991	80349
65668663	36022621	29646042	14615245	15030796	4902882
31221967	16492596	14729371	7147301	7582069	2519673
22406994	12482963	9924030	4685875	5238155	1464805
10844163	5406286	5437877	2292506	3145371	527936
10068889	5693662	4375227	2497247	1877980	903232
1970814	1353400	617414	284822	332591	15172
271840001	133862419	137977582	36900942	101076640	24079243
271688321	133782543	137905777	36893694	101012083	24077573
90993738	43448216	47545522	12930945	34614577	10520142
37477922	16654594	20823328	4899613	15923715	2163826
180694583	90334327	90360255	23962749	66397507	13557431
100225642	48159735	52065907	12424854	39641052	4063175
151681	79876	71805	7248	64557	1670
284821914	151906504	132915410	36237824	96677586	18016296
284818429	151906283	132912147	36234561	96677586	18016296
160789372	81197652	79591719	18894726	60696993	5642571
3484	222	3263	3263		
4865977	2928172	1937806	743814	1193992	211082
4629301	2792792	1836509	717603	1118906	211082
236676	135380	101297	26211	75085	
75510060	42331601	33178459	10592888	22585571	4639267
34129215	16678012	17451203	4151376	13299828	1418292
12222454	9901169	2321285	1210811	1110475	595785
22696059	17999484	4696575	2684477	2012098	779794
27412476	15170658	12241818	3950172	8291646	4992623

1-33 各级各类教育机构一般公共预算

学校类别	合　计	个人部分	工资福利支出	对个人和家庭的补助支出	#助学金
总　　计	**174853918**	**112047721**	**79851287**	**32196434**	**22534026**
一、高等学校	157905965	103697242	72653971	31043271	22284611
1.普通高等学校	157694147	103585835	72551919	31033916	22284611
高等本科学校	156072984	103007004	72112767	30894237	22179888
高职高专学校	1621163	578831	439152	139679	104723
2.成人高等学校	211818	111408	102052	9355	
二、中等职业学校	694554	318754	256487	62267	35983
1.中等专业学校	590456	239350	186678	52672	31617
2.职业高中	16428	9882	7569	2312	187
#农村	8138	5006	2995	2011	146
3.技工学校	71702	54806	50331	4475	4179
4.成人中专学校	15968	14716	11908	2808	
三、中　学	5470279	3519756	3099576	420180	109026
1.普通中学	5470279	3519756	3099576	420180	109026
普通高中	2591063	1762868	1565296	197572	54028
#农村	523605	359032	292199	66833	9431
普通初中	2879216	1756888	1534280	222608	54998
#农村	1743743	990475	827982	162493	32382
2.成人中学					
四、小　学	3746789	2658626	2279033	379593	64554
1.普通小学	3746789	2658626	2279033	379593	64554
#农村	2311532	1771384	1462661	308724	57590
2.成人小学					
五、特殊教育	4238	3393	2805	588	64
1.特殊教育学校	4238	3393	2805	588	64
2.工读学校					
六、幼儿园	1521249	1001820	905247	96573	18501
#农村	592372	392743	310844	81899	15013
七、教育行政单位	434954	239095	129562	109532	
八、教育事业单位	3510290	171744	156551	15193	
九、其　他	1565598	437292	368055	69237	21287

教育事业费和基本建设支出明细(中央)

单位：千元

公用部分	商品和服务支出	其他资本性支出			基本建设支出
			专项公用支出	专项项目支出	
56206105	**37795371**	**18410734**	**14398911**	**4011822**	**6600092**
48339299	31519717	16819582	13714085	3105497	5869424
48238888	31421520	16817368	13711871	3105497	5869424
47298679	31104458	16194221	13588407	2605814	5767301
940209	317062	623147	123464	499683	102123
100411	98197	2213	2213		
333516	159276	174240	46740	127500	42285
308821	140654	168167	44442	123725	42285
6546	3217	3329	2016	1314	
3133	1439	1693	1074	619	
16896	14162	2734	273	2461	
1253	1243	9	9		
1541784	857628	684156	274755	409401	408740
1541784	857628	684156	274755	409401	408740
608609	438904	169705	105212	64493	219586
126267	86352	39915	17665	22250	38306
933175	418723	514451	169543	344908	189154
636340	176708	459632	132452	327180	116928
991352	626670	364682	111881	252801	96811
991352	626670	364682	111881	252801	96811
510148	278029	232119	66463	165656	30000
845	787	59	59		
845	787	59	59		
505918	361483	144435	74907	69528	13511
193485	126114	67371	27939	39432	6144
144247	125970	18278	18170	107	51613
3288095	3189368	98727	88337	10390	50451
1061048	954472	106576	69977	36599	67258

1-34　各级各类教育机构一般公共预算

学校类别	合　计	个人部分	工资福利支　出	对个人和家庭的补助支出	#助学金
总　　计	**3294925862**	**2258495740**	**1991686570**	**266809170**	**150052450**
一、高等学校	510660626	288887605	224144587	64743018	49868107
1.普通高等学校	503709204	283918226	219656390	64261836	49715118
高等本科学校	359366306	201530689	155873318	45657371	35208945
高职高专学校	144342898	82387537	63783073	18604465	14506173
2.成人高等学校	6951422	4969379	4488197	481182	152989
二、中等职业学校	189778273	119582529	103835311	15747218	9848457
1.中等专业学校	87746217	54355683	46404179	7951504	5094476
2.职业高中	69025511	45160259	39477638	5682621	3738049
#农村	31041828	19672861	17022126	2650735	2047506
3.技工学校	25297462	14342237	12645074	1697163	925064
4.成人中专学校	7709083	5724350	5308419	415931	90868
三、中　学	1084569636	790600916	714076984	76523932	42230505
1.普通中学	1084036059	790220689	713718712	76501977	42230266
普通高中	368981963	268296278	245937829	22358448	12156902
#农村	152237855	112760680	102370107	10390574	7226549
普通初中	715054096	521924411	467780883	54143528	30073364
#农村	411438070	307902522	274318578	33583944	21113470
2.成人中学	533577	380227	358271	21956	239
四、小　学	1155935456	854185409	762909127	91276282	41971193
1.普通小学	1155929646	854183084	762906802	91276282	41971193
#农村	689565769	523673975	465226756	58447218	30274636
2.成人小学	5810	2326	2326		
五、特殊教育	16210457	11134244	10297401	836843	352010
1.特殊教育学校	15526961	10687423	9874554	812870	344859
2.工读学校	683497	446821	422847	23973	7152
六、幼儿园	205389914	125760016	115802441	9957575	5772705
#农村	99226237	63878359	58144865	5733493	4243166
七、教育行政单位	30526167	17903787	15347986	2555802	
八、教育事业单位	54521198	34383891	31460442	2923449	
九、其　他	47334135	16057342	13812292	2245051	9472

教育事业费和基本建设支出明细(地方)

单位：千元

公用部分	商品和服务支出	其他资本性支出			基本建设支出
			专项公用支出	专项项目支出	
954755483	**513174452**	**441581032**	**161037445**	**280543587**	**81674639**
197584685	109327478	88257207	54786099	33471108	24188336
195682991	107865576	87817415	54468297	33349118	24107987
136882156	79181675	57700481	36499241	21201239	20953461
58800835	28683901	30116934	17969056	12147878	3154525
1901693	1461902	439792	317801	121991	80349
65335147	35863345	29471802	14568506	14903296	4860597
30913146	16351942	14561204	7102860	7458344	2477389
22400447	12479747	9920701	4683859	5236842	1464805
10841031	5404847	5436184	2291432	3144752	527936
10051993	5679500	4372493	2496974	1875519	903232
1969561	1352157	617404	284813	332591	15172
270298218	133004791	137293426	36626187	100667239	23670503
270146537	132924916	137221622	36618939	100602683	23668833
90385129	43009311	47375817	12825734	34550084	10300556
37351655	16568243	20783413	4881948	15901465	2125520
179761408	89915604	89845804	23793205	66052599	13368277
99589301	47983027	51606275	12292402	39313873	3946247
151681	79876	71805	7248	64557	1670
283830562	151279834	132550728	36125943	96424785	17919485
283827077	151279612	132547465	36122680	96424785	17919485
160279224	80919623	79359600	18828263	60531338	5612571
3484	222	3263	3263		
4865132	2927385	1937747	743755	1193992	211082
4628456	2792006	1836450	717544	1118906	211082
236676	135380	101297	26211	75085	
75004141	41970117	33034024	10517980	22516044	4625756
33935730	16551898	17383832	4123436	13260396	1412148
12078207	9775199	2303008	1192641	1110367	544172
19407964	14810116	4597848	2596140	2001709	729343
26351428	14216186	12135242	3880195	8255047	4925365

1-35 各级各类教育机构一般公共预算

学校类别	合 计	个人部分	工资福利支出	对个人和家庭的补助支出	#助学金
总 计	**3386731953**	**2325123099**	**2049100063**	**276023035**	**154543903**
一、高等学校	652029931	381486287	294118190	87368097	64598569
1.普通高等学校	644913919	376451166	289567928	86883237	64445826
高等本科学校	504839253	297311341	226133232	71178109	52421272
高职高专学校	140074667	79139824	63434696	15705128	12024555
2.成人高等学校	7116012	5035121	4550262	484859	152743
二、中等职业学校	183155711	115680312	102014813	13665499	7955895
1.中等专业学校	84783840	52630745	45772916	6857829	4081610
2.职业高中	67107745	44011385	38988620	5022765	3108069
#农村	30263531	19189848	16803990	2385859	1798627
3.技工学校	23685456	13381591	11961036	1420555	721626
4.成人中专学校	7578670	5656591	5292241	364350	44591
三、中 学	1068684621	782764319	710201422	72562897	38961459
1.普通中学	1068151044	782384092	709843150	72540942	38961220
普通高中	365153445	266155014	244756594	21398420	11293076
#农村	149590209	111133842	101203447	9930395	6784293
普通初中	702997599	516229078	465086556	51142522	27668144
#农村	405999147	305403818	272937711	32466107	20065191
2.成人中学	533577	380227	358271	21956	239
四、小 学	1141121067	846281355	760303374	85977981	38459838
1.普通小学	1141115257	846279029	760301048	85977981	38459838
#农村	683937842	521365078	464253529	57111549	29044416
2.成人小学	5810	2326	2326		
五、特殊教育	16104161	11084622	10260312	824310	340730
1.特殊教育学校	15420725	10637862	9837465	800397	333639
2.工读学校	683436	446760	422847	23913	7092
六、幼儿园	188300685	118877696	111062548	7815149	4196653
#农村	92978930	61136548	56385283	4751265	3338215
七、教育行政单位	30727738	18018978	15450059	2568919	
八、教育事业单位	57939367	34515160	31582517	2932643	
九、其 他	48668672	16414370	14106828	2307542	30758

教育事业费和基本建设支出明细(教育和其他部门)

单位：千元

公用部分	商品和服务支出	其他资本性支出			基本建设支出
			专项公用支出	专项项目支出	
974734564	**524653336**	**450081227**	**170289693**	**279791534**	**86874291**
240803870	138804452	101999418	66729658	35269760	29739774
238803329	137245916	101557412	66409643	35147770	29659425
181031267	109045777	71985490	48770265	23215225	26496644
57772061	28200139	29571922	17639378	11932545	3162781
2000541	1558536	442005	320015	121991	80349
62654708	33817712	28836997	14236959	14600038	4820691
29680753	15425374	14255379	6950856	7304523	2472342
21646555	11900950	9745605	4593561	5152043	1449805
10545746	5188102	5357644	2257792	3099852	527936
9420493	5171179	4249313	2428791	1820522	883372
1906908	1320208	586700	263751	322949	15172
262577601	126887265	135690336	36167739	99522597	23342701
262425921	126807390	135618531	36160491	99458040	23341031
88953482	42376008	46577474	12738606	33838868	10044949
36485431	16267999	20217433	4814755	15402677	1970936
173472438	84431381	89041057	23421885	65619172	13296083
96676298	45439546	51236753	12121282	39115471	3919030
151681	79876	71805	7248	64557	1670
276929995	145327503	131602492	35617968	95984524	17909717
276926511	145327281	131599229	35614706	95984524	17909717
156963312	77961257	79002055	18633701	60368354	5609453
3484	222	3263	3263		
4808458	2891201	1917257	736851	1180406	211082
4571781	2755821	1815960	710639	1105321	211082
236676	135380	101297	26211	75085	
64809781	33967082	30842699	9011235	21831464	4613208
30437320	13806860	16630460	3738895	12891565	1405062
12164588	9859863	2304725	1194357	1110367	544172
22656625	17981219	4675406	2673452	2001954	767582
27328938	15117039	12211899	3921474	8290425	4925365

1-36　各级各类教育机构一般公共预算

学校类别	合　计	个人部分	工资福利支　出	对个人和家庭的补助支出	#助学金
总　计	**164407296**	**105953316**	**74926005**	**31027310**	**22151819**
一、高等学校	155673219	102669630	71838646	30830984	22121954
1.普通高等学校	155497521	102594159	71767098	30827061	22121954
高等本科学校	154940287	102325825	71525236	30800589	22101812
高职高专学校	557234	268334	241862	26472	20141
2.成人高等学校	175698	75471	71548	3923	
二、中等职业学校	100086	49063	47181	1882	1300
1.中等专业学校	100086	49063	47181	1882	1300
2.职业高中					
#农村					
3.技工学校					
4.成人中专学校					
三、中　学	2007431	1512630	1445421	67209	3474
1.普通中学	2007431	1512630	1445421	67209	3474
普通高中	1366855	1035019	982097	52922	2340
#农村	126805	100895	93747	7148	
普通初中	640576	477611	463324	14287	1134
#农村	2473	1730	1725	5	5
2.成人中学					
四、小　学	898017	587892	550131	37761	2376
1.普通小学	898017	587892	550131	37761	2376
#农村	6799	6067	4858	1209	1209
2.成人小学					
五、特殊教育					
1.特殊教育学校					
2.工读学校					
六、幼儿园	774265	530613	525941	4672	1429
#农村	11704	7444	6766	677	636
七、教育行政单位	201571	115191	102074	13117	
八、教育事业单位	3418169	131269	122075	9193	
九、其　他	1334538	357028	294536	62492	21287

教育事业费和基本建设支出明细(中央教育和其他部门)

单位：千元

公用部分	商品和服务支出	其他资本性支出			基本建设支出
			专项公用支出	专项项目支出	
52703053	**36200359**	**16502693**	**13796307**	**2706386**	**5750928**
47301038	31134446	16166592	13528610	2637983	5702551
47200811	31036433	16164379	13526396	2637983	5702551
46975243	30893657	16081585	13480077	2601508	5639220
225569	142775	82794	46319	36475	63331
100226	98013	2213	2213		
51024	48619	2404	2404		
51024	48619	2404	2404		
494801	408443	86358	82599	3760	
494801	408443	86358	82599	3760	
331836	269159	62677	59123	3554	
25910	23908	2002	2002		
162965	139284	23681	23476	206	
743	643	100	50	50	
300125	247666	52459	28591	23869	10000
300125	247666	52459	28591	23869	10000
732	470	262	112	150	
243514	204565	38949	33796	5153	138
4260	2982	1278	822	457	
86381	84664	1717	1717		
3248661	3171103	77558	77313	245	38240
977509	900853	76656	41279	35377	

1-37 各级各类教育机构一般公共预算

学校类别	合 计	个人部分	工资福利支出	对个人和家庭的补助支出	#助学金
总 计	**3222324657**	**2219169783**	**1974174058**	**244995725**	**132392083**
一、高等学校	496356712	278816657	222279544	56537113	42476615
1.普通高等学校	489416399	273857007	217800830	56056177	42323873
高等本科学校	349898966	194985517	154607996	40377520	30319459
高职高专学校	139517433	78871490	63192834	15678656	12004413
2.成人高等学校	6940314	4959650	4478714	480936	152743
二、中等职业学校	183055624	115631249	101967632	13663617	7954595
1.中等专业学校	84683753	52581682	45725735	6855947	4080310
2.职业高中	67107745	44011385	38988620	5022765	3108069
#农村	30263531	19189848	16803990	2385859	1798627
3.技工学校	23685456	13381591	11961036	1420555	721626
4.成人中专学校	7578670	5656591	5292241	364350	44591
三、中 学	1066677190	781251689	708756001	72495688	38957985
1.普通中学	1066143613	780871462	708397730	72473732	38957746
普通高中	363786590	265119995	243774497	21345498	11290735
#农村	149463404	111032947	101109700	9923247	6784293
普通初中	702357022	515751467	464623232	51128234	27667011
#农村	405996674	305402089	272935987	32466102	20065186
2.成人中学	533577	380227	358271	21956	239
四、小 学	1140223050	845693462	759753243	85940219	38457462
1.普通小学	1140217239	845691137	759750917	85940219	38457462
#农村	683931043	521359011	464248672	57110339	29043206
2.成人小学	5810	2326	2326		
五、特殊教育	16104161	11084622	10260312	824310	340730
1.特殊教育学校	15420725	10637862	9837465	800397	333639
2.工读学校	683436	446760	422847	23913	7092
六、幼儿园	187526420	118347083	110536606	7810477	4195225
#农村	92967226	61129105	56378517	4750588	3337579
七、教育行政单位	30526167	17903787	15347986	2555802	
八、教育事业单位	54521198	34383891	31460442	2923449	
九、其 他	47334135	16057342	13812292	2245051	9472

教育事业费和基本建设支出明细(地方教育和其他部门)

单位：千元

公用部分	商品和服务支出	其他资本性支出	专项公用支出	专项项目支出	基本建设支出
922031511	**488452977**	**433578534**	**156493386**	**277085148**	**81123363**
193502832	107670007	85832826	53201048	32631778	24037223
191602517	106209484	85393034	52883247	32509787	23956874
134056025	78152120	55903905	35290188	20613717	20857424
57546493	28057364	29489129	17593059	11896070	3099450
1900315	1460523	439792	317801	121991	80349
62603684	33769092	28834592	14234555	14600038	4820691
29629729	15376755	14252974	6948451	7304523	2472342
21646555	11900950	9745605	4593561	5152043	1449805
10545746	5188102	5357644	2257792	3099852	527936
9420493	5171179	4249313	2428791	1820522	883372
1906908	1320208	586700	263751	322949	15172
262082800	126478822	135603978	36085140	99518837	23342701
261931119	126398947	135532173	36077892	99454281	23341031
88621646	42106849	46514797	12679483	33835314	10044949
36459521	16244091	20215430	4812753	15402677	1970936
173309473	84292097	89017376	23398409	65618966	13296083
96675555	45438902	51236653	12121232	39115421	3919030
151681	79876	71805	7248	64557	1670
276629870	145079837	131550033	35589378	95960655	17899717
276626386	145079615	131546770	35586115	95960655	17899717
156962579	77960786	79001793	18633589	60368204	5609453
3484	222	3263	3263		
4808458	2891201	1917257	736851	1180406	211082
4571781	2755821	1815960	710639	1105321	211082
236676	135380	101297	26211	75085	
64566267	33762517	30803750	8977439	21826311	4613070
30433060	13803878	16629182	3738073	12891108	1405062
12078207	9775199	2303008	1192641	1110367	544172
19407964	14810116	4597848	2596140	2001709	729343
26351428	14216186	12135242	3880195	8255047	4925365

1-38 各级各类教育机构一般公共预算

学校类别	合 计	个人部分	工资福利支 出	对个人和家庭的补助支出	#助学金
总 计	**12977828**	**7631577**	**6126480**	**1505097**	**659616**
一、高等学校	3229283	1662475	1250574	411900	355459
1.普通高等学校	3183427	1616809	1210587	406222	355213
高等本科学校	1140864	689346	587531	101814	86242
高职高专学校	2042563	927463	623055	304408	268971
2.成人高等学校	45856	45665	39987	5678	246
二、中等职业学校	1383565	767230	608727	158503	98235
1.中等专业学校	823279	413813	329966	83848	52189
2.职业高中	47567	25174	17067	8108	2778
#农村	8218	5065	2995	2071	206
3.技工学校	491538	308509	245046	63462	43082
4.成人中专学校	21181	19734	16649	3085	186
三、中 学	3502261	2033527	1676046	357481	109781
1.普通中学	3502261	2033527	1676046	357481	109781
普通高中	1234676	734849	589970	144879	51916
#农村	404374	264138	204304	59835	9581
普通初中	2267585	1298678	1086076	212602	57865
#农村	1758855	1003007	838536	164471	34195
2.成人中学					
四、小 学	2931769	2135949	1784258	351692	66354
1.普通小学	2931769	2135949	1784258	351692	66354
#农村	2336376	1790416	1478455	311960	59588
2.成人小学					
五、特殊教育	4238	3393	2805	588	64
1.特殊教育学校	4238	3393	2805	588	64
2.工读学校					
六、幼儿园	1370148	784361	668587	115773	29722
#农村	733395	471781	384663	87118	18354
七、教育行政单位	233383	123904	27489	96415	
八、教育事业单位	92121	40476	34476	6000	
九、其 他	231060	80264	73519	6745	

教育事业费和基本建设支出明细(国有及国有控股企业办)

单位：千元

公用部分					基本建设支出
	商品和服务支出	其他资本性支出			
			专项公用支出	专项项目支出	
4492307	**2295879**	**2196428**	**815791**	**1380637**	**853944**
1399875	623444	776431	300641	475790	166933
1399684	623253	776431	300641	475790	166933
323437	210800	112636	108330	4307	128081
1076248	412453	663795	192312	471483	38852
190	190				
574051	291152	282899	115355	167543	42285
367181	154442	212739	86241	126498	42285
22392	15393	7000	3730	3270	
3153	1459	1693	1074	619	
183030	119878	63151	25376	37776	
1448	1439	9	9		
1058678	459921	598757	192596	406161	410056
1058678	459921	598757	192596	406161	410056
280242	172853	107389	46283	61106	219586
101929	63655	38274	15857	22417	38306
778436	287068	491368	146313	345055	190470
638920	179211	459708	132536	327173	116928
705605	391461	314144	84319	229825	90215
705605	391461	314144	84319	229825	90215
515961	283559	232402	66565	165836	30000
845	787	59	59		
845	787	59	59		
572414	415925	156489	66644	89845	13373
255469	173662	81807	33760	48047	6144
57867	41306	16561	16453	107	51613
39434	18264	21169	11025	10144	12211
83539	53619	29920	28698	1222	67258

1-39 各级各类教育机构一般公共预算

学校类别	合计	个人部分	工资福利支出	对个人和家庭的补助支出	#助学金
总计	**10446621**	**6094405**	**4925282**	**1169123**	**382207**
一、高等学校	2232747	1027612	815325	212287	162657
1.普通高等学校	2196626	991676	784821	206855	162657
高等本科学校	1132697	681179	587531	93648	78075
高职高专学校	1063929	310496	197289	113207	84582
2.成人高等学校	36120	35936	30504	5432	
二、中等职业学校	594468	269691	209306	60385	34683
1.中等专业学校	490370	190288	139497	50790	30317
2.职业高中	16428	9882	7569	2312	187
#农村	8138	5006	2995	2011	146
3.技工学校	71702	54806	50331	4475	4179
4.成人中专学校	15968	14716	11908	2808	
三、中学	3462848	2007126	1654155	352970	105552
1.普通中学	3462848	2007126	1654155	352970	105552
普通高中	1224208	727849	583199	144650	51688
#农村	396800	258137	198452	59685	9431
普通初中	2238640	1279277	1070956	208321	53865
#农村	1741270	988745	826258	162488	32377
2.成人中学					
四、小学	2848772	2070734	1728902	341831	62177
1.普通小学	2848772	2070734	1728902	341831	62177
#农村	2304733	1765317	1457803	307514	56380
2.成人小学					
五、特殊教育	4238	3393	2805	588	64
1.特殊教育学校	4238	3393	2805	588	64
2.工读学校					
六、幼儿园	746984	471207	379306	91901	17073
#农村	580668	385299	304078	81221	14377
七、教育行政单位	233383	123904	27489	96415	
八、教育事业单位	92121	40476	34476	6000	
九、其他	231060	80264	73519	6745	

教育事业费和基本建设支出明细(中央国有及国有控股企业办)

单位：千元

公用部分	商品和服务支出	其他资本性支出			基本建设支出
			专项公用支出	专项项目支出	
3503052	**1595011**	**1908040**	**602604**	**1305436**	**849164**
1038261	385272	652990	185475	467514	166873
1038077	385087	652990	185475	467514	166873
323437	210800	112636	108330	4307	128081
714640	174287	540353	77146	463208	38792
184	184				
282492	110657	171836	44335	127500	42285
257797	92034	165763	42037	123725	42285
6546	3217	3329	2016	1314	
3133	1439	1693	1074	619	
16896	14162	2734	273	2461	
1253	1243	9	9		
1046982	449185	597798	192157	405641	408740
1046982	449185	597798	192157	405641	408740
276773	169745	107028	46089	60939	219586
100357	62444	37913	15663	22250	38306
770209	279439	490770	146068	344702	189154
635597	176065	459532	132402	327130	116928
691227	379005	312223	83290	228933	86811
691227	379005	312223	83290	228933	86811
509416	277559	231857	66351	165506	30000
845	787	59	59		
845	787	59	59		
262404	156918	105486	41111	64375	13373
189225	123132	66093	27118	38975	6144
57867	41306	16561	16453	107	51613
39434	18264	21169	11025	10144	12211
83539	53619	29920	28698	1222	67258

1-40 各级各类教育机构一般公共预算

学校类别	合 计	个人部分	工资福利支 出	对个人和家庭的补助支出	#助学金
总 计	**2531207**	**1537172**	**1201198**	**335974**	**277409**
一、高等学校	996536	634863	435249	199613	192802
1.普通高等学校	986801	625133	425766	199367	192556
高等本科学校	8167	8167		8167	8167
高职高专学校	978634	616967	425766	191201	184389
2.成人高等学校	9735	9729	9483	246	246
二、中等职业学校	789097	497539	399421	98118	63552
1.中等专业学校	332909	223526	190468	33057	21872
2.职业高中	31139	15293	9497	5795	2591
#农村	80	60		60	60
3.技工学校	419836	253703	194715	58988	38903
4.成人中专学校	5213	5018	4741	277	186
三、中 学	39413	26401	21890	4510	4229
1.普通中学	39413	26401	21890	4510	4229
普通高中	10468	6999	6771	229	229
#农村	7574	6002	5852	150	150
普通初中	28945	19401	15120	4281	4000
#农村	17584	14262	12278	1983	1818
2.成人中学					
四、小 学	82996	65216	55356	9860	4177
1.普通小学	82996	65216	55356	9860	4177
#农村	31644	25098	20652	4446	3207
2.成人小学					
五、特殊教育					
1.特殊教育学校					
2.工读学校					
六、幼儿园	623164	313154	289281	23872	12650
#农村	152727	86482	80585	5897	3977
七、教育行政单位					
八、教育事业单位					
九、其 他					

教育事业费和基本建设支出明细(地方国有及国有控股企业办)

单位：千元

公用部分	商品和服务支出	其他资本性支出	专项公用支出	专项项目支出	基本建设支出
989255	**700867**	**288387**	**213187**	**75201**	**4780**
361613	238172	123441	115166	8275	60
361607	238166	123441	115166	8275	60
361607	238166	123441	115166	8275	60
6	6				
291558	180495	111063	71020	40043	
109383	62408	46976	44203	2773	
15846	12176	3670	1714	1956	
20	20				
166133	105716	60417	25103	35315	
195	195				
11696	10736	959	440	520	1316
11696	10736	959	440	520	1316
3469	3108	361	194	167	
1572	1211	361	194	167	
8227	7629	598	246	353	1316
3323	3146	177	134	43	
14377	12456	1921	1029	892	3404
14377	12456	1921	1029	892	3404
6545	6000	545	214	331	
310010	259007	51003	25533	25470	
66244	50530	15715	6642	9072	

1-41 各级各类教育机构一般公共预算

学校类别	合 计	个人部分	工资福利支出	对个人和家庭的补助支出	#助学金
总 计	**70069998**	**37788785**	**16311314**	**21477471**	**17382958**
一、高等学校	13307377	9436086	1429794	8006292	7198690
1.普通高等学校	13306005	9436086	1429794	8006292	7198690
高等本科学校	9459174	6537005	1265321	5271684	4881320
高职高专学校	3846831	2899080	164473	2734608	2317370
2.成人高等学校	1373				
二、中等职业学校	5933552	3453741	1468257	1985484	1830310
1.中等专业学校	2729555	1550475	487976	1062499	992294
2.职业高中	1886627	1133581	479521	654060	627390
#农村	778218	482953	218136	264817	248820
3.技工学校	1192170	706943	489323	217620	164536
4.成人中专学校	125200	62742	11438	51304	46091
三、中 学	17853033	9322826	5299092	4023734	3268292
1.普通中学	17853033	9322826	5299092	4023734	3268292
普通高中	5184904	3169283	2156562	1012722	865938
#农村	2766878	1721731	1254555	467176	442106
普通初中	12668129	6153543	3142531	3011013	2402354
#农村	5423811	2486171	1370313	1115859	1046466
2.成人中学					
四、小 学	15629410	8426731	3100529	5326202	3509555
1.普通小学	15629410	8426731	3100529	5326202	3509555
#农村	5603083	2289866	957432	1332433	1228223
2.成人小学					
五、特殊教育	106296	49621	37089	12533	11280
1.特殊教育学校	106235	49561	37089	12472	11220
2.工读学校	60	60		60	60
六、幼儿园	17240330	7099780	4976553	2123226	1564830
#农村	6106284	2662772	1685764	977008	901610
七、教育行政单位					
八、教育事业单位					
九、其 他					

教育事业费和基本建设支出明细(民办)

单位：千元

公用部分	商品和服务支出	其他资本性支出			基本建设支出
			专项公用支出	专项项目支出	
31734718	**24020607**	**7714111**	**4330873**	**3383238**	**546495**
3720239	1419299	2300940	1469885	831055	151052
3718866	1417927	2300940	1469885	831055	151052
2826131	1029555	1796576	1209053	587522	96037
892735	388371	504364	260831	243533	55015
1373	1373				
2439904	1913758	526146	262931	263215	39907
1174033	912780	261253	110205	151048	5047
738046	566620	171426	88584	82842	15000
295264	216725	78540	33640	44900	
465367	402604	62762	43080	19682	19860
62458	31753	30705	21062	9642	
8203722	6515232	1688489	540607	1147882	326485
8203722	6515232	1688489	540607	1147882	326485
1760014	899354	860659	146057	714602	255607
890562	322941	567621	69001	498620	154584
6443708	5615878	827830	394550	433280	70878
2910424	2540978	369445	171036	198409	27216
7186314	6187540	998774	535537	463237	16365
7186314	6187540	998774	535537	463237	16365
3310099	2952837	357262	194460	162803	3118
56674	36184	20490	6904	13586	
56674	36184	20490	6904	13586	
10127864	7948593	2179271	1515009	664263	12686
3436426	2697491	738936	378720	360215	7086

1-42　各级各类学校生均教育经费支出(教育和其他部门)

单位：元

学校类别	教育经费支出	个人和公用部分支出	个人部分	公用部分	基本建设支出
总　计	**20638.93**	**20210.53**	**13105.69**	**7104.84**	**428.40**
一、高等学校	36670.40	35723.71	18983.99	16739.72	946.69
1.普通高等学校	37655.02	36672.50	19487.72	17184.78	982.51
高等本科学校	42812.54	41577.78	22310.08	19267.70	1234.76
高职高专学校	25193.04	24820.02	12668.14	12151.87	373.02
2.成人高等学校	12518.94	12451.08	6628.09	5822.98	67.86
二、中等职业学校	22583.44	22110.67	12633.21	9477.46	472.77
1.中等专业学校	21805.10	21291.53	12128.11	9163.42	513.57
2.职业高中	24272.53	23886.45	13571.85	10314.61	386.08
#农村	20773.09	20503.51	10977.92	9525.59	269.58
3.技工学校	18236.12	17664.84	9562.06	8102.77	571.28
4.成人中专学校	52677.25	52575.83	37732.96	14842.87	101.42
三、中　学	21400.21	20982.43	14902.24	6080.19	417.78
1.普通中学	21394.83	20976.97	14898.99	6077.98	417.86
普通高中	23485.87	22977.68	15763.07	7214.61	508.19
#农村	18208.70	18017.42	12559.75	5457.67	191.28
普通初中	20352.89	19980.04	14468.43	5511.61	372.85
#农村	17739.91	17571.74	13201.33	4370.41	168.17
2.成人中学	42245.57	42141.39	27477.97	14663.42	104.18
四、小　学	14106.02	13891.12	10227.63	3663.49	214.90
1.普通小学	14106.02	13891.12	10227.65	3663.47	214.90
#农村	13152.80	13042.57	9961.93	3080.63	110.24
2.成人小学	13569.90	13569.90	5535.10	8034.80	
五、特殊教育	63157.46	62470.48	43108.97	19361.51	686.98
1.特殊教育学校	61767.40	61063.57	42330.23	18733.35	703.83
2.工读学校	119842.97	119842.97	74865.45	44977.52	
六、幼儿园	12956.61	12709.33	7600.80	5108.54	247.27
#农村	9257.44	9134.03	5657.40	3476.64	123.40

1-43 各级各类学校生均一般公共预算教育事业费和基本建设支出(教育和其他部门)

单位：元

学校类别	一般公共预算教育事业费和基本建设支出	事业费支出			基本建设支出
			个人部分	公用部分	
总　计	**15318.06**	**14925.13**	**10516.45**	**4408.69**	**392.93**
一、高等学校	22071.85	21065.13	12913.69	8151.45	1006.72
1.普通高等学校	21927.61	20919.17	12799.65	8119.51	1008.45
高等本科学校	24758.39	23458.93	14580.78	8878.16	1299.45
高职高专学校	15528.64	15178.02	8773.42	6404.60	350.63
2.成人高等学校	54655.89	54038.75	38673.21	15365.54	617.14
二、中等职业学校	16047.40	15625.03	10135.46	5489.56	422.37
1.中等专业学校	15395.61	14946.67	9557.04	5389.63	448.94
2.职业高中	17353.54	16978.64	11381.00	5597.63	374.91
#农村	14864.59	14605.28	9425.51	5179.77	259.31
3.技工学校	12823.02	12344.78	7244.63	5100.14	478.25
4.成人中专学校	39428.36	39349.43	29428.66	9920.77	78.93
三、中　学	17197.34	16821.71	12596.29	4225.41	375.63
1.普通中学	17193.19	16817.48	12593.42	4224.06	375.70
普通高中	17673.19	17187.02	12881.73	4305.29	486.17
#农村	14114.96	13928.99	10486.32	3442.68	185.97
普通初中	16954.01	16633.35	12449.76	4183.59	320.66
#农村	15259.39	15112.10	11478.54	3633.56	147.30
2.成人中学	33287.55	33183.37	23720.68	9462.68	104.18
四、小　学	11840.37	11654.53	8781.09	2873.45	185.83
1.普通小学	11840.36	11654.53	8781.10	2873.43	185.83
#农村	11271.15	11178.71	8591.98	2586.72	92.44
2.成人小学	13397.46	13397.46	5362.67	8034.80	
五、特殊教育	52223.16	51538.66	35945.62	15593.04	684.50
1.特殊教育学校	51233.18	50531.89	35342.79	15189.10	701.29
2.工读学校	92594.02	92594.02	60528.43	32065.59	
六、幼儿园	8862.22	8645.10	5594.88	3050.22	217.12
#农村	6643.54	6543.14	4368.33	2174.81	100.39

1-44 各级各类学校生均教育经费支出(中央教育和其他部门)

单位：元

学校类别	教育经费支出	个人和公用部分支出			基本建设支出
			个人部分	公用部分	
总　计	**65619.28**	**64500.17**	**32372.09**	**32128.08**	**1119.10**
一、高等学校	65263.38	64105.58	32590.12	31515.46	1157.80
1.普通高等学校	65868.68	64695.69	32946.35	31749.34	1172.99
高等本科学校	66109.45	64953.03	33077.53	31875.50	1156.42
高职高专学校	33554.85	30157.68	15340.83	14816.86	3397.16
2.成人高等学校	-	-	-	-	-
二、中等职业学校	71199.23	71199.23	37746.64	33452.60	
1.中等专业学校	74707.29	74707.29	39984.91	34722.38	
2.职业高中					
#农村					
3.技工学校					
4.成人中专学校	36159.41	36159.41	15389.89	20769.52	
三、中　学	42157.40	42157.40	28633.40	13524.00	
1.普通中学	42157.40	42157.40	28633.40	13524.00	
普通高中	48981.52	48981.52	32828.70	16152.83	
#农村	27828.55	27828.55	20985.40	6843.16	
普通初中	31007.10	31007.10	21778.48	9228.61	
#农村	60954.57	60954.57	38437.98	22516.58	
2.成人中学					
四、小　学	20131.33	19951.15	13271.70	6679.45	180.18
1.普通小学	20131.33	19951.15	13271.70	6679.45	180.18
#农村	24841.61	24841.61	22587.96	2253.65	
2.成人小学					
五、特殊教育					
1.特殊教育学校					
2.工读学校					
六、幼儿园	20801.08	20799.78	15508.74	5291.04	1.30
#农村	14353.23	14353.23	11794.95	2558.28	

1-45　各级各类学校生均一般公共预算教育事业费和基本建设支出(中央教育和其他部门)

单位：元

学校类别	一般公共预算教育事业费和基本建设支出	事业费支出			基本建设支出
			个人部分	公用部分	
总　计	**30499.78**	**29432.91**	**19655.78**	**9777.13**	**1066.88**
一、高等学校	30199.04	29092.80	19916.88	9175.93	1106.24
1.普通高等学校	30282.36	29171.81	19979.69	9192.12	1110.54
高等本科学校	30414.33	29307.36	20086.26	9221.10	1106.96
高职高专学校	13724.13	12164.34	6608.81	5555.54	1559.78
2.成人高等学校	-	-	-	-	-
二、中等职业学校	35303.84	35303.84	17306.08	17997.76	
1.中等专业学校	38838.34	38838.34	19038.71	19799.63	
2.职业高中					
#农村					
3.技工学校					
4.成人中专学校					
三、中　学	29061.05	29061.05	21897.95	7163.11	
1.普通中学	29061.05	29061.05	21897.95	7163.11	
普通高中	31897.85	31897.85	24153.90	7743.95	
#农村	23198.89	23198.89	18458.67	4740.22	
普通初中	24425.85	24425.85	18211.82	6214.04	
#农村	10627.57	10627.57	7433.73	3193.84	
2.成人中学					
四、小　学	16180.88	16000.69	10592.91	5407.78	180.18
1.普通小学	16180.88	16000.69	10592.91	5407.78	180.18
#农村	7937.15	7937.15	7082.26	854.89	
2.成人小学					
五、特殊教育					
1.特殊教育学校					
2.工读学校					
六、幼儿园	7311.38	7310.08	5010.57	2299.50	1.30
#农村	3182.93	3182.93	2024.36	1158.57	

1-46 各级各类学校生均教育经费支出(地方教育和其他部门)

单位：元

学校类别	教育经费支出	个人和公用部分支出			基本建设支出
			个人部分	公用部分	
总　计	**19445.75**	**19035.67**	**12594.62**	**6441.05**	**410.08**
一、高等学校	30831.26	29927.68	16205.40	13722.28	903.57
1.普通高等学校	31702.96	30760.63	16648.44	14112.19	942.33
高等本科学校	35273.49	34013.38	18825.65	15187.73	1260.11
高职高专学校	25156.07	24796.42	12656.33	12140.09	359.65
2.成人高等学校	12125.29	12053.40	6698.19	5355.21	71.89
二、中等职业学校	22571.36	22098.48	12626.97	9471.51	472.89
1.中等专业学校	21780.33	21266.53	12115.07	9151.46	513.81
2.职业高中	24272.53	23886.45	13571.85	10314.61	386.08
#农村	20773.09	20503.51	10977.92	9525.59	269.58
3.技工学校	18236.12	17664.84	9562.06	8102.77	571.28
4.成人中专学校	52699.45	52597.89	37762.99	14834.90	101.56
三、中　学	21377.11	20958.86	14886.96	6071.91	418.24
1.普通中学	21371.72	20953.39	14883.70	6069.69	418.32
普通高中	23432.88	22923.63	15727.60	7196.03	509.25
#农村	18203.74	18012.36	12555.41	5456.95	191.38
普通初中	20346.15	19973.06	14463.81	5509.26	373.08
#农村	17739.53	17571.36	13201.11	4370.25	168.17
2.成人中学	42245.57	42141.39	27477.97	14663.42	104.18
四、小　学	14102.55	13887.63	10225.87	3661.75	214.92
1.普通小学	14102.55	13887.63	10225.90	3661.73	214.92
#农村	13152.64	13042.40	9961.75	3080.64	110.24
2.成人小学	13569.90	13569.90	5535.10	8034.80	
五、特殊教育	63157.46	62470.48	43108.97	19361.51	686.98
1.特殊教育学校	61767.40	61063.57	42330.23	18733.35	703.83
2.工读学校	119842.97	119842.97	74865.45	44977.52	
六、幼儿园	12917.31	12668.81	7561.19	5107.62	248.50
#农村	9256.10	9132.66	5655.78	3476.88	123.44

1-47 各级各类学校生均一般公共预算教育事业费和基本建设支出(地方教育和其他部门)

单位：元

学校类别	一般公共预算教育事业费和基本建设支出	事业费支出			基本建设支出
			个人部分	公用部分	
总　计	**14938.67**	**14562.58**	**10288.05**	**4274.53**	**376.09**
一、高等学校	20353.89	19368.20	11433.32	7934.89	985.68
1.普通高等学校	20160.40	19173.55	11280.92	7892.63	986.85
高等本科学校	22874.72	21511.16	12747.22	8763.94	1363.56
高职高专学校	15536.80	15191.64	8783.21	6408.44	345.16
2.成人高等学校	62972.56	62243.51	45001.11	17242.40	729.04
二、中等职业学校	16042.61	15620.14	10133.68	5486.46	422.48
1.中等专业学校	15384.64	14935.48	9552.60	5382.88	449.15
2.职业高中	17353.54	16978.64	11381.00	5597.63	374.91
#农村	14864.59	14605.28	9425.51	5179.77	259.31
3.技工学校	12823.02	12344.78	7244.63	5100.14	478.25
4.成人中专学校	39481.36	39402.32	29468.21	9934.10	79.04
三、中　学	17184.14	16808.09	12585.94	4222.15	376.05
1.普通中学	17179.98	16803.86	12583.06	4220.79	376.12
普通高中	17643.62	17156.44	12858.30	4298.14	487.18
#农村	14110.28	13924.21	10482.20	3442.01	186.07
普通初中	16949.28	16628.42	12446.11	4182.30	320.86
#农村	15259.43	15112.14	11478.57	3633.56	147.30
2.成人中学	33287.55	33183.37	23720.68	9462.68	104.18
四、小　学	11837.87	11652.03	8780.04	2871.99	185.84
1.普通小学	11837.86	11652.02	8780.06	2871.96	185.84
#农村	11271.19	11178.75	8592.00	2586.75	92.44
2.成人小学	13397.46	13397.46	5362.67	8034.80	
五、特殊教育	52223.16	51538.66	35945.62	15593.04	684.50
1.特殊教育学校	51233.18	50531.89	35342.79	15189.10	701.29
2.工读学校	92594.02	92594.02	60528.43	32065.59	
六、幼儿园	8869.99	8651.79	5597.81	3053.98	218.20
#农村	6644.44	6544.02	4368.95	2175.08	100.42

第二部分

各地区按来源分类教育经费收入

2-1 教育经费总收入

单位：千元

地 区	总 计			教育部门和其他部门			国有及国有控股企业办学			民办学校
	合计	中央	地方	合计	中央	地方	合计	中央	地方	地方
合 计	**5285161206**	**388515454**	**4896645752**	**4681195741**	**373155325**	**4308040416**	**25769149**	**15360129**	**10409020**	**578196316**
北 京	262218562	111368128	150850434	246608306	111353912	135254394	377087	14216	362871	15233169
天 津	71280996	10962560	60318436	65892729	10949445	54943284	403750	13115	390635	4984517
河 北	215076841	2248799	212828042	189245586	2209955	187035631	662827	38845	623983	25168428
山 西	101078568	362822	100715746	89274128	362822	88911306	465617		465617	11338823
内蒙古	85361781	256863	85104918	81707383	256863	81450520	213180		213180	3441218
辽 宁	120586788	10700797	109885991	109658036	10700797	98957239	222090		222090	10706663
吉 林	80529808	8481994	72047814	74024243	8481994	65542250	84052		84052	6421512
黑龙江	96548981	12321705	84227276	89564932	11094088	78470844	1752580	1227616	524964	5231468
上 海	180906746	36630436	144276309	162278018	36607534	125670483	187490	22902	164588	18441238
江 苏	365295627	28122312	337173315	332315582	28099099	304216483	398715	23214	375502	32581330
浙 江	300658818	12197668	288461150	255813319	12197668	243615651	206877		206877	44638622
安 徽	182880205	8094558	174785647	163619726	8094151	155525575	696973	407	696566	18563506
福 建	147763737	6153848	141609890	132789386	6153848	126635539	240222		240222	14734130
江 西	158163487	434647	157728839	141995081	429360	141565721	139506	5287	134219	16028900
山 东	321525405	11299463	310225942	284514894	11299463	273215432	2156662		2156662	34853848
河 南	281388428	1165676	280222752	234425617	1149916	233275701	509499	15761	493738	46453312
湖 北	196011143	28179896	167831247	174819924	27905442	146914482	483896	274453	209443	20707323
湖 南	197145357	8619491	188525866	170650807	8613633	162037175	405631	5858	399773	26088918
广 东	554241840	15546256	538695584	451559798	15484005	436075793	571649	62251	509397	102110394
广 西	154514378	331360	154183018	141610747	331360	141279387	59032		59032	12844598
海 南	46448864	128091	46320773	40655916	128091	40527825	88594		88594	5704354
重 庆	126019340	7779908	118239432	113582650	7675554	105907096	258381	104354	154027	12178310
四 川	268914972	22314760	246600211	230088883	21997606	208091277	906614	317155	589459	37919475
贵 州	145010958	217276	144793683	133753940	217276	133536665	77536		77536	11179482
云 南	166197252	483831	165713421	149698491	483831	149214660	337090		337090	16161671
西 藏	31692837	44227	31648610	31497587	44227	31453359				195250
陕 西	156615874	24917809	131698065	139670588	24911701	114758887	329893	6108	323785	16615392
甘 肃	89091829	4686287	84405541	85754267	4686287	81067980	149213		149213	3188348
青 海	29367554	54048	29313506	28602437	54048	28548389	53466		53466	711651
宁 夏	28903395	984068	27919326	26952429	984068	25968360	76607		76607	1874359
新 疆	123720835	13425872	110294964	108570311	197283	108373027	13254418	13228588	25830	1896107
大 连	16775081	26939	16748142	15509516	26939	15482578	7605		7605	1257960
宁 波	40951165	129501	40821664	34646975	129501	34517474				6304190
厦 门	21618449	13003	21605447	19097069	13003	19084067	28507		28507	2492873
青 岛	37944601		37944601	32400510		32400510	570347		570347	4973745
深 圳	118867235	640313	118226922	98429494	640313	97789180				20437741

注：辽宁数据包含大连，浙江数据包含宁波，福建数据包含厦门，山东数据包含青岛，广东数据包含深圳，以下同。

2-2 国家财政性教育经费

单位：千元

地区	总计			教育部门和其他部门			国有及国有控股企业办学			民办学校
	合计	中央	地方	合计	中央	地方	合计	中央	地方	地方
合计	**4272589823**	**252736383**	**4019853440**	**4176444231**	**239111305**	**3937332926**	**19111322**	**13625078**	**5486244**	**77034271**
北京	196999779	65690969	131308810	195472496	65680928	129791569	281181	10041	271139	1246102
天津	58265610	7908868	50356743	57558831	7908868	49649963	223211		223211	483568
河北	179601885	1665260	177936624	175874186	1647029	174227157	330659	18231	312428	3397040
山西	83526021	356992	83169028	81893112	356992	81536119	294172		294172	1338737
内蒙古	77837092	250970	77586122	77054864	250970	76803894	163035		163035	619193
辽宁	96588103	7131135	89456968	95964553	7131135	88833418	72858		72858	550693
吉林	66316856	6112026	60204829	65811463	6112026	59699437	59971		59971	445422
黑龙江	81891507	8350986	73540521	80337858	7357269	72980589	1295113	993717	301396	258536
上海	140134368	21694095	118440273	138417341	21694095	116723245	28649		28649	1688379
江苏	293779342	18800084	274979258	290330285	18794910	271535375	183401	5175	178227	3265656
浙江	227552000	7328732	220223267	220329971	7328732	213001239	40138		40138	7181890
安徽	150954107	6330617	144623490	148732499	6330211	142402289	327542	407	327135	1894066
福建	119991830	4053986	115937845	118317166	4053986	114263181	187271		187271	1487393
江西	131730283	430747	131299536	130027373	429360	129598013	21816	1387	20430	1681093
山东	259636065	6984962	252651103	253275990	6984962	246291028	1384843		1384843	4975232
河南	220076316	1098266	218978050	213574987	1089897	212485090	137254	8369	128885	6364074
湖北	155468706	20173561	135295145	153657794	20099378	133558416	218045	74183	143862	1592866
湖南	150776452	5805100	144971352	148225704	5804860	142420844	249150	240	248910	2301598
广东	427911785	9879468	418032317	409469638	9833601	399636037	252465	45867	206598	18189682
广西	128682364	331090	128351275	127014402	331090	126683313	7380		7380	1660582
海南	39639316	110368	39528948	38986393	110368	38876025	71848		71848	581075
重庆	102883452	5227295	97656157	100695896	5227295	95468601	52927		52927	2134630
四川	211833112	14217117	197615994	206707192	14013985	192693207	476353	203133	273220	4649567
贵州	124650415	217276	124433140	123329428	217276	123112152	49302		49302	1271685
云南	143554350	477930	143076421	140280236	477930	139802307	112456		112456	3161658
西藏	31248779	44227	31204552	31116275	44227	31072047				132505
陕西	122250760	15242987	107007773	119134582	15242383	103892199	165882	604	165278	2950296
甘肃	80623598	3513306	77110292	79838466	3513306	76325161	83250		83250	701881
青海	27229837	48284	27181553	26954319	48284	26906035	44587		44587	230931
宁夏	25430062	810136	24619926	25152117	810136	24341981	19815		19815	258129
新疆	115525670	12449542	103076128	102908811	185817	102722995	12276746	12263725	13021	340112
大连	15044994	12479	15032515	14985627	12479	14973148	2984		2984	56383
宁波	32523434	129501	32393933	31503007	129501	31373506				1020427
厦门	18713374	8302	18705072	18080244	8302	18071942	15661		15661	617470
青岛	32165713		32165713	31134247		31134247	494228		494228	537238
深圳	102247089	639025	101608065	94169448	639025	93530423				8077641

2-3 一般公共预算安排的教育经费

单位：千元

地区	总计			教育部门和其他部门			国有及国有控股企业办学			民办学校
	合计	中央	地方	合计	中央	地方	合计	中央	地方	地方
合 计	**4062798735**	**197833872**	**3864964863**	**3972377336**	**185333542**	**3787043793**	**15256749**	**12500330**	**2756419**	**75164650**
北 京	178640687	51926848	126713839	177236657	51926848	125309809	157928		157928	1246102
天 津	54593601	5598304	48995297	53955962	5598304	48357659	175436		175436	462203
河 北	167557247	1394839	166162409	163889583	1394839	162494744	275935		275935	3391730
山 西	81610763	306375	81304388	80235569	306375	79929194	42307		42307	1332887
内蒙古	75456148	156929	75299218	74800623	156929	74643693	36551		36551	618975
辽 宁	94204008	5696190	88507817	93616010	5696190	87919820	41012		41012	546986
吉 林	64876290	5190062	59686229	64381638	5190062	59191576	55765		55765	438888
黑龙江	76898784	5843308	71055477	75834909	5298999	70535910	830826	544309	286517	233050
上 海	132468318	16770475	115697843	130775200	16770475	114004725	6917		6917	1686201
江 苏	282389025	15922078	266466946	279025629	15916904	263108725	150953	5175	145778	3212443
浙 江	211157023	3631012	207526012	204449100	3631012	200818088	19440		19440	6688483
安 徽	141844663	4603144	137241519	139844760	4602857	135241903	130640	287	130353	1869263
福 建	113102645	2922469	110180177	111681055	2922469	108758587	16056		16056	1405534
江 西	128556309	232880	128323428	126857575	232648	126624927	19121	232	18889	1679612
山 东	247182411	5258937	241923474	241840080	5258937	236581142	389242		389242	4953090
河 南	212706016	384998	212321018	206418567	382687	206035880	49039	2311	46727	6238410
湖 北	144910124	16010029	128900095	143198214	15966108	127232106	121741	43921	77820	1590169
湖 南	147302587	4814324	142488264	144858226	4814324	140043903	143341		143341	2301020
广 东	408828058	8200093	400627965	390486036	8154482	382331554	230611	45611	185001	18111411
广 西	119028715	14656	119014059	117371027	14656	117356371	2194		2194	1655494
海 南	36399418	1841	36397577	35819686	1841	35817845	5177		5177	574555
重 庆	97245966	4280281	92965685	95072517	4280281	90792236	39255		39255	2134194
四 川	199555891	9714847	189841043	195373826	9543896	185829930	349236	170951	178285	3832829
贵 州	118974855	25414	118949441	117654668	25414	117629254	49302		49302	1270885
云 南	137799630	60609	137739021	134616861	60609	134556252	55774		55774	3126995
西 藏	31139841		31139841	31007606		31007606				132235
陕 西	117474746	13254889	104219858	114432325	13254285	101178040	99420	604	98816	2943001
甘 肃	77530453	3053411	74477042	76849651	3053411	73796240	18947		18947	661855
青 海	26680348	387	26679961	26407538	387	26407151	41879		41879	230931
宁 夏	24960804	720776	24240028	24693189	720776	23972413	12505		12505	255110
新 疆	111723360	11843469	99879892	99693048	156539	99536509	11690200	11686929	3271	340112
大 连	14864843		14864843	14805935		14805935	2524		2524	56383
宁 波	30730323	4638	30725685	29801374	4638	29796736				928950
厦 门	17656214		17656214	17101107		17101107	15161		15161	539946
青 岛	31127261		31127261	30585085		30585085	4939		4939	537238
深 圳	98027655	900	98026755	90000043	900	89999143				8027612

2-4 一般公共预算教育经费

单位：千元

地 区	总 计			教育部门和其他部门			国有及国有控股企业办学			民办学校
	合计	中央	地方	合计	中央	地方	合计	中央	地方	地方
合 计	**3631047281**	**160720906**	**3470326375**	**3544893138**	**149996224**	**3394896914**	**13361546**	**10724682**	**2636865**	**72792596**
北 京	154695451	41895923	112799528	153294610	41895923	111398687	157928		157928	1242912
天 津	48976509	4923173	44053336	48364340	4923173	43441167	155487		155487	456682
河 北	159473070	1299460	158173610	155863870	1299460	154564410	262766		262766	3346434
山 西	73048365		73048365	71696491		71696491	41772		41772	1310102
内蒙古	63604829	65404	63539426	62956530	65404	62891127	36551		36551	611748
辽 宁	79349683	5293473	74056210	78801935	5293473	73508462	40908		40908	506840
吉 林	57119701	4861501	52258201	56627591	4861501	51766091	55487		55487	436623
黑龙江	67092379	4731425	62360954	66074213	4195727	61878486	785348	535698	249650	232817
上 海	109953809	12660661	97293148	108328380	12660661	95667719	6917		6917	1618512
江 苏	253119852	11197086	241922766	249841341	11191912	238649430	150828	5175	145653	3127683
浙 江	191213734	3243492	187970241	184818633	3243492	181575141	19440		19440	6375660
安 徽	129116317	3105772	126010546	127142113	3105485	124036628	123505	287	123218	1850700
福 建	105285332	2679948	102605384	103905314	2679948	101225365	16056		16056	1363962
江 西	122079499	31904	122047595	120414037	31672	120382365	18653	232	18421	1646810
山 东	232761460	4579320	228182140	227489284	4579320	222909964	389242		389242	4882934
河 南	184872957	342221	184530735	178836087	339910	178496177	37749	2311	35438	5999120
湖 北	133299030	14236694	119062335	131620516	14192773	117427743	117647	43921	73726	1560866
湖 南	139586856	3920237	135666619	137166786	3920237	133246549	143053		143053	2277016
广 东	359243294	5461431	353781862	341550416	5415821	336134595	227601	45611	181991	17465277
广 西	105130472	8480	105121993	103477614	8480	103469134	2194		2194	1650665
海 南	30221967	1761	30220206	29649861	1761	29648100	5177		5177	566929
重 庆	79967816	4086619	75881198	77870137	4086619	73783518	39255		39255	2058425
四 川	177091051	8848407	168242644	173094253	8694173	164400080	331596	154234	177361	3665203
贵 州	107421439	20582	107400858	106120972	20582	106100390	44349		44349	1256119
云 南	115690680	32685	115657995	112874686	32685	112842001	55774		55774	2760220
西 藏	29337210		29337210	29204975		29204975				132235
陕 西	109049905	9747127	99302778	106027057	9746523	96280533	92303	604	91700	2930545
甘 肃	69111674	2812561	66299113	68443755	2812561	65631193	18477		18477	649443
青 海	21801599	387	21801212	21539902	387	21539515	33239		33239	228458
宁 夏	21417800	696054	20721746	21163483	696054	20467429	12505		12505	241812
新 疆	100913538	9937117	90976421	90633955	508	90633448	9939737	9936609	3128	339845
大 连	11918930		11918930	11860023		11860023	2524		2524	56383
宁 波	27071619	420	27071199	26172738	420	26172318				898881
厦 门	15837069		15837069	15296492		15296492	15161		15161	525417
青 岛	28732851		28732851	28190775		28190775	4939		4939	537138
深 圳	85699329	900	85698429	77978431	900	77977531				7720898

2-5 教育事业费

单位：千元

地 区	总 计			教育部门和其他部门			国有及国有控股企业办学			民办学校
	合计	中央	地方	合计	中央	地方	合计	中央	地方	地方
合 计	**3403842734**	**154161458**	**3249681276**	**3324320171**	**145053640**	**3179266530**	**11512697**	**9107817**	**2404880**	**68009867**
北 京	146916187	40480229	106435957	145536020	40480229	105055791	157928		157928	1222238
天 津	47602203	4689313	42912890	46990085	4689313	42300772	155487		155487	456631
河 北	153418078	1234380	152183698	149870299	1234380	148635918	259668		259668	3288111
山 西	68930701		68930701	67597520		67597520	40253		40253	1292928
内蒙古	59492196	65404	59426792	58942449	65404	58877045	2551		2551	547197
辽 宁	74812212	5208263	69603950	74310353	5208263	69102090	14889		14889	486971
吉 林	54636691	4790491	49846201	54144979	4790491	49354488	55477		55477	436236
黑龙江	64748703	4682455	60066248	63730937	4146757	59584180	784948	535698	249250	232817
上 海	93030562	12181341	80849221	92302699	12181341	80121358	6917		6917	720946
江 苏	233728083	10947456	222780627	230865330	10942282	219923048	83991	5175	78817	2778762
浙 江	177885670	3041062	174844608	172109319	3041062	169068257	15198		15198	5761153
安 徽	121764705	3072422	118692284	119884233	3072135	116812098	122117	287	121830	1758356
福 建	98681189	2610918	96070271	97413863	2610918	94802945	16006		16006	1251320
江 西	116121028	31904	116089123	114521965	31672	114490293	18653	232	18421	1580410
山 东	218818910	4433760	214385150	213930644	4433760	209496883	359506		359506	4528761
河 南	173890172	242221	173647951	167886180	239910	167646270	37749	2311	35438	5966243
湖 北	132606680	13551414	119055265	130928166	13507493	117420673	117647	43921	73726	1560866
湖 南	132502466	3803537	128698929	130186043	3803537	126382506	143053		143053	2173370
广 东	321389443	5339871	316049572	305017804	5294261	299723543	171647	45611	126036	16199993
广 西	101006423	8480	100997943	99357938	8480	99349458	2194		2194	1646291
海 南	28615499	1521	28613978	28043565	1521	28042044	5177		5177	566756
重 庆	74896179	3931889	70964291	72825101	3931889	68893213	39255		39255	2031823
四 川	167278078	8567897	158710180	163353426	8413663	154939764	330732	154234	176498	3593919
贵 州	103117384	20582	103096802	101832810	20582	101812228	44349		44349	1240225
云 南	111055914	32685	111023229	108618570	32685	108585884	55756		55756	2381589
西 藏	26525636		26525636	26393402		26393402				132235
陕 西	101016458	9499007	91517451	98140655	9498403	88642252	84453	604	83850	2791349
甘 肃	66538698	2702561	63836137	65904090	2702561	63201529	18477		18477	616131
青 海	20181688	387	20181301	19922664	387	19922277	33239		33239	225785
宁 夏	20671974	669754	20002220	20417657	669754	19747903	12505		12505	241812
新 疆	91962922	8320252	83642670	83341404	508	83340896	8322873	8319745	3128	298645
大 连	10941659		10941659	10882818		10882818	2522		2522	56319
宁 波	25375443	420	25375023	24575992	420	24575572				799451
厦 门	14276846		14276846	13784552		13784552	15161		15161	477133
青 岛	25439806		25439806	25012777		25012777	4733		4733	422296
深 圳	59998269	900	59997369	53073337	900	53072437				6924932

2-6　基本建设经费

单位：千元

地区	总计			教育部门和其他部门			国有及国有控股企业办学			民办学校
	合计	中央	地方	合计	中央	地方	合计	中央	地方	地方
合　计	**90824876**	**6559448**	**84265428**	**88567255**	**4942584**	**83624671**	**1621644**	**1616864**	**4780**	**635977**
北　京	6544206	1415694	5128512	6524982	1415694	5109288				19224
天　津	686466	233860	452606	686466	233860	452606				
河　北	1720503	65080	1655423	1720503	65080	1655423				
山　西	1297643		1297643	1296843		1296843				800
内蒙古	1238701		1238701	1224701		1224701				14000
辽　宁	1425238	85210	1340028	1425178	85210	1339968	60		60	
吉　林	917759	71010	846749	917759	71010	846749				
黑龙江	939855	48970	890885	939855	48970	890885				
上　海	3186801	479320	2707481	3113789	479320	2634469				73012
江　苏	1585994	249630	1336364	1585944	249630	1336314				50
浙　江	4823193	202430	4620763	4710983	202430	4508553				112210
安　徽	2525044	33350	2491694	2525044	33350	2491694				
福　建	1525106	69030	1456076	1525106	69030	1456076				
江　西	2007662		2007662	2005513		2005513				2149
山　东	640774	145560	495214	640774	145560	495214				
河　南	2996210	100000	2896210	2996210	100000	2896210				
湖　北	692350	685280	7070	692350	685280	7070				
湖　南	1904470	116700	1787770	1901820	116700	1785120				2650
广　东	24313229	121560	24191669	24260192	121560	24138632				53037
广　西	2057095		2057095	2057095		2057095				
海　南	1282145	240	1281905	1282145	240	1281905				
重　庆	3093747	154730	2939017	3082747	154730	2928017				11000
四　川	3516124	280510	3235614	3516124	280510	3235614				
贵　州	966549		966549	966549		966549				
云　南	1972665		1972665	1785745		1785745				186920
西　藏	2806744		2806744	2806744		2806744				
陕　西	4351387	248120	4103267	4241842	248120	3993722	4720		4720	104825
甘　肃	1211765	110000	1101765	1196765	110000	1086765				15000
青　海	1187813		1187813	1187813		1187813				
宁　夏	261900	26300	235600	261900	26300	235600				
新　疆	7145738	1616864	5528873	5487773		5487773	1616864	1616864		41100
大　连	282443		282443	282443		282443				
宁　波	362111		362111	362111		362111				
厦　门	154311		154311	154311		154311				
青　岛										
深　圳	20602130		20602130	20549093		20549093				53037

2-7 教育费附加

单位：千元

地区	总计			教育部门和其他部门			国有及国有控股企业办学			民办学校
	合计	中央	地方	合计	中央	地方	合计	中央	地方	地方
合　计	**136379670**		**136379670**	**132005713**		**132005713**	**227205**		**227205**	**4146752**
北　京	1235058		1235058	1233608		1233608				1450
天　津	687840		687840	687789		687789				51
河　北	4334489		4334489	4273069		4273069	3097		3097	58323
山　西	2820021		2820021	2802128		2802128	1519		1519	16374
内蒙古	2873933		2873933	2789381		2789381	34000		34000	50552
辽　宁	3112233		3112233	3066404		3066404	25960		25960	19869
吉　林	1565251		1565251	1564853		1564853	10		10	388
黑龙江	1403822		1403822	1403422		1403422	400		400	
上　海	13736446		13736446	12911892		12911892				824553
江　苏	17805776		17805776	17390068		17390068	66837		66837	348871
浙　江	8504870		8504870	7998331		7998331	4242		4242	502297
安　徽	4826568		4826568	4732836		4732836	1388		1388	92344
福　建	5079037		5079037	4966344		4966344	50		50	112642
江　西	3950809		3950809	3886558		3886558				64251
山　东	13301775		13301775	12917866		12917866	29736		29736	354173
河　南	7986574		7986574	7953696		7953696				32877
湖　北										
湖　南	5179919		5179919	5078923		5078923				100996
广　东	13540621		13540621	12272420		12272420	55954		55954	1212247
广　西	2066955		2066955	2062581		2062581				4373
海　南	324323		324323	324150		324150				173
重　庆	1977890		1977890	1962288		1962288				15602
四　川	6296850		6296850	6224702		6224702	863		863	71284
贵　州	3337507		3337507	3321613		3321613				15894
云　南	2662101		2662101	2470371		2470371	18		18	191712
西　藏	4830		4830	4830		4830				
陕　西	3682060		3682060	3644560		3644560	3130		3130	34371
甘　肃	1361211		1361211	1342899		1342899				18311
青　海	432098		432098	429425		429425				2672
宁　夏	483926		483926	483926		483926				
新　疆	1804879		1804879	1804779		1804779				100
大　连	694828		694828	694762		694762	3		3	64
宁　波	1334065		1334065	1234634		1234634				99430
厦　门	1405912		1405912	1357629		1357629				48283
青　岛	3293045		3293045	3177997		3177997	206		206	114842
深　圳	5098930		5098930	4356002		4356002				742928

2-8 其他一般公共预算安排的教育经费

单位：千元

地区	总计			教育部门和其他部门			国有及国有控股企业办学			民办学校
	合计	中央	地方	合计	中央	地方	合计	中央	地方	地方
合计	**431751454**	**37112967**	**394638488**	**427484197**	**35337318**	**392146879**	**1895203**	**1775648**	**119554**	**2372054**
北京	23945236	10030925	13914311	23942047	10030925	13911122				3189
天津	5617092	675131	4941961	5591623	675131	4916492	19948		19948	5521
河北	8084177	95379	7988799	8025713	95379	7930334	13169		13169	45295
山西	8562398	306375	8256023	8539078	306375	8232703	534		534	22785
内蒙古	11851318	91526	11759793	11844092	91526	11752566				7226
辽宁	14854325	402718	14451607	14814076	402718	14411358	103		103	40146
吉林	7756589	328561	7428028	7754046	328561	7425485	278		278	2265
黑龙江	9806405	1111883	8694522	9760695	1103272	8657423	45478	8611	36867	233
上海	22514509	4109814	18404695	22446820	4109814	18337006				67689
江苏	29269172	4724992	24544180	29184288	4724992	24459296	125		125	84759
浙江	19943290	387519	19555771	19630466	387519	19242947				312823
安徽	12728345	1497373	11230973	12702647	1497373	11205275	7135		7135	18563
福建	7817314	242520	7574793	7775742	242520	7533221				41572
江西	6476809	200976	6275833	6443538	200976	6242563	468		468	32802
山东	14420952	679617	13741335	14350795	679617	13671179				70156
河南	27833060	42777	27790282	27582480	42777	27539702	11289		11289	239291
湖北	11611095	1773335	9837760	11577697	1773335	9804363	4094		4094	29303
湖南	7715731	894086	6821645	7691440	894086	6797354	287		287	24004
广东	49584765	2738662	46846103	48935621	2738662	46196959	3010		3010	646134
广西	13898242	6176	13892066	13893413	6176	13887237				4830
海南	6177451	80	6177371	6169826	80	6169746				7625
重庆	17278149	193662	17084487	17202380	193662	17008718				75769
四川	22464839	866440	21598399	22279573	849723	21429850	17640	16717	923	167626
贵州	11553416	4832	11548583	11533696	4832	11528864	4954		4954	14766
云南	22108949	27924	22081026	21742175	27924	21714251				366774
西藏	1802631		1802631	1802631		1802631				
陕西	8424841	3507762	4917079	8405269	3507762	4897507	7117		7117	12456
甘肃	8418779	240849	8177930	8405896	240849	8165047	470		470	12413
青海	4878749		4878749	4867636		4867636	8639		8639	2474
宁夏	3543004	24722	3518282	3529706	24722	3504984				13298
新疆	10809822	1906352	8903470	9059093	156032	8903061	1750463	1750320	142	267
大连	2945912		2945912	2945912		2945912				
宁波	3658704	4218	3654486	3628635	4218	3624417				30069
厦门	1819144		1819144	1804615		1804615				14530
青岛	2394410		2394410	2394310		2394310				100
深圳	12328326		12328326	12021612		12021612				306714

2-9 科研经费

单位：千元

地区	总计			教育部门和其他部门			国有及国有控股企业办学			民办学校
	合计	中央	地方	合计	中央	地方	合计	中央	地方	地方
合计	**34240178**	**20866754**	**13373424**	**33996969**	**20788988**	**13207981**	**78072**	**77766**	**306**	**165137**
北京	3680799	3316138	364661	3680799	3316138	364661				
天津	285686	261867	23819	285686	261867	23819				
河北	89496	760	88736	89396	760	88636	19		19	80
山西	541149		541149	541149		541149				
内蒙古	310687	89852	220835	310687	89852	220835				
辽宁	568408	107181	461228	568408	107181	461228				
吉林	352213	125501	226712	350397	125501	224896				1817
黑龙江	969154	912781	56373	969154	912781	56373				
上海	4264388	3269685	994704	4264388	3269685	994704				
江苏	4878242	3793451	1084791	4875214	3793451	1081763				3028
浙江	927582	244737	682845	922853	244737	678116				4729
安徽	1415676	1373883	41793	1415676	1373883	41793				
福建	402419	86767	315652	402389	86767	315622				30
江西	621873	200568	421306	620592	200568	420024				1282
山东	1329625	53338	1276288	1329521	53338	1276184				104
河南	450512	18093	432419	449453	18093	431360				1059
湖北	774818	596780	178038	774694	596780	177914				125
湖南	1423240	735113	688127	1422533	735113	687420	287		287	420
广东	5428627	2214693	3213934	5278820	2214693	3064127				149807
广西	69909	5595	64314	69909	5595	64314				
海南	462846		462846	461126		461126				1720
重庆	99711	43858	55854	99296	43858	55438				416
四川	412370	212075	200295	412323	212028	200295	47	47		
贵州	50893		50893	50850		50850				43
云南	390780		390780	390780		390780				
西藏	779		779	779		779				
陕西	3411641	3010094	401547	3411641	3010094	401547				
甘肃	121443	29377	92066	120964	29377	91587				479
青海	89972		89972	89972		89972				
宁夏	148370		148370	148370		148370				
新疆	266870	164569	102301	189152	86851	102301	77719	77719		
大连	721		721	721		721				
宁波	132581		132581	132581		132581				
厦门	149		149	149		149				
青岛	61563		61563	61463		61463				100
深圳	1611269		1611269	1483477		1483477				127791

2-10 其他经费

单位：千元

地 区	总 计			教育部门和其他部门			国有及国有控股企业办学			民办学校
	合计	中央	地方	合计	中央	地方	合计	中央	地方	地方
合 计	**397511276**	**16246213**	**381265063**	**393487229**	**14548330**	**378938898**	**1817131**	**1697883**	**119248**	**2206917**
北 京	20264437	6714787	13549651	20261248	6714787	13546461				3189
天 津	5331406	413264	4918142	5305937	413264	4892673	19948		19948	5521
河 北	7994682	94619	7900063	7936317	94619	7841698	13150		13150	45215
山 西	8021249	306375	7714874	7997929	306375	7691555	534		534	22785
内蒙古	11540632	1674	11538958	11533406	1674	11531732				7226
辽 宁	14285916	295537	13990379	14245667	295537	13950130	103		103	40146
吉 林	7404376	203060	7201316	7403649	203060	7200589	278		278	448
黑龙江	8837251	199102	8638149	8791541	190491	8601050	45478	8611	36867	233
上 海	18250121	840129	17409992	18182431	840129	17342302				67689
江 苏	24390930	931541	23459389	24309074	931541	23377533	125		125	81731
浙 江	19015708	142782	18872926	18707614	142782	18564832				308094
安 徽	11312670	123489	11189180	11286971	123489	11163482	7135		7135	18563
福 建	7414895	155753	7259142	7373353	155753	7217600				41542
江 西	5854936	408	5854528	5822947	408	5822539	468		468	31520
山 东	13091326	626279	12465047	13021274	626279	12394995				70052
河 南	27382547	24684	27357863	27133026	24684	27108342	11289		11289	238232
湖 北	10836276	1176555	9659721	10803003	1176555	9626449	4094		4094	29179
湖 南	6292491	158974	6133518	6268907	158974	6109934				23584
广 东	44156138	523969	43632169	43656800	523969	43132832	3010		3010	496327
广 西	13828333	581	13827752	13823504	581	13822923				4830
海 南	5714606	80	5714526	5708700	80	5708620				5906
重 庆	17178438	149805	17028633	17103085	149805	16953280				75353
四 川	22052470	654366	21398104	21867250	637696	21229555	17593	16670	923	167626
贵 州	11502523	4832	11497690	11482846	4832	11478014	4954		4954	14723
云 南	21718170	27924	21690246	21351395	27924	21323472				366774
西 藏	1801852		1801852	1801852		1801852				
陕 西	5013200	497668	4515533	4993628	497668	4495960	7117		7117	12456
甘 肃	8297336	211473	8085863	8284932	211473	8073459	470		470	11934
青 海	4788777		4788777	4777664		4777664	8639		8639	2474
宁 夏	3394634	24722	3369912	3381336	24722	3356614				13298
新 疆	10542952	1741783	8801169	8869941	69181	8800760	1672744	1672602	142	267
大 连	2945191		2945191	2945191		2945191				
宁 波	3526123	4218	3521905	3496055	4218	3491837				30069
厦 门	1818996		1818996	1804466		1804466				14530
青 岛	2332847		2332847	2332847		2332847				
深 圳	10717057		10717057	10538135		10538135				178923

2-11 政府性基金预算安排的教育经费

单位：千元

地区	总计			教育部门和其他部门			国有及国有控股企业办学			民办学校
	合计	中央	地方	合计	中央	地方	合计	中央	地方	地方
合计	**138953656**	**3353569**	**135600086**	**136764447**	**2902965**	**133861482**	**545372**	**450604**	**94768**	**1643836**
北京	1201565	93590	1107975	1201565	93590	1107975				
天津	1759312	655920	1103392	1738006	655920	1082086				21306
河北	11236308	2680	11233628	11230998	2680	11228318				5310
山西	1511675		1511675	1506669		1506669				5006
内蒙古	2109364		2109364	2109344		2109344				20
辽宁	468027		468027	467878		467878				149
吉林	199962		199962	199962		199962				
黑龙江	2315085	6170	2308915	2289544	6000	2283544	170	170		25371
上海	1452423	128620	1323803	1452423	128620	1323803				
江苏	7710285	8810	7701475	7662862	8810	7654052				47423
浙江	11213276		11213276	10845154		10845154				368122
安徽	6704692	9510	6695182	6589349	9510	6579839	91969		91969	23374
福建	5136068		5136068	5058203		5058203				77865
江西	2826025		2826025	2826025		2826025				
山东	8793709		8793709	8778937		8778937	2000		2000	12771
河南	6080380		6080380	5960899		5960899				119481
湖北	5702130		5702130	5702130		5702130				
湖南	2157392	6000	2151392	2157236	6000	2151236				156
广东	16189730	113190	16076540	16144318	113190	16031128	75		75	45337
广西	8746949	1170	8745779	8746919	1170	8745749				30
海南	2982276		2982276	2982276		2982276				
重庆	4272790		4272790	4272011		4272011	610		610	168
四川	8661486	1874065	6787421	7846772	1874065	5972707				814714
贵州	5207645		5207645	5207645		5207645				
云南	5090564		5090564	5056646		5056646				33918
西藏	44104		44104	43834		43834				270
陕西	2290144	3410	2286734	2290030	3410	2286620	114		114	
甘肃	2438030		2438030	2398004		2398004				40026
青海	496217		496217	496217		496217				
宁夏	326390		326390	323371		323371				3019
新疆	3629652	450434	3179218	3179218		3179218	450434	450434		
大连	158576		158576	158576		158576				
宁波	1546233		1546233	1478910		1478910				67322
厦门	1022014		1022014	945689		945689				76325
青岛	549162		549162	549162		549162				
深圳	3227837		3227837	3187961		3187961				39876

2-12 彩票公益金

单位：千元

地区	总计			教育部门和其他部门			国有及国有控股企业办学			民办学校
	合计	中央	地方	合计	中央	地方	合计	中央	地方	地方
合计	**5383624**	**108980**	**5274644**	**5139286**	**45200**	**5094085**	**63894**	**63780**	**114**	**180444**
北京	35711	2490	33221	35711	2490	33221				
天津	19265		19265	19265		19265				
河北	198524	2680	195844	198474	2680	195794				50
山西	171523		171523	171517		171517				6
内蒙古	266386		266386	266366		266366				20
辽宁	159559		159559	159559		159559				
吉林	48843		48843	48843		48843				
黑龙江	105944	170	105774	80403		80403	170	170		25371
上海	42504	33860	8644	42504	33860	8644				
江苏	215256		215256	215208		215208				48
浙江	173229		173229	172867		172867				362
安徽	273505	4620	268884	250330	4620	245710				23174
福建	423155		423155	423085		423085				70
江西	197916		197916	197916		197916				
山东	276001		276001	275156		275156				845
河南	560611		560611	453496		453496				107115
湖北	51237		51237	51237		51237				
湖南	154444		154444	154444		154444				
广东	305993	380	305613	287240	380	286860				18753
广西	83075	1170	81905	83045	1170	81875				30
海南	20277		20277	20277		20277				
重庆	98234		98234	98234		98234				
四川	412138		412138	407706		407706				4432
贵州	228235		228235	228235		228235				
云南	199207		199207	199064		199064				143
西藏	39486		39486	39486		39486				
陕西	81152		81152	81038		81038	114		114	
甘肃	96361		96361	96335		96335				26
青海	79284		79284	79284		79284				
宁夏	59353		59353	59353		59353				
新疆	307218	63610	243608	243608		243608	63610	63610		
大连	104014		104014	104014		104014				
宁波	27051		27051	27051		27051				
厦门	285562		285562	285562		285562				
青岛	45797		45797	45797		45797				
深圳	81588		81588	63797		63797				17792

2-13　国有及国有控股企业办学中的企业拨款

单位：千元

地区	总计			教育部门和其他部门			国有及国有控股企业办学			民办学校
	合计	中央	地方	合计	中央	地方	合计	中央	地方	地方
合　计	**2913035**	**542392**	**2370643**				**2913035**	**542392**	**2370643**	
北　京	117251	10041	107209				117251	10041	107209	
天　津	42660		42660				42660		42660	
河　北	38230	11453	26777				38230	11453	26777	
山　西	237697		237697				237697		237697	
内蒙古	119872		119872				119872		119872	
辽　宁	29100		29100				29100		29100	
吉　林	4206		4206				4206		4206	
黑龙江	462987	449238	13749				462987	449238	13749	
上　海	21732		21732				21732		21732	
江　苏	32449		32449				32449		32449	
浙　江	20698		20698				20698		20698	
安　徽	71088	120	70969				71088	120	70969	
福　建	171215		171215				171215		171215	
江　西	2586	1155	1431				2586	1155	1431	
山　东	987946		987946				987946		987946	
河　南	82158		82158				82158		82158	
湖　北	96304	30262	66043				96304	30262	66043	
湖　南	68470		68470				68470		68470	
广　东	19647	256	19390				19647	256	19390	
广　西	5186		5186				5186		5186	
海　南	1218		1218				1218		1218	
重　庆	12430		12430				12430		12430	
四　川	85323	32181	53141				85323	32181	53141	
贵　州										
云　南	35171		35171				35171		35171	
西　藏										
陕　西	66347		66347				66347		66347	
甘　肃	62597		62597				62597		62597	
青　海	2216		2216				2216		2216	
宁　夏	7310		7310				7310		7310	
新　疆	8942	7685	1257				8942	7685	1257	
大　连	460		460				460		460	
宁　波										
厦　门	500		500				500		500	
青　岛	489290		489290				489290		489290	
深　圳										

2-14 校办产业和社会服务收入用于教育的经费

单位：千元

地 区	总 计			教育部门和其他部门			国有及国有控股企业办学			民办学校
	合计	中央	地方	合计	中央	地方	合计	中央	地方	地方
合 计	**5258061**	**3734604**	**1523457**	**4981399**	**3712318**	**1269081**	**276662**	**22286**	**254376**	
北 京	1870035	1761843	108192	1864033	1761843	102190	6002		6002	
天 津	135510	98051	37459	130394	98051	32343	5115		5115	
河 北	20252	6778	13474	3758		3758	16494	6778	9716	
山 西	41077		41077	26909		26909	14168		14168	
内蒙古	15776		15776	9163		9163	6612		6612	
辽 宁	46654	23012	23642	43907	23012	20895	2747		2747	
吉 林	12117		12117	12117		12117				
黑龙江	7192	4641	2551	7192	4641	2551				
上 海	500500	473589	26911	500500	473589	26911				
江 苏	407743	246944	160799	407743	246944	160799				
浙 江	294246	145806	148441	294246	145806	148441				
安 徽	142420	102952	39467	108575	102952	5623	33844		33844	
福 建	31935	23405	8530	31935	23405	8530				
江 西	7228		7228	7119		7119	109		109	
山 东	169251	68682	100569	163596	68682	94913	5656		5656	
河 南	123750	6058	117693	117693		117693	6058	6058		
湖 北	389835	377843	11992	389835	377843	11992				
湖 南	142787	64824	77963	105841	64824	41017	36946		36946	
广 东	273300	145355	127945	271167	145355	125812	2132		2132	
广 西	32037		32037	32037		32037				
海 南	65720		65720	268		268	65452		65452	
重 庆	103601	76547	27054	102969	76547	26422	632		632	
四 川	150750	31509	119240	108956	31509	77446	41794		41794	
贵 州	62670		62670	62670		62670				
云 南	64280		64280	42769		42769	21512		21512	
西 藏										
陕 西	102596	59889	42707	102596	59889	42707				
甘 肃	25978	7425	18553	24532	7425	17107	1446		1446	
青 海	3158		3158	2666		2666	492		492	
宁 夏	156		156	156		156				
新 疆	15505	9451	6055	6055		6055	9451	9451		
大 连										
宁 波	15506		15506	15506		15506				
厦 门	2231		2231	2231		2231				
青 岛										
深 圳	546		546	546		546				

2-15　其他属于国家财政性教育经费

单位：千元

地　区	总　计			教育部门和其他部门			国有及国有控股企业办学			民办学校
	合计	中央	地方	合计	中央	地方	合计	中央	地方	地方
合　计	**62666337**	**47271946**	**15394391**	**62321049**	**47162480**	**15158569**	**119504**	**109466**	**10038**	**225784**
北　京	15170242	11898647	3271595	15170242	11898647	3271595				
天　津	1734528	1556593	177935	1734469	1556593	177875				60
河　北	749848	249511	500337	749848	249511	500337				
山　西	124808	50618	74191	123964	50618	73346				844
内蒙古	135932	94040	41892	135734	94040	41693				198
辽　宁	1840315	1411933	428382	1836757	1411933	424824				3558
吉　林	1224280	921965	302316	1217746	921965	295782				6534
黑龙江	2207458	2047629	159829	2206213	2047629	158584	1130		1130	115
上　海	5691395	4321411	1369983	5689217	4321411	1367806				2178
江　苏	3239841	2622252	617589	3234050	2622252	611799				5790
浙　江	4866756	3551915	1314841	4741471	3551915	1189556				125285
安　徽	2191245	1614891	576354	2189815	1614891	574924				1430
福　建	1549967	1108112	441855	1545973	1108112	437861				3994
江　西	338136	196712	141423	336654	196712	139942				1481
山　东	2502748	1657343	845405	2493378	1657343	836035				9370
河　南	1084012	707210	376802	1077829	707210	370619				6183
湖　北	4370312	3755427	614885	4367615	3755427	612188				2697
湖　南	1105216	919952	185264	1104400	919712	184688	394	240	154	422
广　东	2601050	1420573	1180477	2568116	1420573	1147542				32934
广　西	869477	315264	554213	864419	315264	549155				5058
海　南	190684	108527	82157	184164	108527	75636				6521
重　庆	1248666	870467	378199	1248398	870467	377931				268
四　川	3379662	2564514	815148	3377638	2564514	813124				2024
贵　州	405244	191861	213383	404444	191861	212583				800
云　南	564705	417321	147385	563960	417321	146640				745
西　藏	64834	44227	20607	64834	44227	20607				
陕　西	2316926	1924800	392126	2309631	1924800	384831				7295
甘　肃	566540	452469	114070	566280	452469	113810	260		260	
青　海	47897	47897		47897	47897					
宁　夏	135402	89360	46042	135402	89360	46042				
新　疆	148210	138504	9707	30490	29277	1213	117720	109226	8494	
大　连	21115	12479	8637	21115	12479	8637				
宁　波	231371	124863	106508	207217	124863	82354				24155
厦　门	32416	8302	24113	31217	8302	22915				1199
青　岛										
深　圳	991052	638125	352927	980898	638125	342774				10154

2-16 民办学校中举办者投入

单位：千元

地区	总计			教育部门和其他部门			国有及国有控股企业办学			民办学校
	合计	中央	地方	合计	中央	地方	合计	中央	地方	地方
合计	**22925156**		**22925156**							**22925156**
北京	119031		119031							119031
天津	284867		284867							284867
河北	432983		432983							432983
山西	374538		374538							374538
内蒙古	99090		99090							99090
辽宁	186936		186936							186936
吉林	319156		319156							319156
黑龙江	89557		89557							89557
上海	173442		173442							173442
江苏	878251		878251							878251
浙江	2518797		2518797							2518797
安徽	1038600		1038600							1038600
福建	644272		644272							644272
江西	781484		781484							781484
山东	2036625		2036625							2036625
河南	2710952		2710952							2710952
湖北	489099		489099							489099
湖南	2515682		2515682							2515682
广东	2931261		2931261							2931261
广西	399427		399427							399427
海南	291417		291417							291417
重庆	188493		188493							188493
四川	1880059		1880059							1880059
贵州	521620		521620							521620
云南	595064		595064							595064
西藏	600		600							600
陕西	222789		222789							222789
甘肃	89594		89594							89594
青海	8585		8585							8585
宁夏	58299		58299							58299
新疆	44586		44586							44586
大连	86537		86537							86537
宁波	95556		95556							95556
厦门	83038		83038							83038
青岛	76943		76943							76943
深圳	387237		387237							387237

2-17 捐赠收入

单位：千元

地区	总计			教育部门和其他部门			国有及国有控股企业办学			民办学校
	合计	中央	地方	合计	中央	地方	合计	中央	地方	地方
合计	**11723547**	**4572420**	**7151127**	**9722632**	**4565064**	**5157568**	**10919**	**7356**	**3563**	**1989995**
北京	2635841	2578526	57316	2599374	2578526	20849	20		20	36447
天津	102657	55043	47615	97478	55043	42435				5180
河北	82578	2440	80137	76856	2440	74416				5721
山西	24179		24179	21339		21339				2841
内蒙古	62265		62265	59104		59104				3161
辽宁	111459	35092	76367	107219	35092	72127	1600		1600	2640
吉林	69498	44407	25090	65575	44407	21168				3922
黑龙江	49806	21209	28597	49198	20934	28264	275	275		334
上海	575547	458336	117211	487500	458336	29164				88047
江苏	985133	279051	706082	716628	279051	437577				268505
浙江	1173648	99354	1074294	350995	99354	251641				822653
安徽	112553	22305	90248	95604	22305	73298				16949
福建	574526	93845	480681	549736	93845	455891				24790
江西	184270		184270	114644		114644				69626
山东	255840	65725	190115	231381	65725	165656	554		554	23905
河南	112194		112194	103654		103654				8540
湖北	478974	160342	318631	416976	160342	256633	89		89	61909
湖南	349995	38362	311633	324091	38362	285729	50		50	25854
广东	1301138	265033	1036104	1108399	265033	843366	794		794	191944
广西	114564		114564	74554		74554	421		421	39589
海南	7807		7807	3691		3691				4116
重庆	349515	75429	274086	176555	75429	101126				172960
四川	640162	133815	506347	615619	133507	482112	308	308		24235
贵州	242131		242131	225908		225908				16223
云南	313605		313605	255812		255812				57793
西藏	131542		131542	131542		131542				
陕西	238758	122433	116325	231664	122433	109231	34		34	7059
甘肃	77030	14898	62132	75584	14898	60685				1447
青海	74180		74180	74180		74180				
宁夏	42587		42587	38985		38985				3602
新疆	249566	6773	242792	242788		242788	6773	6773		5
大连	3156	5	3151	2696	5	2691				460
宁波	56275		56275	20851		20851				35424
厦门	10232		10232	5426		5426				4807
青岛	14278		14278	13637		13637				641
深圳	157644		157644	105545		105545				52099

2-18　港澳台及海外捐赠

单位：千元

地区	总计			教育部门和其他部门			国有及国有控股企业办学			民办学校
	合计	中央	地方	合计	中央	地方	合计	中央	地方	地方
合　计	**831345**	**201929**	**629416**	**447424**	**201929**	**245495**				**383921**
北　京	15328	15327	1	15327	15327					1
天　津										
河　北	100		100	100		100				
山　西	1302		1302	1302		1302				
内蒙古	680		680	680		680				
辽　宁	1208	577	631	854	577	277				354
吉　林	2128	50	2078	1768	50	1718				360
黑龙江	878	730	148	878	730	148				
上　海	68958	63863	5094	64219	63863	356				4738
江　苏	1601	86	1515	1591	86	1505				10
浙　江	374928		374928	4778		4778				370150
安　徽	9		9	9		9				
福　建	36430	25767	10663	36159	25767	10392				272
江　西	220		220	200		200				20
山　东	12287	10431	1856	12186	10431	1755				101
河　南	119		119	119		119				
湖　北	794	429	365	794	429	365				
湖　南	5363	755	4608	5363	755	4608				
广　东	259106	59950	199156	253411	59950	193461				5695
广　西	5600		5600	3379		3379				2221
海　南	160		160	160		160				
重　庆	11165	11165		11165	11165					
四　川	27395	12431	14964	27395	12431	14964				
贵　州	1931		1931	1931		1931				
云　南	855		855	855		855				
西　藏										
陕　西	1293		1293	1293		1293				
甘　肃	1399	368	1032	1399	368	1032				
青　海										
宁　夏	108		108	108		108				
新　疆										
大　连										
宁　波	3939		3939	3889		3889				50
厦　门										
青　岛										
深　圳										

2-19 事业收入

单位：千元

地 区	总 计			教育部门和其他部门			国有及国有控股企业办学			民办学校
	合计	中央	地方	合计	中央	地方	合计	中央	地方	地方
合 计	**870411767**	**102985086**	**767426681**	**404481179**	**101711601**	**302769578**	**5773655**	**1273484**	**4500171**	**460156932**
北 京	48000802	32688770	15312032	37374056	32684598	4689458	89226	4172	85054	10537520
天 津	11433595	2703396	8730200	7139909	2700550	4439359	150962	2845	148117	4142724
河 北	34037780	503377	33534403	12465099	482763	11982336	316195	20614	295581	21256486
山 西	16380316	2040	16378276	6675166	2040	6673126	167943		167943	9537207
内蒙古	6672836	4955	6667881	4057027	4955	4052072	50145		50145	2565664
辽 宁	22429436	3175016	19254420	12525246	3175016	9350230	147580		147580	9756610
吉 林	12341679	1741932	10599747	6789784	1741932	5047852	18798		18798	5533097
黑龙江	13127437	3261545	9865892	7900419	3033003	4867416	405700	228542	177158	4821317
上 海	34255344	10975181	23280163	18520415	10975181	7545234	123992		123992	15610937
江 苏	59005951	7358275	51647676	31776519	7342526	24433993	206681	15749	190932	27022751
浙 江	56782897	3736813	53046084	23643127	3736813	19906314	166348		166348	32973422
安 徽	27781903	1294064	26487839	12046009	1294064	10751945	351501		351501	15384392
福 建	23601022	1693139	21907882	11332958	1693139	9639819	46216		46216	12221848
江 西	23520089	289	23519800	10236534		10236534	113220	289	112932	13170335
山 东	54953512	3502822	51450691	26768896	3502822	23266074	567450		567450	27617166
河 南	55554570	58881	55495689	18105032	51489	18053543	362561	7392	355169	37086977
湖 北	35789170	6082610	29706559	17283407	5900754	11382653	245586	181856	63730	18260177
湖 南	40148284	1996156	38152128	19124389	1990784	17133605	151370	5372	145998	20872525
广 东	115958068	4146743	111811326	36063066	4131344	31931722	306857	15398	291459	79588145
广 西	23250043	270	23249773	12763773	270	12763503	44572		44572	10441698
海 南	6140791	17459	6123333	1470901	17459	1453443	15536		15536	4654354
重 庆	19888547	2017014	17871533	10432545	1926762	8505783	186517	90253	96265	9269485
四 川	47479616	6694894	40784722	19478350	6593665	12884685	402430	101229	301202	27598836
贵 州	15782776		15782776	6588727		6588727	28096		28096	9165953
云 南	19877624	5901	19871723	7597785	5901	7591883	210441		210441	12069398
西 藏	216606		216606	154580		154580				62026
陕 西	30174430	7611845	22562585	16830188	7609294	9220894	157961	2551	155411	13186280
甘 肃	7431684	936141	6495542	5029548	936141	4093407	64953		64953	2337182
青 海	1357296	5764	1351532	884042	5764	878279	8864		8864	464389
宁 夏	2675775	165133	2510642	1123518	165133	958384	55932		55932	1496325
新 疆	4361885	604660	3757225	2300160	7438	2292722	610020	597223	12797	1451705
大 连	1611661	14454	1597207	508710	14454	494256	4620		4620	1098331
宁 波	7752074		7752074	2710123		2710123				5041951
厦 门	2471902	4700	2467201	720086	4700	715385	12828		12828	1738988
青 岛	5465645		5465645	1083477		1083477	65680		65680	4316488
深 圳	15068220	1289	15066931	3265689	1289	3264400				11802531

2-20 学费

单位：千元

地区	总计			教育部门和其他部门			国有及国有控股企业办学			民办学校
	合计	中央	地方	合计	中央	地方	合计	中央	地方	地方
合　计	**676143023**	**35517827**	**640625196**	**245766418**	**34728928**	**211037490**	**4341814**	**788899**	**3552914**	**426034791**
北　京	22570619	10053806	12516813	12477900	10053614	2424287	73598	192	73407	10019120
天　津	8575404	1042675	7532729	4478447	1040298	3438149	115966	2376	113590	3980990
河　北	29149852	315934	28833918	9328445	295608	9032837	249757	20326	229432	19571650
山　西	13625031	2040	13622991	4700259	2040	4698220	141585		141585	8783186
内蒙古	5653932	4955	5648977	3174054	4955	3169100	49648		49648	2430229
辽　宁	17022666	1336518	15686147	7910121	1336518	6573603	109712		109712	9002833
吉　林	9876677	743082	9133595	4580382	743082	3837300	11816		11816	5284478
黑龙江	9587851	888306	8699545	4793339	795762	3997577	250544	92544	158000	4543968
上　海	22845097	3451184	19393913	7976608	3451184	4525424	43022		43022	14825466
江　苏	44682317	2526168	42156149	19036523	2518218	16518305	139905	7950	131956	25505888
浙　江	43205921	701850	42504071	12415378	701850	11713527	159489		159489	30631054
安　徽	22223913	611422	21612491	8168296	611422	7556875	206438		206438	13849178
福　建	19017660	653600	18364060	7528280	653600	6874680	44134		44134	11445246
江　西	18597835	266	18597569	6959333		6959333	94561	266	94296	11543940
山　东	45168073	1178689	43989384	18837727	1178689	17659038	422273		422273	25908073
河　南	47559444	46885	47512559	13604597	42923	13561674	327807	3963	323845	33627040
湖　北	27870003	2666819	25203184	10776194	2543190	8233004	179858	123629	56228	16913952
湖　南	31723368	793233	30930134	12691813	789100	11902713	103605	4133	99471	18927950
广　东	100123185	1840143	98283042	24980543	1833899	23146645	281288	6244	275044	74861354
广　西	18726981	70	18726911	9050802	70	9050732	44224		44224	9631954
海　南	5054795	11041	5043754	1064847	11041	1053805	10074		10074	3979875
重　庆	15245691	1104410	14141281	6586016	1030868	5555148	166760	73542	93218	8492914
四　川	36140409	2374359	33766050	10532894	2291468	8241426	315599	82891	232707	25291916
贵　州	12840960		12840960	4498865		4498865	26625		26625	8315470
云　南	16806401	5610	16800792	5307292	5610	5301682	173972		173972	11325138
西　藏	142638		142638	80611		80611				62026
陕　西	19919926	2109492	17810434	7821845	2107922	5713924	140520	1571	138949	11957561
甘　肃	5805315	552375	5252939	3527610	552375	2975234	61410		61410	2216295
青　海	948043	4841	943202	484279	4841	479437	8846		8846	454918
宁　夏	2142610	124310	2018300	770319	124310	646009	6705		6705	1365586
新　疆	3290409	373745	2916664	1622797	4472	1618325	382070	369273	12797	1285542
大　连	1435984	7634	1428350	382567	7634	374933	4620		4620	1048797
宁　波	6687571		6687571	1876683		1876683				4810888
厦　门	2218106	4700	2213406	589704	4700	585004	11230		11230	1617172
青　岛	5016440		5016440	896195		896195	20620		20620	4099624
深　圳	12993192	1289	12991903	1870160	1289	1868871				11123032

2-21 其他教育经费

单位：千元

地 区	总计			教育部门和其他部门			国有及国有控股企业办学			民办学校
	合计	中央	地方	合计	中央	地方	合计	中央	地方	地方
合 计	**107510913**	**28221566**	**79289348**	**90547699**	**27767355**	**62780344**	**873253**	**454210**	**419042**	**16089961**
北 京	14463109	10409863	4053246	11162379	10409860	752519	6660	3	6657	3294070
天 津	1194266	295254	899012	1096511	284984	811527	29577	10270	19307	68178
河 北	921616	77722	843894	829445	77722	751723	15974		15974	76197
山 西	773514	3789	769725	684511	3789	680722	3502		3502	85501
内蒙古	690498	939	689560	536388	939	535450				154110
辽 宁	1270853	359553	911299	1061018	359553	701464	52		52	209783
吉 林	1482619	583628	898991	1357421	583628	773793	5283		5283	119915
黑龙江	1390672	687964	702708	1277456	682882	594575	51492	5082	46410	61724
上 海	5768045	3502824	2265220	4852762	3479922	1372840	34850	22902	11948	880433
江 苏	10646949	1684901	8962048	9492150	1682611	7809538	8633	2290	6343	1146166
浙 江	12631477	1032769	11598708	11489226	1032769	10456457	391		391	1141860
安 徽	2993042	447571	2545470	2745613	447571	2298042	17930		17930	229498
福 建	2952088	312878	2639210	2589526	312878	2276648	6735		6735	355827
江 西	1947360	3612	1943748	1616530		1616530	4469	3612	858	326361
山 东	4643362	745953	3897409	4238627	745953	3492674	203815		203815	200920
河 南	2934397	8529	2925868	2641944	8529	2633415	9684		9684	282769
湖 北	3785195	1763382	2021812	3461748	1744969	1716779	20176	18414	1762	303272
湖 南	3354945	779873	2575072	2976624	779627	2196997	5062	246	4816	373260
广 东	6139588	1255012	4884575	4918695	1254026	3664668	11532	986	10546	1209361
广 西	2067979		2067979	1758017		1758017	6659		6659	303303
海 南	369532	264	369269	194930	264	194666	1210		1210	173392
重 庆	2709333	460170	2249163	2277653	446069	1831585	18936	14101	4835	412743
四 川	7082023	1268934	5813089	3287722	1256449	2031273	27523	12485	15037	3766779
贵 州	3814016		3814016	3609877		3609877	138		138	204001
云 南	1856608		1856608	1564658		1564658	14193		14193	277758
西 藏	95310		95310	95190		95190				119
陕 西	3729137	1940544	1788593	3474153	1937591	1536562	6016	2953	3063	248969
甘 肃	869923	221942	647981	810669	221942	588727	1010		1010	58244
青 海	697656		697656	689896		689896	15		15	7746
宁 夏	696672	8799	687873	637808	8799	629009	859		859	58005
新 疆	3539128	364896	3174233	3118551	4029	3114522	360879	360867	12	59699
大 连	28732		28732	12484		12483				16248
宁 波	523827		523827	412994		412994				110833
厦 门	339902		339902	291314		291314	19		19	48569
青 岛	222023		222023	169149		169149	10439		10439	42435
深 圳	1007045		1007045	888812		888812				118233

第三部分

各地区各级各类教育机构教育经费收入

3-1 教育经费收入情况

地区	总计	国家财政性教育经费	一般公共预算安排的教育经费	一般公共预算教育经费	教育事业费	基本建设经费	教育费附加	科研经费	其他
合计	**5285161206**	**4272589823**	**4062798735**	**3631047281**	**3403842734**	**90824876**	**136379670**	**34240178**	**397511276**
北京	262218562	196999779	178640687	154695451	146916187	6544206	1235058	3680799	20264437
天津	71280996	58265610	54593601	48976509	47602203	686466	687840	285686	5331406
河北	215076841	179601885	167557247	159473070	153418078	1720503	4334489	89496	7994682
山西	101078568	83526021	81610763	73048365	68930701	1297643	2820021	541149	8021249
内蒙古	85361781	77837092	75456148	63604829	59492196	1238701	2873933	310687	11540632
辽宁	120586788	96588103	94204008	79349683	74812212	1425238	3112233	568408	14285916
吉林	80529808	66316856	64876290	57119701	54636691	917759	1565251	352213	7404376
黑龙江	96548981	81891507	76898784	67092379	64748703	939855	1403822	969154	8837251
上海	180906746	140134368	132468318	109953809	93030562	3186801	13736446	4264388	18250121
江苏	365295627	293779342	282389025	253119852	233728083	1585994	17805776	4878242	24390930
浙江	300658818	227552000	211157023	191213734	177885670	4823193	8504870	927582	19015708
安徽	182880205	150954107	141844663	129116317	121764705	2525044	4826568	1415676	11312670
福建	147763737	119991830	113102645	105285332	98681189	1525106	5079037	402419	7414895
江西	158163487	131730283	128556309	122079499	116121028	2007662	3950809	621873	5854936
山东	321525405	259636065	247182411	232761460	218818910	640774	13301775	1329625	13091326
河南	281388428	220076316	212706016	184872957	173890172	2996210	7986574	450512	27382547
湖北	196011143	155468706	144910124	133299030	132606680	692350		774818	10836276
湖南	197145357	150776452	147302587	139586856	132502466	1904470	5179919	1423240	6292491
广东	554241840	427911785	408828058	359243294	321389443	24313229	13540621	5428627	44156138
广西	154514378	128682364	119028715	105130472	101006423	2057095	2066955	69909	13828333
海南	46448864	39639316	36399418	30221967	28615499	1282145	324323	462846	5714606
重庆	126019340	102883452	97245966	79967816	74896179	3093747	1977890	99711	17178438
四川	268914972	211833112	199555891	177091051	167278078	3516124	6296850	412370	22052470
贵州	145010958	124650415	118974855	107421439	103117384	966549	3337507	50893	11502523
云南	166197252	143554350	137799630	115690680	111055914	1972665	2662101	390780	21718170
西藏	31692837	31248779	31139841	29337210	26525636	2806744	4830	779	1801852
陕西	156615874	122250760	117474746	109049905	101016458	4351387	3682060	3411641	5013200
甘肃	89091829	80623598	77530453	69111674	66538698	1211765	1361211	121443	8297336
青海	29367554	27229837	26680348	21801599	20181688	1187813	432098	89972	4788777
宁夏	28903395	25430062	24960804	21417800	20671974	261900	483926	148370	3394634
新疆	123720835	115525670	111723360	100913538	91962922	7145738	1804879	266870	10542952
大连	16775081	15044994	14864843	11918930	10941659	282443	694828	721	2945191
宁波	40951165	32523434	30730323	27071619	25375443	362111	1334065	132581	3526123
厦门	21618449	18713374	17656214	15837069	14276846	154311	1405912	149	1818996
青岛	37944601	32165713	31127261	28732851	25439806		3293045	61563	2332847
深圳	118867235	102247089	98027655	85699329	59998269	20602130	5098930	1611269	10717057

（各级各类教育机构）

单位：千元

政府性基金预算安排的教育经费	#彩票公益金	国有及国有控股企业办学中的企业拨款	校办产业和社会服务收入中用于教育的经费	其他属于国家财政性教育经费	民办学校中举办者投入	捐赠收入	事业收入	#学费	其他教育经费
138953656	**5383624**	**2913035**	**5258061**	**62666337**	**22925156**	**11723547**	**870411767**	**676143023**	**107510913**
1201565	35711	117251	1870035	15170242	119031	2635841	48000802	22570619	14463109
1759312	19265	42660	135510	1734528	284867	102657	11433595	8575404	1194266
11236308	198524	38230	20252	749848	432983	82578	34037780	29149852	921616
1511675	171523	237697	41077	124808	374538	24179	16380316	13625031	773514
2109364	266386	119872	15776	135932	99090	62265	6672836	5653932	690498
468027	159559	29100	46654	1840315	186936	111459	22429436	17022666	1270853
199962	48843	4206	12117	1224280	319156	69498	12341679	9876677	1482619
2315085	105944	462987	7192	2207458	89557	49806	13127437	9587851	1390672
1452423	42504	21732	500500	5691395	173442	575547	34255344	22845097	5768045
7710285	215256	32449	407743	3239841	878251	985133	59005951	44682317	10646949
11213276	173229	20698	294246	4866756	2518797	1173648	56782897	43205921	12631477
6704692	273505	71088	142420	2191245	1038600	112553	27781903	22223913	2993042
5136068	423155	171215	31935	1549967	644272	574526	23601022	19017660	2952088
2826025	197916	2586	7228	338136	781484	184270	23520089	18597835	1947360
8793709	276001	987946	169251	2502748	2036625	255840	54953512	45168073	4643362
6080380	560611	82158	123750	1084012	2710952	112194	55554570	47559444	2934397
5702130	51237	96304	389835	4370312	489099	478974	35789170	27870003	3785195
2157392	154444	68470	142787	1105216	2515682	349995	40148284	31723368	3354945
16189730	305993	19647	273300	2601050	2931261	1301138	115958068	100123185	6139588
8746949	83075	5186	32037	869477	399427	114564	23250043	18726981	2067979
2982276	20277	1218	65720	190684	291417	7807	6140791	5054795	369532
4272790	98234	12430	103601	1248666	188493	349515	19888547	15245691	2709333
8661486	412138	85323	150750	3379662	1880059	640162	47479616	36140409	7082023
5207645	228235		62670	405244	521620	242131	15782776	12840960	3814016
5090564	199207	35171	64280	564705	595064	313605	19877624	16806401	1856608
44104	39486			64834	600	131542	216606	142638	95310
2290144	81152	66347	102596	2316926	222789	238758	30174430	19919926	3729137
2438030	96361	62597	25978	566540	89594	77030	7431684	5805315	869923
496217	79284	2216	3158	47897	8585	74180	1357296	948043	697656
326390	59353	7310	156	135402	58299	42587	2675775	2142610	696672
3629652	307218	8942	15505	148210	44586	249566	4361885	3290409	3539128
158576	104014	460		21115	86537	3156	1611661	1435984	28732
1546233	27051		15506	231371	95556	56275	7752074	6687571	523827
1022014	285562	500	2231	32416	83038	10232	2471902	2218106	339902
549162	45797	489290			76943	14278	5465645	5016440	222023
3227837	81588		546	991052	387237	157644	15068220	12993192	1007045

3-2 教育经费收入情况

地区	总计	国家财政性教育经费	一般公共预算安排的教育经费	一般公共预算教育经费				科研经费	其他
					教育事业费	基本建设经费	教育费附加		
合计	**4875066525**	**3998274214**	**3841085163**	**3451118331**	**3230719912**	**84097259**	**136301160**	**11467583**	**378499249**
北京	143764093	124222468	122124081	109248142	102884571	5128512	1235058	90277	12785661
天津	59847237	49885543	48331673	43628244	42487799	452606	687840	79468	4623960
河北	213040545	178149128	166151674	158160210	152170298	1655423	4334489	88736	7902728
山西	101072147	83525429	81610171	73048365	68930701	1297643	2820021	541149	8020657
内蒙古	85354860	77836064	75455120	63604577	59491943	1238701	2873933	310687	11539856
辽宁	109965802	89536780	88486408	74131666	69679405	1340028	3112233	465310	13889433
吉林	71688338	59845353	59441111	52058201	49646201	846749	1565251	227788	7155122
黑龙江	83486385	72799630	70383321	61688798	59398877	886100	1403822	56373	8638149
上海	140039805	114203768	111029150	94359059	78108439	2589743	13660878	156784	16513307
江苏	336305298	274111241	264690630	240265584	221123445	1336364	17805776	983632	23441413
浙江	286572523	218334640	205835626	186808126	173685345	4620763	8502017	632547	18394953
安徽	174437917	144275760	136965164	125710567	118392305	2491694	4826568	53091	11201506
福建	141578157	115906112	109877536	102419045	95884023	1456076	5078947	238472	7220018
江西	158157792	131728488	128555669	122079267	116120796	2007662	3950809	621873	5854528
山东	309104106	251529267	240655554	227030761	213233772	495214	13301775	1288649	12336143
河南	280969884	219725183	212363078	184554703	173671919	2896210	7986574	450512	27357863
湖北	166602629	134066526	127974422	118116659	118109589	7070		197912	9659851
湖南	188280205	144725691	142128251	135559984	128592295	1787770	5179919	557780	6010486
广东	534678057	414014790	395468147	349375580	311643290	24191669	13540621	2549435	43543132
广西	154514108	128682364	119028715	105130472	101006423	2057095	2066955	69909	13828333
海南	46429302	39637476	36397578	30220206	28613978	1281905	324323	462846	5714527
重庆	117649183	97065908	92374557	75321310	70404403	2939017	1977890	55854	16997393
四川	245730029	196745812	189293643	167669480	158157016	3215614	6296850	200295	21423869
贵州	145009466	124648923	118973363	107421439	103117384	966549	3337507	50893	11501031
云南	166188299	143551299	137796579	115689384	111054618	1972665	2662101	390780	21716415
西藏	31692837	31248779	31139841	29337210	26525636	2806744	4830	779	1801852
陕西	130772652	106082360	103295892	98807349	91022022	4103267	3682060	126458	4362085
甘肃	84432380	77137131	74403875	66225946	63762970	1101765	1361211	92066	8085863
青海	29361403	27229450	26679961	21801212	20181301	1187813	432098	89972	4788777
宁夏	27946641	24647241	24215786	20697504	19977978	235600	483926	148370	3369912
新疆	110394445	103175609	99958589	90949277	83641172	5503227	1804879	188886	8820426
大连	16758795	15043168	14863016	11917104	10939833	282443	694828	721	2945191
宁波	40950745	32523014	30729903	27071199	25375023	362111	1334065	132581	3526123
厦门	21613749	18713374	17656214	15837069	14276846	154311	1405912	149	1818996
青岛	37944601	32165713	31127261	28732851	25439806		3293045	61563	2332847
深圳	117704883	101086026	96866592	84538266	58837206	20602130	5098930	1611269	10717057

(地方各级各类教育机构)

单位：千元

政府性基金预算安排的教育经费	#彩票公益金	国有及国有控股企业办学中的企业拨款	校办产业和社会服务收入中用于教育的经费	其他属于国家财政性教育经费	民办学校中举办者投入	捐赠收入	事业收入	#学费	其他教育经费
135643047	**5317785**	**2370643**	**1523457**	**17651904**	**22925156**	**7151127**	**767426681**	**640625196**	**79289348**
1108465	33711	107209	108192	774522	119031	57316	15312032	12516813	4053246
1103392	19265	42660	37459	370359	284867	47615	8730200	7532729	899012
11236308	198524	26777	13474	720895	432983	80137	33534403	28833918	843894
1511675	171523	237697	41077	124808	374538	24179	16378276	13622991	769725
2109364	266386	119872	15776	135932	99090	62265	6667881	5648977	689560
468027	159559	29100	23642	529603	186936	76367	19254420	15686147	911299
199962	48843	4206	12117	187958	319156	25090	10599747	9133595	898991
2308605	105714	13749	2551	91405	89557	28597	9865892	8699545	702708
1357663	42504	21732	26911	1768312	173442	117211	23280163	19393913	2265220
7701475	215256	32449	160799	1525888	878251	706082	51647676	42156149	8962048
11213276	173229	20698	148441	1116600	2518797	1074294	53046084	42504071	11598708
6699802	273505	70969	39467	500358	1038600	90248	26487839	21612491	2545470
5136068	423155	171215	8530	712763	644272	480681	21907882	18364060	2639210
2826025	197916	1431	7228	338136	781484	184270	23519800	18597569	1943748
8793709	276001	987946	100569	991490	2036625	190115	51450691	43989384	3897409
6080380	560611	82158	117693	1081874	2710952	112194	55495689	47512559	2925868
5702130	51237	66043	11992	311940	489099	318631	29706559	25203184	2021812
2151392	154444	68470	77963	299615	2515682	311633	38152128	30930134	2575072
16076920	305993	19390	127945	2322388	2931261	1036104	111811326	98283042	4884575
8746949	83075	5186	32037	869477	399427	114564	23249773	18726911	2067979
2982276	20277	1218	65720	190684	291417	7807	6123333	5043754	369269
4272790	98234	12430	27054	379077	188493	274086	17871533	14141281	2249163
6787491	412138	53141	119240	492295	1880059	506347	40784722	33766050	5813089
5207645	228235		62670	405244	521620	242131	15782776	12840960	3814016
5090564	199207	35171	64280	564705	595064	313605	19871723	16800792	1856608
44104	39486			64834	600	131542	216606	142638	95310
2286734	81152	66347	42707	390679	222789	116325	22562585	17810434	1788593
2438030	96361	62597	18553	214076	89594	62132	6495542	5252939	647981
496217	79284	2216	3158	47897	8585	74180	1351532	943202	697656
326390	59353	7310	156	97599	58299	42587	2510642	2018300	687873
3179218	243608	1257	6055	30490	44586	242792	3757225	2916664	3174233
158576	104014	460		21115	86537	3151	1597207	1428350	28732
1546233	27051		15506	231371	95556	56275	7752074	6687571	523827
1022014	285562	500	2231	32416	83038	10232	2467201	2213406	339902
549162	45797	489290			76943	14278	5465645	5016440	222023
3227837	81588		546	991052	387237	157644	15066931	12991903	1007045

3-3 教育经费收入情况

地区	总计	国家财政性教育经费	一般公共预算安排的教育经费	一般公共预算教育经费	教育事业费	基本建设经费	教育费附加	科研经费	其他
合计	**1400377831**	**891112112**	**774329591**	**683696074**	**647024778**	**31707674**	**4963623**	**33158179**	**57475337**
北京	134535723	85770267	68719314	59209381	56264419	2935119	9844	3353684	6156249
天津	29587301	19886671	16792216	14800759	14566099	233860	800	284409	1707048
河北	46487608	31216112	24074666	23576343	22681722	889331	5290	78892	419431
山西	22532292	15092068	14549640	13491211	13081341	362271	47598	378910	679519
内蒙古	18630011	14614694	13713958	11328914	11013842	308094	6978	307203	2077842
辽宁	42441947	25677433	23778210	20056581	19412144	510794	133644	566894	3154734
吉林	26934725	17187039	15949705	14780585	14193023	352420	235143	350149	818971
黑龙江	33032288	22374047	19111771	17060684	16604827	387475	68381	969032	1082056
上海	75892820	50339623	44081138	35371021	32788600	2246681	335740	4238408	4471708
江苏	100819841	62662625	57643904	46907692	45219962	846006	841724	4846724	5889488
浙江	71112230	41877716	35685574	29922810	28235736	773163	913910	880395	4882369
安徽	41261829	27997915	22580833	19500963	18668825	828998	3140	1396513	1683357
福建	34745499	20374180	17433909	15757344	15328593	75230	353521	380668	1295897
江西	33951804	20491706	19248380	18426579	18137448	288036	1095	543988	277813
山东	74164158	45726831	40694095	37834609	37264952	303751	265905	1329104	1530382
河南	58856380	36528395	32418644	29217608	28175103	784122	258384	439273	2761763
湖北	66788013	42545736	35868245	33105224	32419944	685280		763164	1999857
湖南	46457907	27588827	25611157	23812290	22903131	687028	222131	1391146	407722
广东	132080428	87541014	78384714	68295792	56643905	10754649	897238	5356717	4732204
广西	35675734	22043705	15107963	14165879	13827838	313100	24941	68715	873369
海南	10072653	7460242	5916957	4931615	4848571	83044		443009	542334
重庆	31685612	18608721	15902679	14652374	14266359	386015		60473	1189832
四川	68809278	38948521	32582717	30901162	29444012	1413707	43443	398214	1283341
贵州	23668952	15998308	15034652	13665695	13151740	347257	166697	2270	1366687
云南	27974497	16954254	14579309	12623660	12326410	294505	2744	387419	1568229
西藏	4311458	4091785	4024136	3909981	3010467	899514		350	113805
陕西	57739653	33190270	30081966	25288967	24424741	859114	5111	3359233	1433766
甘肃	19808625	14549055	12822911	11449206	11014879	422735	11593	106314	1267391
青海	4870944	4036523	3969974	3323240	3010617	280302	32322	89872	556863
宁夏	5899290	4132890	3964885	3464196	3392296	71900		136710	363980
新疆	19548334	15604940	14001367	12863709	10703230	2084172	76307	250328	887330
大连	1304660	1023449	979950	802051	681394		120657		177899
宁波	7017875	3641827	3236313	2791905	2789200		2705	130624	313785
厦门	2869794	1590747	1556693	1491749	1270722		221027	15	64929
青岛	4184378	2561625	2072335	1947263	1786459		160804	61321	63750
深圳	28516766	25529748	24536349	21431126	12289885	8505591	635651	1593884	1511338

(高等学校)

单位：千元

政府性基金预算安排的教育经费	#彩票公益金	国有及国有控股企业办学中的企业拨款	校办产业和社会服务收入中用于教育的经费	其他属于国家财政性教育经费	民办学校中举办者投入	捐赠收入	事业收入	#学费	其他教育经费
48475115	**607977**	**1313743**	**4327327**	**62666337**	**2919888**	**6081921**	**430104713**	**290411772**	**70159196**
93100	2000	8300	1779311	15170242		1709622	34443324	12905688	12612509
1206279	5118	31920	121728	1734528	218106	85289	8421084	5654422	976152
6388554	9292		3044	749848	37065	19731	14540523	12091916	674178
307726	11394	88341	21554	124808	47500	2757	7008870	5426432	381096
760404	16757		4400	135932		11199	3478147	2866000	525971
25295	2900	7510	26103	1840315	4369	56762	15685228	10936511	1018154
2585		2578	7891	1224280	38000	49575	8770318	6520852	889793
747391	33020	300862	6565	2207458		29418	9706337	6503468	922486
94760			472330	5691395		542394	20989739	10153869	4021064
1468829	10		310051	3239841		790762	30096573	19125240	7269881
1095133	6708		230252	4866756	117243	231535	23968545	13828129	4917192
3056154	56349	30581	139102	2191245	323617	36546	10922560	7853457	1981190
1362206	20945		28098	1549967	179914	207895	12747910	9400862	1235600
903390		1431	369	338136	4490	56940	12064151	9162946	1334517
1759146	19518	695547	75295	2502748	126412	119180	25031328	18010943	3160407
2949105	40086	15390	61245	1084012	347260	57553	19651188	16490238	2271983
1861977	13086	65262	379940	4370312	30510	289134	21014667	15249241	2907966
736203	14334		136251	1105216	10000	271940	16666703	11855516	1920437
6299768	26654		255482	2601050	275200	804837	39666702	30076739	3792675
6052866	1255		13399	869477	12060	12849	12308139	9762868	1298981
1352332	2512		268	190684	141518	1794	2290045	1795818	179054
1377950	2520		79426	1248666	8300	102758	11163581	8255764	1802252
2896558	226246	33437	56147	3379662	857504	149546	22958529	15099616	5895177
558411				405244	130158	68986	5529733	4270247	1941768
1748231	14874	25920	36089	564705		116378	9865725	7666536	1038140
2815	2815			64834		3470	131707	69348	84497
722936	500		68443	2316926	10660	210491	21092271	12074231	3235961
1147115	20170	3618	8871	566540		18066	4751359	3547321	490145
15986			2666	47897		220	694457	402261	139744
29400	26400	3047	156	135402		203	1586149	1212119	180048
1452511	32511		2852	148210		24093	2859121	2143171	1060180
22384				21115			280179	191099	1032
160067	67		14076	231371		35476	3073934	2289172	266638
			1638	32416		1472	1190326	1025715	87250
		489290			500	90	1586466	1414302	35697
2333	2333		15	991052		124701	2467138	1215609	395179

3-4 教育经费收入情况

地区	总计	国家财政性教育经费						科研经费	其他
			一般公共预算安排的教育经费						
				一般公共预算教育经费					
					教育事业费	基本建设经费	教育费附加		
合计	**1019522942**	**638561708**	**573769797**	**521312547**	**490517863**	**25881752**	**4912932**	**10655049**	**41802201**
北京	31280470	22318841	21467053	21057250	19477762	1569645	9844	28593	381210
天津	18225910	11545814	10569499	9490149	9489349		800	78191	1001159
河北	44520536	29797092	22684599	22275051	21445511	824251	5290	78132	331415
山西	22532292	15092068	14549640	13491211	13081341	362271	47598	378910	679519
内蒙古	18630011	14614694	13713958	11328914	11013842	308094	6978	307203	2077842
辽宁	31860858	18634709	18069209	14840490	14281263	425584	133644	463795	2764923
吉林	18439062	10941487	10740476	9944135	9427583	281410	235143	225724	570617
黑龙江	20766043	14058436	13223717	12269973	11863087	338505	68381	56251	897493
上海	36051351	24954551	23186044	20229521	18222168	1719361	287992	130804	2825719
江苏	71921652	43063332	40014318	34078130	32640029	596376	841724	952114	4984074
浙江	57035261	32664664	30368484	25517202	24035411	570733	911057	585360	4265923
安徽	32831159	21320531	17702178	16095547	15296758	795648	3140	33928	1572703
福建	28703968	16335351	14255689	12932789	12573158	6200	353431	216721	1106179
江西	33951804	20491706	19248380	18426579	18137448	288036	1095	543988	277813
山东	61751020	37628193	34175398	32103910	31679814	158191	265905	1288128	783360
河南	58516980	36215786	32108172	28920965	27978459	684122	258384	439273	2747935
湖北	37945877	21625311	19414297	18387882	18387882			186257	840157
湖南	37648547	21569861	20468616	19814726	19022268	570328	222131	525686	128204
广东	112588202	73691652	65072180	58475456	46945129	10633089	897238	2477525	4119199
广西	35675734	22043705	15107963	14165879	13827838	313100	24941	68715	873369
海南	10072653	7460242	5916957	4931615	4848571	83044		443009	542334
重庆	23558995	12985368	11225462	10198500	9967216	231285		16616	1010346
四川	45790266	23935315	22394382	21519495	20362855	1113197	43443	186186	688701
贵州	23668952	15998308	15034652	13665695	13151740	347257	166697	2270	1366687
云南	27974497	16954254	14579309	12623660	12326410	294505	2744	387419	1568229
西藏	4311458	4091785	4024136	3909981	3010467	899514		350	113805
陕西	32212093	17289288	16170530	15294389	14668283	620994	5111	74051	802090
甘肃	15282392	11185718	9819462	8581320	8256992	312735	11593	76937	1161206
青海	4870944	4036523	3969974	3323240	3010617	280302	32322	89872	556863
宁夏	4943122	3350069	3219867	2743900	2698300	45600		136710	339258
新疆	15960832	12667052	11275193	10674993	9390312	1208375	76307	176332	423868
大连	1304660	1023449	979950	802051	681394		120657		177899
宁波	7017455	3641407	3235893	2791485	2788780		2705	130624	313785
厦门	2869794	1590747	1556693	1491749	1270722		221027	15	64929
青岛	4184378	2561625	2072335	1947263	1786459		160804	61321	63750
深圳	27356421	24369403	23376004	20270781	11129540	8505591	635651	1593884	1511338

(地方高等学校)

单位：千元

政府性基金预算安排的教育经费	#彩票公益金	国有及国有控股企业办学中的企业拨款	校办产业和社会服务收入中用于教育的经费	其他属于国家财政性教育经费	民办学校中举办者投入	捐赠收入	事业收入	#学费	其他教育经费
45524220	**574777**	**950619**	**665168**	**17651904**	**2919888**	**2427081**	**331708077**	**255964493**	**43906188**
		8300	68966	774522		14752	5394614	3268100	3552263
550359	5118	31920	23677	370359	218106	30246	5736533	4630123	695211
6388554	9292		3044	720895	37065	17291	14061021	11799569	608068
307726	11394	88341	21554	124808	47500	2757	7008870	5426432	381096
760404	16757		4400	135932		11199	3478147	2866000	525971
25295	2900	7510	3092	529603	4369	21674	12540232	9619441	659873
2585		2578	7891	187958	38000	7167	7054494	5803829	397913
741391	33020		1923	91405		9559	6463525	5632055	234523
			196	1768312		88665	10372059	6946299	636077
1460019	10		63107	1525888		511711	22759339	16611713	5587270
1095133	6708		84447	1116600	117243	132181	20233923	13128344	3887250
3051264	56349	30581	36150	500358	323617	14241	9636539	7248808	1536231
1362206	20945		4693	712763	179914	114080	11143677	8756801	930945
903390		1431	369	338136	4490	56940	12064151	9162946	1334517
1759146	19518	695547	6612	991490	126412	53455	21528506	16832255	2414454
2949105	40086	15390	61245	1081874	347260	57553	19627940	16470550	2268441
1861977	13086	35000	2097	311940	30510	144082	14979453	12625131	1166521
730203	14334		71427	299615	10000	234774	14684544	11074426	1149368
6186958	26654		110127	2322388	275200	539803	35542898	28250380	2538648
6052866	1255		13399	869477	12060	12849	12308139	9762868	1298981
1352332	2512		268	190684	141518	1794	2290045	1795818	179054
1377950	2520		2879	379077	8300	27410	9171943	7173363	1365973
1022563	226246	1437	24638	492295	857504	18616	16299228	12753982	4679603
558411				405244	130158	68986	5529733	4270247	1941768
1748231	14874	25920	36089	564705		116378	9865725	7666536	1038140
2815	2815			64834		3470	131707	69348	84497
719526	500		8554	390679	10660	88058	13503535	9984995	1320552
1147115	20170	3618	1446	214076		3168	3824824	3004549	268682
15986			2666	47897		220	694457	402261	139744
29400	26400	3047	156	97599		203	1421601	1088394	171249
1361311	1311		58	30490		23800	2356676	1838928	913305
22384				21115			280179	191099	1032
160067	67		14076	231371		35476	3073934	2289172	266638
			1638	32416		1472	1190326	1025715	87250
		489290			500	90	1586466	1414302	35697
2333	2333		15	991052		124701	2467138	1215609	395179

3-5 教育经费收入情况

地区	总计	国家财政性教育经费	一般公共预算安排的教育经费	一般公共预算教育经费	教育事业费	基本建设经费	教育费附加	科研经费	其他
合计	**1382951533**	**882320156**	**765959457**	**676432502**	**639922015**	**31646363**	**4864124**	**33149970**	**56376985**
北京	131338113	84651176	67681420	58304718	55365551	2935119	4048	3353684	6023018
天津	29280793	19661126	16567809	14607470	14373610	233860		284409	1675930
河北	45791630	30763331	23622614	23148036	22254311	889331	4394	78500	396078
山西	22302935	14942993	14400564	13363402	12953905	362271	47226	378910	658253
内蒙古	18437804	14516456	13615779	11245104	10930753	308094	6256	307203	2063473
辽宁	41992495	25441342	23543392	19869131	19226626	510794	131711	566894	3107367
吉林	26365906	16804966	15573971	14468825	13883555	352420	232851	348369	756777
黑龙江	32553748	22039345	18778078	16800128	16351876	380875	67377	969032	1008917
上海	74803408	49564323	43306034	34723210	32145805	2246681	330723	4238408	4344416
江苏	100665246	62569741	57551021	46835116	45151075	846006	838034	4846724	5869180
浙江	69874698	41130546	34992281	29298683	27666495	733163	899025	879943	4813655
安徽	40828661	27829304	22412456	19344893	18512755	828998	3140	1396513	1671049
福建	34210551	20178476	17238432	15576654	15150615	75230	350809	380548	1281230
江西	33454026	20258887	19025750	18208346	17919216	288036	1095	543968	273436
山东	73568403	45579142	40546541	37693111	37124558	303751	264801	1329104	1524327
河南	58555723	36377413	32281581	29109542	28069827	784122	255593	439063	2732977
湖北	66640312	42469427	35791936	33034378	32349098	685280		763164	1994394
湖南	45829788	27293574	25351582	23563671	22686777	686378	190517	1390309	397602
广东	129955323	86479662	77347282	67421666	55788572	10754649	878445	5353369	4572247
广西	35302484	21804630	14988888	14060059	13722319	313100	24641	67915	860913
海南	9962153	7383768	5840534	4883653	4800609	83044		442776	514105
重庆	31647848	18603839	15897797	14649829	14263814	386015		60473	1187495
四川	68076516	38625017	32272582	30649512	29196520	1413707	39285	398214	1224856
贵州	23356125	15798668	14835017	13485557	12975132	343727	166697	2270	1347190
云南	27437065	16678143	14353714	12423787	12126538	294505	2744	387419	1542508
西藏	4311458	4091785	4024136	3909981	3010467	899514		350	113805
陕西	57085166	32856783	29752462	24983233	24121896	856834	4504	3359233	1409995
甘肃	19562864	14436242	12713716	11359980	10925664	422735	11580	106314	1247422
青海	4828264	4011560	3945011	3306964	2994340	280302	32322	89872	548175
宁夏	5899290	4132890	3964885	3464196	3392296	71900		136710	363980
新疆	19032739	15345604	13742193	12639668	10487439	2075922	76307	250310	852216
大连	1153853	922090	878591	728080	608656		119424		150512
宁波	6743471	3472699	3099201	2668391	2665891		2500	130624	300186
厦门	2869794	1590747	1556693	1491749	1270722		221027	15	64929
青岛	4071506	2529813	2040524	1921148	1761448		159700	61321	58055
深圳	28357004	25424810	24431410	21345591	12215489	8505591	624512	1593884	1491935

(普通高等学校)

单位：千元

政府性基金预算安排的教育经费	#彩票公益金	国有及国有控股企业办学中的企业拨款	校办产业和社会服务收入中用于教育的经费	其他属于国家财政性教育经费	民办学校中举办者投入	捐赠收入	事业收入	#学费	其他教育经费
48150832	**607277**	**1307547**	**4238454**	**62663865**	**2919888**	**6081053**	**421935796**	**283977676**	**69694640**
46680	2000	8300	1744534	15170242		1709122	32466530	11152647	12511286
1206186	5118	31920	120683	1734528	218106	85289	8352066	5589288	964206
6387943	9292		2927	749848	37065	19731	14307163	11868505	664341
307726	11394	88341	21554	124808	47500	2757	6933571	5397886	376114
760404	16757		4400	135873		11199	3384191	2779853	525957
25284	2900	7510	24841	1840315	4369	56762	15472083	10914388	1017939
2585			4130	1224280	38000	49575	8620080	6425666	853285
747391	33020	300862	5556	2207458		29418	9604216	6421049	880769
94760			472134	5691395		542364	20700103	10046971	3996618
1468829	10		310051	3239841		790762	30036153	19090570	7268590
1048602	6708		222908	4866756	117243	231535	23521822	13484158	4873552
3055921	56349	30581	139102	2191245	323617	36528	10659435	7661993	1979777
1362206	20945		27889	1549949	179914	207595	12420261	9133317	1224304
894610		1431	369	336727	4490	56940	11811747	8921858	1321963
1759146	19518	695547	75295	2502613	126412	119180	24585349	17647907	3158320
2949059	40086	15390	47370	1084012	347260	57553	19512946	16364135	2260551
1861977	13086	65262	379940	4370312	30510	289114	20943413	15191610	2907847
709203	14334		127573	1105216	10000	271940	16341037	11609802	1913237
6275968	26654		255482	2600930	275200	804837	38654166	29179076	3741458
5932866	1255		13399	869477	12060	12849	12194405	9668754	1278541
1352332	2512		268	190634	141518	1794	2256103	1795747	178969
1377950	2520		79426	1248666	8300	102758	11130699	8237721	1802252
2895806	225546	33437	43530	3379662	857504	149546	22576985	14745646	5867465
558407				405244	130158	68986	5419420	4167785	1938893
1698231	14874	25920	36089	564188		116378	9610294	7601550	1032250
2815	2815			64834		3470	131707	69348	84497
722936	500		64459	2316926	10660	210491	20777600	11805830	3229632
1147115	20170		8871	566540		18066	4621675	3448518	486880
15986			2666	47897		220	677119	385021	139364
29400	26400	3047	156	135402		203	1586149	1212119	180048
1452511	32511		2852	148048		24093	2627308	1958961	1035734
22384				21115			230738	187249	1024
130067	67		12060	231371		35476	2975586	2231643	259709
			1638	32416		1472	1190326	1025715	87250
		489290			500	90	1505466	1337492	35636
2333	2333		15	991052		124701	2412352	1160822	395142

3-6 教育经费收入情况

地区	总计	国家财政性教育经费	一般公共预算安排的教育经费	一般公共预算教育经费	教育事业费	基本建设经费	教育费附加	科研经费	其他
合计	**1004469499**	**630144439**	**565727199**	**514302243**	**483668368**	**25820442**	**4813433**	**10646857**	**40778099**
北京	30328404	21524213	20706633	20369441	18795749	1569645	4048	28593	308598
天津	17919402	11320269	10345092	9296861	9296861			78191	970040
河北	43824559	29344311	22232546	21846745	21018100	824251	4394	77740	308062
山西	22302935	14942993	14400564	13363402	12953905	362271	47226	378910	658253
内蒙古	18437804	14516456	13615779	11245104	10930753	308094	6256	307203	2063473
辽宁	31413970	18398617	17834391	14653040	14095745	425584	131711	463795	2717556
吉林	17870242	10559413	10364742	9632375	9118115	281410	232851	223944	508423
黑龙江	20287502	13723733	12890023	12009418	11610136	331905	67377	56251	824354
上海	34961940	24179251	22410940	19581709	17579373	1719361	282976	130804	2698426
江苏	71767057	42970449	39921435	34005554	32571143	596376	838034	952114	4963767
浙江	55797729	31917495	29675191	24893075	23466170	530733	896172	584908	4197209
安徽	32397992	21151920	17533801	15939477	15140689	795648	3140	33928	1560395
福建	28169020	16139647	14060212	12752099	12395180	6200	350719	216601	1091512
江西	33454026	20258887	19025750	18208346	17919216	288036	1095	543968	273436
山东	61155265	37480504	34027845	31962412	31539420	158191	264801	1288128	777305
河南	58216323	36064803	31971110	28812898	27873184	684122	255593	439063	2719149
湖北	37798176	21549002	19337988	18317035	18317035			186257	834695
湖南	37020428	21274608	20209041	19566108	18805914	569678	190517	524849	118084
广东	110463098	72630301	64034748	57601330	46089796	10633089	878445	2474177	3959241
广西	35302484	21804630	14988888	14060059	13722319	313100	24641	67915	860913
海南	9962153	7383768	5840534	4883653	4800609	83044		442776	514105
重庆	23521231	12980487	11220580	10195955	9964670	231285		16616	1008009
四川	45057504	23611810	22084247	21267845	20115363	1113197	39285	186186	630216
贵州	23356125	15798668	14835017	13485557	12975132	343727	166697	2270	1347190
云南	27437065	16678143	14353714	12423787	12126538	294505	2744	387419	1542508
西藏	4311458	4091785	4024136	3909981	3010467	899514		350	113805
陕西	31557606	16955801	15841026	14988655	14365438	618714	4504	74051	778320
甘肃	15036631	11072905	9710267	8492093	8167778	312735	11580	76937	1141237
青海	4828264	4011560	3945011	3306964	2994340	280302	32322	89872	548175
宁夏	4943122	3350069	3219867	2743900	2698300	45600		136710	339258
新疆	15569987	12457941	11066082	10487365	9210934	1200125	76307	176332	402385
大连	1153853	922090	878591	728080	608656		119424		150512
宁波	6743051	3472279	3098781	2667971	2665471		2500	130624	300186
厦门	2869794	1590747	1556693	1491749	1270722		221027	15	64929
青岛	4071506	2529813	2040524	1921148	1761448		159700	61321	58055
深圳	27196659	24264465	23271065	20185246	11055144	8505591	624512	1593884	1491935

(地方普通高等学校)

单位：千元

政府性基金预算安排的教育经费	#彩票公益金	国有及国有控股企业办学中的企业拨款	校办产业和社会服务收入中用于教育的经费	其他属于国家财政性教育经费	民办学校中举办者投入	捐赠收入	事业收入	#学费	其他教育经费
45246357	**574077**	**944423**	**576865**	**17649595**	**2919888**	**2426713**	**325441706**	**251179059**	**43536753**
		8300	34759	774522		14752	5243449	3130317	3545989
550266	5118	31920	22632	370359	218106	30246	5667515	4564989	683265
6387943	9292		2927	720895	37065	17291	13827661	11576158	598231
307726	11394	88341	21554	124808	47500	2757	6933571	5397886	376114
760404	16757		4400	135873		11199	3384191	2779853	525957
25284	2900	7510	1829	529603	4369	21674	12329560	9598486	659749
2585			4130	187958	38000	7167	6904256	5708643	361405
741391	33020		915	91405		9559	6361403	5549636	192806
				1768312		88635	10082422	6839400	611632
1460019	10		63107	1525888		511711	22698919	16577043	5585979
1048602	6708		77102	1116600	117243	132181	19787200	12784373	3843611
3051031	56349	30581	36150	500358	323617	14223	9373414	7057344	1534818
1362206	20945		4484	712744	179914	113780	10816029	8489255	919650
894610		1431	369	336727	4490	56940	11811747	8921858	1321963
1759146	19518	695547	6612	991354	126412	53455	21082528	16469218	2412366
2949059	40086	15390	47370	1081874	347260	57553	19489698	16344447	2257008
1861977	13086	35000	2097	311940	30510	144062	14908200	12567500	1166402
703203	14334		62749	299615	10000	234774	14358878	10828712	1142167
6163158	26654		110127	2322268	275200	539803	34530362	27352717	2487431
5932866	1255		13399	869477	12060	12849	12194405	9668754	1278541
1352332	2512		268	190634	141518	1794	2256103	1795747	178969
1377950	2520		2879	379077	8300	27410	9139061	7155321	1365973
1021811	225546	1437	12020	492295	857504	18616	15917683	12400012	4651891
558407				405244	130158	68986	5419420	4167785	1938893
1698231	14874	25920	36089	564188		116378	9610294	7601550	1032250
2815	2815			64834		3470	131707	69348	84497
719526	500		4570	390679	10660	88058	13188864	9716593	1314223
1147115	20170		1446	214076		3168	3695140	2905745	265417
15986			2666	47897		220	677119	385021	139364
29400	26400	3047	156	97599		203	1421601	1088394	171249
1361311	1311		58	30490		23800	2199306	1686954	888940
22384				21115			230738	187249	1024
130067	67		12060	231371		35476	2975586	2231643	259709
			1638	32416		1472	1190326	1025715	87250
		489290			500	90	1505466	1337492	35636
2333	2333		15	991052		124701	2412352	1160822	395142

3-7 教育经费收入情况

地区	总计	国家财政性教育经费	一般公共预算安排的教育经费	一般公共预算教育经费	教育事业费	基本建设经费	教育费附加	科研经费	其他
合计	**1106806696**	**692457516**	**603330973**	**525690324**	**495721572**	**27699763**	**2268989**	**32946303**	**44694346**
北京	126936059	80820766	63857887	54654335	52007415	2646920		3353384	5850167
天津	25266426	17046053	14078683	12327384	12093524	233860		284381	1466918
河北	29675821	18483489	16823165	16459961	15814582	645379		72969	290235
山西	17177505	11092951	10831207	9961846	9734974	225271	1600	376019	493342
内蒙古	12710118	10034688	9814107	8123231	7882524	237611	3096	303543	1387332
辽宁	36171904	21223429	19335409	16180027	15621381	438073	120572	565994	2589388
吉林	22851108	14556758	13328251	12352923	12050504	302420		347730	627598
黑龙江	27448162	18497741	15700395	13914482	13621274	293208		969032	816881
上海	71398819	47680165	41516281	33150578	30906689	2178741	65148	4238408	4127295
江苏	80237587	49179456	44604942	35375214	33842206	816006	717002	4841010	4388719
浙江	56744575	32688920	27039754	22721969	21438873	669538	613558	861609	3456176
安徽	29800492	19660580	15695793	13141897	12400350	741547		1393315	1160581
福建	26447981	15354598	13422415	12000262	11712183	75230	212849	373589	1048563
江西	25104582	14601671	13647864	12903913	12700726	203187		529774	214176
山东	54562066	31900711	29317864	26783691	26506937	248071	28682	1278351	1255822
河南	41054914	23843478	21327297	19036472	18167374	697874	171224	423349	1867476
湖北	55992394	35479318	29389763	27050441	26365161	685280		761967	1577356
湖南	32409319	18403627	17121369	15436233	14907311	525632	3290	1381623	303514
广东	101075523	67614207	62466165	53713179	42888782	10642250	182147	5312167	3440819
广西	24062620	14193248	10124888	9414291	9097345	301100	15846	67451	643146
海南	8479416	6620028	5080106	4264339	4181979	82360		442301	373466
重庆	23397159	13962274	11829167	10931569	10621239	310330		60194	837404
四川	53987179	30219380	24560230	23249098	22158810	1084053	6235	392435	918697
贵州	15293752	9893691	9484972	8608482	8370838	182273	55372	2062	874428
云南	20286305	12088035	10711305	9155944	8895722	260114	108	386936	1168424
西藏	3154220	2953390	2885741	2784701	2373001	411700			101040
陕西	49625890	27786417	25063103	20523469	19870670	652800		3358772	1180861
甘肃	14321889	10298228	9426492	8362699	7967134	395565		103834	959960
青海	3250781	2580461	2516578	2012994	2010425	309	2260	89521	414063
宁夏	4424054	2916826	2778527	2405018	2333118	71900		126720	246789
新疆	13458077	10782934	9551252	8689681	7178521	1441161	70000	247862	613709
大连	812235	688817	645424	539771	420347		119424		105653
宁波	4968020	2198648	1955150	1683701	1683701			124942	146507
厦门	1906776	1170211	1137033	1090328	926952		163376		46705
青岛	2693438	1461050	1461050	1385021	1379821		5200	61198	14831
深圳	25007206	22409023	21445131	18913334	10486333	8426472	529	1573334	958463

（普通高等本科学校）

单位：千元

政府性基金预算安排的教育经费	#彩票公益金	国有及国有控股企业办学中的企业拨款	校办产业和社会服务收入中用于教育的经费	其他属于国家财政性教育经费	民办学校中举办者投入	捐赠收入	事业收入	#学费	其他教育经费
22535978	**252391**	**94600**	**4016427**	**62479537**	**946859**	**5803078**	**344499831**	**220077721**	**63099412**
46680	2000	8300	1738801	15169098		1708718	31952191	10754760	12454384
1134829	4926		98761	1733781		82458	7266615	4650039	871301
909855	7684		1387	749081		8197	10606060	8630627	578076
135473	542		1489	124782	40000	2228	5739732	4385099	302594
82670	850		2267	135644		10565	2342601	1906567	322264
25234	2850		24841	1837946	4119	56184	13904412	9560601	983760
2007			2245	1224255		49514	7435729	5427138	809107
498970	32717	86300	4641	2207434		22626	8170388	5255066	757408
2420			471970	5689494		541715	19303693	8854963	3873246
1059810			307136	3207568		753566	24082362	14390027	6222204
643659	327		178154	4827352	117243	228925	19583873	10579094	4125615
1667090			106452	2191245	35000	34063	8252876	5692233	1817973
358104	8000		26608	1547471	178146	201485	9668811	6815486	1044941
617110			260	336438		14914	9268271	6775294	1219727
16236	16236		72932	2493679	51565	114493	19882943	13688570	2612354
1385029	38786		47370	1083782	135419	54489	14967509	12443002	2054019
1340207	10906		379135	4370212	510	254085	17535599	12368457	2722881
94000			84940	1103318		256728	12047807	8016382	1701156
2368355			253116	2526571	160000	783498	29172947	21561139	3344870
3191658	47		8857	867845		9634	8785632	6794616	1074106
1349820				190101	50000	1725	1680805	1335106	126857
811053	1300		79233	1242820	5000	97150	7834673	5461017	1498063
2240286	77738		41401	3377463	34038	143723	17952572	10935346	5637466
5379				403340	130158	29109	3781395	2871729	1459400
802964	12796		10204	563562		114451	7178375	5489539	905444
2815	2815			64834		821	115741	59624	84269
343910	500		63981	2315423	5660	208975	18606717	10051579	3018122
300170	170		7425	564141		17996	3569236	2580464	436428
15986				47897			558629	299586	111691
3000				135299		15	1365670	1100160	141542
1081200	31200		2822	147659		1031	1885967	1344411	788145
22384				21009			123418	89951	
67	67		12060	231371		35208	2555296	1907373	178867
			1151	32028		552	685269	564864	50743
						90	1209474	1128526	22823
			15	963876		124483	2091386	1006340	382315

3-8 教育经费收入情况

地区	总计	国家财政性教育经费	一般公共预算安排的教育经费	一般公共预算教育经费	教育事业费	基本建设经费	教育费附加	科研经费	其他
合计	**731842193**	**442713873**	**404988246**	**365279240**	**340565270**	**22495671**	**2218299**	**10443867**	**29265139**
北京	26200024	17927283	17116555	16934286	15579286	1355000		28293	153976
天津	13905035	8705196	7855966	7016774	7016774			78163	761029
河北	27708749	17064469	15433098	15158670	14578371	580299		72209	202219
山西	17177505	11092951	10831207	9961846	9734974	225271	1600	376019	493342
内蒙古	12710118	10034688	9814107	8123231	7882524	237611	3096	303543	1387332
辽宁	25593379	14180705	13626408	10963936	10490500	352863	120572	462895	2199577
吉林	14355444	8311205	8119021	7516473	7285063	231410		223304	379244
黑龙江	15613699	10455694	9871343	9182774	8938536	244238		56251	632318
上海	31848404	22481027	20714616	18090205	16421384	1651421	17400	130804	2493607
江苏	51339398	29580163	26975357	22545651	21262274	566376	717002	946400	3483306
浙江	42667607	23475868	21722665	18316361	17238548	467108	610705	566574	2839730
安徽	21369823	12983196	10817138	9736481	9028284	708197		30730	1049927
福建	20406450	11315769	10244195	9175707	8956748	6200	212759	209643	858845
江西	25104582	14601671	13647864	12903913	12700726	203187		529774	214176
山东	42148928	23802073	22799167	21052992	20921799	102511	28682	1237375	508800
河南	40715514	23530868	21016825	18739829	17970731	597874	171224	423349	1853647
湖北	27504191	14667655	13014316	12411599	12411599			185060	417657
湖南	23728956	12433872	12028039	11487204	11074982	408932	3290	516839	23996
广东	81980522	54041786	49317530	44034214	33331377	10520690	182147	2432975	2850341
广西	24062620	14193248	10124888	9414291	9097345	301100	15846	67451	643146
海南	8479416	6620028	5080106	4264339	4181979	82360		442301	373466
重庆	15475372	8441295	7254324	6548830	6393230	155600		16337	689158
四川	31258149	15418010	14551732	14030597	13240819	783543	6235	180408	340727
贵州	15293752	9893691	9484972	8608482	8370838	182273	55372	2062	874428
云南	20286305	12088035	10711305	9155944	8895722	260114	108	386936	1168424
西藏	3154220	2953390	2885741	2784701	2373001	411700			101040
陕西	24098331	11885435	11151667	10528891	10114212	414680		73590	549186
甘肃	9795656	6934891	6423044	5494812	5209247	285565		74457	853774
青海	3250781	2580461	2516578	2012994	2010425	309	2260	89521	414063
宁夏	3467886	2134006	2033510	1684722	1639122	45600		126720	222067
新疆	11141378	8885242	7804963	7398490	6214851	1113639	70000	173884	232589
大连	812235	688817	645424	539771	420347		119424		105653
宁波	4967600	2198228	1954730	1683281	1683281			124942	146507
厦门	1906776	1170211	1137033	1090328	926952		163376		46705
青岛	2693438	1461050	1461050	1385021	1379821		5200	61198	14831
深圳	23846861	21248678	20284786	17752989	9325988	8426472	529	1573334	958463

(地方普通高等本科学校)

单位：千元

政府性基金预算安排的教育经费	#彩票公益金	国有及国有控股企业办学中的企业拨款	校办产业和社会服务收入中用于教育的经费	其他属于国家财政性教育经费	民办学校中举办者投入	捐赠收入	事业收入	#学费	其他教育经费
19896653	**219191**	**8300**	**355213**	**17465461**	**946859**	**2148826**	**248934712**	**187929813**	**37097924**
		8300	29050	773378		14348	4769306	2759205	3489087
478909	4926		710	369612		27415	4582063	3625739	590361
909855	7684		1387	720128		5756	10126558	8338280	511966
135473	542		1489	124782	40000	2228	5739732	4385099	302594
82670	850		2267	135644		10565	2342601	1906567	322264
25234	2850		1829	527234	4119	21096	10761889	8244700	625569
2007			2245	187933		7106	5719905	4710115	317228
492970	32717			91381		2767	5083571	4431579	71667
				1766411		87985	8772024	5715343	507368
1051000			60191	1493615		474514	16745128	11876501	4539593
643659	327		32348	1077197	117243	129571	15849251	9879309	3095673
1662200			3500	500358	35000	11758	6966855	5087585	1373014
358104	8000		3203	710267	178146	107671	8064578	6171424	740286
617110			260	336438		14914	9268271	6775294	1219727
16236	16236		4249	982420	51565	48768	16380122	12509882	1866400
1385029	38786		47370	1081644	135419	54489	14944261	12423314	2050477
1340207	10906		1292	311840	510	109033	11724351	9888504	1002642
88000			20116	297717		219563	10145434	7304706	930086
2368355			107947	2247954	160000	518465	25167068	19845355	2093203
3191658	47		8857	867845		9634	8785632	6794616	1074106
1349820				190101	50000	1725	1680805	1335106	126857
811053	1300		2687	373232	5000	21802	5931390	4451558	1075885
366291	77738		9891	490096	34038	12881	11369912	8654595	4423308
5379				403340	130158	29109	3781395	2871729	1459400
802964	12796		10204	563562		114451	7178375	5489539	905444
2815	2815			64834		821	115741	59624	84269
340500	500		4092	389176	5660	86542	11017981	7962343	1102712
300170	170			211677		3098	2642701	2037691	214966
15986				47897			558629	299586	111691
3000				97496		15	1201122	976435	132743
1050000			28	30251		738	1518061	1118490	737337
22384				21009			123418	89951	
67	67		12060	231371		35208	2555296	1907373	178867
			1151	32028		552	685269	564864	50743
						90	1209474	1128526	22823
			15	963876		124483	2091386	1006340	382315

3-9 教育经费收入情况

地区	总计	国家财政性教育经费	一般公共预算安排的教育经费	一般公共预算教育经费	教育事业费	基本建设经费	教育费附加	科研经费	其他
合计	**276144837**	**189862640**	**162628484**	**150742178**	**144200443**	**3946601**	**2595135**	**203666**	**11682640**
北京	4402054	3830410	3823534	3650383	3358136	288199	4048	300	172851
天津	4014366	2615073	2489126	2280087	2280087			28	209011
河北	16115810	12279842	6799448	6688075	6439729	243952	4394	5530	105843
山西	5125430	3850042	3569357	3401556	3218930	137000	45626	2890	164911
内蒙古	5727686	4481768	3801673	3121872	3048229	70484	3160	3659	676141
辽宁	5820591	4217913	4207983	3689104	3605245	72721	11138	900	517979
吉林	3514798	2248208	2245721	2115902	1833051	50000	232851	639	129179
黑龙江	5105586	3541604	3077682	2885646	2730602	87667	67377		192036
上海	3404589	1884158	1789753	1572632	1239116	67940	265576		217121
江苏	20427659	13390285	12946078	11459902	11308869	30000	121033	5715	1480462
浙江	13130122	8441627	7952526	6576714	6227622	63625	285467	18334	1357479
安徽	11028170	8168724	6716663	6202996	6112405	87451	3140	3198	510468
福建	7762570	4823877	3816017	3576392	3438432		137960	6959	232666
江西	8349444	5657216	5377886	5304433	5218489	84849	1095	14194	59260
山东	19006336	13678431	11228677	10909420	10617621	55680	236119	50753	268504
河南	17500808	12533935	10954285	10073069	9902453	86247	84369	15714	865502
湖北	10647918	6990109	6402173	5983937	5983937			1198	417038
湖南	13420469	8889947	8230213	8127439	7779466	160746	187227	8686	94088
广东	28879800	18865455	14881117	13708487	12899790	112399	696298	41202	1131428
广西	11239864	7611381	4864000	4645768	4624974	12000	8794	464	217767
海南	1482737	763740	760427	619313	618629	684		475	140639
重庆	8250688	4641566	4068630	3718260	3642575	75685		279	350092
四川	14089338	8405637	7712352	7400415	7037710	329654	33050	5778	306159
贵州	8062373	5904977	5350044	4877075	4604295	161455	111326	208	472762
云南	7150760	4590108	3642410	3267843	3230816	34391	2636	483	374083
西藏	1157237	1138395	1138395	1125280	637465	487814		350	12765
陕西	7459276	5070366	4689359	4459764	4251226	204034	4504	461	229134
甘肃	5240975	4138014	3287224	2997281	2958531	27170	11580	2480	287463
青海	1577483	1431099	1428433	1293970	983916	279992	30062	351	134112
宁夏	1475236	1216063	1186358	1059178	1059178			9990	117190
新疆	5574662	4562671	4190941	3949987	3308918	634762	6307	2447	238507
大连	341618	233274	233168	188308	188308				44859
宁波	1775451	1274051	1144051	984690	982190		2500	5682	153679
厦门	963019	420536	419660	401421	343771		57651	15	18224
青岛	1378068	1068763	579474	536126	381627		154500	123	43224
深圳	3349798	3015787	2986279	2432257	1729155	79119	623983	20551	533472

（普通高职高专学校）

单位：千元

政府性基金预算安排的教育经费	#彩票公益金	国有及国有控股企业办学中的企业拨款	校办产业和社会服务收入中用于教育的经费	其他属于国家财政性教育经费	民办学校中举办者投入	捐赠收入	事业收入	#学费	其他教育经费
25614853	**354886**	**1212947**	**222027**	**184328**	**1973029**	**277975**	**77435965**	**63899955**	**6595227**
			5733	1144		404	514338	397887	56902
71357	192	31920	21923	748	218106	2831	1085452	939249	92904
5478087	1608		1540	767	37065	11534	3701103	3237878	86265
172253	10852	88341	20065	26	7500	529	1193839	1012787	73520
677734	15907		2133	228		635	1041590	873286	203693
50	50	7510		2370	250	578	1567671	1353787	34179
578			1885	25	38000	61	1184351	998528	44178
248420	304	214562	915	24		6792	1433828	1165983	123362
92340			164	1901		650	1396409	1192008	123372
409019	10		2915	32273		37196	5953791	4700542	1046386
404943	6381		44754	39404		2610	3937948	2905064	747938
1388831	56349	30581	32650		288617	2465	2406559	1969759	161805
1004102	12945		1282	2477	1769	6109	2751451	2317831	179364
277500		1431	109	289	4490	42026	2543476	2146564	102236
1742910	3282	695547	2363	8934	74847	4687	4702406	3959337	545966
1564030	1300	15390		230	211841	3064	4545437	3921133	206532
521770	2180	65262	805	100	30000	35029	3407814	2823152	184965
615203	14334		42633	1898	10000	15212	4293230	3593420	212081
3907612	26654		2367	74358	115200	21339	9481219	7617936	396587
2741208	1208		4541	1632	12060	3215	3408773	2874137	204434
2512	2512		268	533	91518	69	575298	460642	52112
566897	1220		193	5846	3300	5608	3296026	2776704	304189
655520	147808	33437	2129	2199	823466	5823	4624413	3810300	229999
553028				1905		39878	1638026	1296056	479493
895267	2078	25920	25885	626		1928	2431919	2112011	126806
						2649	15966	9725	228
379026			478	1503	5000	1516	2170883	1754251	211511
846945	20000		1446	2399		70	1052439	868054	50452
			2666			220	118490	85435	27673
26400	26400	3047	156	103		188	220479	111959	38506
371311	1311		30	389		23062	741341	614550	247589
				106			107320	97298	1024
130000						267	420290	324271	80842
			487	388		919	505058	460851	36506
		489290			500		295992	208966	12813
2333	2333			27175		218	320966	154482	12827

3-10 教育经费收入情况

地 区	总 计	国家财政性教育经费							
			一般公共预算安排的教育经费						
				一般公共预算教育经费			教育费附加	科研经费	其 他
					教育事业费	基本建设经费			
合 计	**272627305**	**187430566**	**160738953**	**149023003**	**143103098**	**3324771**	**2595135**	**202990**	**11512960**
北 京	4128379	3596930	3590077	3435155	3216463	214645	4048	300	154622
天 津	4014366	2615073	2489126	2280087	2280087			28	209011
河 北	16115810	12279842	6799448	6688075	6439729	243952	4394	5530	105843
山 西	5125430	3850042	3569357	3401556	3218930	137000	45626	2890	164911
内蒙古	5727686	4481768	3801673	3121872	3048229	70484	3160	3659	676141
辽 宁	5820591	4217913	4207983	3689104	3605245	72721	11138	900	517979
吉 林	3514798	2248208	2245721	2115902	1833051	50000	232851	639	129179
黑龙江	4673804	3268040	3018680	2826644	2671600	87667	67377		192036
上 海	3113536	1698224	1696324	1491505	1157989	67940	265576		204819
江 苏	20427659	13390285	12946078	11459902	11308869	30000	121033	5715	1480462
浙 江	13130122	8441627	7952526	6576714	6227622	63625	285467	18334	1357479
安 徽	11028170	8168724	6716663	6202996	6112405	87451	3140	3198	510468
福 建	7762570	4823877	3816017	3576392	3438432		137960	6959	232666
江 西	8349444	5657216	5377886	5304433	5218489	84849	1095	14194	59260
山 东	19006336	13678431	11228677	10909420	10617621	55680	236119	50753	268504
河 南	17500808	12533935	10954285	10073069	9902453	86247	84369	15714	865502
湖 北	10293984	6881347	6323672	5905436	5905436			1198	417038
湖 南	13291472	8840736	8181002	8078904	7730932	160746	187227	8010	94088
广 东	28482575	18588514	14717219	13567116	12758419	112399	696298	41202	1108901
广 西	11239864	7611381	4864000	4645768	4624974	12000	8794	464	217767
海 南	1482737	763740	760427	619313	618629	684		475	140639
重 庆	8045859	4539192	3966256	3647126	3571441	75685		279	318852
四 川	13799355	8193800	7532515	7237248	6874544	329654	33050	5778	289489
贵 州	8062373	5904977	5350044	4877075	4604295	161455	111326	208	472762
云 南	7150760	4590108	3642410	3267843	3230816	34391	2636	483	374083
西 藏	1157237	1138395	1138395	1125280	637465	487814		350	12765
陕 西	7459276	5070366	4689359	4459764	4251226	204034	4504	461	229134
甘 肃	5240975	4138014	3287224	2997281	2958531	27170	11580	2480	287463
青 海	1577483	1431099	1428433	1293970	983916	279992	30062	351	134112
宁 夏	1475236	1216063	1186358	1059178	1059178			9990	117190
新 疆	4428609	3572698	3261118	3088876	2996083	86486	6307	2447	169796
大 连	341618	233274	233168	188308	188308				44859
宁 波	1775451	1274051	1144051	984690	982190		2500	5682	153679
厦 门	963019	420536	419660	401421	343771		57651	15	18224
青 岛	1378068	1068763	579474	536126	381627		154500	123	43224
深 圳	3349798	3015787	2986279	2432257	1729155	79119	623983	20551	533472

(地方普通高职高专学校)

单位：千元

政府性基金预算安排的教育经费	#彩票公益金	国有及国有控股企业办学中的企业拨款	校办产业和社会服务收入中用于教育的经费	其他属于国家财政性教育经费	民办学校中举办者投入	捐赠收入	事业收入	#学费	其他教育经费
25349703	**354886**	**936123**	**221652**	**184133**	**1973029**	**277887**	**76506995**	**63249246**	**6438829**
			5709	1144		404	474143	371112	56902
71357	192	31920	21923	748	218106	2831	1085452	939249	92904
5478087	1608		1540	767	37065	11534	3701103	3237878	86265
172253	10852	88341	20065	26	7500	529	1193839	1012787	73520
677734	15907		2133	228		635	1041590	873286	203693
50	50	7510		2370	250	578	1567671	1353787	34179
578			1885	25	38000	61	1184351	998528	44178
248420	304		915	24		6792	1277832	1118057	121140
				1901		650	1310398	1124057	104264
409019	10		2915	32273		37196	5953791	4700542	1046386
404943	6381		44754	39404		2610	3937948	2905064	747938
1388831	56349	30581	32650		288617	2465	2406559	1969759	161805
1004102	12945		1282	2477	1769	6109	2751451	2317831	179364
277500		1431	109	289	4490	42026	2543476	2146564	102236
1742910	3282	695547	2363	8934	74847	4687	4702406	3959337	545966
1564030	1300	15390		230	211841	3064	4545437	3921133	206532
521770	2180	35000	805	100	30000	35029	3183849	2678995	163760
615203	14334		42633	1898	10000	15212	4213444	3524006	212081
3794802	26654		2180	74313	115200	21339	9363294	7507362	394229
2741208	1208		4541	1632	12060	3215	3408773	2874137	204434
2512	2512		268	533	91518	69	575298	460642	52112
566897	1220		193	5846	3300	5608	3207672	2703762	290088
655520	147808	1437	2129	2199	823466	5735	4547771	3745417	228582
553028				1905		39878	1638026	1296056	479493
895267	2078	25920	25885	626		1928	2431919	2112011	126806
						2649	15966	9725	228
379026			478	1503	5000	1516	2170883	1754251	211511
846945	20000		1446	2399		70	1052439	868054	50452
			2666			220	118490	85435	27673
26400	26400	3047	156	103		188	220479	111959	38506
311311	1311		30	239		23062	681246	568464	151603
				106			107320	97298	1024
130000						267	420290	324271	80842
			487	388		919	505058	460851	36506
		489290			500		295992	208966	12813
2333	2333			27175		218	320966	154482	12827

3-11 教育经费收入情况

地区	总计	国家财政性教育经费	一般公共预算安排的教育经费	一般公共预算教育经费	教育事业费	基本建设经费	教育费附加	科研经费	其他
合计	**17426298**	**8791956**	**8370133**	**7263572**	**7102763**	**61310**	**99499**	**8210**	**1098352**
北京	3197609	1119092	1037894	904663	898867		5796		133231
天津	306509	225544	224407	193289	192489		800		31118
河北	695978	452781	452053	428307	427411		896	393	23353
山西	229357	149075	149075	127809	127437		373		21266
内蒙古	192208	98238	98179	83810	83089		722		14369
辽宁	449452	236091	234818	187451	185518		1933		47367
吉林	568820	382073	375734	311760	309468		2292	1780	62194
黑龙江	478540	334702	333694	260555	252951	6600	1004		73138
上海	1089411	775300	775104	647812	642795		5017		127292
江苏	154595	92883	92883	72576	68886		3690		20307
浙江	1237532	747169	693293	624127	569242	40000	14885	452	68714
安徽	433167	168611	168377	156070	156070				12308
福建	534948	195704	195477	180690	177978		2712	120	14668
江西	497778	232819	222630	218233	218233			20	4378
山东	595755	147689	147554	141498	140394		1104		6056
河南	300657	150982	137062	108067	105276		2791	210	28786
湖北	147701	76309	76309	70847	70847				5462
湖南	628119	295253	259575	248618	216354	650	31614	837	10120
广东	2125105	1061352	1037432	874126	855333		18793	3348	159957
广西	373249	239075	119075	105819	105519		300	800	12456
海南	110500	76474	76424	47962	47962			232	28230
重庆	37764	4882	4882	2545	2545				2336
四川	732761	323505	310135	251650	247492		4158		58485
贵州	312827	199640	199635	180138	176608	3530			19497
云南	537432	276112	225595	199873	199873				25722
西藏									
陕西	654487	333487	329504	305733	302846	2280	608		23770
甘肃	245761	112813	109195	89226	89214		12		19969
青海	42681	24963	24963	16276	16276				8687
宁夏									
新疆	515594	259336	259174	224041	215791	8250		18	35115
大连	150807	101359	101359	73971	72738		1233		27387
宁波	274405	169128	137112	123513	123309		205		13598
厦门									
青岛	112872	31811	31811	26115	25011		1104		5696
深圳	159762	104939	104939	85535	74396		11139		19403

（成人高等学校）

单位：千元

政府性基金预算安排的教育经费	#彩票公益金	国有及国有控股企业办学中的企业拨款	校办产业和社会服务收入中用于教育的经费	其他属于国家财政性教育经费	民办学校中举办者投入	捐赠收入	事业收入	#学费	其他教育经费
324283	**700**	**6196**	**88873**	**2471**		**868**	**8168917**	**6434097**	**464556**
46420			34777			500	1976795	1753041	101223
93			1045				69018	65134	11946
612			117				233360	223412	9837
							75299	28545	4982
				59			93956	86148	13
12			1262				213145	22123	215
		2578	3762				150238	95187	36508
			1009				102122	82419	41716
			196			30	289637	106899	24445
							60420	34670	1291
46531			7345				446723	343972	43639
233						18	263125	191464	1413
			208	19		300	327649	267546	11295
8780				1409			252404	241088	12554
				135			445978	363036	2088
45			13875				138242	126104	11432
						20	71253	57631	119
27000			8678				325666	245714	7200
23800				120			1012536	897663	51217
120000							113734	94114	20440
				50			33941	70	85
							32882	18043	
752	700		12617				381545	353970	27712
5							110312	102463	2875
50000				517			255431	64986	5890
			3983				314671	268402	6329
		3618					129684	98803	3264
							17337	17239	380
				162			231813	184210	24445
							49441	3850	8
30000			2016				98347	57529	6929
							81000	76810	61
							54787	54787	37

3-12 教育经费收入情况

地区	总计	国家财政性教育经费	一般公共预算安排的教育经费	一般公共预算教育经费	教育事业费	基本建设经费	教育费附加	科研经费	其他
合计	**15053443**	**8417269**	**8042598**	**7010304**	**6849495**	**61310**	**99499**	**8192**	**1024102**
北京	952067	794628	760421	687809	682013		5796		72612
天津	306509	225544	224407	193289	192489		800		31118
河北	695978	452781	452053	428307	427411		896	393	23353
山西	229357	149075	149075	127809	127437		373		21266
内蒙古	192208	98238	98179	83810	83089		722		14369
辽宁	446888	236091	234818	187451	185518		1933		47367
吉林	568820	382073	375734	311760	309468		2292	1780	62194
黑龙江	478540	334702	333694	260555	252951	6600	1004		73138
上海	1089411	775300	775104	647812	642795		5017		127292
江苏	154595	92883	92883	72576	68886		3690		20307
浙江	1237532	747169	693293	624127	569242	40000	14885	452	68714
安徽	433167	168611	168377	156070	156070				12308
福建	534948	195704	195477	180690	177978		2712	120	14668
江西	497778	232819	222630	218233	218233			20	4378
山东	595755	147689	147554	141498	140394		1104		6056
河南	300657	150982	137062	108067	105276		2791	210	28786
湖北	147701	76309	76309	70847	70847				5462
湖南	628119	295253	259575	248618	216354	650	31614	837	10120
广东	2125105	1061352	1037432	874126	855333		18793	3348	159957
广西	373249	239075	119075	105819	105519		300	800	12456
海南	110500	76474	76424	47962	47962			232	28230
重庆	37764	4882	4882	2545	2545				2336
四川	732761	323505	310135	251650	247492		4158		58485
贵州	312827	199640	199635	180138	176608	3530			19497
云南	537432	276112	225595	199873	199873				25722
西藏									
陕西	654487	333487	329504	305733	302846	2280	608		23770
甘肃	245761	112813	109195	89226	89214		12		19969
青海	42681	24963	24963	16276	16276				8687
宁夏									
新疆	390846	209112	209112	187628	179378	8250			21484
大连	150807	101359	101359	73971	72738		1233		27387
宁波	274405	169128	137112	123513	123309		205		13598
厦门									
青岛	112872	31811	31811	26115	25011		1104		5696
深圳	159762	104939	104939	85535	74396		11139		19403

(地方成人高等学校)

单位：千元

政府性基金预算安排的教育经费	#彩票公益金	国有及国有控股企业办学中的企业拨款	校办产业和社会服务收入中用于教育的经费	其他属于国家财政性教育经费	民办学校中举办者投入	捐赠收入	事业收入	#学费	其他教育经费
277863	**700**	**6196**	**88303**	**2309**		**368**	**6266371**	**4785434**	**369435**
			34207				151165	137783	6274
93			1045				69018	65134	11946
612			117				233360	223412	9837
							75299	28545	4982
				59			93956	86148	13
12			1262				210673	20955	124
		2578	3762				150238	95187	36508
			1009				102122	82419	41716
			196			30	289637	106899	24445
							60420	34670	1291
46531			7345				446723	343972	43639
233						18	263125	191464	1413
			208	19		300	327649	267546	11295
8780				1409			252404	241088	12554
				135			445978	363036	2088
45			13875				138242	126104	11432
						20	71253	57631	119
27000			8678				325666	245714	7200
23800				120			1012536	897663	51217
120000							113734	94114	20440
				50			33941	70	85
							32882	18043	
752	700		12617				381545	353970	27712
5							110312	102463	2875
50000				517			255431	64986	5890
			3983				314671	268402	6329
		3618					129684	98803	3264
							17337	17239	380
							157369	151974	24365
							49441	3850	8
30000			2016				98347	57529	6929
							81000	76810	61
							54787	54787	37

3-13 教育经费收入情况

地区	总计	国家财政性教育经费	一般公共预算安排的教育经费	一般公共预算教育经费	教育事业费	基本建设经费	教育费附加	科研经费	其他
合计	**286936240**	**254771305**	**230483608**	**207039464**	**188160419**	**5022297**	**13856748**	**80268**	**23363875**
北京	6196562	5873492	5835453	5001711	4817985	127959	55767		833743
天津	2353681	2146637	2131622	1887063	1886261		802		244559
河北	15145689	13665031	11933571	11244798	10441106	52806	750885	240	688533
山西	6523315	6137485	5545913	4909783	4637793	88589	183401	10917	625213
内蒙古	4501100	4311617	4041125	3495395	3263827	103440	128128		545730
辽宁	5791379	5277457	5230123	4400642	3934396	128687	337560		829481
吉林	4167658	3896440	3874231	3322492	3056106	84674	181713	220	551519
黑龙江	4668838	4093352	3902657	3320304	3105066	125932	89306	61	582291
上海	7200882	6752684	6202158	5385812	3269922	2137	2113753	5000	811347
江苏	21995502	19260754	18287135	16102616	14852329	16609	1233678	2612	2181908
浙江	19828296	18215837	15947366	14384227	12828217	1002967	553042	5616	1557523
安徽	11422862	10092450	8716260	7930951	6937034	542935	450982		785309
福建	8229139	7669513	7116454	6640071	5543194	29495	1067381	21	476362
江西	8000715	6874381	6162543	5887491	5422856	87973	376662	8653	266399
山东	22274757	20164440	17889845	16967728	14561325	39000	2367403	266	921851
河南	14845863	12809482	12151643	10582655	9616685	189417	776552	2494	1566494
湖北	8531434	7654870	7124256	6342890	6339890	3000			781366
湖南	11338146	8819241	8267915	7909155	7253904	52179	603071	49	358712
广东	30987266	26748839	25371098	22884917	21476376	212290	1196252	252	2485930
广西	8577299	7397769	6626372	5967776	5492401	337314	138061		658596
海南	2168869	2030767	1954238	1639949	1596005	39821	4123	11642	302647
重庆	7712234	6477769	6091190	5146674	4709952	171714	265007	823	943693
四川	13431859	11571076	9513948	8617195	8178532	167306	271358	377	896375
贵州	7662168	6583292	4848173	4328014	4124201	32824	170989	626	519532
云南	11036706	9965643	7639654	6519308	6304563	67056	147689	132	1120214
西藏	1665227	1663653	1663372	1580469	1029053	549125	2290		82904
陕西	6058698	4877470	4474333	4144497	3902826	132287	109384	29900	299936
甘肃	4813527	4533408	3814684	3358225	3061952	234121	62152	340	456120
青海	1452912	1364543	1230671	1074230	1020735	42765	10730		156441
宁夏	1410944	1291159	1277965	1163518	1116290	20000	27228		114447
新疆	6942714	6550752	5617640	4898910	4379636	337875	181398	26	718705
大连	1151781	1086904	1083194	887684	818362	20652	48669		195510
宁波	3528896	3413809	3185143	2697179	2434146	191611	71421	647	487317
厦门	1547172	1436029	1387863	1274773	1031880		242892		113091
青岛	3740384	3455867	3156708	2837043	2037363		799680	241	319424
深圳	3409102	2908412	2875528	2451289	1987770	119554	343965		424239

（中等职业学校）

单位：千元

政府性基金预算安排的教育经费	#彩票公益金	国有及国有控股企业办学中的企业拨款	校办产业和社会服务收入中用于教育的经费	其他属于国家财政性教育经费	民办学校中举办者投入	捐赠收入	事业收入	#学费	其他教育经费
23639591	**703820**	**221219**	**426888**		**1504847**	**101724**	**25376032**	**15545156**	**5182331**
11987	7994	10041	16010		5000	1853	278583	160307	37634
2146	1346	10741	2129			96	119621	88797	87326
1708747	22133	6061	16651		27323	1738	1381295	981713	70302
552042	13756	21472	18058		10279	775	305626	150162	69151
230709	17635	33068	6715		3858	1427	175492	129636	8706
22508	19171	15005	9821		3355	284	466542	334867	43739
17529	7544	1628	3053		7627	1099	202904	157815	59588
189894	4032	607	194		44753	1026	347584	295533	182124
522316	5603	20212	7999		12	350	295274	214061	152562
971153	106225	92	2374		135	7122	2227004	1353084	500487
2232416	63677		36055		229194	6914	940826	502419	435525
1360428	45171	12633	3130		102316	3774	1145607	695611	78715
551092	33936		1968		5084	2624	398511	139278	153405
705342	9622	1155	5341		24759	2453	1073796	712771	25325
2194836	91724	34863	44897		222625	3382	1552337	943138	331972
622130	27125	26727	8982		149471	532	1640855	914866	245524
526724	10670		3890		15275	3358	763815	452716	94116
542708	18276	8508	110		313081	390	1891439	1227634	313996
1356543	52750	8650	12548		57096	11359	3851825	2615475	318147
763475	3176		7922		41119	5358	820358	207273	312694
11077	628		65452		4270	1942	81327	43742	50564
386579	13108				3389	1519	885124	368919	344432
2012798	45874	4084	40246		105218	4263	1598680	1017484	152623
1672449	13645		62670		61697	2403	494744	310144	520032
2305733	15488		20256		13253	14436	914565	621874	128809
281	70					1020	513	6	41
373213	12681		29925		11482	967	1041302	687333	127477
713050	9284	5673			26925	13171	224430	103102	15593
133380	23380		492		925	145	31420	11245	55879
13194	30				15326	5037	71597	44965	27825
933111	8066					908	153035	59186	238019
3710	1541					42	56819	30572	8016
227662	15359		1004		200	363	93702	43659	20822
47640	500		525		2000	1383	94807	44970	12953
299159	20683				3408	777	244439	161782	35893
32884	10541					13	468979	316641	31698

3-14 教育经费收入情况

地区	总计	国家财政性教育经费	一般公共预算安排的教育经费	一般公共预算教育经费	教育事业费	基本建设经费	教育费附加	科研经费	其他
合计	**285534195**	**253632566**	**229620988**	**206260109**	**187442057**	**4961304**	**13856748**	**80201**	**23280679**
北京	6008269	5751688	5723691	4906806	4723080	127959	55767		816885
天津	2338810	2144882	2129866	1885308	1884505		802		244559
河北	15110203	13653145	11928463	11239690	10435998	52806	750885	240	688533
山西	6523315	6137485	5545913	4909783	4637793	88589	183401	10917	625213
内蒙古	4501100	4311617	4041125	3495395	3263827	103440	128128		545730
辽宁	5791379	5277457	5230123	4400642	3934396	128687	337560		829481
吉林	4167658	3896440	3874231	3322492	3056106	84674	181713	220	551519
黑龙江	4596718	4021383	3831295	3248943	3033705	125932	89306	61	582291
上海	7175750	6750454	6199928	5383582	3267692	2137	2113753	5000	811347
江苏	21972288	19255579	18281961	16097441	14847154	16609	1233678	2612	2181908
浙江	19828296	18215837	15947366	14384227	12828217	1002967	553042	5616	1557523
安徽	11422455	10092043	8715973	7930664	6936747	542935	450982		785309
福建	8229139	7669513	7116454	6640071	5543194	29495	1067381	21	476362
江西	7995429	6872995	6162311	5887259	5422624	87973	376662	8653	266399
山东	22274757	20164440	17889845	16967728	14561325	39000	2367403	266	921851
河南	14830102	12801113	12149331	10580344	9614374	189417	776552	2494	1566494
湖北	8516903	7647185	7116570	6335205	6332205	3000			781366
湖南	11332528	8819241	8267915	7909155	7253904	52179	603071	49	358712
广东	30933208	26704545	25326804	22840623	21432082	212290	1196252	252	2485930
广西	8577299	7397769	6626372	5967776	5492401	337314	138061		658596
海南	2168869	2030767	1954238	1639949	1596005	39821	4123	11642	302647
重庆	7710335	6477769	6091190	5146674	4709952	171714	265007	823	943693
四川	13378308	11550988	9493860	8597155	8158491	167306	271358	330	896375
贵州	7662168	6583292	4848173	4328014	4124201	32824	170989	626	519532
云南	11036706	9965643	7639654	6519308	6304563	67056	147689	132	1120214
西藏	1665227	1663653	1663372	1580469	1029053	549125	2290		82904
陕西	6052591	4876867	4473729	4143893	3902222	132287	109384	29900	299936
甘肃	4813524	4533408	3814684	3358225	3061952	234121	62152	340	456120
青海	1452912	1364543	1230671	1074230	1020735	42765	10730		156441
宁夏	1410944	1291159	1277965	1163518	1116290	20000	27228		114447
新疆	6057004	5709664	5027915	4375543	3917263	276882	181398	6	652366
大连	1151781	1086904	1083194	887684	818362	20652	48669		195510
宁波	3528896	3413809	3185143	2697179	2434146	191611	71421	647	487317
厦门	1547172	1436029	1387863	1274773	1031880		242892		113091
青岛	3740384	3455867	3156708	2837043	2037363		799680	241	319424
深圳	3409102	2908412	2875528	2451289	1987770	119554	343965		424239

(地方中等职业学校)

单位：千元

政府性基金预算安排的教育经费	#彩票公益金	国有及国有控股企业办学中的企业拨款	校办产业和社会服务收入中用于教育的经费	其他属于国家财政性教育经费	民办学校中举办者投入	捐赠收入	事业收入	#学费	其他教育经费
23388229	**703820**	**209296**	**414052**		**1504847**	**101477**	**25211691**	**15464257**	**5083613**
11987	7994		16010		5000	1826	218654	139045	31102
2146	1346	10741	2129			96	116776	86421	77056
1708747	22133	6061	9873		27323	1738	1369307	970013	58690
552042	13756	21472	18058		10279	775	305626	150162	69151
230709	17635	33068	6715		3858	1427	175492	129636	8706
22508	19171	15005	9821		3355	284	466542	334867	43739
17529	7544	1628	3053		7627	1099	202904	157815	59588
189894	4032		194		44753	1026	347433	295398	182124
522316	5603	20212	7999		12	350	295274	214061	129660
971153	106225	92	2374		135	7122	2211254	1345134	498197
2232416	63677		36055		229194	6914	940826	502419	435525
1360428	45171	12513	3130		102316	3774	1145607	695611	78715
551092	33936		1968		5084	2624	398511	139278	153405
705342	9622		5341		24759	2453	1073508	712506	21713
2194836	91724	34863	44897		222625	3382	1552337	943138	331972
622130	27125	26727	2924		149471	532	1633463	910903	245524
526724	10670		3890		15275	3358	757016	447497	94069
542708	18276	8508	110		313081	390	1886067	1223501	313750
1356543	52750	8650	12548		57096	11359	3843047	2615475	317161
763475	3176		7922		41119	5358	820358	207273	312694
11077	628		65452		4270	1942	81327	43742	50564
386579	13108				3389	1519	883226	368319	344432
2012798	45874	4084	40246		105218	4043	1576505	1001888	141554
1672449	13645		62670		61697	2403	494744	310144	520032
2305733	15488		20256		13253	14436	914565	621874	128809
281	70					1020	513	6	41
373213	12681		29925		11482	967	1038752	685762	124524
713050	9284	5673			26925	13171	224427	103102	15593
133380	23380		492		925	145	31420	11245	55879
13194	30				15326	5037	71597	44965	27825
681749	8066					908	134613	53057	211820
3710	1541					42	56819	30572	8016
227662	15359		1004		200	363	93702	43659	20822
47640	500		525		2000	1383	94807	44970	12953
299159	20683				3408	777	244439	161782	35893
32884	10541					13	468979	316641	31698

3-15 教育经费收入情况

地区	总计	国家财政性教育经费	一般公共预算安排的教育经费	一般公共预算教育经费	教育事业费	基本建设经费	教育费附加	科研经费	其他
合计	**132888130**	**118547086**	**107569994**	**96489192**	**87271144**	**2576508**	**6641539**	**24279**	**11056523**
北京	2372832	2214541	2199583	1770633	1644463	125720	450		428950
天津	1335010	1230317	1220918	1094775	1094241		534		126144
河北	4438875	3404135	3300326	3198071	3007844	9756	180470	240	102015
山西	2466436	2319209	2045578	1796341	1773665		22675	60	249178
内蒙古	1786148	1657042	1436480	1212287	1160243	45264	6780		224192
辽宁	3089349	2894117	2866010	2378513	2133028	42926	202559		487497
吉林	1376671	1256134	1239216	1113454	1050485	1060	61909		125762
黑龙江	1232456	917573	891799	752224	705921	32437	13866	56	139519
上海	4185381	3879345	3820409	3332308	1774563	2137	1555608	5000	483101
江苏	15928589	14364803	13574655	11849188	10975467		873721	2062	1723405
浙江	3618084	3355069	2994013	2492665	2059408	383529	49727	2238	499110
安徽	10136003	8942628	7725612	7054173	6113628	536935	403610		671438
福建	5885111	5605846	5340237	4987846	4244576	28495	714774	21	352371
江西	4550231	4067101	3592240	3412487	3129940	68400	214147	230	179523
山东	10293693	9146618	8101229	7679350	6667460	21000	990891		421879
河南	5550888	4700736	4521926	4054075	3715069	54339	284667	2144	465707
湖北	5460519	4854212	4766602	4252568	4249568	3000			514034
湖南	1954508	1572348	1443126	1342712	1263158		79554	19	100395
广东	13622434	12203363	11417872	10333792	9697631	82472	553689	113	1083967
广西	6153561	5470651	4878365	4410735	4008242	275208	127285		467630
海南	1229922	1147895	1081815	917714	884763	32951		11572	152529
重庆	1515979	1120477	993857	863018	787577	48441	27000		130839
四川	4701568	3838460	3075872	2844220	2698242	93596	52382		231652
贵州	2623840	2399434	1941998	1657283	1573213		84070	28	284688
云南	5047314	4365986	2912823	2553305	2497504	49178	6623	132	359386
西藏	1235854	1234792	1234511	1191209	1018049	170870	2290		43302
陕西	939752	843178	830753	711139	704265	6873			119615
甘肃	3477239	3303422	2696443	2338835	2139495	171401	27940	340	357268
青海	1447905	1359537	1225665	1069223	1015728	42765	10730		156441
宁夏	590625	515605	515605	465472	441872	20000	3600		50134
新疆	4641353	4362514	3684458	3359579	3041836	227755	89987	26	324853
大连	590118	564987	561277	461354	425141	446	35767		99923
宁波	908138	896930	879890	703080	703080			221	176590
厦门	1224475	1201065	1153424	1056551	850380		206171		96873
青岛	426886	394432	373749	294383	215954		78428		79367
深圳	742665	735680	726274	601265	472806	54697	73762		125009

(中等专业学校)

单位：千元

政府性基金预算安排的教育经费	#彩票公益金	国有及国有控股企业办学中的企业拨款	校办产业和社会服务收入中用于教育的经费	其他属于国家财政性教育经费	民办学校中举办者投入	捐赠收入	事业收入	#学费	其他教育经费
10724414	**616424**	**35367**	**217311**		**665004**	**41091**	**11465961**	**6758263**	**2168989**
7994	7994		6964			27	143408	74846	14856
1366	1346	7662	371			96	72513	54547	32084
97032	15924		6778		25614	62	971819	755910	37245
255154	8198	500	17977		420	74	105424	24289	41309
220459	10059		103			10	124771	95177	4325
21033	18864		7074				178207	133106	17025
16918	7144					935	101256	82546	18347
25754	3676		20		40975	1006	242650	214076	30252
50937	5603		7999		12	162	196314	145187	109550
788079	105543		2069			7062	1398097	872922	158627
359204	63472		1852				208488	122413	54527
1211663	24246	2910	2444		92671	3228	1034581	626756	62895
265608	30336				2421	2324	174077	47532	100442
468365	9602	1155	5341		3010	628	464874	254328	14618
1009832	91569	17468	18090		195597	172	715022	423820	236284
177911	24362		899		71354	167	638710	313650	139922
83720	10670		3890		14911	3042	525732	300373	62622
129222	2822				9900		292270	157763	79990
783768	51173		1723		34448	3030	1280809	751643	100784
591929	3176		357		41115	3641	446983	93983	191171
628	628		65452		3249	1942	36801	14927	40036
126620	5606					196	241649	91449	153657
762112	35268		476		84736	2337	692511	456101	83522
394765	13645		62670		4185	1215	120893	30954	98112
1448895	14317		4269		1865	5861	627417	423422	46184
281	70					1020			41
12425	12425						77877	42802	18697
601305	9284	5673			22270	1765	141488	55678	8295
133380	23380		492		925	145	31420	11245	55879
					15326	44	49803	31199	9848
678056	6023					898	130100	55621	147841
3710	1541						24502	4567	628
17040	15299						9874	2592	1335
47640	500					1383	13571	3113	8457
20683	20683				800		31044	25500	610
9406	9406						6937	2623	48

3-16 教育经费收入情况

地区	总计	国家财政性教育经费	一般公共预算安排的教育经费	一般公共预算教育经费	教育事业费	基本建设经费	教育费附加	科研经费	其他
合计	**131698094**	**117525286**	**106808387**	**95809802**	**86652748**	**2515515**	**6641539**	**24259**	**10974327**
北京	2208304	2102779	2087821	1675728	1549559	125720	450		412092
天津	1335010	1230317	1220918	1094775	1094241		534		126144
河北	4403389	3392249	3295217	3192962	3002736	9756	180470	240	102015
山西	2466436	2319209	2045578	1796341	1773665		22675	60	249178
内蒙古	1786148	1657042	1436480	1212287	1160243	45264	6780		224192
辽宁	3089349	2894117	2866010	2378513	2133028	42926	202559		487497
吉林	1376671	1256134	1239216	1113454	1050485	1060	61909		125762
黑龙江	1232456	917573	891799	752224	705921	32437	13866	56	139519
上海	4160249	3877115	3818179	3330078	1772333	2137	1555608	5000	483101
江苏	15928589	14364803	13574655	11849188	10975467		873721	2062	1723405
浙江	3618084	3355069	2994013	2492665	2059408	383529	49727	2238	499110
安徽	10136003	8942628	7725612	7054173	6113628	536935	403610		671438
福建	5885111	5605846	5340237	4987846	4244576	28495	714774	21	352371
江西	4544945	4065714	3592008	3412255	3129708	68400	214147	230	179523
山东	10293693	9146618	8101229	7679350	6667460	21000	990891		421879
河南	5546159	4699837	4521926	4054075	3715069	54339	284667	2144	465707
湖北	5445988	4846527	4758917	4244883	4241883	3000			514034
湖南	1954508	1572348	1443126	1342712	1263158		79554	19	100395
广东	13568376	12159069	11373578	10289498	9653337	82472	553689	113	1083967
广西	6153561	5470651	4878365	4410735	4008242	275208	127285		467630
海南	1229922	1147895	1081815	917714	884763	32951		11572	152529
重庆	1515979	1120477	993857	863018	787577	48441	27000		130839
四川	4696871	3834179	3071591	2839939	2693960	93596	52382		231652
贵州	2623840	2399434	1941998	1657283	1573213		84070	28	284688
云南	5047314	4365986	2912823	2553305	2497504	49178	6623	132	359386
西藏	1235854	1234792	1234511	1191209	1018049	170870	2290		43302
陕西	939752	843178	830753	711139	704265	6873			119615
甘肃	3477236	3303422	2696443	2338835	2139495	171401	27940	340	357268
青海	1447905	1359537	1225665	1069223	1015728	42765	10730		156441
宁夏	590625	515605	515605	465472	441872	20000	3600		50134
新疆	3759767	3525139	3098444	2838924	2582175	166762	89987	6	259514
大连	590118	564987	561277	461354	425141	446	35767		99923
宁波	908138	896930	879890	703080	703080			221	176590
厦门	1224475	1201065	1153424	1056551	850380		206171		96873
青岛	426886	394432	373749	294383	215954		78428		79367
深圳	742665	735680	726274	601265	472806	54697	73762		125009

（地方中等专业学校）

单位：千元

政府性基金预算安排的教育经费	#彩票公益金	国有及国有控股企业办学中的企业拨款	校办产业和社会服务收入中用于教育的经费	其他属于国家财政性教育经费	民办学校中举办者投入	捐赠收入	事业收入	#学费	其他教育经费
10473052	**616424**	**34213**	**209634**		**665004**	**41064**	**11369538**	**6718079**	**2097203**
7994	7994		6964				97199	58921	8327
1366	1346	7662	371			96	72513	54547	32084
97032	15924				25614	62	959831	744210	25634
255154	8198	500	17977		420	74	105424	24289	41309
220459	10059		103			10	124771	95177	4325
21033	18864		7074				178207	133106	17025
16918	7144					935	101256	82546	18347
25754	3676		20		40975	1006	242650	214076	30252
50937	5603		7999		12	162	196314	145187	86648
788079	105543		2069			7062	1398097	872922	158627
359204	63472		1852				208488	122413	54527
1211663	24246	2910	2444		92671	3228	1034581	626756	62895
265608	30336				2421	2324	174077	47532	100442
468365	9602		5341		3010	628	464585	254062	11006
1009832	91569	17468	18090		195597	172	715022	423820	236284
177911	24362				71354	167	634880	312706	139922
83720	10670		3890		14911	3042	518933	295153	62575
129222	2822				9900		292270	157763	79990
783768	51173		1723		34448	3030	1272031	751643	99798
591929	3176		357		41115	3641	446983	93983	191171
628	628		65452		3249	1942	36801	14927	40036
126620	5606					196	241649	91449	153657
762112	35268		476		84736	2337	692096	456101	83522
394765	13645		62670		4185	1215	120893	30954	98112
1448895	14317		4269		1865	5861	627417	423422	46184
281	70					1020			41
12425	12425						77877	42802	18697
601305	9284	5673			22270	1765	141485	55678	8295
133380	23380		492		925	145	31420	11245	55879
					15326	44	49803	31199	9848
426694	6023					898	111987	49492	121744
3710	1541						24502	4567	628
17040	15299						9874	2592	1335
47640	500					1383	13571	3113	8457
20683	20683				800		31044	25500	610
9406	9406						6937	2623	48

3-17 教育经费收入情况

地区	总计	国家财政性教育经费	一般公共预算安排的教育经费	一般公共预算教育经费	教育事业费	基本建设经费	教育费附加	科研经费	其他
合计	**103140855**	**94531931**	**83936959**	**75939325**	**68407917**	**1601534**	**5929874**	**53599**	**7944036**
北京	2078163	1992315	1988321	1590140	1532583	2240	55317		398181
天津	552919	537733	537153	466814	466546		268		70338
河北	8349140	8158447	6547254	6105019	5550513	43050	511457		442235
山西	3218683	3018590	2704303	2455616	2224362	79488	151766	10110	238577
内蒙古	2301909	2249225	2239014	1985149	1814599	58176	112374		253865
辽宁	2175657	1911628	1902236	1630002	1493308	46455	90240		272234
吉林	1749106	1638229	1634565	1404534	1258601	83614	62319	220	229811
黑龙江	1831099	1797235	1755615	1550653	1413200	91825	45628		204962
上海	2597555	2521252	2049873	1772421	1251623		520798		277452
江苏	3341628	2878009	2787328	2590764	2397102	609	193053		196564
浙江	13869629	12804568	11220778	10386224	9342788	588486	454950	3378	831175
安徽	848132	759997	690743	634654	593432	6000	35222		56089
福建	969697	951554	861366	837861	572700		265161		23505
江西	2559835	1969355	1732378	1681574	1505471	19573	156531	8300	42504
山东	7518367	7102649	5948324	5624823	4406911	18000	1199913	241	323260
河南	5091839	4700885	4626553	4059814	3629751	43491	386572		566739
湖北	1975031	1801891	1661891	1454840	1454840				207051
湖南	7952615	6143680	5835933	5632111	5107898	42639	481574		203821
广东	6991574	6580537	6349417	5612021	5203994	63172	344856	30	737366
广西	93866	90590	90590	78330	73773		4557		12261
海南	607252	563279	554835	477790	466796	6870	4123		77045
重庆	4287281	4038908	3802511	3299382	3001893	79375	218114	820	502309
四川	7398672	6691839	5441233	4837941	4571785	57845	208311		603293
贵州	4157780	3754413	2476729	2249967	2130224	32824	86919	599	226163
云南	3880752	3735412	2999017	2449919	2319868	17878	112173		549099
西藏									
陕西	3450556	3010003	2649284	2504666	2291275	105414	107978	29900	114718
甘肃	1111216	1041775	930030	857362	761104	62720	33538		72668
青海	5006	5006	5006	5006	5006				
宁夏	820319	775554	762360	698046	674419		23628		64313
新疆	1355576	1307372	1152318	1005881	891554	51792	62535		146437
大连	465385	426317	426317	344336	335059		9277		81981
宁波	2142182	2099832	1891998	1644063	1401746	188088	54229	426	247509
厦门									
青岛	2914458	2750089	2471612	2266167	1586446		679721	241	205204
深圳	1434999	1336170	1312692	1131294	958037	58980	114277		181398

(职业高中)

单位：千元

政府性基金预算安排的教育经费	#彩票公益金	国有及国有控股企业办学中的企业拨款	校办产业和社会服务收入中用于教育的经费	其他属于国家财政性教育经费	民办学校中举办者投入	捐赠收入	事业收入	#学费	其他教育经费
10521927	**75438**	**44880**	**28165**		**737009**	**46044**	**6550070**	**4300066**	**1275801**
3994					5000	302	78277	63348	2270
580							14736	13170	450
1611193	6205				1367	895	182914	99414	5517
293315	1985	20972			9859	681	163866	111388	25688
10210	7576				3858	1417	43131	31438	4277
1475	307	7805	111		3355	224	233779	180231	26671
611	400		3053		7385	164	84138	66288	19190
41621	6					10	32351	23006	1502
471379						188	44958	43843	31156
90681					135	50	221210	125690	242224
1583560	205		230		228994	6764	526873	258245	302430
58965	20925	9603	686		150	546	79321	62700	8119
90188	3600						16232	4747	1911
236977	20				21749	257	561118	449850	7356
1126672	29	6501	21151		13639	2728	377453	249963	21899
71510	2763		2822		35048	186	331566	199770	24155
140000						306	162717	113674	10118
307638	15436		110		298681	353	1350723	912294	159178
231119	1341				3398	2372	345212	195014	60055
							937	5	2339
8444					1021		35226	25849	7726
236396	602				3389	820	202571	107489	41594
1250606	10606				20482	1623	651052	406986	33676
1277684					57512	1188	220868	129728	123800
736395	1171				6519	8351	111516	76926	18955
360719	188				10814	313	394157	297900	35270
111745					4655	11305	51613	34014	1868
13194	30					4993	21795	13767	17977
155055	2043					10	9763	3330	38430
						42	31638	25929	7388
207834	60					313	33544	8160	8493
278476					2198	777	145761	107320	15634
23478	1135						82075	62979	16754

3-18 教育经费收入情况

地区	总计	国家财政性教育经费	一般公共预算安排的教育经费	一般公共预算教育经费	教育事业费	基本建设经费	教育费附加	科研经费	其他
合计	**103124411**	**94515503**	**83920531**	**75922897**	**68391489**	**1601534**	**5929874**	**53599**	**7944036**
北京	2078163	1992315	1988321	1590140	1532583	2240	55317		398181
天津	552919	537733	537153	466814	466546		268		70338
河北	8349140	8158447	6547254	6105019	5550513	43050	511457		442235
山西	3218683	3018590	2704303	2455616	2224362	79488	151766	10110	238577
内蒙古	2301909	2249225	2239014	1985149	1814599	58176	112374		253865
辽宁	2175657	1911628	1902236	1630002	1493308	46455	90240		272234
吉林	1749106	1638229	1634565	1404534	1258601	83614	62319	220	229811
黑龙江	1814654	1780808	1739187	1534225	1396772	91825	45628		204962
上海	2597555	2521252	2049873	1772421	1251623		520798		277452
江苏	3341628	2878009	2787328	2590764	2397102	609	193053		196564
浙江	13869629	12804568	11220778	10386224	9342788	588486	454950	3378	831175
安徽	848132	759997	690743	634654	593432	6000	35222		56089
福建	969697	951554	861366	837861	572700		265161		23505
江西	2559835	1969355	1732378	1681574	1505471	19573	156531	8300	42504
山东	7518367	7102649	5948324	5624823	4406911	18000	1199913	241	323260
河南	5091839	4700885	4626553	4059814	3629751	43491	386572		566739
湖北	1975031	1801891	1661891	1454840	1454840				207051
湖南	7952615	6143680	5835933	5632111	5107898	42639	481574		203821
广东	6991574	6580537	6349417	5612021	5203994	63172	344856	30	737366
广西	93866	90590	90590	78330	73773		4557		12261
海南	607252	563279	554835	477790	466796	6870	4123		77045
重庆	4287281	4038908	3802511	3299382	3001893	79375	218114	820	502309
四川	7398672	6691839	5441233	4837941	4571785	57845	208311		603293
贵州	4157780	3754413	2476729	2249967	2130224	32824	86919	599	226163
云南	3880752	3735412	2999017	2449919	2319868	17878	112173		549099
西藏									
陕西	3450556	3010003	2649284	2504666	2291275	105414	107978	29900	114718
甘肃	1111216	1041775	930030	857362	761104	62720	33538		72668
青海	5006	5006	5006	5006	5006				
宁夏	820319	775554	762360	698046	674419		23628		64313
新疆	1355576	1307372	1152318	1005881	891554	51792	62535		146437
大连	465385	426317	426317	344336	335059		9277		81981
宁波	2142182	2099832	1891998	1644063	1401746	188088	54229	426	247509
厦门									
青岛	2914458	2750089	2471612	2266167	1586446		679721	241	205204
深圳	1434999	1336170	1312692	1131294	958037	58980	114277		181398

(地方职业高中)

单位：千元

政府性基金预算安排的教育经费	#彩票公益金	国有及国有控股企业办学中的企业拨款	校办产业和社会服务收入中用于教育的经费	其他属于国家财政性教育经费	民办学校中举办者投入	捐赠收入	事业收入	#学费	其他教育经费
10521927	**75438**	**44880**	**28165**		**737009**	**46044**	**6550053**	**4300066**	**1275801**
3994					5000	302	78277	63348	2270
580							14736	13170	450
1611193	6205				1367	895	182914	99414	5517
293315	1985	20972			9859	681	163866	111388	25688
10210	7576				3858	1417	43131	31438	4277
1475	307	7805	111		3355	224	233779	180231	26671
611	400		3053		7385	164	84138	66288	19190
41621	6					10	32334	23006	1502
471379						188	44958	43843	31156
90681					135	50	221210	125690	242224
1583560	205		230		228994	6764	526873	258245	302430
58965	20925	9603	686		150	546	79321	62700	8119
90188	3600						16232	4747	1911
236977	20				21749	257	561118	449850	7356
1126672	29	6501	21151		13639	2728	377453	249963	21899
71510	2763		2822		35048	186	331566	199770	24155
140000						306	162717	113674	10118
307638	15436		110		298681	353	1350723	912294	159178
231119	1341				3398	2372	345212	195014	60055
							937	5	2339
8444					1021		35226	25849	7726
236396	602				3389	820	202571	107489	41594
1250606	10606				20482	1623	651052	406986	33676
1277684					57512	1188	220868	129728	123800
736395	1171				6519	8351	111516	76926	18955
360719	188				10814	313	394157	297900	35270
111745					4655	11305	51613	34014	1868
13194	30					4993	21795	13767	17977
155055	2043					10	9763	3330	38430
						42	31638	25929	7388
207834	60					313	33544	8160	8493
278476					2198	777	145761	107320	15634
23478	1135						82075	62979	16754

3-19 教育经费收入情况

地区	总计	国家财政性教育经费	一般公共预算安排的教育经费	一般公共预算教育经费	教育事业费	基本建设经费	教育费附加	科研经费	其他
合计	**45629221**	**42694427**	**37000960**	**33782888**	**30867904**	**669122**	**2245862**	**12070**	**3206001**
北京	151109	126127	126127	106585	106585				19542
天津	107452	107452	107452	94004	94004				13448
河北	4477428	4394159	3740687	3465086	3169856	32000	263230		275601
山西	1970109	1870973	1661148	1496105	1328632	79488	87985	10110	154933
内蒙古	1618463	1585853	1583498	1418597	1326779	17235	74583		164901
辽宁	596362	527671	527527	452861	411003	16800	25057		74666
吉林	732748	673535	673365	603547	502552	83614	17381	220	69598
黑龙江	796468	789446	749608	666007	549016	91825	25166		83601
上海	189492	178642	175278	140260	104858		35402		35018
江苏	1211208	1152736	1101721	1067641	994942		72699		34080
浙江	5285619	4959183	4010788	3736189	3529125	56997	150067	1423	273176
安徽	524964	484802	466762	455221	426807	6000	22414		11541
福建	207504	198565	194965	194965	106955		88010		
江西	1427471	1245974	1138997	1102724	977486	19573	105665		36272
山东	2354173	2209901	1891399	1838847	1467049	15000	356798		52551
河南	2877160	2669536	2653723	2340080	2067429	22632	250019		313643
湖北	519009	469474	459474	440891	440891				18582
湖南	3798786	3305317	3185780	3065065	2773815	34400	256850		120716
广东	920326	861041	675828	605806	576577	118	29110		70022
广西	89961	86686	86686	74425	69868		4557		12261
海南	221883	203362	203362	174614	164208	6870	3535		28748
重庆	1367980	1322381	1258961	1073546	1037690	7947	27909	1	185415
四川	4327341	3892084	2957302	2621858	2489060	30827	101971		335443
贵州	2942454	2713551	1562504	1399622	1345697	18990	34934	317	162565
云南	2616072	2553027	2112215	1716250	1631388	17878	66984		395965
西藏									
陕西	2009165	1895995	1567632	1522442	1428028	18364	76051		45190
甘肃	870232	841759	770014	711694	647639	47720	16335		58320
青海	3146	3146	3146	3146	3146				
宁夏	367070	351679	339157	303517	300890		2627		35640
新疆	1048067	1020367	1015853	891291	795924	44845	50521		124562
大连	56406	56406	56406	44211	44043		168		12195
宁波	771638	748126	547894	480943	470519		10424		66951
厦门									
青岛	122931	104589	102482	95988	21640		74348		6495
深圳									

（农村职业高中）

单位：千元

政府性基金预算安排的教育经费	#彩　票公益金	国有及国有控股企业办学中的企业拨款	校办产业和社会服务收入中用于教育的经费	其　　他属于国家财 政 性教育经费	民办学校中举办者投　　入	捐赠收入	事业收入	#学　费	其　　他教育经费
5673673	**18734**	**16972**	**2822**		**128225**	**30363**	**2398693**	**1412383**	**377513**
							24865	20553	117
653472	5992				817	877	79145	31030	2430
192854	42	16972			1090	460	74369	49455	23217
2355	200				2329	1417	26743	19346	2121
144					201		68475	47054	14
170					5395	2	41836	30408	11980
39838	6						6525	3724	497
3364									10850
51015					120		52228	16636	6124
948395	45				4770	4544	237802	140171	79320
18040					150	185	38833	29762	994
3600	3600						8935	3491	3
106977	20				8555	200	170040	130738	2702
318502	29				10149	1909	126288	86103	5927
12991	318		2822		28726	186	173334	93607	5379
10000						230	44946	29793	4360
119537	4947				22839	272	436960	239356	33398
185213					1100	613	56477	27554	1096
							937	5	2339
					1021		17420	13376	80
63420	200					10	37111	6958	8477
934783	720				2803	796	412957	258857	18700
1151047					33906	728	110894	52368	83374
440812	354				673	2216	46656	27217	13501
328363	188					313	82927	45829	29930
71745					3582	10405	13030	4235	1456
12522	30					4993	6994	4093	3405
4514	2043					10	1968	662	25721
200232							21256	8000	2255
2107					2198	150	15982	14182	12

3-20 教育经费收入情况

地区	总计	国家财政性教育经费	一般公共预算安排的教育经费	一般公共预算教育经费	教育事业费	基本建设经费	教育费附加	科研经费	其他
合计	**45621082**	**42686288**	**36992822**	**33774750**	**30859765**	**669122**	**2245862**	**12070**	**3206001**
北京	151109	126127	126127	106585	106585				19542
天津	107452	107452	107452	94004	94004				13448
河北	4477428	4394159	3740687	3465086	3169856	32000	263230		275601
山西	1970109	1870973	1661148	1496105	1328632	79488	87985	10110	154933
内蒙古	1618463	1585853	1583498	1418597	1326779	17235	74583		164901
辽宁	596362	527671	527527	452861	411003	16800	25057		74666
吉林	732748	673535	673365	603547	502552	83614	17381	220	69598
黑龙江	788330	781308	741470	657869	540878	91825	25166		83601
上海	189492	178642	175278	140260	104858		35402		35018
江苏	1211208	1152736	1101721	1067641	994942		72699		34080
浙江	5285619	4959183	4010788	3736189	3529125	56997	150067	1423	273176
安徽	524964	484802	466762	455221	426807	6000	22414		11541
福建	207504	198565	194965	194965	106955		88010		
江西	1427471	1245974	1138997	1102724	977486	19573	105665		36272
山东	2354173	2209901	1891399	1838847	1467049	15000	356798		52551
河南	2877160	2669536	2653723	2340080	2067429	22632	250019		313643
湖北	519009	469474	459474	440891	440891				18582
湖南	3798786	3305317	3185780	3065065	2773815	34400	256850		120716
广东	920326	861041	675828	605806	576577	118	29110		70022
广西	89961	86686	86686	74425	69868		4557		12261
海南	221883	203362	203362	174614	164208	6870	3535		28748
重庆	1367980	1322381	1258961	1073546	1037690	7947	27909	1	185415
四川	4327341	3892084	2957302	2621858	2489060	30827	101971		335443
贵州	2942454	2713551	1562504	1399622	1345697	18990	34934	317	162565
云南	2616072	2553027	2112215	1716250	1631388	17878	66984		395965
西藏									
陕西	2009165	1895995	1567632	1522442	1428028	18364	76051		45190
甘肃	870232	841759	770014	711694	647639	47720	16335		58320
青海	3146	3146	3146	3146	3146				
宁夏	367070	351679	339157	303517	300890		2627		35640
新疆	1048067	1020367	1015853	891291	795924	44845	50521		124562
大连	56406	56406	56406	44211	44043		168		12195
宁波	771638	748126	547894	480943	470519		10424		66951
厦门									
青岛	122931	104589	102482	95988	21640		74348		6495
深圳									

(地方农村职业高中)

单位：千元

政府性基金预算安排的教育经费	#彩票公益金	国有及国有控股企业办学中的企业拨款	校办产业和社会服务收入中用于教育的经费	其他属于国家财政性教育经费	民办学校中举办者投入	捐赠收入	事业收入	#学费	其他教育经费
5673673	**18734**	**16972**	**2822**		**128225**	**30363**	**2398693**	**1412383**	**377513**
							24865	20553	117
653472	5992				817	877	79145	31030	2430
192854	42	16972			1090	460	74369	49455	23217
2355	200				2329	1417	26743	19346	2121
144					201		68475	47054	14
170					5395	2	41836	30408	11980
39838	6						6525	3724	497
3364									10850
51015					120		52228	16636	6124
948395	45				4770	4544	237802	140171	79320
18040					150	185	38833	29762	994
3600	3600						8935	3491	3
106977	20				8555	200	170040	130738	2702
318502	29				10149	1909	126288	86103	5927
12991	318		2822		28726	186	173334	93607	5379
10000						230	44946	29793	4360
119537	4947				22839	272	436960	239356	33398
185213					1100	613	56477	27554	1096
							937	5	2339
					1021		17420	13376	80
63420	200					10	37111	6958	8477
934783	720				2803	796	412957	258857	18700
1151047					33906	728	110894	52368	83374
440812	354				673	2216	46656	27217	13501
328363	188					313	82927	45829	29930
71745					3582	10405	13030	4235	1456
12522	30					4993	6994	4093	3405
4514	2043					10	1968	662	25721
200232							21256	8000	2255
2107					2198	150	15982	14182	12

3-21 教育经费收入情况

地区	总计	国家财政性教育经费	一般公共预算安排的教育经费	一般公共预算教育经费	教育事业费	基本建设经费	教育费附加	科研经费	其他
合计	39701280	32002186	29447073	26507955	24725180	828114	954661	1829	2937290
北京	1666211	1605633	1586546	1584874	1584874				1672
天津	398035	320623	315786	275516	275516				40270
河北	1048536	867662	851727	797496	763694		33802		54231
山西	476750	446187	444544	363196	348264	9101	5830	747	80601
内蒙古	133868	130301	90621	76226	75598		628		14395
辽宁	522536	468005	458169	389165	305098	39306	44761		69004
吉林	290217	264946	264946	202580	151498		51082		62366
黑龙江	955323	734835	611680	518730	497082		21647		92951
上海	260788	203086	182874	147553	110970		36583		35321
江苏	2425182	1807204	1714799	1470456	1290979	16000	163476	550	243794
浙江	1788492	1553624	1232788	1052351	994160	30952	27239		180437
安徽	324416	303390	213470	165103	158843		6260		48367
福建	1338521	1079775	882512	784999	696588	1000	87411		97514
江西	317161	297678	297678	279546	279546				18131
山东	3877760	3406152	3337832	3183762	3115737		68025	25	154045
河南	2742737	2495693	2092051	1706072	1578438	91588	36046	350	385629
湖北	919884	845997	642993	596940	596940				46053
湖南	729850	544429	430152	410865	376280	9000	25585		19287
广东	10073456	7683536	7326336	6693121	6335160	66646	291315	109	633106
广西	2273745	1782811	1603700	1446363	1378037	62107	6219		157337
海南	319295	307199	305194	243013	243013				62181
重庆	1132417	691207	683697	511174	462276	43898	5000		172523
四川	877075	682440	663501	646275	620307	15865	10103	47	17178
贵州	774884	327417	327417	324627	324627				2789
云南	1537342	1369925	1233554	1122739	1117829		4910		110815
西藏	429374	428861	428861	389259	11004	378255			39602
陕西	1360236	730516	700591	656582	636582	20000			44009
甘肃	138555	116098	116098	108336	108336				7762
青海									
宁夏									
新疆	568633	506956	406956	361038	287904	44396	28738		45918
大连	94814	94135	94135	80798	56967	20206	3625		13337
宁波	150196	113184	112180	75065	71542	3524			37114
厦门	322697	234964	234439	218222	181500		36721		16217
青岛	398085	311118	311118	276266	234735		41531		34853
深圳	1179204	784328	784328	668616	506813	5877	155926		115712

(技工学校)

单位：千元

政府性基金预算安排的教育经费	#彩票公益金	国有及国有控股企业办学中的企业拨款	校办产业和社会服务收入中用于教育的经费	其他属于国家财政性教育经费	民办学校中举办者投入	捐赠收入	事业收入	#学费	其他教育经费
2260882	**9341**	**137745**	**156485**		**38606**	**12213**	**6061802**	**3696478**	**1586474**
		10041	9045			533	39558	16741	20487
		3079	1757				30738	20003	46675
		6061	9873				161842	114667	19032
1561	1561		81			20	29486	13536	1057
		33068	6612				3538	2968	28
		7200	2635			60	54427	21531	44
					242		7951	4714	17078
122373	335	607	174		3778		67513	54179	149197
		20212					53280	24783	4422
92008	296	92	305			10	534724	329869	83244
286864			33973		200	150	172553	113664	61965
89800		120					13650	2888	7376
195296			1968		2663	300	204735	86169	51047
						1228	17585	6682	670
53368	12	9296	5656		11666	457	403532	227013	55952
371654		26727	5260			180	181678	18635	65185
203004						10	52626	21883	21250
105770		8508					117045	63161	68376
337725	236	8650	10825		19250	5947	2209363	1658067	155360
171546			7565		4	1717	370125	111770	119088
2005							9294	2960	2802
7510	6900					503	320082	111553	120625
13		4084	14843			220	163519	101729	30896
							149348	148216	298120
120384			15987		135	223	110430	65109	56629
							513	6	
			29925		668	654	555017	343400	73381
							17447	10355	5011
100000							10201	227	51476
							679	76	
			1004		200	50	34797	31807	1965
			525		2000		81236	41857	4497
							67573	28931	19393
						13	379967	251039	14896

3-22 教育经费收入情况

地区	总计	国家财政性教育经费	一般公共预算安排的教育经费	一般公共预算教育经费	教育事业费	基本建设经费	教育费附加	科研经费	其他
合计	**39540864**	**31918952**	**29379767**	**26440695**	**24657920**	**828114**	**954661**	**1782**	**2937290**
北京	1651995	1595592	1586546	1584874	1584874				1672
天津	390942	318867	314031	273760	273760				40270
河北	1048536	867662	851727	797496	763694		33802		54231
山西	476750	446187	444544	363196	348264	9101	5830	747	80601
内蒙古	133868	130301	90621	76226	75598		628		14395
辽宁	522536	468005	458169	389165	305098	39306	44761		69004
吉林	290217	264946	264946	202580	151498		51082		62366
黑龙江	913347	692859	570312	477361	455714		21647		92951
上海	260788	203086	182874	147553	110970		36583		35321
江苏	2401968	1802030	1709625	1465281	1285805	16000	163476	550	243794
浙江	1788492	1553624	1232788	1052351	994160	30952	27239		180437
安徽	324009	302983	213183	164816	158556		6260		48367
福建	1338521	1079775	882512	784999	696588	1000	87411		97514
江西	317161	297678	297678	279546	279546				18131
山东	3877760	3406152	3337832	3183762	3115737		68025	25	154045
河南	2731705	2488223	2089740	1703761	1576127	91588	36046	350	385629
湖北	919884	845997	642993	596940	596940				46053
湖南	724232	544429	430152	410865	376280	9000	25585		19287
广东	10073456	7683536	7326336	6693121	6335160	66646	291315	109	633106
广西	2273745	1782811	1603700	1446363	1378037	62107	6219		157337
海南	319295	307199	305194	243013	243013				62181
重庆	1130519	691207	683697	511174	462276	43898	5000		172523
四川	828219	666634	647694	630516	604548	15865	10103		17178
贵州	774884	327417	327417	324627	324627				2789
云南	1537342	1369925	1233554	1122739	1117829		4910		110815
西藏	429374	428861	428861	389259	11004	378255			39602
陕西	1354129	729912	699987	655978	635978	20000			44009
甘肃	138555	116098	116098	108336	108336				7762
青海									
宁夏									
新疆	568633	506956	406956	361038	287904	44396	28738		45918
大连	94814	94135	94135	80798	56967	20206	3625		13337
宁波	150196	113184	112180	75065	71542	3524			37114
厦门	322697	234964	234439	218222	181500		36721		16217
青岛	398085	311118	311118	276266	234735		41531		34853
深圳	1179204	784328	784328	668616	506813	5877	155926		115712

（地方技工学校）

单位：千元

政府性基金预算安排的教育经费	#彩票公益金	国有及国有控股企业办学中的企业拨款	校办产业和社会服务收入中用于教育的经费	其他属于国家财政性教育经费	民办学校中举办者投入	捐赠收入	事业收入	#学费	其他教育经费
2260882	**9341**	**126977**	**151327**		**38606**	**11993**	**6003892**	**3661042**	**1567421**
			9045			533	35385	16549	20484
		3079	1757				27892	17627	44182
		6061	9873				161842	114667	19032
1561	1561		81			20	29486	13536	1057
		33068	6612				3538	2968	28
		7200	2635			60	54427	21531	44
					242		7951	4714	17078
122373	335		174		3778		67513	54179	149197
		20212					53280	24783	4422
92008	296	92	305			10	518974	321920	80955
286864			33973		200	150	172553	113664	61965
89800							13650	2888	7376
195296			1968		2663	300	204735	86169	51047
						1228	17585	6682	670
53368	12	9296	5656		11666	457	403532	227013	55952
371654		26727	102			180	178117	15617	65185
203004						10	52626	21883	21250
105770		8508					111673	59027	68130
337725	236	8650	10825		19250	5947	2209363	1658067	155360
171546			7565		4	1717	370125	111770	119088
2005							9294	2960	2802
7510	6900					503	318184	110953	120625
13		4084	14843				141759	86132	19827
							149348	148216	298120
120384			15987		135	223	110430	65109	56629
							513	6	
			29925		668	654	552466	341829	70428
							17447	10355	5011
100000							10201	227	51476
							679	76	
			1004		200	50	34797	31807	1965
			525		2000		81236	41857	4497
							67573	28931	19393
						13	379967	251039	14896

3-23 教育经费收入情况

地区	总计	国家财政性教育经费	一般公共预算安排的教育经费	一般公共预算教育经费	教育事业费	基本建设经费	教育费附加	科研经费	其他
合计	**11205975**	**9690103**	**9529581**	**8102993**	**7756177**	**16142**	**330674**	**561**	**1426026**
北京	79355	61003	61003	56065	56065				4938
天津	67717	57965	57765	49959	49959				7806
河北	1309138	1234787	1234264	1144212	1119055		25157		90052
山西	361447	353500	351488	294631	291502		3129		56857
内蒙古	279176	275049	275010	221733	213388		8345		53277
辽宁	3837	3707	3707	2962	2962				745
吉林	751664	737131	735503	601923	595521		6402		133580
黑龙江	649960	643709	643563	498698	488863	1670	8165	5	144860
上海	157158	149002	149002	133530	132767		764		15472
江苏	300103	210738	210353	192209	188781		3427		18144
浙江	552091	502575	499787	452987	431861		21126		46801
安徽	114311	86436	86436	77021	71130		5890		9415
福建	35810	32338	32338	29365	29330		35		2973
江西	573487	540247	540247	513884	507900		5984	123	26240
山东	584937	509021	502460	479792	371218		108575		22667
河南	1460399	912168	911113	762694	693427		69267		148419
湖北	176000	152769	52769	38542	38542				14228
湖南	701173	558783	558705	523467	506568	540	16358	30	35209
广东	299802	281403	277474	245983	239591		6392		31490
广西	56127	53717	53717	32349	32349				21369
海南	12400	12394	12394	1432	1432			70	10892
重庆	776556	627178	611125	473100	458207		14894	3	138022
四川	454545	358337	333342	288759	288198		561	330	44253
贵州	105663	102029	102029	96137	96137				5892
云南	571297	494320	494260	393345	369362		23983		100915
西藏									
陕西	308154	293774	293704	272111	270704		1406		21594
甘肃	86516	72113	72113	53691	53017		674		18422
青海									
宁夏									
新疆	377151	373909	373909	172412	158342	13932	138		201497
大连	1464	1464	1464	1195	1195				269
宁波	328379	303863	301075	274970	257779		17192		26104
厦门									
青岛	955	228	228	228	228				
深圳	52234	52234	52234	50114	50114				2120

（成人中等专业学校）

单位：千元

政府性基金预算安排的教育经费	#彩票公益金	国有及国有控股企业办学中的企业拨款	校办产业和社会服务收入中用于教育的经费	其他属于国家财政性教育经费	民办学校中举办者投入	捐赠收入	事业收入	#学费	其他教育经费
132369	**2617**	**3226**	**24927**		**64229**	**2377**	**1298199**	**790348**	**151067**
						990	17342	5372	21
200							1635	1077	8117
523	4				343	780	64721	11722	8508
2012	2012						6850	950	1097
39							4051	54	75
							129		
		1628					9559	4265	4974
145	16					10	5069	4271	1172
							723	248	7434
385	385						72973	24603	16392
2788							32912	8097	16604
					9496		18055	3267	325
							3467	830	5
						340	30219	1911	2681
4964	114	1598			1724	25	56330	42342	17837
1055					43068		488901	382811	16262
100000					365		22740	16786	126
78	18				4500	38	131400	94417	6452
3930						10	16441	10751	1948
							2313	1516	96
							6	6	
16053							120823	58428	28556
68			24927			82	91597	52668	4529
							3635	1247	
60					4734	1	65202	56417	7040
70	69						14252	3231	128
						102	13882	3055	419
							2971	7	271
2788							15487	1100	9029
					410		61	31	256

3-24 教育经费收入情况

地区	总计	国家财政性教育经费	一般公共预算安排的教育经费	一般公共预算教育经费	教育事业费	基本建设经费	教育费附加	科研经费	其他
合计	**11170826**	**9672825**	**9512303**	**8086716**	**7739900**	**16142**	**330674**	**561**	**1425026**
北京	69807	61003	61003	56065	56065				4938
天津	59940	57965	57765	49959	49959				7806
河北	1309138	1234787	1234264	1144212	1119055		25157		90052
山西	361447	353500	351488	294631	291502		3129		56857
内蒙古	279176	275049	275010	221733	213388		8345		53277
辽宁	3837	3707	3707	2962	2962				745
吉林	751664	737131	735503	601923	595521		6402		133580
黑龙江	636260	630143	629998	485133	475298	1670	8165	5	144860
上海	157158	149002	149002	133530	132767		764		15472
江苏	300103	210738	210353	192209	188781		3427		18144
浙江	552091	502575	499787	452987	431861		21126		46801
安徽	114311	86436	86436	77021	71130		5890		9415
福建	35810	32338	32338	29365	29330		35		2973
江西	573487	540247	540247	513884	507900		5984	123	26240
山东	584937	509021	502460	479792	371218		108575		22667
河南	1460399	912168	911113	762694	693427		69267		148419
湖北	176000	152769	52769	38542	38542				14228
湖南	701173	558783	558705	523467	506568	540	16358	30	35209
广东	299802	281403	277474	245983	239591		6392		31490
广西	56127	53717	53717	32349	32349				21369
海南	12400	12394	12394	1432	1432			70	10892
重庆	776556	627178	611125	473100	458207		14894	3	138022
四川	454545	358337	333342	288759	288198		561	330	44253
贵州	105663	102029	102029	96137	96137				5892
云南	571297	494320	494260	393345	369362		23983		100915
西藏									
陕西	308154	293774	293704	272111	270704		1406		21594
甘肃	86516	72113	72113	53691	53017		674		18422
青海									
宁夏									
新疆	373028	370197	370197	169700	155630	13932	138		200497
大连	1464	1464	1464	1195	1195				269
宁波	328379	303863	301075	274970	257779		17192		26104
厦门									
青岛	955	228	228	228	228				
深圳	52234	52234	52234	50114	50114				2120

(地方成人中等专业学校)

单位：千元

政府性基金预算安排的教育经费	#彩票公益金	国有及国有控股企业办学中的企业拨款	校办产业和社会服务收入中用于教育的经费	其他属于国家财政性教育经费	民办学校中举办者投入	捐赠收入	事业收入	#学费	其他教育经费
132369	**2617**	**3226**	**24927**		**64229**	**2377**	**1288208**	**785070**	**143188**
						990	7793	227	21
200							1635	1077	340
523	4				343	780	64721	11722	8508
2012	2012						6850	950	1097
39							4051	54	75
							129		
		1628					9559	4265	4974
145	16					10	4935	4137	1172
							723	248	7434
385	385						72973	24603	16392
2788							32912	8097	16604
					9496		18055	3267	325
							3467	830	5
						340	30219	1911	2681
4964	114	1598			1724	25	56330	42342	17837
1055					43068		488901	382811	16262
100000					365		22740	16786	126
78	18				4500	38	131400	94417	6452
3930						10	16441	10751	1948
							2313	1516	96
							6	6	
16053							120823	58428	28556
68			24927			82	91597	52668	4529
							3635	1247	
60					4734	1	65202	56417	7040
70	69						14252	3231	128
						102	13882	3055	419
							2662	7	169
2788							15487	1100	9029
					410		61	31	256

3-25 教育经费收入情况

地 区	总 计	国家财政性教育经费	一般公共预算安排的教育经费	一般公共预算教育经费					
					教 育 事业费	基本建设经 费	教育费附 加	科研经费	其 他
合 计	**1499815900**	**1310824725**	**1281379453**	**1147402749**	**1068521939**	**24281087**	**54599723**	**144844**	**133831860**
北 京	39463619	34875113	34217168	29691245	27594440	1638568	458238	26483	4499439
天 津	15986857	14921388	14821715	13369785	12998413		371373	100	1451829
河 北	65501723	55953220	54118450	51582277	49493314	342832	1746132	360	2535812
山 西	31685607	26842419	26607170	23713136	22169235	267503	1276398	3702	2890332
内蒙古	25279920	24401485	23983868	20581981	18973168	413066	1195747		3401887
辽 宁	32397199	29841474	29674953	24886263	23146194	464079	1275991	201	4788488
吉 林	21505554	19633245	19562625	16990518	16242049	140898	607571	10	2572098
黑龙江	27766078	26133849	25875405	22254477	21286194	257239	711044		3620927
上 海	38009768	31853424	31502073	26435790	20724070	335846	5375874		5066283
江 苏	103775610	92511298	90174309	82381222	74753819	311007	7316396	6427	7786661
浙 江	83040758	65373421	63036180	57905292	53578713	1403944	2922634	14546	5116343
安 徽	57146968	48022785	46906405	42963428	40045805	729001	2188622		3942977
福 建	42247767	36929238	35646319	33336255	31661397	141151	1533707	3172	2306892
江 西	50050233	44449534	44229499	41849804	39431597	789181	1629026	35941	2343754
山 东	102679035	91064628	88655749	83595015	77791812	124233	5678970	145	5060589
河 南	91357382	77526347	76307350	66134016	61363485	1251025	3519506	2708	10170626
湖 北	54501088	48026816	45444472	41694200	41694200			50	3750223
湖 南	61825458	50623884	50263005	47784178	44929538	471548	2383092	1193	2477635
广 东	154383825	127576449	123537324	107788914	97420093	6001808	4367014	11165	15737244
广 西	45013778	41342338	40287013	35290619	33888143	639759	762717	156	4996238
海 南	13213101	11847972	11108842	9196043	8846294	236363	113386	592	1912207
重 庆	38575225	34682994	33852104	27296886	25333669	1202292	760925	8693	6546525
四 川	77955481	67131674	64982824	56432111	53333439	663023	2435649	91	8550622
贵 州	46337413	40529100	39640518	35675344	34000936	166548	1507859	24809	3940365
云 南	54740536	50175899	49774392	41987734	39939859	893455	1154419	473	7786185
西 藏	8486588	8432395	8428283	7876361	7344876	531485			551922
陕 西	36474514	33523708	33162537	31889883	28530322	1639306	1720255	20	1272634
甘 肃	25448840	24380075	24198350	21577317	20760319	256132	560866	151	2620882
青 海	9261977	8870121	8757330	7047510	6582344	305681	159486		1709820
宁 夏	9130989	8526183	8458909	7217763	6830777	88731	298256	800	1240346
新 疆	36573010	34822246	34164311	30977382	27833428	2575386	568568	2854	3184074
大 连	6275288	5716103	5676775	4441947	4122198	125328	194421		1234828
宁 波	11508343	9508177	9157136	8301887	7748929	30500	522458	1020	854229
厦 门	6271154	5753395	5423647	4760604	4299867	41368	419369	6	663037
青 岛	13165526	11716503	11650529	10668359	9456921		1211438		982170
深 圳	30797655	26537177	24710660	20999431	14364835	5331244	1303352	1493	3709735

（中学）

单位：千元

政府性基金预算安排的教育经费	#彩票公益金	国有及国有控股企业办学中的企业拨款	校办产业和社会服务收入中用于教育的经费	其他属于国家财政性教育经费	民办学校中举办者投入	捐赠收入	事业收入	#学费	其他教育经费
29141355	**1589427**	**258315**	**45601**		**7850402**	**2233049**	**166011615**	**141831837**	**12896109**
604743	13512	41079	12124		10144	20919	3871884	3437300	685560
99674	4606				4069	6673	1011369	970321	43358
1834770	51879				66839	21263	9402732	8215661	57669
235250	41950				119636	12325	4593470	4036997	117757
417617	74666				16896	12439	787833	637910	61266
163222	36557		3300		98097	49922	2304926	2052233	102779
70490	9770		129		120255	9499	1530553	1450744	212002
257308	14114	1136			300	12173	1418338	1311795	201418
351350	944				74038	11600	5416444	5311878	654263
2336988	45291				230390	55115	9985041	8739683	993766
2330141	39355	7100			736483	546763	14000760	12333577	2383332
1116380	32337				268749	50667	8425343	6933893	379424
1132840	264628	150080			206203	150024	4315348	3934717	646954
220035	93982				402147	76534	4777386	3672117	344631
2408879	65499				650029	67712	10357126	9250664	539541
1218997	226501				1190285	40049	12405188	10046551	195513
2581568	9309		776		71587	38308	5974555	4950950	389823
300007	83714	55072	5800		1796580	49692	8848189	6978096	507112
4038591	94825		534		875998	160837	24995933	21922041	774607
1055325	31429				52161	55240	3363805	2600012	200234
739130	6360				30241	2976	1271726	1060722	60185
807952	21925		22938		9257	73790	3529028	2836937	280155
2148850	34096				321988	272121	9684415	7719306	545283
888583	98931				120499	28910	4901377	3846114	757527
401508	36159				331864	70609	3908249	3500428	253915
4111	2360					34965	13231	10524	5998
361170	7452				33816	9315	2757279	2236684	150395
181725	7575				938	16053	921907	817701	129867
112791	26891				1463	60271	164893	129968	165229
67275	4121					22038	451639	398515	131130
654087	108689	3848			9450	194247	621650	487797	925416
39327	32381				74410	1764	472854	442703	10157
351041	3174				27501	9727	1911589	1785994	51350
329749	222621				166	1149	427479	397341	88964
65974	8149				41335	5134	1364671	1234361	37882
1826518	26294				275019	14732	3775679	3431668	195047

3-26 教育经费收入情况

地区	总计	国家财政性教育经费	一般公共预算安排的教育经费	一般公共预算教育经费	教育事业费	基本建设经费	教育费附加	科研经费	其他
合计	**1492446908**	**1304534762**	**1275120598**	**1141752762**	**1063355443**	**23822266**	**54575053**	**142581**	**133225255**
北京	37472948	33571497	32913552	28412016	26315211	1638568	458238	25133	4476403
天津	15986857	14921388	14821715	13369785	12998413		371373	100	1451829
河北	65501723	55953220	54118450	51582277	49493314	342832	1746132	360	2535812
山西	31685607	26842419	26607170	23713136	22169235	267503	1276398	3702	2890332
内蒙古	25279920	24401485	23983868	20581981	18973168	413066	1195747		3401887
辽宁	32397199	29841474	29674953	24886263	23146194	464079	1275991	201	4788488
吉林	21301693	19487721	19417101	16844994	16096525	140898	607571	10	2572098
黑龙江	27458995	25831115	25573019	21958705	20990421	257239	711044		3614314
上海	37756983	31675492	31324142	26285573	20598523	335846	5351204		5038569
江苏	103775610	92511298	90174309	82381222	74753819	311007	7316396	6427	7786661
浙江	83040758	65373421	63036180	57905292	53578713	1403944	2922634	14546	5116343
安徽	57146968	48022785	46906405	42963428	40045805	729001	2188622		3942977
福建	42247767	36929238	35646319	33336255	31661397	141151	1533707	3172	2306892
江西	50050233	44449534	44229499	41849804	39431597	789181	1629026	35941	2343754
山东	102679035	91064628	88655749	83595015	77791812	124233	5678970	145	5060589
河南	91354190	77523335	76304338	66132047	61361516	1251025	3519506	2708	10169582
湖北	54154029	47731378	45149035	41398782	41398782			50	3750203
湖南	61810531	50614167	50253288	47774480	44919841	471548	2383092	1193	2477615
广东	154383825	127576449	123537324	107788914	97420093	6001808	4367014	11165	15737244
广西	45013778	41342338	40287013	35290619	33888143	639759	762717	156	4996238
海南	13213101	11847972	11108842	9196043	8846294	236363	113386	592	1912207
重庆	38428465	34555841	33724952	27169734	25206516	1202292	760925	8693	6546525
四川	77931153	67130668	64981818	56431104	53332432	663023	2435649	91	8550622
贵州	46337413	40529100	39640518	35675344	34000936	166548	1507859	24809	3940365
云南	54740536	50175899	49774392	41987734	39939859	893455	1154419	473	7786185
西藏	8486588	8432395	8428283	7876361	7344876	531485			551922
陕西	36321872	33399306	33038136	31765482	28405920	1639306	1720255	20	1272634
甘肃	25410912	24342583	24160859	21573980	20756982	256132	560866	151	2586727
青海	9261977	8870121	8757330	7047510	6582344	305681	159486		1709820
宁夏	9130989	8526183	8458909	7217763	6830777	88731	298256	800	1240346
新疆	32685255	31060309	30433133	27761120	25075987	2116565	568568	1941	2670073
大连	6275288	5716103	5676775	4441947	4122198	125328	194421		1234828
宁波	11508343	9508177	9157136	8301887	7748929	30500	522458	1020	854229
厦门	6271154	5753395	5423647	4760604	4299867	41368	419369	6	663037
青岛	13165526	11716503	11650529	10668359	9456921		1211438		982170
深圳	30797655	26537177	24710660	20999431	14364835	5331244	1303352	1493	3709735

(地方中学)

单位：千元

政府性基金预算安排的教育经费	#彩票公益金	国有及国有控股企业办学中的企业拨款	校办产业和社会服务收入中用于教育的经费	其他属于国家财政性教育经费	民办学校中举办者投入	捐赠收入	事业收入	#学费	其他教育经费
29114095	**1581668**	**254467**	**45601**		**7850402**	**2202754**	**165696186**	**141623482**	**12162804**
604743	13512	41079	12124		10144	15076	3746190	3399015	130041
99674	4606				4069	6673	1011369	970321	43358
1834770	51879				66839	21263	9402732	8215661	57669
235250	41950				119636	12325	4593470	4036997	117757
417617	74666				16896	12439	787833	637910	61266
163222	36557		3300		98097	49922	2304926	2052233	102779
70490	9770		129		120255	7499	1509977	1430217	176241
256960	14016	1136			300	12173	1413989	1309268	201418
351350	944				74038	11280	5352370	5247923	643803
2336988	45291				230390	55115	9985041	8739683	993766
2330141	39355	7100			736483	546763	14000760	12333577	2383332
1116380	32337				268749	50667	8425343	6933893	379424
1132840	264628	150080			206203	150024	4315348	3934717	646954
220035	93982				402147	76534	4777386	3672117	344631
2408879	65499				650029	67712	10357126	9250664	539541
1218997	226501				1190285	40049	12405188	10046551	195334
2581568	9309		776		71587	23018	5955161	4934256	372884
300007	83714	55072	5800		1796580	48495	8845788	6976003	505500
4038591	94825		534		875998	160837	24995933	21922041	774607
1055325	31429				52161	55240	3363805	2600012	200234
739130	6360				30241	2976	1271726	1060722	60185
807952	21925		22938		9257	73790	3517412	2827378	272164
2148850	34096				321988	272121	9683782	7718932	522594
888583	98931				120499	28910	4901377	3846114	757527
401508	36159				331864	70609	3908249	3500428	253915
4111	2360					34965	13231	10524	5998
361170	7452				33816	9315	2745157	2226434	134278
181725	7575				938	16053	921828	817624	129509
112791	26891				1463	60271	164893	129968	165229
67275	4121					22038	451639	398515	131130
627175	101028				9450	188601	567158	443785	859737
39327	32381				74410	1764	472854	442703	10157
351041	3174				27501	9727	1911589	1785994	51350
329749	222621				166	1149	427479	397341	88964
65974	8149				41335	5134	1364671	1234361	37882
1826518	26294				275019	14732	3775679	3431668	195047

3-27 教育经费收入情况

地区	总计	国家财政性教育经费							
			一般公共预算安排的教育经费						
				一般公共预算教育经费					
					教育事业费	基本建设经费	教育费附加	科研经费	其他
合计	**1499125042**	**1310205409**	**1280761229**	**1146835313**	**1067990393**	**24279418**	**54565503**	**144835**	**133781081**
北京	39393885	34814322	34156377	29642734	27550317	1638568	453849	26483	4487160
天津	15951650	14886193	14786519	13338214	12966841		371373	100	1448205
河北	65501723	55953220	54118450	51582277	49493314	342832	1746132	360	2535812
山西	31685607	26842419	26607170	23713136	22169235	267503	1276398	3702	2890332
内蒙古	25279920	24401485	23983868	20581981	18973168	413066	1195747		3401887
辽宁	32397199	29841474	29674953	24886263	23146194	464079	1275991	201	4788488
吉林	21502914	19630923	19560303	16988946	16240477	140898	607571	10	2571347
黑龙江	27766078	26133849	25875405	22254477	21286194	257239	711044		3620927
上海	38004309	31847965	31496615	26431903	20720182	335846	5375874		5064712
江苏	103578665	92329514	89992534	82219877	74615221	311007	7293648	6427	7766230
浙江	82773211	65145097	62808418	57679511	53360747	1402274	2916490	14537	5114370
安徽	57146968	48022785	46906405	42963428	40045805	729001	2188622		3942977
福建	42247767	36929238	35646319	33336255	31661397	141151	1533707	3172	2306892
江西	50050233	44449534	44229499	41849804	39431597	789181	1629026	35941	2343754
山东	102679035	91064628	88655749	83595015	77791812	124233	5678970	145	5060589
河南	91357382	77526347	76307350	66134016	61363485	1251025	3519506	2708	10170626
湖北	54452387	47978114	45395771	41645498	41645498			50	3750223
湖南	61821474	50621748	50260869	47782041	44927402	471548	2383092	1193	2477635
广东	154323184	127521847	123483243	107744985	97377101	6001808	4366076	11165	15727093
广西	45013778	41342338	40287013	35290619	33888143	639759	762717	156	4996238
海南	13213101	11847972	11108842	9196043	8846294	236363	113386	592	1912207
重庆	38575225	34682994	33852104	27296886	25333669	1202292	760925	8693	6546525
四川	77955481	67131674	64982824	56432111	53333439	663023	2435649	91	8550622
贵州	46337413	40529100	39640518	35675344	34000936	166548	1507859	24809	3940365
云南	54740536	50175899	49774392	41987734	39939859	893455	1154419	473	7786185
西藏	8486588	8432395	8428283	7876361	7344876	531485			551922
陕西	36474514	33523708	33162537	31889883	28530322	1639306	1720255	20	1272634
甘肃	25448840	24380075	24198350	21577317	20760319	256132	560866	151	2620882
青海	9261977	8870121	8757330	7047510	6582344	305681	159486		1709820
宁夏	9130989	8526183	8458909	7217763	6830777	88731	298256	800	1240346
新疆	36573010	34822246	34164311	30977382	27833428	2575386	568568	2854	3184074
大连	6275288	5716103	5676775	4441947	4122198	125328	194421		1234828
宁波	11508343	9508177	9157136	8301887	7748929	30500	522458	1020	854229
厦门	6271154	5753395	5423647	4760604	4299867	41368	419369	6	663037
青岛	13165526	11716503	11650529	10668359	9456921		1211438		982170
深圳	30797655	26537177	24710660	20999431	14364835	5331244	1303352	1493	3709735

(普通中学)

单位：千元

政府性基金预算安排的教育经费	#彩票公益金	国有及国有控股企业办学中的企业拨款	校办产业和社会服务收入中用于教育的经费	其他属于国家财政性教育经费	民办学校中举办者投入	捐赠收入	事业收入	#学费	其他教育经费
29140264	**1589427**	**258315**	**45601**		**7850402**	**2233010**	**165976214**	**141814788**	**12860006**
604743	13512	41079	12124		10144	20919	3862941	3430670	685560
99674	4606				4069	6673	1011369	970321	43346
1834770	51879				66839	21263	9402732	8215661	57669
235250	41950				119636	12325	4593470	4036997	117757
417617	74666				16896	12439	787833	637910	61266
163222	36557		3300		98097	49922	2304926	2052233	102779
70490	9770		129		120255	9499	1530553	1450744	211684
257308	14114	1136			300	12173	1418338	1311795	201418
351350	944				74038	11600	5416444	5311878	654263
2336980	45291				230390	55115	9970070	8735675	993576
2329579	39355	7100			736483	546724	13997141	12332415	2347767
1116380	32337				268749	50667	8425343	6933893	379424
1132840	264628	150080			206203	150024	4315348	3934717	646954
220035	93982				402147	76534	4777386	3672117	344631
2408879	65499				650029	67712	10357126	9250664	539541
1218997	226501				1190285	40049	12405188	10046551	195513
2581568	9309		776		71587	38308	5974555	4950950	389823
300007	83714	55072	5800		1796580	49692	8846341	6976475	507112
4038069	94825		534		875998	160837	24989914	21918414	774588
1055325	31429				52161	55240	3363805	2600012	200234
739130	6360				30241	2976	1271726	1060722	60185
807952	21925		22938		9257	73790	3529028	2836937	280155
2148850	34096				321988	272121	9684415	7719306	545283
888583	98931				120499	28910	4901377	3846114	757527
401508	36159				331864	70609	3908249	3500428	253915
4111	2360					34965	13231	10524	5998
361170	7452				33816	9315	2757279	2236684	150395
181725	7575				938	16053	921907	817701	129867
112791	26891				1463	60271	164893	129968	165229
67275	4121					22038	451639	398515	131130
654087	108689	3848			9450	194247	621650	487797	925416
39327	32381				74410	1764	472854	442703	10157
351041	3174				27501	9727	1911589	1785994	51350
329749	222621				166	1149	427479	397341	88964
65974	8149				41335	5134	1364671	1234361	37882
1826518	26294				275019	14732	3775679	3431668	195047

3-28 教育经费收入情况

地区	总计	国家财政性教育经费	一般公共预算安排的教育经费	一般公共预算教育经费	教育事业费	基本建设经费	教育费附加	科研经费	其他
合计	**1491756050**	**1303915446**	**1274502374**	**1141185326**	**1062823897**	**23820596**	**54540833**	**142572**	**133174476**
北京	37403214	33510706	32852761	28363505	26271088	1638568	453849	25133	4464123
天津	15951650	14886193	14786519	13338214	12966841		371373	100	1448205
河北	65501723	55953220	54118450	51582277	49493314	342832	1746132	360	2535812
山西	31685607	26842419	26607170	23713136	22169235	267503	1276398	3702	2890332
内蒙古	25279920	24401485	23983868	20581981	18973168	413066	1195747		3401887
辽宁	32397199	29841474	29674953	24886263	23146194	464079	1275991	201	4788488
吉林	21299053	19485399	19414779	16843422	16094953	140898	607571	10	2571347
黑龙江	27458995	25831115	25573019	21958705	20990421	257239	711044		3614314
上海	37751525	31670033	31318683	26281686	20594635	335846	5351204		5036998
江苏	103578665	92329514	89992534	82219877	74615221	311007	7293648	6427	7766230
浙江	82773211	65145097	62808418	57679511	53360747	1402274	2916490	14537	5114370
安徽	57146968	48022785	46906405	42963428	40045805	729001	2188622		3942977
福建	42247767	36929238	35646319	33336255	31661397	141151	1533707	3172	2306892
江西	50050233	44449534	44229499	41849804	39431597	789181	1629026	35941	2343754
山东	102679035	91064628	88655749	83595015	77791812	124233	5678970	145	5060589
河南	91354190	77523335	76304338	66132047	61361516	1251025	3519506	2708	10169582
湖北	54105327	47682677	45100333	41350080	41350080			50	3750203
湖南	61806546	50612031	50251151	47772344	44917704	471548	2383092	1193	2477615
广东	154323184	127521847	123483243	107744985	97377101	6001808	4366076	11165	15727093
广西	45013778	41342338	40287013	35290619	33888143	639759	762717	156	4996238
海南	13213101	11847972	11108842	9196043	8846294	236363	113386	592	1912207
重庆	38428465	34555841	33724952	27169734	25206516	1202292	760925	8693	6546525
四川	77931153	67130668	64981818	56431104	53332432	663023	2435649	91	8550622
贵州	46337413	40529100	39640518	35675344	34000936	166548	1507859	24809	3940365
云南	54740536	50175899	49774392	41987734	39939859	893455	1154419	473	7786185
西藏	8486588	8432395	8428283	7876361	7344876	531485			551922
陕西	36321872	33399306	33038136	31765482	28405920	1639306	1720255	20	1272634
甘肃	25410912	24342583	24160859	21573980	20756982	256132	560866	151	2586727
青海	9261977	8870121	8757330	7047510	6582344	305681	159486		1709820
宁夏	9130989	8526183	8458909	7217763	6830777	88731	298256	800	1240346
新疆	32685255	31060309	30433133	27761120	25075987	2116565	568568	1941	2670073
大连	6275288	5716103	5676775	4441947	4122198	125328	194421		1234828
宁波	11508343	9508177	9157136	8301887	7748929	30500	522458	1020	854229
厦门	6271154	5753395	5423647	4760604	4299867	41368	419369	6	663037
青岛	13165526	11716503	11650529	10668359	9456921		1211438		982170
深圳	30797655	26537177	24710660	20999431	14364835	5331244	1303352	1493	3709735

(地方普通中学)

单位：千元

政府性基金预算安排的教育经费	#彩票公益金	国有及国有控股企业办学中的企业拨款	校办产业和社会服务收入中用于教育的经费	其他属于国家财政性教育经费	民办学校中举办者投入	捐赠收入	事业收入	#学费	其他教育经费
29113003	**1581668**	**254467**	**45601**		**7850402**	**2202715**	**165660786**	**141606434**	**12126701**
604743	13512	41079	12124		10144	15076	3737247	3392385	130041
99674	4606				4069	6673	1011369	970321	43346
1834770	51879				66839	21263	9402732	8215661	57669
235250	41950				119636	12325	4593470	4036997	117757
417617	74666				16896	12439	787833	637910	61266
163222	36557		3300		98097	49922	2304926	2052233	102779
70490	9770		129		120255	7499	1509977	1430217	175923
256960	14016	1136			300	12173	1413989	1309268	201418
351350	944				74038	11280	5352370	5247923	643803
2336980	45291				230390	55115	9970070	8735675	993576
2329579	39355	7100			736483	546724	13997141	12332415	2347767
1116380	32337				268749	50667	8425343	6933893	379424
1132840	264628	150080			206203	150024	4315348	3934717	646954
220035	93982				402147	76534	4777386	3672117	344631
2408879	65499				650029	67712	10357126	9250664	539541
1218997	226501				1190285	40049	12405188	10046551	195334
2581568	9309		776		71587	23018	5955161	4934256	372884
300007	83714	55072	5800		1796580	48495	8843940	6974382	505500
4038069	94825		534		875998	160837	24989914	21918414	774588
1055325	31429				52161	55240	3363805	2600012	200234
739130	6360				30241	2976	1271726	1060722	60185
807952	21925		22938		9257	73790	3517412	2827378	272164
2148850	34096				321988	272121	9683782	7718932	522594
888583	98931				120499	28910	4901377	3846114	757527
401508	36159				331864	70609	3908249	3500428	253915
4111	2360					34965	13231	10524	5998
361170	7452				33816	9315	2745157	2226434	134278
181725	7575				938	16053	921828	817624	129509
112791	26891				1463	60271	164893	129968	165229
67275	4121					22038	451639	398515	131130
627175	101028				9450	188601	567158	443785	859737
39327	32381				74410	1764	472854	442703	10157
351041	3174				27501	9727	1911589	1785994	51350
329749	222621				166	1149	427479	397341	88964
65974	8149				41335	5134	1364671	1234361	37882
1826518	26294				275019	14732	3775679	3431668	195047

3-29 教育经费收入情况

地 区	总 计	国家财政性教育经费							
			一般公共预算安排的教育经费						
				一般公共预算教育经费				科研经费	其 他
					教育事业费	基本建设经费	教育费附加		
合 计	**555530272**	**455110809**	**440257203**	**392886385**	**362510673**	**10579048**	**19796664**	**70048**	**47300771**
北 京	15346833	12918011	12762247	11190736	10382407	638572	169758	12358	1559153
天 津	5905543	5298931	5225868	4666224	4656018		10206	100	559544
河 北	25102600	20343227	18986112	18118329	17383232	147963	587135	120	867663
山 西	12932674	10691469	10517854	9353348	8663970	206888	482490	2340	1162166
内蒙古	10467845	10048553	9863807	8600181	7817369	320493	462319		1263626
辽 宁	11707142	9891037	9834749	8253838	7517982	301046	434809	74	1580837
吉 林	7577933	6580542	6574724	5734510	5459881	11917	262711		840214
黑龙江	9561553	8530940	8411454	7212344	6782981	208754	220609		1199111
上 海	13176494	10525776	10450108	8796219	6875409	247562	1673248		1653889
江 苏	38615541	33342804	32307950	29236182	25970999	165871	3099312	2922	3068845
浙 江	31656446	22956369	22079830	20066784	18349264	542690	1174830	5323	2007722
安 徽	20661492	15678227	14845076	13487053	12448951	437309	600793		1358023
福 建	14535531	11756272	11506706	10689392	10010787	41352	637253	3097	814216
江 西	17870369	14153596	14067126	13291556	12449357	270103	572096	7129	768442
山 东	35523538	29143495	27998708	26285644	24449383	64100	1772161	140	1712924
河 南	33462359	25562667	24652250	21552395	19761660	730493	1060241	1797	3098058
湖 北	21882566	17917549	15592329	14219211	14219211			42	1373076
湖 南	23547354	17345764	17143391	16344318	15019669	199823	1124827	1117	797955
广 东	59035938	46558698	45221681	38799201	34385605	2740169	1673427	9677	6412804
广 西	15298005	12797523	12531037	10928197	10415468	323669	189061		1602839
海 南	4600887	3806135	3589151	2972533	2897274	48182	27077	320	616297
重 庆	14272466	12279391	11758078	9498526	8903549	338408	256570	3014	2256538
四 川	27268586	22024454	20776376	17923700	17002322	154035	767343	73	2852603
贵 州	17900244	14033869	13443572	12043577	11203843	69016	770718	18022	1381973
云 南	21891741	18906138	18622495	15859280	14889892	524147	445241	197	2763019
西 藏	3123053	3100690	3097783	2908952	2646131	262821			188831
陕 西	14023919	12805289	12648747	12100001	10705807	626851	767343		548746
甘 肃	9867235	9054326	8973070	7940388	7622069	84917	233402	151	1032530
青 海	3572407	3330175	3295518	2656428	2540742	76591	39095		639090
宁 夏	3381788	2984745	2958023	2517026	2331725	38960	146341		440997
新 疆	11760189	10744145	10521384	9640311	8747716	756347	136248	2033	879041
大 连	2235749	1787969	1786590	1376986	1317732	4700	54554		409604
宁 波	4349960	3296904	3216107	2733477	2569996	30500	132981	560	482070
厦 门	2148854	1821189	1773760	1580376	1381099	34176	165100		193384
青 岛	4540058	3747635	3712845	3312251	2812548		499703		400594
深 圳	11998247	9723545	9559108	8064655	5050746	2602374	411534	637	1493817

(普通高中)

单位：千元

政府性基金预算安排的教育经费	#彩票公益金	国有及国有控股企业办学中的企业拨款	校办产业和社会服务收入中用于教育的经费	其他属于国家财政性教育经费	民办学校中举办者投入	捐赠收入	事业收入	#学费	其他教育经费
14725051	**510640**	**82954**	**45601**		**4025109**	**1221118**	**88888263**	**72588315**	**6284973**
125514	3422	18126	12124		3681	8054	2007631	1679579	409457
73063	606				484	4047	574115	545118	27966
1357115	35239				24873	6321	4689179	4025507	38999
173616	20490				54609	10498	2105486	1772324	70612
184746	15738				5947	8698	395356	277081	9291
52989	600		3300		96071	1070	1669647	1472602	49316
5689	2112		129		58268	7533	860609	805409	70982
119485	7619				300	1547	874284	791328	154483
75668	9				5433	2599	2181344	2127195	461342
1034854	13847				30889	29416	4827535	4025751	384897
869440	4963	7100			259098	173100	7260367	6092736	1007512
833151	8035				63945	32728	4674975	3696263	211618
249567	46542				117477	102693	2315395	2064053	243694
86470	64605				329735	53725	3073006	2256783	260307
1144787	11684				262193	54412	5865880	5195729	197556
910417	93187				659036	25556	7098866	5548313	116234
2324444	1709		776		18503	31887	3677356	2882859	237272
141501	9194	55072	5800		934831	27664	5062985	3883689	176110
1336482	27434		534		535582	72515	11468616	9681655	400527
266486	5106				29418	36163	2317422	1734575	117480
216985	2546				9077	2147	752636	625782	30892
498375	2865		22938		40	44814	1818578	1296857	129643
1248078	14692				98861	190889	4726723	3315427	227658
590297	93724				84711	12467	3240298	2386654	528899
283643	13223				313274	43194	2528750	2215528	100384
2907	1563					5094	13231	10524	4038
156542	2920				18695	4657	1123818	778426	71460
81256	614					6628	725196	641638	81085
34657	4657				1230	11196	160456	126481	69350
26722	550					19836	288952	239644	88255
220106	1144	2655			8845	189972	509572	392803	307655
1378	244				74410	1014	364289	340185	8068
80796	1622				5016	5367	1018439	942985	24234
47429	31493					322	297221	272558	30122
34790	71				29996	2223	736305	634345	23899
164437	5974				208776	8390	1951387	1708340	106148

3-30 教育经费收入情况

地区	总计	国家财政性教育经费	一般公共预算安排的教育经费	一般公共预算教育经费	教育事业费	基本建设经费	教育费附加	科研经费	其他
合计	**551731880**	**452150714**	**437307136**	**390171075**	**360052072**	**10340864**	**19778139**	**68344**	**47067718**
北京	13960655	12016862	11861098	10305316	9496987	638572	169758	11008	1544774
天津	5905543	5298931	5225868	4666224	4656018		10206	100	559544
河北	25102600	20343227	18986112	18118329	17383232	147963	587135	120	867663
山西	12932674	10691469	10517854	9353348	8663970	206888	482490	2340	1162166
内蒙古	10467845	10048553	9863807	8600181	7817369	320493	462319		1263626
辽宁	11707142	9891037	9834749	8253838	7517982	301046	434809	74	1580837
吉林	7423056	6484001	6478183	5637969	5363341	11917	262711		840214
黑龙江	9430181	8403917	8284681	7085571	6656208	208754	220609		1199111
上海	12976458	10396883	10321214	8694433	6792147	247562	1654723		1626782
江苏	38615541	33342804	32307950	29236182	25970999	165871	3099312	2922	3068845
浙江	31656446	22956369	22079830	20066784	18349264	542690	1174830	5323	2007722
安徽	20661492	15678227	14845076	13487053	12448951	437309	600793		1358023
福建	14535531	11756272	11506706	10689392	10010787	41352	637253	3097	814216
江西	17870369	14153596	14067126	13291556	12449357	270103	572096	7129	768442
山东	35523538	29143495	27998708	26285644	24449383	64100	1772161	140	1712924
河南	33462359	25562667	24652250	21552395	19761660	730493	1060241	1797	3098058
湖北	21589528	17674327	15349107	13976009	13976009			42	1373056
湖南	23538652	17340357	17137983	16338911	15014261	199823	1124827	1117	797955
广东	59035938	46558698	45221681	38799201	34385605	2740169	1673427	9677	6412804
广西	15298005	12797523	12531037	10928197	10415468	323669	189061		1602839
海南	4600887	3806135	3589151	2972533	2897274	48182	27077	320	616297
重庆	14186733	12209656	11688343	9428791	8833814	338408	256570	3014	2256538
四川	27254479	22023919	20775841	17923165	17001787	154035	767343	73	2852603
贵州	17900244	14033869	13443572	12043577	11203843	69016	770718	18022	1381973
云南	21891741	18906138	18622495	15859280	14889892	524147	445241	197	2763019
西藏	3123053	3100690	3097783	2908952	2646131	262821			188831
陕西	13930953	12733796	12577255	12028509	10634315	626851	767343		548746
甘肃	9849740	9037084	8955828	7939851	7621532	84917	233402	151	1015826
青海	3572407	3330175	3295518	2656428	2540742	76591	39095		639090
宁夏	3381788	2984745	2958023	2517026	2331725	38960	146341		440997
新疆	10346301	9445290	9232307	8526430	7872020	518162	136248	1679	704198
大连	2235749	1787969	1786590	1376986	1317732	4700	54554		409604
宁波	4349960	3296904	3216107	2733477	2569996	30500	132981	560	482070
厦门	2148854	1821189	1773760	1580376	1381099	34176	165100		193384
青岛	4540058	3747635	3712845	3312251	2812548		499703		400594
深圳	11998247	9723545	9559108	8064655	5050746	2602374	411534	637	1493817

(地方普通高中)

单位：千元

政府性基金预算安排的教育经费	#彩票公益金	国有及国有控股企业办学中的企业拨款	校办产业和社会服务收入中用于教育的经费	其他属于国家财政性教育经费	民办学校中举办者投入	捐赠收入	事业收入	#学费	其他教育经费
14717678	**510552**	**80298**	**45601**		**4025109**	**1194126**	**88572974**	**72379960**	**5788957**
125514	3422	18126	12124		3681	2321	1882001	1641293	55789
73063	606				484	4047	574115	545118	27966
1357115	35239				24873	6321	4689179	4025507	38999
173616	20490				54609	10498	2105486	1772324	70612
184746	15738				5947	8698	395356	277081	9291
52989	600		3300		96071	1070	1669647	1472602	49316
5689	2112		129		58268	5533	840033	784882	35220
119235	7619				300	1547	869935	788802	154483
75668	9				5433	2599	2117271	2063240	454273
1034854	13847				30889	29416	4827535	4025751	384897
869440	4963	7100			259098	173100	7260367	6092736	1007512
833151	8035				63945	32728	4674975	3696263	211618
249567	46542				117477	102693	2315395	2064053	243694
86470	64605				329735	53725	3073006	2256783	260307
1144787	11684				262193	54412	5865880	5195729	197556
910417	93187				659036	25556	7098866	5548313	116234
2324444	1709		776		18503	16597	3657962	2866165	222139
141501	9194	55072	5800		934831	26997	5060583	3881595	175884
1336482	27434		534		535582	72515	11468616	9681655	400527
266486	5106				29418	36163	2317422	1734575	117480
216985	2546				9077	2147	752636	625782	30892
498375	2865		22938		40	44814	1806963	1287298	125260
1248078	14692				98861	190889	4726091	3315053	214719
590297	93724				84711	12467	3240298	2386654	528899
283643	13223				313274	43194	2528750	2215528	100384
2907	1563					5094	13231	10524	4038
156542	2920				18695	4657	1111708	768176	62096
81256	614					6628	725118	641561	80910
34657	4657				1230	11196	160456	126481	69350
26722	550					19836	288952	239644	88255
212983	1055				8845	186669	455141	348791	250355
1378	244				74410	1014	364289	340185	8068
80796	1622				5016	5367	1018439	942985	24234
47429	31493					322	297221	272558	30122
34790	71				29996	2223	736305	634345	23899
164437	5974				208776	8390	1951387	1708340	106148

3-31 教育经费收入情况

地区	总计	国家财政性教育经费	一般公共预算安排的教育经费	一般公共预算教育经费	教育事业费	基本建设经费	教育费附加	科研经费	其他
合计	**220016587**	**180772830**	**175516601**	**158079444**	**150776653**	**2177285**	**5125506**	**11080**	**17426077**
北京	1162532	632952	602912	522228	520344	1884			80684
天津	899799	765696	763697	669200	669200				94496
河北	13690160	11008154	9896364	9444195	9093314	111387	239495		452169
山西	5952473	4989174	4912400	4320166	4088026	57509	174631	2340	589895
内蒙古	4944969	4833447	4774823	4234303	3844902	270175	119226		540519
辽宁	2755006	2299386	2296722	1957130	1881590	34460	41080		339593
吉林	2945616	2603354	2600203	2320035	2237538	3214	79283		280168
黑龙江	3838189	3445195	3391214	2981564	2795508	141200	44857		409649
上海	1106041	911194	911083	732576	617382		115194		178507
江苏	12760282	10896016	10320328	9592402	8786557		805844	130	727796
浙江	11349619	8537372	8362695	7634828	7325490	95334	214005	3292	724576
安徽	11373696	8387991	8124518	7515777	7242722	36980	236075		608741
福建	6672513	5395235	5347997	5060163	4891184	4932	164046		287834
江西	9148208	7348954	7274785	6901042	6516920	81342	302780		373742
山东	12552714	9809910	9461158	9018675	8406125	40500	572051	120	442363
河南	17963972	13066458	12690827	11194582	10598580	134811	461192	529	1495716
湖北	6096655	4834672	4620240	4334968	4334968				285272
湖南	13000788	9506607	9362591	8870879	8250409	192570	427901	328	491383
广东	11906759	9425480	9117398	7767874	7551942	21979	193953	1948	1347577
广西	6815639	5960933	5813478	5067166	4977251	67648	22268		746312
海南	1803772	1626399	1625806	1383742	1341870	38567	3306	84	241980
重庆	4601379	4036872	4002151	3219529	3192612	3409	23508	12	782610
四川	13245014	11353553	10578635	9065008	8727284	103292	234432		1513626
贵州	9684609	7788390	7537894	6741727	6565175	22814	153739	506	795660
云南	11858928	10744475	10717352	8996299	8545860	299625	150814	40	1721013
西藏	960250	952832	951760	875108	875108				76652
陕西	6356263	5977436	5911432	5720823	5369274	173659	177889		190609
甘肃	5923377	5522545	5497653	4927837	4771014	42965	113858		569817
青海	2034772	1908944	1875944	1466622	1411604	30100	24918		409322
宁夏	1143480	1018832	1010995	830750	817346	8360	5044		180245
新疆	5469112	5184377	5161547	4712245	4529556	158570	24119	1750	447553
大连	293313	136060	136060	103900	103740		160		32160
宁波	1325290	1057134	1025207	872844	857704		15139		152363
厦门	174325	161135	159720	140734	129872		10862		18986
青岛	661835	565587	565324	499310	354716		144594		66013
深圳									

(农村高中)

单位：千元

政府性基金预算安排的教育经费	#彩票公益金	国有及国有控股企业办学中的企业拨款	校办产业和社会服务收入中用于教育的经费	其他属于国家财政性教育经费	民办学校中举办者投入	捐赠收入	事业收入	#学费	其他教育经费
5185601	269291	64828	5800		2173765	452088	34593704	27262562	2024200
30040	300				430	838	527051	499995	1262
1999					484	615	130074	117284	2931
1111790	32305				14735	2594	2644843	2255211	19834
76774	7738				50437	4499	886343	749905	22018
58624	5253				935	6171	103263	50159	1153
2663	10					50	446815	383248	8755
3150	2072				50596	3215	280806	264909	7645
53981	2474					597	245762	217753	146636
111	9						184398	171931	10449
575688	4848				8266	18558	1778410	1419558	59032
167576	2272	7100			144362	34423	2243610	1876051	389853
263473	5865				13183	13726	2901187	2292335	57610
47238	7464				92591	77908	1012320	891867	94459
74169	61317				86149	20151	1518346	1015461	174608
348752	10952				70750	24178	2517852	2248063	130023
375631	3328				602199	4798	4232297	3137860	58221
214432	553				9913	22240	1155456	825005	74375
83144	4077	55072	5800		664456	19211	2714787	2024974	95727
308081	2122				166907	17399	2270059	1892150	26915
147455	2520				12333	25467	787171	549346	29735
593					8730	733	157410	119334	10500
34721	923					12772	542829	305654	8906
774918	7828				80150	60561	1682090	1059210	68661
250496	93254				56979	5001	1544323	1192453	289915
27123	4525				35600	30391	1009536	888598	38926
1072	472					5000	2262	1689	156
66004	2670				3579	3750	350971	201476	20527
24891	493					6523	377854	331501	16455
33000	3000					11174	66880	47866	47774
7837	140					984	115828	102415	7836
20174	507	2655				18562	162867	129300	103306
							151562	140629	5691
31927	1017					4997	252932	231879	10226
1415	24						11662	9974	1529
263					5000	23	90244	80131	981

3-32 教育经费收入情况

地区	总计	国家财政性教育经费	一般公共预算安排的教育经费	一般公共预算教育经费	教育事业费	基本建设经费	教育费附加	科研经费	其他
合计	**219314864**	**180150176**	**174897317**	**157538290**	**150285413**	**2127371**	**5125506**	**10958**	**17348069**
北京	1162532	632952	602912	522228	520344	1884			80684
天津	899799	765696	763697	669200	669200				94496
河北	13690160	11008154	9896364	9444195	9093314	111387	239495		452169
山西	5952473	4989174	4912400	4320166	4088026	57509	174631	2340	589895
内蒙古	4944969	4833447	4774823	4234303	3844902	270175	119226		540519
辽宁	2755006	2299386	2296722	1957130	1881590	34460	41080		339593
吉林	2945616	2603354	2600203	2320035	2237538	3214	79283		280168
黑龙江	3727434	3338487	3284755	2875106	2689050	141200	44857		409649
上海	1106041	911194	911083	732576	617382		115194		178507
江苏	12760282	10896016	10320328	9592402	8786557		805844	130	727796
浙江	11349619	8537372	8362695	7634828	7325490	95334	214005	3292	724576
安徽	11373696	8387991	8124518	7515777	7242722	36980	236075		608741
福建	6672513	5395235	5347997	5060163	4891184	4932	164046		287834
江西	9148208	7348954	7274785	6901042	6516920	81342	302780		373742
山东	12552714	9809910	9461158	9018675	8406125	40500	572051	120	442363
河南	17963972	13066458	12690827	11194582	10598580	134811	461192	529	1495716
湖北	5929690	4708384	4493952	4208700	4208700				285252
湖南	13000788	9506607	9362591	8870879	8250409	192570	427901	328	491383
广东	11906759	9425480	9117398	7767874	7551942	21979	193953	1948	1347577
广西	6815639	5960933	5813478	5067166	4977251	67648	22268		746312
海南	1803772	1626399	1625806	1383742	1341870	38567	3306	84	241980
重庆	4601379	4036872	4002151	3219529	3192612	3409	23508	12	782610
四川	13245014	11353553	10578635	9065008	8727284	103292	234432		1513626
贵州	9684609	7788390	7537894	6741727	6565175	22814	153739	506	795660
云南	11858928	10744475	10717352	8996299	8545860	299625	150814	40	1721013
西藏	960250	952832	951760	875108	875108				76652
陕西	6356263	5977436	5911432	5720823	5369274	173659	177889		190609
甘肃	5905882	5505303	5480412	4927300	4770476	42965	113858		553112
青海	2034772	1908944	1875944	1466622	1411604	30100	24918		409322
宁夏	1143480	1018832	1010995	830750	817346	8360	5044		180245
新疆	5062604	4811962	4792251	4404353	4271579	108656	24119	1629	386269
大连	293313	136060	136060	103900	103740		160		32160
宁波	1325290	1057134	1025207	872844	857704		15139		152363
厦门	174325	161135	159720	140734	129872		10862		18986
青岛	661835	565587	565324	499310	354716		144594		66013
深圳									

(地方农村高中)

单位：千元

政府性基金预算安排的教育经费	#彩票公益金	国有及国有控股企业办学中的企业拨款	校办产业和社会服务收入中用于教育的经费	其他属于国家财政性教育经费	民办学校中举办者投入	捐赠收入	事业收入	#学费	其他教育经费
5184887	**269245**	**62172**	**5800**		**2173765**	**436316**	**34546332**	**27224067**	**2008275**
30040	300				430	838	527051	499995	1262
1999					484	615	130074	117284	2931
1111790	32305				14735	2594	2644843	2255211	19834
76774	7738				50437	4499	886343	749905	22018
58624	5253				935	6171	103263	50159	1153
2663	10					50	446815	383248	8755
3150	2072				50596	3215	280806	264909	7645
53731	2474					597	241715	215468	146636
111	9						184398	171931	10449
575688	4848				8266	18558	1778410	1419558	59032
167576	2272	7100			144362	34423	2243610	1876051	389853
263473	5865				13183	13726	2901187	2292335	57610
47238	7464				92591	77908	1012320	891867	94459
74169	61317				86149	20151	1518346	1015461	174608
348752	10952				70750	24178	2517852	2248063	130023
375631	3328				602199	4798	4232297	3137860	58221
214432	553				9913	6950	1142256	813945	62188
83144	4077	55072	5800		664456	19211	2714787	2024974	95727
308081	2122				166907	17399	2270059	1892150	26915
147455	2520				12333	25467	787171	549346	29735
593					8730	733	157410	119334	10500
34721	923					12772	542829	305654	8906
774918	7828				80150	60561	1682090	1059210	68661
250496	93254				56979	5001	1544323	1192453	289915
27123	4525				35600	30391	1009536	888598	38926
1072	472					5000	2262	1689	156
66004	2670				3579	3750	350971	201476	20527
24891	493					6523	377777	331424	16279
33000	3000					11174	66880	47866	47774
7837	140					984	115828	102415	7836
19711	461					18079	132820	104227	99743
							151562	140629	5691
31927	1017					4997	252932	231879	10226
1415	24						11662	9974	1529
263					5000	23	90244	80131	981

3-33 教育经费收入情况

地区	总计	国家财政性教育经费	一般公共预算安排的教育经费	一般公共预算教育经费	教育事业费	基本建设经费	教育费附加	科研经费	其他
合计	**943594769**	**855094600**	**840504026**	**753948928**	**705479720**	**13700369**	**34768839**	**74788**	**86480310**
北京	24047052	21896311	21394130	18451998	17167911	999996	284091	14125	2928007
天津	10046107	9587262	9560651	8671990	8310823		361167		888661
河北	40399123	35609992	35132338	33463948	32110082	194869	1158997	240	1668150
山西	18752933	16150950	16089316	14359788	13505265	60615	793908	1362	1728166
内蒙古	14812075	14352933	14120061	11981799	11155799	92573	733428		2138261
辽宁	20690057	19950437	19840204	16632426	15628212	163033	841181	128	3207651
吉林	13924981	13050381	12985580	11254437	10780596	128981	344859	10	1731133
黑龙江	18204525	17602909	17463950	15042134	14503213	48486	490435		2421817
上海	24827815	21322189	21046507	17635683	13844773	88284	3702627		3410824
江苏	64963124	58986710	57684584	52983694	48644222	145136	4194337	3505	4697385
浙江	51116765	42188727	40728588	37612727	35011483	859584	1741659	9214	3106648
安徽	36485475	32344558	32061329	29476375	27596854	291691	1587830		2584954
福建	27712236	25172966	24139613	22646863	21650610	99798	896455	74	1492676
江西	32179864	30295938	30162373	28558248	26982239	519078	1056930	28812	1575312
山东	67155498	61921133	60657041	57309371	53342430	60133	3906809	5	3347665
河南	57895023	51963680	51655101	44581621	41601825	520532	2459265	911	7072568
湖北	32569820	30060566	29803442	27426287	27426287			8	2377147
湖南	38274120	33275984	33117478	31437723	29907733	271725	1258265	75	1679680
广东	95287246	80963149	78261561	68945784	62991497	3261638	2692649	1488	9314289
广西	29715772	28544815	27755977	24362422	23472675	316091	573656	156	3393399
海南	8612213	8041837	7519692	6223510	5949020	188181	86309	272	1295910
重庆	24302759	22403603	22094027	17798360	16430120	863884	504356	5679	4289987
四川	50686895	45107220	44206448	38508411	36331116	508988	1668307	18	5698019
贵州	28437169	26495231	26196945	23631766	22797093	97532	737141	6786	2558392
云南	32848795	31269761	31151896	26128454	25049966	369308	709179	276	5023166
西藏	5363535	5331705	5330500	4967409	4698745	268664			363091
陕西	22450595	20718419	20513790	19789882	17824515	1012455	952912	20	723888
甘肃	15581605	15325749	15225280	13636929	13138250	171215	327464		1588351
青海	5689570	5539945	5461812	4391082	4041601	229090	120390		1070730
宁夏	5749201	5541439	5500886	4700737	4499052	49771	151914	800	799349
新疆	24812821	24078101	23642926	21337072	19085712	1819039	432320	821	2305033
大连	4039539	3928134	3890185	3064961	2804466	120628	139867		825224
宁波	7158383	6211273	5941028	5568410	5178933		389477	460	372159
厦门	4122299	3932206	3649887	3180229	2918768	7191	254269	6	469652
青岛	8625468	7968869	7937684	7356109	6644373		711735		581576
深圳	18799408	16813632	15151551	12934776	9314089	2728870	891818	857	2215918

（普通初中）

单位：千元

政府性基金预算安排的教育经费	#彩票公益金	国有及国有控股企业办学中的企业拨款	校办产业和社会服务收入中用于教育的经费	其他属于国家财政性教育经费	民办学校中举办者投入	捐赠收入	事业收入	#学费	其他教育经费
14415213	**1078787**	**175362**			**3825293**	**1011892**	**77087951**	**69226473**	**6575033**
479229	10090	22953			6462	12865	1855310	1751092	276103
26611	3999				3585	2626	437254	425202	15380
477654	16640				41966	14942	4713553	4190154	18670
61634	21460				65027	1828	2487984	2264673	47145
232872	58927				10949	3742	392476	360829	51976
110233	35958				2026	48852	635279	579631	53463
64802	7658				61987	1966	669944	645335	140703
137823	6495	1136				10627	544054	520466	46935
275682	936				68605	9001	3235099	3184683	192921
1302126	31444				199501	25699	5142535	4709924	608679
1460139	34393				477385	373624	6736774	6239678	1340254
283229	24302				204804	17939	3750368	3237630	167806
883273	218086	150080			88726	47331	1999953	1870664	403260
133565	29376				72412	22809	1704380	1415334	84324
1264092	53815				387835	13299	4491245	4054935	341985
308580	133314				531249	14493	5306322	4498238	79279
257124	7600				53085	6421	2297199	2068091	152550
158506	74520				861749	22028	3783356	3092786	331003
2701587	67391				340416	88322	13521299	12236758	374061
788838	26323				22743	19077	1046383	865437	82754
522145	3814				21164	829	519091	434941	29293
309576	19060				9217	28977	1710450	1540081	150512
900772	19403				223126	81233	4957691	4403879	317625
298286	5207				35788	16443	1661078	1459460	228629
117865	22936				18590	27415	1379499	1284900	153531
1205	797					29871			1960
204629	4531				15121	4658	1633461	1458258	78936
100469	6962				938	9425	196711	176063	48782
78134	22234				233	49075	4438	3487	95879
40553	3571					2201	162687	158871	42874
433982	107545	1193			606	4275	112078	94994	617761
37949	32137					750	108565	102517	2090
270244	1551				22484	4360	893150	843009	27116
282319	191128				166	827	130258	124783	58842
31184	8078				11339	2911	628366	600016	13983
1662081	20320				66243	6342	1824292	1723329	88899

3-34 教育经费收入情况

地区	总计	国家财政性教育经费	一般公共预算安排的教育经费	一般公共预算教育经费	教育事业费	基本建设经费	教育费附加	科研经费	其他
合计	**940024170**	**851764732**	**837195238**	**751014251**	**702771824**	**13479732**	**34762694**	**74229**	**86106758**
北京	23442559	21493844	20991663	18058189	16774102	999996	284091	14125	2919349
天津	10046107	9587262	9560651	8671990	8310823		361167		888661
河北	40399123	35609992	35132338	33463948	32110082	194869	1158997	240	1668150
山西	18752933	16150950	16089316	14359788	13505265	60615	793908	1362	1728166
内蒙古	14812075	14352933	14120061	11981799	11155799	92573	733428		2138261
辽宁	20690057	19950437	19840204	16632426	15628212	163033	841181	128	3207651
吉林	13875997	13001397	12936596	11205453	10731612	128981	344859	10	1731133
黑龙江	18028814	17427198	17288337	14873134	14334213	48486	490435		2415203
上海	24775066	21273151	20997469	17587253	13802488	88284	3696481		3410216
江苏	64963124	58986710	57684584	52983694	48644222	145136	4194337	3505	4697385
浙江	51116765	42188727	40728588	37612727	35011483	859584	1741659	9214	3106648
安徽	36485475	32344558	32061329	29476375	27596854	291691	1587830		2584954
福建	27712236	25172966	24139613	22646863	21650610	99798	896455	74	1492676
江西	32179864	30295938	30162373	28558248	26982239	519078	1056930	28812	1575312
山东	67155498	61921133	60657041	57309371	53342430	60133	3906809	5	3347665
河南	57891831	51960668	51652088	44579653	41599856	520532	2459265	911	7071525
湖北	32515799	30008350	29751226	27374071	27374071			8	2377147
湖南	38267894	33271674	33113168	31433433	29903443	271725	1258265	75	1679660
广东	95287246	80963149	78261561	68945784	62991497	3261638	2692649	1488	9314289
广西	29715772	28544815	27755977	24362422	23472675	316091	573656	156	3393399
海南	8612213	8041837	7519692	6223510	5949020	188181	86309	272	1295910
重庆	24241732	22346185	22036609	17740942	16372702	863884	504356	5679	4289987
四川	50676674	45106748	44205977	38507939	36330645	508988	1668307	18	5698019
贵州	28437169	26495231	26196945	23631766	22797093	97532	737141	6786	2558392
云南	32848795	31269761	31151896	26128454	25049966	369308	709179	276	5023166
西藏	5363535	5331705	5330500	4967409	4698745	268664			363091
陕西	22390919	20665510	20460881	19736973	17771606	1012455	952912	20	723888
甘肃	15561172	15305500	15205031	13634129	13135450	171215	327464		1570901
青海	5689570	5539945	5461812	4391082	4041601	229090	120390		1070730
宁夏	5749201	5541439	5500886	4700737	4499052	49771	151914	800	799349
新疆	22338954	21615019	21200826	19234690	17203967	1598403	432320	262	1965874
大连	4039539	3928134	3890185	3064961	2804466	120628	139867		825224
宁波	7158383	6211273	5941028	5568410	5178933		389477	460	372159
厦门	4122299	3932206	3649887	3180229	2918768	7191	254269	6	469652
青岛	8625468	7968869	7937684	7356109	6644373		711735		581576
深圳	18799408	16813632	15151551	12934776	9314089	2728870	891818	857	2215918

（地方普通初中）

单位：千元

政府性基金预算安排的教育经费	#彩票公益金	国有及国有控股企业办学中的企业拨款	校办产业和社会服务收入中用于教育的经费	其他属于国家财政性教育经费	民办学校中举办者投入	捐赠收入	事业收入	#学费	其他教育经费
14395325	**1071117**	**174169**			**3825293**	**1008589**	**77087812**	**69226473**	**6337744**
479229	10090	22953			6462	12755	1855246	1751092	74252
26611	3999				3585	2626	437254	425202	15380
477654	16640				41966	14942	4713553	4190154	18670
61634	21460				65027	1828	2487984	2264673	47145
232872	58927				10949	3742	392476	360829	51976
110233	35958				2026	48852	635279	579631	53463
64802	7658				61987	1966	669944	645335	140703
137725	6397	1136				10627	544054	520466	46935
275682	936				68605	8681	3235099	3184683	189530
1302126	31444				199501	25699	5142535	4709924	608679
1460139	34393				477385	373624	6736774	6239678	1340254
283229	24302				204804	17939	3750368	3237630	167806
883273	218086	150080			88726	47331	1999953	1870664	403260
133565	29376				72412	22809	1704380	1415334	84324
1264092	53815				387835	13299	4491245	4054935	341985
308580	133314				531249	14493	5306322	4498238	79099
257124	7600				53085	6421	2297199	2068091	150745
158506	74520				861749	21498	3783356	3092786	329616
2701587	67391				340416	88322	13521299	12236758	374061
788838	26323				22743	19077	1046383	865437	82754
522145	3814				21164	829	519091	434941	29293
309576	19060				9217	28977	1710450	1540081	146904
900772	19403				223126	81233	4957691	4403879	307875
298286	5207				35788	16443	1661078	1459460	228629
117865	22936				18590	27415	1379499	1284900	153531
1205	797					29871			1960
204629	4531				15121	4658	1633448	1458258	72182
100469	6962				938	9425	196710	176063	48599
78134	22234				233	49075	4438	3487	95879
40553	3571					2201	162687	158871	42874
414192	99974				606	1932	112016	94994	609382
37949	32137					750	108565	102517	2090
270244	1551				22484	4360	893150	843009	27116
282319	191128				166	827	130258	124783	58842
31184	8078				11339	2911	628366	600016	13983
1662081	20320				66243	6342	1824292	1723329	88899

3-35 教育经费收入情况

地区	总计	国家财政性教育经费	一般公共预算安排的教育经费	一般公共预算教育经费	教育事业费	基本建设经费	教育费附加	科研经费	其他
合计	**507150895**	**476941134**	**472914620**	**425842758**	**409263218**	**4245707**	**12333833**	**15086**	**47056776**
北京	4404306	4149141	4010056	3531401	3192696	314346	24359		478655
天津	2600806	2575321	2572541	2308102	2292280		15822		264439
河北	26122917	23497994	23355191	22182561	21343949	126804	711808	120	1172511
山西	10797723	9772354	9750604	8574829	8182637	35303	356889	1262	1174513
内蒙古	8882540	8734396	8658211	7407581	7021906	37847	347828		1250630
辽宁	8593997	8453504	8449144	7218635	7054190	21820	142625		1230509
吉林	8335578	7982872	7973461	6896569	6685192	96857	114519		1076893
黑龙江	9872407	9715424	9681214	8624293	8485861	27073	111359		1056920
上海	2812832	2485166	2484326	1975545	1783583		191962		508782
江苏	27803993	25525402	25356064	23560046	22122652	15000	1422394		1796018
浙江	21624995	18951096	18426670	17287923	16149946	438747	699229	6678	1132070
安徽	25668271	23136606	22984926	21101653	20145807	115891	839955		1883274
福建	14966742	13957248	13751666	13103240	12744364	24493	334382		648426
江西	21581740	20703392	20616578	19550583	18824107	174094	552381		1065996
山东	35131574	32667593	32082010	30437420	28666398	31058	1739963		1644591
河南	39124543	35360172	35263279	30468556	28968995	177705	1321857	50	4794673
湖北	17082816	16418950	16401776	15385497	15385497				1016278
湖南	25344513	23277807	23148544	21926785	21167945	152459	606381	10	1221749
广东	30681351	28567567	28344484	24703220	24235441	144360	323418	11	3641254
广西	20087302	19652461	19565217	17148722	16758681	122813	267228		2416496
海南	5135466	4976025	4783222	3931074	3765074	123723	42277	151	851997
重庆	12252083	11962288	11858396	9508953	9285088	48629	175236	8	2349435
四川	32337944	30814698	30451380	26455151	25381417	374348	699386		3996229
贵州	20589099	19840946	19689482	17876294	17368964	86882	420447	5266	1807922
云南	24382840	23979619	23931402	20066901	19615820	218604	232477	43	3864458
西藏	3471788	3454370	3453515	3179548	3065688	113860			273967
陕西	11953471	11521630	11470067	11068294	10650423	110626	307245		401773
甘肃	11671302	11585653	11491781	10329289	10021896	163453	143940		1162492
青海	3987093	3911573	3873225	3085168	2887200	158171	39797		788057
宁夏	3100177	3041883	3034990	2551220	2477446	37890	35883	800	482970
新疆	16748688	16267981	16001196	14397709	13532073	752850	112786	687	1602799
大连	827680	821909	821879	647219	603404	13500	30315		174660
宁波	2730132	2551982	2339086	2163206	1997625		165581	40	175840
厦门	498931	493460	489629	442205	415654		26551		47424
青岛	2175113	2136270	2133636	1939088	1826107		112980		194549
深圳									

(农村初中)

单位：千元

政府性基金预算安排的教育经费	#彩票公益金	国有及国有控股企业办学中的企业拨款	校办产业和社会服务收入中用于教育的经费	其他属于国家财政性教育经费	民办学校中举办者投入	捐赠收入	事业收入	#学费	其他教育经费
3874106	**425493**	**152409**			**2002919**	**322052**	**25186370**	**21762401**	**2698419**
139085	1803				4523	246	239279	219768	11117
2780	1007				1485	507	22283	19657	1210
142803	13491				29268	13685	2573504	2263930	8465
21750	8112				53489	998	952564	849353	18317
76185	10552				9498	2167	101152	90705	35327
4360	3084				137	262	110035	96575	30058
9411	6080				61969	1045	197119	190261	92573
33075	5743	1136				331	113955	106941	42696
839	764				49708	45	258499	251967	19413
169338	13320				175478	12909	1865654	1640418	224550
524425	6792				322483	22767	1790780	1675186	537870
151679	11780				83705	8725	2412104	2049646	27131
55502	15397	150080			48156	22796	774449	711655	164093
86814	23784				11697	14431	801880	593172	50339
585583	15901				262384	3430	2059127	1826615	139039
96893	19720				363778	2956	3379874	2773857	17762
17174	2302				35924	4903	565816	492828	57222
129263	70192				190541	19920	1670587	1314536	185658
223083	3639				77638	49687	1943157	1709402	43302
87244	14026				6509	15121	380690	307769	32521
192803	1715				11154	352	134855	114157	13079
103893	18365				6377	2672	262224	208759	18521
363318	11005				173671	60066	1213100	1059073	76408
151464	4839				19064	5395	586725	519222	136968
48217	14387				1456	18400	286500	263205	96866
856	696					17417			
51563	3773				2826	2794	391798	331280	34423
93872	5377					9369	50391	45411	25889
38348	12449					4737	2497	1710	68286
6893	3412					579	34428	32540	23287
265592	101984	1193				3335	11344	2806	466028
30	30					180	5460	5197	130
212896	405				21951	2709	147080	139187	6410
3831	402						4082	3938	1389
2634	879				1751	447	34842	33640	1803

3-36 教育经费收入情况

地 区	总 计	国家财政性教育经费	一般公共预算安排的教育经费	一般公共预算教育经费	教育事业费	基本建设经费	教育费附加	科研经费	其 他
合 计	**505097659**	**474897010**	**470890672**	**424081828**	**407627526**	**4120468**	**12333833**	**14604**	**46794240**
北 京	4404306	4149141	4010056	3531401	3192696	314346	24359		478655
天 津	2600806	2575321	2572541	2308102	2292280		15822		264439
河 北	26122917	23497994	23355191	22182561	21343949	126804	711808	120	1172511
山 西	10797723	9772354	9750604	8574829	8182637	35303	356889	1262	1174513
内蒙古	8882540	8734396	8658211	7407581	7021906	37847	347828		1250630
辽 宁	8593997	8453504	8449144	7218635	7054190	21820	142625		1230509
吉 林	8335578	7982872	7973461	6896569	6685192	96857	114519		1076893
黑龙江	9715217	9558234	9524087	8473779	8335347	27073	111359		1050307
上 海	2812832	2485166	2484326	1975545	1783583		191962		508782
江 苏	27803993	25525402	25356064	23560046	22122652	15000	1422394		1796018
浙 江	21624995	18951096	18426670	17287923	16149946	438747	699229	6678	1132070
安 徽	25668271	23136606	22984926	21101653	20145807	115891	839955		1883274
福 建	14966742	13957248	13751666	13103240	12744364	24493	334382		648426
江 西	21581740	20703392	20616578	19550583	18824107	174094	552381		1065996
山 东	35131574	32667593	32082010	30437420	28666398	31058	1739963		1644591
河 南	39124543	35360172	35263279	30468556	28968995	177705	1321857	50	4794673
湖 北	17082816	16418950	16401776	15385497	15385497				1016278
湖 南	25344513	23277807	23148544	21926785	21167945	152459	606381	10	1221749
广 东	30681351	28567567	28344484	24703220	24235441	144360	323418	11	3641254
广 西	20087302	19652461	19565217	17148722	16758681	122813	267228		2416496
海 南	5135466	4976025	4783222	3931074	3765074	123723	42277	151	851997
重 庆	12252083	11962288	11858396	9508953	9285088	48629	175236	8	2349435
四 川	32337944	30814698	30451380	26455151	25381417	374348	699386		3996229
贵 州	20589099	19840946	19689482	17876294	17368964	86882	420447	5266	1807922
云 南	24382840	23979619	23931402	20066901	19615820	218604	232477	43	3864458
西 藏	3471788	3454370	3453515	3179548	3065688	113860			273967
陕 西	11953471	11521630	11470067	11068294	10650423	110626	307245		401773
甘 肃	11650869	11565403	11471531	10326489	10019096	163453	143940		1145042
青 海	3987093	3911573	3873225	3085168	2887200	158171	39797		788057
宁 夏	3100177	3041883	3034990	2551220	2477446	37890	35883	800	482970
新 疆	14873076	14401297	14154625	12790093	12049696	627611	112786	206	1364327
大 连	827680	821909	821879	647219	603404	13500	30315		174660
宁 波	2730132	2551982	2339086	2163206	1997625		165581	40	175840
厦 门	498931	493460	489629	442205	415654		26551		47424
青 岛	2175113	2136270	2133636	1939088	1826107		112980		194549
深 圳									

(地方农村初中)

单位：千元

政府性基金预算安排的教育经费	#彩票公益金	国有及国有控股企业办学中的企业拨款	校办产业和社会服务收入中用于教育的经费	其他属于国家财政性教育经费	民办学校中举办者投入	捐赠收入	事业收入	#学费	其他教育经费
3855122	**417868**	**151216**			**2002919**	**319713**	**25186353**	**21762401**	**2691664**
139085	1803				4523	246	239279	219768	11117
2780	1007				1485	507	22283	19657	1210
142803	13491				29268	13685	2573504	2263930	8465
21750	8112				53489	998	952564	849353	18317
76185	10552				9498	2167	101152	90705	35327
4360	3084				137	262	110035	96575	30058
9411	6080				61969	1045	197119	190261	92573
33012	5680	1136				331	113955	106941	42696
839	764				49708	45	258499	251967	19413
169338	13320				175478	12909	1865654	1640418	224550
524425	6792				322483	22767	1790780	1675186	537870
151679	11780				83705	8725	2412104	2049646	27131
55502	15397	150080			48156	22796	774449	711655	164093
86814	23784				11697	14431	801880	593172	50339
585583	15901				262384	3430	2059127	1826615	139039
96893	19720				363778	2956	3379874	2773857	17762
17174	2302				35924	4903	565816	492828	57222
129263	70192				190541	19920	1670587	1314536	185658
223083	3639				77638	49687	1943157	1709402	43302
87244	14026				6509	15121	380690	307769	32521
192803	1715				11154	352	134855	114157	13079
103893	18365				6377	2672	262224	208759	18521
363318	11005				173671	60066	1213100	1059073	76408
151464	4839				19064	5395	586725	519222	136968
48217	14387				1456	18400	286500	263205	96866
856	696					17417			
51563	3773				2826	2794	391798	331280	34423
93872	5377					9369	50390	45411	25706
38348	12449					4737	2497	1710	68286
6893	3412					579	34428	32540	23287
246671	94421					996	11327	2806	459456
30	30					180	5460	5197	130
212896	405				21951	2709	147080	139187	6410
3831	402						4082	3938	1389
2634	879				1751	447	34842	33640	1803

3-37 教育经费收入情况

地区	总计	国家财政性教育经费	一般公共预算安排的教育经费	一般公共预算教育经费	教育事业费	基本建设经费	教育费附加	科研经费	其他
合计	**690859**	**619316**	**618224**	**567436**	**531546**	**1670**	**34220**	**9**	**50779**
北京	69734	60791	60791	48512	44122		4389		12280
天津	35207	35195	35195	31571	31571				3624
河北									
山西									
内蒙古									
辽宁									
吉林	2640	2322	2322	1572	1572				751
黑龙江									
上海	5459	5459	5459	3888	3888				1571
江苏	196945	181784	181776	161345	138598		22747		20431
浙江	267547	228324	227762	225781	217966	1670	6145	9	1973
安徽									
福建									
江西									
山东									
河南									
湖北	48702	48702	48702	48702	48702				
湖南	3985	2136	2136	2136	2136				
广东	60641	54603	54081	43930	42991		939		10151
广西									
海南									
重庆									
四川									
贵州									
云南									
西藏									
陕西									
甘肃									
青海									
宁夏									
新疆									
大连									
宁波									
厦门									
青岛									
深圳									

(成人中学)

单位：千元

政府性基金预算安排的教育经费	#彩票公益金	国有及国有控股企业办学中的企业拨款	校办产业和社会服务收入中用于教育的经费	其他属于国家财政性教育经费	民办学校中举办者投入	捐赠收入	事业收入	#学费	其他教育经费
1092						**39**	**35400**	**17049**	**36103**
							8943	6630	
									12
									318
8							14972	4008	189
562						39	3618	1162	35565
							1848	1621	
522							6019	3628	19

3-38 教育经费收入情况

地区	总计	国家财政性教育经费	一般公共预算安排的教育经费	一般公共预算教育经费	教育事业费	基本建设经费	教育费附加	科研经费	其他
合计	**1467090620**	**1369322207**	**1350292139**	**1208074596**	**1142961438**	**17649948**	**47463210**	**105767**	**142111776**
北京	41496158	37977091	37509960	32555829	30971862	1187918	396049	10020	4944110
天津	14956929	14407023	14216041	12898565	12605479	50732	242354	50	1317425
河北	67931918	63959375	63231457	59703539	57764265	220276	1718998	905	3527013
山西	28829983	26871896	26579275	23679612	22358152	207562	1113898	4994	2894669
内蒙古	24979952	24697915	24493791	20346410	19064145	145020	1137245	350	4147031
辽宁	28403655	27779260	27574002	23237963	21996540	229921	1011502	324	4335716
吉林	21066191	20309566	20274532	17396772	16681665	249811	465295	30	2877730
黑龙江	22572348	22333412	22237348	19404098	18858471	94299	451328		2833250
上海	31670834	27497142	27338193	22957139	18934579	36790	3985770		4381054
江苏	96191188	90153729	88082162	81674558	75357136	267111	6050312	5712	6401892
浙江	79517901	69099123	66304303	61326158	57841817	858639	2625703	9280	4968864
安徽	55358889	52943665	52450949	48334286	46179709	330398	1824179	5109	4111554
福建	41895914	40087223	38987176	36483506	34714381	220299	1548827	1200	2502469
江西	47508224	46043774	45868742	43411314	41525360	339774	1546180	96	2457332
山东	86929064	81239667	79702502	75060094	70933629	80790	4045674	60	4642348
河南	85450840	77787622	77380349	66475901	63297705	481330	2696866	964	10903485
湖北	47123173	44384569	44032679	40767657	40763587	4070		215	3264807
湖南	55566360	51866133	51582043	49078965	47063495	422060	1593411	28442	2474636
广东	171059298	146321251	143629757	125755805	115147998	5206014	5401793	7237	17866715
广西	51105581	49779576	49079748	42857135	41384116	436147	1036871	316	6222297
海南	13913858	12817641	12465421	9986730	9678365	147096	161269	1365	2477326
重庆	35862547	34737695	33766844	26417994	24753567	946250	718177	13462	7335389
四川	75663043	70661178	69923315	60937361	57586955	756395	2594011	71	8985883
贵州	48852274	47114056	46532431	42108638	40659813	325865	1122960	8296	4415497
云南	55931413	54884605	54660386	45364947	43721097	587881	1055970	671	9294768
西藏	11157214	11075401	11049285	10349956	9844361	504869	725		699330
陕西	37869299	35852063	35454935	34177843	31527289	1267957	1382597	30	1277062
甘肃	28337794	28025254	27874038	24789093	23996315	189880	602898	2573	3082371
青海	10058502	9935225	9757438	7826954	7232849	395919	198186	100	1930384
宁夏	9058064	8742024	8661482	7314416	7102508	81269	130638	800	1346267
新疆	40772212	39938051	39591554	35395357	33414226	1377606	603526	3094	4193103
大连	5657969	5512704	5427764	4369600	4077179	94481	197940		1058164
宁波	11586610	10548272	10025390	9101271	8663752		437519	160	923959
厦门	7096935	6749186	6285859	5532729	5096518	53662	382549	98	753032
青岛	11725337	10963160	10787649	10048901	9190188		858713		738748
深圳	37738876	32438554	31706201	27323545	20500048	4823189	2000307	1897	4380760

（小学）

单位：千元

政府性基金预算安排的教育经费	#彩票公益金	国有及国有控股企业办学中的企业拨款	校办产业和社会服务收入中用于教育的经费	其他属于国家财政性教育经费	民办学校中举办者投入	捐赠收入	事业收入	#学费	其他教育经费
18978419	**1510404**	**51649**			**4260216**	**1603553**	**82483247**	**75728196**	**9421398**
425514	11926	41617			20965	21025	3257851	3166767	219226
190982	7555				5031	6983	521819	512537	16073
727719	75967	200			94585	28004	3816378	3433930	33574
290725	69278	1897			85847	4157	1800892	1615138	67190
204124	47994				10269	17613	226974	212452	27182
205258	82018				18611	2035	569171	516186	34577
35034	22550				53274	4295	513658	506574	185399
95115	16371	949				3604	196165	181908	39167
158949	2097				67913	12025	3668708	3624564	425046
2071567	50687				208312	49935	4775727	4543597	1003484
2793720	41969	1100			614341	320638	6974839	6384244	2508960
492715	37866				173894	13991	1987854	1786391	239485
1100047	94932				64991	150045	1054708	990455	538947
175033	38950				122443	18139	1176215	1008117	147653
1534182	73555	2983			649186	48131	4677322	4309293	314757
407273	144404				387585	8432	7183571	6108525	83629
351890	16532				108248	135465	2251061	2050919	243831
284089	32207				286953	22759	3003589	2350269	386927
2691493	84815				726087	155274	23337038	22175682	519649
699828	41372				150161	36632	1039116	866442	100095
352219	10694				34051	727	1016913	849865	44526
970851	54251				18575	127751	868439	764373	110087
737863	67512				224600	104158	4438623	4033803	234484
581625	49352				74341	104889	1228915	1085061	330073
224220	66928				19929	57727	757956	684579	211196
26116	24173					74422	4432	4432	2959
397129	25560				38326	10367	1844365	1710398	124178
151216	53471				742	26228	153397	141546	132174
177786	18418				360	2765	4789	4372	115363
80542	5409					13290	68977	61041	233773
343595	141592	2902			593	22047	63786	44737	747735
84940	69153				3000	1167	134928	124890	6170
522882	7597				21411	2486	917220	875567	97221
463327	61825				11582	1776	234279	226989	100112
175511	15178				11449	6802	677428	658721	66498
732353	26479				58084	12142	5109174	4973744	120921

3-39 教育经费收入情况

地区	总计	国家财政性教育经费	一般公共预算安排的教育经费	一般公共预算教育经费	教育事业费	基本建设经费	教育费附加	科研经费	其他
合计	**1462383534**	**1364816878**	**1345823870**	**1204175451**	**1139195216**	**17520175**	**47460060**	**101989**	**141546430**
北京	40856644	37429000	36961868	32026047	30442080	1187918	396049	8470	4927351
天津	14920176	14373913	14182931	12865455	12572369	50732	242354	50	1317425
河北	67931918	63959375	63231457	59703539	57764265	220276	1718998	905	3527013
山西	28829983	26871896	26579275	23679612	22358152	207562	1113898	4994	2894669
内蒙古	24979952	24697915	24493791	20346410	19064145	145020	1137245	350	4147031
辽宁	28403655	27779260	27574002	23237963	21996540	229921	1011502	324	4335716
吉林	20936680	20230040	20195006	17317246	16602140	249811	465295	30	2877730
黑龙江	22395936	22157001	22061069	19228398	18687556	89515	451328		2832670
上海	31650944	27477252	27318303	22937766	18918356	36790	3982620		4380537
江苏	96191188	90153729	88082162	81674558	75357136	267111	6050312	5712	6401892
浙江	79517901	69099123	66304303	61326158	57841817	858639	2625703	9280	4968864
安徽	55358889	52943665	52450949	48334286	46179709	330398	1824179	5109	4111554
福建	41895914	40087223	38987176	36483506	34714381	220299	1548827	1200	2502469
江西	47508224	46043774	45868742	43411314	41525360	339774	1546180	96	2457332
山东	86929064	81239667	79702502	75060094	70933629	80790	4045674	60	4642348
河南	85438248	77777509	77370236	66468911	63290715	481330	2696866	964	10900362
湖北	46969840	44234613	43882723	40617700	40613630	4070		215	3264807
湖南	55555116	51857354	51573265	49070377	47054907	422060	1593411	28442	2474446
广东	171059298	146321251	143629757	125755805	115147998	5206014	5401793	7237	17866715
广西	51105581	49779576	49079748	42857135	41384116	436147	1036871	316	6222297
海南	13913858	12817641	12465421	9986730	9678365	147096	161269	1365	2477326
重庆	35791228	34670656	33699806	26352514	24688087	946250	718177	13462	7333830
四川	75650899	70660414	69922552	60936598	57586192	756395	2594011	71	8985883
贵州	48852274	47114056	46532431	42108638	40659813	325865	1122960	8296	4415497
云南	55931413	54884605	54660386	45364947	43721097	587881	1055970	671	9294768
西藏	11157214	11075401	11049285	10349956	9844361	504869	725		699330
陕西	37757055	35740523	35343395	34066303	31425749	1257957	1382597	30	1277062
甘肃	28294258	27981786	27830570	24780899	23988121	189880	602898	2573	3047098
青海	10058502	9935225	9757438	7826954	7232849	395919	198186	100	1930384
宁夏	9058064	8742024	8661482	7314416	7102508	81269	130638	800	1346267
新疆	37483619	36681409	36371839	32685216	30819072	1262618	603526	866	3685758
大连	5657969	5512704	5427764	4369600	4077179	94481	197940		1058164
宁波	11586610	10548272	10025390	9101271	8663752		437519	160	923959
厦门	7096935	6749186	6285859	5532729	5096518	53662	382549	98	753032
青岛	11725337	10963160	10787649	10048901	9190188		858713		738748
深圳	37738876	32438554	31706201	27323545	20500048	4823189	2000307	1897	4380760

(地方小学)

单位：千元

政府性基金预算安排的教育经费	#彩票公益金	国有及国有控股企业办学中的企业拨款	校办产业和社会服务收入中用于教育的经费	其他属于国家财政性教育经费	民办学校中举办者投入	捐赠收入	事业收入	#学费	其他教育经费
18944262	**1495458**	**48747**			**4260216**	**1602142**	**82483157**	**75728196**	**9221141**
425514	11926	41617			20965	20315	3257850	3166767	128514
190982	7555				5031	6983	521819	512537	12430
727719	75967	200			94585	28004	3816378	3433930	33574
290725	69278	1897			85847	4157	1800892	1615138	67190
204124	47994				10269	17613	226974	212452	27182
205258	82018				18611	2035	569171	516186	34577
35034	22550				53274	4295	513658	506574	135413
94983	16239	949				3604	196165	181908	39167
158949	2097				67913	12025	3668708	3624564	425046
2071567	50687				208312	49935	4775727	4543597	1003484
2793720	41969	1100			614341	320638	6974839	6384244	2508960
492715	37866				173894	13991	1987854	1786391	239485
1100047	94932				64991	150045	1054708	990455	538947
175033	38950				122443	18139	1176215	1008117	147653
1534182	73555	2983			649186	48131	4677322	4309293	314757
407273	144404				387585	8432	7183571	6108525	81151
351890	16532				108248	135465	2251061	2050919	240453
284089	32207				286953	22759	3003589	2350269	384460
2691493	84815				726087	155274	23337038	22175682	519649
699828	41372				150161	36632	1039116	866442	100095
352219	10694				34051	727	1016913	849865	44526
970851	54251				18575	127670	868426	764373	105902
737863	67512				224600	104158	4438623	4033803	223103
581625	49352				74341	104889	1228915	1085061	330073
224220	66928				19929	57727	757956	684579	211196
26116	24173					74422	4432	4432	2959
397129	25560				38326	10367	1844365	1710398	123474
151216	53471				742	26228	153397	141546	132105
177786	18418				360	2765	4789	4372	115363
80542	5409					13290	68977	61041	233773
309570	126777				593	21427	63710	44737	716480
84940	69153				3000	1167	134928	124890	6170
522882	7597				21411	2486	917220	875567	97221
463327	61825				11582	1776	234279	226989	100112
175511	15178				11449	6802	677428	658721	66498
732353	26479				58084	12142	5109174	4973744	120921

3-40 教育经费收入情况

地 区	总 计	国家财政性教育经费	一般公共预算安排的教育经费	一般公共预算教育经费			教育费附加	科研经费	其 他
					教育事业费	基本建设经费			
合 计	**1467084735**	**1369316322**	**1350286254**	**1208068786**	**1142955628**	**17649948**	**47463210**	**105767**	**142111701**
北 京	41496158	37977091	37509960	32555829	30971862	1187918	396049	10020	4944110
天 津	14956929	14407023	14216041	12898565	12605479	50732	242354	50	1317425
河 北	67931918	63959375	63231457	59703539	57764265	220276	1718998	905	3527013
山 西	28829983	26871896	26579275	23679612	22358152	207562	1113898	4994	2894669
内蒙古	24979952	24697915	24493791	20346410	19064145	145020	1137245	350	4147031
辽 宁	28403655	27779260	27574002	23237963	21996540	229921	1011502	324	4335716
吉 林	21066191	20309566	20274532	17396772	16681665	249811	465295	30	2877730
黑龙江	22572348	22333412	22237348	19404098	18858471	94299	451328		2833250
上 海	31670834	27497142	27338193	22957139	18934579	36790	3985770		4381054
江 苏	96191188	90153729	88082162	81674558	75357136	267111	6050312	5712	6401892
浙 江	79517901	69099123	66304303	61326158	57841817	858639	2625703	9280	4968864
安 徽	55358889	52943665	52450949	48334286	46179709	330398	1824179	5109	4111554
福 建	41893689	40084997	38984950	36481281	34712155	220299	1548827	1200	2502469
江 西	47508224	46043774	45868742	43411314	41525360	339774	1546180	96	2457332
山 东	86929064	81239667	79702502	75060094	70933629	80790	4045674	60	4642348
河 南	85450840	77787622	77380349	66475901	63297705	481330	2696866	964	10903485
湖 北	47123173	44384569	44032679	40767657	40763587	4070		215	3264807
湖 南	55566360	51866133	51582043	49078965	47063495	422060	1593411	28442	2474636
广 东	171059298	146321251	143629757	125755805	115147998	5206014	5401793	7237	17866715
广 西	51102318	49776314	49076485	42853872	41380854	436147	1036871	316	6222297
海 南	13913858	12817641	12465421	9986730	9678365	147096	161269	1365	2477326
重 庆	35862150	34737299	33766448	26417672	24753245	946250	718177	13462	7335314
四 川	75663043	70661178	69923315	60937361	57586955	756395	2594011	71	8985883
贵 州	48852274	47114056	46532431	42108638	40659813	325865	1122960	8296	4415497
云 南	55931413	54884605	54660386	45364947	43721097	587881	1055970	671	9294768
西 藏	11157214	11075401	11049285	10349956	9844361	504869	725		699330
陕 西	37869299	35852063	35454935	34177843	31527289	1267957	1382597	30	1277062
甘 肃	28337794	28025254	27874038	24789093	23996315	189880	602898	2573	3082371
青 海	10058502	9935225	9757438	7826954	7232849	395919	198186	100	1930384
宁 夏	9058064	8742024	8661482	7314416	7102508	81269	130638	800	1346267
新 疆	40772212	39938051	39591554	35395357	33414226	1377606	603526	3094	4193103
大 连	5657969	5512704	5427764	4369600	4077179	94481	197940		1058164
宁 波	11586610	10548272	10025390	9101271	8663752		437519	160	923959
厦 门	7096935	6749186	6285859	5532729	5096518	53662	382549	98	753032
青 岛	11725337	10963160	10787649	10048901	9190188		858713		738748
深 圳	37738876	32438554	31706201	27323545	20500048	4823189	2000307	1897	4380760

(普通小学)

单位：千元

政府性基金预算安排的教育经费	#彩票公益金	国有及国有控股企业办学中的企业拨款	校办产业和社会服务收入中用于教育的经费	其他属于国家财政性教育经费	民办学校中举办者投入	捐赠收入	事业收入	#学费	其他教育经费
18978419	**1510404**	**51649**			**4260216**	**1603553**	**82483247**	**75728196**	**9421398**
425514	11926	41617			20965	21025	3257851	3166767	219226
190982	7555				5031	6983	521819	512537	16073
727719	75967	200			94585	28004	3816378	3433930	33574
290725	69278	1897			85847	4157	1800892	1615138	67190
204124	47994				10269	17613	226974	212452	27182
205258	82018				18611	2035	569171	516186	34577
35034	22550				53274	4295	513658	506574	185399
95115	16371	949				3604	196165	181908	39167
158949	2097				67913	12025	3668708	3624564	425046
2071567	50687				208312	49935	4775727	4543597	1003484
2793720	41969	1100			614341	320638	6974839	6384244	2508960
492715	37866				173894	13991	1987854	1786391	239485
1100047	94932				64991	150045	1054708	990455	538947
175033	38950				122443	18139	1176215	1008117	147653
1534182	73555	2983			649186	48131	4677322	4309293	314757
407273	144404				387585	8432	7183571	6108525	83629
351890	16532				108248	135465	2251061	2050919	243831
284089	32207				286953	22759	3003589	2350269	386927
2691493	84815				726087	155274	23337038	22175682	519649
699828	41372				150161	36632	1039116	866442	100095
352219	10694				34051	727	1016913	849865	44526
970851	54251				18575	127751	868439	764373	110087
737863	67512				224600	104158	4438623	4033803	234484
581625	49352				74341	104889	1228915	1085061	330073
224220	66928				19929	57727	757956	684579	211196
26116	24173					74422	4432	4432	2959
397129	25560				38326	10367	1844365	1710398	124178
151216	53471				742	26228	153397	141546	132174
177786	18418				360	2765	4789	4372	115363
80542	5409					13290	68977	61041	233773
343595	141592	2902			593	22047	63786	44737	747735
84940	69153				3000	1167	134928	124890	6170
522882	7597				21411	2486	917220	875567	97221
463327	61825				11582	1776	234279	226989	100112
175511	15178				11449	6802	677428	658721	66498
732353	26479				58084	12142	5109174	4973744	120921

3-41 教育经费收入情况

地区	总计	国家财政性教育经费	一般公共预算安排的教育经费	一般公共预算教育经费	教育事业费	基本建设经费	教育费附加	科研经费	其他
合计	**1462377649**	**1364810994**	**1345817985**	**1204169641**	**1139189406**	**17520175**	**47460060**	**101989**	**141546355**
北京	40856644	37429000	36961868	32026047	30442080	1187918	396049	8470	4927351
天津	14920176	14373913	14182931	12865455	12572369	50732	242354	50	1317425
河北	67931918	63959375	63231457	59703539	57764265	220276	1718998	905	3527013
山西	28829983	26871896	26579275	23679612	22358152	207562	1113898	4994	2894669
内蒙古	24979952	24697915	24493791	20346410	19064145	145020	1137245	350	4147031
辽宁	28403655	27779260	27574002	23237963	21996540	229921	1011502	324	4335716
吉林	20936680	20230040	20195006	17317246	16602140	249811	465295	30	2877730
黑龙江	22395936	22157001	22061069	19228398	18687556	89515	451328		2832670
上海	31650944	27477252	27318303	22937766	18918356	36790	3982620		4380537
江苏	96191188	90153729	88082162	81674558	75357136	267111	6050312	5712	6401892
浙江	79517901	69099123	66304303	61326158	57841817	858639	2625703	9280	4968864
安徽	55358889	52943665	52450949	48334286	46179709	330398	1824179	5109	4111554
福建	41893689	40084997	38984950	36481281	34712155	220299	1548827	1200	2502469
江西	47508224	46043774	45868742	43411314	41525360	339774	1546180	96	2457332
山东	86929064	81239667	79702502	75060094	70933629	80790	4045674	60	4642348
河南	85438248	77777509	77370236	66468911	63290715	481330	2696866	964	10900362
湖北	46969840	44234613	43882723	40617700	40613630	4070		215	3264807
湖南	55555116	51857354	51573265	49070377	47054907	422060	1593411	28442	2474446
广东	171059298	146321251	143629757	125755805	115147998	5206014	5401793	7237	17866715
广西	51102318	49776314	49076485	42853872	41380854	436147	1036871	316	6222297
海南	13913858	12817641	12465421	9986730	9678365	147096	161269	1365	2477326
重庆	35790832	34670260	33699409	26352192	24687765	946250	718177	13462	7333755
四川	75650899	70660414	69922552	60936598	57586192	756395	2594011	71	8985883
贵州	48852274	47114056	46532431	42108638	40659813	325865	1122960	8296	4415497
云南	55931413	54884605	54660386	45364947	43721097	587881	1055970	671	9294768
西藏	11157214	11075401	11049285	10349956	9844361	504869	725		699330
陕西	37757055	35740523	35343395	34066303	31425749	1257957	1382597	30	1277062
甘肃	28294258	27981786	27830570	24780899	23988121	189880	602898	2573	3047098
青海	10058502	9935225	9757438	7826954	7232849	395919	198186	100	1930384
宁夏	9058064	8742024	8661482	7314416	7102508	81269	130638	800	1346267
新疆	37483619	36681409	36371839	32685216	30819072	1262618	603526	866	3685758
大连	5657969	5512704	5427764	4369600	4077179	94481	197940		1058164
宁波	11586610	10548272	10025390	9101271	8663752		437519	160	923959
厦门	7096935	6749186	6285859	5532729	5096518	53662	382549	98	753032
青岛	11725337	10963160	10787649	10048901	9190188		858713		738748
深圳	37738876	32438554	31706201	27323545	20500048	4823189	2000307	1897	4380760

(地方普通小学)

单位：千元

政府性基金预算安排的教育经费	#彩票公益金	国有及国有控股企业办学中的企业拨款	校办产业和社会服务收入中用于教育的经费	其他属于国家财政性教育经费	民办学校中举办者投入	捐赠收入	事业收入	#学费	其他教育经费
18944262	**1495458**	**48747**			**4260216**	**1602142**	**82483157**	**75728196**	**9221141**
425514	11926	41617			20965	20315	3257850	3166767	128514
190982	7555				5031	6983	521819	512537	12430
727719	75967	200			94585	28004	3816378	3433930	33574
290725	69278	1897			85847	4157	1800892	1615138	67190
204124	47994				10269	17613	226974	212452	27182
205258	82018				18611	2035	569171	516186	34577
35034	22550				53274	4295	513658	506574	135413
94983	16239	949				3604	196165	181908	39167
158949	2097				67913	12025	3668708	3624564	425046
2071567	50687				208312	49935	4775727	4543597	1003484
2793720	41969	1100			614341	320638	6974839	6384244	2508960
492715	37866				173894	13991	1987854	1786391	239485
1100047	94932				64991	150045	1054708	990455	538947
175033	38950				122443	18139	1176215	1008117	147653
1534182	73555	2983			649186	48131	4677322	4309293	314757
407273	144404				387585	8432	7183571	6108525	81151
351890	16532				108248	135465	2251061	2050919	240453
284089	32207				286953	22759	3003589	2350269	384460
2691493	84815				726087	155274	23337038	22175682	519649
699828	41372				150161	36632	1039116	866442	100095
352219	10694				34051	727	1016913	849865	44526
970851	54251				18575	127670	868426	764373	105902
737863	67512				224600	104158	4438623	4033803	223103
581625	49352				74341	104889	1228915	1085061	330073
224220	66928				19929	57727	757956	684579	211196
26116	24173					74422	4432	4432	2959
397129	25560				38326	10367	1844365	1710398	123474
151216	53471				742	26228	153397	141546	132105
177786	18418				360	2765	4789	4372	115363
80542	5409					13290	68977	61041	233773
309570	126777				593	21427	63710	44737	716480
84940	69153				3000	1167	134928	124890	6170
522882	7597				21411	2486	917220	875567	97221
463327	61825				11582	1776	234279	226989	100112
175511	15178				11449	6802	677428	658721	66498
732353	26479				58084	12142	5109174	4973744	120921

3-42 教育经费收入情况

地区	总计	国家财政性教育经费	一般公共预算安排的教育经费	一般公共预算教育经费	教育事业费	基本建设经费	教育费附加	科研经费	其他
合计	**831479372**	**800791504**	**793236156**	**708405549**	**685797066**	**5898730**	**16709753**	**31823**	**84798785**
北京	7524256	7180448	6906947	6074090	5663623	377009	33457		832857
天津	3485511	3458166	3455076	3112018	3082448	16000	13570		343057
河北	49187187	46459264	45943596	43242338	42036458	168572	1037308	120	2701137
山西	18401764	17615802	17467951	15210165	14480276	153774	576115	4944	2252842
内蒙古	16969777	16899097	16834007	13815668	13143485	73572	598611	200	3018139
辽宁	12609869	12479593	12466531	10641014	10451200	34437	155377		1825518
吉林	13530847	13205955	13174836	11168740	10908630	88203	171908	30	2006066
黑龙江	13696861	13622409	13594334	11995612	11819037	62751	113824		1598722
上海	3740446	3396461	3395044	2701993	2415776		286217		693051
江苏	41296107	39413875	38938672	36117035	33832631		2284404	198	2821439
浙江	34390208	31591434	30283152	28243286	26865627	483454	894205	6742	2033125
安徽	39001485	37489773	37147601	34108551	33229163	80388	799000	5109	3033941
福建	23378857	22686743	22341856	21218023	20450316	129768	637939	30	1123803
江西	33308786	32645134	32585949	30782479	29774541	237716	770223		1803470
山东	48112565	45496278	44826880	42350167	40517950	54477	1777740	60	2476654
河南	60828856	55690665	55543580	47648743	46248898	194482	1205362	128	7894709
湖北	25070126	24181571	24083348	22586634	22586634			100	1496614
湖南	36877244	35118567	34904594	33098739	32104073	252508	742158	14	1805840
广东	56155284	52974193	52469029	44880358	44107453	1111	771794	1359	7587313
广西	37143920	36733138	36589501	32000943	31232264	241199	527481		4588558
海南	9254254	8873803	8695990	6805546	6632563	111312	61671	102	1890342
重庆	19534553	19352645	19013123	14571407	14221389	135333	214684		4441716
四川	51022039	49807540	49318282	42862862	41269019	649342	944502	36	6455384
贵州	36842382	36133281	35854528	32357575	31576212	202375	578988	7497	3489455
云南	43895964	43618329	43463046	35894708	35093282	319168	482257	484	7567855
西藏	8692025	8630347	8605678	8024622	7657087	366810	725		581057
陕西	21224521	20779817	20580787	19866084	19208707	187789	469587	30	714673
甘肃	22519359	22306535	22189084	19701974	19287998	158648	255329	1618	2485492
青海	7552791	7455389	7399482	5928064	5612437	220552	95075		1471419
宁夏	5369326	5225035	5194641	4292528	4203215	49450	39863		902113
新疆	30862201	30270217	29969031	27103584	26084675	848532	170378	3022	2862425
大连	1187478	1172111	1171550	954090	910992	11000	32097		217461
宁波	4309694	4087704	3717507	3422982	3312256		110726		294525
厦门	1082063	1074757	1008833	889579	844563		45015		119254
青岛	2765979	2716529	2713155	2481855	2322928		158926		231300
深圳	69217	69189	69124	56918	52677		4241		12206

（农村小学）

单位：千元

政府性基金预算安排的教育经费		国有及国有控股企业办学中的企业拨款	校办产业和社会服务收入中用于教育的经费	其他属于国家财政性教育经费	民办学校中举办者投入	捐赠收入	事业收入		其他教育经费
	#彩票公益金							#学费	
7548499	**947990**	**6848**			**2329888**	**655125**	**23858035**	**20743901**	**3844821**
273502	2942				19462	51	290043	268677	34252
3090	3090				3031	253	23662	22846	400
515668	57275				75950	11604	2621648	2336376	18720
145954	27582	1897			72113	1895	665929	588607	46026
65090	37589				7219	15573	44217	41074	3671
13062	11005				13702	353	114938	98497	1282
31118	19984				53001	2928	192155	189270	76808
27126	13939	949				398	37670	34681	36383
1417	723				47690	35	185443	181735	110816
475204	34656				169646	15204	1457068	1330180	240314
1307182	18884	1100			306259	41334	1435273	1222330	1015908
342172	24606				98542	9596	1383190	1240827	20385
344887	27085				28711	80103	389511	360245	193789
59184	34081				9931	10908	539740	413853	103074
669398	39519				414934	24540	2064934	1846410	111878
147085	49619				230485	2773	4880099	4035520	24833
98223	15165				85345	21634	713933	636207	67642
213973	26066				214438	19329	1336425	1054149	188485
505164	24560				158935	35993	2914115	2701852	72047
143638	20918				97148	7616	281977	216845	24042
177813	10664				21559	446	336687	270075	21759
339522	39919				10226	12194	96300	51878	63190
489257	59971				140405	93029	925772	802597	55294
278753	44012				27381	85644	377073	327986	219002
155283	51985				6081	41502	65042	57730	165010
24668	23728					61678			
199030	20428				17414	7333	361450	311612	58507
117451	49897				280	25753	88197	80007	98594
55906	14058					2745	9	9	94648
30394	4758					2410	20172	12236	121710
298284	139282	2902				20272	15361	9588	556351
561	531					134	15037	12346	196
370197	1832				19325	997	150233	142508	51434
65924	315					14	7261	7004	31
3375	768				1199	1310	45112	44674	1829
65									28

3-43 教育经费收入情况

地区	总计	国家财政性教育经费	一般公共预算安排的教育经费	一般公共预算教育经费	教育事业费	基本建设经费	教育费附加	科研经费	其他
合计	**828641756**	**797983361**	**790465026**	**706084422**	**683521070**	**5853599**	**16709753**	**29657**	**84350947**
北京	7524256	7180448	6906947	6074090	5663623	377009	33457		832857
天津	3485511	3458166	3455076	3112018	3082448	16000	13570		343057
河北	49187187	46459264	45943596	43242338	42036458	168572	1037308	120	2701137
山西	18401764	17615802	17467951	15210165	14480276	153774	576115	4944	2252842
内蒙古	16969777	16899097	16834007	13815668	13143485	73572	598611	200	3018139
辽宁	12609869	12479593	12466531	10641014	10451200	34437	155377		1825518
吉林	13530847	13205955	13174836	11168740	10908630	88203	171908	30	2006066
黑龙江	13543106	13468655	13440681	11842539	11670748	57967	113824		1598142
上海	3740446	3396461	3395044	2701993	2415776		286217		693051
江苏	41296107	39413875	38938672	36117035	33832631		2284404	198	2821439
浙江	34390208	31591434	30283152	28243286	26865627	483454	894205	6742	2033125
安徽	39001485	37489773	37147601	34108551	33229163	80388	799000	5109	3033941
福建	23378857	22686743	22341856	21218023	20450316	129768	637939	30	1123803
江西	33308786	32645134	32585949	30782479	29774541	237716	770223		1803470
山东	48112565	45496278	44826880	42350167	40517950	54477	1777740	60	2476654
河南	60828856	55690665	55543580	47648743	46248898	194482	1205362	128	7894709
湖北	25070126	24181571	24083348	22586634	22586634			100	1496614
湖南	36877244	35118567	34904594	33098739	32104073	252508	742158	14	1805840
广东	56155284	52974193	52469029	44880358	44107453	1111	771794	1359	7587313
广西	37143920	36733138	36589501	32000943	31232264	241199	527481		4588558
海南	9254254	8873803	8695990	6805546	6632563	111312	61671	102	1890342
重庆	19534553	19352645	19013123	14571407	14221389	135333	214684		4441716
四川	51022039	49807540	49318282	42862862	41269019	649342	944502	36	6455384
贵州	36842382	36133281	35854528	32357575	31576212	202375	578988	7497	3489455
云南	43895964	43618329	43463046	35894708	35093282	319168	482257	484	7567855
西藏	8692025	8630347	8605678	8024622	7657087	366810	725		581057
陕西	21224521	20779817	20580787	19866084	19208707	187789	469587	30	714673
甘肃	22475823	22263067	22145617	19693780	19279804	158648	255329	1618	2450218
青海	7552791	7455389	7399482	5928064	5612437	220552	95075		1471419
宁夏	5369326	5225035	5194641	4292528	4203215	49450	39863		902113
新疆	28221877	27659297	27395021	24943725	23965162	808184	170378	856	2450440
大连	1187478	1172111	1171550	954090	910992	11000	32097		217461
宁波	4309694	4087704	3717507	3422982	3312256		110726		294525
厦门	1082063	1074757	1008833	889579	844563		45015		119254
青岛	2765979	2716529	2713155	2481855	2322928		158926		231300
深圳	69217	69189	69124	56918	52677		4241		12206

(地方农村小学)

单位：千元

政府性基金预算安排的教育经费	#彩票公益金	国有及国有控股企业办学中的企业拨款	校办产业和社会服务收入中用于教育的经费	其他属于国家财政性教育经费	民办学校中举办者投入	捐赠收入	事业收入	#学费	其他教育经费
7514389	**933091**	**3946**			**2329888**	**654512**	**23857990**	**20743901**	**3816006**
273502	2942				19462	51	290043	268677	34252
3090	3090				3031	253	23662	22846	400
515668	57275				75950	11604	2621648	2336376	18720
145954	27582	1897			72113	1895	665929	588607	46026
65090	37589				7219	15573	44217	41074	3671
13062	11005				13702	353	114938	98497	1282
31118	19984				53001	2928	192155	189270	76808
27024	13837	949				398	37670	34681	36383
1417	723				47690	35	185443	181735	110816
475204	34656				169646	15204	1457068	1330180	240314
1307182	18884	1100			306259	41334	1435273	1222330	1015908
342172	24606				98542	9596	1383190	1240827	20385
344887	27085				28711	80103	389511	360245	193789
59184	34081				9931	10908	539740	413853	103074
669398	39519				414934	24540	2064934	1846410	111878
147085	49619				230485	2773	4880099	4035520	24833
98223	15165				85345	21634	713933	636207	67642
213973	26066				214438	19329	1336425	1054149	188485
505164	24560				158935	35993	2914115	2701852	72047
143638	20918				97148	7616	281977	216845	24042
177813	10664				21559	446	336687	270075	21759
339522	39919				10226	12194	96300	51878	63190
489257	59971				140405	93029	925772	802597	55294
278753	44012				27381	85644	377073	327986	219002
155283	51985				6081	41502	65042	57730	165010
24668	23728					61678			
199030	20428				17414	7333	361450	311612	58507
117451	49897				280	25753	88197	80007	98526
55906	14058					2745	9	9	94648
30394	4758					2410	20172	12236	121710
264276	124484					19659	15317	9588	527604
561	531					134	15037	12346	196
370197	1832				19325	997	150233	142508	51434
65924	315					14	7261	7004	31
3375	768				1199	1310	45112	44674	1829
65									28

3-44 教育经费收入情况

地区	总计	国家财政性教育经费	一般公共预算安排的教育经费	一般公共预算教育经费					
					教育事业费	基本建设经费	教育费附加	科研经费	其他
合计	**5885**	**5885**	**5885**	**5810**	**5810**				**75**
北京									
天津									
河北									
山西									
内蒙古									
辽宁									
吉林									
黑龙江									
上海									
江苏									
浙江									
安徽									
福建	2226	2226	2226	2226	2226				
江西									
山东									
河南									
湖北									
湖南									
广东									
广西	3263	3263	3263	3263	3263				
海南									
重庆	396	396	396	322	322				75
四川									
贵州									
云南									
西藏									
陕西									
甘肃									
青海									
宁夏									
新疆									
大连									
宁波									
厦门									
青岛									
深圳									

(成人小学)

单位：千元

政府性基金预算安排的教育经费	#彩　票公益金	国有及国有控股企业办学中的企业拨款	校办产业和社会服务收入中用于教育的经费	其　他属于国家财政性教育经费	民办学校中举办者投　入	捐赠收入	事业收入	#学　费	其　他教育经费

3-45 教育经费收入情况

地区	总计	国家财政性教育经费	一般公共预算安排的教育经费	一般公共预算教育经费	教育事业费	基本建设经费	教育费附加	科研经费	其他
合计	**19692704**	**19427805**	**19179924**	**16827832**	**16098137**	**203506**	**526188**	**608**	**2351485**
北京	671908	669951	662825	571848	562986		8862		90977
天津	266629	258499	258425	232497	230712		1785		25928
河北	750577	745247	745110	709048	697525		11524		36062
山西	501324	499337	478836	337033	332240		4794		141802
内蒙古	425878	420878	416165	359961	336954	10271	12736		56204
辽宁	661166	660285	658768	532313	517587	302	14424		126455
吉林	357676	352789	352650	302228	291637	2000	8591		50423
黑龙江	470616	469824	469587	401228	396690	1000	3537		68359
上海	902882	898820	898800	740880	653086		87795		157920
江苏	1404996	1390489	1379643	1252203	1183213		68990		127440
浙江	1069307	1036514	998257	907222	881028	6537	19657	113	90922
安徽	625034	616110	615154	573143	566794		6349		42010
福建	744285	731697	719966	668384	639076		29308		51582
江西	535462	527348	526880	494101	481667		12433	157	32623
山东	1491015	1483762	1450750	1373804	1320121	8000	45683		76946
河南	769834	766675	765759	640730	631391		9339		125029
湖北	660631	650168	648595	524907	524907				123688
湖南	751296	725212	724076	702128	659336		42791		21949
广东	2254300	2228123	2150854	1859799	1750613	43399	65787	336	290719
广西	506587	496701	493423	430235	386439	37480	6317		63188
海南	129184	129025	126646	109456	108735	385	336		17190
重庆	321022	320229	319625	257916	255031		2886		61708
四川	915684	912617	902183	768822	741112	1000	26711		133360
贵州	555604	545784	545466	488678	463816	10873	13989	2	56786
云南	564854	549429	548347	467388	462989		4398		80960
西藏	122616	122613	122555	113800	113800				8754
陕西	507122	498104	496684	435894	371400	51940	12554		60790
甘肃	245557	245508	245008	220913	203344	16027	1542		24095
青海	84807	84411	84011	65775	64917		858		18237
宁夏	171947	164649	150882	78077	77818		259		72805
新疆	252906	227007	223994	207421	191176	14292	1953		16574
大连	131077	130970	130950	102305	98069		4236		28645
宁波	148595	146748	146218	132122	128777		3345		14096
厦门	136030	133550	125302	115021	96532		18489		10282
青岛	256546	255425	255311	234573	203670		30903		20739
深圳	430469	429565	368017	302694	232637	29180	40877		65323

(特殊教育)

单位：千元

政府性基金预算安排的教育经费	#彩票公益金	国有及国有控股企业办学中的企业拨款	校办产业和社会服务收入中用于教育的经费	其他属于国家财政性教育经费	民办学校中举办者投入	捐赠收入	事业收入	#学费	其他教育经费
247713	**63871**		**168**		**8227**	**25499**	**90109**	**49288**	**141063**
6958	270		168			40	345		1572
74	41					212			7918
138	138				342	208	4458	3873	321
20501	20183				145	96	814	554	933
4713	4573					251	2693	2693	2056
1517	1458					59	560		262
139	50					192	17	17	4677
237	150					42	229		522
20						34			4028
10847	555					1100	3681	1071	9725
38257	2493					4770	10993	2354	17030
957	41				350	907	3021	1070	4646
11731						1739	2955		7894
468	340				1387	1098	3983	3392	1647
33013	2554				180	536	3653	3566	2883
916	907				200	12	2675	2107	272
1573	340					1034	29	1	9399
1135	1010				5307	593	14205	10786	5980
77269	1186					1328	19917	13969	4933
3277	3272					31	5962	919	3893
2379						113			46
605	30					107	539	124	146
10434	5958					793	598		1675
318						52	9		9759
1082	1082					8196	595	553	6634
59									3
1420	280				316	1498	5512	2236	1691
500									49
400	300					120			275
13767	13753					339	2659		4300
3012	2908						6	3	25893
20	20					57			50
529						30			1818
8247						500			1980
114	14					77			1044
61548	3						18		886

3-46 教育经费收入情况

地区	总计	国家财政性教育经费	一般公共预算安排的教育经费	一般公共预算教育经费	教育事业费	基本建设经费	教育费附加	科研经费	其他
合计	**18788721**	**18554945**	**18317623**	**16103960**	**15411789**	**203506**	**488665**	**608**	**2213055**
北京	545095	543375	542617	470987	463030		7957		71629
天津	250419	248216	248141	223538	221753		1785		24604
河北	750577	745247	745110	709048	697525		11524		36062
山西	479977	478023	457522	317987	314406		3581		139535
内蒙古	425878	420878	416165	359961	336954	10271	12736		56204
辽宁	612433	611552	610035	492338	481531	302	10505		117697
吉林	346855	341970	341831	292815	282991	2000	7824		49017
黑龙江	464832	464041	463805	397069	392531	1000	3537		66736
上海	743760	739903	739883	608334	534031		74303		131548
江苏	1373118	1358612	1347765	1222664	1157174		65490		125101
浙江	1047712	1014992	980891	891544	865349	6537	19657	113	89234
安徽	608289	599535	598579	559826	553476		6349		38753
福建	744285	731697	719966	668384	639076		29308		51582
江西	522287	514173	513705	482157	472508		9649	157	31391
山东	1491015	1483762	1450750	1373804	1320121	8000	45683		76946
河南	749246	746087	745170	624330	615150		9179		120841
湖北	642321	631858	630286	509330	509330				120955
湖南	719434	705334	704199	682297	641422		40875		21902
广东	2203468	2179800	2102534	1812625	1704039	43399	65186	336	289573
广西	486041	482192	478915	416480	373912	37480	5087		62435
海南	129184	129025	126646	109456	108735	385	336		17190
重庆	312063	311270	310666	251472	248730		2743		59193
四川	854599	851553	841152	715535	687824	1000	26711		125618
贵州	462984	454298	453981	409995	392028	10873	7094	2	43984
云南	508711	493470	492389	414849	410451		4398		77540
西藏	122616	122613	122555	113800	113800				8754
陕西	437741	431323	429904	402583	338089	51940	12554		27320
甘肃	245557	245508	245008	220913	203344	16027	1542		24095
青海	84807	84411	84011	65775	64917		858		18237
宁夏	171947	164649	150882	78077	77818		259		72805
新疆	251472	225573	222561	205987	189742	14292	1953		16574
大连	119887	119779	119759	93585	91602		1982		26175
宁波	148595	146748	146218	132122	128777		3345		14096
厦门	136030	133550	125302	115021	96532		18489		10282
青岛	256546	255425	255311	234573	203670		30903		20739
深圳	424556	423696	362151	297973	228517	29180	40277		64177

（特殊教育学校）

单位：千元

政府性基金预算安排的教育经费	#彩票公益金	国有及国有控股企业办学中的企业拨款	校办产业和社会服务收入中用于教育的经费	其他属于国家财政性教育经费	民办学校中举办者投入	捐赠收入	事业收入	#学费	其他教育经费
237322	**63835**				**2920**	**25475**	**73346**	**40908**	**132035**
758	270					40	183		1496
74	41					212			1991
138	138				342	208	4458	3873	321
20501	20183				145	96	780	554	933
4713	4573					251	2693	2693	2056
1517	1458					59	560		262
139	50					192	17	17	4676
237	150					42	229		520
20						30			3828
10847	555					1100	3681	1071	9725
34102	2493					4770	10993	2354	16957
957	41				350	907	3021	1070	4476
11731						1739	2955		7894
468	340				1387	1098	3983	3392	1647
33013	2554				180	536	3653	3566	2883
916	907				200	12	2675	2107	272
1573	340					1034	29	1	9399
1135	1010					593	7527	4733	5980
77266	1183					1328	17433	11642	4908
3277	3272					31	1156	919	2662
2379						113			46
605	30					107	539	124	146
10401	5925					793	598		1654
318						32	9		8644
1082	1082					8196	595	553	6449
59									3
1420	280				316	1498	2912	2236	1691
500									49
400	300					120			275
13767	13753					339	2659		4300
3012	2908						6	3	25893
20	20					57			50
529						30			1818
8247						500			1980
114	14					77			1044
61545									861

3-47 教育经费收入情况

地区	总计	国家财政性教育经费	一般公共预算安排的教育经费	一般公共预算教育经费	教育事业费	基本建设经费	教育费附加	科研经费	其他
合计	**903983**	**872860**	**862301**	**723872**	**686348**		**37523**		**138430**
北京	126813	126575	120208	100860	99955		905		19348
天津	16211	10283	10283	8959	8959				1324
河北									
山西	21348	21313	21313	19046	17833		1213		2267
内蒙古									
辽宁	48733	48733	48733	39974	36056		3919		8759
吉林	10820	10819	10819	9413	8646		767		1406
黑龙江	5784	5783	5783	4159	4159				1624
上海	159122	158917	158917	132546	119055		13492		26371
江苏	31877	31877	31877	29539	26039		3500		2339
浙江	21595	21522	17366	15678	15678				1688
安徽	16745	16575	16575	13317	13317				3257
福建									
江西	13175	13175	13175	11943	9159		2784		1232
山东									
河南	20588	20588	20588	16400	16240		160		4188
湖北	18309	18309	18309	15577	15577				2733
湖南	31862	19877	19877	19831	17915		1916		47
广东	50832	48323	48320	47174	46573		601		1146
广西	20546	14508	14508	13756	12526		1230		753
海南									
重庆	8959	8959	8959	6444	6301		143		2515
四川	61084	61064	61031	53288	53288				7743
贵州	92620	91485	91485	78683	71788		6895		12802
云南	56143	55959	55959	52539	52538		1		3420
西藏									
陕西	69381	66781	66781	33311	33311				33470
甘肃									
青海									
宁夏									
新疆	1434	1434	1434	1434	1434				
大连	11190	11190	11190	8720	6467		2253		2470
宁波									
厦门									
青岛									
深圳	5913	5869	5866	4721	4120		601		1146

（工读学校）

单位：千元

政府性基金预算安排的教育经费	#彩票公益金	国有及国有控股企业办学中的企业拨款	校办产业和社会服务收入中用于教育的经费	其他属于国家财政性教育经费	民办学校中举办者投入	捐赠收入	事业收入	#学费	其他教育经费
10391	**36**		**168**		**5307**	**24**	**16763**	**8379**	**9028**
6200			168				162		76
									5927
							33		1
									1
									2
						4			201
4155									73
									170
					5307		6678	6053	
3	3						2485	2327	25
							4806		1232
33	33								21
						20			1115
									185
							2600		
3	3						18		25

3-48 教育经费收入情况

地区	总计	国家财政性教育经费	一般公共预算安排的教育经费	一般公共预算教育经费	教育事业费	基本建设经费	教育费附加	科研经费	其他
合计	**420462841**	**253365202**	**238057448**	**220094513**	**204334750**	**4909948**	**10849815**	**17701**	**17945234**
北京	16951653	13991729	13919957	12767736	12196709	402749	168278	1667	1150554
天津	5390741	3949080	3701784	3321693	3275949	7000	38744	50	380040
河北	13993004	9313927	8814386	8358428	8216675	41092	100661	60	455897
山西	6024191	3414896	3219091	2937616	2833365	17529	86722	1830	279645
内蒙古	7735033	5856061	5405871	4688218	4322827	73518	291872		717653
辽宁	5506820	2158249	2140043	1948421	1789169	11083	148169		191622
吉林	3728210	2300732	2241459	2017997	1945720	44913	27365		223462
黑龙江	4494977	3073181	2318094	2081827	2042493	21816	17518		236267
上海	19011235	15297556	15048476	12707892	11074003	22154	1611734		2340585
江苏	31002584	18769110	18084102	17210905	15228917	78857	1903131	200	872998
浙江	31725431	19108469	16875890	15949051	14463802	425819	1059429	1434	925405
安徽	13242739	7736073	7067004	6698100	6356492	93713	247895		368904
福建	14145983	9110469	8227721	7824089	7360447	51621	412021	69	403564
江西	13544830	8920126	8246209	7985547	7532055	93982	359510	223	260440
山东	24907911	11726692	10687483	10419326	9686396	12800	720130		268157
河南	22551994	7423840	6751966	5882487	5371544	132492	378452		869479
湖北	11015901	5341350	5011808	4636288	4636288				375520
湖南	15194823	5536285	5310105	5192644	4827438	164677	200529	14	117446
广东	48445193	23144807	21779445	20626823	18385193	1296018	945612	7054	1145568
广西	10257316	4640563	4492566	3969810	3675838	203972	90000		522756
海南	4760607	3243686	3037836	2788377	2699949	45437	42991	1624	247835
重庆	8174378	4720013	4426027	3943630	3652793	120539	170298	297	482100
四川	21979666	12979730	12293190	11302849	10345729	359394	597727	116	990225
贵州	13540935	9900588	8403503	7597681	7237440	78837	281405	1018	804804
云南	11360917	6719655	6388741	5406605	5137329	66245	203031	38	982097
西藏	3513110	3444760	3443955	3275928	3020179	255510	239		168027
陕西	12796271	9315466	8999619	8718005	8061763	299914	356328		281614
甘肃	7654383	6327336	6058661	5539598	5416637	58957	64005	440	518622
青海	1981131	1445390	1392940	1279504	1148460	108799	22245		113436
宁夏	2336348	1790460	1676630	1556127	1543093		13034		120502
新疆	13494526	12664922	12592889	11461309	10850057	320512	290740	1568	1130012
大连	1335897	663901	660441	589845	577894	600	11351		70597
宁波	5066710	3251859	2977885	2822899	2571409		251489	80	154907
厦门	2935219	2301753	2153473	2003562	1913612	10130	79819	10	149901
青岛	3643664	2047272	2038948	1991274	1784586		206688		47674
深圳	14388699	10864490	10298298	10094084	8463477	1244469	386138	7013	197200

（幼儿园）

单位：千元

政府性基金预算安排的教育经费	#彩票公益金	国有及国有控股企业办学中的企业拨款	校办产业和社会服务收入中用于教育的经费	其他属于国家财政性教育经费	民办学校中举办者投入	捐赠收入	事业收入	#学费	其他教育经费
14233608	**301470**	**1068109**	**6037**		**6381576**	**606077**	**155429624**	**151961569**	**4680362**
55422	9	16213	137		82922	14233	2755639	2703347	107131
247297					57661	3404	1353998	1349326	26598
467573	3882	31969			206829	6986	4462208	4412931	3054
69817	7525	125988			111131	2363	2432176	2395747	63625
363385	70660	86804			68067	7056	1789122	1774238	14728
11622		6585			62503	2079	3254968	3182712	29022
59273	107				100001	529	1259073	1238804	67876
595655	142	159432			44504	1596	1360729	1295148	14966
247560		1520			31480	8382	3468370	3450950	205447
652651	145	32357			439413	80392	11124571	10894692	589098
2220081	6402	12498			821536	41810	10418111	10155199	1335505
641195	69391	27875			169675	4175	5108235	4942689	224582
861613	653	21135			188079	58620	4605833	4548149	182980
673917	3159				226258	3591	4353195	4038044	41661
784656	2815	254553			388192	14993	12686785	12609571	91249
631833	17453	40040			636150	4750	14429057	13945338	58197
298499	100	31043			263478	1691	5345720	5162500	63661
221291	1082	4890			103761	3935	9505156	9245385	45687
1352233	22587	10997	2132		996881	151482	23582009	23287192	570014
142811	456	5186			143925	1935	5401668	5289467	69225
204632	46	1218			81336	224	1415727	1304649	19634
280925	684	12430	632		148972	43158	3183282	3014107	78953
638738	4405	47802			370749	96060	8416162	8251012	116965
1497085	64246				134926	12555	3426158	3325301	66707
321664	3111	9251			230017	16574	4335152	4317207	59519
805	241				600	9274	58327	58327	150
249499	3901	66347			128189	5465	3283611	3208848	63541
215369	71	53306			60988	2463	1211754	1195535	51842
50235	7155	2216			5838	971	403027	400198	125905
109567	6110	4263			42973	1075	419455	410559	82385
66707	4934	2191	3135		34542	4259	580347	554398	210455
3000		460			9127	125	659748	646722	2995
273974	49				46444	8194	1694945	1693179	65267
147780	290	500			69291	3953	525010	523092	35212
8324	1772				20250	1312	1552531	1547274	22298
566193	15889				54134	5057	3202247	3050824	262771

3-49 教育经费收入情况

地区	总计	国家财政性教育经费	一般公共预算安排的教育经费	一般公共预算教育经费	教育事业费	基本建设经费	教育费附加	科研经费	其他
合计	**417957161**	**251518299**	**236383434**	**218550475**	**202830656**	**4870004**	**10849815**	**17661**	**17815297**
北京	16190239	13438914	13367142	12229676	11658649	402749	168278	1667	1135799
天津	5371403	3946142	3698845	3318905	3273161	7000	38744	50	379891
河北	13963203	9296013	8807925	8351967	8210214	41092	100661	60	455897
山西	6018362	3414896	3219091	2937616	2833365	17529	86722	1830	279645
内蒙古	7728888	5855808	5405619	4687966	4322575	73518	291872		717653
辽宁	5471707	2154434	2136228	1946495	1787242	11083	148169		189733
吉林	3716677	2300732	2241459	2017997	1945720	44913	27365		223462
黑龙江	4275735	2869524	2262205	2027356	1988022	21816	17518		234849
上海	18826243	15219924	14970844	12640830	11006942	22154	1611734		2330013
江苏	30977761	18749579	18064571	17191374	15209386	78857	1903131	200	872998
浙江	31720412	19108469	16875890	15949051	14463802	425819	1059429	1434	925405
安徽	13232036	7736026	7066957	6698053	6356445	93713	247895		368904
福建	14139562	9110469	8227721	7824089	7360447	51621	412021	69	403564
江西	13544830	8920126	8246209	7985547	7532055	93982	359510	223	260440
山东	24907911	11726692	10687483	10419326	9686396	12800	720130		268157
河南	22509399	7411814	6739941	5872147	5361204	132492	378452		867794
湖北	10981116	5329343	4999802	4624320	4624320				375482
湖南	15173098	5525263	5299083	5181622	4816415	164677	200529	14	117446
广东	48427692	23141467	21776362	20623740	18382110	1296018	945612	7054	1145568
广西	10257045	4640563	4492566	3969810	3675838	203972	90000		522756
海南	4741045	3241846	3035996	2786616	2698428	45197	42991	1624	247756
重庆	8150814	4720013	4426027	3943630	3652793	120539	170298	297	482100
四川	21937720	12961455	12275096	11284755	10327635	359394	597727	116	990225
贵州	13540935	9900588	8403503	7597681	7237440	78837	281405	1018	804804
云南	11353719	6718359	6387445	5405309	5136033	66245	203031	38	982097
西藏	3513110	3444760	3443955	3275928	3020179	255510	239		168027
陕西	12771042	9304033	8988186	8706572	8050331	299914	356328		281614
甘肃	7608939	6291470	6022794	5533288	5410326	58957	64005	440	489066
青海	1974981	1445003	1392553	1279117	1148073	108799	22245		113436
宁夏	2335763	1790460	1676630	1556127	1543093		13034		120502
新疆	12595771	11804114	11745308	10683564	10112017	280807	290740	1528	1060217
大连	1319611	662075	658615	588019	576067	600	11351		70597
宁波	5066710	3251859	2977885	2822899	2571409		251489	80	154907
厦门	2930519	2301753	2153473	2003562	1913612	10130	79819	10	149901
青岛	3643664	2047272	2038948	1991274	1784586		206688		47674
深圳	14386692	10863772	10297580	10093366	8462759	1244469	386138	7013	197200

（地方幼儿园）

单位：千元

政府性基金预算安排的教育经费	#彩票公益金	国有及国有控股企业办学中的企业拨款	校办产业和社会服务收入中用于教育的经费	其他属于国家财政性教育经费	民办学校中举办者投入	捐赠收入	事业收入	#学费	其他教育经费
14224450	**296536**	**907515**	**2901**		**6381576**	**587857**	**154898978**	**151469844**	**4570450**
55422	9	16213	137		82922	4407	2588424	2543354	75572
247297					57661	3404	1337999	1333327	26196
467573	3882	20516			206829	6986	4450321	4401044	3054
69817	7525	125988			111131	2363	2430136	2393707	59836
363385	70660	86804			68067	7056	1784168	1769283	13789
11622		6585			62503	2074	3224947	3163264	27750
59273	107				100001	529	1253540	1233271	61875
595655	142	11664			44504	246	1346496	1280915	14965
247560		1520			31480	4121	3378487	3361067	192232
652651	145	32357			439413	80392	11119279	10890000	589098
2220081	6402	12498			821536	41810	10415919	10153133	1332677
641195	69391	27875			169675	4175	5100192	4935916	221969
861613	653	21135			188079	58620	4599412	4541729	182980
673917	3159				226258	3591	4353195	4038044	41661
784656	2815	254553			388192	14993	12686785	12609571	91249
631833	17453	40040			636150	4750	14400816	13922103	55869
298499	100	31043			263478	1691	5324516	5141704	62088
221291	1082	4890			103761	3935	9498931	9239469	41209
1352233	22587	10740	2132		996881	151482	23567849	23273408	570014
142811	456	5186			143925	1935	5401397	5289397	69225
204632	46	1218			81336	224	1398269	1293608	19371
280925	684	12430	632		148972	43158	3171432	3002258	67238
638738	4405	47621			370749	93395	8403377	8238257	108745
1497085	64246				134926	12555	3426158	3325301	66707
321664	3111	9251			230017	16574	4329250	4311598	59519
805	241				600	9274	58327	58327	150
249499	3901	66347			128189	5465	3275175	3200412	58180
215369	71	53306			60988	2463	1202229	1186009	51789
50235	7155	2216			5838	971	397264	395357	125905
109567	6110	4263			42973	1075	418870	409973	82385
57548		1257			34542	4146	555817	535037	197152
3000		460			9127	120	645294	639088	2995
273974	49				46444	8194	1694945	1693179	65267
147780	290	500			69291	3953	520310	518391	35212
8324	1772				20250	1312	1552531	1547274	22298
566193	15889				54134	5057	3200958	3049536	262771

3-50 教育经费收入情况

地区	总计	国家财政性教育经费	一般公共预算安排的教育经费	一般公共预算教育经费	教育事业费	基本建设经费	教育费附加	科研经费	其他
合计	**182582212**	**116479482**	**111161286**	**103162608**	**98362907**	**1611475**	**3188226**	**8105**	**7990573**
北京	2975225	2713249	2685185	2438252	2402031	18564	17658		246933
天津	630494	516820	514239	468678	455098	7000	6580		45561
河北	9361761	6598816	6176061	5841788	5764730	16188	60870	60	334212
山西	3096594	2125581	2059053	1887368	1815893	12093	59382	1830	169856
内蒙古	4404576	3598016	3335449	2892689	2681075	19647	191967		442760
辽宁	1103761	512791	512628	463044	449523	296	13225		49584
吉林	1471301	1014009	1013902	916281	896102	16282	3897		97621
黑龙江	1698179	1297658	1252984	1143091	1119066	21816	2209		109893
上海	2331074	2039656	2030221	1693948	1535330		158618		336273
江苏	10487438	6239101	6149169	5868870	5331692		537177		280299
浙江	11762779	7528086	6420193	6167635	5588956	257446	321233	1254	251304
安徽	8180716	4972293	4715130	4450705	4253086	72250	125369		264425
福建	6568098	4286035	3885231	3763540	3623457	26053	114030		121691
江西	8357324	5672973	5460568	5262536	5012802	48744	200991		198032
山东	11063197	5620311	5165352	5048032	4718173	12800	317058		117320
河南	13280993	4189023	4054619	3634059	3258442	121855	253763		420560
湖北	4266133	2126179	2042108	1916039	1916039				126069
湖南	8517079	3419691	3282964	3204137	3101502	24520	78114	14	78813
广东	10348714	4068441	3813931	3482696	3354891		127805		331234
广西	5797699	2741273	2701272	2410129	2321863	56692	31574		291143
海南	2560136	1912069	1865477	1695279	1673396	6597	15286	1624	168575
重庆	2765437	1954031	1791963	1611572	1562986	14253	34333	297	180094
四川	10432838	7008152	6799334	6220837	5880087	255982	84768		578497
贵州	8723222	6534790	5971278	5407858	5249057	52302	106499	1018	562402
云南	6359514	4136962	4013739	3390333	3322431	15609	52292		623406
西藏	2135301	2125831	2125541	2013094	1844884	168210			112447
陕西	6377013	5143448	5092587	4923650	4702946	72647	148057		168937
甘肃	5199461	4755004	4649635	4239555	4165496	42657	31403	440	409639
青海	1379985	1125397	1091162	1009102	901874	95375	11853		82060
宁夏	923674	737279	736338	681431	680234		1196		54907
新疆	10022498	9766516	9753973	9016380	8779763	155600	81018	1568	736025
大连	133197	95425	95425	86328	86221		106		9097
宁波	1780553	1220895	999403	951555	897610		53945		47848
厦门	301695	251450	251439	241049	235524	450	5074		10390
青岛	558588	433656	431812	427209	365632		61576		4603
深圳	9860	5635	5515	5515	5515				

（农村幼儿园）

单位：千元

政府性基金预算安排的教育经费	#彩票公益金	国有及国有控股企业办学中的企业拨款	校办产业和社会服务收入中用于教育的经费	其他属于国家财政性教育经费	民办学校中举办者投入	捐赠收入	事业收入	#学费	其他教育经费
5169833	**193987**	**145755**	**2607**		**2538050**	**239588**	**61885997**	**60507806**	**1439095**
28064	9				9708	510	243446	233097	8312
2581					2868	202	109846	109644	758
422756	928				102980	434	2657608	2639631	1923
33256	4605	33272			42395	1064	908545	904135	19009
262567	60560				29291	6087	769280	761554	1903
163					5629		581982	570175	3360
107	107				23485	20	400864	390164	32923
42349	142	2325			7784	156	382702	356778	9880
9434					6140	118	251433	251430	33727
89933	15				208871	55243	3856764	3799525	127458
1104893	2243	3000			234573	12061	3407193	3354836	580866
246060	55531	11104			97269	898	3091202	2959662	19054
395713	1	5090			51919	49715	2119455	2092181	60974
212404	432				204954	1485	2462585	2327014	15327
416461	729	38498			169313	4029	5246476	5192645	23069
128550	10472	5854			281087	2287	8806436	8492309	2160
59666		24406			37570	770	2088403	2028133	13211
136728	900				56342	2426	5017028	4923872	21592
251114	2500	1264	2132		341818	17741	5874333	5851621	46382
35862	411	4140			44253	860	2981625	2931029	29688
45373	46	1218			41392	80	596474	523515	10121
154245	684	7794	29		36383	954	751035	725157	23034
205839	3927	2979			172789	49442	3178183	3103871	24273
563512	38606				119880	12152	2025405	1967023	30994
122403	1021	820			108775	6768	2092510	2080224	14498
291	241					7269	2200	2200	
46869	409	3992			51911	1334	1164885	1139987	15434
105369	71				19921	2225	400316	390277	21995
34235	5155				489	121	152543	150653	101435
941	30				20104	435	145334	141764	20523
12096	4214		446		8158	2703	119908	113700	125214
							37360	36747	413
221492					21011	207	526751	526702	11689
10					2231	589	47415	47403	10
1843					1669	93	123154	123154	16
120							4225	2444	

3-51 教育经费收入情况

地区	总计	国家财政性教育经费							
			一般公共预算安排的教育经费						
				一般公共预算教育经费					
					教育事业费	基本建设经费	教育费附加	科研经费	其他
合计	**181790576**	**115724648**	**110415594**	**102499489**	**97730847**	**1580415**	**3188226**	**8065**	**7908040**
北京	2966212	2707161	2679097	2432164	2395943	18564	17658		246933
天津	629331	516820	514239	468678	455098	7000	6580		45561
河北	9361761	6598816	6176061	5841788	5764730	16188	60870	60	334212
山西	3096542	2125581	2059053	1887368	1815893	12093	59382	1830	169856
内蒙古	4404576	3598016	3335449	2892689	2681075	19647	191967		442760
辽宁	1103761	512791	512628	463044	449523	296	13225		49584
吉林	1471301	1014009	1013902	916281	896102	16282	3897		97621
黑龙江	1654855	1254833	1210159	1101684	1077659	21816	2209		108475
上海	2331074	2039656	2030221	1693948	1535330		158618		336273
江苏	10487438	6239101	6149169	5868870	5331692		537177		280299
浙江	11762779	7528086	6420193	6167635	5588956	257446	321233	1254	251304
安徽	8180716	4972293	4715130	4450705	4253086	72250	125369		264425
福建	6568098	4286035	3885231	3763540	3623457	26053	114030		121691
江西	8357324	5672973	5460568	5262536	5012802	48744	200991		198032
山东	11063197	5620311	5165352	5048032	4718173	12800	317058		117320
河南	13278133	4189023	4054619	3634059	3258442	121855	253763		420560
湖北	4265754	2126084	2042012	1915943	1915943				126069
湖南	8516731	3419675	3282947	3204120	3101485	24520	78114	14	78813
广东	10340407	4066842	3812588	3481354	3353549		127805		331234
广西	5797429	2741273	2701272	2410129	2321863	56692	31574		291143
海南	2559115	1911948	1865356	1695237	1673354	6597	15286	1624	168496
重庆	2765437	1954031	1791963	1611572	1562986	14253	34333	297	180094
四川	10431917	7008152	6799334	6220837	5880087	255982	84768		578497
贵州	8723222	6534790	5971278	5407858	5249057	52302	106499	1018	562402
云南	6359514	4136962	4013739	3390333	3322431	15609	52292		623406
西藏	2135301	2125831	2125541	2013094	1844884	168210			112447
陕西	6376088	5143435	5092573	4923636	4702932	72647	148057		168937
甘肃	5162077	4719433	4614064	4233540	4159481	42657	31403	440	380083
青海	1379985	1125397	1091162	1009102	901874	95375	11853		82060
宁夏	923674	737279	736338	681431	680234		1196		54907
新疆	9336828	9098012	9094354	8408281	8202724	124539	81018	1528	684546
大连	133197	95425	95425	86328	86221		106		9097
宁波	1780553	1220895	999403	951555	897610		53945		47848
厦门	301695	251450	251439	241049	235524	450	5074		10390
青岛	558588	433656	431812	427209	365632		61576		4603
深圳	9860	5635	5515	5515	5515				

（地方农村幼儿园）

单位：千元

政府性基金预算安排的教育经费	#彩　票公益金	国有及国有控股企业办学中的企业拨款	校办产业和社会服务收入中用于教育的经费	其　他属于国家财政性教育经费	民办学校中举办者投　入	捐赠收入	事业收入	#学　费	其　他教育经费
5161395	**189773**	**145499**	**2161**		**2538050**	**239581**	**61860454**	**60485070**	**1427842**
28064	9				9708	510	242289	231940	6544
2581					2868	202	108683	108482	758
422756	928				102980	434	2657608	2639631	1923
33256	4605	33272			42395	1064	908492	904083	19009
262567	60560				29291	6087	769280	761554	1903
163					5629		581982	570175	3360
107	107				23485	20	400864	390164	32923
42349	142	2325			7784	156	382204	356279	9879
9434					6140	118	251433	251430	33727
89933	15				208871	55243	3856764	3799525	127458
1104893	2243	3000			234573	12061	3407193	3354836	580866
246060	55531	11104			97269	898	3091202	2959662	19054
395713	1	5090			51919	49715	2119455	2092181	60974
212404	432				204954	1485	2462585	2327014	15327
416461	729	38498			169313	4029	5246476	5192645	23069
128550	10472	5854			281087	2287	8803575	8489449	2160
59666		24406			37570	770	2088120	2027850	13211
136728	900				56342	2426	5016698	4923820	21592
251114	2500	1008	2132		341818	17741	5867625	5845288	46382
35862	411	4140			44253	860	2981355	2930959	29688
45373	46	1218			41392	80	595595	522676	10101
154245	684	7794	29		36383	954	751035	725157	23034
205839	3927	2979			172789	49442	3177457	3103145	24077
563512	38606				119880	12152	2025405	1967023	30994
122403	1021	820			108775	6768	2092510	2080224	14498
291	241					7269	2200	2200	
46869	409	3992			51911	1334	1164873	1139975	14536
105369	71				19921	2225	398556	388517	21943
34235	5155				489	121	152543	150653	101435
941	30				20104	435	145334	141764	20523
3658					8158	2696	111064	106768	116897
							37360	36747	413
221492					21011	207	526751	526702	11689
10					2231	589	47415	47403	10
1843					1669	93	123154	123154	16
120							4225	2444	

3-52 教育经费收入情况

地区	总计	国家财政性教育经费	一般公共预算安排的教育经费	一般公共预算教育经费	教育事业费	基本建设经费	教育费附加	科研经费	其他
合计	**40876006**	**39380788**	**37795080**	**32556429**	**30995366**	**569744**	**991320**	**132958**	**5105693**
北京	1114580	1079661	1079510	758339	755554		2785		321171
天津	367802	365309	361165	332508	332508				28656
河北	952954	923919	899661	833219	833219				66441
山西	1163787	1144947	1128242	907110	877769	600	28741	86716	134416
内蒙古	827518	781015	764720	613158	582947		30211		151562
辽宁	806420	800406	795433	670816	624400	1949	44467	200	124417
吉林	534327	521990	517856	450476	444044		6432	872	66509
黑龙江	1632964	1609687	1228484	1107068	1030972	36735	39360		121416
上海	390322	388917	388917	295251	295251				93666
江苏	1944975	1853327	1844848	1599130	1550670		48460	30	245688
浙江	2216067	2053732	1999769	1822879	1708349		114529	5082	171808
安徽	1322573	1240114	1234250	1078739	1036354		42385		155512
福建	671704	629952	629702	569872	511902	46580	11389	2945	56885
江西	908743	881654	816505	751479	749882		1597	3346	61681
山东	2647131	2558631	2547824	2351878	2345596	600	5682		195947
河南	1466028	1439403	1424599	1159551	1117484	17758	24308	20	265029
湖北	1523369	1481554	1470591	1342654	1342654				127937
湖南	2724386	2575118	2568757	2411222	2376521	450	34251	8	157527
广东	4482750	4424272	4146218	3485384	3172658	90258	222468	10844	649990
广西	551865	544989	544654	442238	442173		65		102415
海南	497733	487120	468237	369013	368228		785	676	98547
重庆	1482090	1462513	1187063	1006219	712539	266666	27014	502	180342
四川	2526573	2471765	2365074	1962714	1850002	1000	111712	4845	397516
贵州	1876789	1738348	1738214	1506584	1449117	4000	53467	553	231076
云南	1660774	1556004	1520229	1170204	1115300		54904	785	349240
西藏	638199	634546	634546	586658	558082	27000	1576		47888
陕西	1360964	1355573	1200033	1040077	926682	57761	55633	8212	151743
甘肃	651771	634028	611319	533293	509577		23716	3597	74429
青海	281517	232973	230473	160574	159727		846		69899
宁夏	201811	184140	176075	137207	132671		4536		38868
新疆	1447518	1325178	1272113	1100917	1082531	18386		3727	167469
大连	151231	150928	150048	123939	108094	203	15641		26110
宁波	160721	157289	157289	130817	128885		1932		26472
厦门	148198	148146	148146	134353	87402	46580	371		13793
青岛	328534	326176	326176	294756	294756				31420
深圳	720197	719788	718423	618313	509122	38482	70709	1081	99028

(教育行政单位)

单位：千元

政府性基金预算安排的教育经费	#彩票公益金	国有及国有控股企业办学中的企业拨款	校办产业和社会服务收入中用于教育的经费	其他属于国家财政性教育经费	民办学校中举办者投入	捐赠收入	事业收入	#学费	其他教育经费
1585708	**178590**					**129879**	**123820**		**1241518**
151						180			34739
4144									2494
24259	590					7	5702		23326
16706	1473					1327			17513
16295	12331					10805	3594		32104
4973	1129					20	1068		4926
4134	286					2554			9783
381204	36398					1231			22046
									1405
8479	7435						2119		89529
53964	6032					12816	2512		147006
5864	3163					1843	17240		63376
250						516	8210		33027
65149	17123					15537			11551
10807	10707					539	30331		57629
14804	6187					275	12146		14204
10963						9586	1270		30959
6361	1170					252	6571		142445
278055	17089					12404			46073
336						42			6833
18883						20			10593
275450	2660						1761		17816
106691	7844					11542	1277		41989
134	100					24014	24568		89859
35775	20740					11909	4633		88228
						3610			43
155540	16644					178	651		4562
22709	4489					754			16989
2500						4968			43576
8065						607			17064
53065	5000					2342	169		119829
879	879								303
									3432
									52
						56			2302
1365									409

3-53 教育经费收入情况

地区	总计	国家财政性教育经费							
			一般公共预算安排的教育经费						
				一般公共预算教育经费				科研经费	其他
					教育事业费	基本建设经费	教育费附加		
合计	**40222170**	**38748030**	**37174352**	**32129892**	**30572300**	**566272**	**991320**	**132958**	**4911502**
北京	769907	734988	734837	570263	567478		2785		164574
天津	367802	365309	361165	332508	332508				28656
河北	952954	923919	899661	833219	833219				66441
山西	1163787	1144947	1128242	907110	877769	600	28741	86716	134416
内蒙古	827518	781015	764720	613158	582947		30211		151562
辽宁	806420	800406	795433	670816	624400	1949	44467	200	124417
吉林	534327	521990	517856	450476	444044		6432	872	66509
黑龙江	1625076	1601799	1220596	1099179	1023084	36735	39360		121416
上海	390322	388917	388917	295251	295251				93666
江苏	1944975	1853327	1844848	1599130	1550670		48460	30	245688
浙江	2216067	2053732	1999769	1822879	1708349		114529	5082	171808
安徽	1322573	1240114	1234250	1078739	1036354		42385		155512
福建	671704	629952	629702	569872	511902	46580	11389	2945	56885
江西	908743	881654	816505	751479	749882		1597	3346	61681
山东	2647131	2558631	2547824	2351878	2345596	600	5682		195947
河南	1466028	1439403	1424599	1159551	1117484	17758	24308	20	265029
湖北	1523369	1481554	1470591	1342654	1342654				127937
湖南	2724386	2575118	2568757	2411222	2376521	450	34251	8	157527
广东	4482750	4424272	4146218	3485384	3172658	90258	222468	10844	649990
广西	551865	544989	544654	442238	442173		65		102415
海南	497733	487120	468237	369013	368228		785	676	98547
重庆	1482090	1462513	1187063	1006219	712539	266666	27014	502	180342
四川	2526573	2471765	2365074	1962714	1850002	1000	111712	4845	397516
贵州	1876789	1738348	1738214	1506584	1449117	4000	53467	553	231076
云南	1660774	1556004	1520229	1170204	1115300		54904	785	349240
西藏	638199	634546	634546	586658	558082	27000	1576		47888
陕西	1360964	1355573	1200033	1040077	926682	57761	55633	8212	151743
甘肃	651771	634028	611319	533293	509577		23716	3597	74429
青海	281517	232973	230473	160574	159727		846		69899
宁夏	201811	184140	176075	137207	132671		4536		38868
新疆	1146244	1044980	1003946	870343	855429	14914		3727	129875
大连	151231	150928	150048	123939	108094	203	15641		26110
宁波	160721	157289	157289	130817	128885		1932		26472
厦门	148198	148146	148146	134353	87402	46580	371		13793
青岛	328534	326176	326176	294756	294756				31420
深圳	720197	719788	718423	618313	509122	38482	70709	1081	99028

(地方教育行政单位)

单位：千元

政府性基金预算安排的教育经费	#彩票公益金	国有及国有控股企业办学中的企业拨款	校办产业和社会服务收入中用于教育的经费	其他属于国家财政性教育经费	民办学校中举办者投入	捐赠收入	事业收入	#学费	其他教育经费
1573678	**173590**					**129777**	**123820**		**1220543**
151						180			34739
4144									2494
24259	590					7	5702		23326
16706	1473					1327			17513
16295	12331					10805	3594		32104
4973	1129					20	1068		4926
4134	286					2554			9783
381204	36398					1231			22046
									1405
8479	7435						2119		89529
53964	6032					12816	2512		147006
5864	3163					1843	17240		63376
250						516	8210		33027
65149	17123					15537			11551
10807	10707					539	30331		57629
14804	6187					275	12146		14204
10963						9586	1270		30959
6361	1170					252	6571		142445
278055	17089					12404			46073
336						42			6833
18883						20			10593
275450	2660						1761		17816
106691	7844					11542	1277		41989
134	100					24014	24568		89859
35775	20740					11909	4633		88228
						3610			43
155540	16644					178	651		4562
22709	4489					754			16989
2500						4968			43576
8065						607			17064
41035						2240	169		98854
879	879								303
									3432
									52
						56			2302
1365									409

3-54 教育经费收入情况

地区	总计	国家财政性教育经费	一般公共预算安排的教育经费	一般公共预算教育经费	教育事业费	基本建设经费	教育费附加	科研经费	其他
合计	**83835434**	**71311850**	**69611375**	**61210223**	**58159174**	**945514**	**2105535**	**294215**	**8106938**
北京	13709619	9195360	9131815	8183182	7884889	165504	132789	150576	798057
天津	1436728	1398534	1389763	1252861	1248969		3892	250	136652
河北	2756688	2351063	2294743	2109051	2108814	237		9038	176655
山西	2286033	2004789	1985508	1696876	1605049	35309	56518	49802	238829
内蒙古	1658911	1504750	1484262	1202665	1159954	300	42411	100	281498
辽宁	2765859	2621236	2580795	2109958	2008079	7428	94451	418	470419
吉林	1401878	1305539	1295018	1127765	1070515	24870	32380	833	166420
黑龙江	1161975	1062186	1015795	859922	844993		14929		155873
上海	6025391	5605560	5511676	4829380	4275518	328083	225780	480	681816
江苏	5398373	4583301	4446112	3933649	3722050	3954	207645	5051	507412
浙江	6259330	5139564	4867674	4361514	4124021	2592	234901	775	505385
安徽	1170874	1067339	1038076	913750	851162		62587	12899	111428
福建	2900356	2437473	2346878	2201390	1998247	80660	122483	12249	133239
江西	1888800	1815642	1776938	1688520	1589108	75382	24030	570	87848
山东	3590376	2949387	2875304	2688450	2567455	10000	110994		186854
河南	3387521	3178878	2961851	2481685	2394392	14125	73168	150	480016
湖北	3036362	2659002	2638132	2393090	2393090				245042
湖南	1382292	1214647	1211324	1157999	1057405		100593	667	52658
广东	5547027	5068415	5029414	4260024	3938437	53091	268496	18044	751345
广西	1723382	1407350	1404921	1202208	1123916	73469	4823		202712
海南	442363	382199	376163	284549	283117		1433	2930	88684
重庆	1475805	1165396	1053938	754010	727061		26949	11836	288092
四川	3671296	3315706	3229856	2779540	2647014		132526	1477	448839
贵州	600513	425061	424858	379978	368190		11788		44881
云南	1393490	1275630	1222604	931529	901815		29714	628	290447
西藏	1526660	1511861	1501944	1438938	1399698	39240			63006
陕西	2117343	1985598	1954410	1820315	1775896	10641	33778	14145	119950
甘肃	1104493	973119	953974	836624	810280		26344	25	117325
青海	564408	495633	495563	353776	346630		7146		141787
宁夏	346691	286000	281421	226172	216197		9975		55249
新疆	1104596	925629	830644	750855	717216	20629	13010	1271	78518
大连	491391	485368	481528	377276	313649	3428	60198	350	103902
宁波	807903	744729	741907	655213	612017		43196		86694
厦门	505575	492977	474417	443237	399411	2500	41326	20	31160
青岛	604487	553369	553289	481594	456776		24819		71694
深圳	1318957	1289977	1289755	1075536	807220	53091	215226		214219

(教育事业单位)

单位：千元

政府性基金预算安排的教育经费	#彩票公益金	国有及国有控股企业办学中的企业拨款	校办产业和社会服务收入中用于教育的经费	其他属于国家财政性教育经费	民办学校中举办者投入	捐赠收入	事业收入	#学费	其他教育经费
1288998	**397039**		**411477**			**933778**	**8682652**		**2907154**
1259			62286			867970	3056348		589941
7830	600		940				5384		32810
55763	33682		557			4641	374373		26611
17817	5964		1465			379	225937		54928
15978	15585		4510			1475	134636		18050
33011	16242		7430			298	119077		25248
9478	8536		1044			1755	53100		41484
45958	1716		434			707	95257		3825
77469	33860		16415			736	191451		227644
41893	4482		95296			707	679529		134836
247477	6592		24414			8402	364162		747202
29263	29187						94715		8820
89479	8062		1116			3032	330705		129145
37187	33245		1517			5983	29242		37933
25022	8049		49060			1337	527409		112244
163503	96789		53524			590	164467		43586
15640	1200		5230			398	338167		38795
2698	2651		626			435	145998		21212
36928	6087		2073			2526	394644		81442
2430	1930					2477	251958		61596
6035	37						55605		4560
110853	3056		605			431	241117		68860
31887	9679		53963			1678	289375		64536
202	140						104986		70466
45388	39265		7638			17672	50348		49841
9917	9827					4782	8397		1619
26960	14107		4229			375	112297		19074
2038	1000		17107			296	101885		29194
70	70					3026	35276		30472
4580	3530						48284		12406
94985	1870					1671	58523		118773
3840	40						6023		
2822	805						49245		13929
18561	327								12597
81							39331		11787
222	50					1000	27853		127

3-55 教育经费收入情况

地区	总计	国家财政性教育经费	一般公共预算安排的教育经费	一般公共预算教育经费	教育事业费	基本建设经费	教育费附加	科研经费	其他
合计	**75560133**	**67422278**	**65773302**	**57684866**	**54690347**	**888984**	**2105535**	**146685**	**7941752**
北京	5583161	5399531	5387484	4734881	4486808	115284	132789	3046	649557
天津	1436728	1398534	1389763	1252861	1248969		3892	250	136652
河北	2756688	2351063	2294743	2109051	2108814	237		9038	176655
山西	2286033	2004789	1985508	1696876	1605049	35309	56518	49802	238829
内蒙古	1658911	1504750	1484262	1202665	1159954	300	42411	100	281498
辽宁	2765859	2621236	2580795	2109958	2008079	7428	94451	418	470419
吉林	1401878	1305539	1295018	1127765	1070515	24870	32380	833	166420
黑龙江	1158013	1058224	1011833	855959	841031		14929		155873
上海	6025391	5605560	5511676	4829380	4275518	328083	225780	480	681816
江苏	5398373	4583301	4446112	3933649	3722050	3954	207645	5051	507412
浙江	6259330	5139564	4867674	4361514	4124021	2592	234901	775	505385
安徽	1170874	1067339	1038076	913750	851162		62587	12899	111428
福建	2900356	2437473	2346878	2201390	1998247	80660	122483	12249	133239
江西	1888800	1815642	1776938	1688520	1589108	75382	24030	570	87848
山东	3590376	2949387	2875304	2688450	2567455	10000	110994		186854
河南	3387521	3178878	2961851	2481685	2394392	14125	73168	150	480016
湖北	3036362	2659002	2638132	2393090	2393090				245042
湖南	1382292	1214647	1211324	1157999	1057405		100593	667	52658
广东	5547027	5068415	5029414	4260024	3938437	53091	268496	18044	751345
广西	1723382	1407350	1404921	1202208	1123916	73469	4823		202712
海南	442363	382199	376163	284549	283117		1433	2930	88684
重庆	1475805	1165396	1053938	754010	727061		26949	11836	288092
四川	3671296	3315706	3229856	2779540	2647014		132526	1477	448839
贵州	600513	425061	424858	379978	368190		11788		44881
云南	1393490	1275630	1222604	931529	901815		29714	628	290447
西藏	1526660	1511861	1501944	1438938	1399698	39240			63006
陕西	2117343	1985598	1954410	1820315	1775896	10641	33778	14145	119950
甘肃	1104493	973119	953974	836624	810280		26344	25	117325
青海	564408	495633	495563	353776	346630		7146		141787
宁夏	346691	286000	281421	226172	216197		9975		55249
新疆	959716	835849	740864	677760	650431	14319	13010	1271	61833
大连	491391	485368	481528	377276	313649	3428	60198	350	103902
宁波	807903	744729	741907	655213	612017		43196		86694
厦门	505575	492977	474417	443237	399411	2500	41326	20	31160
青岛	604487	553369	553289	481594	456776		24819		71694
深圳	1318957	1289977	1289755	1075536	807220	53091	215226		214219

(地方教育事业单位)

单位：千元

政府性基金预算安排的教育经费	#彩票公益金	国有及国有控股企业办学中的企业拨款	校办产业和社会服务收入中用于教育的经费	其他属于国家财政性教育经费	民办学校中举办者投入	捐赠收入	事业收入	#学费	其他教育经费
1288998	**397039**		**359978**			**66528**	**5709836**		**2361492**
1259			10788			719	85654		97256
7830	600		940				5384		32810
55763	33682		557			4641	374373		26611
17817	5964		1465			379	225937		54928
15978	15585		4510			1475	134636		18050
33011	16242		7430			298	119077		25248
9478	8536		1044			1755	53100		41484
45958	1716		434			707	95257		3825
77469	33860		16415			736	191451		227644
41893	4482		95296			707	679529		134836
247477	6592		24414			8402	364162		747202
29263	29187						94715		8820
89479	8062		1116			3032	330705		129145
37187	33245		1517			5983	29242		37933
25022	8049		49060			1337	527409		112244
163503	96789		53524			590	164467		43586
15640	1200		5230			398	338167		38795
2698	2651		626			435	145998		21212
36928	6087		2073			2526	394644		81442
2430	1930					2477	251958		61596
6035	37						55605		4560
110853	3056		605			431	241117		68860
31887	9679		53963			1678	289375		64536
202	140						104986		70466
45388	39265		7638			17672	50348		49841
9917	9827					4782	8397		1619
26960	14107		4229			375	112297		19074
2038	1000		17107			296	101885		29194
70	70					3026	35276		30472
4580	3530						48284		12406
94985	1870					1671	56400		65795
3840	40						6023		
2822	805						49245		13929
18561	327								12597
81							39331		11787
222	50					1000	27853		127

3-56 教育经费收入情况

地区	总计	国家财政性教育经费							
			一般公共预算安排的教育经费						
				一般公共预算教育经费					
					教育事业费	基本建设经费	教育费附加	科研经费	其他
合计	**66073630**	**63073829**	**61670117**	**54145400**	**47586733**	**5535158**	**1023509**	**305639**	**7219078**
北京	8078740	7567115	7564685	5956181	5867344	86389	2448	138368	1470136
天津	934328	932470	920871	880776	457812	394874	28091	827	39268
河北	1556681	1473989	1445204	1356367	1181438	173928	1000		88837
山西	1532036	1518182	1517089	1375987	1035757	318280	21950	4278	136823
内蒙古	1323457	1248677	1152388	988128	774531	184991	28605	3034	161226
辽宁	1812344	1772302	1771681	1506725	1383705	70995	52025	372	264584
吉林	833587	809515	808215	730869	711933	18174	761	100	77246
黑龙江	748896	741969	739644	602772	578997	15357	8418	61	136811
上海	1802613	1500642	1496885	1230643	1015534	215110		20500	245742
江苏	2762559	2594709	2446809	2057878	1859988	62450	135440	11486	377445
浙江	5889499	5647624	5442012	4634582	4223987	349531	61064	10340	797089
安徽	1328439	1237656	1235731	1122958	1122530		428	1155	111619
福建	2183091	2022084	1994521	1804422	923953	880071	399	2096	188003
江西	1774676	1726117	1680612	1584666	1251055	333334	277	28900	67045
山东	2841958	2722026	2678859	2470557	2347623	61600	61334	50	208252
河南	2702586	2615675	2543856	2298324	1922383	125941	250000	4904	240627
湖北	2831171	2724641	2671346	2492120	2492120			11389	167837
湖南	1904688	1827105	1764205	1538275	1431697	106529	50	1722	224207
广东	5001755	4858615	4799234	4285835	3454171	655703	175961	16977	496422
广西	1102838	1029373	992054	804571	785559	15853	3160	722	186761
海南	1250495	1240666	945077	916235	186235	730000		1008	27835
重庆	730428	708121	646495	492113	485208	271	6634	3625	150757
四川	3962092	3840845	3762783	3389296	3151284	154300	83712	7178	366309
贵州	1916311	1815879	1807041	1670828	1662131	345	8352	13319	122894
云南	1534065	1473229	1465968	1219305	1146551	63523	9230	634	246030
西藏	271765	271765	271765	205119	205119			429	66217
陕西	1692010	1652507	1650230	1534424	1495537	32467	6420	100	115706
甘肃	1026838	955815	951508	807404	765395	33914	8095	8003	136101
青海	811355	765017	761947	670037	615410	54348	279		91910
宁夏	347309	312555	312555	260323	260323			10060	42172
新疆	3585020	3466945	3428848	3257679	2791422	396880	69377	4003	167166
大连	275788	274668	274192	224284	144820	37749	41716	371	49536
宁波	1125512	1110723	1103042	438327	298327	140000		50	664665
厦门	108372	107591	100813	81042	80901	71	70		19771
青岛	295746	286316	286316	229087	229087				57228
深圳	1546515	1529377	1524425	1403310	843275	457330	102705	5900	115215

(其他教育机构)

单位：千元

政府性基金预算安排的教育经费	#彩票公益金	国有及国有控股企业办学中的企业拨款	校办产业和社会服务收入中用于教育的经费	其他属于国家财政性教育经费	民办学校中举办者投入	捐赠收入	事业收入	#学费	其他教育经费
1363148	**31026**		**40564**			**8066**	**2109954**	**615205**	**881781**
2430							336828	197209	174798
886			10713				320		1538
28785	961						50111	9829	32581
1093							12533		1321
96139	6186		150				74345	31003	436
622	83						27897	156	12145
1300							12056	1871	12017
2325						10	2798		4120
			3757			25	225359	89775	76586
147878	425		23				111708	24950	56142
202087			3526				102149		139725
1737	1		187			650	77328	10801	12804
26810			753			30	136840	4197	24137
45505	1496					3996	42122	448	2442
43167	1581					30	87221	40897	32680
71819	1160						65424	51819	21487
53295							99886	3676	6644
62900							66434	55681	11149
58851			530			1092	110000	32088	32048
26603	184		10716				59037		14428
295588						12	9447		370
61626							15677	5467	6630
77669	10524		393				91957	19189	29290
8838	1820					321	72287	4092	27825
6962	1560		298			105	40403	15224	20328
2277	27					103	37141	195	2259
4307	300						66952	109	4070
3070	3070					1693	23433		21212
							27014	15411	7740
28579	1648		9518				25246	1118	92829
477							1111		8
7255			426				11439		3349
6710			68						781
						30	779		8622
4422			530				17130	4706	7

3-57 教育经费收入情况

地区	总计	国家财政性教育经费	一般公共预算安排的教育经费	一般公共预算教育经费	教育事业费	基本建设经费	教育费附加	科研经费	其他
合计	**61753037**	**59618147**	**58245156**	**52428631**	**46022126**	**5382996**	**1023509**	**189851**	**5626675**
北京	4930545	4908058	4905628	4739355	4650518	86389	2448	23368	142905
天津	932921	931063	919464	880776	457812	394874	28091	827	37860
河北	1552744	1470052	1441267	1356367	1181438	173928	1000		84900
山西	1531444	1517590	1516497	1375987	1035757	318280	21950	4278	136231
内蒙古	1322681	1247901	1151612	988128	774531	184991	28605	3034	160450
辽宁	1807560	1767518	1766897	1506725	1383705	70995	52025	372	259800
吉林	832687	808615	807315	730869	711933	18174	761	100	76346
黑龙江	739253	732325	730001	599057	575281	15357	8418	61	130883
上海	1259938	1232798	1230496	1016275	870904	145372		20500	193720
江苏	2718455	2550606	2402705	2057878	1859988	62450	135440	11486	333342
浙江	5885191	5643316	5437704	4634582	4223987	349531	61064	10340	792781
安徽	1327929	1237146	1235221	1122958	1122530		428	1155	111109
福建	2045462	1975194	1947631	1762691	882221	880071	399	2096	182844
江西	1774268	1725709	1680204	1584666	1251055	333334	277	28900	66637
山东	2833797	2713865	2670698	2470557	2347623	61600	61334	50	200091
河南	2697582	2610671	2538852	2298324	1922383	125941	250000	4904	235623
湖北	2814503	2707973	2654678	2492120	2492120			11389	151169
湖南	1902411	1824827	1761927	1538275	1431697	106529	50	1722	221930
广东	5001755	4858615	4799234	4285835	3454171	655703	175961	16977	496422
广西	1102838	1029373	992054	804571	785559	15853	3160	722	186761
海南	1250495	1240666	945077	916235	186235	730000		1008	27835
重庆	730428	708121	646495	492113	485208	271	6634	3625	150757
四川	3928131	3806884	3728822	3389296	3151284	154300	83712	7178	332348
贵州	1914819	1814386	1805548	1670828	1662131	345	8352	13319	121402
云南	1532310	1471474	1464213	1219305	1146551	63523	9230	634	244275
西藏	271765	271765	271765	205119	205119			429	66217
陕西	1672570	1633067	1630790	1534424	1495537	32467	6420	100	96266
甘肃	1020534	949512	945205	807404	765395	33914	8095	8003	129798
青海	811355	765017	761947	670037	615410	54348	279		91910
宁夏	347309	312555	312555	260323	260323			10060	42172
新疆	3259357	3151484	3142655	3017550	2633717	314456	69377	3216	121889
大连	275788	274668	274192	224284	144820	37749	41716	371	49536
宁波	1125512	1110723	1103042	438327	298327	140000		50	664665
厦门	108372	107591	100813	81042	80901	71	70		19771
青岛	295746	286316	286316	229087	229087				57228
深圳	1546515	1529377	1524425	1403310	843275	457330	102705	5900	115215

(地方其他教育机构)

单位：千元

政府性基金预算安排的教育经费	#彩票公益金	国有及国有控股企业办学中的企业拨款	校办产业和社会服务收入中用于教育的经费	其他属于国家财政性教育经费	民办学校中举办者投入	捐赠收入	事业收入	#学费	其他教育经费
1337402	**31026**		**35588**			**8011**	**1504827**	**325637**	**622052**
2430							20302	532	2186
886			10713				320		1538
28785	961						50111	9829	32581
1093							12533		1321
96139	6186		150				74345	31003	436
622	83						27897	156	12145
1300							12056	1871	12017
2325						10	2798		4120
			2302				21815		5325
147878	425		23				111708	24950	56142
202087			3526				102149		139725
1737	1		187			650	77328	10801	12804
26810			753				54354	1080	15913
45505	1496					3996	42122	448	2442
43167	1581					30	87221	40897	32680
71819	1160						65424	51819	21487
53295							99886	3676	6644
62900							66434	55681	11149
58851			530			1092	110000	32088	32048
26603	184		10716				59037		14428
295588						12	9447		370
61626							15677	5467	6630
77669	10524		393				91957	19189	29290
8838	1820					321	72287	4092	27825
6962	1560		298			105	40403	15224	20328
2277	27					103	37141	195	2259
4307	300						66952	109	4070
3070	3070					1693	23433		21212
							27014	15411	7740
2833	1648		5997				22676	1118	85197
477							1111		8
7255			426				11439		3349
6710			68						781
						30	779		8622
4422			530				17130	4706	7

第四部分

各地区各级各类教育机构教育经费支出明细

4-1 教育经费支出明细

地 区	合 计	个人部分	工资福利支出	对个人和家庭的补助支出	#助学金
合 计	**5223155436**	**3269140040**	**2860163712**	**408976328**	**209584203**
北 京	248103395	142415081	120848213	21566868	14623040
天 津	71477029	47213182	43036036	4177145	2123435
河 北	209394972	135288430	119263599	16024832	7593278
山 西	101082975	65277592	59236736	6040856	3402051
内蒙古	83494445	55068605	48298364	6770241	3809623
辽 宁	118630537	80290956	71504133	8786823	4069544
吉 林	78284117	51081344	45149033	5932311	2503540
黑龙江	92177257	62805636	51954204	10851433	3012280
上 海	178385615	97766271	90261048	7505223	6021584
江 苏	357717240	239327380	213785698	25541682	10649491
浙 江	300244970	179929537	166588059	13341477	7160474
安 徽	182925651	114460269	97573482	16886787	7024434
福 建	149410262	92901653	84568579	8333074	3957510
江 西	157675393	89162452	80449933	8712519	5483185
山 东	323658293	207495593	186010669	21484924	8046563
河 南	276221026	170854877	150937039	19917838	11597390
湖 北	193939037	123348080	106433268	16914812	7718596
湖 南	196957499	123126075	106593514	16532561	8376687
广 东	552669166	342919515	292636307	50283208	13561273
广 西	154957386	95470357	82645517	12824840	8250516
海 南	46612815	24502311	22362479	2139832	1233811
重 庆	125305648	78701146	67122948	11578198	6444497
四 川	266153713	165283094	141257755	24025340	14300793
贵 州	140801689	95565151	79017163	16547988	10220160
云 南	161736201	111709341	95225952	16483389	12464418
西 藏	28810562	18886934	14962903	3924032	3462824
陕 西	157384511	86375927	74208534	12167393	7865218
甘 肃	87161391	58186628	50189914	7996714	4682299
青 海	30422380	18527612	15783250	2744362	1616446
宁 夏	27931111	17143648	15247008	1896641	1126048
新 疆	123429149	78055362	67012376	11042985	7183195
大 连	16986707	12329646	11510681	818965	192287
宁 波	41193103	26345594	24547321	1798274	845538
厦 门	21910596	13603286	12449734	1153552	256987
青 岛	38624917	24143876	22202572	1941303	365246
深 圳	117344073	58419410	45805065	12614344	2960055

(各级各类教育机构)

单位：千元

公用部分	商品和服务支出	其他资本性支出	专项公用支出	专项项目支出	基本建设支出
1856266790	**980951196**	**875315594**	**303565238**	**571750356**	**97748607**
99317161	77963461	21353700	14343042	7010659	6371154
23380752	14086055	9294696	3625171	5669525	883096
72235621	34105603	38130018	10268446	27861572	1870921
34126151	19787914	14338237	5942039	8396198	1679232
27091539	13098524	13993015	5034120	8958895	1334301
36718509	25064257	11654251	4785015	6869236	1621072
26372920	15065371	11307549	4768718	6538830	829853
28368765	16532178	11836587	4463091	7373496	1002855
77019850	57143757	19876093	12515832	7360261	3599495
116586142	61708879	54877263	18484273	36392990	1803718
114210932	59577195	54633737	16673942	37959794	6104501
65715866	28899736	36816130	11777790	25038341	2749515
54878890	26328277	28550614	9899511	18651103	1629719
66490773	19710654	46780119	12911503	33868615	2022168
115437836	53619894	61817942	20319215	41498727	724865
102131083	51071033	51060050	15140329	35919721	3235066
69631871	34628516	35003355	12601849	22401506	959086
71828740	39577210	32251530	10145425	22106105	2002685
184853288	111457215	73396073	31670279	41725794	24896363
57285350	23481740	33803610	11158912	22644698	2201679
20527870	8096564	12431306	6504647	5926658	1582634
42523960	24093472	18430488	6642325	11788163	4080542
97589613	49794988	47794625	15708363	32086262	3281006
44175130	20219603	23955527	5718106	18237421	1061408
47736982	21506200	26230782	5460612	20770169	2289879
7697388	3077080	4620308	1413726	3206583	2226240
66191252	34442614	31748637	11093337	20655301	4817332
27795497	11918593	15876904	4274051	11602853	1179267
10250584	3738553	6512032	2375363	4136669	1644183
10525562	4894754	5630808	2295095	3335713	261900
37570913	16261306	21309607	5551110	15758497	7802875
4261797	3027532	1234264	516412	717853	395265
13853931	6804412	7049518	1669516	5380003	993578
7846441	4753945	3092496	1514257	1578239	460870
14481041	6394094	8086947	2809292	5277656	
38302632	27632732	10669900	8251780	2418120	20622032

4-2 教育经费支出明细

地区	合计	个人部分	工资福利支出	对个人和家庭的补助支出	#助学金
合计	**4827470545**	**3072644862**	**2714099423**	**358545439**	**175323235**
北京	137671176	88780437	82847667	5932771	1736668
天津	60082700	41904949	39279219	2625730	1290945
河北	207459964	134121396	118347615	15773781	7479103
山西	101066635	65265994	59225591	6040402	3402051
内蒙古	83488427	55064305	48294064	6770241	3809623
辽宁	108167039	74424847	67360675	7064172	3175647
吉林	69504308	46027065	41455191	4571874	1810166
黑龙江	80290380	57318293	47691927	9626366	2204778
上海	137039024	79728615	75444142	4284473	3170927
江苏	331086215	224641279	202753804	21887475	8108790
浙江	287630420	174860791	162813482	12047308	6077441
安徽	174918788	110807476	95023854	15783622	6252917
福建	143206055	89347071	82038209	7308862	3312809
江西	157669698	89158175	80446017	8712158	5483141
山东	311274167	201355973	181213908	20142065	7187356
河南	275779694	170679333	150793335	19885998	11592897
湖北	165350434	106546641	94864697	11681943	5071760
湖南	187674922	118302277	103008497	15293780	7660110
广东	534263455	333862173	285496915	48365259	12412252
广西	154956949	95469929	82645089	12824840	8250516
海南	46578670	24476363	22336532	2139832	1233811
重庆	117296682	74218239	63593342	10624897	5793118
四川	242783831	152749227	130898745	21850482	12726795
贵州	140800197	95565151	79017163	16547988	10220160
云南	161725112	111702048	95218660	16483388	12464418
西藏	28810562	18886934	14962903	3924032	3462824
陕西	130069708	75665509	66841808	8823701	6179589
甘肃	82698537	55651024	48373561	7277463	4283892
青海	30411188	18518615	15774628	2743986	1616166
宁夏	27081956	16621806	14826826	1794980	1056254
新疆	110633654	70922925	61211357	9711568	6796311
大连	16957096	12303084	11484793	818291	192287
宁波	41192683	26345594	24547321	1798274	845538
厦门	21905668	13599758	12446206	1153552	256987
青岛	38624917	24143876	22202572	1941303	365246
深圳	116673045	58288521	45677947	12610574	2956284

(地方各级各类教育机构)

单位：千元

公用部分					基本建设支出
	商品和服务支出	其他资本性支出	专项公用支出	专项项目支出	
1664630233	**844589289**	**820040944**	**270288848**	**549752096**	**90195450**
44330903	35106406	9224497	6622643	2601854	4559835
17528515	10556503	6972012	2341529	4630483	649236
71528877	33612772	37916105	10135248	27780857	1809690
34121410	19785680	14335730	5941143	8394587	1679232
27089821	13096891	13992930	5034040	8958890	1334301
32274283	21652104	10622179	3992730	6629449	1467908
22698018	12081631	10616388	4227442	6388946	779224
22033177	11983883	10049295	3389157	6660138	938909
54375492	40334640	14040852	8416375	5624478	2934916
104947208	53109961	51837247	15982066	35855181	1497728
106872981	54234087	52638894	15342555	37296339	5896649
61651691	26296470	35355221	10773314	24581906	2459621
52361516	24669408	27692108	9456581	18235527	1497467
66489355	19709237	46780119	12911503	33868615	2022168
109342190	49473346	59868844	18950637	40918207	576004
102015561	50989847	51025714	15106110	35919604	3084800
58730385	26579562	32150823	10397735	21753088	73409
67501760	36411952	31089808	9356222	21733586	1870884
175747890	106281753	69466137	29591652	39874485	24653392
57285341	23481731	33803610	11158912	22644698	2201679
20519810	8092026	12427784	6501395	5926389	1582496
39134522	21195788	17938734	6237075	11701659	3943922
87062335	43094399	43967936	14064211	29903725	2972269
44173638	20218111	23955527	5718106	18237421	1061408
47733185	21502530	26230655	5460485	20770169	2289879
7697388	3077080	4620308	1413726	3206583	2226240
49960530	24491998	25468532	8562784	16905748	4443670
25976485	10766194	15210291	3858582	11351708	1071027
10248390	3737427	6510963	2374535	4136428	1644183
10224550	4680533	5544017	2242592	3301425	235600
32973025	14285340	18687685	4727762	13959923	6737704
4258747	3025589	1233158	515659	717499	395265
13853511	6804000	7049511	1669508	5380003	993578
7845041	4752545	3092496	1514257	1578239	460870
14481041	6394094	8086947	2809292	5277656	
37762493	27516404	10246089	7827969	2418120	20622032

4-3 教育经费支出明细

地区	合计	个人部分	工资福利支出	对个人和家庭的补助支出	#助学金
合计	**1347676369**	**681382818**	**535295774**	**146087044**	**99305506**
北京	122311497	64282861	46756178	17526683	14182396
天津	28921447	14917819	12039551	2878268	1894087
河北	43473158	22102930	17129247	4973683	3101112
山西	22198909	11909060	9377106	2531954	1835695
内蒙古	18168202	9812753	7679140	2133612	1689635
辽宁	40890161	22088432	17504418	4584014	3070224
吉林	25427971	13244371	10341550	2902820	1829737
黑龙江	30358024	16249360	12820318	3429042	2202874
上海	74825363	34543371	28996016	5547355	4835329
江苏	96049755	53405371	43484028	9921343	6660521
浙江	68331832	33103514	27486909	5616605	3818226
安徽	40050966	20467523	15583115	4884408	3102801
福建	34955410	18653982	14889097	3764885	2513142
江西	33017779	17877833	14893717	2984116	2122949
山东	75853683	38620168	30667641	7952527	4277392
河南	56796747	29213278	23234721	5978556	3813737
湖北	64350639	35749276	26723244	9026032	4931060
湖南	45341152	23891765	18632988	5258777	3148509
广东	127018882	57327009	46097424	11229584	5681070
广西	35963037	15010534	11303315	3707219	2889605
海南	10561163	3814550	3098185	716366	630814
重庆	30632185	16054115	12573482	3480632	2843893
四川	64149035	33197346	26825138	6372208	4870703
贵州	21861533	11471082	8024133	3446950	2518723
云南	25639197	12944067	10300831	2643236	2270748
西藏	3906391	1687772	1050666	637106	577836
陕西	58575868	27114327	20615248	6499079	4184144
甘肃	19223632	9895630	7263785	2631845	1798980
青海	4747641	1907322	1521171	386150	208525
宁夏	5362654	2789614	2167714	621900	388184
新疆	18712453	8035785	6215699	1820087	1412853
大连	1239098	663014	574111	88904	49985
宁波	6943611	3453623	2876307	577316	364447
厦门	2855623	1240872	1079222	161650	115572
青岛	4519239	1026471	877824	148647	95275
深圳	26981504	8516390	7206284	1310107	694094

(高等学校)

单位：千元

公用部分					基本建设支出
	商品和服务支出	其他资本性支出			
			专项公用支出	专项项目支出	
634745106	**363809990**	**270935116**	**130202384**	**140732732**	**31548444**
55510964	41672723	13838242	9243771	4594471	2517671
13763091	7886125	5876966	2263525	3613441	240538
20300549	9279859	11020690	3194802	7825887	1069679
9908334	5569262	4339072	2076044	2263028	381516
8031700	3527735	4503965	1999847	2504117	323750
18267390	12449305	5818085	3186383	2631702	534339
11954537	7637633	4316904	2584425	1732479	229064
13704667	8066310	5638357	2687883	2950474	403997
37541394	28871899	8669495	6591732	2077763	2740598
41838560	28065923	13772637	7919233	5853404	805825
34196308	21597991	12598318	6375252	6223066	1032010
18512669	8413100	10099569	4247898	5851671	1070774
16058737	9006404	7052333	3427344	3624989	242690
14903830	6711657	8192173	3299994	4892180	236116
36899173	18443101	18456072	9654492	8801580	334342
26914173	13364728	13549445	6577577	6971868	669297
27661686	16161034	11500652	6127980	5372672	939677
20676754	13330564	7346190	3715600	3630591	772633
58854731	29752609	29102121	11806699	17295422	10837143
20733451	7408481	13324969	5640402	7684567	219052
6652278	1816282	4835996	3174114	1661882	94334
14235485	8461807	5773678	3172769	2600909	342586
29842387	16529094	13313293	6355736	6957557	1109301
10007004	5255661	4751343	1990302	2761041	383446
12424712	6216348	6208364	2098595	4109768	270418
1534091	529506	1004585	307360	697224	684529
30388644	17956113	12432531	5437229	6995302	1072897
8937077	4156959	4780118	1780511	2999607	390925
2506499	853600	1652900	1197744	455156	333820
2501140	1611070	890070	581397	308673	71900
9483091	3207106	6275985	1485743	4790241	1193577
507689	322584	185105	132642	52464	68395
3489988	1890908	1599081	631529	967552	
1528331	1074338	453993	284297	169696	86420
3492768	780708	2712060	483055	2229005	
10016515	6770770	3245745	3236662	9082	8448599

4-4 教育经费支出明细

地区	合计	个人部分	工资福利支出	对个人和家庭的补助支出	#助学金
合计	**979946436**	**497878892**	**400632735**	**97246157**	**65352098**
北京	25700298	14824026	12636715	2187311	1353450
天津	17690579	9735751	8399728	1336023	1061850
河北	41620675	20991032	16267685	4723347	2987067
山西	22198909	11909060	9377106	2531954	1835695
内蒙古	18168202	9812753	7679140	2133612	1689635
辽宁	30540629	16314679	13449098	2865581	2176327
吉林	16984983	8432715	6870527	1562188	1136364
黑龙江	19321434	11406541	9086692	2319849	1399892
上海	34468315	16976512	14638324	2338188	1993215
江苏	69510935	38757706	32489335	6268372	4120785
浙江	55734423	28045477	23722595	4322882	2735193
安徽	32072581	16838331	13056541	3781790	2331285
福建	28937292	15154363	12410096	2744267	1871105
江西	33017779	17877833	14893717	2984116	2122949
山东	63477718	32480548	25870880	6609669	3418186
河南	56434580	29101212	23150240	5950972	3809614
湖北	36332765	19347496	15500143	3847353	2289969
湖南	36192155	19165268	15144453	4020815	2432192
广东	108698603	48330506	39009497	9321009	4533369
广西	35963037	15010534	11303315	3707219	2889605
海南	10561163	3814550	3098185	716366	630814
重庆	22906308	11796645	9263487	2533158	2193520
四川	40972860	20757820	16555388	4202432	3300398
贵州	21861533	11471082	8024133	3446950	2518723
云南	25639197	12944067	10300831	2643236	2270748
西藏	3906391	1687772	1050666	637106	577836
陕西	31605544	16632629	13459355	3173274	2499191
甘肃	14838887	7417785	5499910	1917875	1402830
青海	4747641	1907322	1521171	386150	208525
宁夏	4516602	2270754	1750515	520239	318390
新疆	15324417	6666123	5153269	1512855	1243376
大连	1239098	663014	574111	88904	49985
宁波	6943191	3453623	2876307	577316	364447
厦门	2855623	1240872	1079222	161650	115572
青岛	4519239	1026471	877824	148647	95275
深圳	26312491	8387069	7080733	1306336	690324

(地方高等学校)

单位：千元

公用部分	商品和服务支出	其他资本性支出	专项公用支出	专项项目支出	基本建设支出
457291338	**239244437**	**218046900**	**97968688**	**120078212**	**24776206**
10131680	8043746	2087934	1886133	201801	744592
7948150	4390211	3557939	983541	2574399	6678
19621194	8804966	10816228	3062080	7754149	1008448
9908334	5569262	4339072	2076044	2263028	381516
8031700	3527735	4503965	1999847	2504117	323750
13844775	9054044	4790730	2396685	2394045	381176
8373833	4726996	3646837	2051618	1595219	178434
7574843	3651716	3923127	1642254	2280873	340050
15415783	12466971	2948813	2557993	390820	2076020
30253393	19518684	10734709	5418621	5316088	499836
26864789	16260070	10604719	5044288	5560431	824158
14453370	5813065	8640305	3245068	5395237	780880
13672490	7471167	6201323	2991575	3209748	110439
14903830	6711657	8192173	3299994	4892180	236116
30811688	14304714	16506974	8285915	8221060	185481
26814337	13297724	13516613	6544745	6971868	519031
16931269	8256692	8674578	3939637	4734941	54000
16386054	10196628	6189426	2931184	3258242	640833
49773926	24596162	25177764	9730145	15447619	10594172
20733451	7408481	13324969	5640402	7684567	219052
6652278	1816282	4835996	3174114	1661882	94334
10903698	5611169	5292529	2777829	2514700	205965
19414476	9913293	9501182	4715622	4785561	800564
10007004	5255661	4751343	1990302	2761041	383446
12424712	6216348	6208364	2098595	4109768	270418
1534091	529506	1004585	307360	697224	684529
14263680	8085844	6177836	2921351	3256484	709235
7138416	3015352	4123065	1366500	2756564	282686
2506499	853600	1652900	1197744	455156	333820
2200248	1396970	803278	528894	274384	45600
7797347	2479721	5317626	1162608	4155017	860947
507689	322584	185105	132642	52464	68395
3489568	1890495	1599073	631521	967552	
1528331	1074338	453993	284297	169696	86420
3492768	780708	2712060	483055	2229005	
9476823	6654795	2822028	2812945	9082	8448599

4-5 教育经费支出明细

地区	合计	个人部分			
			工资福利支出	对个人和家庭的补助支出	
					#助学金
合计	**1331299339**	**672684929**	**527503196**	**145181733**	**99122089**
北京	119949390	63203953	45750664	17453289	14182388
天津	28567700	14674669	11807882	2866787	1892981
河北	42684981	21628144	16700642	4927502	3086042
山西	21970208	11749819	9226924	2522895	1833960
内蒙古	17986468	9708385	7581735	2126650	1686764
辽宁	40443273	21838073	17266578	4571494	3068548
吉林	24873191	12923088	10048081	2875006	1822790
黑龙江	29888682	15907472	12546476	3360995	2202534
上海	73776469	34012405	28480935	5531470	4834749
江苏	95870587	53295514	43390182	9905333	6658966
浙江	67055783	32399064	26815867	5583197	3809362
安徽	39630979	20227090	15369569	4857521	3097347
福建	34416848	18391694	14656692	3735002	2500605
江西	32516770	17592666	14650052	2942614	2101842
山东	75398999	38466350	30537265	7929084	4276578
河南	56512433	29032267	23073770	5958498	3813475
湖北	64211883	35654690	26641270	9013420	4927056
湖南	44744254	23610605	18390209	5220396	3148155
广东	124998311	56236857	45207291	11029567	5670300
广西	35545204	14852167	11161837	3690331	2882571
海南	10454146	3754382	3045168	709214	624053
重庆	30595657	16031868	12551540	3480328	2843759
四川	63460904	32862640	26514284	6348356	4869969
贵州	21556435	11320935	7917479	3403456	2488861
云南	25132877	12716403	10095962	2620441	2250788
西藏	3906391	1687772	1050666	637106	577836
陕西	57910986	26724740	20261715	6463025	4161719
甘肃	18998391	9765590	7148951	2616639	1798551
青海	4705630	1877815	1494321	383494	208525
宁夏	5362654	2789614	2167714	621900	388184
新疆	18172857	7748198	5951474	1796723	1412833
大连	1090679	563730	478691	85040	49966
宁波	6682803	3311253	2741207	570045	361302
厦门	2855623	1240872	1079222	161650	115572
青岛	4390539	989494	844331	145162	95167
深圳	26819787	8416012	7128719	1287294	693930

（普通高等学校）

单位：千元

公用部分	商品和服务支出	其他资本性支出	专项公用支出	专项项目支出	基本建设支出
627153147	**357742815**	**269410332**	**129481262**	**139929070**	**31461263**
54227766	40496026	13731740	9151124	4580616	2517671
13652493	7787051	5865442	2252897	3612545	240538
19988172	9096391	10891781	3163176	7728605	1068665
9838874	5506970	4331903	2069472	2262431	381516
7954333	3467055	4487278	1989577	2497701	323750
18070861	12259111	5811749	3180903	2630846	534339
11721039	7457096	4263943	2551029	1712914	229064
13583814	7970010	5613804	2676797	2937007	397397
37023466	28390257	8633209	6557383	2075826	2740598
41769247	28005272	13763975	7911868	5852107	805825
33671541	21220530	12451011	6310463	6140548	985178
18333114	8244022	10089091	4238457	5850634	1070774
15782464	8762299	7020165	3408570	3611595	242690
14687988	6567468	8120520	3236058	4884462	236116
36598307	18201258	18397049	9636069	8760980	334342
26810869	13273150	13537719	6573981	6963738	669297
27617517	16120599	11496917	6124938	5371979	939677
20361666	13093674	7267992	3649368	3618623	771983
57924311	29019836	28904476	11741998	17162477	10837143
20473984	7305966	13168018	5629380	7538638	219052
6605430	1775499	4829931	3168049	1661882	94334
14221203	8447526	5773678	3172769	2600909	342586
29488964	16239841	13249123	6325402	6923721	1109301
9873609	5146098	4727511	1969565	2757946	361891
12146056	6021210	6124846	2068921	4055925	270418
1534091	529506	1004585	307360	697224	684529
30115629	17726534	12389095	5412530	6976564	1070617
8841875	4080886	4760989	1770663	2990326	390925
2493995	844533	1649462	1195383	454078	333820
2501140	1611070	890070	581397	308673	71900
9239332	3076071	6163261	1455713	4707548	1185327
458554	276124	182429	130583	51847	68395
3371550	1819358	1552192	622912	929281	
1528331	1074338	453993	284297	169696	86420
3401046	731576	2669470	481065	2188405	
9955176	6717841	3237334	3230532	6803	8448599

4-6 教育经费支出明细

地 区	合 计	个人部分	工资福利支 出	对个人和家庭的补助支出	#助学金
合 计	**965070687**	**489657431**	**393285787**	**96371644**	**65168680**
北 京	24707019	14128243	11989952	2138291	1353442
天 津	17336831	9492601	8168059	1324542	1060744
河 北	40832498	20516246	15839080	4677166	2971997
山 西	21970208	11749819	9226924	2522895	1833960
内蒙古	17986468	9708385	7581735	2126650	1686764
辽 宁	30104303	16073763	13220701	2853062	2174650
吉 林	16430202	8111432	6577058	1534374	1129416
黑龙江	18852093	11064653	8812850	2251803	1399552
上 海	33419421	16445546	14123243	2322303	1992635
江 苏	69331766	38647850	32395489	6252361	4119230
浙 江	54458374	27341027	23051553	4289474	2726329
安 徽	31652594	16597899	12842996	3754903	2325831
福 建	28398730	14892075	12177691	2714383	1858567
江 西	32516770	17592666	14650052	2942614	2101842
山 东	63023033	32326730	25740505	6586225	3417371
河 南	56150265	28920202	22989288	5930913	3809352
湖 北	36194010	19252910	15418169	3834740	2285965
湖 南	35595256	18884108	14901674	3982434	2431838
广 东	106678033	47240354	38119363	9120991	4522599
广 西	35545204	14852167	11161837	3690331	2882571
海 南	10454146	3754382	3045168	709214	624053
重 庆	22869780	11774399	9241545	2532854	2193386
四 川	40284729	20423113	16244533	4178580	3299664
贵 州	21556435	11320935	7917479	3403456	2488861
云 南	25132877	12716403	10095962	2620441	2250788
西 藏	3906391	1687772	1050666	637106	577836
陕 西	30940662	16243042	13105823	3137220	2476765
甘 肃	14613645	7287745	5385076	1902669	1402401
青 海	4705630	1877815	1494321	383494	208525
宁 夏	4516602	2270754	1750515	520239	318390
新 疆	14906712	6462395	4966481	1495914	1243356
大 连	1090679	563730	478691	85040	49966
宁 波	6682383	3311253	2741207	570045	361302
厦 门	2855623	1240872	1079222	161650	115572
青 岛	4390539	989494	844331	145162	95167
深 圳	26150774	8286692	7003168	1283523	690160

(地方普通高等学校)

单位：千元

公用部分	商品和服务支出	其他资本性支出	专项公用支出	专项项目支出	基本建设支出
450724232	**234126876**	**216597356**	**97317433**	**119279924**	**24689025**
9834184	7785762	2048422	1858809	189613	744592
7837552	4291137	3546415	972912	2573503	6678
19308817	8621497	10687320	3030454	7656866	1007434
9838874	5506970	4331903	2069472	2262431	381516
7954333	3467055	4487278	1989577	2497701	323750
13649364	8864970	4784394	2391206	2393189	381176
8140336	4546459	3593876	2018222	1575654	178434
7453989	3555416	3898573	1631167	2267406	333450
14897855	11985328	2912527	2523644	388883	2076020
30184081	19458033	10726047	5411257	5314791	499836
26340022	15882610	10457412	4979499	5477913	777325
14273815	5643988	8629827	3235627	5394200	780880
13396217	7227061	6169156	2972801	3196355	110439
14687988	6567468	8120520	3236058	4884462	236116
30510822	14062871	16447951	8267491	8180460	185481
26711033	13206146	13504887	6541149	6963738	519031
16887100	8216257	8670843	3936594	4734248	54000
16070965	9959738	6111227	2864952	3246275	640183
48843507	23863388	24980119	9665444	15314675	10594172
20473984	7305966	13168018	5629380	7538638	219052
6605430	1775499	4829931	3168049	1661882	94334
10889416	5596888	5292529	2777829	2514700	205965
19061052	9624040	9437012	4685288	4751724	800564
9873609	5146098	4727511	1969565	2757946	361891
12146056	6021210	6124846	2068921	4055925	270418
1534091	529506	1004585	307360	697224	684529
13990665	7856265	6134400	2896653	3237747	706955
7043214	2939279	4103935	1356653	2747283	282686
2493995	844533	1649462	1195383	454078	333820
2200248	1396970	803278	528894	274384	45600
7591620	2378468	5213151	1137122	4076029	852697
458554	276124	182429	130583	51847	68395
3371130	1818945	1552185	622904	929281	
1528331	1074338	453993	284297	169696	86420
3401046	731576	2669470	481065	2188405	
9415484	6601866	2813617	2806815	6803	8448599

4-7 教育经费支出明细

地区	合计	个人部分	工资福利支出	对个人和家庭的补助支出	#助学金
合计	**1062946543**	**541407585**	**420974009**	**120433577**	**81712041**
北京	115723161	60808257	43617618	17190639	14038119
天津	24691839	12275994	9689872	2586122	1694405
河北	28021347	16336506	12458149	3878357	2362748
山西	16786129	8938295	6927953	2010343	1410563
内蒙古	12828700	6728938	5217317	1511621	1168248
辽宁	34952714	18700482	14684811	4015671	2606753
吉林	21516907	11471036	8925787	2545250	1626708
黑龙江	25008918	12899968	10210801	2689168	1827516
上海	70469630	32493901	27129207	5364694	4700966
江苏	76295140	41915878	33399048	8516830	5759726
浙江	54077934	25498967	20666830	4832137	3259287
安徽	29733568	15506608	11735357	3771251	2366422
福建	26864837	15085491	11907360	3178132	2076721
江西	24103640	12966733	10784281	2182452	1578091
山东	56006463	29122510	22876135	6246375	3273379
河南	39798709	20925716	16736596	4189120	2653550
湖北	53710600	29852113	21970183	7881930	4272057
湖南	31966545	16733872	12776329	3957543	2336109
广东	95677869	42513760	33786255	8727505	4495920
广西	23927336	10777173	8043511	2733662	2046663
海南	8948232	2958190	2425789	532401	458885
重庆	22243280	12240049	9664680	2575369	2075418
四川	49785294	26294292	21533108	4761184	3611301
贵州	14060884	7456629	5261195	2195434	1523763
云南	18212529	9783239	7826953	1956286	1655119
西藏	2792307	1390639	813019	577620	524077
陕西	50808466	23123189	17315008	5808181	3611806
甘肃	13904464	7603890	5645948	1957942	1263908
青海	3092827	1423054	1120636	302418	159420
宁夏	4002199	2131102	1621099	510003	301951
新疆	12934074	5451114	4203177	1247936	972445
大连	755838	386877	322235	64643	35407
宁波	5013975	2575713	2080509	495204	307405
厦门	2011923	853416	739317	114099	81112
青岛	2952981	500406	421049	79357	70518
深圳	23524587	6437509	5416232	1021278	562514

(普通高等本科学校)

单位：千元

公用部分	商品和服务支出	其他资本性支出			基本建设支出
			专项公用支出	专项项目支出	
493616815	**304884545**	**188732271**	**98875527**	**89856744**	**27922142**
52571163	39348669	13222494	8716729	4505766	2343742
12175307	6888505	5286803	1838124	3448679	240538
10846850	6994073	3852777	1868566	1984211	837991
7553016	4389382	3163634	1612425	1551209	294818
5846495	2428299	3418196	1487846	1930350	253266
15811892	10976410	4835481	2555598	2279884	440341
9842326	6684296	3158030	1849620	1308410	203545
11799220	6980848	4818372	2192601	2625772	309730
35298339	27071437	8226902	6331988	1894914	2677391
33591903	23360875	10231028	6172480	4058549	787360
27675768	17878322	9797446	5098944	4698502	903199
13259589	6390722	6868867	3112261	3756606	967370
11540177	7099450	4440727	2361120	2079607	239169
10975045	4996628	5978417	2226140	3752278	161862
26632581	14840140	11792441	7397220	4395222	251372
18272061	10453491	7818570	4285613	3532957	600932
22918810	14143103	8775707	5159635	3616073	939677
14689031	10512417	4176614	2372047	1804568	543642
42506643	23759936	18746706	9067246	9679460	10657466
12943881	5587836	7356044	3038093	4317951	206282
5895708	1386769	4508938	2887600	1621339	94334
9732450	6704330	3028120	2039879	988241	270781
22685307	13438674	9246633	4440308	4806325	805695
6451809	3838572	2613237	1209215	1404023	152447
8193263	4654385	3538878	1509843	2029034	236027
1182578	453190	729389	226823	502566	219089
26907839	16271021	10636818	4620413	6016406	777438
5936944	3283318	2653626	1165646	1487979	363630
1615314	626321	988994	629166	359828	54458
1799196	1142855	656341	392049	264292	71900
6466310	2300272	4166038	1010292	3155746	1016651
300566	196580	103986	53992	49993	68395
2438262	1391147	1047114	503392	543723	
1072087	721013	351074	227233	123841	86420
2452575	521884	1930691	392525	1538166	
8717432	5849447	2867986	2861183	6803	8369645

4-8 教育经费支出明细

地 区	合 计	个人部分	工资福利支出	对个人和家庭的补助支出	#助学金
合 计	**700207409**	**359914810**	**288077416**	**71837393**	**47878897**
北 京	20733848	11818887	9928365	1890522	1217866
天 津	13460971	7093926	6050049	1043877	862168
河 北	26168863	15224608	11596587	3628021	2248703
山 西	16786129	8938295	6927953	2010343	1410563
内蒙古	12828700	6728938	5217317	1511621	1168248
辽 宁	24613744	12936172	10638934	2297238	1712856
吉 林	13073919	6659381	5454764	1204617	933335
黑龙江	14436263	8359360	6754947	1604413	1032446
上 海	30420411	15059430	12886863	2172567	1870700
江 苏	49756320	27268213	22404355	4863859	3219990
浙 江	41480525	20440929	16902516	3538413	2176253
安 徽	21755183	11877416	9208783	2668633	1594906
福 建	20846719	11585872	9428359	2157513	1434683
江 西	24103640	12966733	10784281	2182452	1578091
山 东	43630498	22982890	18079374	4903516	2414173
河 南	39436541	20813650	16652115	4161535	2649427
湖 北	26033618	13678793	10930259	2748534	1661285
湖 南	22979839	12112914	9393332	2719582	1619792
广 东	77894917	33766736	26924288	6842448	3360638
广 西	23927336	10777173	8043511	2733662	2046663
海 南	8948232	2958190	2425789	532401	458885
重 庆	14720202	8094952	6448995	1645957	1440202
四 川	26863458	13990507	11361261	2629246	2060140
贵 州	14060884	7456629	5261195	2195434	1523763
云 南	18212529	9783239	7826953	1956286	1655119
西 藏	2792307	1390639	813019	577620	524077
陕 西	23838142	12641491	10159115	2482376	1926852
甘 肃	9519718	5126044	3882072	1243972	867758
青 海	3092827	1423054	1120636	302418	159420
宁 夏	3156147	1612243	1203900	408343	232157
新 疆	10634978	4347502	3367531	979971	817741
大 连	755838	386877	322235	64643	35407
宁 波	5013555	2575713	2080509	495204	307405
厦 门	2011923	853416	739317	114099	81112
青 岛	2952981	500406	421049	79357	70518
深 圳	22855574	6308189	5290681	1017508	558744

(地方普通高等本科学校)

单位：千元

公用部分					基本建设支出
	商品和服务支出	其他资本性支出			
			专项公用支出	专项项目支出	
318961566	**181966487**	**136995079**	**66883039**	**70112041**	**21331033**
8270745	6700253	1570492	1455729	114763	644216
6360367	3392591	2967776	558139	2409637	6678
10167495	6519180	3648315	1735843	1912472	776760
7553016	4389382	3163634	1612425	1551209	294818
5846495	2428299	3418196	1487846	1930350	253266
11390395	7582269	3808126	1765900	2042226	287177
6261623	3773659	2487964	1316814	1171150	152915
5831119	2698006	3133113	1154473	1978641	245784
13348169	10739050	2609119	2311558	297561	2012812
22006736	14813636	7193100	3671868	3521232	481370
20344249	12540402	7803847	3767980	4035866	695347
9200290	3790687	5409603	2109431	3300172	677476
9153930	5564212	3589718	1925351	1664367	106917
10975045	4996628	5978417	2226140	3752278	161862
20545096	10701752	9843344	6028642	3814702	102511
18172225	10386487	7785738	4252781	3532957	450666
12300825	6343810	5957015	2977374	2979641	54000
10455084	7393463	3061621	1592927	1468694	411842
33649306	18652876	14996430	7015734	7980696	10478875
12943881	5587836	7356044	3038093	4317951	206282
5895708	1386769	4508938	2887600	1621339	94334
6491090	3944119	2546972	1644940	902032	134160
12375993	6922708	5453285	2805055	2648231	496958
6451809	3838572	2613237	1209215	1404023	152447
8193263	4654385	3538878	1509843	2029034	236027
1182578	453190	729389	226823	502566	219089
10782875	6400752	4382123	2104535	2277588	413776
4138283	2141711	1996572	751636	1244936	255390
1615314	626321	988994	629166	359828	54458
1498304	928755	569549	339546	230004	45600
5560258	1674729	3885529	769634	3115895	727217
300566	196580	103986	53992	49993	68395
2437842	1390735	1047107	503384	543723	
1072087	721013	351074	227233	123841	86420
2452575	521884	1930691	392525	1538166	
8177740	5733472	2444269	2437466	6803	8369645

4-9 教育经费支出明细

地区	合计	个人部分	工资福利支出	对个人和家庭的补助支出	#助学金
合计	**268352796**	**131277344**	**106529187**	**24748157**	**17410048**
北京	4226229	2395696	2133047	262650	144269
天津	3875861	2398675	2118010	280665	198576
河北	14663634	5291638	4242493	1049145	723294
山西	5184079	2811524	2298971	512552	423397
内蒙古	5157768	2979446	2364418	615029	518516
辽宁	5490558	3137591	2581767	555823	461795
吉林	3356284	1452052	1122295	329757	196082
黑龙江	4879764	3007503	2335676	671828	375018
上海	3306838	1518504	1351728	166776	133782
江苏	19575447	11379637	9991134	1388503	899240
浙江	12977849	6900098	6149037	751061	550076
安徽	9897411	4720482	3634212	1086270	730925
福建	7552011	3306202	2749332	556870	423884
江西	8413130	4625934	3865771	760162	523750
山东	19392535	9343840	7661131	1682709	1003198
河南	16713724	8106551	6337173	1769378	1159925
湖北	10501283	5802576	4671087	1131490	654998
湖南	12777708	6876733	5613880	1262853	812046
广东	29320442	13723098	11421036	2302061	1174380
广西	11617867	4074994	3118325	956669	835908
海南	1505914	796192	619379	176813	165169
重庆	8352377	3791819	2886860	904959	768341
四川	13675611	6568348	4981176	1587172	1258668
贵州	7495550	3864306	2656285	1208021	965098
云南	6920348	2933164	2269009	664155	595670
西藏	1114084	297133	237647	59486	53759
陕西	7102520	3601552	2946708	654844	549913
甘肃	5093927	2161701	1503003	658697	534643
青海	1612803	454761	373685	81076	49106
宁夏	1360455	658511	546615	111896	86234
新疆	5238782	2297084	1748297	548787	440388
大连	334841	176853	156456	20397	14559
宁波	1668828	735540	660698	74842	53897
厦门	843700	387456	339905	47551	34460
青岛	1437558	489087	423282	65805	24649
深圳	3295200	1978503	1712487	266016	131416

（普通高职高专学校）

单位：千元

公用部分	商品和服务支出	其他资本性支出	专项公用支出	专项项目支出	基本建设支出
133536332	**52858271**	**80678061**	**30605735**	**50072326**	**3539121**
1656603	1147358	509245	434395	74850	173930
1477186	898546	578639	414773	163866	
9141322	2102317	7039004	1294610	5744394	230674
2285858	1117589	1168269	457046	711223	86698
2107838	1038756	1069082	501731	567351	70484
2258969	1282701	976268	625305	350963	93999
1878713	772801	1105912	701408	404504	25519
1784594	989163	795431	484196	311235	87667
1725127	1318820	406307	225395	180912	63207
8177344	4644397	3532947	1739389	1793558	18466
5995773	3342208	2653565	1211519	1442046	81978
5073525	1853301	3220224	1126196	2094028	103404
4242287	1662849	2579438	1047450	1531988	3522
3712943	1570840	2142103	1009918	1132185	74254
9965726	3361118	6604607	2238849	4365758	82969
8538808	2819659	5719149	2288369	3430781	68365
4698707	1977497	2721210	965303	1755907	
5672634	2581257	3091377	1277321	1814056	228342
15417669	5259899	10157770	2674752	7483017	179676
7530104	1718130	5811974	2591287	3220686	12770
709722	388729	320992	280449	40543	
4488753	1743196	2745557	1132890	1612668	71804
6803656	2801166	4002490	1885094	2117396	303607
3421800	1307526	2114274	760350	1353924	209445
3952793	1366824	2585969	559077	2026891	34391
351512	76317	275196	80538	194658	465439
3207790	1455513	1752276	792118	960158	293179
2904931	797568	2107363	605016	1502346	27296
878680	218212	660468	566218	94250	279362
701944	468215	233729	189348	44381	
2773022	775799	1997224	445421	1551802	168676
157988	79544	78444	76590	1853	
933288	428211	505078	119520	385558	
456244	353325	102919	57064	45855	
948471	209691	738779	88540	650239	
1237743	868395	369349	369349		78954

4-10 教育经费支出明细

地区	合计	个人部分	工资福利支出	对个人和家庭的补助支出	#助学金
合计	**264863279**	**129742621**	**105208370**	**24534250**	**17289784**
北京	3973171	2309356	2061588	247768	135576
天津	3875861	2398675	2118010	280665	198576
河北	14663634	5291638	4242493	1049145	723294
山西	5184079	2811524	2298971	512552	423397
内蒙古	5157768	2979446	2364418	615029	518516
辽宁	5490558	3137591	2581767	555823	461795
吉林	3356284	1452052	1122295	329757	196082
黑龙江	4415830	2705293	2057903	647390	367106
上海	2999010	1386116	1236380	149736	121935
江苏	19575447	11379637	9991134	1388503	899240
浙江	12977849	6900098	6149037	751061	550076
安徽	9897411	4720482	3634212	1086270	730925
福建	7552011	3306202	2749332	556870	423884
江西	8413130	4625934	3865771	760162	523750
山东	19392535	9343840	7661131	1682709	1003198
河南	16713724	8106551	6337173	1769378	1159925
湖北	10160391	5574117	4487911	1086206	624680
湖南	12615417	6771194	5508342	1262853	812046
广东	28783116	13473618	11195075	2278543	1161961
广西	11617867	4074994	3118325	956669	835908
海南	1505914	796192	619379	176813	165169
重庆	8149577	3679447	2792550	886897	753184
四川	13421271	6432606	4883272	1549334	1239524
贵州	7495550	3864306	2656285	1208021	965098
云南	6920348	2933164	2269009	664155	595670
西藏	1114084	297133	237647	59486	53759
陕西	7102520	3601552	2946708	654844	549913
甘肃	5093927	2161701	1503003	658697	534643
青海	1612803	454761	373685	81076	49106
宁夏	1360455	658511	546615	111896	86234
新疆	4271734	2114893	1598950	515943	425616
大连	334841	176853	156456	20397	14559
宁波	1668828	735540	660698	74842	53897
厦门	843700	387456	339905	47551	34460
青岛	1437558	489087	423282	65805	24649
深圳	3295200	1978503	1712487	266016	131416

(地方普通高职高专学校)

单位：千元

公用部分	商品和服务支出	其他资本性支出			基本建设支出
			专项公用支出	专项项目支出	
131762666	**52160389**	**79602277**	**30434394**	**49167883**	**3357992**
1563439	1085509	477930	403080	74850	100376
1477186	898546	578639	414773	163866	
9141322	2102317	7039004	1294610	5744394	230674
2285858	1117589	1168269	457046	711223	86698
2107838	1038756	1069082	501731	567351	70484
2258969	1282701	976268	625305	350963	93999
1878713	772801	1105912	701408	404504	25519
1622870	857410	765460	476694	288766	87667
1549687	1246278	303408	212086	91322	63207
8177344	4644397	3532947	1739389	1793558	18466
5995773	3342208	2653565	1211519	1442046	81978
5073525	1853301	3220224	1126196	2094028	103404
4242287	1662849	2579438	1047450	1531988	3522
3712943	1570840	2142103	1009918	1132185	74254
9965726	3361118	6604607	2238849	4365758	82969
8538808	2819659	5719149	2288369	3430781	68365
4586275	1872448	2713827	959220	1754607	
5615881	2566275	3049606	1272025	1777581	228342
15194201	5210512	9983689	2649711	7333979	115297
7530104	1718130	5811974	2591287	3220686	12770
709722	388729	320992	280449	40543	
4398326	1652769	2745557	1132890	1612668	71804
6685059	2701332	3983727	1880233	2103494	303607
3421800	1307526	2114274	760350	1353924	209445
3952793	1366824	2585969	559077	2026891	34391
351512	76317	275196	80538	194658	465439
3207790	1455513	1752276	792118	960158	293179
2904931	797568	2107363	605016	1502346	27296
878680	218212	660468	566218	94250	279362
701944	468215	233729	189348	44381	
2031361	703740	1327622	367488	960134	125480
157988	79544	78444	76590	1853	
933288	428211	505078	119520	385558	
456244	353325	102919	57064	45855	
948471	209691	738779	88540	650239	
1237743	868395	369349	369349		78954

4-11 教育经费支出明细

地区	合计	个人部分	工资福利支出	对个人和家庭的补助支出	#助学金
合计	**16377030**	**8697889**	**7792578**	**905311**	**183417**
北京	2362107	1078908	1005514	73394	8
天津	353747	243150	231669	11481	1106
河北	788177	474786	428605	46181	15070
山西	228701	159241	150182	9059	1736
内蒙古	181735	104368	97406	6963	2871
辽宁	446888	250359	237839	12519	1676
吉林	554781	321283	293469	27814	6948
黑龙江	469341	341888	273841	68047	340
上海	1048894	530966	515081	15885	580
江苏	179169	109856	93846	16010	1554
浙江	1276049	704450	671042	33408	8864
安徽	419988	240432	213546	26887	5454
福建	538561	262289	232405	29884	12538
江西	501009	285167	243666	41501	21107
山东	454685	153818	130375	23443	815
河南	284314	181010	160952	20058	262
湖北	138756	94586	81974	12612	4004
湖南	596899	281160	242779	38381	355
广东	2020571	1090151	890133	200018	10770
广西	417833	158367	141478	16889	7034
海南	107016	60168	53017	7152	6761
重庆	36528	22247	21942	304	134
四川	688131	334707	310854	23852	734
贵州	305098	150147	106653	43494	29862
云南	506320	227664	204869	22795	19960
西藏					
陕西	664882	389587	353532	36054	22425
甘肃	225242	130040	114834	15206	429
青海	42011	29506	26850	2657	
宁夏					
新疆	539597	287588	264224	23363	20
大连	148420	99284	95420	3864	20
宁波	260808	142370	135099	7271	3145
厦门					
青岛	128700	36978	33493	3485	108
深圳	161717	100378	77565	22813	164

(成人高等学校)

单位：千元

公用部分	商品和服务支出	其他资本性支出			基本建设支出
			专项公用支出	专项项目支出	
7591959	**6067175**	**1524784**	**721122**	**803662**	**87182**
1283199	1176696	106502	92647	13855	
110598	99074	11524	10628	896	
312377	183469	128908	31626	97282	1014
69460	62291	7169	6572	597	
77367	60680	16686	10270	6416	
196530	190194	6336	5480	856	
233498	180536	52961	33396	19565	
120853	96299	24554	11087	13467	6600
517928	481642	36285	34349	1937	
69312	60651	8661	7364	1297	
524767	377460	147307	64789	82518	46832
179555	169078	10478	9441	1037	
276273	244106	32167	18774	13393	
215842	144189	71653	63936	7718	
300866	241843	59023	18423	40600	
103304	91578	11726	3596	8130	
44169	40434	3735	3042	693	
315089	236890	78199	66232	11967	650
930419	732774	197645	64701	132944	
259466	102515	156951	11022	145929	
46848	40783	6065	6065		
14282	14282				
353424	289253	64171	30334	33836	
133396	109564	23832	20738	3094	21555
278656	195139	83517	29675	53843	
273015	229579	43436	24698	18737	2280
95202	76073	19129	9848	9282	
12505	9067	3438	2360	1078	
243759	131035	112724	30030	82694	8250
49136	46460	2676	2059	617	
118438	71550	46889	8617	38271	
91722	49133	42590	1990	40600	
61339	52929	8410	6131	2280	

4-12 教育经费支出明细

地 区	合 计	个人部分	工资福利支出	对个人和家庭的补助支出	#助学金
合 计	**14875749**	**8221462**	**7346948**	**874514**	**183417**
北 京	993279	695783	646763	49020	8
天 津	353747	243150	231669	11481	1106
河 北	788177	474786	428605	46181	15070
山 西	228701	159241	150182	9059	1736
内蒙古	181735	104368	97406	6963	2871
辽 宁	436327	240916	228397	12519	1676
吉 林	554781	321283	293469	27814	6948
黑龙江	469341	341888	273841	68047	340
上 海	1048894	530966	515081	15885	580
江 苏	179169	109856	93846	16010	1554
浙 江	1276049	704450	671042	33408	8864
安 徽	419988	240432	213546	26887	5454
福 建	538561	262289	232405	29884	12538
江 西	501009	285167	243666	41501	21107
山 东	454685	153818	130375	23443	815
河 南	284314	181010	160952	20058	262
湖 北	138756	94586	81974	12612	4004
湖 南	596899	281160	242779	38381	355
广 东	2020571	1090151	890133	200018	10770
广 西	417833	158367	141478	16889	7034
海 南	107016	60168	53017	7152	6761
重 庆	36528	22247	21942	304	134
四 川	688131	334707	310854	23852	734
贵 州	305098	150147	106653	43494	29862
云 南	506320	227664	204869	22795	19960
西 藏					
陕 西	664882	389587	353532	36054	22425
甘 肃	225242	130040	114834	15206	429
青 海	42011	29506	26850	2657	
宁 夏					
新 疆	417706	203728	186788	16940	20
大 连	148420	99284	95420	3864	20
宁 波	260808	142370	135099	7271	3145
厦 门					
青 岛	128700	36978	33493	3485	108
深 圳	161717	100378	77565	22813	164

（地方成人高等学校）

单位：千元

公用部分	商品和服务支出	其他资本性支出			基本建设支出
			专项公用支出	专项项目支出	
6567105	**5117561**	**1449544**	**651256**	**798289**	**87182**
297496	257984	39512	27324	12188	
110598	99074	11524	10628	896	
312377	183469	128908	31626	97282	1014
69460	62291	7169	6572	597	
77367	60680	16686	10270	6416	
195411	189075	6336	5480	856	
233498	180536	52961	33396	19565	
120853	96299	24554	11087	13467	6600
517928	481642	36285	34349	1937	
69312	60651	8661	7364	1297	
524767	377460	147307	64789	82518	46832
179555	169078	10478	9441	1037	
276273	244106	32167	18774	13393	
215842	144189	71653	63936	7718	
300866	241843	59023	18423	40600	
103304	91578	11726	3596	8130	
44169	40434	3735	3042	693	
315089	236890	78199	66232	11967	650
930419	732774	197645	64701	132944	
259466	102515	156951	11022	145929	
46848	40783	6065	6065		
14282	14282				
353424	289253	64171	30334	33836	
133396	109564	23832	20738	3094	21555
278656	195139	83517	29675	53843	
273015	229579	43436	24698	18737	2280
95202	76073	19129	9848	9282	
12505	9067	3438	2360	1078	
205727	101253	104474	25487	78988	8250
49136	46460	2676	2059	617	
118438	71550	46889	8617	38271	
91722	49133	42590	1990	40600	
61339	52929	8410	6131	2280	

4-13 教育经费支出明细

地区	合计	个人部分			
			工资福利支出	对个人和家庭的补助支出	
					#助学金
合计	**282132063**	**156090174**	**135316802**	**20773372**	**11288987**
北京	6206456	4089717	3762226	327491	67685
天津	2530234	2004005	1865540	138465	47899
河北	14582120	8393072	7481407	911664	419821
山西	6653241	3697100	3379480	317620	201967
内蒙古	4327285	2665749	2307363	358386	255808
辽宁	5600590	3685594	3288315	397279	144194
吉林	4300478	2877414	2628632	248782	112150
黑龙江	4403001	2984893	2447910	536982	81294
上海	7102447	3430358	3143524	286833	212017
江苏	20720157	13521732	12490100	1031632	298582
浙江	20134661	10734170	10248240	485931	228790
安徽	11087322	5063497	3951044	1112453	648453
福建	8214787	4302948	3972734	330214	100139
江西	7813339	3351114	2705042	646072	515587
山东	22156296	11520716	10324082	1196634	419749
河南	14280135	7708158	6761008	947150	590912
湖北	8551914	4667959	3986974	680985	373729
湖南	11069352	5903297	4945576	957721	607572
广东	30730420	18714477	15984620	2729857	473773
广西	8560058	4271616	3662193	609423	439824
海南	2107281	1209760	1016792	192968	143348
重庆	7575080	4151447	3345853	805594	588694
四川	13449976	7141398	5856715	1284682	874290
贵州	7588673	3358838	2570730	788107	662569
云南	10682428	5544499	4305796	1238704	1004166
西藏	1405867	630840	526477	104364	90177
陕西	5998566	3327248	2839697	487551	380684
甘肃	4509897	2426885	2049553	377332	265733
青海	1537839	686442	492186	194256	141809
宁夏	1319629	618642	516464	102178	80503
新疆	6932533	3406591	2460529	946062	817075
大连	1143639	764644	733555	31089	13892
宁波	3592655	2009299	1929032	80268	28674
厦门	1536166	850159	766611	83548	8977
青岛	3756659	2010427	1828174	182253	37467
深圳	3423308	1846423	1435367	411056	69959

（中等职业学校）

单位：千元

公用部分	商品和服务支出	其他资本性支出			基本建设支出
			专项公用支出	专项项目支出	
120563753	**53855625**	**66708128**	**24045356**	**42662771**	**5478136**
2025855	1357750	668105	550707	117398	90885
526229	388396	137833	119840	17994	
6137012	2530509	3606502	1004458	2602044	52037
2800271	1323386	1476885	578065	898819	155871
1587467	782174	805293	401862	403431	74070
1807710	1312647	495063	154277	340786	107286
1367622	750432	617190	329552	287638	55442
1332961	841542	491419	184449	306970	85147
3669873	2388952	1280921	489726	791194	2217
7181880	3591330	3590550	1421097	2169453	16545
8283330	3300132	4983199	1456240	3526958	1117161
5469790	2073312	3396478	1253761	2142717	554036
3800261	1488331	2311930	871924	1440006	111578
4368904	1151379	3217525	917869	2299656	93321
10576580	3904808	6671772	2434509	4237263	59000
6327165	3179010	3148155	1344487	1803668	244811
3868965	1484348	2384617	785500	1599118	14991
5113166	2506470	2606696	924662	1682034	52889
11769957	6275063	5494894	2661857	2833038	245986
3873260	1606492	2266768	1029635	1237133	415183
854087	482204	371883	266277	105605	43434
3192031	1978470	1213561	465555	748007	231602
6139355	2585798	3553558	1005741	2547817	169223
4133624	1156036	2977588	672385	2305203	96211
5032689	1695245	3337444	939370	2398073	105240
284234	159953	124282	111078	13204	490792
2523015	1242161	1280853	425060	855793	148303
1890947	612318	1278629	263272	1015357	192065
775751	201045	574706	209682	365024	75646
680987	278014	402972	190453	212519	20000
3168779	1227921	1940857	582005	1358852	357163
354810	231209	123601	35455	88146	24185
1390426	586545	803881	178413	625468	192930
615737	393886	221851	128462	93388	70271
1746231	575219	1171013	518273	652740	
1457339	1125699	331640	280973	50667	119546

4-14 教育经费支出明细

地区	合计	个人部分	工资福利支出	对个人和家庭的补助支出	#助学金
合计	**280940446**	**155539228**	**134847225**	**20692003**	**11247549**
北京	6016184	3984230	3663281	320948	64247
天津	2499492	1984333	1846123	138210	47645
河北	14537276	8365288	7453860	911428	419740
山西	6653241	3697100	3379480	317620	201967
内蒙古	4327285	2665749	2307363	358386	255808
辽宁	5600590	3685594	3288315	397279	144194
吉林	4300478	2877414	2628632	248782	112150
黑龙江	4330898	2928424	2396618	531806	81056
上海	7079186	3411659	3124826	286833	212017
江苏	20696944	13503560	12472818	1030742	297692
浙江	20134661	10734170	10248240	485931	228790
安徽	11086915	5063101	3950648	1112453	648453
福建	8214787	4302948	3972734	330214	100139
江西	7808052	3346837	2701126	645712	515543
山东	22156296	11520716	10324082	1196634	419749
河南	14265012	7695607	6748670	946936	590725
湖北	8539339	4659009	3984770	674239	368505
湖南	11063842	5898582	4940861	957721	607572
广东	30679024	18682847	15960692	2722155	472842
广西	8560058	4271616	3662193	609423	439824
海南	2107281	1209760	1016792	192968	143348
重庆	7573166	4149721	3344127	805594	588694
四川	13378876	7108638	5827885	1280753	870718
贵州	7588673	3358838	2570730	788107	662569
云南	10682428	5544499	4305796	1238704	1004166
西藏	1405867	630840	526477	104364	90177
陕西	5991550	3322036	2834570	487467	380627
甘肃	4509894	2426885	2049553	377332	265733
青海	1537839	686442	492186	194256	141809
宁夏	1319629	618642	516464	102178	80503
新疆	6295683	3204144	2307315	896829	790552
大连	1143639	764644	733555	31089	13892
宁波	3592655	2009299	1929032	80268	28674
厦门	1536166	850159	766611	83548	8977
青岛	3756659	2010427	1828174	182253	37467
深圳	3423308	1846423	1435367	411056	69959

(地方中等职业学校)

单位：千元

公用部分	商品和服务支出	其他资本性支出			基本建设支出
			专项公用支出	专项项目支出	
119965367	**53577203**	**66388164**	**23963375**	**42424790**	**5435851**
1941069	1277397	663672	546275	117398	90885
515159	377548	137611	119618	17994	
6119952	2519837	3600114	1004186	2595929	52037
2800271	1323386	1476885	578065	898819	155871
1587467	782174	805293	401862	403431	74070
1807710	1312647	495063	154277	340786	107286
1367622	750432	617190	329552	287638	55442
1317326	829533	487793	182138	305656	85147
3665310	2384389	1280921	489726	791194	2217
7176839	3586519	3590320	1420867	2169453	16545
8283330	3300132	4983199	1456240	3526958	1117161
5469779	2073301	3396478	1253761	2142717	554036
3800261	1488331	2311930	871924	1440006	111578
4367894	1150369	3217525	917869	2299656	93321
10576580	3904808	6671772	2434509	4237263	59000
6324594	3176440	3148155	1344487	1803668	244811
3865339	1480722	2384617	785500	1599118	14991
5112371	2505828	2606543	924647	1681896	52889
11750192	6259687	5490504	2660684	2829820	245986
3873260	1606492	2266768	1029635	1237133	415183
854087	482204	371883	266277	105605	43434
3191843	1978282	1213561	465555	748007	231602
6101014	2559427	3541588	1004311	2537276	169223
4133624	1156036	2977588	672385	2305203	96211
5032689	1695245	3337444	939370	2398073	105240
284234	159953	124282	111078	13204	490792
2521210	1240682	1280528	424982	855546	148303
1890944	612315	1278629	263272	1015357	192065
775751	201045	574706	209682	365024	75646
680987	278014	402972	190453	212519	20000
2776661	1124030	1652630	510186	1142444	314878
354810	231209	123601	35455	88146	24185
1390426	586545	803881	178413	625468	192930
615737	393886	221851	128462	93388	70271
1746231	575219	1171013	518273	652740	
1457339	1125699	331640	280973	50667	119546

4-15 教育经费支出明细

地区	合计	个人部分	工资福利支出	对个人和家庭的补助支出	#助学金
合计	**130454751**	**71691989**	**61306207**	**10385783**	**5898051**
北京	2336043	1469125	1373816	95309	37393
天津	1457537	1140223	1064591	75632	32148
河北	4450535	2700628	2286292	414336	223983
山西	2580930	1418417	1283672	134746	88484
内蒙古	1688974	952194	803287	148908	114123
辽宁	2967109	1982474	1730483	251991	58086
吉林	1202060	745091	684353	60738	37040
黑龙江	1173865	734277	608060	126217	37992
上海	4126495	2015361	1836562	178799	140473
江苏	15179337	9997751	9197856	799895	227031
浙江	3707945	1814614	1697970	116645	66864
安徽	9739211	4441648	3491199	950449	523553
福建	5861374	3223998	2983389	240609	84738
江西	4443845	2047343	1711950	335393	252054
山东	10252787	5457795	4794691	663103	285896
河南	5475603	2844700	2395699	449001	303353
湖北	5567271	3164499	2715672	448827	268044
湖南	1717289	926238	750130	176108	116758
广东	13517070	8183181	6936460	1246721	242319
广西	6103946	3011373	2573189	438184	319500
海南	1196383	686307	592218	94089	77086
重庆	1537352	752199	562184	190015	148755
四川	4804802	2432679	1964206	468473	341079
贵州	2716737	1191420	858604	332816	276242
云南	4811549	2221269	1644045	577224	490799
西藏	1027038	618705	515861	102845	89639
陕西	917848	568139	499698	68441	54062
甘肃	3233845	1690829	1431009	259819	179552
青海	1533739	682848	491519	191329	138919
宁夏	557998	274567	233146	41421	30223
新疆	4568232	2302097	1594397	707699	611863
大连	585320	384156	363641	20516	8294
宁波	921503	486422	461101	25320	11428
厦门	1207456	690417	626168	64249	6756
青岛	420375	230173	200366	29807	1213
深圳	755206	461762	382198	79564	11991

(中等专业学校)

单位：千元

公用部分					基本建设支出
	商品和服务支出	其他资本性支出	专项公用支出	专项项目支出	
55887203	**25013800**	**30873403**	**11101358**	**19772045**	**2875559**
795896	583472	212424	187439	24984	71022
317314	239444	77870	62262	15608	
1738914	1068124	670790	223563	447227	10993
1104704	502091	602613	188867	413746	57809
710208	327878	382330	137935	244395	26572
949857	654656	295201	84799	210402	34778
446968	277991	168977	129121	39855	10001
406651	317611	89040	62668	26372	32937
2108917	1638426	470491	279865	190627	2217
5181586	2485973	2695613	1080972	1614641	
1427067	541921	885146	222700	662446	466263
4749527	1851726	2897801	1067089	1830713	548036
2526921	1066843	1460078	545652	914426	110455
2322754	656377	1666378	515255	1151122	73748
4753993	1773405	2980588	1077839	1902749	41000
2587507	1290622	1296885	468648	828237	43396
2399772	1087756	1312015	482637	829378	3000
791051	378101	412950	198444	214506	
5237582	2451422	2786160	976806	1809353	96308
2788599	1057675	1730924	683430	1047494	303974
473512	260386	213127	134536	78591	36563
735498	416449	319049	139030	180019	49655
2278747	978493	1300254	276939	1023315	93376
1466137	416102	1050035	367488	682547	59180
2508546	761753	1746792	471596	1275196	81734
263559	146058	117500	104297	13204	144774
342836	213083	129753	52433	77320	6873
1402616	454573	948043	176890	771153	140401
775245	200539	574706	209682	365024	75646
263431	127745	135686	59100	76586	20000
2031289	787104	1244185	433375	810810	234847
200718	100581	100136	20203	79933	446
434861	124734	310127	45760	264367	221
446891	294902	151989	75411	76578	70147
190203	92206	97997	30861	67136	
238755	198649	40106	36102	4003	54690

4-16 教育经费支出明细

地区	合计	个人部分	工资福利支出	对个人和家庭的补助支出	#助学金
合计	**129504214**	**71304854**	**60990046**	**10314808**	**5861363**
北京	2165187	1377103	1288118	88985	34130
天津	1457537	1140223	1064591	75632	32148
河北	4405691	2672844	2258745	414099	223901
山西	2580930	1418417	1283672	134746	88484
内蒙古	1688974	952194	803287	148908	114123
辽宁	2967109	1982474	1730483	251991	58086
吉林	1202060	745091	684353	60738	37040
黑龙江	1173865	734277	608060	126217	37992
上海	4103234	1996663	1817863	178799	140473
江苏	15179337	9997751	9197856	799895	227031
浙江	3707945	1814614	1697970	116645	66864
安徽	9739211	4441648	3491199	950449	523553
福建	5861374	3223998	2983389	240609	84738
江西	4438559	2043066	1708033	335033	252010
山东	10252787	5457795	4794691	663103	285896
河南	5470902	2840762	2391787	448975	303353
湖北	5554696	3155550	2713468	442082	262821
湖南	1717289	926238	750130	176108	116758
广东	13465675	8151550	6912532	1239018	241389
广西	6103946	3011373	2573189	438184	319500
海南	1196383	686307	592218	94089	77086
重庆	1537352	752199	562184	190015	148755
四川	4800257	2432056	1964206	467850	340456
贵州	2716737	1191420	858604	332816	276242
云南	4811549	2221269	1644045	577224	490799
西藏	1027038	618705	515861	102845	89639
陕西	917848	568139	499698	68441	54062
甘肃	3233842	1690829	1431009	259819	179552
青海	1533739	682848	491519	191329	138919
宁夏	557998	274567	233146	41421	30223
新疆	3935164	2102884	1444140	658743	585340
大连	585320	384156	363641	20516	8294
宁波	921503	486422	461101	25320	11428
厦门	1207456	690417	626168	64249	6756
青岛	420375	230173	200366	29807	1213
深圳	755206	461762	382198	79564	11991

(地方中等专业学校)

单位：千元

公用部分	商品和服务支出	其他资本性支出			基本建设支出
			专项公用支出	专项项目支出	
55366086	**24796112**	**30569975**	**11023671**	**19546304**	**2833274**
717063	509072	207991	183007	24984	71022
317314	239444	77870	62262	15608	
1721854	1057452	664402	223291	441111	10993
1104704	502091	602613	188867	413746	57809
710208	327878	382330	137935	244395	26572
949857	654656	295201	84799	210402	34778
446968	277991	168977	129121	39855	10001
406651	317611	89040	62668	26372	32937
2104354	1633863	470491	279865	190627	2217
5181586	2485973	2695613	1080972	1614641	
1427067	541921	885146	222700	662446	466263
4749527	1851726	2897801	1067089	1830713	548036
2526921	1066843	1460078	545652	914426	110455
2321745	655367	1666378	515255	1151122	73748
4753993	1773405	2980588	1077839	1902749	41000
2586744	1289859	1296885	468648	828237	43396
2396146	1084131	1312015	482637	829378	3000
791051	378101	412950	198444	214506	
5217816	2436046	2781770	975634	1806136	96308
2788599	1057675	1730924	683430	1047494	303974
473512	260386	213127	134536	78591	36563
735498	416449	319049	139030	180019	49655
2274824	974571	1300254	276939	1023315	93376
1466137	416102	1050035	367488	682547	59180
2508546	761753	1746792	471596	1275196	81734
263559	146058	117500	104297	13204	144774
342836	213083	129753	52433	77320	6873
1402613	454570	948043	176890	771153	140401
775245	200539	574706	209682	365024	75646
263431	127745	135686	59100	76586	20000
1639718	683751	955967	361565	594401	192562
200718	100581	100136	20203	79933	446
434861	124734	310127	45760	264367	221
446891	294902	151989	75411	76578	70147
190203	92206	97997	30861	67136	
238755	198649	40106	36102	4003	54690

4-17 教育经费支出明细

地区	合计	个人部分	工资福利支出	对个人和家庭的补助支出	#助学金
合计	**101901730**	**56597504**	**49332901**	**7264603**	**4164361**
北京	2187968	1730960	1549933	181027	8617
天津	547083	461936	431429	30507	3979
河北	7812788	4003560	3660018	343542	168968
山西	3168549	1677776	1544923	132853	93699
内蒙古	2233220	1367843	1182714	185128	139451
辽宁	2158190	1394286	1282691	111596	62421
吉林	2088046	1317977	1247174	70803	26242
黑龙江	1736827	1160565	924784	235782	37099
上海	2561776	1195310	1098619	96691	66240
江苏	3057909	2092578	1978003	114576	28905
浙江	14072628	7689757	7385600	304157	137619
安徽	854983	414418	284815	129603	109795
福建	944480	442923	403695	39228	6548
江西	2492819	844651	619131	225520	198413
山东	7472754	3696808	3382992	313816	81158
河南	5010298	2968504	2628220	340284	233785
湖北	1955809	1202828	1010176	192652	93438
湖南	7936151	4201978	3515513	686465	437880
广东	6875121	4670093	3907160	762933	106118
广西	99373	60205	49289	10916	3817
海南	595895	342855	274031	68825	38893
重庆	4103394	2438162	1951756	486406	380835
四川	7305808	3955080	3246024	709056	475153
贵州	4178657	1722949	1343870	379079	318699
云南	3780401	2182478	1694989	487489	388487
西藏					
陕西	3438404	1771403	1508980	262423	203446
甘肃	1062785	590052	489888	100163	80748
青海	4101	3594	668	2927	2889
宁夏	761631	344075	283318	60757	50280
新疆	1403882	651900	452500	199400	180738
大连	457756	329480	319452	10028	5484
宁波	2192959	1238408	1194618	43790	16447
厦门					
青岛	2952611	1548460	1401037	147424	33738
深圳	1442602	833585	626432	207153	18484

(职业高中)

单位：千元

公用部分	商品和服务支出	其他资本性支出	专项公用支出	专项项目支出	基本建设支出
43796226	**17408845**	**26387381**	**8012563**	**18374818**	**1508001**
437145	345140	92005	67080	24926	19863
85147	66139	19007	19007		
3768195	1062138	2706057	611067	2094991	41033
1421812	648558	773253	315218	458036	68961
822203	414481	407722	256201	151521	43175
715433	552581	162852	56472	106381	48470
724628	314812	409816	170720	239096	45441
541327	302525	238802	96564	142238	34935
1366466	581309	785157	184589	600568	
965222	465750	499472	171398	328074	109
5779190	2245238	3533952	930784	2603168	603681
434565	116796	317769	53078	264691	6000
501558	133955	367602	138287	229315	
1628595	326564	1302031	326111	975919	19573
3757946	1040996	2716950	979362	1737588	18000
2013710	940633	1073077	497108	575969	28084
746986	297787	449199	127673	321525	5996
3690824	1769937	1920887	635625	1285262	43349
2141857	1320820	821037	417319	403718	63172
39168	12791	26377	14798	11579	
246169	149356	96814	73122	23692	6870
1584682	902720	681962	201900	480062	80550
3290746	1257920	2032825	655035	1377791	59982
2418678	524333	1894345	282156	1612189	37031
1574417	462870	1111548	119053	992494	23506
1545571	545746	999825	294915	704910	121430
424744	128280	296464	68140	228324	47990
506	506				
417556	150270	267286	131353	135933	
711182	327896	383286	118428	264858	40801
128276	113227	15049	9690	5359	
765366	317208	448157	102648	345509	189186
1404150	372790	1031361	467484	563877	
550037	419353	130684	103337	27347	58980

4-18 教育经费支出明细

地区	合计	个人部分	工资福利支出	对个人和家庭的补助支出	#助学金
合计	**101885303**	**56587622**	**49325332**	**7262290**	**4164174**
北京	2187968	1730960	1549933	181027	8617
天津	547083	461936	431429	30507	3979
河北	7812788	4003560	3660018	343542	168968
山西	3168549	1677776	1544923	132853	93699
内蒙古	2233220	1367843	1182714	185128	139451
辽宁	2158190	1394286	1282691	111596	62421
吉林	2088046	1317977	1247174	70803	26242
黑龙江	1720400	1150684	917214	233470	36912
上海	2561776	1195310	1098619	96691	66240
江苏	3057909	2092578	1978003	114576	28905
浙江	14072628	7689757	7385600	304157	137619
安徽	854983	414418	284815	129603	109795
福建	944480	442923	403695	39228	6548
江西	2492819	844651	619131	225520	198413
山东	7472754	3696808	3382992	313816	81158
河南	5010298	2968504	2628220	340284	233785
湖北	1955809	1202828	1010176	192652	93438
湖南	7936151	4201978	3515513	686465	437880
广东	6875121	4670093	3907160	762933	106118
广西	99373	60205	49289	10916	3817
海南	595895	342855	274031	68825	38893
重庆	4103394	2438162	1951756	486406	380835
四川	7305808	3955080	3246024	709056	475153
贵州	4178657	1722949	1343870	379079	318699
云南	3780401	2182478	1694989	487489	388487
西藏					
陕西	3438404	1771403	1508980	262423	203446
甘肃	1062785	590052	489888	100163	80748
青海	4101	3594	668	2927	2889
宁夏	761631	344075	283318	60757	50280
新疆	1403882	651900	452500	199400	180738
大连	457756	329480	319452	10028	5484
宁波	2192959	1238408	1194618	43790	16447
厦门					
青岛	2952611	1548460	1401037	147424	33738
深圳	1442602	833585	626432	207153	18484

（地方职业高中）

单位：千元

公用部分	商品和服务支出	其他资本性支出			基本建设支出
			专项公用支出	专项项目支出	
43789679	**17405628**	**26384051**	**8010547**	**18373504**	**1508001**
437145	345140	92005	67080	24926	19863
85147	66139	19007	19007		
3768195	1062138	2706057	611067	2094991	41033
1421812	648558	773253	315218	458036	68961
822203	414481	407722	256201	151521	43175
715433	552581	162852	56472	106381	48470
724628	314812	409816	170720	239096	45441
534781	299309	235473	94548	140924	34935
1366466	581309	785157	184589	600568	
965222	465750	499472	171398	328074	109
5779190	2245238	3533952	930784	2603168	603681
434565	116796	317769	53078	264691	6000
501558	133955	367602	138287	229315	
1628595	326564	1302031	326111	975919	19573
3757946	1040996	2716950	979362	1737588	18000
2013710	940633	1073077	497108	575969	28084
746986	297787	449199	127673	321525	5996
3690824	1769937	1920887	635625	1285262	43349
2141857	1320820	821037	417319	403718	63172
39168	12791	26377	14798	11579	
246169	149356	96814	73122	23692	6870
1584682	902720	681962	201900	480062	80550
3290746	1257920	2032825	655035	1377791	59982
2418678	524333	1894345	282156	1612189	37031
1574417	462870	1111548	119053	992494	23506
1545571	545746	999825	294915	704910	121430
424744	128280	296464	68140	228324	47990
506	506				
417556	150270	267286	131353	135933	
711182	327896	383286	118428	264858	40801
128276	113227	15049	9690	5359	
765366	317208	448157	102648	345509	189186
1404150	372790	1031361	467484	563877	
550037	419353	130684	103337	27347	58980

4-19 教育经费支出明细

地区	合计	个人部分	工资福利支出	对个人和家庭的补助支出	#助学金
合计	**45405520**	**24179003**	**21023887**	**3155116**	**2278686**
北京	165518	118222	114101	4121	909
天津	107847	90915	89324	1590	370
河北	4302787	2204232	2003368	200864	118046
山西	1919426	1036477	949713	86764	60076
内蒙古	1567836	943830	820607	123223	93384
辽宁	584767	402209	377129	25080	12928
吉林	1130330	749472	725408	24064	16275
黑龙江	714920	463692	378480	85212	20696
上海	186012	115370	105793	9577	8118
江苏	1147394	780677	740969	39708	13646
浙江	5420745	2845925	2712295	133630	74465
安徽	532593	246209	171870	74339	65667
福建	183342	90664	85479	5185	2898
江西	1406364	434531	344036	90495	70968
山东	2369737	1135385	1061100	74285	29508
河南	2832841	1677977	1510397	167581	126357
湖北	510474	319929	262300	57629	42988
湖南	3789860	1995526	1674513	321014	234663
广东	922603	494679	450344	44335	10030
广西	97969	59618	49289	10329	3230
海南	225049	124929	100529	24400	19951
重庆	1309145	877667	711936	165732	136335
四川	4285352	2151714	1746211	405503	300957
贵州	2891573	1048223	813505	234718	203488
云南	2530987	1551011	1238231	312780	252575
西藏					
陕西	2012235	986029	836350	149679	113479
甘肃	823160	481716	407843	73873	58394
青海	2241	1735	668	1067	1029
宁夏	342893	185372	153254	32118	26681
新疆	1089522	565067	388845	176222	160575
大连	56406	51079	50103	976	10
宁波	770726	429669	415566	14103	7161
厦门					
青岛	152735	39345	37431	1914	1762
深圳					

(农村职业高中)

单位：千元

公用部分					基本建设支出
	商品和服务支出	其他资本性支出			
			专项公用支出	专项项目支出	
20677664	**7117751**	**13559913**	**3609393**	**9950519**	**548853**
29976	27130	2846	2846		17320
16932	9010	7922	7922		
2068572	615224	1453348	339050	1114298	29983
813988	349009	464979	211048	253931	68961
605222	287574	317648	194083	123565	18784
176596	136953	39643	15242	24401	5962
335417	133874	201543	69941	131602	45441
216293	104002	112291	45377	66914	34935
70642	41732	28909	12080	16829	
366717	177284	189433	78079	111355	
2515949	842712	1673237	343931	1329306	58871
280384	60385	219999	33228	186771	6000
92678	32270	60409	27385	33024	
952261	151190	801071	236485	564586	19573
1219352	330346	889006	391145	497861	15000
1132232	467447	664785	216579	448207	22632
190546	75867	114679	29551	85128	
1759224	825794	933429	264471	668958	35110
427805	141663	286142	41378	244764	118
38351	12731	25620	14798	10822	
93250	47360	45890	32244	13646	6870
426716	269975	156741	60230	96511	4762
2102811	683897	1418914	397836	1021077	30827
1824360	333349	1491010	66876	1424134	18990
956469	265701	690768	77691	613077	23506
1007843	250825	757017	173636	583381	18364
308454	94066	214387	54432	159955	32990
506	506				
157521	64606	92915	64747	28168	
490601	285269	205332	107081	98250	33854
5327	4796	531	531		
341057	93571	247486	36030	211456	
113390	13357	100033	32683	67350	

4-20 教育经费支出明细

地区	合计	个人部分	工资福利支出	对个人和家庭的补助支出	#助学金
合计	**45397382**	**24173997**	**21020892**	**3153105**	**2278539**
北京	165518	118222	114101	4121	909
天津	107847	90915	89324	1590	370
河北	4302787	2204232	2003368	200864	118046
山西	1919426	1036477	949713	86764	60076
内蒙古	1567836	943830	820607	123223	93384
辽宁	584767	402209	377129	25080	12928
吉林	1130330	749472	725408	24064	16275
黑龙江	706782	458687	375486	83201	20550
上海	186012	115370	105793	9577	8118
江苏	1147394	780677	740969	39708	13646
浙江	5420745	2845925	2712295	133630	74465
安徽	532593	246209	171870	74339	65667
福建	183342	90664	85479	5185	2898
江西	1406364	434531	344036	90495	70968
山东	2369737	1135385	1061100	74285	29508
河南	2832841	1677977	1510397	167581	126357
湖北	510474	319929	262300	57629	42988
湖南	3789860	1995526	1674513	321014	234663
广东	922603	494679	450344	44335	10030
广西	97969	59618	49289	10329	3230
海南	225049	124929	100529	24400	19951
重庆	1309145	877667	711936	165732	136335
四川	4285352	2151714	1746211	405503	300957
贵州	2891573	1048223	813505	234718	203488
云南	2530987	1551011	1238231	312780	252575
西藏					
陕西	2012235	986029	836350	149679	113479
甘肃	823160	481716	407843	73873	58394
青海	2241	1735	668	1067	1029
宁夏	342893	185372	153254	32118	26681
新疆	1089522	565067	388845	176222	160575
大连	56406	51079	50103	976	10
宁波	770726	429669	415566	14103	7161
厦门					
青岛	152735	39345	37431	1914	1762
深圳					

(地方农村职业高中)

单位：千元

公用部分	商品和服务支出	其他资本性支出	专项公用支出	专项项目支出	基本建设支出
20674531	**7116312**	**13558219**	**3608319**	**9949900**	**548853**
29976	27130	2846	2846		17320
16932	9010	7922	7922		
2068572	615224	1453348	339050	1114298	29983
813988	349009	464979	211048	253931	68961
605222	287574	317648	194083	123565	18784
176596	136953	39643	15242	24401	5962
335417	133874	201543	69941	131602	45441
213161	102563	110598	44303	66294	34935
70642	41732	28909	12080	16829	
366717	177284	189433	78079	111355	
2515949	842712	1673237	343931	1329306	58871
280384	60385	219999	33228	186771	6000
92678	32270	60409	27385	33024	
952261	151190	801071	236485	564586	19573
1219352	330346	889006	391145	497861	15000
1132232	467447	664785	216579	448207	22632
190546	75867	114679	29551	85128	
1759224	825794	933429	264471	668958	35110
427805	141663	286142	41378	244764	118
38351	12731	25620	14798	10822	
93250	47360	45890	32244	13646	6870
426716	269975	156741	60230	96511	4762
2102811	683897	1418914	397836	1021077	30827
1824360	333349	1491010	66876	1424134	18990
956469	265701	690768	77691	613077	23506
1007843	250825	757017	173636	583381	18364
308454	94066	214387	54432	159955	32990
506	506				
157521	64606	92915	64747	28168	
490601	285269	205332	107081	98250	33854
5327	4796	531	531		
341057	93571	247486	36030	211456	
113390	13357	100033	32683	67350	

4-21 教育经费支出明细

地区	合计				
		个人部分			
			工资福利支出	对个人和家庭的补助支出	
					#助学金
合计	**38650476**	**20025922**	**17589223**	**2436700**	**1122179**
北京	1599574	829365	781427	47938	21015
天津	447621	340162	312219	27942	11754
河北	1011101	646812	563392	83420	25870
山西	539029	291163	254916	36247	18422
内蒙古	125995	101192	95572	5620	2233
辽宁	471454	306009	272522	33487	23687
吉林	257081	158137	100620	57517	48632
黑龙江	834255	492139	419985	72154	4906
上海	257029	168677	161052	7625	5303
江苏	2219102	1240422	1143193	97228	38768
浙江	1806585	863341	815511	47830	23877
安徽	375841	129708	109730	19978	11838
福建	1373359	605668	557076	48592	8835
江西	302364	199388	132338	67050	65042
山东	3830878	2010750	1817436	193314	50671
河南	2455102	1034649	945332	89317	26597
湖北	857153	251763	222300	29463	8956
湖南	721037	363486	320056	43430	25057
广东	10035821	5651528	4960772	690756	123804
广西	2300288	1158694	1001610	157084	116468
海南	298813	173528	143545	29982	27369
重庆	1149034	501792	420804	80989	54941
四川	892895	449675	376743	72931	46880
贵州	572060	396169	324873	71296	66386
云南	1513798	698749	556851	141898	123981
西藏	378829	12135	10616	1519	538
陕西	1326562	734531	588786	145745	120614
甘肃	127136	72589	60702	11888	4118
青海					
宁夏					
新疆	570680	143700	119243	24457	15616
大连	99099	50255	49722	533	114
宁波	152593	65125	63285	1840	799
厦门	328711	159742	140443	19299	2221
青岛	382743	231064	226042	5022	2516
深圳	1173267	527788	408520	119267	38472

(技工学校)

单位：千元

公用部分					基本建设支出
	商品和服务支出	其他资本性支出	专项公用支出	专项项目支出	
17549473	**9137190**	**8412283**	**4550276**	**3862007**	**1075081**
770209	407559	362650	295162	67488	
107459	70152	37308	34947	2361	
364290	232027	132263	88123	44140	
218764	123886	94879	68541	26338	29101
24803	17354	7449	627	6822	
141407	104436	36971	12968	24003	24038
98944	77815	21129	19068	2061	
324841	169116	155724	19179	136545	17275
88352	67822	20530	20530		
962244	582110	380134	163022	217112	16437
896026	365095	530931	284129	246802	47217
246134	70371	175763	129848	45914	
766568	282533	484034	187770	296264	1123
102976	51026	51950	28908	23042	
1820128	1000089	820040	350986	469054	
1247122	594008	653114	319759	333355	173331
599394	80966	518428	174514	343914	5996
348551	124564	223987	72436	151551	9000
4297787	2429340	1868447	1258431	610016	86506
1030384	521249	509135	331135	178000	111209
125285	64081	61204	57882	3323	
545845	406331	139514	99320	40194	101396
427356	230609	196747	53768	142979	15865
175891	160714	15176	12296	2880	
815049	354595	460453	344959	115494	
20676	13894	6781	6781		346018
572031	439478	132553	74353	58199	20000
50872	18574	32298	16419	15880	3674
360085	77394	282692	24415	258277	66894
25105	16728	8377	5523	2854	23738
83944	60755	23189	21992	1197	3524
168846	98985	69861	53051	16810	123
151678	110023	41655	19928	21727	
639602	479000	160602	141286	19317	5877

4-22 教育经费支出明细

地区	合计	个人部分	工资福利支出	对个人和家庭的补助支出	#助学金
合计	38469683	19904303	17472473	2431831	1117791
北京	1589486	819871	771977	47895	21015
天津	433929	333006	305319	27688	11501
河北	1011101	646812	563392	83420	25870
山西	539029	291163	254916	36247	18422
内蒙古	125995	101192	95572	5620	2233
辽宁	471454	306009	272522	33487	23687
吉林	257081	158137	100620	57517	48632
黑龙江	792279	458141	386090	72051	4855
上海	257029	168677	161052	7625	5303
江苏	2195889	1222249	1125911	96338	37878
浙江	1806585	863341	815511	47830	23877
安徽	375434	129312	109334	19978	11838
福建	1373359	605668	557076	48592	8835
江西	302364	199388	132338	67050	65042
山东	3830878	2010750	1817436	193314	50671
河南	2444681	1026035	936906	89130	26410
湖北	857153	251763	222300	29463	8956
湖南	715527	358771	315342	43430	25057
广东	10035821	5651528	4960772	690756	123804
广西	2300288	1158694	1001610	157084	116468
海南	298813	173528	143545	29982	27369
重庆	1147120	500066	419078	80989	54941
四川	826340	417538	347913	69625	43931
贵州	572060	396169	324873	71296	66386
云南	1513798	698749	556851	141898	123981
西藏	378829	12135	10616	1519	538
陕西	1319546	729320	583659	145661	120556
甘肃	127136	72589	60702	11888	4118
青海					
宁夏					
新疆	570680	143700	119243	24457	15616
大连	99099	50255	49722	533	114
宁波	152593	65125	63285	1840	799
厦门	328711	159742	140443	19299	2221
青岛	382743	231064	226042	5022	2516
深圳	1173267	527788	408520	119267	38472

(地方技工学校)

单位：千元

公用部分	商品和服务支出	其他资本性支出		基本建设支出
		专项公用支出	专项项目支出	

公用部分	商品和服务支出	其他资本性支出	专项公用支出	专项项目支出	基本建设支出
17490299	**9091190**	**8399109**	**4548028**	**3851081**	**1075081**
769615	406965	362650	295162	67488	
100923	63837	37086	34725	2361	
364290	232027	132263	88123	44140	
218764	123886	94879	68541	26338	29101
24803	17354	7449	627	6822	
141407	104436	36971	12968	24003	24038
98944	77815	21129	19068	2061	
316863	161412	155451	18906	136545	17275
88352	67822	20530	20530		
957203	577299	379903	162792	217112	16437
896026	365095	530931	284129	246802	47217
246123	70360	175763	129848	45914	
766568	282533	484034	187770	296264	1123
102976	51026	51950	28908	23042	
1820128	1000089	820040	350986	469054	
1245315	592201	653114	319759	333355	173331
599394	80966	518428	174514	343914	5996
347756	123922	223834	72421	151413	9000
4297787	2429340	1868447	1258431	610016	86506
1030384	521249	509135	331135	178000	111209
125285	64081	61204	57882	3323	
545658	406144	139514	99320	40194	101396
392938	208161	184777	52338	132438	15865
175891	160714	15176	12296	2880	
815049	354595	460453	344959	115494	
20676	13894	6781	6781		346018
570226	437999	132228	74276	57952	20000
50872	18574	32298	16419	15880	3674
360085	77394	282692	24415	258277	66894
25105	16728	8377	5523	2854	23738
83944	60755	23189	21992	1197	3524
168846	98985	69861	53051	16810	123
151678	110023	41655	19928	21727	
639602	479000	160602	141286	19317	5877

4-23 教育经费支出明细

地区	合计	个人部分	工资福利支出	对个人和家庭的补助支出	#助学金
合计	**11125105**	**7774758**	**7088471**	**686287**	**104397**
北京	82871	60266	57049	3217	660
天津	77993	61685	57301	4384	18
河北	1307696	1042072	971705	70367	1000
山西	364733	309743	295969	13774	1362
内蒙古	279096	244519	225790	18730	
辽宁	3838	2824	2619	206	
吉林	753291	656208	596485	59724	236
黑龙江	658053	597911	495082	102830	1297
上海	157147	51009	47292	3717	
江苏	263809	190981	171048	19933	3878
浙江	547504	366458	349159	17299	429
安徽	117287	77723	65300	12423	3267
福建	35573	30358	28573	1785	17
江西	574311	259733	241624	18108	78
山东	599877	355364	328963	26401	2023
河南	1339132	860306	791758	68548	27176
湖北	171682	48869	38827	10042	3290
湖南	694876	411595	359876	51719	27877
广东	302407	209676	180228	29448	1531
广西	56451	41343	38105	3238	39
海南	16190	7070	6998	72	
重庆	785299	459294	411110	48184	4164
四川	446471	303964	269742	34222	11178
贵州	121218	48300	43384	4916	1242
云南	576680	442003	409911	32093	899
西藏					
陕西	315752	253175	242233	10942	2562
甘肃	86131	73415	67953	5461	1315
青海					
宁夏					
新疆	389738	308894	294388	14506	8859
大连	1464	753	740	13	
宁波	325600	219344	210027	9317	
厦门					
青岛	930	730	730		
深圳	52234	23288	18217	5072	1013

（成人中等专业学校）

单位：千元

公用部分	商品和服务支出	其他资本性支出	专项公用支出	专项项目支出	基本建设支出
3330852	**2295790**	**1035061**	**381160**	**653902**	**19495**
22605	21579	1026	1026		
16309	12660	3649	3624	25	
265613	168221	97392	81706	15687	11
54991	48851	6139	5440	699	
30254	22461	7793	7099	694	4323
1013	974	39	39		
97083	79814	17269	10644	6625	
60142	52289	7852	6037	1815	
106138	101395	4743	4743		
72828	57497	15331	5705	9626	
181046	147877	33169	18627	14542	
39564	34419	5145	3745	1400	
5215	5000	215	215		
314578	117412	197166	47594	149572	
244513	90319	154194	26322	127872	
478826	353747	125079	58972	66107	
122813	17838	104975	675	104300	
282740	233868	48872	18157	30715	540
92731	73481	19251	9301	9950	
15108	14777	331	271	60	
9120	8382	738	738		
326005	252969	73036	25305	47731	
142507	118775	23731	19999	3732	
72918	54887	18031	10444	7587	
134677	116026	18651	3762	14889	
62577	43854	18723	3359	15365	
12716	10892	1824	1824		
66222	35528	30695	5787	24907	14621
711	672	39	39		
106256	83848	22408	8013	14394	
200	200				
28946	28697	248	248		

4-24 教育经费支出明细

地 区	合 计	个人部分	工资福利支出	对个人和家庭的补助支出	#助学金
合 计	**11081246**	**7742448**	**7059374**	**683074**	**104222**
北 京	73542	56295	53254	3042	486
天 津	60944	49168	44784	4384	18
河 北	1307696	1042072	971705	70367	1000
山 西	364733	309743	295969	13774	1362
内蒙古	279096	244519	225790	18730	
辽 宁	3838	2824	2619	206	
吉 林	753291	656208	596485	59724	236
黑龙江	644354	585323	485254	100068	1297
上 海	157147	51009	47292	3717	
江 苏	263809	190981	171048	19933	3878
浙 江	547504	366458	349159	17299	429
安 徽	117287	77723	65300	12423	3267
福 建	35573	30358	28573	1785	17
江 西	574311	259733	241624	18108	78
山 东	599877	355364	328963	26401	2023
河 南	1339132	860306	791758	68548	27176
湖 北	171682	48869	38827	10042	3290
湖 南	694876	411595	359876	51719	27877
广 东	302407	209676	180228	29448	1531
广 西	56451	41343	38105	3238	39
海 南	16190	7070	6998	72	
重 庆	785299	459294	411110	48184	4164
四 川	446471	303964	269742	34222	11178
贵 州	121218	48300	43384	4916	1242
云 南	576680	442003	409911	32093	899
西 藏					
陕 西	315752	253175	242233	10942	2562
甘 肃	86131	73415	67953	5461	1315
青 海					
宁 夏					
新 疆	385956	305660	291431	14229	8859
大 连	1464	753	740	13	
宁 波	325600	219344	210027	9317	
厦 门					
青 岛	930	730	730		
深 圳	52234	23288	18217	5072	1013

(地方成人中等专业学校)

单位：千元

公用部分	商品和服务支出	其他资本性支出			基本建设支出
			专项公用支出	专项项目支出	
3319302	**2284273**	**1035029**	**381128**	**653902**	**19495**
17246	16220	1026	1026		
11776	8127	3649	3624	25	
265613	168221	97392	81706	15687	11
54991	48851	6139	5440	699	
30254	22461	7793	7099	694	4323
1013	974	39	39		
97083	79814	17269	10644	6625	
59031	51201	7830	6015	1815	
106138	101395	4743	4743		
72828	57497	15331	5705	9626	
181046	147877	33169	18627	14542	
39564	34419	5145	3745	1400	
5215	5000	215	215		
314578	117412	197166	47594	149572	
244513	90319	154194	26322	127872	
478826	353747	125079	58972	66107	
122813	17838	104975	675	104300	
282740	233868	48872	18157	30715	540
92731	73481	19251	9301	9950	
15108	14777	331	271	60	
9120	8382	738	738		
326005	252969	73036	25305	47731	
142507	118775	23731	19999	3732	
72918	54887	18031	10444	7587	
134677	116026	18651	3762	14889	
62577	43854	18723	3359	15365	
12716	10892	1824	1824		
65675	34990	30685	5778	24907	14621
711	672	39	39		
106256	83848	22408	8013	14394	
200	200				
28946	28697	248	248		

4-25 教育经费支出明细

地区	合计	个人部分	工资福利支出	对个人和家庭的补助支出	#助学金
合 计	**1490449190**	**1022357913**	**923430381**	**98927532**	**47259413**
北 京	38069572	26121443	24734993	1386450	157520
天 津	16252097	12862827	12383888	478939	103587
河 北	63946486	43469045	39632019	3837026	1917994
山 西	31667870	22103837	20734470	1369367	782648
内蒙古	24689012	17273197	15582837	1690361	1010503
辽 宁	31934284	24585003	23086685	1498318	438932
吉 林	20995563	14879548	13780113	1099435	328872
黑龙江	26972136	20613603	17817925	2795678	370220
上 海	36806821	22952064	22196556	755508	461685
江 苏	102589517	73760881	68069934	5690947	1752350
浙 江	83169180	56337491	53609499	2727992	1453543
安 徽	57694800	39461700	34562632	4899068	1803413
福 建	42911610	29255002	27555160	1699843	748134
江 西	50317109	28700293	26292546	2407746	1565534
山 东	102575056	72376075	66844426	5531649	1705678
河 南	90259921	57531727	51367168	6164559	3579129
湖 北	54266282	38144907	34957319	3187588	1182056
湖 南	61853496	41275208	36593654	4681554	2185763
广 东	154896055	105931544	93162457	12769087	2610464
广 西	44887224	30850779	27034229	3816550	2707334
海 南	13030385	7615205	7127662	487544	243134
重 庆	38786514	27066310	23704060	3362251	1884738
四 川	76987440	54345834	47441646	6904188	4077206
贵 州	45438216	33279104	28372790	4906313	3394702
云 南	53931400	38146198	33049363	5096835	4128571
西 藏	8007834	5623653	4657850	965803	884982
陕 西	36506747	22649963	20552998	2096965	1461150
甘 肃	25120167	18472255	16560856	1911399	1165012
青 海	9891542	6672964	5799919	873046	553684
宁 夏	9124476	6066625	5533057	533569	344130
新 疆	36870376	23933627	20631672	3301955	2256746
大 连	6413932	4926415	4707105	219310	80965
宁 波	11397555	8192882	7785776	407106	226299
厦 门	6289298	4280837	3996102	284735	48137
青 岛	13275746	9111036	8369644	741392	117620
深 圳	30932273	16482287	12913848	3568440	562777

(中学)

单位：千元

公用部分	商品和服务支出	其他资本性支出	专项公用支出	专项项目支出	基本建设支出
441378491	**203876796**	**237501694**	**64196829**	**173304866**	**26712786**
10321392	7735933	2585460	1421901	1163559	1626737
3297868	1993455	1304413	462316	842097	91402
20133110	9159547	10973563	2565088	8408475	344331
9182156	5161844	4020311	1380885	2639426	381877
6958158	3404178	3553979	1092440	2461539	457657
6815293	4238593	2576700	584440	1992259	533988
5927922	2707528	3220394	863071	2357323	188094
6064924	3489431	2575493	714906	1860587	293609
13551312	9222056	4329255	2212736	2116520	303446
28422117	10941878	17480240	3817442	13662798	406519
25348770	11585976	13762795	3034611	10728184	1482919
17510999	7448289	10062709	2775489	7287221	722101
13488609	5608626	7879983	2190286	5689697	167998
20787963	4640904	16147059	3941613	12205446	828853
30049353	11789241	18260112	4065225	14194887	149629
31312969	13930875	17382094	3776757	13605337	1415224
16121027	5982804	10138224	3248143	6890081	348
20103536	9331148	10772388	2289965	8482423	474752
42720612	26610503	16110109	7377433	8732676	6243899
13391664	5444777	7946887	1905643	6041243	644781
5101916	2082807	3019109	1324851	1694258	313264
10096015	5257548	4838467	1495914	3342553	1624189
21936892	10910458	11026433	3397034	7629400	704714
11954148	5465916	6488232	1359203	5129029	204964
14700797	5281707	9419090	1057934	8361156	1084406
1899692	617522	1282170	393500	888671	484488
12157105	5152455	7004650	1904735	5099915	1699679
6351291	2475341	3875950	906770	2969180	296622
2861327	926756	1934571	468452	1466119	357251
2969121	1109137	1859983	677738	1182246	88731
9840432	4169562	5670870	1490307	4180563	3096317
1348451	820531	527920	125743	402178	139066
3173609	1423756	1749854	362616	1387237	31064
1949699	1046888	902811	346608	556203	58762
4164710	1868621	2296089	1166871	1129218	
9091186	6099969	2991217	2191964	799254	5358800

4-26 教育经费支出明细

地　区	合　计	个人部分	工资福利支　出	对个人和家庭的补助支出	#助学金
合　计	**1483386482**	**1017855580**	**919472103**	**98383477**	**47138533**
北　京	36402308	25043487	23693754	1349733	152233
天　津	16252097	12862827	12383888	478939	103587
河　北	63946486	43469045	39632019	3837026	1917994
山　西	31667870	22103837	20734470	1369367	782648
内蒙古	24689012	17273197	15582837	1690361	1010503
辽　宁	31934284	24585003	23086685	1498318	438932
吉　林	20780820	14726649	13641182	1085467	328872
黑龙江	26674769	20395517	17657508	2738009	367061
上　海	36547043	22770642	22018316	752326	460756
江　苏	102589517	73760881	68069934	5690947	1752350
浙　江	83169180	56337491	53609499	2727992	1453543
安　徽	57694800	39461700	34562632	4899068	1803413
福　建	42911610	29255002	27555160	1699843	748134
江　西	50317109	28700293	26292546	2407746	1565534
山　东	102575056	72376075	66844426	5531649	1705678
河　南	90256575	57528993	51365288	6163706	3579047
湖　北	53953752	37922053	34768658	3153396	1181583
湖　南	61788093	41223528	36542452	4681075	2185569
广　东	154896055	105931544	93162457	12769087	2610464
广　西	44887224	30850779	27034229	3816550	2707334
海　南	13030385	7615205	7127662	487544	243134
重　庆	38612572	26937054	23578617	3358436	1883732
四　川	76963111	54325885	47421819	6904066	4077084
贵　州	45438216	33279104	28372790	4906313	3394702
云　南	53931400	38146198	33049363	5096835	4128571
西　藏	8007834	5623653	4657850	965803	884982
陕　西	36341621	22526361	20441982	2084379	1460614
甘　肃	25094549	18456716	16546698	1910018	1164912
青　海	9891542	6672964	5799919	873046	553684
宁　夏	9124476	6066625	5533057	533569	344130
新　疆	33017115	21627271	18704409	2922863	2147754
大　连	6413932	4926415	4707105	219310	80965
宁　波	11397555	8192882	7785776	407106	226299
厦　门	6289298	4280837	3996102	284735	48137
青　岛	13275746	9111036	8369644	741392	117620
深　圳	30932273	16482287	12913848	3568440	562777

（地方中学）

单位：千元

公用部分	商品和服务支出	其他资本性支出			基本建设支出
			专项公用支出	专项项目支出	
439239186	**202631131**	**236608055**	**63822237**	**172785818**	**26291716**
9732083	7253686	2478397	1315667	1162730	1626737
3297868	1993455	1304413	462316	842097	91402
20133110	9159547	10973563	2565088	8408475	344331
9182156	5161844	4020311	1380885	2639426	381877
6958158	3404178	3553979	1092440	2461539	457657
6815293	4238593	2576700	584440	1992259	533988
5866077	2653811	3212266	859462	2352803	188094
5985644	3443706	2541938	704023	1837914	293609
13472956	9170662	4302294	2185774	2116520	303446
28422117	10941878	17480240	3817442	13662798	406519
25348770	11585976	13762795	3034611	10728184	1482919
17510999	7448289	10062709	2775489	7287221	722101
13488609	5608626	7879983	2190286	5689697	167998
20787963	4640904	16147059	3941613	12205446	828853
30049353	11789241	18260112	4065225	14194887	149629
31312358	13930264	17382094	3776757	13605337	1415224
16031351	5899186	10132165	3242084	6890081	348
20089813	9319826	10769987	2287597	8482390	474752
42720612	26610503	16110109	7377433	8732676	6243899
13391664	5444777	7946887	1905643	6041243	644781
5101916	2082807	3019109	1324851	1694258	313264
10051330	5219498	4831832	1489279	3342553	1624189
21932512	10907859	11024653	3395254	7629400	704714
11954148	5465916	6488232	1359203	5129029	204964
14700797	5281707	9419090	1057934	8361156	1084406
1899692	617522	1282170	393500	888671	484488
12115581	5119843	6995737	1896201	5099537	1699679
6341211	2473371	3867841	906012	2961829	296622
2861327	926756	1934571	468452	1466119	357251
2969121	1109137	1859983	677738	1182246	88731
8714596	3727761	4986835	1289535	3697300	2675247
1348451	820531	527920	125743	402178	139066
3173609	1423756	1749854	362616	1387237	31064
1949699	1046888	902811	346608	556203	58762
4164710	1868621	2296089	1166871	1129218	
9091186	6099969	2991217	2191964	799254	5358800

4-27 教育经费支出明细

地区	合计	个人部分	工资福利支出	对个人和家庭的补助支出	#助学金
合计	**1489772021**	**1021917460**	**923018874**	**98898586**	**47259174**
北京	38008218	26088158	24705462	1382696	157289
天津	16217400	12828706	12350409	478298	103587
河北	63946486	43469045	39632019	3837026	1917994
山西	31667870	22103837	20734470	1369367	782648
内蒙古	24689012	17273197	15582837	1690361	1010503
辽宁	31934284	24585003	23086685	1498318	438932
吉林	20993165	14877509	13778431	1099078	328872
黑龙江	26972136	20613603	17817925	2795678	370220
上海	36801595	22948275	22193105	755169	461685
江苏	102395956	73629680	67945354	5684327	1752342
浙江	82903788	56153917	53433988	2719928	1453543
安徽	57694800	39461700	34562632	4899068	1803413
福建	42911610	29255002	27555160	1699843	748134
江西	50317109	28700293	26292546	2407746	1565534
山东	102575056	72376075	66844426	5531649	1705678
河南	90259921	57531727	51367168	6164559	3579129
湖北	54217580	38144381	34956792	3187588	1182056
湖南	61849512	41272851	36591297	4681554	2185763
广东	154834203	105881981	93122066	12759915	2610464
广西	44887224	30850779	27034229	3816550	2707334
海南	13030385	7615205	7127662	487544	243134
重庆	38786514	27066310	23704060	3362251	1884738
四川	76987440	54345834	47441646	6904188	4077206
贵州	45438216	33279104	28372790	4906313	3394702
云南	53931400	38146198	33049363	5096835	4128571
西藏	8007834	5623653	4657850	965803	884982
陕西	36506747	22649963	20552998	2096965	1461150
甘肃	25120167	18472255	16560856	1911399	1165012
青海	9891542	6672964	5799919	873046	553684
宁夏	9124476	6066625	5533057	533569	344130
新疆	36870376	23933627	20631672	3301955	2256746
大连	6413932	4926415	4707105	219310	80965
宁波	11397555	8192882	7785776	407106	226299
厦门	6289298	4280837	3996102	284735	48137
青岛	13275746	9111036	8369644	741392	117620
深圳	30932273	16482287	12913848	3568440	562777

(普通中学)

单位：千元

公用部分	商品和服务支出	其他资本性支出			基本建设支出
			专项公用支出	专项项目支出	
441143446	**203743036**	**237400410**	**64182057**	**173218353**	**26711116**
10293323	7716807	2576516	1418922	1157594	1626737
3297291	1992902	1304390	462293	842097	91402
20133110	9159547	10973563	2565088	8408475	344331
9182156	5161844	4020311	1380885	2639426	381877
6958158	3404178	3553979	1092440	2461539	457657
6815293	4238593	2576700	584440	1992259	533988
5927562	2707178	3220384	863060	2357323	188094
6064924	3489431	2575493	714906	1860587	293609
13549874	9220778	4329096	2212576	2116520	303446
28359756	10910812	17448944	3815103	13633842	406519
25268622	11516472	13752150	3027303	10724847	1481249
17510999	7448289	10062709	2775489	7287221	722101
13488609	5608626	7879983	2190286	5689697	167998
20787963	4640904	16147059	3941613	12205446	828853
30049353	11789241	18260112	4065225	14194887	149629
31312969	13930875	17382094	3776757	13605337	1415224
16072852	5982648	10090204	3248143	6842061	348
20101908	9329620	10772288	2289866	8482423	474752
42708323	26600302	16108020	7375580	8732441	6243899
13391664	5444777	7946887	1905643	6041243	644781
5101916	2082807	3019109	1324851	1694258	313264
10096015	5257548	4838467	1495914	3342553	1624189
21936892	10910458	11026433	3397034	7629400	704714
11954148	5465916	6488232	1359203	5129029	204964
14700797	5281707	9419090	1057934	8361156	1084406
1899692	617522	1282170	393500	888671	484488
12157105	5152455	7004650	1904735	5099915	1699679
6351291	2475341	3875950	906770	2969180	296622
2861327	926756	1934571	468452	1466119	357251
2969121	1109137	1859983	677738	1182246	88731
9840432	4169562	5670870	1490307	4180563	3096317
1348451	820531	527920	125743	402178	139066
3173609	1423756	1749854	362616	1387237	31064
1949699	1046888	902811	346608	556203	58762
4164710	1868621	2296089	1166871	1129218	
9091186	6099969	2991217	2191964	799254	5358800

4-28 教育经费支出明细

地区	合计	个人部分	工资福利支出	对个人和家庭的补助支出	#助学金
合计	**1482709314**	**1017415127**	**919060596**	**98354531**	**47138294**
北京	36340953	25010203	23664223	1345979	152002
天津	16217400	12828706	12350409	478298	103587
河北	63946486	43469045	39632019	3837026	1917994
山西	31667870	22103837	20734470	1369367	782648
内蒙古	24689012	17273197	15582837	1690361	1010503
辽宁	31934284	24585003	23086685	1498318	438932
吉林	20778421	14724611	13639500	1085110	328872
黑龙江	26674769	20395517	17657508	2738009	367061
上海	36541817	22766852	22014865	751987	460756
江苏	102395956	73629680	67945354	5684327	1752342
浙江	82903788	56153917	53433988	2719928	1453543
安徽	57694800	39461700	34562632	4899068	1803413
福建	42911610	29255002	27555160	1699843	748134
江西	50317109	28700293	26292546	2407746	1565534
山东	102575056	72376075	66844426	5531649	1705678
河南	90256575	57528993	51365288	6163706	3579047
湖北	53905050	37921527	34768131	3153396	1181583
湖南	61784109	41221171	36540096	4681075	2185569
广东	154834203	105881981	93122066	12759915	2610464
广西	44887224	30850779	27034229	3816550	2707334
海南	13030385	7615205	7127662	487544	243134
重庆	38612572	26937054	23578617	3358436	1883732
四川	76963111	54325885	47421819	6904066	4077084
贵州	45438216	33279104	28372790	4906313	3394702
云南	53931400	38146198	33049363	5096835	4128571
西藏	8007834	5623653	4657850	965803	884982
陕西	36341621	22526361	20441982	2084379	1460614
甘肃	25094549	18456716	16546698	1910018	1164912
青海	9891542	6672964	5799919	873046	553684
宁夏	9124476	6066625	5533057	533569	344130
新疆	33017115	21627271	18704409	2922863	2147754
大连	6413932	4926415	4707105	219310	80965
宁波	11397555	8192882	7785776	407106	226299
厦门	6289298	4280837	3996102	284735	48137
青岛	13275746	9111036	8369644	741392	117620
深圳	30932273	16482287	12913848	3568440	562777

（地方普通中学）

单位：千元

公用部分	商品和服务支出	其他资本性支出			基本建设支出
			专项公用支出	专项项目支出	
439004141	**202497371**	**236506771**	**63807465**	**172699306**	**26290046**
9704014	7234561	2469453	1312688	1156765	1626737
3297291	1992902	1304390	462293	842097	91402
20133110	9159547	10973563	2565088	8408475	344331
9182156	5161844	4020311	1380885	2639426	381877
6958158	3404178	3553979	1092440	2461539	457657
6815293	4238593	2576700	584440	1992259	533988
5865717	2653462	3212256	859452	2352803	188094
5985644	3443706	2541938	704023	1837914	293609
13471518	9169384	4302134	2185615	2116520	303446
28359756	10910812	17448944	3815103	13633842	406519
25268622	11516472	13752150	3027303	10724847	1481249
17510999	7448289	10062709	2775489	7287221	722101
13488609	5608626	7879983	2190286	5689697	167998
20787963	4640904	16147059	3941613	12205446	828853
30049353	11789241	18260112	4065225	14194887	149629
31312358	13930264	17382094	3776757	13605337	1415224
15983176	5899031	10084145	3242084	6842061	348
20088186	9318298	10769887	2287497	8482390	474752
42708323	26600302	16108020	7375580	8732441	6243899
13391664	5444777	7946887	1905643	6041243	644781
5101916	2082807	3019109	1324851	1694258	313264
10051330	5219498	4831832	1489279	3342553	1624189
21932512	10907859	11024653	3395254	7629400	704714
11954148	5465916	6488232	1359203	5129029	204964
14700797	5281707	9419090	1057934	8361156	1084406
1899692	617522	1282170	393500	888671	484488
12115581	5119843	6995737	1896201	5099537	1699679
6341211	2473371	3867841	906012	2961829	296622
2861327	926756	1934571	468452	1466119	357251
2969121	1109137	1859983	677738	1182246	88731
8714596	3727761	4986835	1289535	3697300	2675247
1348451	820531	527920	125743	402178	139066
3173609	1423756	1749854	362616	1387237	31064
1949699	1046888	902811	346608	556203	58762
4164710	1868621	2296089	1166871	1129218	
9091186	6099969	2991217	2191964	799254	5358800

4-29 教育经费支出明细

地区	合计	个人部分	工资福利支出	对个人和家庭的补助支出	#助学金
合计	**548182752**	**362129970**	**331115504**	**31014466**	**14495936**
北京	14412692	9637074	9114278	522796	42285
天津	5976966	4796720	4637112	159608	35624
河北	24136854	15776049	14497311	1278738	714907
山西	12823462	8725164	8177912	547252	318425
内蒙古	10225502	6639287	5941368	697919	495117
辽宁	11531580	8202297	7785352	416945	137167
吉林	7291754	4798770	4462503	336267	159723
黑龙江	9290017	6713253	5935695	777558	130571
上海	12284171	7548991	7340633	208358	102406
江苏	37666305	26080765	24450784	1629981	347961
浙江	31604868	20984851	20165318	819534	322101
安徽	20853797	14052177	12562676	1489501	622783
福建	14643507	9953252	9455941	497311	152306
江西	17882790	10022545	9233767	788778	488548
山东	35435325	24767199	23439128	1328071	401075
河南	32770897	19228994	17426589	1802405	1004713
湖北	21595687	13937310	12917799	1019510	387443
湖南	23239832	15019036	13587221	1431815	631767
广东	58957182	39340984	34995624	4345359	755442
广西	15213160	10239195	9097627	1141568	773834
海南	4452258	2687416	2516524	170891	102898
重庆	14268965	9841365	8760913	1080452	553828
四川	26876692	18742749	16745709	1997040	1171924
贵州	17342320	11657056	10080184	1576872	1058964
云南	21483109	12562002	11047678	1514324	1141383
西藏	2886786	1866310	1568070	298239	270691
陕西	14100028	8480867	7804713	676154	445576
甘肃	9715556	7088107	6441758	646349	375622
青海	3974418	2517036	2181866	335169	237398
宁夏	3446018	2231422	2042356	189066	131766
新疆	11800252	7991730	6701094	1290636	981686
大连	2376715	1725463	1663326	62137	23573
宁波	4285043	2998958	2879823	119135	56201
厦门	2192296	1482550	1396967	85583	7159
青岛	4645192	3117425	2923577	193848	40527
深圳	11978843	6177102	4930827	1246275	163578

(普通高中)

单位：千元

公用部分	商品和服务支出	其他资本性支出			基本建设支出
			专项公用支出	专项项目支出	
175064409	**82084681**	**92979727**	**26266143**	**66713584**	**10988374**
4064854	3103385	961470	617532	343938	710763
1180246	817199	363047	206803	156244	
8218325	3723721	4494604	946465	3548140	142480
3852934	2091825	1761109	565947	1195162	245364
3259203	1654925	1604278	539950	1064328	327012
3007556	1898252	1109304	259527	849777	321727
2445426	1129305	1316121	333866	982255	47558
2367245	1390499	976745	292483	684262	209520
4520019	3284667	1235352	676871	558481	215162
11384638	4303762	7080876	1673332	5407544	200902
10052762	4748634	5304128	1306527	3997602	567254
6363710	2899519	3464192	974509	2489682	437909
4637546	2155711	2481835	921005	1560830	52709
7607485	1993830	5613655	1450815	4162840	252761
10588630	4831052	5757578	1371973	4385606	79496
12867952	5940268	6927685	1813803	5113882	673951
7658377	2572157	5086221	2257144	2829076	
8026373	3931252	4095122	911262	3183860	194423
16790443	10376107	6414336	2531411	3882925	2825755
4642237	2091269	2550968	758264	1792703	331728
1716948	782032	934916	361236	573680	47895
3984305	2073380	1910925	651076	1259849	443295
7954247	4183837	3770410	1264677	2505734	179696
5611358	2386845	3224513	764503	2460009	73906
8378718	2134386	6244331	576053	5668278	542390
794172	230011	564161	126919	437242	226305
4989810	2242774	2747036	756896	1990140	629351
2520957	1086381	1434576	368626	1065950	106492
1364881	377023	987858	305584	682274	92501
1175636	435572	740064	299640	440424	38960
3037414	1215101	1822312	381445	1440868	771109
637813	317117	320696	36429	284267	13438
1255584	638820	616764	146297	470467	30500
673845	392924	280922	148089	132832	35901
1527768	675098	852670	287625	565045	
3182647	2455820	726827	380109	346718	2619094

4-30 教育经费支出明细

地区	合计	个人部分			
			工资福利支出	对个人和家庭的补助支出	
					#助学金
合计	**544546650**	**359807687**	**329054906**	**30752781**	**14433128**
北京	13219159	8874580	8378692	495888	37458
天津	5976966	4796720	4637112	159608	35624
河北	24136854	15776049	14497311	1278738	714907
山西	12823462	8725164	8177912	547252	318425
内蒙古	10225502	6639287	5941368	697919	495117
辽宁	11531580	8202297	7785352	416945	137167
吉林	7125995	4687998	4365699	322300	159723
黑龙江	9158749	6621165	5868435	752730	128210
上海	12079382	7407436	7202121	205315	101478
江苏	37666305	26080765	24450784	1629981	347961
浙江	31604868	20984851	20165318	819534	322101
安徽	20853797	14052177	12562676	1489501	622783
福建	14643507	9953252	9455941	497311	152306
江西	17882790	10022545	9233767	788778	488548
山东	35435325	24767199	23439128	1328071	401075
河南	32770897	19228994	17426589	1802405	1004713
湖北	21334081	13744768	12756467	988301	387149
湖南	23209212	14998326	13566832	1431493	631640
广东	58957182	39340984	34995624	4345359	755442
广西	15213160	10239195	9097627	1141568	773834
海南	4452258	2687416	2516524	170891	102898
重庆	14151430	9753801	8675877	1077924	553069
四川	26862585	18731023	16734048	1996975	1171859
贵州	17342320	11657056	10080184	1576872	1058964
云南	21483109	12562002	11047678	1514324	1141383
西藏	2886786	1866310	1568070	298239	270691
陕西	14000506	8408082	7737349	670733	445257
甘肃	9704120	7081512	6435883	645629	375598
青海	3974418	2517036	2181866	335169	237398
宁夏	3446018	2231422	2042356	189066	131766
新疆	10394325	7168277	6030316	1137961	928584
大连	2376715	1725463	1663326	62137	23573
宁波	4285043	2998958	2879823	119135	56201
厦门	2192296	1482550	1396967	85583	7159
青岛	4645192	3117425	2923577	193848	40527
深圳	11978843	6177102	4930827	1246275	163578

(地方普通高中)

单位：千元

公用部分	商品和服务支出	其他资本性支出	专项公用支出	专项项目支出	基本建设支出
173981872	**81322514**	**92659357**	**26092042**	**66567315**	**10757092**
3633816	2749785	884031	540922	343109	710763
1180246	817199	363047	206803	156244	
8218325	3723721	4494604	946465	3548140	142480
3852934	2091825	1761109	565947	1195162	245364
3259203	1654925	1604278	539950	1064328	327012
3007556	1898252	1109304	259527	849777	321727
2390438	1081751	1308688	330953	977735	47558
2328064	1368502	959562	290230	669332	209520
4456784	3242683	1214101	655620	558481	215162
11384638	4303762	7080876	1673332	5407544	200902
10052762	4748634	5304128	1306527	3997602	567254
6363710	2899519	3464192	974509	2489682	437909
4637546	2155711	2481835	921005	1560830	52709
7607485	1993830	5613655	1450815	4162840	252761
10588630	4831052	5757578	1371973	4385606	79496
12867952	5940268	6927685	1813803	5113882	673951
7589313	2508224	5081089	2252013	2829076	
8016464	3923436	4093028	909189	3183839	194423
16790443	10376107	6414336	2531411	3882925	2825755
4642237	2091269	2550968	758264	1792703	331728
1716948	782032	934916	361236	573680	47895
3954334	2047493	1906841	646992	1259849	443295
7951866	4182403	3769464	1263730	2505734	179696
5611358	2386845	3224513	764503	2460009	73906
8378718	2134386	6244331	576053	5668278	542390
794172	230011	564161	126919	437242	226305
4963073	2221265	2741808	751891	1989917	629351
2516116	1085457	1430659	368280	1062379	106492
1364881	377023	987858	305584	682274	92501
1175636	435572	740064	299640	440424	38960
2686222	1039571	1646650	327957	1318693	539827
637813	317117	320696	36429	284267	13438
1255584	638820	616764	146297	470467	30500
673845	392924	280922	148089	132832	35901
1527768	675098	852670	287625	565045	
3182647	2455820	726827	380109	346718	2619094

4-31 教育经费支出明细

地区	合计	个人部分	工资福利支出	对个人和家庭的补助支出	#助学金
合计	**217313418**	**146861374**	**133596703**	**13264670**	**8263203**
北京	902670	557515	536005	21510	1966
天津	890035	771773	755575	16198	5066
河北	13083855	8050010	7376470	673540	449908
山西	5893561	4234069	3921591	312477	190499
内蒙古	4849302	3046302	2708213	338089	251660
辽宁	2671696	1946286	1879131	67155	30549
吉林	2837221	1722613	1604076	118537	60784
黑龙江	3822684	2615311	2207303	408008	69533
上海	1041472	752168	735918	16250	9496
江苏	12206347	8874443	8355814	518630	160947
浙江	11387540	7945061	7627634	317427	119476
安徽	11416728	8049321	7272909	776413	349771
福建	6783003	4840165	4647908	192258	84115
江西	9155694	4900914	4522695	378219	271298
山东	12541728	8816438	8437607	378831	184466
河南	17652557	10199601	9314383	885218	602768
湖北	5966449	4235899	3916391	319508	205058
湖南	12682701	8141792	7388778	753014	448886
广东	11917514	8335247	7698297	636950	220279
广西	6942029	4932561	4218023	714538	542596
海南	1799190	1113549	1034850	78699	37960
重庆	4591231	3594815	3202904	391911	255613
四川	13109355	9127951	8002956	1124995	737209
贵州	9444878	6732407	5798546	933860	710510
云南	11690095	7234221	6280960	953261	769319
西藏	840665	713854	579184	134669	128184
陕西	6418902	3997134	3652013	345121	266057
甘肃	5847992	4520752	4074848	445904	270981
青海	2320386	1565213	1380251	184963	136666
宁夏	1117661	858744	790052	68692	47090
新疆	5488271	4435243	3675417	759826	644495
大连	231133	182983	180060	2923	417
宁波	1333884	984707	959467	25240	8892
厦门	175096	127085	120042	7043	644
青岛	661879	419538	399706	19832	6465
深圳					

（农村高中）

单位：千元

公用部分	商品和服务支出	其他资本性支出	专项公用支出	专项项目支出	基本建设支出
68219132	**30759588**	**37459544**	**9242151**	**28217393**	**2232913**
331205	277804	53401	29902	23499	13950
118262	106819	11443	9389	2054	
4925478	2063894	2861584	484822	2376762	108367
1581896	906371	675525	243913	431612	77596
1531902	815578	716324	288252	428073	271098
682755	402702	280053	56401	223652	42655
1111412	351169	760243	136609	623634	3196
1066054	562765	503289	172118	331171	141319
289304	218365	70939	66948	3991	
3331904	1311737	2020167	510312	1509855	
3347090	1443534	1903556	414785	1488771	95389
3330427	1727060	1603367	419977	1183390	36980
1937906	892236	1045670	416522	629148	4932
4173436	1065837	3107599	824524	2283074	81344
3684790	1711815	1972976	468667	1504309	40500
7317186	3457505	3859681	981866	2877815	135770
1730551	719095	1011455	286795	724660	
4353739	2018751	2334988	403570	1931418	187170
3558430	2055274	1503156	531841	971315	23837
1941147	937919	1003228	249342	753886	68321
647361	321255	326106	171247	154859	38280
991222	597165	394057	129352	264705	5194
3863592	1942867	1920725	515675	1405050	117812
2689007	1258775	1430232	242996	1187235	23464
4167613	980093	3187520	317518	2870002	288261
126811	85130	41681	19732	21949	
2248109	1120462	1127646	304032	823614	173659
1270165	617335	652829	199972	452857	57076
725073	173979	551093	137775	413319	30100
250557	141114	109443	65822	43622	8360
894748	475181	419566	141476	278090	158281
48149	43144	5006	3223	1783	
349177	195549	153628	70964	82663	
48011	40033	7979	4526	3453	
242341	87882	154459	105425	49034	

4-32 教育经费支出明细

地区	合计	个人部分	工资福利支出	对个人和家庭的补助支出	#助学金
合计	**216664091**	**146421278**	**133241817**	**13179461**	**8252797**
北京	902670	557515	536005	21510	1966
天津	890035	771773	755575	16198	5066
河北	13083855	8050010	7376470	673540	449908
山西	5893561	4234069	3921591	312477	190499
内蒙古	4849302	3046302	2708213	338089	251660
辽宁	2671696	1946286	1879131	67155	30549
吉林	2837221	1722613	1604076	118537	60784
黑龙江	3712034	2538592	2153971	384621	67894
上海	1041472	752168	735918	16250	9496
江苏	12206347	8874443	8355814	518630	160947
浙江	11387540	7945061	7627634	317427	119476
安徽	11416728	8049321	7272909	776413	349771
福建	6783003	4840165	4647908	192258	84115
江西	9155694	4900914	4522695	378219	271298
山东	12541728	8816438	8437607	378831	184466
河南	17652557	10199601	9314383	885218	602768
湖北	5825775	4127788	3821462	306326	205058
湖南	12682701	8141792	7388778	753014	448886
广东	11917514	8335247	7698297	636950	220279
广西	6942029	4932561	4218023	714538	542596
海南	1799190	1113549	1034850	78699	37960
重庆	4591231	3594815	3202904	391911	255613
四川	13109355	9127951	8002956	1124995	737209
贵州	9444878	6732407	5798546	933860	710510
云南	11690095	7234221	6280960	953261	769319
西藏	840665	713854	579184	134669	128184
陕西	6418902	3997134	3652013	345121	266057
甘肃	5836556	4514156	4068972	445184	270957
青海	2320386	1565213	1380251	184963	136666
宁夏	1117661	858744	790052	68692	47090
新疆	5101706	4186573	3474667	711906	635753
大连	231133	182983	180060	2923	417
宁波	1333884	984707	959467	25240	8892
厦门	175096	127085	120042	7043	644
青岛	661879	419538	399706	19832	6465
深圳					

（地方农村高中）

单位：千元

公用部分	商品和服务支出	其他资本性支出	专项公用支出	专项项目支出	基本建设支出
68059604	**30652650**	**37406954**	**9219233**	**28187721**	**2183209**
331205	277804	53401	29902	23499	13950
118262	106819	11443	9389	2054	
4925478	2063894	2861584	484822	2376762	108367
1581896	906371	675525	243913	431612	77596
1531902	815578	716324	288252	428073	271098
682755	402702	280053	56401	223652	42655
1111412	351169	760243	136609	623634	3196
1032123	544257	487866	170477	317388	141319
289304	218365	70939	66948	3991	
3331904	1311737	2020167	510312	1509855	
3347090	1443534	1903556	414785	1488771	95389
3330427	1727060	1603367	419977	1183390	36980
1937906	892236	1045670	416522	629148	4932
4173436	1065837	3107599	824524	2283074	81344
3684790	1711815	1972976	468667	1504309	40500
7317186	3457505	3859681	981866	2877815	135770
1697987	690038	1007949	283288	724660	
4353739	2018751	2334988	403570	1931418	187170
3558430	2055274	1503156	531841	971315	23837
1941147	937919	1003228	249342	753886	68321
647361	321255	326106	171247	154859	38280
991222	597165	394057	129352	264705	5194
3863592	1942867	1920725	515675	1405050	117812
2689007	1258775	1430232	242996	1187235	23464
4167613	980093	3187520	317518	2870002	288261
126811	85130	41681	19732	21949	
2248109	1120462	1127646	304032	823614	173659
1265324	616412	648912	199625	449286	57076
725073	173979	551093	137775	413319	30100
250557	141114	109443	65822	43622	8360
806556	416731	389825	124052	265772	108577
48149	43144	5006	3223	1783	
349177	195549	153628	70964	82663	
48011	40033	7979	4526	3453	
242341	87882	154459	105425	49034	

4-33 教育经费支出明细

地区	合计	个人部分	工资福利支出	对个人和家庭的补助支出	#助学金
合计	**941589269**	**659787490**	**591903370**	**67884120**	**32763238**
北京	23595526	16451084	15591184	859900	115004
天津	10240434	8031987	7713297	318690	67962
河北	39809632	27692996	25134708	2558289	1203087
山西	18844408	13378673	12556558	822115	464223
内蒙古	14463510	10633911	9641469	992442	515387
辽宁	20402705	16382706	15301333	1081373	301765
吉林	13701410	10078739	9315928	762810	169149
黑龙江	17682119	13900350	11882230	2018120	239649
上海	24517423	15399284	14852472	546812	359278
江苏	64729651	47548916	43494570	4054346	1404381
浙江	51298920	35169065	33268671	1900395	1131442
安徽	36841003	25409523	21999956	3409567	1180629
福建	28268102	19301750	18099219	1202532	595828
江西	32434319	18677748	17058780	1618969	1076986
山东	67139731	47608876	43405298	4203577	1304603
河南	57489023	38302733	33940580	4362154	2574416
湖北	32621893	24207071	22038993	2168078	794613
湖南	38609679	26253815	23004076	3249739	1553996
广东	95877021	66540998	58126442	8414556	1855022
广西	29674064	20611584	17936601	2674983	1933500
海南	8578126	4927790	4611138	316652	140236
重庆	24517548	17224945	14943147	2281798	1330910
四川	50110748	35603085	30695937	4907148	2905282
贵州	28095896	21622048	18292607	3329442	2335738
云南	32448291	25584196	22001685	3582511	2987188
西藏	5121048	3757343	3089780	667564	614290
陕西	22406720	14169097	12748285	1420811	1015574
甘肃	15404611	11384147	10119097	1265050	789390
青海	5917124	4155929	3618052	537876	316286
宁夏	5678458	3835203	3490700	344503	212364
新疆	25070124	15941898	13930578	2011319	1275060
大连	4037217	3200951	3043778	157173	57392
宁波	7112513	5193923	4905953	287970	170098
厦门	4097002	2798287	2599135	199152	40978
青岛	8630554	5993611	5446067	547544	77093
深圳	18953430	10305186	7983021	2322165	399198

（普通初中）

单位：千元

公用部分	商品和服务支出	其他资本性支出			基本建设支出
			专项公用支出	专项项目支出	
266079037	**121658355**	**144420683**	**37915914**	**106504769**	**15722742**
6228468	4613422	1615046	801390	813656	915974
2117045	1175703	941342	255490	685853	91402
11914785	5435826	6478959	1618624	4860335	201851
5329222	3070019	2259203	814939	1444264	136513
3698955	1749253	1949702	552490	1397212	130644
3807737	2340341	1467396	324913	1142483	212262
3482136	1577873	1904263	529194	1375068	140535
3697680	2098932	1598747	422423	1176325	84089
9029855	5936111	3093744	1535706	1558038	88284
16975118	6607050	10368068	2141770	8226298	205617
15215860	6767838	8448022	1720777	6727245	913995
11147288	4548770	6598518	1800980	4797538	284191
8851063	3452915	5398148	1269281	4128867	115289
13180478	2647074	10533404	2490798	8042606	576092
19460723	6958189	12502534	2693253	9809281	70133
18445017	7990608	10454410	1962954	8491455	741273
8414474	3410491	5003983	990998	4012985	348
12075535	5398368	6677166	1378604	5298562	280330
25917880	16224196	9693684	4844169	4849515	3418144
8749427	3353508	5395919	1147379	4248540	313053
3384968	1300775	2084193	963615	1120577	265369
6111710	3184168	2927542	844838	2082704	1180893
13982644	6726621	7256023	2132357	5123666	525018
6342790	3079071	3263720	594700	2669020	131057
6322079	3147320	3174759	481881	2692878	542016
1105521	387511	718010	266581	451429	258184
7167295	2909681	4257614	1147839	3109775	1070328
3830334	1388960	2441374	538144	1903230	190130
1496446	549733	946713	162868	783845	264750
1793485	673566	1119919	378098	741822	49771
6803018	2954461	3848557	1108862	2739695	2325208
710638	503413	207225	89314	117911	125628
1918025	784936	1133090	216319	916771	564
1275853	653964	621889	198518	423371	22862
2636943	1193524	1443419	879247	564173	
5908539	3644149	2264390	1811854	452536	2739706

4-34 教育经费支出明细

地区	合计	个人部分	工资福利支出	对个人和家庭的补助支出	#助学金
合计	**938162664**	**657607440**	**590005690**	**67601750**	**32705166**
北京	23121795	16135623	15285531	850092	114543
天津	10240434	8031987	7713297	318690	67962
河北	39809632	27692996	25134708	2558289	1203087
山西	18844408	13378673	12556558	822115	464223
内蒙古	14463510	10633911	9641469	992442	515387
辽宁	20402705	16382706	15301333	1081373	301765
吉林	13652427	10036612	9273802	762810	169149
黑龙江	17516020	13774351	11789072	1985279	238851
上海	24462435	15359417	14812744	546672	359278
江苏	64729651	47548916	43494570	4054346	1404381
浙江	51298920	35169065	33268671	1900395	1131442
安徽	36841003	25409523	21999956	3409567	1180629
福建	28268102	19301750	18099219	1202532	595828
江西	32434319	18677748	17058780	1618969	1076986
山东	67139731	47608876	43405298	4203577	1304603
河南	57485678	38299999	33938699	4361301	2574334
湖北	32570969	24176759	22011664	2165094	794434
湖南	38574896	26222845	22973263	3249582	1553929
广东	95877021	66540998	58126442	8414556	1855022
广西	29674064	20611584	17936601	2674983	1933500
海南	8578126	4927790	4611138	316652	140236
重庆	24461142	17183252	14902740	2280512	1330663
四川	50100526	35594862	30687771	4907091	2905225
贵州	28095896	21622048	18292607	3329442	2335738
云南	32448291	25584196	22001685	3582511	2987188
西藏	5121048	3757343	3089780	667564	614290
陕西	22341114	14118279	12704633	1413646	1015358
甘肃	15390429	11375204	10110815	1264389	789314
青海	5917124	4155929	3618052	537876	316286
宁夏	5678458	3835203	3490700	344503	212364
新疆	22622789	14458995	12674093	1784902	1219170
大连	4037217	3200951	3043778	157173	57392
宁波	7112513	5193923	4905953	287970	170098
厦门	4097002	2798287	2599135	199152	40978
青岛	8630554	5993611	5446067	547544	77093
深圳	18953430	10305186	7983021	2322165	399198

（地方普通初中）

单位：千元

公用部分	商品和服务支出	其他资本性支出			基本建设支出
			专项公用支出	专项项目支出	
265022270	**121174856**	**143847413**	**37715423**	**106131991**	**15532954**
6070198	4484776	1585422	771766	813656	915974
2117045	1175703	941342	255490	685853	91402
11914785	5435826	6478959	1618624	4860335	201851
5329222	3070019	2259203	814939	1444264	136513
3698955	1749253	1949702	552490	1397212	130644
3807737	2340341	1467396	324913	1142483	212262
3475279	1571711	1903568	528500	1375068	140535
3657579	2075203	1582376	413794	1168582	84089
9014734	5926701	3088034	1529995	1558038	88284
16975118	6607050	10368068	2141770	8226298	205617
15215860	6767838	8448022	1720777	6727245	913995
11147288	4548770	6598518	1800980	4797538	284191
8851063	3452915	5398148	1269281	4128867	115289
13180478	2647074	10533404	2490798	8042606	576092
19460723	6958189	12502534	2693253	9809281	70133
18444406	7989996	10454410	1962954	8491455	741273
8393862	3390807	5003055	990071	4012985	348
12071722	5394862	6676859	1378308	5298551	280330
25917880	16224196	9693684	4844169	4849515	3418144
8749427	3353508	5395919	1147379	4248540	313053
3384968	1300775	2084193	963615	1120577	265369
6096997	3172005	2924991	842287	2082704	1180893
13980646	6725457	7255190	2131524	5123666	525018
6342790	3079071	3263720	594700	2669020	131057
6322079	3147320	3174759	481881	2692878	542016
1105521	387511	718010	266581	451429	258184
7152508	2898578	4253929	1144310	3109620	1070328
3825095	1387913	2437182	537732	1899449	190130
1496446	549733	946713	162868	783845	264750
1793485	673566	1119919	378098	741822	49771
6028374	2688189	3340185	961578	2378607	2135420
710638	503413	207225	89314	117911	125628
1918025	784936	1133090	216319	916771	564
1275853	653964	621889	198518	423371	22862
2636943	1193524	1443419	879247	564173	
5908539	3644149	2264390	1811854	452536	2739706

4-35 教育经费支出明细

地区	合计	个人部分	工资福利支出	对个人和家庭的补助支出	#助学金
合计	**507042283**	**372714316**	**332140617**	**40573699**	**22501642**
北京	4308543	3065934	2883131	182802	37107
天津	2702503	2363262	2311126	52136	1085
河北	25952502	18142705	16506618	1636087	840177
山西	10857026	8142941	7628303	514638	311297
内蒙古	8748312	6563834	5912443	651390	374768
辽宁	8447887	7254642	6837398	417244	132252
吉林	8288517	6179124	5754100	425023	94708
黑龙江	9743029	7626102	6466647	1159455	111021
上海	2787933	2071913	1997459	74454	39435
江苏	27766718	21261140	19593467	1667673	360950
浙江	21687489	15140715	14199100	941615	548602
安徽	25909586	18828517	16229314	2599203	916285
福建	15223970	11382836	10814240	568597	242884
江西	21674645	12518928	11661314	857614	551767
山东	35193139	25832195	23385002	2447194	781791
河南	38935187	26337588	23317735	3019853	1894734
湖北	17156760	13225223	11991546	1233676	591157
湖南	25299386	17944920	15495691	2449230	1219129
广东	30937069	23654774	21485456	2169318	631119
广西	20203824	15088868	12834279	2254590	1685594
海南	5099512	3123220	2889878	233342	106650
重庆	12436616	9705161	8372378	1332783	879006
四川	32143582	23726900	20381581	3345319	2041968
贵州	20381236	16511076	13812468	2698608	2117957
云南	24113334	20165207	17187598	2977609	2594230
西藏	3428823	2662241	2179405	482836	455346
陕西	11966181	8298925	7315947	982978	785626
甘肃	11606979	8660645	7613400	1047244	691433
青海	4053760	3096880	2660049	436831	284483
宁夏	3093507	2352127	2137875	214252	139670
新疆	16894725	11785772	10285670	1500102	1039414
大连	827659	681985	653700	28285	5833
宁波	2739064	1910242	1805953	104289	59470
厦门	508020	388727	340247	48480	5069
青岛	2179809	1664002	1471767	192235	22599
深圳					

(农村初中)

单位：千元

公用部分	商品和服务支出	其他资本性支出			基本建设支出
			专项公用支出	专项项目支出	
129708810	**57615400**	**72093410**	**16792153**	**55301257**	**4619157**
1006626	813593	193033	117662	75371	235984
339184	210848	128336	38480	89856	57
7681961	3644688	4037273	1084481	2952792	127836
2649407	1598409	1050998	406843	644155	64677
2142094	981653	1160440	319046	841394	42385
1154272	784266	370006	89001	281006	38973
2008306	876102	1132203	316973	815230	101088
2097378	1206468	890910	254522	636388	19549
716020	524720	191301	117733	73568	
6490577	2667155	3823422	782781	3040641	15000
6087405	2605790	3481615	721367	2760248	459369
6965178	3096045	3869133	1081113	2788020	115891
3814412	1676343	2138068	570525	1567543	26722
8939414	1718535	7220879	1686136	5534743	216303
9329886	3224158	6105728	976185	5129544	31058
12425074	5345070	7080004	1234832	5845172	172525
3931537	1607220	2324317	322209	2002107	
7193402	3014143	4179259	800858	3378401	161064
7136355	4467575	2668781	1044637	1624144	145939
4982612	2298704	2683908	627973	2055935	132344
1780118	626890	1153228	545978	607250	196174
2678605	1410442	1268163	380867	887296	52850
8038307	3805723	4232584	1010880	3221704	378375
3788278	1939299	1848979	335174	1513804	81882
3726629	2118810	1607819	249269	1358550	221499
653510	251004	402506	144796	257710	113072
3556630	1443691	2112939	439424	1673515	110626
2797982	975958	1822024	410435	1411588	148353
785634	362432	423202	115550	307652	171246
703490	344053	359437	139038	220400	37890
4108527	1975612	2132915	427384	1705531	1000427
132174	121115	11059	3068	7991	13500
828822	292875	535947	75824	460124	
116886	82223	34663	24154	10509	2408
515807	154474	361333	148538	212795	

4-36 教育经费支出明细

地 区	合 计	个人部分	工资福利支出	对个人和家庭的补助支出	#助学金
合 计	**505016453**	**371475933**	**331102402**	**40373532**	**22469077**
北 京	4308543	3065934	2883131	182802	37107
天 津	2702503	2363262	2311126	52136	1085
河 北	25952502	18142705	16506618	1636087	840177
山 西	10857026	8142941	7628303	514638	311297
内蒙古	8748312	6563834	5912443	651390	374768
辽 宁	8447887	7254642	6837398	417244	132252
吉 林	8288517	6179124	5754100	425023	94708
黑龙江	9595451	7511958	6383644	1128315	110782
上 海	2787933	2071913	1997459	74454	39435
江 苏	27766718	21261140	19593467	1667673	360950
浙 江	21687489	15140715	14199100	941615	548602
安 徽	25909586	18828517	16229314	2599203	916285
福 建	15223970	11382836	10814240	568597	242884
江 西	21674645	12518928	11661314	857614	551767
山 东	35193139	25832195	23385002	2447194	781791
河 南	38935187	26337588	23317735	3019853	1894734
湖 北	17156760	13225223	11991546	1233676	591157
湖 南	25299386	17944920	15495691	2449230	1219129
广 东	30937069	23654774	21485456	2169318	631119
广 西	20203824	15088868	12834279	2254590	1685594
海 南	5099512	3123220	2889878	233342	106650
重 庆	12436616	9705161	8372378	1332783	879006
四 川	32143582	23726900	20381581	3345319	2041968
贵 州	20381236	16511076	13812468	2698608	2117957
云 南	24113334	20165207	17187598	2977609	2594230
西 藏	3428823	2662241	2179405	482836	455346
陕 西	11966181	8298925	7315947	982978	785626
甘 肃	11592797	8651702	7605118	1046583	691358
青 海	4053760	3096880	2660049	436831	284483
宁 夏	3093507	2352127	2137875	214252	139670
新 疆	15030655	10670476	9338740	1331736	1007163
大 连	827659	681985	653700	28285	5833
宁 波	2739064	1910242	1805953	104289	59470
厦 门	508020	388727	340247	48480	5069
青 岛	2179809	1664002	1471767	192235	22599
深 圳					

(地方农村初中)

单位：千元

公用部分	商品和服务支出	其他资本性支出			基本建设支出
			专项公用支出	专项项目支出	
129038924	**57432032**	**71606892**	**16651921**	**54954972**	**4501595**
1006626	813593	193033	117662	75371	235984
339184	210848	128336	38480	89856	57
7681961	3644688	4037273	1084481	2952792	127836
2649407	1598409	1050998	406843	644155	64677
2142094	981653	1160440	319046	841394	42385
1154272	784266	370006	89001	281006	38973
2008306	876102	1132203	316973	815230	101088
2063943	1185373	878570	246534	632036	19549
716020	524720	191301	117733	73568	
6490577	2667155	3823422	782781	3040641	15000
6087405	2605790	3481615	721367	2760248	459369
6965178	3096045	3869133	1081113	2788020	115891
3814412	1676343	2138068	570525	1567543	26722
8939414	1718535	7220879	1686136	5534743	216303
9329886	3224158	6105728	976185	5129544	31058
12425074	5345070	7080004	1234832	5845172	172525
3931537	1607220	2324317	322209	2002107	
7193402	3014143	4179259	800858	3378401	161064
7136355	4467575	2668781	1044637	1624144	145939
4982612	2298704	2683908	627973	2055935	132344
1780118	626890	1153228	545978	607250	196174
2678605	1410442	1268163	380867	887296	52850
8038307	3805723	4232584	1010880	3221704	378375
3788278	1939299	1848979	335174	1513804	81882
3726629	2118810	1607819	249269	1358550	221499
653510	251004	402506	144796	257710	113072
3556630	1443691	2112939	439424	1673515	110626
2792743	974912	1817831	410023	1407808	148353
785634	362432	423202	115550	307652	171246
703490	344053	359437	139038	220400	37890
3477314	1814386	1662929	295551	1367378	882865
132174	121115	11059	3068	7991	13500
828822	292875	535947	75824	460124	
116886	82223	34663	24154	10509	2408
515807	154474	361333	148538	212795	

4-37 教育经费支出明细

地区	合计	个人部分	工资福利支出	对个人和家庭的补助支出	#助学金
合计	**677168**	**440454**	**411507**	**28946**	**239**
北京	61354	33285	29531	3754	231
天津	34697	34120	33479	641	
河北					
山西					
内蒙古					
辽宁					
吉林	2398	2039	1682	357	
黑龙江					
上海	5227	3789	3451	338	
江苏	193562	131201	124580	6621	8
浙江	265392	183575	175511	8063	
安徽					
福建					
江西					
山东					
河南					
湖北	48702	526	526		
湖南	3985	2357	2357		
广东	61851	49562	40390	9172	
广西					
海南					
重庆					
四川					
贵州					
云南					
西藏					
陕西					
甘肃					
青海					
宁夏					
新疆					
大连					
宁波					
厦门					
青岛					
深圳					

（成人中学）

单位：千元

公用部分	商品和服务支出	其他资本性支出	专项公用支出	专项项目支出	基本建设支出
235045	**133760**	**101285**	**14772**	**86512**	**1670**
28070	19126	8944	2979	5965	
577	554	23	23		
360	350	10	10		
1438	1278	159	159		
62361	31066	31295	2339	28956	
80148	69503	10644	7308	3336	1670
48175	155	48020		48020	
1628	1528	100	100		
12289	10200	2089	1853	235	

4-38 教育经费支出明细

地区	合计	个人部分	工资福利支出	对个人和家庭的补助支出	#助学金
合计	**1468627302**	**1050962374**	**933853236**	**117109139**	**44689306**
北京	41629265	29615837	28342281	1273557	159946
天津	15124275	12048085	11575370	472715	74040
河北	67068332	48333419	42771818	5561601	2069969
山西	28902310	20880453	19500194	1380260	445831
内蒙古	24513842	18410304	16278061	2132243	733481
辽宁	28301166	22422957	20642989	1779967	384471
吉林	20927456	16117943	14705315	1412628	212300
黑龙江	22468638	18321885	14810767	3511118	336289
上海	31055740	20340258	19612055	728203	472018
江苏	96004958	71265583	63905886	7359697	1697422
浙江	80487282	54751733	51409946	3341788	1562050
安徽	55673414	39234545	33952568	5281977	1298084
福建	42678124	29290018	27207921	2082097	525254
江西	47909515	30386840	28157759	2229080	1153492
山东	86940651	63516486	57948040	5568446	1262956
河南	84789608	58959662	52954681	6004981	3388541
湖北	47163775	33732696	30539620	3193077	1097494
湖南	56667211	39043592	34580569	4463024	2099649
广东	173293896	121907668	102489540	19418128	4164141
广西	51376375	37027270	32759920	4267349	2056813
海南	13907842	9173315	8576820	596495	170285
重庆	36212289	25740609	22513181	3227428	810987
四川	75434577	53408679	45822714	7585964	3865578
贵州	48167792	36902134	30577285	6324849	3033179
云南	55211124	44754941	38077894	6677047	4713860
西藏	10439201	7743005	6106419	1636586	1486701
陕西	37959301	23389171	20926855	2462317	1581434
甘肃	28010417	20823308	18267530	2555778	1294231
青海	10465741	7253077	6240565	1012512	590156
宁夏	8995108	6167910	5679152	488758	246446
新疆	40848078	29998989	26919519	3079471	1702207
大连	5670852	4320940	3935434	385506	44869
宁波	11670919	8355509	7866868	488641	209661
厦门	7275140	4988735	4481533	507202	83285
青岛	11758736	8653816	7942655	711161	89355
深圳	37998766	22987522	17231971	5755552	1358837

(小学)

单位：千元

公用部分	商品和服务支出	其他资本性支出			基本建设支出
			专项公用支出	专项项目支出	
396845299	**194466622**	**202378677**	**54276196**	**148102481**	**20819629**
10563937	8371962	2191975	1438289	753686	1449491
2931488	1877253	1054235	369019	685216	144702
18550302	8709150	9841152	2514362	7326790	184611
7708901	4660961	3047939	1308795	1739144	312956
5898217	2763041	3135176	912954	2222221	205320
5540058	3589288	1950770	564404	1386366	338151
4558280	2337136	2221144	649992	1571152	251234
4031573	2338592	1692981	555274	1137707	115179
10678692	7430709	3247983	1669317	1578666	36790
24325075	10325877	13999198	3407648	10591550	414301
24735318	11228120	13507198	3097805	10409393	1000230
16135450	6546287	9589164	2545841	7043323	303419
13046560	5243821	7802739	2231404	5571334	341546
17141109	3924416	13216692	3137867	10078825	381566
23335270	10187807	13147462	2735157	10412305	88894
25221806	12450309	12771497	2337784	10433712	608141
13427009	5870961	7556048	1424971	6131076	4070
17202057	8329539	8872518	2426369	6446150	421562
46103345	30177974	15925371	6385436	9539935	5282883
13795615	5669401	8126214	1910229	6215986	553490
4405367	2117861	2287506	962149	1325357	329160
9027629	4602394	4425235	1077474	3347761	1444050
21228744	10674984	10553760	3096662	7457098	797155
10983842	4849705	6134137	1071283	5062854	281816
9797057	4725887	5071170	880748	4190423	659126
2280377	852507	1427870	342074	1085796	415819
13131997	5620128	7511868	2247094	5264774	1438133
6980251	2616893	4363359	968407	3394952	206857
2486937	961317	1525621	374238	1151383	725726
2745928	1172477	1573452	640816	932636	81269
8847107	4239866	4607241	992334	3614908	2001982
1239790	924558	315232	181278	133953	110122
3314825	1465256	1849569	290951	1558618	584
2110100	1142167	967933	447729	520204	176305
3104920	1800950	1303969	353717	950253	
10188210	8165534	2022677	1106275	916402	4823034

4-39 教育经费支出明细

地区	合计	个人部分	工资福利支出	对个人和家庭的补助支出	#助学金
合 计	**1464097810**	**1047657418**	**931005783**	**116651635**	**44621681**
北 京	41118101	29322487	28056209	1266279	158882
天 津	15079603	12013827	11549948	463879	74040
河 北	67068332	48333419	42771818	5561601	2069969
山 西	28900367	20878781	19498521	1380260	445831
内蒙古	24513842	18410304	16278061	2132243	733481
辽 宁	28301166	22422957	20642989	1779967	384471
吉 林	20827790	16045978	14639084	1406893	212300
黑龙江	22288721	18177292	14713131	3464161	335229
上 海	31026624	20323666	19595468	728198	472018
江 苏	96004958	71265583	63905886	7359697	1697422
浙 江	80487282	54751733	51409946	3341788	1562050
安 徽	55673414	39234545	33952568	5281977	1298084
福 建	42678124	29290018	27207921	2082097	525254
江 西	47909515	30386840	28157759	2229080	1153492
山 东	86940651	63516486	57948040	5568446	1262956
河 南	84777170	58948398	52946593	6001805	3388454
湖 北	46995212	33612850	30432188	3180661	1097494
湖 南	56632218	39016836	34553925	4462910	2099649
广 东	173293896	121907668	102489540	19418128	4164141
广 西	51376375	37027270	32759920	4267349	2056813
海 南	13907842	9173315	8576820	596495	170285
重 庆	36140904	25679084	22453343	3225741	810987
四 川	75422853	53399518	45813555	7585963	3865578
贵 州	48167792	36902134	30577285	6324849	3033179
云 南	55211124	44754941	38077894	6677047	4713860
西 藏	10439201	7743005	6106419	1636586	1486701
陕 西	37847039	23316679	20858871	2457808	1581401
甘 肃	27991079	20805631	18251868	2553763	1293020
青 海	10465741	7253077	6240565	1012512	590156
宁 夏	8995108	6167910	5679152	488758	246446
新 疆	37615765	27575188	24860494	2714695	1638038
大 连	5670852	4320940	3935434	385506	44869
宁 波	11670919	8355509	7866868	488641	209661
厦 门	7275140	4988735	4481533	507202	83285
青 岛	11758736	8653816	7942655	711161	89355
深 圳	37998766	22987522	17231971	5755552	1358837

（地方小学）

单位：千元

公用部分	商品和服务支出	其他资本性支出	专项公用支出	专项项目支出	基本建设支出
395718861	**193774410**	**201944451**	**54128778**	**147815673**	**20721531**
10346123	8173741	2172382	1422861	749522	1449491
2921075	1870044	1051030	365815	685216	144702
18550302	8709150	9841152	2514362	7326790	184611
7708631	4660691	3047939	1308795	1739144	312956
5898217	2763041	3135176	912954	2222221	205320
5540058	3589288	1950770	564404	1386366	338151
4530579	2321108	2209471	645298	1564172	251234
3996250	2325782	1670468	545930	1124539	115179
10666169	7422425	3243743	1665077	1578666	36790
24325075	10325877	13999198	3407648	10591550	414301
24735318	11228120	13507198	3097805	10409393	1000230
16135450	6546287	9589164	2545841	7043323	303419
13046560	5243821	7802739	2231404	5571334	341546
17141109	3924416	13216692	3137867	10078825	381566
23335270	10187807	13147462	2735157	10412305	88894
25220632	12449135	12771497	2337784	10433712	608141
13378293	5839236	7539057	1417587	6121470	4070
17193820	8323211	8870609	2424459	6446150	421562
46103345	30177974	15925371	6385436	9539935	5282883
13795615	5669401	8126214	1910229	6215986	553490
4405367	2117861	2287506	962149	1325357	329160
9017770	4595250	4422521	1074760	3347761	1444050
21226181	10672724	10553457	3096359	7457098	797155
10983842	4849705	6134137	1071283	5062854	281816
9797057	4725887	5071170	880748	4190423	659126
2280377	852507	1427870	342074	1085796	415819
13102228	5604515	7497713	2243023	5254690	1428133
6978591	2615599	4362992	968190	3394802	206857
2486937	961317	1525621	374238	1151383	725726
2745928	1172477	1573452	640816	932636	81269
8126692	3856014	4270678	898425	3372253	1913884
1239790	924558	315232	181278	133953	110122
3314825	1465256	1849569	290951	1558618	584
2110100	1142167	967933	447729	520204	176305
3104920	1800950	1303969	353717	950253	
10188210	8165534	2022677	1106275	916402	4823034

4-40 教育经费支出明细

地区	合计	个人部分	工资福利支出	对个人和家庭的补助支出	#助学金
合计	**1468621418**	**1050959974**	**933850835**	**117109139**	**44689306**
北京	41629265	29615837	28342281	1273557	159946
天津	15124275	12048085	11575370	472715	74040
河北	67068332	48333419	42771818	5561601	2069969
山西	28902310	20880453	19500194	1380260	445831
内蒙古	24513842	18410304	16278061	2132243	733481
辽宁	28301166	22422957	20642989	1779967	384471
吉林	20927456	16117943	14705315	1412628	212300
黑龙江	22468638	18321885	14810767	3511118	336289
上海	31055740	20340258	19612055	728203	472018
江苏	96004958	71265583	63905886	7359697	1697422
浙江	80487282	54751733	51409946	3341788	1562050
安徽	55673414	39234545	33952568	5281977	1298084
福建	42675899	29287972	27205875	2082097	525254
江西	47909515	30386840	28157759	2229080	1153492
山东	86940651	63516486	57948040	5568446	1262956
河南	84789608	58959662	52954681	6004981	3388541
湖北	47163775	33732696	30539620	3193077	1097494
湖南	56667211	39043592	34580569	4463024	2099649
广东	173293896	121907668	102489540	19418128	4164141
广西	51373112	37027270	32759920	4267349	2056813
海南	13907842	9173315	8576820	596495	170285
重庆	36211892	25740256	22512828	3227428	810987
四川	75434577	53408679	45822714	7585964	3865578
贵州	48167792	36902134	30577285	6324849	3033179
云南	55211124	44754941	38077894	6677047	4713860
西藏	10439201	7743005	6106419	1636586	1486701
陕西	37959301	23389171	20926855	2462317	1581434
甘肃	28010417	20823308	18267530	2555778	1294231
青海	10465741	7253077	6240565	1012512	590156
宁夏	8995108	6167910	5679152	488758	246446
新疆	40848078	29998989	26919519	3079471	1702207
大连	5670852	4320940	3935434	385506	44869
宁波	11670919	8355509	7866868	488641	209661
厦门	7275140	4988735	4481533	507202	83285
青岛	11758736	8653816	7942655	711161	89355
深圳	37998766	22987522	17231971	5755552	1358837

（普通小学）

单位：千元

公用部分	商品和服务支出	其他资本性支出			基本建设支出
			专项公用支出	专项项目支出	
396841815	**194466401**	**202375414**	**54272934**	**148102481**	**20819629**
10563937	8371962	2191975	1438289	753686	1449491
2931488	1877253	1054235	369019	685216	144702
18550302	8709150	9841152	2514362	7326790	184611
7708901	4660961	3047939	1308795	1739144	312956
5898217	2763041	3135176	912954	2222221	205320
5540058	3589288	1950770	564404	1386366	338151
4558280	2337136	2221144	649992	1571152	251234
4031573	2338592	1692981	555274	1137707	115179
10678692	7430709	3247983	1669317	1578666	36790
24325075	10325877	13999198	3407648	10591550	414301
24735318	11228120	13507198	3097805	10409393	1000230
16135450	6546287	9589164	2545841	7043323	303419
13046381	5243643	7802739	2231404	5571334	341546
17141109	3924416	13216692	3137867	10078825	381566
23335270	10187807	13147462	2735157	10412305	88894
25221806	12450309	12771497	2337784	10433712	608141
13427009	5870961	7556048	1424971	6131076	4070
17202057	8329539	8872518	2426369	6446150	421562
46103345	30177974	15925371	6385436	9539935	5282883
13792352	5669401	8122951	1906966	6215986	553490
4405367	2117861	2287506	962149	1325357	329160
9027586	4602351	4425235	1077474	3347761	1444050
21228744	10674984	10553760	3096662	7457098	797155
10983842	4849705	6134137	1071283	5062854	281816
9797057	4725887	5071170	880748	4190423	659126
2280377	852507	1427870	342074	1085796	415819
13131997	5620128	7511868	2247094	5264774	1438133
6980251	2616893	4363359	968407	3394952	206857
2486937	961317	1525621	374238	1151383	725726
2745928	1172477	1573452	640816	932636	81269
8847107	4239866	4607241	992334	3614908	2001982
1239790	924558	315232	181278	133953	110122
3314825	1465256	1849569	290951	1558618	584
2110100	1142167	967933	447729	520204	176305
3104920	1800950	1303969	353717	950253	
10188210	8165534	2022677	1106275	916402	4823034

4-41 教育经费支出明细

地区	合计				
		个人部分	工资福利支出	对个人和家庭的补助支出	#助学金
合计	**1464091925**	**1047655018**	**931003383**	**116651635**	**44621681**
北京	41118101	29322487	28056209	1266279	158882
天津	15079603	12013827	11549948	463879	74040
河北	67068332	48333419	42771818	5561601	2069969
山西	28900367	20878781	19498521	1380260	445831
内蒙古	24513842	18410304	16278061	2132243	733481
辽宁	28301166	22422957	20642989	1779967	384471
吉林	20827790	16045978	14639084	1406893	212300
黑龙江	22288721	18177292	14713131	3464161	335229
上海	31026624	20323666	19595468	728198	472018
江苏	96004958	71265583	63905886	7359697	1697422
浙江	80487282	54751733	51409946	3341788	1562050
安徽	55673414	39234545	33952568	5281977	1298084
福建	42675899	29287972	27205875	2082097	525254
江西	47909515	30386840	28157759	2229080	1153492
山东	86940651	63516486	57948040	5568446	1262956
河南	84777170	58948398	52946593	6001805	3388454
湖北	46995212	33612850	30432188	3180661	1097494
湖南	56632218	39016836	34553925	4462910	2099649
广东	173293896	121907668	102489540	19418128	4164141
广西	51373112	37027270	32759920	4267349	2056813
海南	13907842	9173315	8576820	596495	170285
重庆	36140508	25678730	22452989	3225741	810987
四川	75422853	53399518	45813555	7585963	3865578
贵州	48167792	36902134	30577285	6324849	3033179
云南	55211124	44754941	38077894	6677047	4713860
西藏	10439201	7743005	6106419	1636586	1486701
陕西	37847039	23316679	20858871	2457808	1581401
甘肃	27991079	20805631	18251868	2553763	1293020
青海	10465741	7253077	6240565	1012512	590156
宁夏	8995108	6167910	5679152	488758	246446
新疆	37615765	27575188	24860494	2714695	1638038
大连	5670852	4320940	3935434	385506	44869
宁波	11670919	8355509	7866868	488641	209661
厦门	7275140	4988735	4481533	507202	83285
青岛	11758736	8653816	7942655	711161	89355
深圳	37998766	22987522	17231971	5755552	1358837

（地方普通小学）

单位：千元

公用部分	商品和服务支出	其他资本性支出			基本建设支出
			专项公用支出	专项项目支出	
395715376	**193774189**	**201941188**	**54125515**	**147815673**	**20721531**
10346123	8173741	2172382	1422861	749522	1449491
2921075	1870044	1051030	365815	685216	144702
18550302	8709150	9841152	2514362	7326790	184611
7708631	4660691	3047939	1308795	1739144	312956
5898217	2763041	3135176	912954	2222221	205320
5540058	3589288	1950770	564404	1386366	338151
4530579	2321108	2209471	645298	1564172	251234
3996250	2325782	1670468	545930	1124539	115179
10666169	7422425	3243743	1665077	1578666	36790
24325075	10325877	13999198	3407648	10591550	414301
24735318	11228120	13507198	3097805	10409393	1000230
16135450	6546287	9589164	2545841	7043323	303419
13046381	5243643	7802739	2231404	5571334	341546
17141109	3924416	13216692	3137867	10078825	381566
23335270	10187807	13147462	2735157	10412305	88894
25220632	12449135	12771497	2337784	10433712	608141
13378293	5839236	7539057	1417587	6121470	4070
17193820	8323211	8870609	2424459	6446150	421562
46103345	30177974	15925371	6385436	9539935	5282883
13792352	5669401	8122951	1906966	6215986	553490
4405367	2117861	2287506	962149	1325357	329160
9017727	4595207	4422521	1074760	3347761	1444050
21226181	10672724	10553457	3096359	7457098	797155
10983842	4849705	6134137	1071283	5062854	281816
9797057	4725887	5071170	880748	4190423	659126
2280377	852507	1427870	342074	1085796	415819
13102228	5604515	7497713	2243023	5254690	1428133
6978591	2615599	4362992	968190	3394802	206857
2486937	961317	1525621	374238	1151383	725726
2745928	1172477	1573452	640816	932636	81269
8126692	3856014	4270678	898425	3372253	1913884
1239790	924558	315232	181278	133953	110122
3314825	1465256	1849569	290951	1558618	584
2110100	1142167	967933	447729	520204	176305
3104920	1800950	1303969	353717	950253	
10188210	8165534	2022677	1106275	916402	4823034

4-42 教育经费支出明细

地区	合计	个人部分			
			工资福利支出	对个人和家庭的补助支出	
					#助学金
合计	**833667921**	**626136745**	**551813273**	**74323472**	**31773215**
北京	7757855	5339589	5010617	328972	39051
天津	3659496	3105963	2995036	110927	1274
河北	48817042	35776631	31469792	4306839	1765289
山西	18524316	14016364	13062047	954316	316376
内蒙古	16810066	13134676	11415019	1719657	564778
辽宁	12502333	10879138	9920863	958275	178525
吉林	13548644	10750515	9852638	897877	124978
黑龙江	13671128	11387152	9051516	2335636	140532
上海	3741934	2826325	2721117	105208	55769
江苏	41234360	32164696	28540026	3624670	433418
浙江	34708527	24191533	22403093	1788441	728678
安徽	39496553	29018054	25110622	3907431	1028842
福建	24012892	17235570	16074661	1160909	120509
江西	33519533	21756274	20341409	1414865	681552
山东	48164669	36402989	33116415	3286574	672085
河南	60662429	43072302	38657596	4414706	2686050
湖北	25170075	18792686	16904031	1888655	859437
湖南	36911716	26730102	23432865	3297237	1765940
广东	56963044	43796749	37766666	6030083	1336544
广西	37462897	28380612	24714863	3665748	1784396
海南	9313376	6620469	6144504	475965	129977
重庆	19670380	15799665	13570567	2229099	622719
四川	51142213	37397282	31814446	5582836	2978311
贵州	36517632	29371568	24270513	5101055	2711342
云南	43468719	36789646	31255125	5534521	4004640
西藏	8278968	6215724	4854158	1361565	1246268
陕西	21255960	13949688	12194942	1754746	1230279
甘肃	22395439	16834649	14661451	2173198	1177914
青海	7780869	5741115	4865663	875452	569908
宁夏	5422580	4169971	3834823	335148	179674
新疆	31082278	24489048	21786188	2702860	1638160
大连	1187562	987501	806303	181198	4064
宁波	4398933	3105495	2901921	203574	78625
厦门	1259320	906558	702478	204080	3494
青岛	2774786	2291199	2082082	209116	19489
深圳	69180	41959	37192	4767	

（农村小学）

单位：千元

公用部分	商品和服务支出	其他资本性支出	专项公用支出	专项项目支出	基本建设支出
200807626	**93481259**	**107326367**	**25105301**	**82221067**	**6723550**
2094943	1552800	542143	230639	311504	323322
455657	334133	121524	45995	75529	97876
12903282	6175505	6727778	1708268	5019510	137129
4343026	2626776	1716251	651133	1065117	164926
3603443	1739430	1864013	487519	1376495	71946
1585008	1111107	473901	106550	367351	38187
2723820	1361275	1362544	426441	936103	74310
2235013	1247518	987495	320363	667132	48964
915608	706129	209480	121639	87841	
9069429	4177019	4892410	1116044	3776366	235
9978583	4331767	5646816	1325137	4321678	538411
10397090	4618305	5778785	1645278	4133507	81409
6631964	2650180	3981784	1092948	2888837	145357
11483751	2581926	8901825	2104919	6796906	279508
11715433	4902970	6812463	1178274	5634189	46247
17392518	8806194	8586324	1458564	7127759	197609
6377389	2752288	3625101	509326	3115775	
9929604	4451236	5478368	1122374	4355994	252010
13156147	7923282	5232865	1864604	3368261	10149
8818611	4017259	4801352	1082431	3718921	263674
2407932	1087686	1320246	461149	859097	284975
3746736	1987602	1759135	458227	1300908	123979
13092385	6317186	6775199	1332364	5442835	652545
6978328	3157686	3820642	705442	3115200	167736
6342611	3226592	3116019	453312	2662706	336462
1786949	663740	1123209	233083	890126	276296
7122676	2804262	4318414	1074807	3243606	183596
5391455	1938796	3452659	767080	2685580	169335
1658527	686306	972221	274270	697951	381227
1203159	630962	572198	210804	361394	49450
5266549	2913345	2353204	536315	1816889	1326681
189062	176274	12788	5556	7232	11000
1293438	512267	781171	98098	683073	
336177	138406	197771	96308	101464	16584
483588	262070	221517	39661	181857	
27221	21496	5725	5361	364	

4-43 教育经费支出明细

地区	合计	个人部分	工资福利支出	对个人和家庭的补助支出	#助学金
合计	**830879393**	**623942380**	**549983750**	**73958630**	**31715213**
北京	7757855	5339589	5010617	328972	39051
天津	3659496	3105963	2995036	110927	1274
河北	48817042	35776631	31469792	4306839	1765289
山西	18522373	14014691	13060375	954316	316376
内蒙古	16810066	13134676	11415019	1719657	564778
辽宁	12502333	10879138	9920863	958275	178525
吉林	13548644	10750515	9852638	897877	124978
黑龙江	13513868	11256670	8965785	2290885	140276
上海	3741934	2826325	2721117	105208	55769
江苏	41234360	32164696	28540026	3624670	433418
浙江	34708527	24191533	22403093	1788441	728678
安徽	39496553	29018054	25110622	3907431	1028842
福建	24012892	17235570	16074661	1160909	120509
江西	33519533	21756274	20341409	1414865	681552
山东	48164669	36402989	33116415	3286574	672085
河南	60662429	43072302	38657596	4414706	2686050
湖北	25170075	18792686	16904031	1888655	859437
湖南	36911716	26730102	23432865	3297237	1765940
广东	56963044	43796749	37766666	6030083	1336544
广西	37462897	28380612	24714863	3665748	1784396
海南	9313376	6620469	6144504	475965	129977
重庆	19670380	15799665	13570567	2229099	622719
四川	51142213	37397282	31814446	5582836	2978311
贵州	36517632	29371568	24270513	5101055	2711342
云南	43468719	36789646	31255125	5534521	4004640
西藏	8278968	6215724	4854158	1361565	1246268
陕西	21255960	13949688	12194942	1754746	1230279
甘肃	22376101	16816971	14645789	2171183	1176702
青海	7780869	5741115	4865663	875452	569908
宁夏	5422580	4169971	3834823	335148	179674
新疆	28472290	22444515	20059730	2384785	1581627
大连	1187562	987501	806303	181198	4064
宁波	4398933	3105495	2901921	203574	78625
厦门	1259320	906558	702478	204080	3494
青岛	2774786	2291199	2082082	209116	19489
深圳	69180	41959	37192	4767	

(地方农村小学)

单位：千元

公用部分					基本建设支出
	商品和服务支出	其他资本性支出			
			专项公用支出	专项项目支出	
200244749	**93189654**	**107055095**	**25023316**	**82031779**	**6692264**
2094943	1552800	542143	230639	311504	323322
455657	334133	121524	45995	75529	97876
12903282	6175505	6727778	1708268	5019510	137129
4342756	2626506	1716251	651133	1065117	164926
3603443	1739430	1864013	487519	1376495	71946
1585008	1111107	473901	106550	367351	38187
2723820	1361275	1362544	426441	936103	74310
2208234	1237493	970741	311784	658957	48964
915608	706129	209480	121639	87841	
9069429	4177019	4892410	1116044	3776366	235
9978583	4331767	5646816	1325137	4321678	538411
10397090	4618305	5778785	1645278	4133507	81409
6631964	2650180	3981784	1092948	2888837	145357
11483751	2581926	8901825	2104919	6796906	279508
11715433	4902970	6812463	1178274	5634189	46247
17392518	8806194	8586324	1458564	7127759	197609
6377389	2752288	3625101	509326	3115775	
9929604	4451236	5478368	1122374	4355994	252010
13156147	7923282	5232865	1864604	3368261	10149
8818611	4017259	4801352	1082431	3718921	263674
2407932	1087686	1320246	461149	859097	284975
3746736	1987602	1759135	458227	1300908	123979
13092385	6317186	6775199	1332364	5442835	652545
6978328	3157686	3820642	705442	3115200	167736
6342611	3226592	3116019	453312	2662706	336462
1786949	663740	1123209	233083	890126	276296
7122676	2804262	4318414	1074807	3243606	183596
5389795	1937502	3452293	766863	2685430	169335
1658527	686306	972221	274270	697951	381227
1203159	630962	572198	210804	361394	49450
4732381	2633329	2099052	463125	1635926	1295395
189062	176274	12788	5556	7232	11000
1293438	512267	781171	98098	683073	
336177	138406	197771	96308	101464	16584
483588	262070	221517	39661	181857	
27221	21496	5725	5361	364	

4-44　教育经费支出明细

地区	合计	个人部分	工资福利支出	对个人和家庭的补助支出	#助学金
合计	**5885**	**2400**	**2400**		
北京					
天津					
河北					
山西					
内蒙古					
辽宁					
吉林					
黑龙江					
上海					
江苏					
浙江					
安徽					
福建	2226	2047	2047		
江西					
山东					
河南					
湖北					
湖南					
广东					
广西	3263				
海南					
重庆	396	354	354		
四川					
贵州					
云南					
西藏					
陕西					
甘肃					
青海					
宁夏					
新疆					
大连					
宁波					
厦门					
青岛					
深圳					

（成人小学）

单位：千元

公用部分	商品和服务支出	其他资本性支出			基本建设支出
			专项公用支出	专项项目支出	
3484	**222**	**3263**	**3263**		
179	179				
3263		3263	3263		
43	43				

4-45 教育经费支出明细

地区	合计	个人部分	工资福利支出	对个人和家庭的补助支出	#助学金
合计	**19665742**	**13391152**	**12244135**	**1147017**	**388888**
北京	667950	543352	513439	29914	6074
天津	257504	195169	188378	6791	439
河北	750955	515613	479137	36477	11061
山西	508070	320224	283961	36263	8549
内蒙古	407473	272744	262360	10384	4584
辽宁	650555	517534	475258	42276	5114
吉林	351033	270788	250677	20111	5410
黑龙江	467581	358238	311994	46244	8987
上海	899693	648863	629171	19692	10965
江苏	1422752	1045903	952831	93072	25978
浙江	1088197	715032	676696	38335	20526
安徽	627542	332775	292480	40296	11928
福建	733839	469261	434696	34565	15301
江西	533797	276574	258392	18182	10400
山东	1478628	1028872	923568	105304	43777
河南	770996	581286	535786	45500	17991
湖北	667322	442259	382996	59263	13028
湖南	740294	485470	439099	46371	19912
广东	2309796	1518752	1361580	157172	19071
广西	488128	312699	287001	25698	9337
海南	128779	78358	71381	6977	3112
重庆	330065	234220	212129	22091	9143
四川	899654	580280	516451	63830	23255
贵州	536509	391717	347426	44290	21190
云南	557299	394360	358453	35907	28015
西藏	115926	90982	85053	5928	5350
陕西	504924	268818	254409	14409	9026
甘肃	254598	166150	154808	11341	4114
青海	86634	58606	52795	5812	2939
宁夏	170861	104825	91613	13212	10206
新疆	258387	171430	160119	11311	4108
大连	129565	109859	107946	1914	9
宁波	146180	102572	96651	5920	2816
厦门	130243	78174	72740	5434	533
青岛	256376	189015	165110	23904	8034
深圳	428445	203880	165604	38275	246

(特殊教育)

单位：千元

	公用部分	商品和服务支出	其他资本性支出	专项公用支出	专项项目支出	基本建设支出
	6062743	**3417265**	**2645478**	**975426**	**1670052**	**211847**
	124597	100616	23981	20099	3882	
	62335	53209	9126	8541	585	
	235017	116471	118547	34235	84312	325
	187846	107465	80381	32552	47829	
	134188	67585	66603	29361	37242	541
	132719	103498	29221	12686	16536	302
	80246	56030	24216	18419	5797	
	108343	71555	36788	25275	11513	1000
	250830	194330	56500	51845	4655	
	361383	200180	161203	72840	88363	15466
	366626	192495	174131	53044	121086	6539
	294767	151962	142805	37714	105091	
	264579	116850	147728	43974	103755	
	257223	82295	174928	40485	134443	
	441756	211967	229789	80481	149308	8000
	189710	143343	46368	20907	25461	
	225064	126508	98556	21803	76753	
	254824	140854	113970	32898	81071	
	747646	416459	331186	127640	203546	43399
	137949	83561	54389	28638	25751	37480
	50398	31821	18577	12803	5774	22
	95845	59355	36490	12504	23985	
	318373	187277	131096	55663	75433	1000
	134055	101849	32207	16966	15241	10737
	162930	80201	82729	12820	69909	10
	24945	11938	13007	1885	11121	
	184166	81029	103137	34190	68947	51940
	68347	34291	34056	10842	23213	20102
	27336	13870	13466	3518	9948	692
	66036	44023	22013	10713	11300	
	72665	34380	38285	10083	28201	14292
	19706	16389	3317	2985	332	
	43609	30094	13514	7668	5846	
	52069	32767	19302	13998	5303	
	67361	40443	26919	21967	4952	
	195386	105722	89664	28157	61506	29180

4-46 教育经费支出明细

地区	合计	个人部分	工资福利支出	对个人和家庭的补助支出	#助学金
合计	**18766690**	**12835109**	**11728069**	**1107040**	**380952**
北京	542352	450616	428276	22340	5104
天津	248067	187529	182034	5495	439
河北	750955	515613	479137	36477	11061
山西	486723	306504	270273	36231	8549
内蒙古	407473	272744	262360	10384	4584
辽宁	601641	477075	438019	39057	5082
吉林	339578	262687	243083	19604	5084
黑龙江	461802	354230	308431	45799	8981
上海	740465	538249	522006	16242	10481
江苏	1390685	1026241	934209	92032	25896
浙江	1066666	703637	665621	38016	20450
安徽	610797	319581	282971	36609	11928
福建	733839	469261	434696	34565	15301
江西	520622	267908	249726	18182	10400
山东	1478628	1028872	923568	105304	43777
河南	750261	567704	523874	43830	17978
湖北	649013	426588	368803	57785	13028
湖南	708432	467644	422083	45561	19852
广东	2258992	1485045	1329765	155280	19017
广西	468846	306412	280798	25614	9337
海南	128779	78358	71381	6977	3112
重庆	321106	226555	205368	21187	9143
四川	838622	538944	476632	62312	22993
贵州	444388	328155	292595	35561	16356
云南	497995	380242	344838	35404	28015
西藏	115926	90982	85053	5928	5350
陕西	435543	257961	243634	14327	9026
甘肃	254598	166150	154808	11341	4114
青海	86634	58606	52795	5812	2939
宁夏	170861	104825	91613	13212	10206
新疆	256400	170192	159619	10574	3370
大连	118388	100982	99451	1531	9
宁波	146180	102572	96651	5920	2816
厦门	130243	78174	72740	5434	533
青岛	256376	189015	165110	23904	8034
深圳	422765	200382	162707	37676	192

（特殊教育学校）

单位：千元

公用部分					基本建设支出
	商品和服务支出	其他资本性支出			
			专项公用支出	专项项目支出	
5719734	**3232812**	**2486922**	**925587**	**1561335**	**211847**
91737	79868	11869	7987	3882	
60537	51591	8947	8362	585	
235017	116471	118547	34235	84312	325
180219	101581	78638	31725	46913	
134188	67585	66603	29361	37242	541
124264	97226	27039	11725	15314	302
76892	53072	23820	18022	5797	
106572	69825	36747	25234	11513	1000
202217	157718	44498	40382	4116	
348978	196210	152768	69917	82851	15466
356490	188962	167528	52641	114887	6539
291216	148998	142218	37127	105091	
264579	116850	147728	43974	103755	
252714	80661	172053	40394	131659	
441756	211967	229789	80481	149308	8000
182557	138994	43562	20536	23026	
222425	124114	98311	21558	76753	
240788	137535	103253	32075	71178	
730547	401395	329153	125606	203546	43399
124955	72934	52021	26493	25528	37480
50398	31821	18577	12803	5774	22
94551	58210	36341	12499	23842	
298679	173663	125015	52982	72033	1000
105496	82257	23239	15635	7605	10737
117743	74017	43725	12301	31425	10
24945	11938	13007	1885	11121	
125642	61535	64107	24489	39617	51940
68347	34291	34056	10842	23213	20102
27336	13870	13466	3518	9948	692
66036	44023	22013	10713	11300	
71916	33631	38285	10083	28201	14292
17406	14813	2594	2262	332	
43609	30094	13514	7668	5846	
52069	32767	19302	13998	5303	
67361	40443	26919	21967	4952	
193202	104022	89180	27674	61506	29180

4-47 教育经费支出明细

地区	合计	个人部分	工资福利支出	对个人和家庭的补助支出	#助学金
合计	**899052**	**556043**	**516066**	**39977**	**7936**
北京	125597	92737	85163	7574	970
天津	9437	7640	6344	1296	
河北					
山西	21348	13720	13689	32	
内蒙古					
辽宁	48914	40459	37239	3220	33
吉林	11455	8101	7594	507	326
黑龙江	5779	4008	3563	445	6
上海	159227	110614	107164	3450	484
江苏	32067	19662	18622	1040	82
浙江	21531	11395	11075	320	75
安徽	16745	13195	9508	3686	
福建					
江西	13175	8666	8666		
山东					
河南	20736	13582	11911	1670	13
湖北	18309	15671	14193	1478	
湖南	31862	17826	17017	809	60
广东	50805	33706	31814	1892	54
广西	19282	6287	6203	84	
海南					
重庆	8959	7665	6761	903	1
四川	61031	41337	39819	1518	262
贵州	92120	63561	54832	8729	4834
云南	59305	14117	13614	503	
西藏					
陕西	69381	10857	10775	82	
甘肃					
青海					
宁夏					
新疆	1987	1238	500	738	738
大连	11177	8877	8494	383	
宁波					
厦门					
青岛					
深圳	5681	3497	2898	599	54

（工读学校）

单位：千元

公用部分	商品和服务支出	其他资本性支出	专项公用支出	专项项目支出	基本建设支出
343009	**184453**	**158556**	**49839**	**108717**	
32861	20748	12112	12112		
1797	1618	179	179		
7627	5884	1743	827	916	
8455	6272	2183	961	1222	
3354	2958	396	396		
1771	1731	41	41		
48613	36611	12002	11463	540	
12405	3970	8435	2923	5512	
10136	3533	6603	403	6200	
3550	2964	587	587		
4509	1633	2875	91	2784	
7154	4348	2806	371	2435	
2639	2394	245	245		
14036	3319	10717	824	9893	
17098	15065	2034	2034		
12994	10627	2368	2145	223	
1294	1145	149	6	143	
19694	13614	6080	2681	3400	
28559	19592	8968	1332	7636	
45187	6183	39004	519	38485	
58524	19494	39030	9701	29330	
749	749				
2300	1577	723	723		
2184	1700	483	483		

4-48 教育经费支出明细

地区	合计	个人部分	工资福利支出	对个人和家庭的补助支出	#助学金
合计	**427956500**	**257748867**	**244909250**	**12839618**	**6582900**
北京	18612205	10870138	10670511	199627	1783
天津	5600279	3451645	3378234	73411	3384
河北	14392507	9377777	9067880	309897	73321
山西	6205120	3720298	3551893	168406	127360
内蒙古	7694389	4527773	4285402	242372	115612
辽宁	5726036	3726945	3621884	105061	26609
吉林	3677112	2225620	2169836	55784	14402
黑龙江	4315576	2500060	2357836	142223	11490
上海	19614548	12430403	12354036	76368	20519
江苏	31054541	20550409	19923987	626422	213868
浙江	32871467	18833589	18523554	310035	77149
安徽	13802613	8009846	7653305	356541	159756
福建	14470977	8550034	8358883	191151	52877
江西	13569469	6596406	6375702	220704	115225
山东	25525133	15301606	14689222	612384	337010
河南	22461253	13507839	13170423	337416	207079
湖北	11573871	7208631	6952564	256067	120585
湖南	15301778	9197298	8740153	457146	313242
广东	50780273	30834752	28547977	2286776	610933
广西	10341604	6238871	5977414	261457	147603
海南	4766459	2091957	2003407	88550	43118
重庆	8193458	4192221	3773252	418969	306110
四川	21879063	12071836	11103273	968563	588105
贵州	13233493	8176460	7377954	798506	589796
云南	11315872	7415539	6921140	494399	319058
西藏	3094951	2117560	1667293	450267	417778
陕西	12769279	7557494	7217615	339879	248781
甘肃	7347714	4841856	4500938	340918	154230
青海	2055089	1079752	919186	160567	119334
宁夏	2121228	918542	816571	101971	56578
新疆	13589141	9625708	8237927	1387782	990205
大连	1479619	990105	975668	14437	2567
宁波	5331253	3360074	3324768	35307	13642
厦门	3046784	1789676	1739062	50614	484
青岛	3836475	2371583	2315763	55820	17495
深圳	14400056	7171067	6087213	1083854	274141

（幼儿园）

单位：千元

公用部分	商品和服务支出	其他资本性支出	专项公用支出	专项项目支出	基本建设支出
164925171	**100866875**	**64058296**	**19261949**	**44796347**	**5282462**
7266199	6419531	846668	569381	277287	475868
2136439	1320390	816049	326708	489341	12195
4969000	3078376	1890624	639327	1251296	45730
2435937	1729180	706757	282808	423949	48885
3059094	1677120	1381974	333720	1048254	107522
1987933	1595454	392479	133942	258537	11158
1400302	766680	633622	162784	470838	51191
1793699	926203	867497	112494	755003	21816
7161990	5752944	1409046	839186	569861	22154
10425275	5768824	4656451	1409459	3246992	78857
13601286	7563178	6038108	1319754	4718354	436592
5695739	2872247	2823491	759312	2064179	97028
5853201	3302926	2550275	894255	1656020	67742
6879281	2079966	4799314	1072306	3727008	93782
10210727	6408698	3802029	1049815	2752215	12800
8825291	5863976	2961315	776652	2184663	128123
4365240	2830717	1534523	548556	985966	
5938542	4090154	1848388	445625	1402763	165938
18619907	13544054	5075852	2704118	2371735	1325614
3900013	2208096	1691916	456824	1235093	202721
2602093	1097030	1505063	703191	801872	72409
3849563	2572576	1276987	267459	1009528	151674
9479105	5481796	3997309	1125714	2871595	328122
4977063	2276299	2700764	384734	2316029	79970
3809916	2289558	1520357	322646	1197711	90418
836995	353680	483316	125459	357857	140396
4911871	2780852	2131019	712346	1418673	299914
2470010	1356491	1113519	214772	898748	35847
900590	441113	459477	58996	400480	74747
1202686	437793	764893	161317	603576	
3360185	1980972	1379213	348290	1030923	603248
488914	443864	45050	22283	22768	600
1971179	1054666	916512	142945	773567	
1237338	801009	436329	232637	203692	19770
1464892	985289	479603	236305	243298	
5984374	4120728	1863646	1298382	565264	1244615

4-49 教育经费支出明细

地区	合计	个人部分	工资福利支出	对个人和家庭的补助支出	#助学金
合计	**424653091**	**255372678**	**242676361**	**12696317**	**6563295**
北京	17334863	9926014	9755366	170648	1782
天津	5513640	3379411	3306078	73332	3384
河北	14358763	9350424	9041005	309419	73273
山西	6191316	3710373	3542421	167952	127360
内蒙古	7689147	4523473	4281101	242372	115612
辽宁	5616854	3634589	3533745	100843	26609
吉林	3655600	2207859	2152179	55681	14402
黑龙江	4036186	2285328	2146720	138608	11427
上海	19423610	12321608	12245994	75614	20519
江苏	31029654	20530145	19904069	626076	213794
浙江	32858634	18822879	18513291	309589	77149
安徽	13775051	7986640	7630646	355994	159756
福建	14461828	8543151	8352000	191151	52877
江西	13569469	6596406	6375702	220704	115225
山东	25525133	15301606	14689222	612384	337010
河南	22417998	13470911	13133508	337403	207066
湖北	11513478	7160621	6905391	255230	120536
湖南	15276381	9183149	8726230	456919	313176
广东	50746237	30805545	28520441	2285104	610543
广西	10341167	6238443	5976986	261457	147603
海南	4732314	2066009	1977460	88550	43118
重庆	8157608	4159292	3740649	418644	306110
四川	21826470	12039365	11071832	967533	588105
贵州	13233493	8176460	7377954	798506	589796
云南	11306538	7408246	6913848	494398	319057
西藏	3094951	2117560	1667293	450267	417778
陕西	12728645	7530080	7190909	339171	248730
甘肃	7320868	4817314	4478281	339033	153283
青海	2043897	1070755	910564	160191	119054
宁夏	2118124	915559	813588	101971	56578
新疆	12755173	9093461	7801889	1291572	972581
大连	1450007	963543	949780	13763	2567
宁波	5331253	3360074	3324768	35307	13642
厦门	3041856	1786148	1735534	50614	484
青岛	3836475	2371583	2315763	55820	17495
深圳	14398040	7169499	6085644	1083854	274141

(地方幼儿园)

单位：千元

公用部分	商品和服务支出	其他资本性支出	专项公用支出	专项项目支出	基本建设支出
164011522	**100182318**	**63829204**	**19136458**	**44692747**	**5268890**
6932981	6130731	802250	531616	270634	475868
2122034	1306216	815818	326477	489341	12195
4962608	3075049	1887560	639125	1248435	45730
2432058	1727808	704250	281912	422338	48885
3058152	1676263	1381889	333640	1048249	107522
1971107	1583345	387762	131355	256407	11158
1396550	764222	632328	162615	469713	51191
1729041	871719	857322	108922	748400	21816
7079847	5688044	1391803	825871	565932	22154
10420653	5766060	4654593	1408094	3246499	78857
13599162	7562298	6036864	1319331	4717534	436592
5691383	2869537	2821846	757667	2064179	97028
5850935	3301211	2549724	894039	1655685	67742
6879281	2079966	4799314	1072306	3727008	93782
10210727	6408698	3802029	1049815	2752215	12800
8818964	5859153	2959811	775265	2184546	128123
4352857	2821741	1531116	546230	984886	
5927294	4079401	1847893	445130	1402763	165938
18615078	13540416	5074662	2703217	2371445	1325614
3900004	2208087	1691916	456824	1235093	202721
2594033	1092492	1501541	699938	801603	72271
3846642	2570911	1275731	266498	1009233	151674
9458983	5462199	3996785	1125189	2871595	328122
4977063	2276299	2700764	384734	2316029	79970
3807874	2287644	1520230	322519	1197711	90418
836995	353680	483316	125459	357857	140396
4898650	2769649	2129001	710353	1418648	299914
2467706	1355270	1112436	214288	898148	35847
898396	439988	458408	58169	400239	74747
1202566	437673	764893	161317	603576	
3071897	1816549	1255349	298545	956804	589814
485864	441920	43944	21530	22414	600
1971179	1054666	916512	142945	773567	
1235938	799609	436329	232637	203692	19770
1464892	985289	479603	236305	243298	
5983927	4120375	1863552	1298288	565264	1244615

4-50 教育经费支出明细

地区	合计	个人部分	工资福利支出	对个人和家庭的补助支出	#助学金
合计	**183426946**	**115249724**	**108420199**	**6829525**	**4674072**
北京	2988153	1801518	1786337	15181	476
天津	679788	454266	440763	13504	1737
河北	9469148	6197992	6035863	162129	52313
山西	3161900	1951095	1836804	114291	90895
内蒙古	4350142	2664381	2500269	164112	70571
辽宁	1122951	732298	720466	11832	5058
吉林	1440348	979212	963711	15501	4142
黑龙江	1671614	1066755	1004828	61927	9118
上海	2380505	1713648	1700281	13367	3577
江苏	10451616	6974449	6726993	247456	123594
浙江	12147849	6958253	6807584	150669	40066
安徽	8253461	5032729	4823609	209120	99410
福建	6710628	4032483	3940075	92408	32559
江西	8513847	4152463	4025261	127202	98359
山东	11122005	6767477	6425210	342268	205816
河南	13257864	8160665	7962929	197736	157285
湖北	4308547	2855369	2721644	133725	102882
湖南	8512814	5204238	4913843	290395	222806
广东	10708214	7114895	6818804	296091	195436
广西	5869031	3596735	3412182	184553	122205
海南	2521625	1222030	1153369	68660	38465
重庆	2720333	1468859	1255396	213463	180076
四川	10249815	5942464	5299449	643016	469461
贵州	8656082	5908175	5294270	613905	503855
云南	6361917	4443078	4105444	337634	244704
西藏	1952294	1430200	1092590	337610	317485
陕西	6348361	4004510	3785654	218856	167251
甘肃	5081231	3446214	3247911	198302	65560
青海	1430772	699007	578250	120757	103021
宁夏	937121	456816	402922	53894	31038
新疆	10046970	7817450	6637486	1179963	914852
大连	144473	100796	99428	1368	628
宁波	1854047	1113277	1102011	11266	6410
厦门	338940	191885	173473	18412	13
青岛	559795	349830	341233	8597	5606
深圳	10062	4989	4349	639	582

（农村幼儿园）

单位：千元

公用部分	商品和服务支出	其他资本性支出	专项公用支出	专项项目支出	基本建设支出
66435279	**37406651**	**29028628**	**7201892**	**21826736**	**1741942**
1109107	950406	158701	90369	68331	77527
219446	118287	101160	15051	86109	6075
3255331	1894286	1361045	468546	892499	15825
1167355	809334	358021	149475	208547	43450
1669793	831367	838426	204793	633633	15968
390283	300155	90127	27183	62944	371
445354	260035	185319	39629	145690	15782
583043	298920	284123	48803	235320	21816
666858	521009	145849	127891	17958	
3477167	1841592	1635574	434064	1201510	
4924927	2396943	2527984	461167	2066817	264669
3148482	1628697	1519785	382470	1137315	72250
2643513	1355534	1287979	383211	904768	34631
4312840	1186541	3126299	710519	2415780	48544
4341727	2630229	1711498	348827	1362671	12800
4988396	3382822	1605574	412838	1192736	108803
1453177	839157	614020	128109	485911	
3284056	2259882	1024174	240136	784038	24520
3593152	2515758	1077394	455252	622142	167
2205922	1190609	1015313	240846	774467	66374
1292999	495982	797017	354459	442558	6597
1234334	716503	517831	78846	438985	17140
4065432	2293001	1772431	318399	1454032	241919
2694671	1292462	1402209	238955	1163254	53236
1888627	1210204	678422	146168	532254	30213
458717	200934	257782	68580	189203	63377
2271204	1390323	880881	226029	654851	72647
1604209	792340	811868	130701	681168	30808
673503	297590	375913	43553	332361	58262
480306	185575	294730	82548	212183	
1891349	1320172	571177	144474	426702	338171
43677	36431	7246	2082	5165	
740769	340012	400757	39741	361016	
145606	89459	56147	17477	38670	1450
209965	107584	102381	20120	82261	
5073	4106	967	514	453	

4-51 教育经费支出明细

地区	合计	个人部分	工资福利支出	对个人和家庭的补助支出	#助学金
合　计	**182701172**	**114763296**	**108020634**	**6742663**	**4659021**
北　京	2974695	1792439	1777258	15181	476
天　津	667881	444107	430604	13504	1737
河　北	9469148	6197992	6035863	162129	52313
山　西	3159767	1949290	1834999	114291	90895
内蒙古	4350142	2664381	2500269	164112	70571
辽　宁	1122951	732298	720466	11832	5058
吉　林	1440348	979212	963711	15501	4142
黑龙江	1628352	1032785	974275	58509	9055
上　海	2380505	1713648	1700281	13367	3577
江　苏	10451616	6974449	6726993	247456	123594
浙　江	12147849	6958253	6807584	150669	40066
安　徽	8253461	5032729	4823609	209120	99410
福　建	6710628	4032483	3940075	92408	32559
江　西	8513847	4152463	4025261	127202	98359
山　东	11122005	6767477	6425210	342268	205816
河　南	13255025	8158548	7960812	197736	157285
湖　北	4308168	2855059	2721334	133725	102882
湖　南	8512468	5203959	4913565	290394	222805
广　东	10699661	7108470	6812813	295657	195047
广　西	5868594	3596307	3411754	184553	122205
海　南	2518692	1219365	1150705	68660	38465
重　庆	2720333	1468859	1255396	213463	180076
四　川	10248894	5941683	5298667	643016	469461
贵　州	8656082	5908175	5294270	613905	503855
云　南	6361917	4443078	4105444	337634	244704
西　藏	1952294	1430200	1092590	337610	317485
陕　西	6347437	4003609	3784755	218854	167249
甘　肃	5065318	3431788	3234925	196863	64908
青　海	1430772	699007	578250	120757	103021
宁　夏	937121	456816	402922	53894	31038
新　疆	9425202	7414368	6315973	1098395	900907
大　连	144473	100796	99428	1368	628
宁　波	1854047	1113277	1102011	11266	6410
厦　门	338940	191885	173473	18412	13
青　岛	559795	349830	341233	8597	5606
深　圳	10062	4989	4349	639	582

（地方农村幼儿园）

单位：千元

公用部分	商品和服务支出	其他资本性支出			基本建设支出
			专项公用支出	专项项目支出	
66202138	**37265226**	**28936913**	**7163334**	**21773579**	**1735737**
1104728	947031	157697	89810	67887	77527
217699	116553	101146	15037	86109	6075
3255331	1894286	1361045	468546	892499	15825
1167027	809006	358021	149475	208547	43450
1669793	831367	838426	204793	633633	15968
390283	300155	90127	27183	62944	371
445354	260035	185319	39629	145690	15782
573751	294432	279319	46853	232466	21816
666858	521009	145849	127891	17958	
3477167	1841592	1635574	434064	1201510	
4924927	2396943	2527984	461167	2066817	264669
3148482	1628697	1519785	382470	1137315	72250
2643513	1355534	1287979	383211	904768	34631
4312840	1186541	3126299	710519	2415780	48544
4341727	2630229	1711498	348827	1362671	12800
4987674	3382144	1605531	412795	1192736	108803
1453108	839088	614020	128109	485911	
3283989	2259833	1024156	240118	784038	24520
3591023	2513824	1077199	455057	622142	167
2205913	1190600	1015313	240846	774467	66374
1292731	495756	796975	354417	442558	6597
1234334	716503	517831	78846	438985	17140
4065292	2292896	1772396	318364	1454032	241919
2694671	1292462	1402209	238955	1163254	53236
1888627	1210204	678422	146168	532254	30213
458717	200934	257782	68580	189203	63377
2271181	1390300	880881	226029	654851	72647
1602721	791797	810925	130307	680618	30808
673503	297590	375913	43553	332361	58262
480306	185575	294730	82548	212183	
1678867	1192308	486560	109166	377394	331966
43677	36431	7246	2082	5165	
740769	340012	400757	39741	361016	
145606	89459	56147	17477	38670	1450
209965	107584	102381	20120	82261	
5073	4106	967	514	453	

4-52 教育经费支出明细

地区	合计	个人部分	工资福利支出	对个人和家庭的补助支出	#助学金
合计	**39759823**	**22646604**	**18566862**	**4079743**	
北京	1003330	722733	634507	88226	
天津	364106	277468	258464	19004	
河北	930562	569283	468292	100991	
山西	1091799	719590	643884	75705	
内蒙古	774737	477179	399125	78054	
辽宁	777353	500697	361625	139072	
吉林	449900	295811	235364	60447	
黑龙江	1289926	545164	393250	151914	
上海	396732	283123	271597	11526	
江苏	1900580	1255607	1059868	195739	
浙江	2139608	1034395	930223	104172	
安徽	1355417	707812	550416	157396	
福建	688741	386541	333046	53496	
江西	902775	450397	379617	70780	
山东	2663667	1826100	1636968	189132	
河南	1432137	740613	606076	134537	
湖北	1486528	870907	717726	153181	
湖南	2733619	1606524	1334558	271965	
广东	4772100	2472776	1774578	698198	
广西	535184	344212	305733	38480	
海南	408780	236127	207030	29097	
重庆	1489772	367137	268594	98544	
四川	2487931	1349175	965908	383266	
贵州	1754076	1131951	999686	132264	
云南	1585342	941490	822052	119438	
西藏	454358	305203	290967	14236	
陕西	1352840	547741	392211	155530	
甘肃	610664	407219	332354	74865	
青海	264043	186688	148767	37921	
宁夏	188888	129822	120204	9618	
新疆	1474329	957119	724170	232949	
大连	148416	110102	62555	47547	
宁波	161934	125379	116334	9044	
厦门	145929	57528	47259	10268	
青岛	325468	240451	225762	14690	
深圳	891366	449548	219063	230484	

(教育行政单位)

单位：千元

公用部分	商品和服务支出	其他资本性支出	专项公用支出	专项项目支出	基本建设支出
16478546	**12630270**	**3848276**	**1717863**	**2130413**	**634672**
273977	264722	9255	8799	456	6620
86638	80443	6195	5081	1114	
361279	248582	112696	67784	44913	
369437	263222	106215	63565	42649	2773
296785	244591	52194	39485	12709	773
274825	220832	53993	29448	24545	1830
154089	137145	16944	16506	439	
688358	302480	385879	125214	260665	56403
113609	106615	6993	5677	1317	
644973	549860	95113	75656	19457	
1105213	1001955	103258	83443	19814	
647605	505863	141741	57996	83745	
255619	228446	27174	22842	4332	46580
452378	273475	178903	121533	57370	
836967	652097	184871	114695	70176	600
675746	592688	83057	60695	22362	15778
615621	526391	89230	54579	34651	
1126646	986064	140582	81949	58633	450
2214519	1700695	513824	257346	256478	84806
190972	170159	20813	14068	6745	
172653	153823	18830	15342	3487	
840266	348003	492263	16411	475852	282368
1137526	935797	201729	85877	115851	1230
618125	545742	72382	66694	5688	4000
643276	476244	167032	31319	135713	576
149155	101898	47257	19765	27492	
741740	462449	279291	97200	182091	63359
203445	166031	37414	19499	17916	
77355	68489	8867	8267	600	
59066	50432	8634	4575	4059	
450683	265037	185646	46553	139093	66527
38229	31068	7161	5720	1441	85
36555	32969	3586	3586		
41821	39655	2166	1655	511	46580
85017	81815	3202	3202		
407096	349836	57261	49303	7957	34722

4-53 教育经费支出明细

地 区	合 计	个人部分	工资福利支出	对个人和家庭的补助支出	#助学金
合 计	**39108730**	**22317815**	**18379130**	**3938685**	
北 京	710649	539962	479752	60210	
天 津	364106	277468	258464	19004	
河 北	930562	569283	468292	100991	
山 西	1091799	719590	643884	75705	
内蒙古	774737	477179	399125	78054	
辽 宁	777353	500697	361625	139072	
吉 林	449900	295811	235364	60447	
黑龙江	1282019	541023	389939	151084	
上 海	396732	283123	271597	11526	
江 苏	1900580	1255607	1059868	195739	
浙 江	2139608	1034395	930223	104172	
安 徽	1355417	707812	550416	157396	
福 建	688741	386541	333046	53496	
江 西	902775	450397	379617	70780	
山 东	2663667	1826100	1636968	189132	
河 南	1432137	740613	606076	134537	
湖 北	1486528	870907	717726	153181	
湖 南	2733619	1606524	1334558	271965	
广 东	4772100	2472776	1774578	698198	
广 西	535184	344212	305733	38480	
海 南	408780	236127	207030	29097	
重 庆	1489772	367137	268594	98544	
四 川	2487931	1349175	965908	383266	
贵 州	1754076	1131951	999686	132264	
云 南	1585342	941490	822052	119438	
西 藏	454358	305203	290967	14236	
陕 西	1352840	547741	392211	155530	
甘 肃	610664	407219	332354	74865	
青 海	264043	186688	148767	37921	
宁 夏	188888	129822	120204	9618	
新 疆	1123824	815242	694504	120738	
大 连	148416	110102	62555	47547	
宁 波	161934	125379	116334	9044	
厦 门	145929	57528	47259	10268	
青 岛	325468	240451	225762	14690	
深 圳	891366	449548	219063	230484	

（地方教育行政单位）

单位：千元

公用部分	商品和服务支出	其他资本性支出			基本建设支出
			专项公用支出	专项项目支出	
16207855	**12465580**	**3742275**	**1693648**	**2048627**	**583060**
164066	156665	7401	6945	456	6620
86638	80443	6195	5081	1114	
361279	248582	112696	67784	44913	
369437	263222	106215	63565	42649	2773
296785	244591	52194	39485	12709	773
274825	220832	53993	29448	24545	1830
154089	137145	16944	16506	439	
684593	300753	383840	123175	260665	56403
113609	106615	6993	5677	1317	
644973	549860	95113	75656	19457	
1105213	1001955	103258	83443	19814	
647605	505863	141741	57996	83745	
255619	228446	27174	22842	4332	46580
452378	273475	178903	121533	57370	
836967	652097	184871	114695	70176	600
675746	592688	83057	60695	22362	15778
615621	526391	89230	54579	34651	
1126646	986064	140582	81949	58633	450
2214519	1700695	513824	257346	256478	84806
190972	170159	20813	14068	6745	
172653	153823	18830	15342	3487	
840266	348003	492263	16411	475852	282368
1137526	935797	201729	85877	115851	1230
618125	545742	72382	66694	5688	4000
643276	476244	167032	31319	135713	576
149155	101898	47257	19765	27492	
741740	462449	279291	97200	182091	63359
203445	166031	37414	19499	17916	
77355	68489	8867	8267	600	
59066	50432	8634	4575	4059	
293668	210130	83537	26230	57307	14914
38229	31068	7161	5720	1441	85
36555	32969	3586	3586		
41821	39655	2166	1655	511	46580
85017	81815	3202	3202		
407096	349836	57261	49303	7957	34722

4-54 教育经费支出明细

地区	合计	个人部分	工资福利支出	对个人和家庭的补助支出	#助学金
合计	**81115802**	**43839282**	**39137689**	**4701593**	**30615**
北京	12507076	4739333	4420585	318747	30615
天津	1508001	1051977	1002615	49363	
河北	2693374	1800968	1587000	213968	
山西	2282186	1379110	1278122	100988	
内蒙古	1654708	1185293	1098128	87165	
辽宁	2817009	2004912	1894192	110719	
吉林	1358496	766256	697546	68710	
黑龙江	1149254	735917	580790	155126	
上海	5923715	2627893	2574279	53614	
江苏	5261696	3325720	2873078	452642	
浙江	6217332	3143359	2878342	265017	
安徽	1262152	655812	564982	90830	
福建	2802491	1390794	1275196	115597	
江西	1822972	1040596	947792	92804	
山东	3533736	1970022	1756302	213721	
河南	3021996	1821331	1610680	210651	
湖北	3067642	1823827	1610802	213026	
湖南	1359154	778305	682909	95396	
广东	5438207	2794013	2100097	693915	
广西	1748924	981486	914488	66998	
海南	460967	199318	179999	19319	
重庆	1350398	598785	474597	124188	
四川	3647515	2197615	1894331	303284	
贵州	525901	284185	248130	36054	
云南	1375731	863545	751202	112343	
西藏	1104168	546648	438864	107784	
陕西	2097452	1144002	1049165	94837	
甘肃	1056178	705604	657755	47849	
青海	574608	426768	378525	48244	
宁夏	318665	212314	196845	15470	
新疆	1174097	643576	520354	123222	
大连	487166	314391	306874	7517	
宁波	824427	480885	442224	38661	
厦门	524461	249546	209242	40304	
青岛	599593	387299	338566	48733	
深圳	1304007	546383	376043	170341	

(教育事业单位)

单位：千元

公用部分	商品和服务支出	其他资本性支出	专项公用支出	专项项目支出	基本建设支出
36466890	**28302712**	**8164178**	**4330860**	**3833318**	**809630**
7650250	7183276	466975	398342	68633	117493
456023	378437	77586	59301	18285	
892125	714191	177934	131472	46462	281
870187	710041	160146	97908	62239	32890
468955	352233	116722	64792	51930	460
797051	699512	97539	72686	24853	15047
558586	385533	173053	134561	38492	33655
410433	328474	81959	34302	47656	2905
2971215	2223727	747487	581931	165556	324608
1932222	1520071	412151	263248	148902	3755
3067178	1742440	1324738	364669	960070	6795
606340	502993	103346	62021	41325	
1388445	968234	420212	171321	248891	23252
739690	571055	168636	147971	20664	42686
1553714	1084451	469263	100516	368748	10000
1177773	862124	315649	157928	157721	22892
1243815	743992	499823	155370	344453	
580850	398083	182767	75080	107687	
2590928	2105867	485061	271497	213565	53266
693856	591348	102508	93470	9038	73582
261638	221949	39689	38194	1494	11
751613	523861	227752	91453	136299	
1449900	1014934	434966	286052	148914	
241717	205465	36252	16476	19776	
512186	451866	60320	41375	18945	
554890	385625	169265	92385	76880	2630
942809	656145	286664	172344	114320	10641
350574	246424	104150	43439	60711	
147839	134084	13755	6433	7323	
106350	91893	14457	11860	2597	
497738	304385	193353	92463	100889	32783
164737	141805	22932	8278	14654	8038
343542	245481	98061	43126	54935	
272295	194586	77709	49280	28428	2620
212294	187686	24608	15656	8952	
704533	651736	52797	49486	3311	53091

4-55 教育经费支出明细

地区	合计	个人部分	工资福利支出	对个人和家庭的补助支出	#助学金
合计	**74131678**	**42672676**	**38072819**	**4599857**	
北京	5686412	3627849	3400397	227453	
天津	1508001	1051977	1002615	49363	
河北	2693374	1800968	1587000	213968	
山西	2282186	1379110	1278122	100988	
内蒙古	1654708	1185293	1098128	87165	
辽宁	2817009	2004912	1894192	110719	
吉林	1358496	766256	697546	68710	
黑龙江	1145292	732792	578775	154017	
上海	5923715	2627893	2574279	53614	
江苏	5261696	3325720	2873078	452642	
浙江	6217332	3143359	2878342	265017	
安徽	1262152	655812	564982	90830	
福建	2802491	1390794	1275196	115597	
江西	1822972	1040596	947792	92804	
山东	3533736	1970022	1756302	213721	
河南	3021996	1821331	1610680	210651	
湖北	3067642	1823827	1610802	213026	
湖南	1359154	778305	682909	95396	
广东	5438207	2794013	2100097	693915	
广西	1748924	981486	914488	66998	
海南	460967	199318	179999	19319	
重庆	1350398	598785	474597	124188	
四川	3647515	2197615	1894331	303284	
贵州	525901	284185	248130	36054	
云南	1375731	863545	751202	112343	
西藏	1104168	546648	438864	107784	
陕西	2097452	1144002	1049165	94837	
甘肃	1056178	705604	657755	47849	
青海	574608	426768	378525	48244	
宁夏	318665	212314	196845	15470	
新疆	1014599	591577	477688	113890	
大连	487166	314391	306874	7517	
宁波	824427	480885	442224	38661	
厦门	524461	249546	209242	40304	
青岛	599593	387299	338566	48733	
深圳	1304007	546383	376043	170341	

(地方教育事业单位)

单位：千元

公用部分	商品和服务支出	其他资本性支出			基本建设支出
			专项公用支出	专项项目支出	
30699823	**22751053**	**7948770**	**4174381**	**3774389**	**759179**
1979309	1656597	322712	254325	68388	79253
456023	378437	77586	59301	18285	
892125	714191	177934	131472	46462	281
870187	710041	160146	97908	62239	32890
468955	352233	116722	64792	51930	460
797051	699512	97539	72686	24853	15047
558586	385533	173053	134561	38492	33655
409595	327792	81803	34147	47656	2905
2971215	2223727	747487	581931	165556	324608
1932222	1520071	412151	263248	148902	3755
3067178	1742440	1324738	364669	960070	6795
606340	502993	103346	62021	41325	
1388445	968234	420212	171321	248891	23252
739690	571055	168636	147971	20664	42686
1553714	1084451	469263	100516	368748	10000
1177773	862124	315649	157928	157721	22892
1243815	743992	499823	155370	344453	
580850	398083	182767	75080	107687	
2590928	2105867	485061	271497	213565	53266
693856	591348	102508	93470	9038	73582
261638	221949	39689	38194	1494	11
751613	523861	227752	91453	136299	
1449900	1014934	434966	286052	148914	
241717	205465	36252	16476	19776	
512186	451866	60320	41375	18945	
554890	385625	169265	92385	76880	2630
942809	656145	286664	172344	114320	10641
350574	246424	104150	43439	60711	
147839	134084	13755	6433	7323	
106350	91893	14457	11860	2597	
402449	280087	122362	80156	42206	20572
164737	141805	22932	8278	14654	8038
343542	245481	98061	43126	54935	
272295	194586	77709	49280	28428	2620
212294	187686	24608	15656	8952	
704533	651736	52797	49486	3311	53091

4-56 教育经费支出明细

地区	合计	个人部分	工资福利支出	对个人和家庭的补助支出	#助学金
合计	**65772647**	**20720854**	**17409584**	**3311270**	**38586**
北京	7096045	1429667	1013494	416173	17020
天津	919085	404186	343997	60189	
河北	1557478	726323	646799	79525	
山西	1573468	547921	487627	60294	
内蒙古	1264798	443613	405948	37665	
辽宁	1933382	758884	628768	130116	
吉林	796107	403595	340000	63595	669
黑龙江	753121	496517	413413	83105	1126
上海	1760557	509939	483815	26124	9052
江苏	2713282	1196174	1025987	170187	770
浙江	5805411	1276255	824651	451604	191
安徽	1371426	526759	462941	63818	
福建	1954284	603073	541847	61226	2663
江西	1788638	482399	439365	43034	
山东	2931442	1335547	1220420	115128	
河南	2408233	790983	696495	94488	
湖北	2811063	707619	562024	145594	645
湖南	1891441	944615	644009	300607	2041
广东	3429537	1418525	1118034	300491	1821
广西	1056851	432890	401224	31666	
海南	1241160	83719	81203	2516	
重庆	735889	296301	257799	38502	932
四川	7218523	990932	831577	159355	1657
贵州	1695497	569681	499027	70654	
云南	1437807	704702	639222	65480	
西藏	281865	141271	139314	1957	
陕西	1619535	377162	360336	16826	
甘肃	1028124	447722	402335	45387	
青海	799242	255992	230137	25855	
宁夏	329602	135355	125389	9966	
新疆	3569754	1282534	1142389	140146	
大连	274420	130176	107435	22741	
宁波	1124569	265371	109361	156011	
厦门	106953	67761	57963	9797	
青岛	296625	153778	139074	14704	
深圳	984347	215909	169673	46236	

(其他教育机构)

单位：千元

公用部分	商品和服务支出	其他资本性支出			基本建设支出
			专项公用支出	专项项目支出	
38800791	**19725040**	**19075752**	**4558375**	**14517376**	**6251001**
5579989	4856949	723040	691753	31286	86389
120640	108347	12293	10841	1452	394259
657227	268917	388310	116917	271393	173928
663083	262552	400530	121417	279113	362464
656976	279866	377110	159658	217452	164209
1095529	855130	240400	46749	193651	78969
371337	287255	84082	9409	74672	21174
233806	167591	66215	23294	42921	22798
1080936	952525	128411	73683	54729	169682
1454658	744937	709721	97651	612071	62450
3506902	1364909	2141992	889123	1252869	1022255
842509	385682	456826	37757	419069	2158
722878	364637	358241	46161	312080	628332
960395	275507	684888	231865	453023	345844
1534295	937724	596570	84324	512246	61600
1486450	683980	802470	87540	714930	130801
2103445	901763	1201682	234947	966735	
832366	464335	368031	153276	214754	114460
1231645	873991	357654	78253	279401	779367
568571	299426	269146	80003	189142	55389
427441	92787	334654	7726	326928	730000
435514	289459	146055	42786	103269	4074
6057331	1474849	4582481	299884	4282597	170260
1125552	362929	762623	140061	622561	264
653420	289144	364276	75805	288470	79685
133009	64452	68557	20220	48337	7586
1209906	491282	718625	63139	655486	32467
543554	253845	289709	66539	223170	36848
466949	138279	328670	48034	280636	76301
194247	99913	94334	16226	78108	
1850233	832076	1018157	503332	514825	436987
99470	95524	3946	2028	1918	44774
90198	74736	15462	8683	6779	769000
39051	28649	10402	9589	813	141
142847	73362	69485	10246	59238	
257993	242739	15254	10578	4676	510445

4-57 教育经费支出明细

地区	合计	个人部分	工资福利支出	对个人和家庭的补助支出	#助学金
合计	**61546339**	**19964655**	**16773006**	**3191649**	**11289**
北京	4034412	969030	648755	320275	
天津	917677	404186	343997	60189	
河北	1553541	726323	646799	79525	
山西	1572876	547921	487627	60294	
内蒙古	1264022	443613	405948	37665	
辽宁	1928598	758884	628768	130116	
吉林	795207	403595	340000	63595	669
黑龙江	743478	493139	410550	82588	1126
上海	1274106	364649	346168	18482	1438
江苏	2669179	1196174	1025987	170187	770
浙江	5801103	1276255	824651	451604	191
安徽	1370916	526759	462941	63818	
福建	1777343	554993	497360	57633	
江西	1788230	482399	439365	43034	
山东	2923281	1335547	1220420	115128	
河南	2403229	790983	696495	94488	
湖北	2794395	707619	562024	145594	645
湖南	1889164	944615	644009	300607	2041
广东	3429537	1418525	1118034	300491	1821
广西	1056851	432890	401224	31666	
海南	1241160	83719	81203	2516	
重庆	735889	296301	257799	38502	932
四川	7184562	990932	831577	159355	1657
贵州	1694005	569681	499027	70654	
云南	1436052	704702	639222	65480	
西藏	281865	141271	139314	1957	
陕西	1600095	377162	360336	16826	
甘肃	1021820	447722	402335	45387	
青海	799242	255992	230137	25855	
宁夏	329602	135355	125389	9966	
新疆	3234901	1183721	1055547	128174	
大连	274420	130176	107435	22741	
宁波	1124569	265371	109361	156011	
厦门	106953	67761	57963	9797	
青岛	296625	153778	139074	14704	
深圳	984347	215909	169673	46236	

（地方其他教育机构）

单位：千元

公用部分	商品和服务支出	其他资本性支出			基本建设支出
			专项公用支出	专项项目支出	
35434513	**16546758**	**18887755**	**4425967**	**14461788**	**6147170**
2978993	2313227	665767	638722	27044	86389
119233	106940	12293	10841	1452	394259
653289	264980	388310	116917	271393	173928
662491	261960	400530	121417	279113	362464
656200	279090	377110	159658	217452	164209
1090745	850346	240400	46749	193651	78969
370437	286355	84082	9409	74672	21174
227541	161326	66215	23294	42921	22798
739774	677477	62297	52480	9817	169682
1410555	700833	709721	97651	612071	62450
3502594	1360601	2141992	889123	1252869	1022255
841999	385172	456826	37757	419069	2158
594018	242722	351296	39216	312080	628332
959987	275099	684888	231865	453023	345844
1526134	929564	596570	84324	512246	61600
1481446	678976	802470	87540	714930	130801
2086777	885095	1201682	234947	966735	
830089	462058	368031	153276	214754	114460
1231645	873991	357654	78253	279401	779367
568571	299426	269146	80003	189142	55389
427441	92787	334654	7726	326928	730000
435514	289459	146055	42786	103269	4074
6023370	1440889	4582481	299884	4282597	170260
1124060	361437	762623	140061	622561	264
651665	287389	364276	75805	288470	79685
133009	64452	68557	20220	48337	7586
1190466	471842	718625	63139	655486	32467
537251	247542	289709	66539	223170	36848
466949	138279	328670	48034	280636	76301
194247	99913	94334	16226	78108	
1718024	757532	960492	452102	508390	333156
99470	95524	3946	2028	1918	44774
90198	74736	15462	8683	6779	769000
39051	28649	10402	9589	813	141
142847	73362	69485	10246	59238	
257993	242739	15254	10578	4676	510445

第五部分

各地区各级各类教育机构
财政补助支出明细

5-1 财政补助支出明细

地区	合计	个人部分	工资福利支出	对个人和家庭的补助支出	#助学金
合计	**4164357397**	**2743866581**	**2386050032**	**357816549**	**178754833**
北京	176414062	112913924	96594453	16319471	10948287
天津	56593274	40279118	36955333	3323785	1486804
河北	174030998	116104130	102038090	14066040	6250992
山西	83825395	55719067	50186045	5533022	3115067
内蒙古	75550602	51605623	45158790	6446832	3620452
辽宁	93798116	68911858	61270600	7641258	3247143
吉林	63344704	43846050	38788587	5057463	1928416
黑龙江	76995106	55721224	45669666	10051558	2531949
上海	131687756	77664524	72534474	5130050	3974182
江苏	285761570	196801532	175011501	21790030	8291279
浙江	223139136	144225658	133436241	10789417	5365373
安徽	147753023	94117567	79056512	15061055	6038577
福建	119118093	77375000	70699050	6675951	2793944
江西	132250197	75746400	68116922	7629478	4884022
山东	256533981	177485202	158985909	18499293	6706267
河南	214982024	136415538	118994640	17420898	10507039
湖北	150481919	100569816	86953027	13616789	6470281
湖南	149574890	100039345	85828362	14210983	7547814
广东	420792399	277386690	231627366	45759324	10789740
广西	127404809	79671417	67841628	11829789	7767287
海南	38541684	20501644	18507727	1993917	1126825
重庆	101121888	66091466	55714605	10376860	5572832
四川	209501783	136422697	114800156	21622540	12721008
贵州	122017872	86767450	71123385	15644065	9615502
云南	140513829	102027321	86523653	15503668	11751491
西藏	28356264	18752787	14874172	3878615	3450266
陕西	118876412	69076690	59153416	9923274	6597591
甘肃	78106877	53501001	46209234	7291767	4286049
青海	28070005	17660319	15161137	2499182	1421674
宁夏	24651015	15693895	13962786	1731109	1060656
新疆	114567715	74771630	64272564	10499066	6886024
大连	14963808	11369661	10582698	786963	168651
宁波	32050448	21173201	19755171	1418030	548968
厦门	18916207	12206702	11164502	1042201	171563
青岛	31863043	21162744	19283127	1879617	336915
深圳	98876904	49920472	37782429	12138043	2619443

（各级各类教育机构）

单位：千元

公用部分					基本建设支出
	商品和服务支出	其他资本性支出			
			专项公用支出	专项项目支出	
1322742209	**624857514**	**697884695**	**234433270**	**463451426**	**97748607**
57128984	43590993	13537991	10417715	3120277	6371154
15431060	7766068	7664992	2731854	4933138	883096
56055947	22760534	33295413	8404211	24891202	1870921
26427097	14123301	12303796	5162753	7141043	1679232
22610678	10056822	12553856	4536591	8017265	1334301
23265186	15944540	7320647	3032780	4287866	1621072
18668801	10166424	8502377	3517086	4985291	829853
20271027	10435540	9835487	3583722	6251765	1002855
50423737	35427068	14996669	9603825	5392843	3599495
87156321	40776250	46380071	14651430	31728641	1803718
72808978	34237258	38571720	12064952	26506768	6104501
50885941	20283497	30602444	9085489	21516955	2749515
40113374	17582704	22530670	7758715	14771955	1629719
54481629	13720842	40760787	10633610	30127176	2022168
78323914	31119999	47203915	13822423	33381492	724865
75331420	33951153	41380267	11337608	30042659	3235066
48953017	20594918	28358099	9200833	19157267	959086
47532860	24345669	23187191	7168878	16018313	2002685
118509346	65924693	52584654	24161546	28423107	24896363
45531713	16081872	29449841	9316828	20133013	2201679
16457407	6003593	10453814	5947031	4506783	1582634
30949880	16415972	14533907	5124332	9409576	4080542
69798081	30891270	38906811	11884603	27022207	3281006
34189014	13787165	20401849	4581343	15820506	1061408
36196629	14576705	21619924	4149973	17469951	2289879
7377237	2933758	4443480	1354684	3088796	2226240
44982389	21763229	23219160	8277112	14942048	4817332
23426609	9154500	14272109	3799071	10473038	1179267
8765503	2812996	5952508	2188412	3764095	1644183
8695220	3602021	5093199	2074446	3018753	261900
31993211	14026162	17967048	4859413	13107635	7802875
3198883	2356305	842578	431410	411167	395265
9883669	4108952	5774717	1074106	4700611	993578
6248635	3730801	2517835	1248637	1269198	460870
10700299	4333194	6367105	2350111	4016994	
28334400	18846899	9487501	7462645	2024856	20622032

5-2 财政补助支出明细

地区	合计	个人部分	工资福利支出	对个人和家庭的补助支出	#助学金
合 计	**3946884214**	**2615442070**	**2291665493**	**323776577**	**155229332**
北 京	120001906	80246051	74926773	5319278	1435546
天 津	50038487	36740503	34458810	2281693	1038901
河 北	172680837	115195340	101309096	13886244	6181164
山 西	83824803	55719067	50186045	5533022	3115067
内蒙古	75549573	51605623	45158790	6446832	3620452
辽 宁	88008319	64825166	58417486	6407680	2707415
吉 林	58051735	40083786	36064870	4018916	1497496
黑龙江	70836510	51770211	42663128	9107083	1934578
上 海	111205865	67377748	63952287	3425461	2443113
江 苏	269481388	187451244	168260177	19191066	6418784
浙 江	217601168	140857478	130793368	10064110	4813751
安 徽	142759557	91017952	76776267	14241685	5384493
福 建	115821434	75228036	69117959	6110077	2515493
江 西	132249557	75746356	68116922	7629434	4883978
山 东	250003381	173513859	155847624	17666235	6186909
河 南	214590275	136278376	118889235	17389141	10502546
湖 北	134076479	89473852	79213895	10259957	4559871
湖 南	144542925	97141615	83805482	13336132	6853116
广 东	409309587	270905811	226247260	44658551	10053138
广 西	127404809	79671417	67841628	11829789	7767287
海 南	38539849	20501565	18507648	1993917	1126825
重 庆	96336321	62981327	53316029	9665298	5091719
四 川	197656989	129630490	109235833	20394657	11860436
贵 州	122016380	86767450	71123385	15644065	9615502
云 南	140510778	102026025	86522358	15503667	11751490
西 藏	28356264	18752787	14874172	3878615	3450266
陕 西	105377442	61519348	53895762	7623586	5385694
甘 肃	75064266	51533623	44713879	6819744	4060893
青 海	28069644	17659958	15161056	2498902	1421394
宁 夏	23905128	15188587	13556251	1632336	993354
新 疆	103012557	68031422	58712019	9319402	6558661
大 连	14961982	11367849	10580886	786963	168651
宁 波	32050028	21173201	19755171	1418030	548968
厦 门	18916207	12206702	11164502	1042201	171563
青 岛	31863043	21162744	19283127	1879617	336915
深 圳	98207173	49790553	37656280	12134273	2615673

（地方各级各类教育机构）

单位：千元

公用部分					基本建设支出
	商品和服务支出	其他资本性支出			
			专项公用支出	专项项目支出	
1241246694	**571219979**	**670026715**	**213937019**	**456089696**	**90195450**
35196020	27128695	8067326	5935348	2131978	4559835
12648749	6693576	5955173	1850107	4105066	649236
55675807	22538658	33137149	8291846	24845303	1809690
26426505	14122709	12303796	5162753	7141043	1679232
22609649	10055874	12553776	4536511	8017265	1334301
21715245	14933892	6781353	2581435	4199918	1467908
17188725	9079067	8109658	3163308	4946350	779224
18127390	9376954	8750437	2968829	5781607	938909
40893201	28619827	12273373	7362179	4911194	2934916
80532416	36325893	44206523	12693504	31513019	1497728
70847041	33139362	37707680	11329589	26378091	5896649
49281984	19178437	30103546	8626226	21477320	2459621
39095931	17000324	22095607	7417508	14678099	1497467
54481033	13720246	40760787	10633610	30127176	2022168
75913518	29244864	46668654	13342430	33326224	576004
75227100	33878975	41348124	11305465	30042659	3084800
44529218	17667610	26861609	7904769	18956839	73409
45530426	22877917	22652509	6688318	15964191	1870884
113750384	63011794	50738590	22650665	28087925	24653392
45531713	16081872	29449841	9316828	20133013	2201679
16455788	6002294	10453494	5946830	4506664	1582496
29411073	15210611	14200462	4797046	9403415	3943922
65054230	28765264	36288966	10661176	25627790	2972269
34187522	13785672	20401849	4581343	15820506	1061408
36194874	14574950	21619924	4149973	17469951	2289879
7377237	2933758	4443480	1354684	3088796	2226240
39414424	17965656	21448768	6887553	14561216	4443670
22459616	8600428	13859188	3438224	10420964	1071027
8765503	2812996	5952508	2188412	3764095	1644183
8480941	3452110	5028831	2026736	3002095	235600
28243432	12439696	15803736	4143814	11659922	6737704
3198868	2356290	842578	431410	411167	395265
9883249	4108540	5774710	1074099	4700611	993578
6248635	3730801	2517835	1248637	1269198	460870
10700299	4333194	6367105	2350111	4016994	
27794588	18730804	9063784	7038928	2024856	20622032

5-3 财政补助支出明细

地区	合计	个人部分	工资福利支出	对个人和家庭的补助支出	#助学金
合计	**803657858**	**444620234**	**339738503**	**104881731**	**74368470**
北京	67062947	42098797	29568369	12530428	10587332
天津	17671291	9915111	7846762	2068349	1275343
河北	28857651	14950014	11163329	3786684	2481855
山西	15257301	8217132	6095943	2121190	1602721
内蒙古	14017850	8250323	6398896	1851427	1517849
辽宁	23680494	14805791	11298205	3507586	2272527
吉林	15315186	8775682	6672813	2102869	1295975
黑龙江	19237164	11545206	8775382	2769823	1746335
上海	43422672	22450026	19153551	3296474	2886915
江苏	56571967	32594709	25908847	6685862	4499897
浙江	36792949	20666552	17033200	3633352	2429547
安徽	25227335	13082849	9332644	3750205	2475045
福建	19141226	10422771	8103461	2319310	1447973
江西	20515160	11624151	9352247	2271904	1761187
山东	43115185	27111957	21830600	5281356	3057354
河南	33917734	17368073	13426150	3941923	2979712
湖北	37317348	22921170	16919495	6001674	3806047
湖南	25335141	15955798	12389826	3565971	2621447
广东	81428200	39932641	31690707	8241935	3798294
广西	20547850	6528387	3554732	2973655	2538645
海南	6886322	2318849	1654798	664051	583513
重庆	16655502	9396435	6798468	2597967	2183499
四川	34560159	20388714	15939573	4449141	3605328
贵州	15231624	9133230	6077697	3055534	2302094
云南	16017017	9402641	7434988	1967652	1783618
西藏	3631702	1607557	1001441	606117	568104
陕西	30048896	16074236	11642148	4432087	3027817
甘肃	13612761	6861630	4844033	2017597	1443806
青海	4047434	1660593	1325606	334987	184230
宁夏	3805157	2079115	1566048	513067	349838
新疆	14728632	6480094	4938541	1541554	1254623
大连	961418	564683	493217	71466	35713
宁波	3003189	1499885	1200988	298897	158527
厦门	1617441	667105	592661	74444	34879
青岛	2105494	408229	285784	122445	84846
深圳	23599405	7710784	6601160	1109623	543334

(高等学校)

单位：千元

公用部分					基本建设支出
	商品和服务支出	其他资本性支出	专项公用支出	专项项目支出	
327489179	**166906354**	**160582826**	**84734175**	**75848651**	**31548444**
22446479	15520131	6926348	5863400	1062949	2517671
7515643	2995445	4520198	1554726	2965472	240538
12837958	4563426	8274532	2198084	6076448	1069679
6658653	3331930	3326723	1681258	1645465	381516
5443777	2039720	3404057	1680253	1723804	323750
8340364	5978939	2361425	1725977	635448	534339
6310441	4074014	2236426	1550240	686186	229064
7287962	3426855	3861106	1884514	1976593	403997
18232049	13487607	4744441	4163442	581000	2740598
23171432	14524535	8646897	5460505	3186392	805825
15094387	7739951	7354437	4139673	3214763	1032010
11073712	4792166	6281546	2581147	3700399	1070774
8475764	4457266	4018498	2392969	1625529	242690
8654894	3702917	4951977	1997138	2954839	236116
15668887	6424804	9244083	5024168	4219915	334342
15880364	7982356	7898008	4200343	3697666	669297
13456501	6581443	6875058	3510370	3364689	939677
8606710	5375023	3231687	1864054	1367633	772633
30658416	14806276	15852139	7809582	8042557	10837143
13800411	3555895	10244516	4333048	5911468	219052
4473138	1150136	3323002	2843671	479331	94334
6916481	4133427	2783054	2053981	729072	342586
13062143	6024484	7037659	3734850	3302809	1109301
5714947	2785788	2929159	1451056	1478103	383446
6343958	2882757	3461202	1379826	2081375	270418
1339616	413770	925846	289198	636648	684529
12901764	8039548	4862216	3070933	1791283	1072897
6360206	2668696	3691509	1477889	2213620	390925
2053021	477073	1575948	1134555	441393	333820
1654141	946014	708127	500440	207687	71900
7054961	2023960	5031001	1182885	3848117	1193577
328340	178695	149646	98822	50824	68395
1503304	575268	928036	221805	706231	
863916	644587	219329	189172	30157	86420
1697265	163835	1533430	252251	1281179	
7440022	4565334	2874688	2868146	6542	8448599

5-4 财政补助支出明细

地区	合计	个人部分	工资福利支出	对个人和家庭的补助支出	#助学金
合计	**606820103**	**326141504**	**253942943**	**72198561**	**51101829**
北京	19593764	11929146	10261585	1667561	1094208
天津	11155500	6404590	5369809	1034781	827693
河北	27524501	14053560	10446242	3607318	2412027
山西	15257301	8217132	6095943	2121190	1602721
内蒙古	14017850	8250323	6398896	1851427	1517849
辽宁	17899644	10723189	8449181	2274008	1732799
吉林	10247206	5184140	4108821	1075319	865055
黑龙江	13696946	8061112	6120185	1940927	1153479
上海	23453401	12419316	10822760	1596555	1359255
江苏	40360592	23261252	19173149	4088103	2628366
浙江	31259288	17298372	14390326	2908046	1877925
安徽	20234713	9983510	7052675	2930835	1820961
福建	15890681	8287314	6531460	1755854	1171916
江西	20515160	11624151	9352247	2271904	1761187
山东	36592746	23140614	18692315	4448298	2537996
河南	33559157	17256055	13341717	3914338	2975589
湖北	21387716	12160709	9468540	2692169	1901382
湖南	20339288	13081692	10390422	2691270	1926783
广东	69991302	33484002	26335631	7148371	3062991
广西	20547850	6528387	3554732	2973655	2538645
海南	6886322	2318849	1654798	664051	583513
重庆	12061886	6435806	4544865	1890940	1702934
四川	22800830	13619658	10394570	3225088	2748181
贵州	15231624	9133230	6077697	3055534	2302094
云南	16017017	9402641	7434988	1967652	1783618
西藏	3631702	1607557	1001441	606117	568104
陕西	16817345	8687225	6544503	2142723	1816444
甘肃	10635181	4940142	3389673	1550469	1220885
青海	4047434	1660593	1325606	334987	184230
宁夏	3059270	1573808	1159514	414294	282536
新疆	12106882	5413431	4058654	1354777	1140463
大连	961418	564683	493217	71466	35713
宁波	3002769	1499885	1200988	298897	158527
厦门	1617441	667105	592661	74444	34879
青岛	2105494	408229	285784	122445	84846
深圳	22930392	7581463	6475610	1105853	539564

（地方高等学校）

单位：千元

公用部分	商品和服务支出	其他资本性支出			基本建设支出
			专项公用支出	专项项目支出	
255902393	**121379175**	**134523217**	**65006036**	**69517181**	**24776206**
6920026	5242842	1677184	1591409	85776	744592
4744233	1930683	2813550	676150	2137400	6678
12462493	4345984	8116509	2085719	6030790	1008448
6658653	3331930	3326723	1681258	1645465	381516
5443777	2039720	3404057	1680253	1723804	323750
6795279	4973148	1822131	1274631	547499	381176
4884631	3025418	1859214	1202469	656745	178434
5295784	2449348	2846436	1296798	1549638	340050
8958066	6864462	2093604	1960936	132668	2076020
16599504	10124676	6474829	3503565	2971264	499836
13136759	6646363	6490396	3404310	3086086	824158
9470322	3687627	5782695	2121931	3660764	780880
7492928	3907669	3585259	2053586	1531673	110439
8654894	3702917	4951977	1997138	2954839	236116
13266652	4557830	8708822	4544175	4164647	185481
15784071	7918041	7866030	4168364	3697666	519031
9173007	3781927	5391080	2224098	3166981	54000
6616762	3919349	2697414	1383903	1313510	640833
25913129	11902509	14010620	6300028	7710592	10594172
13800411	3555895	10244516	4333048	5911468	219052
4473138	1150136	3323002	2843671	479331	94334
5420116	2962144	2457972	1735060	722912	205965
8380608	3952570	4428038	2511455	1916583	800564
5714947	2785788	2929159	1451056	1478103	383446
6343958	2882757	3461202	1379826	2081375	270418
1339616	413770	925846	289198	636648	684529
7420885	4309712	3111174	1690260	1420914	709235
5412354	2124361	3287993	1118395	2169598	282686
2053021	477073	1575948	1134555	441393	333820
1439863	796104	643759	452731	191028	45600
5832504	1616423	4216081	916059	3300022	860947
328340	178695	149646	98822	50824	68395
1502884	574856	928029	221798	706231	
863916	644587	219329	189172	30157	86420
1697265	163835	1533430	252251	1281179	
6900330	4449359	2450971	2444429	6542	8448599

5-5 财政补助支出明细

地 区	合 计	个人部分	工资福利支出	对个人和家庭的补助支出	#助学金
合 计	**794840070**	**438498921**	**334305855**	**104193065**	**74215385**
北 京	65978961	41379390	28895753	12483637	10587332
天 津	17446959	9719892	7661703	2058189	1274486
河 北	28390497	14581136	10833233	3747903	2468057
山 西	15106475	8094213	5980309	2113904	1601035
内蒙古	13919673	8184160	6336159	1848001	1517698
辽 宁	23437470	14600573	11103808	3496765	2270870
吉 林	14937884	8514587	6434402	2080185	1289500
黑龙江	18904222	11275550	8559180	2716370	1745995
上 海	42650973	21968173	18683158	3285015	2886820
江 苏	56478545	32524824	25845066	6679759	4498494
浙 江	36068261	20148715	16540312	3608404	2424114
安 徽	25056748	12981963	9250847	3731116	2469730
福 建	18907187	10285781	7987539	2298242	1438121
江 西	20262200	11436760	9183714	2253045	1748840
山 东	42967442	27000474	21734764	5265710	3057354
河 南	33788169	17265233	13334587	3930646	2979450
湖 北	37209569	22838887	16848946	5989941	3802043
湖 南	25051652	15771868	12229966	3541902	2621132
广 东	80347470	39112658	31046991	8065667	3789009
广 西	20304283	6457690	3495785	2961906	2532495
海 南	6807871	2278524	1621501	657023	576767
重 庆	16650620	9392029	6794232	2597797	2183499
四 川	34253141	20173841	15741650	4432191	3605218
贵 州	15016527	9006177	5989630	3016548	2272690
云 南	15746185	9237501	7288590	1948910	1767541
西 藏	3631702	1607557	1001441	606117	568104
陕 西	29719400	15893727	11490803	4402924	3006927
甘 肃	13503796	6782238	4778353	2003885	1443396
青 海	4022471	1636645	1304062	332583	184230
宁 夏	3805157	2079115	1566048	513067	349838
新 疆	14468559	6269041	4743323	1525717	1254603
大 连	859997	476454	408831	67622	35713
宁 波	2854755	1391922	1097248	294674	157538
厦 门	1617441	667105	592661	74444	34879
青 岛	2073683	383046	263582	119464	84846
深 圳	23494466	7637135	6549928	1087208	543334

（普通高等学校）

单位：千元

公用部分	商品和服务支出	其他资本性支出	专项公用支出	专项项目支出	基本建设支出
324879886	**165073898**	**159805988**	**84298635**	**75507353**	**31461263**
22081900	15223145	6858755	5809662	1049093	2517671
7486529	2972973	4513556	1548084	2965472	240538
12740696	4512756	8227940	2175637	6052303	1068665
6630746	3308355	3322392	1677523	1644868	381516
5411762	2017653	3394110	1670806	1723304	323750
8302557	5944065	2358492	1723524	634969	534339
6194234	3998379	2195854	1529233	666621	229064
7231276	3379679	3851596	1877023	1974573	397397
17942202	13217535	4724667	4145605	579063	2740598
23147896	14506406	8641489	5455444	3186045	805825
14934368	7631166	7303202	4125257	3177944	985178
11004011	4727753	6276257	2575864	3700393	1070774
8378716	4371128	4007588	2382059	1625529	242690
8589325	3674479	4914846	1964613	2950233	236116
15632627	6396712	9235915	5016000	4219915	334342
15853640	7965658	7887982	4197892	3690090	669297
13431006	6558567	6872439	3508143	3364296	939677
8507801	5335560	3172240	1809001	1363240	771983
30397669	14625436	15772233	7765675	8006558	10837143
13627541	3521016	10106525	4325742	5780784	219052
4435013	1116473	3318540	2839209	479331	94334
6916005	4132952	2783054	2053981	729072	342586
12969999	5962075	7007924	3712792	3295132	1109301
5648459	2736404	2912055	1437046	1475009	361891
6238267	2833212	3405055	1358896	2046159	270418
1339616	413770	925846	289198	636648	684529
12755056	7917041	4838016	3050965	1787050	1070617
6330633	2650352	3680281	1473720	2206561	390925
2052005	477033	1574972	1133579	441393	333820
1654141	946014	708127	500440	207687	71900
7014192	2000152	5014039	1166020	3848020	1185327
315149	167211	147938	97593	50345	68395
1462833	558314	904519	219819	684700	
863916	644587	219329	189172	30157	86420
1690637	158325	1532312	251133	1281179	
7408732	4542454	2866278	2862015	4262	8448599

5-6 财政补助支出明细

地区	合计	个人部分	工资福利支出	对个人和家庭的补助支出	#助学金
合计	**598359461**	**320178538**	**248658085**	**71520454**	**50948744**
北京	18817378	11318797	9693653	1625144	1094208
天津	10931168	6209370	5184750	1024621	826836
河北	27057347	13684683	10116146	3568536	2398229
山西	15106475	8094213	5980309	2113904	1601035
内蒙古	13919673	8184160	6336159	1848001	1517698
辽宁	17656620	10517972	8254785	2263187	1731143
吉林	9869904	4923045	3870409	1052636	858580
黑龙江	13364005	7791456	5903983	1887473	1153138
上海	22681702	11937462	10352367	1585096	1359160
江苏	40267170	23191367	19109367	4081999	2626962
浙江	30534600	16780536	13897438	2883097	1872491
安徽	20064125	9882624	6970878	2911746	1815645
福建	15656642	8150323	6415538	1734786	1162063
江西	20262200	11436760	9183714	2253045	1748840
山东	36445004	23029131	18596479	4432652	2537996
河南	33429593	17153215	13250154	3903061	2975327
湖北	21279937	12078426	9397990	2680436	1897378
湖南	20055799	12897763	10230561	2667201	1926469
广东	68910572	32664018	25691915	6972104	3053706
广西	20304283	6457690	3495785	2961906	2532495
海南	6807871	2278524	1621501	657023	576767
重庆	12057004	6431399	4540629	1890770	1702934
四川	22493812	13404784	10196647	3208137	2748070
贵州	15016527	9006177	5989630	3016548	2272690
云南	15746185	9237501	7288590	1948910	1767541
西藏	3631702	1607557	1001441	606117	568104
陕西	16487849	8506717	6393157	2113560	1795555
甘肃	10526216	4860750	3323993	1536757	1220476
青海	4022471	1636645	1304062	332583	184230
宁夏	3059270	1573808	1159514	414294	282536
新疆	11896355	5251667	3906540	1345126	1140443
大连	859997	476454	408831	67622	35713
宁波	2854335	1391922	1097248	294674	157538
厦门	1617441	667105	592661	74444	34879
青岛	2073683	383046	263582	119464	84846
深圳	22825453	7507815	6424377	1083438	539564

(地方普通高等学校)

单位：千元

公用部分					基本建设支出
	商品和服务支出	其他资本性支出			
			专项公用支出	专项项目支出	
253491898	**119709720**	**133782178**	**64604627**	**69177551**	**24689025**
6753989	5108600	1645389	1571802	73587	744592
4715120	1908211	2806909	669509	2137400	6678
12365231	4295314	8069916	2063271	6006645	1007434
6630746	3308355	3322392	1677523	1644868	381516
5411762	2017653	3394110	1670806	1723304	323750
6757472	4938274	1819199	1272178	547020	381176
4768425	2949783	1818642	1181462	637180	178434
5239098	2402172	2836926	1289308	1547619	333450
8668220	6594390	2073830	1943099	130731	2076020
16575968	10106547	6469421	3498505	2970916	499836
12976739	6537578	6439161	3389894	3049267	777325
9400621	3623215	5777406	2116648	3660758	780880
7395880	3821531	3574349	2042676	1531673	110439
8589325	3674479	4914846	1964613	2950233	236116
13230392	4529738	8700654	4536007	4164647	185481
15757347	7901344	7856003	4165913	3690090	519031
9147511	3759051	5388460	2221872	3166589	54000
6517853	3879886	2637967	1328850	1309117	640183
25652382	11721668	13930714	6256121	7674593	10594172
13627541	3521016	10106525	4325742	5780784	219052
4435013	1116473	3318540	2839209	479331	94334
5419640	2961668	2457972	1735060	722912	205965
8288464	3890161	4398304	2489398	1908906	800564
5648459	2736404	2912055	1437046	1475009	361891
6238267	2833212	3405055	1358896	2046159	270418
1339616	413770	925846	289198	636648	684529
7274178	4187205	3086973	1670292	1416681	706955
5382781	2106017	3276764	1114226	2162538	282686
2052005	477033	1574972	1133579	441393	333820
1439863	796104	643759	452731	191028	45600
5791991	1592872	4199119	899194	3299925	852697
315149	167211	147938	97593	50345	68395
1462413	557902	904512	219812	684700	
863916	644587	219329	189172	30157	86420
1690637	158325	1532312	251133	1281179	
6869040	4426479	2442561	2438298	4262	8448599

5-7 财政补助支出明细

地区	合计	个人部分	工资福利支出	对个人和家庭的补助支出	#助学金
合计	**611920893**	**345293236**	**261735698**	**83557538**	**59207113**
北京	62398881	39297592	27025414	12272178	10476671
天津	14885287	7997136	6174542	1822594	1098532
河北	17634190	11030051	8113086	2916965	1881762
山西	11279082	6077385	4422426	1654959	1214432
内蒙古	9785898	5564693	4302054	1262639	1021529
辽宁	19372364	12300817	9315622	2985194	1845429
吉林	12872880	7527670	5710136	1817534	1120200
黑龙江	15654153	9266933	7143494	2123439	1395599
上海	40781439	21104328	17923762	3180567	2807822
江苏	43387518	24772380	19139218	5633162	3839157
浙江	27889245	15303884	12291767	3012117	1977558
安徽	17651007	9622224	6815599	2806625	1833566
福建	14127880	8211842	6282101	1929741	1166515
江西	14412740	8021825	6436503	1585322	1270612
山东	29796775	19474140	15609038	3865102	2198491
河南	21872738	11228954	8816559	2412395	1933553
湖北	30300143	19038012	13952430	5085582	3209260
湖南	16606190	10720366	8186863	2533504	1903502
广东	61695611	29339975	23124532	6215443	2891980
广西	12795443	4579709	2427906	2151803	1796110
海南	6022121	1833566	1340556	493010	422107
重庆	12164428	7260038	5371408	1888631	1568620
四川	26177502	15858211	12810491	3047721	2457555
贵州	9191100	5949130	4017074	1932056	1378542
云南	11186197	6963305	5585994	1377311	1223406
西藏	2556036	1325050	774098	550952	517788
陕西	24602513	13389226	9525657	3863569	2528170
甘肃	9474605	5181864	3759130	1422734	967355
青海	2556192	1252843	986907	265936	142202
宁夏	2710365	1551588	1137874	413714	272705
新疆	10080369	4248498	3213457	1035041	846384
大连	631312	335526	281587	53939	25649
宁波	1690935	879426	634978	244448	116888
厦门	1193954	507203	461784	45419	15812
青岛	1461050	132428	62584	69844	61090
深圳	20507476	5769532	4914505	855027	442065

（普通高等本科学校）

单位：千元

公用部分	商品和服务支出	其他资本性支出			基本建设支出
			专项公用支出	专项项目支出	
238705515	**133653893**	**105051622**	**62879188**	**42172434**	**27922142**
20757547	14343239	6414308	5403079	1011229	2343742
6647613	2501861	4145752	1246020	2899731	240538
5766148	3398368	2367779	1287029	1080750	837991
4906879	2482604	2424275	1292213	1132062	294818
3967938	1391420	2576518	1236689	1339829	253266
6631207	5024739	1606468	1227810	378658	440341
5141666	3548503	1593163	1200077	393086	203545
6077491	2803569	3273921	1471182	1802740	309730
16999720	12499503	4500217	4026260	473957	2677391
17827778	11525055	6302723	4171166	2131557	787360
11682162	5936327	5745835	3273349	2472486	903199
7061412	3326557	3734855	1607143	2127712	967370
5676869	3411403	2265466	1692294	573173	239169
6229053	2693946	3535107	1345651	2189456	161862
10071263	4896448	5174815	3749855	1424959	251372
10042852	6006340	4036512	2409992	1626520	600932
10322454	5463247	4859207	2802774	2056434	939677
5342182	3908381	1433801	1066178	367623	543642
21698170	11975861	9722308	6144035	3578273	10657466
8009452	2487956	5521496	2238619	3282878	206282
4094221	879579	3214642	2761055	453587	94334
4633608	3063969	1569639	1388820	180819	270781
9513596	4391910	5121687	2728127	2393560	805695
3089524	1846738	1242786	767547	475238	152447
3986865	2071092	1915773	965424	950349	236027
1011896	360668	651229	209239	441990	219089
10435849	6864353	3571495	2505585	1065911	777438
3929112	2146344	1782768	934922	847847	363630
1248891	325978	922913	572078	350835	54458
1086877	600921	485957	319889	166067	71900
4815220	1477013	3338207	835089	2503117	1016651
227392	127069	100322	50329	49993	68395
811509	336161	475349	152223	323126	
600331	419921	180410	150353	30057	86420
1328622	94641	1233982	182500	1051482	
6368299	3836853	2531446	2527183	4262	8369645

5-8 财政补助支出明细

地区	合计	个人部分	工资福利支出	对个人和家庭的补助支出	#助学金
合计	**417613449**	**227678322**	**176621599**	**51056724**	**36045532**
北京	15464705	9312895	7887791	1425104	989425
天津	8369497	4486615	3697589	789025	650882
河北	16301040	10133597	7395999	2737599	1811934
山西	11279082	6077385	4422426	1654959	1214432
内蒙古	9785898	5564693	4302054	1262639	1021529
辽宁	13591514	8218215	6466599	1751616	1305702
吉林	7804900	3936128	3146143	789985	689280
黑龙江	10176594	5828371	4509418	1318953	810627
上海	20998882	11135400	9644465	1490936	1285650
江苏	27176143	15438922	12403520	3035403	1967626
浙江	22355585	11935704	9648893	2286811	1425936
安徽	12658384	6522885	4535630	1987255	1179481
福建	10877336	6076385	4710100	1366285	890458
江西	14412740	8021825	6436503	1585322	1270612
山东	23274336	15502797	12470753	3032044	1679133
河南	21514161	11116936	8732126	2384810	1929431
湖北	14445234	8323072	6513807	1809265	1334913
湖南	11692842	7879463	6220661	1658803	1208839
广东	50658949	23009293	17873673	5135620	2164872
广西	12795443	4579709	2427906	2151803	1796110
海南	6022121	1833566	1340556	493010	422107
重庆	7673186	4345806	3146997	1198810	1103212
四川	14598010	9208114	7351228	1856886	1619551
贵州	9191100	5949130	4017074	1932056	1378542
云南	11186197	6963305	5585994	1377311	1223406
西藏	2556036	1325050	774098	550952	517788
陕西	11370962	6002216	4428012	1574205	1316798
甘肃	6497025	3260375	2304770	955606	744435
青海	2556192	1252843	986907	265936	142202
宁夏	1964479	1046280	731339	314941	205402
新疆	8364874	3391344	2508569	882775	745217
大连	631312	335526	281587	53939	25649
宁波	1690515	879426	634978	244448	116888
厦门	1193954	507203	461784	45419	15812
青岛	1461050	132428	62584	69844	61090
深圳	19838463	5640211	4788955	851257	438295

(地方普通高等本科学校)

单位：千元

公用部分	商品和服务支出	其他资本性支出			基本建设支出
			专项公用支出	专项项目支出	
168604094	**88628401**	**79975693**	**43337214**	**36638479**	**21331033**
5507594	4276681	1230912	1195190	35723	644216
3876204	1437100	2439104	367445	2071659	6678
5390682	3180926	2209756	1174664	1035092	776760
4906879	2482604	2424275	1292213	1132062	294818
3967938	1391420	2576518	1236689	1339829	253266
5086122	4018948	1067174	776464	290710	287177
3715857	2499906	1215951	852306	363645	152915
4102440	1838088	2264352	888566	1375785	245784
7850670	5904597	1946073	1830857	115216	2012812
11255851	7125196	4130655	2214226	1916429	481370
9724533	4842739	4881795	2537986	2343809	695347
5458023	2222019	3236004	1147927	2088077	677476
4694033	2861806	1832227	1352911	479317	106917
6229053	2693946	3535107	1345651	2189456	161862
7669028	3029475	4639553	3269862	1369691	102511
9946559	5942026	4004534	2378014	1626520	450666
6068162	2687190	3380972	1520945	1860027	54000
3401537	2460239	941298	591323	349975	411842
17170782	9116206	8054576	4659229	3395347	10478875
8009452	2487956	5521496	2238619	3282878	206282
4094221	879579	3214642	2761055	453587	94334
3193219	1948662	1244557	1069899	174659	134160
4892938	2378420	2514518	1507184	1007334	496958
3089524	1846738	1242786	767547	475238	152447
3986865	2071092	1915773	965424	950349	236027
1011896	360668	651229	209239	441990	219089
4954970	3134517	1820453	1124911	695541	413776
2981260	1602008	1379252	575427	803824	255390
1248891	325978	922913	572078	350835	54458
872599	451010	421589	272180	149409	45600
4246313	1130662	3115651	641184	2474467	727217
227392	127069	100322	50329	49993	68395
811089	335748	475341	152215	323126	
600331	419921	180410	150353	30057	86420
1328622	94641	1233982	182500	1051482	
5828607	3720878	2107729	2103466	4262	8369645

5-9 财政补助支出明细

地区	合计	个人部分	工资福利支出	对个人和家庭的补助支出	#助学金
合计	**182919177**	**93205685**	**72570157**	**20635527**	**15008271**
北京	3580081	2081798	1870339	211459	110661
天津	2561672	1722756	1487160	235595	175954
河北	10756307	3551085	2720148	830938	586295
山西	3827393	2016828	1557883	458945	386603
内蒙古	4133775	2619467	2034105	585362	496169
辽宁	4065106	2299757	1788186	511571	425441
吉林	2065004	986917	724266	262651	169299
黑龙江	3250069	2008617	1415687	592930	350396
上海	1869534	863844	759396	104448	78998
江苏	13091027	7752444	6705848	1046596	659337
浙江	8179015	4844831	4248545	596286	446556
安徽	7405741	3359739	2435248	924491	636164
福建	4779307	2073938	1705438	368500	271605
江西	5849461	3414935	2747211	667723	478228
山东	13170668	7526334	6125726	1400608	858863
河南	11915431	6036279	4518028	1518251	1045897
湖北	6909426	3800875	2896516	904359	592783
湖南	8445461	5051502	4043103	1008399	717630
广东	18651859	9772684	7922459	1850225	897029
广西	7508840	1877981	1067878	810103	736384
海南	785750	444958	280945	164013	154661
重庆	4486192	2131991	1422825	709166	614880
四川	8075639	4315629	2931159	1384470	1147664
贵州	5825427	3057048	1972556	1084492	894147
云南	4559988	2274195	1702596	571599	544136
西藏	1075666	282507	227342	55165	50316
陕西	5116887	2504501	1965146	539355	478757
甘肃	4029191	1600374	1019223	581151	476041
青海	1466278	383802	317155	66647	42028
宁夏	1094792	527528	428174	99353	77134
新疆	4388190	2020543	1529866	490676	408219
大连	228685	140928	127245	13683	10064
宁波	1163820	512496	462270	50226	40650
厦门	423487	159902	130877	29025	19067
青岛	612633	250618	200997	49620	23756
深圳	2986990	1867604	1635423	232181	101269

（普通高职高专学校）

单位：千元

公用部分	商品和服务支出	其他资本性支出	专项公用支出	专项项目支出	基本建设支出
86174371	**31420005**	**54754366**	**21419447**	**33334919**	**3539121**
1324353	879906	444447	406583	37865	173930
838916	471112	367804	302064	65741	
6974548	1114388	5860160	888608	4971553	230674
1723868	825751	898117	385310	512807	86698
1443824	626233	817591	434117	383475	70484
1671350	919326	752024	495714	256310	93999
1052568	449877	602691	329156	273535	25519
1153785	576110	577675	405842	171833	87667
942483	718032	224451	119345	105106	63207
5320118	2981351	2338766	1284279	1054488	18466
3252206	1694839	1557366	851908	705458	81978
3942598	1401196	2541402	968721	1572681	103404
2701847	959725	1742122	689766	1052356	3522
2360272	980533	1379739	618962	760777	74254
5561364	1500264	4061100	1266145	2794956	82969
5810787	1959318	3851469	1787900	2063570	68365
3108551	1095320	2013232	705369	1307862	
3165618	1427179	1738440	742823	995617	228342
8699499	2649574	6049925	1621640	4428284	179676
5618089	1033060	4585029	2087123	2497906	12770
340792	236893	103899	78155	25744	
2282397	1068983	1213414	665161	548253	71804
3456403	1570166	1886237	984666	901572	303607
2558935	889666	1669269	669498	999771	209445
2251402	762120	1489281	393472	1095810	34391
327720	53102	274618	79959	194658	465439
2319208	1052687	1266520	545380	721140	293179
2401521	504008	1897513	538799	1358714	27296
803115	151055	652060	561502	90558	279362
567264	345094	222170	180551	41619	
2198971	523139	1675833	330930	1344902	168676
87757	40142	47615	47264	352	
651324	222153	429171	67597	361574	
263585	224666	38919	38819	100	
362015	63685	298330	68633	229697	
1040433	705601	334832	334832		78954

5-10 财政补助支出明细

地区	合计	个人部分	工资福利支出	对个人和家庭的补助支出	#助学金
合计	**180746012**	**92500216**	**72036486**	**20463730**	**14903211**
北京	3352673	2005902	1805862	200039	104783
天津	2561672	1722756	1487160	235595	175954
河北	10756307	3551085	2720148	830938	586295
山西	3827393	2016828	1557883	458945	386603
内蒙古	4133775	2619467	2034105	585362	496169
辽宁	4065106	2299757	1788186	511571	425441
吉林	2065004	986917	724266	262651	169299
黑龙江	3187410	1963085	1394565	568520	342511
上海	1682819	802062	707902	94160	73510
江苏	13091027	7752444	6705848	1046596	659337
浙江	8179015	4844831	4248545	596286	446556
安徽	7405741	3359739	2435248	924491	636164
福建	4779307	2073938	1705438	368500	271605
江西	5849461	3414935	2747211	667723	478228
山东	13170668	7526334	6125726	1400608	858863
河南	11915431	6036279	4518028	1518251	1045897
湖北	6834703	3755354	2884183	871171	562465
湖南	8362956	5018299	4009901	1008399	717630
广东	18251623	9654726	7818242	1836484	888834
广西	7508840	1877981	1067878	810103	736384
海南	785750	444958	280945	164013	154661
重庆	4383818	2085593	1393633	691960	599722
四川	7895802	4196669	2845419	1351251	1128519
贵州	5825427	3057048	1972556	1084492	894147
云南	4559988	2274195	1702596	571599	544136
西藏	1075666	282507	227342	55165	50316
陕西	5116887	2504501	1965146	539355	478757
甘肃	4029191	1600374	1019223	581151	476041
青海	1466278	383802	317155	66647	42028
宁夏	1094792	527528	428174	99353	77134
新疆	3531481	1860323	1397972	462351	395226
大连	228685	140928	127245	13683	10064
宁波	1163820	512496	462270	50226	40650
厦门	423487	159902	130877	29025	19067
青岛	612633	250618	200997	49620	23756
深圳	2986990	1867604	1635423	232181	101269

(地方普通高职高专学校)

单位：千元

公用部分	商品和服务支出	其他资本性支出	专项公用支出	专项项目支出	基本建设支出
84887804	**31081319**	**53806485**	**21267413**	**32539072**	**3357992**
1246396	831919	414477	376612	37865	100376
838916	471112	367804	302064	65741	
6974548	1114388	5860160	888608	4971553	230674
1723868	825751	898117	385310	512807	86698
1443824	626233	817591	434117	383475	70484
1671350	919326	752024	495714	256310	93999
1052568	449877	602691	329156	273535	25519
1136658	564084	572574	400741	171833	87667
817550	689793	127757	112242	15515	63207
5320118	2981351	2338766	1284279	1054488	18466
3252206	1694839	1557366	851908	705458	81978
3942598	1401196	2541402	968721	1572681	103404
2701847	959725	1742122	689766	1052356	3522
2360272	980533	1379739	618962	760777	74254
5561364	1500264	4061100	1266145	2794956	82969
5810787	1959318	3851469	1787900	2063570	68365
3079349	1071860	2007488	700926	1306562	
3116315	1419646	1696669	737527	959142	228342
8481600	2605463	5876138	1596892	4279246	115297
5618089	1033060	4585029	2087123	2497906	12770
340792	236893	103899	78155	25744	
2226421	1013006	1213414	665161	548253	71804
3395526	1511740	1883786	982214	901572	303607
2558935	889666	1669269	669498	999771	209445
2251402	762120	1489281	393472	1095810	34391
327720	53102	274618	79959	194658	465439
2319208	1052687	1266520	545380	721140	293179
2401521	504008	1897513	538799	1358714	27296
803115	151055	652060	561502	90558	279362
567264	345094	222170	180551	41619	
1545678	462210	1083469	258010	825458	125480
87757	40142	47615	47264	352	
651324	222153	429171	67597	361574	
263585	224666	38919	38819	100	
362015	63685	298330	68633	229697	
1040433	705601	334832	334832		78954

5-11 财政补助支出明细

地区	合计	个人部分	工资福利支出	对个人和家庭的补助支出	#助学金
合计	**8817788**	**6121313**	**5432648**	**688666**	**153086**
北京	1083986	719407	672617	46790	
天津	224332	195219	185059	10160	857
河北	467154	368878	330096	38782	13798
山西	150826	122919	115633	7286	1686
内蒙古	98177	66163	62737	3425	151
辽宁	243024	205218	194396	10821	1657
吉林	377302	261095	238412	22684	6475
黑龙江	332942	269656	216202	53454	340
上海	771700	481853	470393	11460	95
江苏	93422	69885	63782	6104	1404
浙江	724688	517837	492888	24948	5434
安徽	170588	100887	81797	19089	5316
福建	234039	136991	115922	21069	9853
江西	252960	187391	168532	18859	12348
山东	147743	111483	95836	15646	
河南	129564	102840	91563	11277	262
湖北	107779	82283	70550	11733	4004
湖南	283489	183930	159861	24069	314
广东	1080730	819983	643716	176267	9285
广西	243567	70697	58948	11749	6151
海南	78450	40325	33297	7028	6746
重庆	4882	4406	4236	170	
四川	307017	214874	197923	16951	110
贵州	215097	127053	88067	38986	29405
云南	270832	165140	146398	18742	16077
西藏					
陕西	329496	180508	151345	29163	20890
甘肃	108965	79392	65680	13712	409
青海	24963	23948	21544	2404	
宁夏					
新疆	260073	211054	195217	15836	20
大连	101421	88230	84385	3844	
宁波	148434	107963	103741	4223	989
厦门					
青岛	31811	25184	22203	2981	
深圳	104939	73648	51233	22415	

（成人高等学校）

单位：千元

公用部分	商品和服务支出	其他资本性支出	其他资本性支出：专项公用支出	其他资本性支出：专项项目支出	基本建设支出
2609293	**1832455**	**776837**	**435540**	**341298**	**87182**
364579	296986	67593	53738	13855	
29113	22471	6642	6642		
97262	50670	46592	22447	24145	1014
27907	23576	4331	3734	597	
32015	22067	9948	9448	500	
37806	34874	2932	2453	479	
116207	75635	40572	21007	19565	
56686	47176	9510	7490	2020	6600
289846	270073	19774	17837	1937	
23536	18129	5408	5060	347	
160020	108785	51235	14416	36819	46832
69701	64413	5289	5283	6	
97048	86138	10910	10910		
65569	28438	37131	32524	4606	
36260	28092	8168	8168		
26724	16698	10027	2451	7576	
25496	22876	2619	2227	393	
98910	39463	59446	55054	4393	650
260747	180841	79906	43907	35999	
172870	34879	137991	7307	130684	
38125	33664	4461	4461		
476	476				
92144	62409	29734	22057	7677	
66488	49384	17104	14010	3094	21555
105692	49545	56147	20930	35217	
146708	122507	24201	19968	4232	2280
29573	18344	11228	4169	7059	
1016	40	976	976		
40769	23808	16962	16865	97	8250
13192	11484	1708	1229	479	
40471	16954	23517	1986	21531	
6628	5509	1118	1118		
31291	22880	8410	6131	2280	

5-12 财政补助支出明细

地区	合计	个人部分	工资福利支出	对个人和家庭的补助支出	#助学金
合计	8460642	5962966	5284859	678107	153086
北京	776386	610349	567932	42417	
天津	224332	195219	185059	10160	857
河北	467154	368878	330096	38782	13798
山西	150826	122919	115633	7286	1686
内蒙古	98177	66163	62737	3425	151
辽宁	243024	205218	194396	10821	1657
吉林	377302	261095	238412	22684	6475
黑龙江	332942	269656	216202	53454	340
上海	771700	481853	470393	11460	95
江苏	93422	69885	63782	6104	1404
浙江	724688	517837	492888	24948	5434
安徽	170588	100887	81797	19089	5316
福建	234039	136991	115922	21069	9853
江西	252960	187391	168532	18859	12348
山东	147743	111483	95836	15646	
河南	129564	102840	91563	11277	262
湖北	107779	82283	70550	11733	4004
湖南	283489	183930	159861	24069	314
广东	1080730	819983	643716	176267	9285
广西	243567	70697	58948	11749	6151
海南	78450	40325	33297	7028	6746
重庆	4882	4406	4236	170	
四川	307017	214874	197923	16951	110
贵州	215097	127053	88067	38986	29405
云南	270832	165140	146398	18742	16077
西藏					
陕西	329496	180508	151345	29163	20890
甘肃	108965	79392	65680	13712	409
青海	24963	23948	21544	2404	
宁夏					
新疆	210527	161764	152113	9651	20
大连	101421	88230	84385	3844	
宁波	148434	107963	103741	4223	989
厦门					
青岛	31811	25184	22203	2981	
深圳	104939	73648	51233	22415	

（地方成人高等学校）

单位：千元

公用部分	商品和服务支出	其他资本性支出			基本建设支出
			专项公用支出	专项项目支出	
2410494	**1669455**	**741039**	**401409**	**339631**	**87182**
166037	134242	31795	19607	12188	
29113	22471	6642	6642		
97262	50670	46592	22447	24145	1014
27907	23576	4331	3734	597	
32015	22067	9948	9448	500	
37806	34874	2932	2453	479	
116207	75635	40572	21007	19565	
56686	47176	9510	7490	2020	6600
289846	270073	19774	17837	1937	
23536	18129	5408	5060	347	
160020	108785	51235	14416	36819	46832
69701	64413	5289	5283	6	
97048	86138	10910	10910		
65569	28438	37131	32524	4606	
36260	28092	8168	8168		
26724	16698	10027	2451	7576	
25496	22876	2619	2227	393	
98910	39463	59446	55054	4393	650
260747	180841	79906	43907	35999	
172870	34879	137991	7307	130684	
38125	33664	4461	4461		
476	476				
92144	62409	29734	22057	7677	
66488	49384	17104	14010	3094	21555
105692	49545	56147	20930	35217	
146708	122507	24201	19968	4232	2280
29573	18344	11228	4169	7059	
1016	40	976	976		
40513	23551	16962	16865	97	8250
13192	11484	1708	1229	479	
40471	16954	23517	1986	21531	
6628	5509	1118	1118		
31291	22880	8410	6131	2280	

5-13 财政补助支出明细

地区	合计	个人部分	工资福利支出	对个人和家庭的补助支出	#助学金
合计	**248478474**	**141197199**	**121565255**	**19631944**	**10709249**
北京	5779718	3896754	3589006	307749	56670
天津	2209999	1833882	1708517	125365	42941
河北	13038105	7672716	6816320	856395	375570
山西	6171570	3468177	3158891	309286	198660
内蒙古	4085114	2545749	2190275	355474	252986
辽宁	5047477	3458053	3069305	388747	142490
吉林	3606562	2426403	2185533	240870	107626
黑龙江	3975567	2793084	2266359	526725	79899
上海	6674884	3264782	2992730	272052	202433
江苏	18368985	12266643	11317511	949132	261303
浙江	18194873	10193352	9730804	462548	216425
安徽	9572714	4305529	3296588	1008940	597103
福建	7574020	4104482	3784459	320022	96358
江西	6746069	2887308	2274349	612959	498563
山东	19876301	10683155	9541769	1141387	396883
河南	12261222	6784817	5885271	899546	572448
湖北	7652563	4228932	3582001	646931	365630
湖南	8584927	4847652	3956304	891349	581437
广东	26536369	17094804	14480262	2614542	437526
广西	7362117	3632644	3081231	551413	423804
海南	1979917	1124728	932893	191835	142899
重庆	6275999	3476243	2753614	722629	541216
四川	11513224	6130248	4901781	1228467	847335
贵州	6349943	2732195	1996188	736007	619792
云南	9589505	5149815	3946229	1203586	980827
西藏	1376299	630840	526477	104364	90177
陕西	4838835	2788799	2356253	432546	344658
甘肃	4232993	2298797	1933230	365568	256689
青海	1391031	625429	465137	160292	115686
宁夏	1208974	584764	488328	96435	75662
新疆	6402597	3266422	2357642	908780	787554
大连	1079421	732939	704176	28763	13664
宁波	3444043	1992894	1912884	80010	28441
厦门	1424236	819598	737109	82490	8913
青岛	3454847	1902074	1725904	176170	32702
深圳	2907109	1761609	1353431	408178	67633

（中等职业学校）

单位：千元

公用部分	商品和服务支出	其他资本性支出	专项公用支出	专项项目支出	基本建设支出
101803139	**42049873**	**59753267**	**21154316**	**38598950**	**5478136**
1792079	1159225	632854	516626	116228	90885
376117	283350	92767	85565	7203	
5313353	1928379	3384973	932173	2452800	52037
2547522	1160790	1386732	545432	841300	155871
1465295	679365	785930	388465	397464	74070
1482138	1051747	430391	113731	316661	107286
1124717	626950	497767	304976	192791	55442
1097335	623306	474029	175483	298546	85147
3407886	2190230	1217655	446154	771501	2217
6085796	2837596	3248200	1227169	2021032	16545
6884360	2782480	4101880	1221097	2880783	1117161
4713150	1640569	3072580	1085682	1986898	554036
3357960	1258621	2099339	758069	1341270	111578
3765440	780639	2984801	796469	2188333	93321
9134146	3168870	5965276	2062496	3902780	59000
5231593	2499334	2732259	1207757	1524502	244811
3408640	1183066	2225574	700065	1525510	14991
3684386	1692145	1992241	714959	1277281	52889
9195579	4353606	4841973	2362244	2479729	245986
3314290	1210742	2103549	943289	1160259	415183
811756	454100	357656	258335	99321	43434
2568154	1524545	1043609	388579	655030	231602
5213753	1872932	3340821	929466	2411355	169223
3521537	860120	2661417	578222	2083196	96211
4334449	1272960	3061489	876516	2184973	105240
254666	153280	101386	88182	13204	490792
1901733	801768	1099965	333636	766328	148303
1742131	491858	1250273	244945	1005328	192065
689957	173923	516034	202140	313894	75646
604210	236344	367866	178124	189742	20000
2779012	1097034	1681978	488271	1193708	357163
322297	216705	105592	22543	83049	24185
1258219	493577	764642	160971	603671	192930
534367	338715	195652	116718	78934	70271
1552774	441197	1111577	469325	642252	
1025954	720220	305734	263285	42449	119546

5-14 财政补助支出明细

地区	合计	个人部分	工资福利支出	对个人和家庭的补助支出	#助学金
合计	**247596306**	**140816170**	**121259273**	**19556897**	**10671009**
北京	5667570	3836739	3532023	304717	55444
天津	2208458	1833280	1708167	125112	42687
河北	13032997	7667608	6811212	856395	375570
山西	6171570	3468177	3158891	309286	198660
内蒙古	4085114	2545749	2190275	355474	252986
辽宁	5047477	3458053	3069305	388747	142490
吉林	3606562	2426403	2185533	240870	107626
黑龙江	3904205	2737158	2215609	521549	79661
上海	6672654	3262552	2990500	272052	202433
江苏	18363810	12265753	11317511	948242	260413
浙江	18194873	10193352	9730804	462548	216425
安徽	9572427	4305253	3296312	1008940	597103
福建	7574020	4104482	3784459	320022	96358
江西	6745837	2887264	2274349	612915	498519
山东	19876301	10683155	9541769	1141387	396883
河南	12258205	6782544	5883185	899359	572261
湖北	7645818	4222187	3582001	640186	360406
湖南	8584927	4847652	3956304	891349	581437
广东	26493561	17064377	14456632	2607745	436616
广西	7362117	3632644	3081231	551413	423804
海南	1979917	1124728	932893	191835	142899
重庆	6275999	3476243	2753614	722629	541216
四川	11483340	6112320	4887515	1224806	844032
贵州	6349943	2732195	1996188	736007	619792
云南	9589505	5149815	3946229	1203586	980827
西藏	1376299	630840	526477	104364	90177
陕西	4838231	2788741	2356253	432489	344600
甘肃	4232993	2298797	1933230	365568	256689
青海	1391031	625429	465137	160292	115686
宁夏	1208974	584764	488328	96435	75662
新疆	5801568	3067916	2207339	860577	761645
大连	1079421	732939	704176	28763	13664
宁波	3444043	1992894	1912884	80010	28441
厦门	1424236	819598	737109	82490	8913
青岛	3454847	1902074	1725904	176170	32702
深圳	2907109	1761609	1353431	408178	67633

(地方中等职业学校)

单位：千元

公用部分	商品和服务支出	其他资本性支出			基本建设支出
			专项公用支出	专项项目支出	
101344285	**41877547**	**59466739**	**21090056**	**38376683**	**5435851**
1739946	1109496	630450	514222	116228	90885
375179	282411	92767	85565	7203	
5313353	1928379	3384973	932173	2452800	52037
2547522	1160790	1386732	545432	841300	155871
1465295	679365	785930	388465	397464	74070
1482138	1051747	430391	113731	316661	107286
1124717	626950	497767	304976	192791	55442
1081900	611473	470427	173194	297232	85147
3407886	2190230	1217655	446154	771501	2217
6081512	2833312	3248200	1227169	2021032	16545
6884360	2782480	4101880	1221097	2880783	1117161
4713139	1640558	3072580	1085682	1986898	554036
3357960	1258621	2099339	758069	1341270	111578
3765252	780451	2984801	796469	2188333	93321
9134146	3168870	5965276	2062496	3902780	59000
5230850	2498590	2732259	1207757	1524502	244811
3408640	1183066	2225574	700065	1525510	14991
3684386	1692145	1992241	714959	1277281	52889
9183198	4345610	4837589	2361077	2476511	245986
3314290	1210742	2103549	943289	1160259	415183
811756	454100	357656	258335	99321	43434
2568154	1524545	1043609	388579	655030	231602
5201797	1869167	3332630	929466	2403164	169223
3521537	860120	2661417	578222	2083196	96211
4334449	1272960	3061489	876516	2184973	105240
254666	153280	101386	88182	13204	490792
1901187	801222	1099965	333636	766328	148303
1742131	491858	1250273	244945	1005328	192065
689957	173923	516034	202140	313894	75646
604210	236344	367866	178124	189742	20000
2418774	1004742	1414032	429869	984163	314878
322297	216705	105592	22543	83049	24185
1258219	493577	764642	160971	603671	192930
534367	338715	195652	116718	78934	70271
1552774	441197	1111577	469325	642252	
1025954	720220	305734	263285	42449	119546

5-15 财政补助支出明细

地区	合计	个人部分	工资福利支出	对个人和家庭的补助支出	#助学金
合计	**115220861**	**64678457**	**54900809**	**9777648**	**5588679**
北京	2127393	1355497	1275992	79505	29187
天津	1280059	1044947	976984	67963	28607
河北	3378613	2168933	1793497	375436	191048
山西	2407356	1333636	1205290	128347	86191
内蒙古	1555728	891552	744345	147207	112477
辽宁	2744349	1889150	1644762	244389	56726
吉林	1125218	718759	663452	55307	33761
黑龙江	894572	598285	478878	119408	36870
上海	3848775	1903550	1736416	167134	133557
江苏	13676969	9187981	8445382	742599	197958
浙江	3364933	1671154	1565446	105708	62891
安徽	8421640	3802760	2936260	866500	484471
福建	5510019	3105956	2872518	233439	82463
江西	3971499	1849585	1530760	318825	246324
山东	9052942	5040118	4398392	641726	274038
河南	4592101	2430646	2006145	424501	296198
湖北	4916945	2864790	2434052	430738	263663
湖南	1378147	753249	588264	164986	114386
广东	12047786	7550775	6356970	1193805	221849
广西	5406159	2652731	2250235	402496	308415
海南	1127038	633801	540555	93246	76799
重庆	1090437	498958	340664	158294	134655
四川	3868619	1938782	1493292	445490	328927
贵州	2329115	1022965	710403	312562	259389
云南	4150733	1965410	1403017	562393	483712
西藏	997470	618705	515861	102845	89639
陕西	825901	524079	462098	61981	49925
甘肃	3052710	1602027	1350354	251674	173249
青海	1386931	621834	464469	157365	112797
宁夏	478800	252115	213143	38972	27949
新疆	4211903	2185723	1502916	682806	590560
大连	558988	370921	352683	18238	8092
宁波	907125	486422	461101	25320	11428
厦门	1183094	688197	624829	63367	6732
青岛	393412	216782	187256	29526	944
深圳	735163	461622	382058	79564	11991

(中等专业学校)

单位：千元

公用部分	商品和服务支出	其他资本性支出			基本建设支出
			专项公用支出	专项项目支出	
47666845	**20034617**	**27632228**	**9748199**	**17884029**	**2875559**
700874	497225	203649	179834	23815	71022
235111	177992	57120	50088	7032	
1198686	685943	512743	191204	321539	10993
1015911	434172	581739	173274	408465	57809
637605	260680	376924	133902	243022	26572
820421	551276	269146	67068	202077	34778
396457	236507	159950	123277	36673	10001
263350	188820	74530	56220	18309	32937
1943009	1512696	430312	251740	178572	2217
4488988	2021485	2467503	951495	1516008	
1227516	435308	792208	198838	593370	466263
4070845	1478395	2592450	912432	1680018	548036
2293608	980048	1313560	477149	836411	110455
2048166	514405	1533761	451326	1082434	73748
3971824	1405628	2566196	836755	1729441	41000
2118058	1068163	1049896	416618	633277	43396
2049155	865851	1183303	412300	771003	3000
624898	261709	363189	172460	190729	
4400703	1873199	2527504	887753	1639751	96308
2449454	840466	1608988	621560	987428	303974
456674	248890	207784	132967	74816	36563
541824	289827	251997	120720	131277	49655
1836461	688416	1148045	239086	908959	93376
1246970	321829	925141	316610	608531	59180
2103588	524020	1579569	448673	1130896	81734
233990	139386	94604	81401	13204	144774
294949	179509	115439	51520	63920	6873
1310282	376234	934048	167602	766445	140401
689451	173417	516034	202140	313894	75646
206685	96782	109903	51776	58127	20000
1791333	706339	1084994	370411	714583	234847
187620	95371	92249	12996	79254	446
420483	115081	305402	42191	263211	221
424750	284156	140594	71860	68734	70147
176630	80036	96594	29879	66714	
218852	178814	40037	36034	4003	54690

5-16 财政补助支出明细

地 区	合 计	个人部分	工资福利支出	对个人和家庭的补助支出	#助学金
合 计	**114449577**	**64377817**	**54665277**	**9712540**	**5554805**
北 京	2015245	1295482	1219009	76473	27961
天 津	1280059	1044947	976984	67963	28607
河 北	3373505	2163825	1788389	375436	191048
山 西	2407356	1333636	1205290	128347	86191
内蒙古	1555728	891552	744345	147207	112477
辽 宁	2744349	1889150	1644762	244389	56726
吉 林	1125218	718759	663452	55307	33761
黑龙江	894572	598285	478878	119408	36870
上 海	3846545	1901320	1734186	167134	133557
江 苏	13676969	9187981	8445382	742599	197958
浙 江	3364933	1671154	1565446	105708	62891
安 徽	8421640	3802760	2936260	866500	484471
福 建	5510019	3105956	2872518	233439	82463
江 西	3971267	1849541	1530760	318781	246280
山 东	9052942	5040118	4398392	641726	274038
河 南	4592101	2430646	2006145	424501	296198
湖 北	4910199	2858045	2434052	423993	258439
湖 南	1378147	753249	588264	164986	114386
广 东	12004978	7520348	6333340	1187008	220939
广 西	5406159	2652731	2250235	402496	308415
海 南	1127038	633801	540555	93246	76799
重 庆	1090437	498958	340664	158294	134655
四 川	3864338	1938218	1493292	444927	328363
贵 州	2329115	1022965	710403	312562	259389
云 南	4150733	1965410	1403017	562393	483712
西 藏	997470	618705	515861	102845	89639
陕 西	825901	524079	462098	61981	49925
甘 肃	3052710	1602027	1350354	251674	173249
青 海	1386931	621834	464469	157365	112797
宁 夏	478800	252115	213143	38972	27949
新 疆	3614171	1990216	1355336	634881	564652
大 连	558988	370921	352683	18238	8092
宁 波	907125	486422	461101	25320	11428
厦 门	1183094	688197	624829	63367	6732
青 岛	393412	216782	187256	29526	944
深 圳	735163	461622	382058	79564	11991

（地方中等专业学校）

单位：千元

公用部分	商品和服务支出	其他资本性支出	专项公用支出	专项项目支出	基本建设支出
47238486	**19880983**	**27357503**	**9686236**	**17671267**	**2833274**
648741	447496	201245	177430	23815	71022
235111	177992	57120	50088	7032	
1198686	685943	512743	191204	321539	10993
1015911	434172	581739	173274	408465	57809
637605	260680	376924	133902	243022	26572
820421	551276	269146	67068	202077	34778
396457	236507	159950	123277	36673	10001
263350	188820	74530	56220	18309	32937
1943009	1512696	430312	251740	178572	2217
4488988	2021485	2467503	951495	1516008	
1227516	435308	792208	198838	593370	466263
4070845	1478395	2592450	912432	1680018	548036
2293608	980048	1313560	477149	836411	110455
2047978	514217	1533761	451326	1082434	73748
3971824	1405628	2566196	836755	1729441	41000
2118058	1068163	1049896	416618	633277	43396
2049155	865851	1183303	412300	771003	3000
624898	261709	363189	172460	190729	
4388322	1865203	2523120	886586	1636534	96308
2449454	840466	1608988	621560	987428	303974
456674	248890	207784	132967	74816	36563
541824	289827	251997	120720	131277	49655
1832743	684698	1148045	239086	908959	93376
1246970	321829	925141	316610	608531	59180
2103588	524020	1579569	448673	1130896	81734
233990	139386	94604	81401	13204	144774
294949	179509	115439	51520	63920	6873
1310282	376234	934048	167602	766445	140401
689451	173417	516034	202140	313894	75646
206685	96782	109903	51776	58127	20000
1431393	614335	817058	312019	505039	192562
187620	95371	92249	12996	79254	446
420483	115081	305402	42191	263211	221
424750	284156	140594	71860	68734	70147
176630	80036	96594	29879	66714	
218852	178814	40037	36034	4003	54690

5-17 财政补助支出明细

地 区	合 计	个人部分	工资福利支出	对个人和家庭的补助支出	#助学金
合 计	**92726614**	**52884357**	**45848112**	**7036244**	**4025245**
北 京	2080896	1689093	1509328	179765	7495
天 津	528620	457105	426690	30415	3962
河 北	7619274	3933087	3597553	335534	162718
山 西	2928172	1550850	1419858	130992	92686
内蒙古	2175367	1345839	1161922	183917	138276
辽 宁	1894650	1290268	1179294	110974	62102
吉 林	1507515	910484	841402	69082	24996
黑龙江	1699386	1148320	913843	234477	37090
上 海	2495640	1187403	1093326	94077	63688
江 苏	2829346	2000617	1890105	110513	26235
浙 江	12811388	7410901	7116832	294069	131016
安 徽	751060	341981	222012	119968	103850
福 建	925284	434713	396438	38275	5816
江 西	1953983	600647	389996	210650	187123
山 东	7014559	3511223	3206187	305037	75365
河 南	4606025	2780547	2445841	334706	232328
湖 北	1801007	1126160	940821	185339	93320
湖 南	6125657	3483445	2840416	643029	419087
广 东	6483837	4550587	3797487	753100	101488
广 西	96121	58067	48827	9240	3817
海 南	552470	315891	247286	68605	38757
重 庆	3869647	2331531	1850865	480666	375891
四 川	6645890	3604823	2923504	681320	462603
贵 州	3676912	1575123	1223646	351477	293410
云 南	3585260	2114151	1639119	475032	377199
西 藏					
陕 西	3008603	1589812	1332507	257305	200086
甘 肃	1001912	567322	469306	98016	78727
青 海	4101	3594	668	2927	2889
宁 夏	730173	332648	275185	57463	47714
新 疆	1323857	638122	447848	190274	175509
大 连	425350	311063	301083	9980	5458
宁 波	2126209	1233874	1190265	43608	16265
厦 门					
青 岛	2750089	1473650	1331754	141896	29510
深 圳	1334952	809131	601985	207146	18484

（职业高中）

单位：千元

公用部分	商品和服务支出	其他资本性支出	专项公用支出	专项项目支出	基本建设支出
38334257	**14235660**	**24098597**	**7240603**	**16857994**	**1508001**
371940	291647	80293	55367	24926	19863
71515	54166	17349	17349		
3645154	968495	2676659	599681	2076978	41033
1308361	578548	729813	302452	427360	68961
786353	391686	394667	247497	147170	43175
555912	418085	137827	42214	95614	48470
551590	249472	302117	154593	147524	45441
516131	278836	237295	95117	142178	34935
1308237	544553	763684	170755	592929	
828620	374704	453916	143448	310468	109
4796806	1960706	2836100	805391	2030710	603681
403080	90638	312442	50863	261579	6000
490571	127385	363186	134482	228704	
1333764	125552	1208212	273308	934904	19573
3485336	865233	2620103	923968	1696135	18000
1797394	781432	1015962	461244	554718	28084
668851	245296	423556	114338	309218	5996
2598864	1196996	1401868	480454	921415	43349
1870078	1104812	765266	381982	383283	63172
38054	11896	26158	14579	11579	
229709	136703	93005	71824	21182	6870
1457565	788421	669144	191153	477991	80550
2981085	987137	1993947	632077	1361870	59982
2064758	361295	1703463	239265	1464199	37031
1447602	392561	1055041	93813	961228	23506
1297361	373441	923920	259809	664111	121430
386600	102925	283675	60672	223003	47990
506	506				
397525	139562	257963	126348	131615	
644934	292970	351964	96560	255404	40801
114287	104598	9690	8748	942	
703150	284594	418556	90360	328195	189186
1276438	290203	986235	427425	558810	
466841	344802	122039	98858	23181	58980

5-18 财政补助支出明细

地　区	合　计	个人部分	工资福利支出	对个人和家庭的补助支出	#助学金
合　计	**92710187**	**52874475**	**45840543**	**7033932**	**4025057**
北　京	2080896	1689093	1509328	179765	7495
天　津	528620	457105	426690	30415	3962
河　北	7619274	3933087	3597553	335534	162718
山　西	2928172	1550850	1419858	130992	92686
内蒙古	2175367	1345839	1161922	183917	138276
辽　宁	1894650	1290268	1179294	110974	62102
吉　林	1507515	910484	841402	69082	24996
黑龙江	1682959	1138439	906274	232165	36903
上　海	2495640	1187403	1093326	94077	63688
江　苏	2829346	2000617	1890105	110513	26235
浙　江	12811388	7410901	7116832	294069	131016
安　徽	751060	341981	222012	119968	103850
福　建	925284	434713	396438	38275	5816
江　西	1953983	600647	389996	210650	187123
山　东	7014559	3511223	3206187	305037	75365
河　南	4606025	2780547	2445841	334706	232328
湖　北	1801007	1126160	940821	185339	93320
湖　南	6125657	3483445	2840416	643029	419087
广　东	6483837	4550587	3797487	753100	101488
广　西	96121	58067	48827	9240	3817
海　南	552470	315891	247286	68605	38757
重　庆	3869647	2331531	1850865	480666	375891
四　川	6645890	3604823	2923504	681320	462603
贵　州	3676912	1575123	1223646	351477	293410
云　南	3585260	2114151	1639119	475032	377199
西　藏					
陕　西	3008603	1589812	1332507	257305	200086
甘　肃	1001912	567322	469306	98016	78727
青　海	4101	3594	668	2927	2889
宁　夏	730173	332648	275185	57463	47714
新　疆	1323857	638122	447848	190274	175509
大　连	425350	311063	301083	9980	5458
宁　波	2126209	1233874	1190265	43608	16265
厦　门					
青　岛	2750089	1473650	1331754	141896	29510
深　圳	1334952	809131	601985	207146	18484

(地方职业高中)

单位：千元

公用部分	商品和服务支出	其他资本性支出	专项公用支出	专项项目支出	基本建设支出
38327711	**14232443**	**24095268**	**7238588**	**16856680**	**1508001**
371940	291647	80293	55367	24926	19863
71515	54166	17349	17349		
3645154	968495	2676659	599681	2076978	41033
1308361	578548	729813	302452	427360	68961
786353	391686	394667	247497	147170	43175
555912	418085	137827	42214	95614	48470
551590	249472	302117	154593	147524	45441
509585	275620	233965	93101	140864	34935
1308237	544553	763684	170755	592929	
828620	374704	453916	143448	310468	109
4796806	1960706	2836100	805391	2030710	603681
403080	90638	312442	50863	261579	6000
490571	127385	363186	134482	228704	
1333764	125552	1208212	273308	934904	19573
3485336	865233	2620103	923968	1696135	18000
1797394	781432	1015962	461244	554718	28084
668851	245296	423556	114338	309218	5996
2598864	1196996	1401868	480454	921415	43349
1870078	1104812	765266	381982	383283	63172
38054	11896	26158	14579	11579	
229709	136703	93005	71824	21182	6870
1457565	788421	669144	191153	477991	80550
2981085	987137	1993947	632077	1361870	59982
2064758	361295	1703463	239265	1464199	37031
1447602	392561	1055041	93813	961228	23506
1297361	373441	923920	259809	664111	121430
386600	102925	283675	60672	223003	47990
506	506				
397525	139562	257963	126348	131615	
644934	292970	351964	96560	255404	40801
114287	104598	9690	8748	942	
703150	284594	418556	90360	328195	189186
1276438	290203	986235	427425	558810	
466841	344802	122039	98858	23181	58980

5-19 财政补助支出明细

地区	合计	个人部分	工资福利支出	对个人和家庭的补助支出	#助学金
合计	**41790923**	**22572892**	**19529692**	**3043200**	**2212102**
北京	138288	102692	98689	4003	791
天津	107847	90915	89324	1590	370
河北	4211284	2179543	1983351	196193	115035
山西	1779704	969352	883748	85604	59423
内蒙古	1534922	932579	810207	122372	92536
辽宁	519456	380997	356066	24931	12845
吉林	606985	360564	337314	23250	15719
黑龙江	708033	463229	378045	85185	20692
上海	178644	115071	105793	9278	7848
江苏	1100807	764933	726270	38664	12741
浙江	4912602	2712928	2585410	127517	71338
安徽	492961	218792	147662	71130	62723
福建	171498	83707	79255	4452	2166
江西	1228923	355566	270007	85559	66657
山东	2205031	1078560	1006016	72544	28159
河南	2612115	1581624	1416976	164648	124906
湖北	469600	299318	248199	51120	42988
湖南	3302101	1794590	1494846	299743	223467
广东	885338	481870	439176	42694	8999
广西	94716	57480	48827	8652	3230
海南	208793	112914	88588	24325	19951
重庆	1270477	865324	701220	164104	134798
四川	3865927	1913212	1526766	386446	292130
贵州	2687752	975540	754492	221048	190860
云南	2433006	1525755	1220511	305244	245926
西藏					
陕西	1893927	938120	792020	146100	111469
甘肃	799707	476122	402833	73289	57927
青海	2241	1735	668	1067	1029
宁夏	328508	182852	151462	31390	26464
新疆	1039730	557008	385949	171059	158915
大连	56406	51079	50103	976	10
宁波	746063	426952	412962	13989	7048
厦门					
青岛	104589	30795	29461	1334	1182
深圳					

（农村职业高中）

单位：千元

公用部分	商品和服务支出	其他资本性支出			基本建设支出
			专项公用支出	专项项目支出	
18669178	**5956186**	**12712992**	**3329578**	**9383414**	**548853**
18276	16823	1454	1454		17320
16932	9010	7922	7922		
2001758	573408	1428350	330566	1097784	29983
741391	310844	430547	203094	227453	68961
583559	273187	310372	190295	120077	18784
132497	94766	37730	13946	23784	5962
200979	99161	101818	56126	45692	45441
209868	97653	112216	45302	66914	34935
63573	40778	22795	11996	10799	
335874	158306	177568	72328	105240	
2140803	715359	1425444	302765	1122679	58871
268169	50413	217757	31944	185812	6000
87791	27603	60188	27164	33024	
853784	86690	767094	218274	548820	19573
1111471	278984	832487	353084	479403	15000
1007859	376409	631451	197630	433821	22632
170282	65700	104582	25538	79043	
1472401	632356	840045	222788	617257	35110
403350	123502	279848	38112	241736	118
37237	11836	25401	14579	10822	
89009	43806	45203	32244	12959	6870
400392	245184	155208	58696	96511	4762
1921888	530501	1391387	385107	1006280	30827
1693222	241338	1451883	59528	1392355	18990
883745	238716	645029	59700	585329	23506
937443	211607	725835	162760	563076	18364
290596	82124	208472	51142	157329	32990
506	506				
145656	59492	86164	62315	23849	
448868	260124	188743	93179	95565	33854
5327	4796	531	531		
319112	78387	240725	32744	207981	
73794	5964	67830	1786	66043	

5-20　财政补助支出明细

地　区	合　计	个人部分	工资福利支　出	对个人和家庭的补助支出	#助学金
合　计	**41782785**	**22567886**	**19526697**	**3041189**	**2211955**
北　京	138288	102692	98689	4003	791
天　津	107847	90915	89324	1590	370
河　北	4211284	2179543	1983351	196193	115035
山　西	1779704	969352	883748	85604	59423
内蒙古	1534922	932579	810207	122372	92536
辽　宁	519456	380997	356066	24931	12845
吉　林	606985	360564	337314	23250	15719
黑龙江	699895	458224	375050	83174	20545
上　海	178644	115071	105793	9278	7848
江　苏	1100807	764933	726270	38664	12741
浙　江	4912602	2712928	2585410	127517	71338
安　徽	492961	218792	147662	71130	62723
福　建	171498	83707	79255	4452	2166
江　西	1228923	355566	270007	85559	66657
山　东	2205031	1078560	1006016	72544	28159
河　南	2612115	1581624	1416976	164648	124906
湖　北	469600	299318	248199	51120	42988
湖　南	3302101	1794590	1494846	299743	223467
广　东	885338	481870	439176	42694	8999
广　西	94716	57480	48827	8652	3230
海　南	208793	112914	88588	24325	19951
重　庆	1270477	865324	701220	164104	134798
四　川	3865927	1913212	1526766	386446	292130
贵　州	2687752	975540	754492	221048	190860
云　南	2433006	1525755	1220511	305244	245926
西　藏					
陕　西	1893927	938120	792020	146100	111469
甘　肃	799707	476122	402833	73289	57927
青　海	2241	1735	668	1067	1029
宁　夏	328508	182852	151462	31390	26464
新　疆	1039730	557008	385949	171059	158915
大　连	56406	51079	50103	976	10
宁　波	746063	426952	412962	13989	7048
厦　门					
青　岛	104589	30795	29461	1334	1182
深　圳					

(地方农村职业高中)

单位：千元

公用部分	商品和服务支出	其他资本性支出			基本建设支出
			专项公用支出	专项项目支出	
18666045	**5954747**	**12711298**	**3328504**	**9382794**	**548853**
18276	16823	1454	1454		17320
16932	9010	7922	7922		
2001758	573408	1428350	330566	1097784	29983
741391	310844	430547	203094	227453	68961
583559	273187	310372	190295	120077	18784
132497	94766	37730	13946	23784	5962
200979	99161	101818	56126	45692	45441
206736	96213	110522	44228	66294	34935
63573	40778	22795	11996	10799	
335874	158306	177568	72328	105240	
2140803	715359	1425444	302765	1122679	58871
268169	50413	217757	31944	185812	6000
87791	27603	60188	27164	33024	
853784	86690	767094	218274	548820	19573
1111471	278984	832487	353084	479403	15000
1007859	376409	631451	197630	433821	22632
170282	65700	104582	25538	79043	
1472401	632356	840045	222788	617257	35110
403350	123502	279848	38112	241736	118
37237	11836	25401	14579	10822	
89009	43806	45203	32244	12959	6870
400392	245184	155208	58696	96511	4762
1921888	530501	1391387	385107	1006280	30827
1693222	241338	1451883	59528	1392355	18990
883745	238716	645029	59700	585329	23506
937443	211607	725835	162760	563076	18364
290596	82124	208472	51142	157329	32990
506	506				
145656	59492	86164	62315	23849	
448868	260124	188743	93179	95565	33854
5327	4796	531	531		
319112	78387	240725	32744	207981	
73794	5964	67830	1786	66043	

5-21 财政补助支出明细

地区	合计	个人部分	工资福利支出	对个人和家庭的补助支出	#助学金
合计	**30965474**	**16516288**	**14354215**	**2162073**	**1004417**
北京	1511310	803060	757117	45944	19988
天津	342646	282662	260058	22604	10354
河北	809622	544905	467906	76999	21099
山西	480105	274581	238335	36246	18422
内蒙古	80279	63981	58361	5620	2233
辽宁	404770	275810	242631	33179	23662
吉林	243200	149971	92895	57076	48632
黑龙江	731044	451131	381053	70078	4642
上海	181535	125405	118281	7124	5188
江苏	1679515	939601	859634	79968	34146
浙江	1522003	758759	713060	45699	22182
安徽	312687	95502	84801	10701	5532
福建	1105228	534124	487600	46524	8062
江西	278824	184507	118638	65869	65038
山东	3294808	1817610	1648799	168811	45611
河南	2200721	928994	847495	81500	25904
湖北	783377	199333	177664	21669	6119
湖南	521263	260085	227252	32833	20089
广东	7722131	4794584	4155198	639386	112658
广西	1805645	881247	744667	136580	111532
海南	287796	168333	138385	29948	27343
重庆	676174	230976	193345	37631	26804
四川	672554	351231	282751	68480	44746
贵州	274289	100784	31380	69403	65751
云南	1362111	658863	523490	135373	119314
西藏	378829	12135	10616	1519	538
陕西	710044	429753	327273	102480	92086
甘肃	107612	62476	50846	11629	4118
青海					
宁夏					
新疆	485353	135884	114686	21198	12626
大连	93620	50203	49671	533	114
宁波	112181	57414	55625	1789	747
厦门	241142	131402	112279	19122	2181
青岛	311118	211433	206685	4747	2249
深圳	784759	467567	351171	116396	36146

(技工学校)

单位：千元

公用部分	商品和服务支出	其他资本性支出	专项公用支出	专项项目支出	基本建设支出
13374105	**6251291**	**7122814**	**3852323**	**3270491**	**1075081**
708249	360328	347921	280433	67488	
59984	45258	14726	14580	146	
264717	159065	105652	64516	41135	
176423	106739	69685	64809	4875	29101
16298	8859	7439	617	6822	
104922	81542	23380	4410	18970	24038
93229	72954	20275	18306	1969	
262637	107924	154714	18470	136244	17275
56131	36288	19842	19842		
723477	409149	314328	128840	185488	16437
716026	270251	445776	201435	244340	47217
217185	51645	165540	121462	44079	
569980	147517	422463	146308	276155	1123
94317	45581	48736	25694	23042	
1477197	842995	634202	283527	350675	
1098397	497271	601126	296269	304857	173331
578048	64251	513797	172808	340988	5996
252178	64261	187917	48325	139591	9000
2841040	1310805	1530235	1083491	446745	86506
813189	345043	468146	306953	161193	111209
119463	63226	56237	52915	3323	
343802	277264	66538	54817	11721	101396
305459	128980	176479	39111	137368	15865
173505	158375	15130	12250	2880	
703248	291226	412023	332912	79111	
20676	13894	6781	6781		346018
260291	216445	43846	20203	23643	20000
41462	9238	32224	16345	15880	3674
282575	64916	217659	15895	201764	66894
19678	16064	3614	761	2854	23738
51243	29314	21930	21930		3524
109617	54559	55058	44858	10200	123
99685	70938	28747	12020	16727	
311315	167906	143409	128145	15264	5877

5-22 财政补助支出明细

地区	合计	个人部分	工资福利支出	对个人和家庭的补助支出	#助学金
合计	30887880	16461368	14303884	2157484	1000238
北京	1511310	803060	757117	45944	19988
天津	341105	282059	259709	22350	10101
河北	809622	544905	467906	76999	21099
山西	480105	274581	238335	36246	18422
内蒙古	80279	63981	58361	5620	2233
辽宁	404770	275810	242631	33179	23662
吉林	243200	149971	92895	57076	48632
黑龙江	689675	417675	347700	69975	4591
上海	181535	125405	118281	7124	5188
江苏	1674340	938711	859634	79077	33255
浙江	1522003	758759	713060	45699	22182
安徽	312400	95226	84525	10701	5532
福建	1105228	534124	487600	46524	8062
江西	278824	184507	118638	65869	65038
山东	3294808	1817610	1648799	168811	45611
河南	2197705	926721	845408	81313	25717
湖北	783377	199333	177664	21669	6119
湖南	521263	260085	227252	32833	20089
广东	7722131	4794584	4155198	639386	112658
广西	1805645	881247	744667	136580	111532
海南	287796	168333	138385	29948	27343
重庆	676174	230976	193345	37631	26804
四川	646952	333867	268485	65382	42006
贵州	274289	100784	31380	69403	65751
云南	1362111	658863	523490	135373	119314
西藏	378829	12135	10616	1519	538
陕西	709440	429695	327273	102423	92028
甘肃	107612	62476	50846	11629	4118
青海					
宁夏					
新疆	485353	135884	114686	21198	12626
大连	93620	50203	49671	533	114
宁波	112181	57414	55625	1789	747
厦门	241142	131402	112279	19122	2181
青岛	311118	211433	206685	4747	2249
深圳	784759	467567	351171	116396	36146

（地方技工学校）

单位：千元

公用部分	商品和服务支出	其他资本性支出	专项公用支出	专项项目支出	基本建设支出
13351432	**6237082**	**7114350**	**3852050**	**3262300**	**1075081**
708249	360328	347921	280433	67488	
59046	44320	14726	14580	146	
264717	159065	105652	64516	41135	
176423	106739	69685	64809	4875	29101
16298	8859	7439	617	6822	
104922	81542	23380	4410	18970	24038
93229	72954	20275	18306	1969	
254725	100284	154440	18197	136244	17275
56131	36288	19842	19842		
719193	404865	314328	128840	185488	16437
716026	270251	445776	201435	244340	47217
217174	51634	165540	121462	44079	
569980	147517	422463	146308	276155	1123
94317	45581	48736	25694	23042	
1477197	842995	634202	283527	350675	
1097653	496528	601126	296269	304857	173331
578048	64251	513797	172808	340988	5996
252178	64261	187917	48325	139591	9000
2841040	1310805	1530235	1083491	446745	86506
813189	345043	468146	306953	161193	111209
119463	63226	56237	52915	3323	
343802	277264	66538	54817	11721	101396
297221	128933	168288	39111	129177	15865
173505	158375	15130	12250	2880	
703248	291226	412023	332912	79111	
20676	13894	6781	6781		346018
259745	215899	43846	20203	23643	20000
41462	9238	32224	16345	15880	3674
282575	64916	217659	15895	201764	66894
19678	16064	3614	761	2854	23738
51243	29314	21930	21930		3524
109617	54559	55058	44858	10200	123
99685	70938	28747	12020	16727	
311315	167906	143409	128145	15264	5877

5-23 财政补助支出明细

地区	合计	个人部分	工资福利支出	对个人和家庭的补助支出	#助学金
合计	**9565524**	**7118097**	**6462118**	**655979**	**90908**
北京	60120	49104	46569	2535	
天津	58674	49168	44784	4384	18
河北	1230596	1025790	957364	68426	704
山西	355937	309110	295408	13701	1362
内蒙古	273740	244377	225647	18730	
辽宁	3707	2824	2619	206	
吉林	730630	647189	587784	59404	236
黑龙江	650565	595348	492585	102763	1297
上海	148934	48424	44707	3717	
江苏	183154	138443	122391	16053	2964
浙江	496549	352538	335466	17072	336
安徽	87327	65287	53516	11771	3250
福建	33489	29688	27903	1785	17
江西	541763	252570	234955	17615	78
山东	513993	314204	288390	25813	1870
河南	862375	644631	585791	58840	18018
湖北	151235	38649	29464	9185	2528
湖南	559860	350873	300372	50502	27876
广东	282615	198857	170607	28250	1531
广西	54192	40599	37502	3097	39
海南	12613	6703	6667	36	
重庆	639740	414777	368740	46037	3867
四川	326160	235412	202234	33177	11060
贵州	69627	33323	30759	2564	1242
云南	491401	411391	380603	30787	602
西藏					
陕西	294287	245155	234375	10779	2562
甘肃	70759	66972	62724	4248	594
青海					
宁夏					
新疆	381484	306693	292192	14502	8859
大连	1464	753	740	13	
宁波	298528	215185	205893	9292	
厦门					
青岛	228	208	208		
深圳	52234	23288	18217	5072	1013

（成人中等专业学校）

单位：千元

公用部分	商品和服务支出	其他资本性支出	专项公用支出	专项项目支出	基本建设支出
2427932	**1528304**	**899628**	**313191**	**586436**	**19495**
11016	10025	991	991		
9506	5934	3572	3548	25	
204795	114876	89919	76772	13147	11
46827	41331	5496	4896	599	
25040	18141	6899	6449	450	4323
883	844	39	39		
83441	68016	15425	8800	6625	
55217	47726	7491	5676	1815	
100509	96693	3817	3817		
44711	32258	12453	3386	9067	
144011	116215	27796	15433	12363	
22040	19891	2149	926	1223	
3801	3671	130	130		
289193	95101	194092	46140	147952	
199789	55014	144775	18247	126528	
217744	152469	65276	33626	31650	
112586	7667	104919	619	104300	
208447	169180	39267	13721	25546	540
83758	64790	18968	9018	9950	
13593	13336	257	197	60	
5911	5281	630	630		
224963	169033	55930	21889	34041	
90748	68398	22350	19192	3158	
36304	18620	17684	10097	7587	
80010	65153	14857	1118	13739	
49132	32372	16760	2105	14654	
3787	3461	326	326		
60170	32809	27360	5404	21957	14621
711	672	39	39		
83343	64588	18755	6490	12265	
20	20				
28946	28697	248	248		

5-24 财政补助支出明细

地区	合计	个人部分	工资福利支出	对个人和家庭的补助支出	#助学金
合计	**9548662**	**7102509**	**6449568**	**652941**	**90908**
北京	60120	49104	46569	2535	
天津	58674	49168	44784	4384	18
河北	1230596	1025790	957364	68426	704
山西	355937	309110	295408	13701	1362
内蒙古	273740	244377	225647	18730	
辽宁	3707	2824	2619	206	
吉林	730630	647189	587784	59404	236
黑龙江	636999	582759	482757	100001	1297
上海	148934	48424	44707	3717	
江苏	183154	138443	122391	16053	2964
浙江	496549	352538	335466	17072	336
安徽	87327	65287	53516	11771	3250
福建	33489	29688	27903	1785	17
江西	541763	252570	234955	17615	78
山东	513993	314204	288390	25813	1870
河南	862375	644631	585791	58840	18018
湖北	151235	38649	29464	9185	2528
湖南	559860	350873	300372	50502	27876
广东	282615	198857	170607	28250	1531
广西	54192	40599	37502	3097	39
海南	12613	6703	6667	36	
重庆	639740	414777	368740	46037	3867
四川	326160	235412	202234	33177	11060
贵州	69627	33323	30759	2564	1242
云南	491401	411391	380603	30787	602
西藏					
陕西	294287	245155	234375	10779	2562
甘肃	70759	66972	62724	4248	594
青海					
宁夏					
新疆	378187	303694	289470	14224	8859
大连	1464	753	740	13	
宁波	298528	215185	205893	9292	
厦门					
青岛	228	208	208		
深圳	52234	23288	18217	5072	1013

（地方成人中等专业学校）

单位：千元

公用部分	商品和服务支出	其他资本性支出			基本建设支出
			专项公用支出	专项项目支出	
2426657	**1527039**	**899618**	**313182**	**586436**	**19495**
11016	10025	991	991		
9506	5934	3572	3548	25	
204795	114876	89919	76772	13147	11
46827	41331	5496	4896	599	
25040	18141	6899	6449	450	4323
883	844	39	39		
83441	68016	15425	8800	6625	
54240	46749	7491	5676	1815	
100509	96693	3817	3817		
44711	32258	12453	3386	9067	
144011	116215	27796	15433	12363	
22040	19891	2149	926	1223	
3801	3671	130	130		
289193	95101	194092	46140	147952	
199789	55014	144775	18247	126528	
217744	152469	65276	33626	31650	
112586	7667	104919	619	104300	
208447	169180	39267	13721	25546	540
83758	64790	18968	9018	9950	
13593	13336	257	197	60	
5911	5281	630	630		
224963	169033	55930	21889	34041	
90748	68398	22350	19192	3158	
36304	18620	17684	10097	7587	
80010	65153	14857	1118	13739	
49132	32372	16760	2105	14654	
3787	3461	326	326		
59871	32520	27351	5395	21957	14621
711	672	39	39		
83343	64588	18755	6490	12265	
20	20				
28946	28697	248	248		

5-25 财政补助支出明细

地区	合计	个人部分	工资福利支出	对个人和家庭的补助支出	#助学金
合计	**1305721454**	**922789295**	**829018522**	**93770773**	**43846774**
北京	34232212	24214394	22874817	1339577	132152
天津	15276358	12371124	11915103	456021	90914
河北	54524467	37907143	34551624	3355520	1458945
山西	26942682	19358904	18046876	1312029	743125
内蒙古	23817607	16760316	15090327	1669989	1001053
辽宁	29435836	23517282	22047042	1470240	418761
吉林	19247168	13923150	12865983	1057167	301746
黑龙江	25475851	19744789	17028790	2715999	352039
上海	31155632	19774260	19099043	675217	394051
江苏	91827555	66743520	61270395	5473124	1652558
浙江	65883805	47096407	44716116	2380291	1179598
安徽	48206217	33354999	28848703	4506295	1577930
福建	37048914	26407717	24824602	1583115	679042
江西	44712860	25904548	23726218	2178331	1414740
山东	91085329	66951895	61570737	5381158	1639919
河南	77028529	50705899	44847636	5858264	3405661
湖北	48160058	34329096	31304668	3024428	1092051
湖南	50854740	35923898	31552089	4371809	2033481
广东	128198357	92887312	80870561	12016751	2116388
广西	41277422	28932994	25222150	3710844	2645791
海南	11661476	6840649	6424052	416598	194043
重庆	34893744	24631865	21408159	3223705	1791444
四川	66730955	48103773	41488283	6615490	3859794
贵州	40119059	30527923	25840662	4687261	3234708
云南	49549226	35940664	30975408	4965256	4026956
西藏	7975072	5619245	4653902	965344	884982
陕西	33493859	20688356	18665030	2023327	1416423
甘肃	24015845	18038811	16162910	1875901	1146052
青海	9244042	6478060	5722125	755935	440315
宁夏	8541716	5754133	5247057	507076	331551
新疆	35104858	23356169	20157456	3198713	2190561
大连	5708759	4674260	4464617	209643	72112
宁波	9528399	6992317	6660938	331379	155111
厦门	5743239	4040269	3765024	275245	45861
青岛	11761878	8407941	7683346	724595	107737
深圳	26579080	14531796	11065901	3465895	481399

(中学)

单位：千元

公用部分	商品和服务支出	其他资本性支出			基本建设支出
			专项公用支出	专项项目支出	
356219373	**149629700**	**206589673**	**54345691**	**152243983**	**26712786**
8391082	6057799	2333282	1280015	1053268	1626737
2813832	1589333	1224499	407755	816744	91402
16272994	6436465	9836529	2155449	7681079	344331
7201901	3719316	3482585	1204336	2278249	381877
6599634	3145183	3454451	1054275	2400176	457657
5384566	3330525	2054041	477555	1576486	533988
5135925	2253032	2882892	767131	2115762	188094
5437453	2993772	2443680	680440	1763240	293609
11077926	7146816	3931111	2005932	1925179	303446
24677517	8535434	16142083	3334724	12807359	406519
17304480	7545038	9759441	2226881	7532560	1482919
14129118	5365946	8763171	2248591	6514580	722101
10473199	4280675	6192524	1671154	4521370	167998
17979459	3598734	14380725	3418618	10962107	828853
23983805	8130499	15853306	3346459	12506848	149629
24907405	9741276	15166129	3021773	12144357	1415224
13830614	4457460	9373154	2992477	6380677	348
14456090	6680216	7775874	1784767	5991107	474752
29067145	15938039	13129106	5979155	7149951	6243899
11699647	4375329	7324318	1709192	5615127	644781
4507563	1686313	2821250	1245950	1575300	313264
8637691	4154983	4482708	1320805	3161903	1624189
17922469	7984529	9937940	2829795	7108146	704714
9386173	3721666	5664507	1037516	4626990	204964
12524156	4125941	8398215	724777	7673438	1084406
1871339	611861	1259478	392207	867270	484488
11105824	4417540	6688284	1784481	4903803	1699679
5680412	2042592	3637820	829706	2808114	296622
2408732	753009	1655723	395933	1259789	357251
2698852	952926	1745927	617302	1128625	88731
8652372	3857452	4794920	1400543	3394378	3096317
895432	668162	227270	109416	117854	139066
2505017	943850	1561167	290662	1270506	31064
1644208	898428	745780	296822	448958	58762
3353937	1337310	2016628	1071635	944993	
6688484	4030740	2657744	2059979	597765	5358800

5-26 财政补助支出明细

地区	合计	个人部分	工资福利支出	对个人和家庭的补助支出	#助学金
合计	**1299640964**	**918731426**	**825454014**	**93277412**	**43733250**
北京	33032133	23310768	21996205	1314563	130293
天津	15276358	12371124	11915103	456021	90914
河北	54524467	37907143	34551624	3355520	1458945
山西	26942682	19358904	18046876	1312029	743125
内蒙古	23817607	16760316	15090327	1669989	1001053
辽宁	29435836	23517282	22047042	1470240	418761
吉林	19101644	13806370	12756049	1050321	301746
黑龙江	25182730	19526724	16868394	2658330	348879
上海	30981907	19652740	18978718	674022	394051
江苏	91827555	66743520	61270395	5473124	1652558
浙江	65883805	47096407	44716116	2380291	1179598
安徽	48206217	33354999	28848703	4506295	1577930
福建	37048914	26407717	24824602	1583115	679042
江西	44712860	25904548	23726218	2178331	1414740
山东	91085329	66951895	61570737	5381158	1639919
河南	77025516	50703427	44846013	5857414	3405578
湖北	47866520	34115808	31119510	2996298	1091578
湖南	50844563	35914217	31542465	4371752	2033481
广东	128198357	92887312	80870561	12016751	2116388
广西	41277422	28932994	25222150	3710844	2645791
海南	11661476	6840649	6424052	416598	194043
重庆	34768831	24539535	21318679	3220857	1790896
四川	66729949	48103651	41488283	6615368	3859673
贵州	40119059	30527923	25840662	4687261	3234708
云南	49549226	35940664	30975408	4965256	4026956
西藏	7975072	5619245	4653902	965344	884982
陕西	33369458	20594796	18576872	2017924	1416038
甘肃	23990690	18023684	16149142	1874541	1145973
青海	9244042	6478060	5722125	755935	440315
宁夏	8541716	5754133	5247057	507076	331551
新疆	31419021	21084872	18250025	2834847	2083744
大连	5708759	4674260	4464617	209643	72112
宁波	9528399	6992317	6660938	331379	155111
厦门	5743239	4040269	3765024	275245	45861
青岛	11761878	8407941	7683346	724595	107737
深圳	26579080	14531796	11065901	3465895	481399

(地方中学)

单位：千元

公用部分	商品和服务支出	其他资本性支出	专项公用支出	专项项目支出	基本建设支出
354617822	**148741252**	**205876570**	**54052598**	**151823972**	**26291716**
8094628	5823317	2271311	1218854	1052457	1626737
2813832	1589333	1224499	407755	816744	91402
16272994	6436465	9836529	2155449	7681079	344331
7201901	3719316	3482585	1204336	2278249	381877
6599634	3145183	3454451	1054275	2400176	457657
5384566	3330525	2054041	477555	1576486	533988
5107180	2228653	2878527	765285	2113242	188094
5362397	2951688	2410709	669990	1740718	293609
11025722	7112090	3913632	1988453	1925179	303446
24677517	8535434	16142083	3334724	12807359	406519
17304480	7545038	9759441	2226881	7532560	1482919
14129118	5365946	8763171	2248591	6514580	722101
10473199	4280675	6192524	1671154	4521370	167998
17979459	3598734	14380725	3418618	10962107	828853
23983805	8130499	15853306	3346459	12506848	149629
24906866	9740736	15166129	3021773	12144357	1415224
13750365	4381730	9368635	2987958	6380677	348
14455595	6679720	7775874	1784767	5991107	474752
29067145	15938039	13129106	5979155	7149951	6243899
11699647	4375329	7324318	1709192	5615127	644781
4507563	1686313	2821250	1245950	1575300	313264
8605107	4128049	4477058	1315155	3161903	1624189
17921584	7983644	9937940	2829795	7108146	704714
9386173	3721666	5664507	1037516	4626990	204964
12524156	4125941	8398215	724777	7673438	1084406
1871339	611861	1259478	392207	867270	484488
11074983	4391595	6683388	1779963	4903424	1699679
5670384	2040674	3629710	828947	2800763	296622
2408732	753009	1655723	395933	1259789	357251
2698852	952926	1745927	617302	1128625	88731
7658901	3437123	4221779	1213828	3007951	2675247
895432	668162	227270	109416	117854	139066
2505017	943850	1561167	290662	1270506	31064
1644208	898428	745780	296822	448958	58762
3353937	1337310	2016628	1071635	944993	
6688484	4030740	2657744	2059979	597765	5358800

5-27 财政补助支出明细

地区	合计	个人部分	工资福利支出	对个人和家庭的补助支出	#助学金
合计	1305110542	922364172	828621241	93742932	43846535
北京	34174886	24183587	22847764	1335823	131921
天津	15241663	12337004	11881623	455380	90914
河北	54524467	37907143	34551624	3355520	1458945
山西	26942682	19358904	18046876	1312029	743125
内蒙古	23817607	16760316	15090327	1669989	1001053
辽宁	29435836	23517282	22047042	1470240	418761
吉林	19244921	13921111	12864301	1056810	301746
黑龙江	25475851	19744789	17028790	2715999	352039
上海	31150406	19770471	19095592	674879	394051
江苏	91649121	66615756	61149036	5466720	1652550
浙江	65657525	46920033	44547214	2372819	1179598
安徽	48206217	33354999	28848703	4506295	1577930
福建	37048914	26407717	24824602	1583115	679042
江西	44712860	25904548	23726218	2178331	1414740
山东	91085329	66951895	61570737	5381158	1639919
河南	77028529	50705899	44847636	5858264	3405661
湖北	48111356	34328570	31304142	3024428	1092051
湖南	50852604	35921920	31550112	4371809	2033481
广东	128142493	92839585	80831710	12007875	2116388
广西	41277422	28932994	25222150	3710844	2645791
海南	11661476	6840649	6424052	416598	194043
重庆	34893744	24631865	21408159	3223705	1791444
四川	66730955	48103773	41488283	6615490	3859794
贵州	40119059	30527923	25840662	4687261	3234708
云南	49549226	35940664	30975408	4965256	4026956
西藏	7975072	5619245	4653902	965344	884982
陕西	33493859	20688356	18665030	2023327	1416423
甘肃	24015845	18038811	16162910	1875901	1146052
青海	9244042	6478060	5722125	755935	440315
宁夏	8541716	5754133	5247057	507076	331551
新疆	35104858	23356169	20157456	3198713	2190561
大连	5708759	4674260	4464617	209643	72112
宁波	9528399	6992317	6660938	331379	155111
厦门	5743239	4040269	3765024	275245	45861
青岛	11761878	8407941	7683346	724595	107737
深圳	26579080	14531796	11065901	3465895	481399

(普通中学)

单位：千元

公用部分	商品和服务支出	其他资本性支出	专项公用支出	专项项目支出	基本建设支出
356035253	**149540688**	**206494565**	**54335426**	**152159139**	**26711116**
8364562	6040223	2324339	1277036	1047303	1626737
2813257	1588782	1224475	407731	816744	91402
16272994	6436465	9836529	2155449	7681079	344331
7201901	3719316	3482585	1204336	2278249	381877
6599634	3145183	3454451	1054275	2400176	457657
5384566	3330525	2054041	477555	1576486	533988
5135716	2252834	2882882	767121	2115762	188094
5437453	2993772	2443680	680440	1763240	293609
11076489	7145537	3930951	2005772	1925179	303446
24626845	8515704	16111141	3332547	12778595	406519
17256243	7502199	9754044	2223342	7530701	1481249
14129118	5365946	8763171	2248591	6514580	722101
10473199	4280675	6192524	1671154	4521370	167998
17979459	3598734	14380725	3418618	10962107	828853
23983805	8130499	15853306	3346459	12506848	149629
24907405	9741276	15166129	3021773	12144357	1415224
13782439	4457304	9325134	2992477	6332657	348
14455931	6680100	7775831	1784724	5991107	474752
29059009	15931472	13127536	5977821	7149715	6243899
11699647	4375329	7324318	1709192	5615127	644781
4507563	1686313	2821250	1245950	1575300	313264
8637691	4154983	4482708	1320805	3161903	1624189
17922469	7984529	9937940	2829795	7108146	704714
9386173	3721666	5664507	1037516	4626990	204964
12524156	4125941	8398215	724777	7673438	1084406
1871339	611861	1259478	392207	867270	484488
11105824	4417540	6688284	1784481	4903803	1699679
5680412	2042592	3637820	829706	2808114	296622
2408732	753009	1655723	395933	1259789	357251
2698852	952926	1745927	617302	1128625	88731
8652372	3857452	4794920	1400543	3394378	3096317
895432	668162	227270	109416	117854	139066
2505017	943850	1561167	290662	1270506	31064
1644208	898428	745780	296822	448958	58762
3353937	1337310	2016628	1071635	944993	
6688484	4030740	2657744	2059979	597765	5358800

5-28 财政补助支出明细

地区	合计	个人部分	工资福利支出	对个人和家庭的补助支出	#助学金
合计	**1299030052**	**918306304**	**825056733**	**93249571**	**43733011**
北京	32974806	23279961	21969152	1310809	130062
天津	15241663	12337004	11881623	455380	90914
河北	54524467	37907143	34551624	3355520	1458945
山西	26942682	19358904	18046876	1312029	743125
内蒙古	23817607	16760316	15090327	1669989	1001053
辽宁	29435836	23517282	22047042	1470240	418761
吉林	19099397	13804332	12754368	1049964	301746
黑龙江	25182730	19526724	16868394	2658330	348879
上海	30976681	19648950	18975267	673683	394051
江苏	91649121	66615756	61149036	5466720	1652550
浙江	65657525	46920033	44547214	2372819	1179598
安徽	48206217	33354999	28848703	4506295	1577930
福建	37048914	26407717	24824602	1583115	679042
江西	44712860	25904548	23726218	2178331	1414740
山东	91085329	66951895	61570737	5381158	1639919
河南	77025516	50703427	44846013	5857414	3405578
湖北	47817818	34115282	31118984	2996298	1091578
湖南	50842427	35912239	31540487	4371752	2033481
广东	128142493	92839585	80831710	12007875	2116388
广西	41277422	28932994	25222150	3710844	2645791
海南	11661476	6840649	6424052	416598	194043
重庆	34768831	24539535	21318679	3220857	1790896
四川	66729949	48103651	41488283	6615368	3859673
贵州	40119059	30527923	25840662	4687261	3234708
云南	49549226	35940664	30975408	4965256	4026956
西藏	7975072	5619245	4653902	965344	884982
陕西	33369458	20594796	18576872	2017924	1416038
甘肃	23990690	18023684	16149142	1874541	1145973
青海	9244042	6478060	5722125	755935	440315
宁夏	8541716	5754133	5247057	507076	331551
新疆	31419021	21084872	18250025	2834847	2083744
大连	5708759	4674260	4464617	209643	72112
宁波	9528399	6992317	6660938	331379	155111
厦门	5743239	4040269	3765024	275245	45861
青岛	11761878	8407941	7683346	724595	107737
深圳	26579080	14531796	11065901	3465895	481399

（地方普通中学）

单位：千元

公用部分	商品和服务支出	其他资本性支出	专项公用支出	专项项目支出	基本建设支出
354433702	**148652240**	**205781462**	**54042333**	**151739129**	**26290046**
8068108	5805741	2262367	1215875	1046492	1626737
2813257	1588782	1224475	407731	816744	91402
16272994	6436465	9836529	2155449	7681079	344331
7201901	3719316	3482585	1204336	2278249	381877
6599634	3145183	3454451	1054275	2400176	457657
5384566	3330525	2054041	477555	1576486	533988
5106972	2228455	2878517	765275	2113242	188094
5362397	2951688	2410709	669990	1740718	293609
11024284	7110811	3913473	1988294	1925179	303446
24626845	8515704	16111141	3332547	12778595	406519
17256243	7502199	9754044	2223342	7530701	1481249
14129118	5365946	8763171	2248591	6514580	722101
10473199	4280675	6192524	1671154	4521370	167998
17979459	3598734	14380725	3418618	10962107	828853
23983805	8130499	15853306	3346459	12506848	149629
24906866	9740736	15166129	3021773	12144357	1415224
13702189	4381574	9320615	2987958	6332657	348
14455436	6679604	7775831	1784724	5991107	474752
29059009	15931472	13127536	5977821	7149715	6243899
11699647	4375329	7324318	1709192	5615127	644781
4507563	1686313	2821250	1245950	1575300	313264
8605107	4128049	4477058	1315155	3161903	1624189
17921584	7983644	9937940	2829795	7108146	704714
9386173	3721666	5664507	1037516	4626990	204964
12524156	4125941	8398215	724777	7673438	1084406
1871339	611861	1259478	392207	867270	484488
11074983	4391595	6683388	1779963	4903424	1699679
5670384	2040674	3629710	828947	2800763	296622
2408732	753009	1655723	395933	1259789	357251
2698852	952926	1745927	617302	1128625	88731
7658901	3437123	4221779	1213828	3007951	2675247
895432	668162	227270	109416	117854	139066
2505017	943850	1561167	290662	1270506	31064
1644208	898428	745780	296822	448958	58762
3353937	1337310	2016628	1071635	944993	
6688484	4030740	2657744	2059979	597765	5358800

5-29 财政补助支出明细

地区	合计	个人部分	工资福利支出	对个人和家庭的补助支出	#助学金
合计	**451868763**	**316300122**	**288324724**	**27975398**	**12636814**
北京	12634991	8887309	8390181	497127	34394
天津	5430291	4557033	4412481	144552	28317
河北	19412544	13295890	12263100	1032791	481066
山西	10722636	7650098	7128082	522016	303003
内蒙古	9817469	6402082	5716011	686071	491237
辽宁	9719888	7532747	7136915	395831	120740
吉林	6410569	4365164	4055463	309701	145245
黑龙江	8370298	6230029	5498340	731688	120233
上海	10269072	6658879	6493435	165444	67082
江苏	32715259	23293000	21767472	1525528	296746
浙江	23143280	16617434	15964722	652712	199580
安徽	15777186	10979599	9765750	1213849	477361
福建	11813535	8658828	8228747	430080	119759
江西	14186362	8397228	7736461	660767	409282
山东	29098123	22233985	21008594	1225390	361585
河南	25344624	16097825	14511812	1586012	904327
湖北	17947142	11720200	10816844	903356	335125
湖南	17125639	12368381	11139290	1229091	542911
广东	46912018	34458914	30489158	3969756	543915
广西	12745331	9091917	8028369	1063548	728532
海南	3711271	2284422	2167515	116907	58564
重庆	12263352	8715854	7719203	996651	499582
四川	21821112	15844533	14032616	1811918	1041977
贵州	13898184	10108706	8658608	1450098	968237
云南	18619277	11299647	9867334	1432313	1074746
西藏	2877429	1862368	1564501	297867	270691
陕西	12804340	7759223	7110767	648456	429644
甘肃	8880514	6801608	6186030	615577	358921
青海	3472533	2361377	2115128	246249	150392
宁夏	3074763	2049285	1876627	172658	122328
新疆	10849732	7716560	6475168	1241392	951291
大连	1786384	1532994	1480134	52860	15110
宁波	3307452	2411043	2328726	82317	20386
厦门	1836289	1331189	1252176	79013	5321
青岛	3747168	2757819	2574781	183039	34975
深圳	9768345	5277089	4101018	1176071	108850

（普通高中）

单位：千元

公用部分	商品和服务支出	其他资本性支出			基本建设支出
			专项公用支出	专项项目支出	
124580267	**49383608**	**75196658**	**20179164**	**55017495**	**10988374**
3036919	2220153	816766	538211	278556	710763
873258	567607	305651	167731	137919	
5974174	2111818	3862356	717164	3145192	142480
2827174	1353075	1474099	466236	1007862	245364
3088375	1510353	1578022	522520	1055502	327012
1865415	1163601	701814	172468	529346	321727
1997847	822587	1175260	297311	877949	47558
1930750	1056805	873945	269359	604586	209520
3395031	2371545	1023486	565116	458370	215162
9221357	2887865	6333492	1411029	4922463	200902
5958592	2569273	3389318	842633	2546686	567254
4359677	1515350	2844328	623832	2220496	437909
3101998	1356904	1745094	604933	1140161	52709
5536374	1251496	4284878	1070154	3214724	252761
6784642	2379222	4405421	893103	3512318	79496
8572848	3032687	5540162	1301253	4238909	673951
6226942	1588513	4638428	2114041	2524387	
4562835	2089020	2473815	610421	1863394	194423
9627348	4864790	4762559	1736306	3026253	2825755
3321686	1289528	2032158	604218	1427941	331728
1378954	561659	817295	315592	501703	47895
3104203	1402474	1701729	550196	1151533	443295
5796883	2570247	3226636	992537	2234099	179696
3715571	1130672	2584899	514836	2070063	73906
6777240	1308501	5468739	308752	5159987	542390
788757	225609	563148	125907	437242	226305
4415767	1875645	2540122	695020	1845102	629351
1972414	725066	1247348	309290	938058	106492
1018655	252363	766292	249251	517041	92501
986518	335102	651416	249043	402373	38960
2362063	994079	1367984	340703	1027282	771109
239952	213805	26147	23221	2927	13438
865909	339794	526115	104794	421322	30500
469199	284310	184890	111868	73022	35901
989348	344890	644458	216069	428390	
1872162	1388122	484040	290502	193538	2619094

5-30 财政补助支出明细

地区	合计	个人部分	工资福利支出	对个人和家庭的补助支出	#助学金
合计	**449035211**	**314343539**	**286589268**	**27754271**	**12581045**
北京	11823820	8271899	7791587	480312	32940
天津	5430291	4557033	4412481	144552	28317
河北	19412544	13295890	12263100	1032791	481066
山西	10722636	7650098	7128082	522016	303003
内蒙古	9817469	6402082	5716011	686071	491237
辽宁	9719888	7532747	7136915	395831	120740
吉林	6314028	4290510	3987656	302855	145245
黑龙江	8243275	6137963	5431102	706860	117871
上海	10143002	6575798	6411410	164388	67082
江苏	32715259	23293000	21767472	1525528	296746
浙江	23143280	16617434	15964722	652712	199580
安徽	15777186	10979599	9765750	1213849	477361
福建	11813535	8658828	8228747	430080	119759
江西	14186362	8397228	7736461	660767	409282
山东	29098123	22233985	21008594	1225390	361585
河南	25344624	16097825	14511812	1586012	904327
湖北	17703920	11536615	10658406	878209	334830
湖南	17119975	12362983	11133923	1229060	542911
广东	46912018	34458914	30489158	3969756	543915
广西	12745331	9091917	8028369	1063548	728532
海南	3711271	2284422	2167515	116907	58564
重庆	12194846	8665217	7670129	995089	499281
四川	21820577	15844469	14032616	1811853	1041913
贵州	13898184	10108706	8658608	1450098	968237
云南	18619277	11299647	9867334	1432313	1074746
西藏	2877429	1862368	1564501	297867	270691
陕西	12732848	7706905	7060960	645946	429418
甘肃	8869304	6795213	6180346	614868	358907
青海	3472533	2361377	2115128	246249	150392
宁夏	3074763	2049285	1876627	172658	122328
新疆	9577613	6923582	5823747	1099836	900238
大连	1786384	1532994	1480134	52860	15110
宁波	3307452	2411043	2328726	82317	20386
厦门	1836289	1331189	1252176	79013	5321
青岛	3747168	2757819	2574781	183039	34975
深圳	9768345	5277089	4101018	1176071	108850

（地方普通高中）

单位：千元

公用部分	商品和服务支出	其他资本性支出	专项公用支出	专项项目支出	基本建设支出
123934580	**48922924**	**75011656**	**20062758**	**54948898**	**10757092**
2841158	2069844	771314	493569	277744	710763
873258	567607	305651	167731	137919	
5974174	2111818	3862356	717164	3145192	142480
2827174	1353075	1474099	466236	1007862	245364
3088375	1510353	1578022	522520	1055502	327012
1865415	1163601	701814	172468	529346	321727
1975960	804370	1171589	296161	875429	47558
1895793	1038448	857345	267539	589806	209520
3352043	2342244	1009799	551429	458370	215162
9221357	2887865	6333492	1411029	4922463	200902
5958592	2569273	3389318	842633	2546686	567254
4359677	1515350	2844328	623832	2220496	437909
3101998	1356904	1745094	604933	1140161	52709
5536374	1251496	4284878	1070154	3214724	252761
6784642	2379222	4405421	893103	3512318	79496
8572848	3032687	5540162	1301253	4238909	673951
6167305	1532467	4634837	2110450	2524387	
4562569	2088754	2473815	610421	1863394	194423
9627348	4864790	4762559	1736306	3026253	2825755
3321686	1289528	2032158	604218	1427941	331728
1378954	561659	817295	315592	501703	47895
3086333	1387702	1698631	547098	1151533	443295
5796413	2569777	3226636	992537	2234099	179696
3715571	1130672	2584899	514836	2070063	73906
6777240	1308501	5468739	308752	5159987	542390
788757	225609	563148	125907	437242	226305
4396592	1859611	2536981	692102	1844879	629351
1967599	724168	1243431	308943	934487	106492
1018655	252363	766292	249251	517041	92501
986518	335102	651416	249043	402373	38960
2114204	838063	1276141	295551	980590	539827
239952	213805	26147	23221	2927	13438
865909	339794	526115	104794	421322	30500
469199	284310	184890	111868	73022	35901
989348	344890	644458	216069	428390	
1872162	1388122	484040	290502	193538	2619094

5-31 财政补助支出明细

地 区	合 计	个人部分	工资福利支出	对个人和家庭的补助支出	#助学金
合 计	**179431953**	**129723015**	**117827432**	**11895583**	**7429517**
北 京	648051	427704	415891	11813	552
天 津	798111	725772	709683	16089	5005
河 北	10377577	6671399	6150927	520472	304292
山 西	4987911	3788221	3488919	299303	181406
内蒙古	4734596	2996915	2660951	335964	250310
辽 宁	2280680	1792472	1729199	63273	28197
吉 林	2564559	1611709	1500380	111329	55319
黑龙江	3413786	2410453	2035512	374941	65505
上 海	907252	700855	687101	13754	7094
江 苏	10504812	7878161	7405942	472219	140399
浙 江	8583101	6601658	6332102	269556	90744
安 徽	8488328	6288276	5646716	641561	267016
福 建	5516321	4261127	4097396	163731	66888
江 西	7366792	4115106	3800711	314395	227565
山 东	9765644	7664943	7324512	340432	167519
河 南	13009883	8399620	7656544	743076	539238
湖 北	4797740	3489184	3219462	269721	188804
湖 南	9331435	6795640	6181780	613860	379746
广 东	9516292	7505992	6931582	574410	193990
广 西	6072649	4567418	3895181	672237	518545
海 南	1620993	1013905	941003	72903	36166
重 庆	4055603	3309420	2939377	370043	242393
四 川	11196130	8160360	7150147	1010213	654523
贵 州	7760077	6055108	5204296	850812	645421
云 南	10592832	6863765	5960555	903210	728801
西 藏	838586	712361	577691	134669	128184
陕 西	5944440	3824537	3486108	338429	262051
甘 肃	5464139	4414572	3994035	420537	256369
青 海	2022498	1523175	1355344	167832	121079
宁 夏	1017385	803881	738588	65293	45060
新 疆	5253751	4349305	3609797	739508	631337
大 连	137966	117911	115261	2650	347
宁 波	1068040	831037	809860	21177	5222
厦 门	165026	125042	118379	6663	542
青 岛	565587	379969	362691	17278	4710
深 圳					

(农村高中)

单位：千元

公用部分	商品和服务支出	其他资本性支出			基本建设支出
			专项公用支出	专项项目支出	
47476025	**18129602**	**29346423**	**6650661**	**22695762**	**2232913**
206397	164634	41763	25935	15829	13950
72340	63344	8995	7573	1422	
3597811	1149658	2448153	373591	2074561	108367
1122093	595223	526870	191732	335138	77596
1466583	762217	704367	280546	423821	271098
445552	199081	246471	32854	213617	42655
949654	258849	690805	119054	571752	3196
862014	431139	430875	161613	269263	141319
206396	152024	54372	52996	1377	
2626650	869741	1756910	396860	1360050	
1886054	802860	1083194	226773	856422	95389
2163072	858363	1304709	285637	1019072	36980
1250262	578955	671307	241714	429593	4932
3170342	674248	2496094	637136	1858959	81344
2060201	700230	1359971	288088	1071882	40500
4474493	1634378	2840115	654720	2185395	135770
1308556	411868	896689	232009	664679	
2348625	1116262	1232363	236472	995891	187170
1986464	944865	1041599	334943	706656	23837
1436910	629362	807548	178117	629431	68321
568808	259848	308960	160665	148295	38280
740988	399034	341955	99614	242340	5194
2917958	1220129	1697829	381996	1315833	117812
1681504	568561	1112944	168413	944531	23464
3440806	644571	2796235	143596	2652639	288261
126225	84570	41655	19706	21949	
1946244	948788	997456	278242	719214	173659
992491	399129	593362	163348	430014	57076
469222	112661	356561	88383	268178	30100
205144	98954	106190	63367	42823	8360
746164	396058	350106	124969	225138	158281
20055	16923	3132	1848	1284	
237003	110842	126161	52433	73727	
39984	32982	7003	4130	2873	
185618	50025	135593	95318	40275	

5-32 财政补助支出明细

地区	合计	个人部分	工资福利支出	对个人和家庭的补助支出	#助学金
合计	**178834701**	**129306875**	**117484568**	**11822307**	**7420072**
北京	648051	427704	415891	11813	552
天津	798111	725772	709683	16089	5005
河北	10377577	6671399	6150927	520472	304292
山西	4987911	3788221	3488919	299303	181406
内蒙古	4734596	2996915	2660951	335964	250310
辽宁	2280680	1792472	1729199	63273	28197
吉林	2564559	1611709	1500380	111329	55319
黑龙江	3307078	2333755	1982201	351553	63866
上海	907252	700855	687101	13754	7094
江苏	10504812	7878161	7405942	472219	140399
浙江	8583101	6601658	6332102	269556	90744
安徽	8488328	6288276	5646716	641561	267016
福建	5516321	4261127	4097396	163731	66888
江西	7366792	4115106	3800711	314395	227565
山东	9765644	7664943	7324512	340432	167519
河南	13009883	8399620	7656544	743076	539238
湖北	4671452	3388269	3125695	262573	188804
湖南	9331435	6795640	6181780	613860	379746
广东	9516292	7505992	6931582	574410	193990
广西	6072649	4567418	3895181	672237	518545
海南	1620993	1013905	941003	72903	36166
重庆	4055603	3309420	2939377	370043	242393
四川	11196130	8160360	7150147	1010213	654523
贵州	7760077	6055108	5204296	850812	645421
云南	10592832	6863765	5960555	903210	728801
西藏	838586	712361	577691	134669	128184
陕西	5944440	3824537	3486108	338429	262051
甘肃	5452930	4408178	3988350	419828	256356
青海	2022498	1523175	1355344	167832	121079
宁夏	1017385	803881	738588	65293	45060
新疆	4900704	4117173	3419696	697477	623545
大连	137966	117911	115261	2650	347
宁波	1068040	831037	809860	21177	5222
厦门	165026	125042	118379	6663	542
青岛	565587	379969	362691	17278	4710
深圳					

（地方农村高中）

单位：千元

公用部分	商品和服务支出	其他资本性支出			基本建设支出
			专项公用支出	专项项目支出	
47344617	**18042063**	**29302554**	**6632621**	**22669933**	**2183209**
206397	164634	41763	25935	15829	13950
72340	63344	8995	7573	1422	
3597811	1149658	2448153	373591	2074561	108367
1122093	595223	526870	191732	335138	77596
1466583	762217	704367	280546	423821	271098
445552	199081	246471	32854	213617	42655
949654	258849	690805	119054	571752	3196
832004	415969	416035	160405	255631	141319
206396	152024	54372	52996	1377	
2626650	869741	1756910	396860	1360050	
1886054	802860	1083194	226773	856422	95389
2163072	858363	1304709	285637	1019072	36980
1250262	578955	671307	241714	429593	4932
3170342	674248	2496094	637136	1858959	81344
2060201	700230	1359971	288088	1071882	40500
4474493	1634378	2840115	654720	2185395	135770
1283183	388497	894686	230007	664679	
2348625	1116262	1232363	236472	995891	187170
1986464	944865	1041599	334943	706656	23837
1436910	629362	807548	178117	629431	68321
568808	259848	308960	160665	148295	38280
740988	399034	341955	99614	242340	5194
2917958	1220129	1697829	381996	1315833	117812
1681504	568561	1112944	168413	944531	23464
3440806	644571	2796235	143596	2652639	288261
126225	84570	41655	19706	21949	
1946244	948788	997456	278242	719214	173659
987676	398231	589445	163001	426443	57076
469222	112661	356561	88383	268178	30100
205144	98954	106190	63367	42823	8360
674954	347958	326996	110485	216511	108577
20055	16923	3132	1848	1284	
237003	110842	126161	52433	73727	
39984	32982	7003	4130	2873	
185618	50025	135593	95318	40275	

5-33 财政补助支出明细

地 区	合 计	个人部分	工资福利支出	对个人和家庭的补助支出	#助学金
合 计	**853241779**	**606064051**	**540296517**	**65767534**	**31209721**
北 京	21539895	15296278	14457583	838696	97527
天 津	9811372	7779971	7469142	310828	62597
河 北	35111923	24611253	22288524	2322729	977879
山 西	16220046	11708806	10918794	790012	440122
内蒙古	14000137	10358234	9374316	983918	509815
辽 宁	19715947	15984535	14910127	1074408	298022
吉 林	12834352	9555948	8808839	747109	156501
黑龙江	17105553	13514761	11530449	1984311	231806
上 海	20881334	13111592	12602158	509435	326969
江 苏	58933862	43322756	39381564	3941193	1355804
浙 江	42514246	30302599	28582492	1720108	980017
安 徽	32429031	22375399	19082953	3292446	1100569
福 建	25235379	17748889	16595855	1153034	559283
江 西	30526498	17507321	15989757	1517564	1005458
山 东	61987206	44717910	40562143	4155767	1278334
河 南	51683904	34608075	30335824	4272251	2501334
湖 北	30164214	22608370	20487298	2121072	756926
湖 南	33726965	23553539	20410822	3142717	1490570
广 东	81230475	58380671	50342551	8038119	1572473
广 西	28532091	19841078	17193781	2647296	1917260
海 南	7950205	4556227	4256537	299691	135480
重 庆	22630392	15916011	13688957	2227054	1291863
四 川	44909843	32259239	27455667	4803572	2817817
贵 州	26220875	20419216	17182054	3237163	2266471
云 南	30929950	24641017	21108074	3532943	2952211
西 藏	5097643	3756878	3089401	667477	614290
陕 西	20689519	12929133	11554263	1374870	986778
甘 肃	15135331	11237204	9976879	1260324	787131
青 海	5771509	4116683	3606996	509686	289923
宁 夏	5466953	3704848	3370431	334418	209223
新 疆	24255126	15639609	13682288	1957321	1239270
大 连	3922374	3141266	2984483	156783	57002
宁 波	6220947	4581274	4332212	249062	134726
厦 门	3906950	2709080	2512848	196232	40540
青 岛	8014710	5650121	5108565	541556	72762
深 圳	16810734	9254706	6964883	2289823	372549

(普通初中)

单位：千元

公用部分					基本建设支出
	商品和服务支出	其他资本性支出	专项公用支出	专项项目支出	
231454987	**100157080**	**131297907**	**34156262**	**97141645**	**15722742**
5327642	3820070	1507573	738825	768747	915974
1939999	1021174	918825	240000	678824	91402
10298820	4324647	5974173	1438285	4535888	201851
4374727	2366241	2008486	738099	1270387	136513
3511259	1634830	1876429	531755	1344674	130644
3519151	2166924	1352227	305087	1047140	212262
3137869	1430247	1707622	469809	1237813	140535
3506703	1936967	1569736	411081	1158655	84089
7681458	4773993	2907465	1440656	1466809	88284
15405489	5627839	9777650	1921518	7856132	205617
11297652	4932926	6364725	1380710	4984016	913995
9769440	3850597	5918844	1624759	4294084	284191
7371200	2923771	4447430	1066221	3381209	115289
12443085	2347238	10095847	2348464	7747383	576092
17199163	5751277	11447886	2453356	8994530	70133
16334557	6708589	9625968	1720520	7905448	741273
7555497	2868791	4686706	878436	3808270	348
9893097	4591080	5302016	1174303	4127714	280330
19431660	11066682	8364978	4241515	4123462	3418144
8377960	3085801	5292160	1104974	4187186	313053
3128609	1124654	2003955	930358	1073597	265369
5533488	2752509	2780979	770608	2010370	1180893
12125585	5414281	6711304	1837258	4874046	525018
5670602	2590994	3079608	522680	2556928	131057
5746916	2817440	2929476	416026	2513450	542016
1082582	386252	696330	266301	430029	258184
6690058	2541896	4148162	1089461	3058701	1070328
3707998	1317526	2390472	520416	1870056	190130
1390077	500646	889431	146682	742749	264750
1712335	617824	1094511	368259	726252	49771
6290309	2863373	3426936	1059840	2367096	2325208
655480	454358	201122	86195	114927	125628
1639108	604056	1035052	185868	849184	564
1175009	614118	560891	184954	375936	22862
2364589	992420	1372169	855567	516603	
4816322	2642618	2173704	1769477	404227	2739706

5-34 财政补助支出明细

地区	合计	个人部分	工资福利支出	对个人和家庭的补助支出	#助学金
合计	**849994841**	**603962765**	**538467465**	**65495299**	**31151965**
北京	21150986	15008062	14177565	830497	97122
天津	9811372	7779971	7469142	310828	62597
河北	35111923	24611253	22288524	2322729	977879
山西	16220046	11708806	10918794	790012	440122
内蒙古	14000137	10358234	9374316	983918	509815
辽宁	19715947	15984535	14910127	1074408	298022
吉林	12785369	9513821	8766712	747109	156501
黑龙江	16939455	13388762	11437292	1951470	231008
上海	20833678	13073153	12563857	509295	326969
江苏	58933862	43322756	39381564	3941193	1355804
浙江	42514246	30302599	28582492	1720108	980017
安徽	32429031	22375399	19082953	3292446	1100569
福建	25235379	17748889	16595855	1153034	559283
江西	30526498	17507321	15989757	1517564	1005458
山东	61987206	44717910	40562143	4155767	1278334
河南	51680892	34605602	30334201	4271401	2501251
湖北	30113899	22578666	20460578	2118088	756747
湖南	33722452	23549256	20406564	3142692	1490570
广东	81230475	58380671	50342551	8038119	1572473
广西	28532091	19841078	17193781	2647296	1917260
海南	7950205	4556227	4256537	299691	135480
重庆	22573986	15874318	13648550	2225768	1291615
四川	44909372	32259182	27455667	4803515	2817760
贵州	26220875	20419216	17182054	3237163	2266471
云南	30929950	24641017	21108074	3532943	2952211
西藏	5097643	3756878	3089401	667477	614290
陕西	20636610	12887891	11515912	1371978	986620
甘肃	15121386	11228470	9968797	1259673	787066
青海	5771509	4116683	3606996	509686	289923
宁夏	5466953	3704848	3370431	334418	209223
新疆	21841407	14161290	12426279	1735011	1183506
大连	3922374	3141266	2984483	156783	57002
宁波	6220947	4581274	4332212	249062	134726
厦门	3906950	2709080	2512848	196232	40540
青岛	8014710	5650121	5108565	541556	72762
深圳	16810734	9254706	6964883	2289823	372549

(地方普通初中)

单位：千元

公用部分	商品和服务支出	其他资本性支出			基本建设支出
			专项公用支出	专项项目支出	
230499122	**99729317**	**130769806**	**33979575**	**96790231**	**15532954**
5226950	3735897	1491053	722306	768747	915974
1939999	1021174	918825	240000	678824	91402
10298820	4324647	5974173	1438285	4535888	201851
4374727	2366241	2008486	738099	1270387	136513
3511259	1634830	1876429	531755	1344674	130644
3519151	2166924	1352227	305087	1047140	212262
3131012	1424085	1706927	469115	1237813	140535
3466604	1913240	1553364	402452	1150912	84089
7672242	4768568	2903674	1436865	1466809	88284
15405489	5627839	9777650	1921518	7856132	205617
11297652	4932926	6364725	1380710	4984016	913995
9769440	3850597	5918844	1624759	4294084	284191
7371200	2923771	4447430	1066221	3381209	115289
12443085	2347238	10095847	2348464	7747383	576092
17199163	5751277	11447886	2453356	8994530	70133
16334017	6708050	9625968	1720520	7905448	741273
7534885	2849107	4685778	877508	3808270	348
9892866	4590850	5302016	1174303	4127714	280330
19431660	11066682	8364978	4241515	4123462	3418144
8377960	3085801	5292160	1104974	4187186	313053
3128609	1124654	2003955	930358	1073597	265369
5518774	2740347	2778427	768057	2010370	1180893
12125171	5413867	6711304	1837258	4874046	525018
5670602	2590994	3079608	522680	2556928	131057
5746916	2817440	2929476	416026	2513450	542016
1082582	386252	696330	266301	430029	258184
6678391	2531985	4146407	1087861	3058545	1070328
3702785	1316506	2386279	520004	1866275	190130
1390077	500646	889431	146682	742749	264750
1712335	617824	1094511	368259	726252	49771
5544698	2599060	2945638	918277	2027361	2135420
655480	454358	201122	86195	114927	125628
1639108	604056	1035052	185868	849184	564
1175009	614118	560891	184954	375936	22862
2364589	992420	1372169	855567	516603	
4816322	2642618	2173704	1769477	404227	2739706

5-35 财政补助支出明细

地 区	合 计	个人部分	工资福利支 出	对个人和家庭的补助支出	#助学金
合 计	**476578797**	**354157880**	**314524992**	**39632888**	**21811175**
北 京	3947543	2832879	2658669	174210	29005
天 津	2665583	2350124	2297990	52133	1085
河 北	23393342	16485802	14972427	1513375	721300
山 西	9822194	7469965	6969266	500699	300623
内蒙古	8594924	6489847	5841874	647973	372575
辽 宁	8356417	7196775	6780084	416691	131713
吉 林	7954531	6038708	5619498	419210	90848
黑龙江	9524700	7478035	6344457	1133578	108045
上 海	2479744	1922271	1850021	72250	37274
江 苏	25545603	19686022	18064930	1621092	338804
浙 江	19061592	13802250	12903714	898536	516545
安 徽	23314973	17051253	14524878	2526375	863325
福 建	13982294	10717274	10181249	536025	217932
江 西	20787239	11934056	11128582	805474	507304
山 东	32714198	24445941	22021534	2424407	769605
河 南	35269805	23975824	21009514	2966310	1846510
湖 北	16519460	12820583	11601759	1218824	578651
湖 南	23295107	16742556	14353538	2389018	1186416
广 东	28680151	22324692	20239683	2085009	570471
广 西	19786947	14799175	12566035	2233140	1673799
海 南	4907278	3004671	2783039	221632	105445
重 庆	12082461	9504897	8178903	1325993	873011
四 川	30671702	22820502	19510302	3310200	2013346
贵 州	19666597	16047958	13423646	2624312	2062911
云 南	23732511	19954501	17010792	2943710	2569759
西 藏	3417526	2662154	2179346	482808	455346
陕 西	11531917	8018124	7057711	960413	768240
甘 肃	11521547	8623771	7579645	1044126	689771
青 海	3976302	3064723	2653624	411098	260362
宁 夏	3031291	2323982	2112625	211357	137318
新 疆	16343321	11568566	10105658	1462908	1013834
大 连	822305	679755	651490	28265	5813
宁 波	2567863	1786330	1684398	101932	57569
厦 门	496374	383744	335473	48271	4923
青 岛	2136425	1639654	1448065	191588	22060
深 圳					

（农村初中）

单位：千元

公用部分					基本建设支出
	商品和服务支出	其他资本性支出			
			专项公用支出	专项项目支出	
117801760	**51221027**	**66580733**	**15253555**	**51327178**	**4619157**
878680	703074	175606	107202	68405	235984
315402	190858	124544	37849	86695	57
6779705	2948070	3831635	1018490	2813144	127836
2287552	1360726	926826	372043	554783	64677
2062691	955188	1107504	311761	795743	42385
1120669	766237	354432	84124	270308	38973
1814735	808499	1006236	302582	703654	101088
2027116	1143834	883283	250758	632525	19549
557472	429177	128295	108210	20085	
5844580	2331592	3512989	684000	2828989	15000
4799973	2137715	2662259	592330	2069929	459369
6147829	2623205	3524624	970409	2554215	115891
3238299	1457999	1780300	460803	1319497	26722
8636880	1584987	7051893	1621275	5430618	216303
8237199	2714530	5522669	850186	4672483	31058
11121456	4637586	6483869	1073241	5410628	172525
3698877	1480906	2217971	290693	1927278	
6391488	2679248	3712239	694090	3018149	161064
6209520	3791991	2417528	895185	1522343	145939
4855428	2211119	2644310	606353	2037956	132344
1706433	573232	1133201	535693	597508	196174
2524714	1302573	1222140	366026	856114	52850
7472825	3497822	3975003	859989	3115014	378375
3536756	1741973	1794783	311956	1482827	81882
3556510	2040447	1516063	230772	1285291	221499
642299	250073	392226	144516	247710	113072
3403167	1335105	2068062	422037	1646025	110626
2749423	953668	1795755	404022	1391733	148353
740333	328012	412321	111567	300754	171246
669418	322874	346545	136691	209853	37890
3774329	1918707	1855622	398698	1456923	1000427
129050	119830	9220	1229	7991	13500
781533	261291	520242	67700	452542	
110222	77871	32350	21841	10509	2408
496771	139855	356916	145226	211690	

5-36 财政补助支出明细

地区	合计	个人部分	工资福利支出	对个人和家庭的补助支出	#助学金
合计	**474575504**	**352923563**	**313486991**	**39436573**	**21778703**
北京	3947543	2832879	2658669	174210	29005
天津	2665583	2350124	2297990	52133	1085
河北	23393342	16485802	14972427	1513375	721300
山西	9822194	7469965	6969266	500699	300623
内蒙古	8594924	6489847	5841874	647973	372575
辽宁	8356417	7196775	6780084	416691	131713
吉林	7954531	6038708	5619498	419210	90848
黑龙江	9377123	7363891	6261453	1102438	107807
上海	2479744	1922271	1850021	72250	37274
江苏	25545603	19686022	18064930	1621092	338804
浙江	19061592	13802250	12903714	898536	516545
安徽	23314973	17051253	14524878	2526375	863325
福建	13982294	10717274	10181249	536025	217932
江西	20787239	11934056	11128582	805474	507304
山东	32714198	24445941	22021534	2424407	769605
河南	35269805	23975824	21009514	2966310	1846510
湖北	16519460	12820583	11601759	1218824	578651
湖南	23295107	16742556	14353538	2389018	1186416
广东	28680151	22324692	20239683	2085009	570471
广西	19786947	14799175	12566035	2233140	1673799
海南	4907278	3004671	2783039	221632	105445
重庆	12082461	9504897	8178903	1325993	873011
四川	30671702	22820502	19510302	3310200	2013346
贵州	19666597	16047958	13423646	2624312	2062911
云南	23732511	19954501	17010792	2943710	2569759
西藏	3417526	2662154	2179346	482808	455346
陕西	11531917	8018124	7057711	960413	768240
甘肃	11507601	8615038	7571562	1043476	689706
青海	3976302	3064723	2653624	411098	260362
宁夏	3031291	2323982	2112625	211357	137318
新疆	14501551	10457126	9158743	1298383	981666
大连	822305	679755	651490	28265	5813
宁波	2567863	1786330	1684398	101932	57569
厦门	496374	383744	335473	48271	4923
青岛	2136425	1639654	1448065	191588	22060
深圳					

(地方农村初中)

单位：千元

公用部分	商品和服务支出	其他资本性支出	专项公用支出	专项项目支出	基本建设支出
117150345	**51038802**	**66111543**	**15117192**	**50994352**	**4501595**
878680	703074	175606	107202	68405	235984
315402	190858	124544	37849	86695	57
6779705	2948070	3831635	1018490	2813144	127836
2287552	1360726	926826	372043	554783	64677
2062691	955188	1107504	311761	795743	42385
1120669	766237	354432	84124	270308	38973
1814735	808499	1006236	302582	703654	101088
1993683	1122739	870944	242771	628173	19549
557472	429177	128295	108210	20085	
5844580	2331592	3512989	684000	2828989	15000
4799973	2137715	2662259	592330	2069929	459369
6147829	2623205	3524624	970409	2554215	115891
3238299	1457999	1780300	460803	1319497	26722
8636880	1584987	7051893	1621275	5430618	216303
8237199	2714530	5522669	850186	4672483	31058
11121456	4637586	6483869	1073241	5410628	172525
3698877	1480906	2217971	290693	1927278	
6391488	2679248	3712239	694090	3018149	161064
6209520	3791991	2417528	895185	1522343	145939
4855428	2211119	2644310	606353	2037956	132344
1706433	573232	1133201	535693	597508	196174
2524714	1302573	1222140	366026	856114	52850
7472825	3497822	3975003	859989	3115014	378375
3536756	1741973	1794783	311956	1482827	81882
3556510	2040447	1516063	230772	1285291	221499
642299	250073	392226	144516	247710	113072
3403167	1335105	2068062	422037	1646025	110626
2744210	952648	1791562	403610	1387952	148353
740333	328012	412321	111567	300754	171246
669418	322874	346545	136691	209853	37890
3161561	1758598	1402963	270734	1132229	882865
129050	119830	9220	1229	7991	13500
781533	261291	520242	67700	452542	
110222	77871	32350	21841	10509	2408
496771	139855	356916	145226	211690	

5-37 财政补助支出明细

地区	合计	个人部分	工资福利支出	对个人和家庭的补助支出	#助学金
合计	**610912**	**425122**	**397281**	**27841**	**239**
北京	57327	30807	27053	3754	231
天津	34695	34120	33479	641	
河北					
山西					
内蒙古					
辽宁					
吉林	2247	2039	1682	357	
黑龙江					
上海	5227	3789	3451	338	
江苏	178435	127763	121359	6404	8
浙江	226280	176373	168902	7472	
安徽					
福建					
江西					
山东					
河南					
湖北	48702	526	526		
湖南	2136	1977	1977		
广东	55864	47727	38851	8875	
广西					
海南					
重庆					
四川					
贵州					
云南					
西藏					
陕西					
甘肃					
青海					
宁夏					
新疆					
大连					
宁波					
厦门					
青岛					
深圳					

(成人中学)

单位：千元

公用部分	商品和服务支出	其他资本性支出	专项公用支出	专项项目支出	基本建设支出
184120	**89012**	**95108**	**10265**	**84843**	**1670**
26520	17576	8944	2979	5965	
575	552	23	23		
208	198	10	10		
1438	1278	159	159		
50672	19730	30941	2177	28764	
48236	42839	5398	3538	1859	1670
48175	155	48020		48020	
159	116	43	43		
8137	6567	1570	1335	235	

5-38 财政补助支出明细

地区	合计	个人部分	工资福利支出	对个人和家庭的补助支出	#助学金
合计	**1368051993**	**994016926**	**878846283**	**115170643**	**43452584**
北京	37910064	27685975	26428024	1257951	149166
天津	14639964	11742084	11270433	471651	74014
河北	63082657	45616110	40250214	5365896	1881234
山西	26964520	19685851	18323645	1362206	437798
内蒙古	24206909	18229402	16105036	2124366	731078
辽宁	27634946	22047399	20273596	1773803	381950
吉林	20195626	15710001	14311457	1398544	204299
黑龙江	22168977	18109017	14624856	3484161	334581
上海	26852526	18178399	17468273	710126	456291
江苏	90053083	67312979	60059175	7253804	1664961
浙江	69444202	49929823	46734542	3195281	1456891
安徽	52725971	37120305	31943292	5177014	1257368
福建	40699040	28338199	26297415	2040785	507535
江西	46421112	29463110	27310395	2152715	1096365
山东	81312438	60477455	54948302	5529153	1246105
河南	77287896	53766869	47821080	5945789	3346916
湖北	44498392	32282798	29114170	3168628	1079587
湖南	52990080	36886458	32504703	4381755	2060139
广东	147378059	107519514	88589899	18929615	3838899
广西	50052480	36264517	32043275	4221242	2021890
海南	12743106	8501646	7918098	583548	165484
重庆	35148843	25160593	21956770	3203823	794852
四川	70465465	50515072	42996094	7518978	3820710
贵州	46356631	35908739	29710866	6197874	2943248
云南	54061745	44159063	37546497	6612566	4662744
西藏	10392936	7728068	6101556	1626512	1486701
陕西	35911618	22015332	19573597	2441735	1566906
甘肃	27649352	20669878	18127478	2542400	1289523
青海	10310502	7201590	6217845	983745	565345
宁夏	8656361	6098485	5624158	474327	241861
新疆	39836491	29692195	26651544	3040651	1688145
大连	5504446	4229640	3844183	385457	44821
宁波	10608405	7716792	7244290	472502	196209
厦门	6897944	4796177	4297486	498691	81074
青岛	11052434	8253159	7545664	707495	86933
深圳	32374040	20015321	14372707	5642614	1271576

（小学）

单位：千元

公用部分	商品和服务支出	其他资本性支出			基本建设支出
			专项公用支出	专项项目支出	
353215438	**166618104**	**186597334**	**49606281**	**136991053**	**20819629**
8774599	6822996	1951603	1328231	623371	1449491
2753178	1722000	1031178	354561	676617	144702
17281936	7836602	9445334	2360772	7084562	184611
6965712	4134112	2831600	1240035	1591565	312956
5772186	2685692	3086494	895288	2191207	205320
5249397	3394077	1855320	534254	1321065	338151
4234392	2189222	2045170	593338	1451832	251234
3944781	2261430	1683351	547669	1135682	115179
8637336	5686533	2950804	1569109	1381694	36790
22325803	9125838	13199965	3153782	10046183	414301
18514149	8644981	9869168	2328560	7540608	1000230
15302246	6062825	9239421	2409552	6829869	303419
12019295	4753706	7265589	2071736	5193853	341546
16576437	3647660	12928776	3032947	9895830	381566
20746089	8837305	11908785	2481263	9427522	88894
22912887	10839112	12073774	2089140	9984634	608141
12211524	5278687	6932837	1255415	5677422	4070
15682060	7467011	8215049	2260664	5954385	421562
34575662	21032175	13543487	5471828	8071659	5282883
13234473	5338534	7895939	1832911	6063028	553490
3912301	1759511	2152790	893725	1259064	329160
8544200	4311180	4233019	1031207	3201812	1444050
19153238	9380911	9772327	2807448	6964878	797155
10166076	4379390	5786686	996919	4789767	281816
9243556	4408412	4835145	833574	4001571	659126
2249050	851630	1397420	328474	1068946	415819
12458154	5144610	7313544	2140916	5172628	1438133
6772617	2539542	4233074	942978	3290097	206857
2383186	927819	1455366	348132	1107235	725726
2476606	1057878	1418727	602012	816716	81269
8142314	4096722	4045593	869842	3175751	2001982
1164683	854830	309854	176006	133847	110122
2891029	1182904	1708124	254050	1454075	584
1925463	1014613	910849	408868	501981	176305
2799275	1577456	1221819	335651	886168	
7535685	5765699	1769986	990967	779019	4823034

5-39 财政补助支出明细

地区	合计	个人部分	工资福利支出	对个人和家庭的补助支出	#助学金
合计	**1363747375**	**990833715**	**876111351**	**114722364**	**43385409**
北京	37470070	27431165	26178678	1252487	148119
天津	14606854	11717199	11253820	463380	74014
河北	63082657	45616110	40250214	5365896	1881234
山西	26964520	19685851	18323645	1362206	437798
内蒙古	24206909	18229402	16105036	2124366	731078
辽宁	27634946	22047399	20273596	1773803	381950
吉林	20117062	15656058	14261666	1394392	204299
黑龙江	21992562	17967014	14529520	3437495	333523
上海	26834242	18164235	17454113	710123	456291
江苏	90053083	67312979	60059175	7253804	1664961
浙江	69444202	49929823	46734542	3195281	1456891
安徽	52725971	37120305	31943292	5177014	1257368
福建	40699040	28338199	26297415	2040785	507535
江西	46421112	29463110	27310395	2152715	1096365
山东	81312438	60477455	54948302	5529153	1246105
河南	77277783	53757891	47815225	5942666	3346829
湖北	44351333	32173503	29017277	3156226	1079587
湖南	52981215	36877877	32496147	4381730	2060139
广东	147378059	107519514	88589899	18929615	3838899
广西	50052480	36264517	32043275	4221242	2021890
海南	12743106	8501646	7918098	583548	165484
重庆	35081804	25103413	21901277	3202136	794852
四川	70462944	50513255	42994277	7518978	3820710
贵州	46356631	35908739	29710866	6197874	2943248
云南	54061745	44159063	37546497	6612566	4662744
西藏	10392936	7728068	6101556	1626512	1486701
陕西	35800078	21943530	19506304	2437226	1566873
甘肃	27630120	20652203	18111815	2540387	1288314
青海	10310502	7201590	6217845	983745	565345
宁夏	8656361	6098485	5624158	474327	241861
新疆	36644611	27274117	24593428	2680689	1624404
大连	5504446	4229640	3844183	385457	44821
宁波	10608405	7716792	7244290	472502	196209
厦门	6897944	4796177	4297486	498691	81074
青岛	11052434	8253159	7545664	707495	86933
深圳	32374040	20015321	14372707	5642614	1271576

(地方小学)

单位：千元

公用部分	商品和服务支出	其他资本性支出			基本建设支出
			专项公用支出	专项项目支出	
352192129	**165974926**	**186217203**	**49483535**	**136733667**	**20721531**
8589414	6650958	1938455	1319249	619207	1449491
2744953	1716946	1028007	351390	676617	144702
17281936	7836602	9445334	2360772	7084562	184611
6965712	4134112	2831600	1240035	1591565	312956
5772186	2685692	3086494	895288	2191207	205320
5249397	3394077	1855320	534254	1321065	338151
4209770	2175741	2034029	589177	1444852	251234
3910369	2249124	1661245	538357	1122889	115179
8633216	5683773	2949443	1567749	1381694	36790
22325803	9125838	13199965	3153782	10046183	414301
18514149	8644981	9869168	2328560	7540608	1000230
15302246	6062825	9239421	2409552	6829869	303419
12019295	4753706	7265589	2071736	5193853	341546
16576437	3647660	12928776	3032947	9895830	381566
20746089	8837305	11908785	2481263	9427522	88894
22911752	10837978	12073774	2089140	9984634	608141
12173760	5247771	6925990	1251058	5674932	4070
15681776	7466727	8215049	2260664	5954385	421562
34575662	21032175	13543487	5471828	8071659	5282883
13234473	5338534	7895939	1832911	6063028	553490
3912301	1759511	2152790	893725	1259064	329160
8534341	4304036	4230305	1028492	3201812	1444050
19152534	9380208	9772327	2807448	6964878	797155
10166076	4379390	5786686	996919	4789767	281816
9243556	4408412	4835145	833574	4001571	659126
2249050	851630	1397420	328474	1068946	415819
12428415	5129026	7299389	2136845	5162543	1428133
6771060	2538352	4232708	942761	3289947	206857
2383186	927819	1455366	348132	1107235	725726
2476606	1057878	1418727	602012	816716	81269
7456611	3716140	3740470	785442	2955028	1913884
1164683	854830	309854	176006	133847	110122
2891029	1182904	1708124	254050	1454075	584
1925463	1014613	910849	408868	501981	176305
2799275	1577456	1221819	335651	886168	
7535685	5765699	1769986	990967	779019	4823034

5-40 财政补助支出明细

地区	合计				
		个人部分			
			工资福利支出	对个人和家庭的补助支出	
					#助学金
合计	**1368046108**	**994014525**	**878843882**	**115170643**	**43452584**
北京	37910064	27685975	26428024	1257951	149166
天津	14639964	11742084	11270433	471651	74014
河北	63082657	45616110	40250214	5365896	1881234
山西	26964520	19685851	18323645	1362206	437798
内蒙古	24206909	18229402	16105036	2124366	731078
辽宁	27634946	22047399	20273596	1773803	381950
吉林	20195626	15710001	14311457	1398544	204299
黑龙江	22168977	18109017	14624856	3484161	334581
上海	26852526	18178399	17468273	710126	456291
江苏	90053083	67312979	60059175	7253804	1664961
浙江	69444202	49929823	46734542	3195281	1456891
安徽	52725971	37120305	31943292	5177014	1257368
福建	40696814	28336152	26295368	2040785	507535
江西	46421112	29463110	27310395	2152715	1096365
山东	81312438	60477455	54948302	5529153	1246105
河南	77287896	53766869	47821080	5945789	3346916
湖北	44498392	32282798	29114170	3168628	1079587
湖南	52990080	36886458	32504703	4381755	2060139
广东	147378059	107519514	88589899	18929615	3838899
广西	50049217	36264517	32043275	4221242	2021890
海南	12743106	8501646	7918098	583548	165484
重庆	35148447	25160240	21956417	3203823	794852
四川	70465465	50515072	42996094	7518978	3820710
贵州	46356631	35908739	29710866	6197874	2943248
云南	54061745	44159063	37546497	6612566	4662744
西藏	10392936	7728068	6101556	1626512	1486701
陕西	35911618	22015332	19573597	2441735	1566906
甘肃	27649352	20669878	18127478	2542400	1289523
青海	10310502	7201590	6217845	983745	565345
宁夏	8656361	6098485	5624158	474327	241861
新疆	39836491	29692195	26651544	3040651	1688145
大连	5504446	4229640	3844183	385457	44821
宁波	10608405	7716792	7244290	472502	196209
厦门	6897944	4796177	4297486	498691	81074
青岛	11052434	8253159	7545664	707495	86933
深圳	32374040	20015321	14372707	5642614	1271576

（普通小学）

单位：千元

公用部分	商品和服务支出	其他资本性支出			基本建设支出
			专项公用支出	专项项目支出	
353211954	**166617883**	**186594071**	**49603018**	**136991053**	**20819629**
8774599	6822996	1951603	1328231	623371	1449491
2753178	1722000	1031178	354561	676617	144702
17281936	7836602	9445334	2360772	7084562	184611
6965712	4134112	2831600	1240035	1591565	312956
5772186	2685692	3086494	895288	2191207	205320
5249397	3394077	1855320	534254	1321065	338151
4234392	2189222	2045170	593338	1451832	251234
3944781	2261430	1683351	547669	1135682	115179
8637336	5686533	2950804	1569109	1381694	36790
22325803	9125838	13199965	3153782	10046183	414301
18514149	8644981	9869168	2328560	7540608	1000230
15302246	6062825	9239421	2409552	6829869	303419
12019116	4753527	7265589	2071736	5193853	341546
16576437	3647660	12928776	3032947	9895830	381566
20746089	8837305	11908785	2481263	9427522	88894
22912887	10839112	12073774	2089140	9984634	608141
12211524	5278687	6932837	1255415	5677422	4070
15682060	7467011	8215049	2260664	5954385	421562
34575662	21032175	13543487	5471828	8071659	5282883
13231210	5338534	7892677	1829648	6063028	553490
3912301	1759511	2152790	893725	1259064	329160
8544157	4311138	4233019	1031207	3201812	1444050
19153238	9380911	9772327	2807448	6964878	797155
10166076	4379390	5786686	996919	4789767	281816
9243556	4408412	4835145	833574	4001571	659126
2249050	851630	1397420	328474	1068946	415819
12458154	5144610	7313544	2140916	5172628	1438133
6772617	2539542	4233074	942978	3290097	206857
2383186	927819	1455366	348132	1107235	725726
2476606	1057878	1418727	602012	816716	81269
8142314	4096722	4045593	869842	3175751	2001982
1164683	854830	309854	176006	133847	110122
2891029	1182904	1708124	254050	1454075	584
1925463	1014613	910849	408868	501981	176305
2799275	1577456	1221819	335651	886168	
7535685	5765699	1769986	990967	779019	4823034

5-41 财政补助支出明细

地区	合计	个人部分	工资福利支出	对个人和家庭的补助支出	#助学金
合计	**1363741490**	**990831314**	**876108951**	**114722364**	**43385409**
北京	37470070	27431165	26178678	1252487	148119
天津	14606854	11717199	11253820	463380	74014
河北	63082657	45616110	40250214	5365896	1881234
山西	26964520	19685851	18323645	1362206	437798
内蒙古	24206909	18229402	16105036	2124366	731078
辽宁	27634946	22047399	20273596	1773803	381950
吉林	20117062	15656058	14261666	1394392	204299
黑龙江	21992562	17967014	14529520	3437495	333523
上海	26834242	18164235	17454113	710123	456291
江苏	90053083	67312979	60059175	7253804	1664961
浙江	69444202	49929823	46734542	3195281	1456891
安徽	52725971	37120305	31943292	5177014	1257368
福建	40696814	28336152	26295368	2040785	507535
江西	46421112	29463110	27310395	2152715	1096365
山东	81312438	60477455	54948302	5529153	1246105
河南	77277783	53757891	47815225	5942666	3346829
湖北	44351333	32173503	29017277	3156226	1079587
湖南	52981215	36877877	32496147	4381730	2060139
广东	147378059	107519514	88589899	18929615	3838899
广西	50049217	36264517	32043275	4221242	2021890
海南	12743106	8501646	7918098	583548	165484
重庆	35081408	25103059	21900924	3202136	794852
四川	70462944	50513255	42994277	7518978	3820710
贵州	46356631	35908739	29710866	6197874	2943248
云南	54061745	44159063	37546497	6612566	4662744
西藏	10392936	7728068	6101556	1626512	1486701
陕西	35800078	21943530	19506304	2437226	1566873
甘肃	27630120	20652203	18111815	2540387	1288314
青海	10310502	7201590	6217845	983745	565345
宁夏	8656361	6098485	5624158	474327	241861
新疆	36644611	27274117	24593428	2680689	1624404
大连	5504446	4229640	3844183	385457	44821
宁波	10608405	7716792	7244290	472502	196209
厦门	6897944	4796177	4297486	498691	81074
青岛	11052434	8253159	7545664	707495	86933
深圳	32374040	20015321	14372707	5642614	1271576

(地方普通小学)

单位：千元

公用部分	商品和服务支出	其他资本性支出			基本建设支出
			专项公用支出	专项项目支出	
352188644	**165974705**	**186213940**	**49480272**	**136733667**	**20721531**
8589414	6650958	1938455	1319249	619207	1449491
2744953	1716946	1028007	351390	676617	144702
17281936	7836602	9445334	2360772	7084562	184611
6965712	4134112	2831600	1240035	1591565	312956
5772186	2685692	3086494	895288	2191207	205320
5249397	3394077	1855320	534254	1321065	338151
4209770	2175741	2034029	589177	1444852	251234
3910369	2249124	1661245	538357	1122889	115179
8633216	5683773	2949443	1567749	1381694	36790
22325803	9125838	13199965	3153782	10046183	414301
18514149	8644981	9869168	2328560	7540608	1000230
15302246	6062825	9239421	2409552	6829869	303419
12019116	4753527	7265589	2071736	5193853	341546
16576437	3647660	12928776	3032947	9895830	381566
20746089	8837305	11908785	2481263	9427522	88894
22911752	10837978	12073774	2089140	9984634	608141
12173760	5247771	6925990	1251058	5674932	4070
15681776	7466727	8215049	2260664	5954385	421562
34575662	21032175	13543487	5471828	8071659	5282883
13231210	5338534	7892677	1829648	6063028	553490
3912301	1759511	2152790	893725	1259064	329160
8534298	4303993	4230305	1028492	3201812	1444050
19152534	9380208	9772327	2807448	6964878	797155
10166076	4379390	5786686	996919	4789767	281816
9243556	4408412	4835145	833574	4001571	659126
2249050	851630	1397420	328474	1068946	415819
12428415	5129026	7299389	2136845	5162543	1428133
6771060	2538352	4232708	942761	3289947	206857
2383186	927819	1455366	348132	1107235	725726
2476606	1057878	1418727	602012	816716	81269
7456611	3716140	3740470	785442	2955028	1913884
1164683	854830	309854	176006	133847	110122
2891029	1182904	1708124	254050	1454075	584
1925463	1014613	910849	408868	501981	176305
2799275	1577456	1221819	335651	886168	
7535685	5765699	1769986	990967	779019	4823034

5-42 财政补助支出明细

地区	合计	个人部分	工资福利支出	对个人和家庭的补助支出	#助学金
合计	**801313973**	**607611917**	**534172850**	**73439068**	**31206524**
北京	7179048	5062390	4736690	325700	37153
天津	3624536	3086743	2975816	110927	1274
河北	46101682	33865171	29692386	4172785	1636665
山西	17727423	13536980	12596044	940936	310920
内蒙古	16712121	13089216	11374642	1714574	564187
辽宁	12344117	10804688	9847744	956944	178296
吉林	13206657	10587113	9696627	890486	120571
黑龙江	13488407	11245697	8936001	2309696	139342
上海	3386513	2662454	2559623	102831	53445
江苏	39365118	30910716	27332281	3578435	417332
浙江	31768026	23087001	21338066	1748935	707228
安徽	37978567	27961727	24093110	3868618	1000532
福建	23161260	16837179	15698045	1139134	109338
江西	32821525	21284551	19918906	1365645	645894
山东	45461688	34952385	31688559	3263826	662487
河南	55544358	39414372	35038392	4375981	2656405
湖北	24296710	18310978	16433668	1877309	850810
湖南	35174757	25779579	22516776	3262803	1749721
广东	53438552	41797892	35844168	5953724	1286896
广西	37031960	28157707	24512297	3645410	1771931
海南	8856066	6339757	5871056	468701	126592
重庆	19490754	15742391	13519256	2223135	620386
四川	49722368	36695077	31136329	5558749	2962787
贵州	35750440	28989139	23985847	5003292	2647427
云南	43092597	36681228	31201729	5479500	3960629
西藏	8248880	6205269	4853777	1351493	1246268
陕西	20802282	13676459	11934053	1742406	1220717
甘肃	22170997	16768254	14606623	2161631	1173365
青海	7649179	5702910	4855148	847763	546134
宁夏	5279271	4146104	3819476	326629	175972
新疆	30438115	24230786	21559716	2671070	1625822
大连	1172913	977945	796748	181197	4063
宁波	4137381	2937302	2735294	202008	77364
厦门	1238441	899918	696096	203822	3236
青岛	2716509	2266432	2058428	208005	19084
深圳	69157	41938	37192	4747	

（农村小学）

单位：千元

公用部分	商品和服务支出	其他资本性支出	专项公用支出	专项项目支出	基本建设支出
186978505	**86284529**	**100693976**	**23387726**	**77306251**	**6723550**
1793336	1303976	489360	207827	281533	323322
439917	319841	120076	44827	75249	97876
12099381	5607913	6491468	1627143	4864326	137129
4025517	2435385	1590132	616389	973743	164926
3550958	1711989	1838969	481240	1357729	71946
1501242	1079306	421936	91391	330546	38187
2545235	1291945	1253289	397216	856073	74310
2193746	1212018	981728	316584	665144	48964
724058	578557	145501	111695	33806	
8454167	3843166	4611001	1016997	3594004	235
8142614	3720445	4422169	1131160	3291009	538411
9935431	4292282	5643149	1589971	4053178	81409
6178724	2462511	3716213	1021616	2694596	145357
11257466	2453940	8803526	2059995	6743531	279508
10463056	4382247	6080809	1018467	5062342	46247
15932377	7843890	8088487	1283455	6805033	197609
5985732	2580655	3405077	463426	2941651	
9143168	4055174	5087994	1041956	4046038	252010
11630511	6861885	4768626	1673183	3095443	10149
8610579	3923539	4687039	1053836	3633204	263674
2231333	957372	1273962	432829	841132	284975
3624384	1920795	1703589	439846	1263744	123979
12374745	6032952	6341794	1230242	5111551	652545
6593566	2982078	3611488	671357	2940130	167736
6074906	3124245	2950662	432122	2518540	336462
1767315	663116	1104199	230923	873276	276296
6942227	2708750	4233477	1043119	3190359	183596
5233407	1889934	3343473	747831	2595642	169335
1565042	658128	906913	251085	655828	381227
1083717	581938	501779	192187	309591	49450
4880648	2804557	2076091	467810	1608280	1326681
183968	173877	10091	2859	7232	11000
1200079	466654	733425	89521	643904	
321939	135876	186063	88820	97244	16584
450077	245999	204078	37906	166172	
27219	21494	5725	5361	364	

5-43 财政补助支出明细

地区	合计	个人部分	工资福利支出	对个人和家庭的补助支出	#助学金
合计	**798564951**	**605426274**	**532347318**	**73078956**	**31148920**
北京	7179048	5062390	4736690	325700	37153
天津	3624536	3086743	2975816	110927	1274
河北	46101682	33865171	29692386	4172785	1636665
山西	17727423	13536980	12596044	940936	310920
内蒙古	16712121	13089216	11374642	1714574	564187
辽宁	12344117	10804688	9847744	956944	178296
吉林	13206657	10587113	9696627	890486	120571
黑龙江	13334649	11117806	8852570	2265236	139087
上海	3386513	2662454	2559623	102831	53445
江苏	39365118	30910716	27332281	3578435	417332
浙江	31768026	23087001	21338066	1748935	707228
安徽	37978567	27961727	24093110	3868618	1000532
福建	23161260	16837179	15698045	1139134	109338
江西	32821525	21284551	19918906	1365645	645894
山东	45461688	34952385	31688559	3263826	662487
河南	55544358	39414372	35038392	4375981	2656405
湖北	24296710	18310978	16433668	1877309	850810
湖南	35174757	25779579	22516776	3262803	1749721
广东	53438552	41797892	35844168	5953724	1286896
广西	37031960	28157707	24512297	3645410	1771931
海南	8856066	6339757	5871056	468701	126592
重庆	19490754	15742391	13519256	2223135	620386
四川	49722368	36695077	31136329	5558749	2962787
贵州	35750440	28989139	23985847	5003292	2647427
云南	43092597	36681228	31201729	5479500	3960629
西藏	8248880	6205269	4853777	1351493	1246268
陕西	20802282	13676459	11934053	1742406	1220717
甘肃	22151764	16750578	14590961	2159617	1172155
青海	7649179	5702910	4855148	847763	546134
宁夏	5279271	4146104	3819476	326629	175972
新疆	27862085	22190709	19833277	2357432	1569682
大连	1172913	977945	796748	181197	4063
宁波	4137381	2937302	2735294	202008	77364
厦门	1238441	899918	696096	203822	3236
青岛	2716509	2266432	2058428	208005	19084
深圳	69157	41938	37192	4747	

(地方农村小学)

单位：千元

公用部分	商品和服务支出	其他资本性支出			基本建设支出
			专项公用支出	专项项目支出	
186446414	**85996385**	**100450029**	**23314008**	**77136021**	**6692264**
1793336	1303976	489360	207827	281533	323322
439917	319841	120076	44827	75249	97876
12099381	5607913	6491468	1627143	4864326	137129
4025517	2435385	1590132	616389	973743	164926
3550958	1711989	1838969	481240	1357729	71946
1501242	1079306	421936	91391	330546	38187
2545235	1291945	1253289	397216	856073	74310
2167878	1202497	965381	308037	657344	48964
724058	578557	145501	111695	33806	
8454167	3843166	4611001	1016997	3594004	235
8142614	3720445	4422169	1131160	3291009	538411
9935431	4292282	5643149	1589971	4053178	81409
6178724	2462511	3716213	1021616	2694596	145357
11257466	2453940	8803526	2059995	6743531	279508
10463056	4382247	6080809	1018467	5062342	46247
15932377	7843890	8088487	1283455	6805033	197609
5985732	2580655	3405077	463426	2941651	
9143168	4055174	5087994	1041956	4046038	252010
11630511	6861885	4768626	1673183	3095443	10149
8610579	3923539	4687039	1053836	3633204	263674
2231333	957372	1273962	432829	841132	284975
3624384	1920795	1703589	439846	1263744	123979
12374745	6032952	6341794	1230242	5111551	652545
6593566	2982078	3611488	671357	2940130	167736
6074906	3124245	2950662	432122	2518540	336462
1767315	663116	1104199	230923	873276	276296
6942227	2708750	4233477	1043119	3190359	183596
5231851	1888744	3343106	747615	2595492	169335
1565042	658128	906913	251085	655828	381227
1083717	581938	501779	192187	309591	49450
4375981	2527124	1848857	402857	1446000	1295395
183968	173877	10091	2859	7232	11000
1200079	466654	733425	89521	643904	
321939	135876	186063	88820	97244	16584
450077	245999	204078	37906	166172	
27219	21494	5725	5361	364	

5-44 财政补助支出明细

地区	合计	个人部分	工资福利支出	对个人和家庭的补助支出	#助学金
合计	**5885**	**2400**	**2400**		
北京					
天津					
河北					
山西					
内蒙古					
辽宁					
吉林					
黑龙江					
上海					
江苏					
浙江					
安徽					
福建	2226	2047	2047		
江西					
山东					
河南					
湖北					
湖南					
广东					
广西	3263				
海南					
重庆	396	354	354		
四川					
贵州					
云南					
西藏					
陕西					
甘肃					
青海					
宁夏					
新疆					
大连					
宁波					
厦门					
青岛					
深圳					

(成人小学)

单位：千元

公用部分	商品和服务支出	其他资本性支出	专项公用支出	专项项目支出	基本建设支出
3484	**222**	**3263**	**3263**		
179	179				
3263		3263	3263		
43	43				

5-45　财政补助支出明细

地　区	合　计	个人部分	工资福利支　出	对个人和家庭的补助支出	#助学金
合　计	**19305451**	**13279488**	**12155248**	**1124240**	**377701**
北　京	663485	543307	513394	29913	6074
天　津	250974	194772	188319	6453	381
河　北	745508	512359	476065	36294	10910
山　西	503933	318830	282795	36036	8493
内蒙古	404047	270959	260652	10307	4548
辽　宁	646272	515178	473176	42002	5093
吉　林	346491	267914	248228	19687	5083
黑龙江	466250	357664	311752	45912	8686
上　海	895486	648689	629106	19584	10857
江　苏	1404805	1035950	943346	92604	25810
浙　江	1041609	707486	671058	36428	18908
安　徽	620443	330159	290697	39462	11829
福　建	720352	464367	430459	33909	14783
江　西	526329	272189	254056	18133	10373
山　东	1471127	1024959	920427	104532	43707
河　南	766948	579114	533775	45338	17924
湖　北	656401	440100	381875	58224	12878
湖　南	713082	474345	428845	45499	19352
广　东	2264327	1494737	1339212	155525	18471
广　西	476576	307097	285879	21218	8965
海　南	128449	78196	71273	6923	3112
重　庆	326015	231476	209470	22006	9061
四　川	896959	580092	516385	63707	23183
贵　州	525734	388537	345275	43261	20634
云　南	542964	392395	358111	34285	26831
西　藏	115394	90949	85034	5915	5350
陕　西	463494	263370	249980	13390	8311
甘　肃	249194	165390	154615	10775	4007
青　海	85984	58585	52795	5791	2929
宁　夏	160129	100335	90474	9862	7078
新　疆	226690	169986	158721	11265	4082
大　连	129252	109819	107914	1905	
宁　波	143192	102552	96642	5911	2806
厦　门	126765	77472	72040	5432	533
青　岛	254856	188677	164776	23900	8030
深　圳	427999	203880	165604	38275	246

（特殊教育）

单位：千元

公用部分	商品和服务支出	其他资本性支出			基本建设支出
			专项公用支出	专项项目支出	
5814117	**3288139**	**2525978**	**933650**	**1592328**	**211847**
120178	98513	21665	17783	3882	
56202	48886	7316	6731	585	
232824	114451	118373	34061	84312	325
185102	105611	79492	31662	47829	
132547	65971	66576	29334	37242	541
130793	102145	28647	12112	16536	302
78576	54667	23909	18112	5797	
107586	70798	36788	25275	11513	1000
246796	190848	55948	51293	4655	
353389	195224	158165	70726	87438	15466
327583	179681	147902	42415	105487	6539
290284	149239	141045	37038	104008	
255984	112389	143596	42934	100662	
254140	79284	174856	40413	134443	
438169	209662	228506	80032	148474	8000
187834	141916	45918	20671	25247	
216302	119674	96627	20450	76177	
238737	135339	103399	31988	71410	
726190	400446	325745	125807	199938	43399
131999	77833	54166	28415	25751	37480
50230	31694	18536	12762	5774	22
94539	58186	36354	12498	23855	
315867	184814	131053	55620	75433	1000
126460	97215	29245	15643	13602	10737
150559	75931	74628	11867	62760	10
24445	11934	12511	1389	11121	
148184	60307	87878	24390	63487	51940
63703	30677	33025	9956	23070	20102
26706	13241	13465	3517	9948	692
59794	38917	20877	9577	11300	
42412	32646	9767	9175	591	14292
19434	16123	3311	2979	332	
40640	28171	12469	7122	5346	
49293	31890	17402	13546	3856	
66180	39464	26715	21768	4947	
194940	105276	89664	28157	61506	29180

5-46 财政补助支出明细

地 区	合 计	个人部分	工资福利支出	对个人和家庭的补助支出	#助学金
合 计	**18466152**	**12730160**	**11645409**	**1084751**	**370113**
北 京	538926	450579	428240	22339	5104
天 津	241536	187132	181975	5157	381
河 北	745508	512359	476065	36294	10910
山 西	482619	305110	269106	36004	8493
内蒙古	404047	270959	260652	10307	4548
辽 宁	597358	474719	435937	38782	5061
吉 林	335036	259813	240634	19180	4757
黑龙江	460473	353656	308189	45467	8680
上 海	736436	538075	521942	16134	10373
江 苏	1372738	1016288	924724	91564	25729
浙 江	1020089	696103	659994	36109	18833
安 徽	603868	317112	281208	35905	11829
福 建	720352	464367	430459	33909	14783
江 西	513154	263523	245390	18133	10373
山 东	1471127	1024959	920427	104532	43707
河 南	746299	565618	521950	43668	17911
湖 北	638092	424429	367683	56746	12878
湖 南	693205	458344	413654	44690	19292
广 东	2216224	1462796	1309163	153633	18417
广 西	462111	301090	279956	21134	8965
海 南	128449	78196	71273	6923	3112
重 庆	317056	223811	202709	21103	9060
四 川	836256	538762	476573	62189	22921
贵 州	435254	325541	290661	34879	16148
云 南	485660	378289	344496	33793	26831
西 藏	115394	90949	85034	5915	5350
陕 西	428373	254019	240711	13308	8311
甘 肃	249194	165390	154615	10775	4007
青 海	85984	58585	52795	5791	2929
宁 夏	160129	100335	90474	9862	7078
新 疆	225203	169248	158721	10527	3344
大 连	118075	100941	99420	1522	
宁 波	143192	102552	96642	5911	2806
厦 门	126765	77472	72040	5432	533
青 岛	254856	188677	164776	23900	8030
深 圳	422349	200382	162707	37676	192

（特殊教育学校）

单位：千元

公用部分	商品和服务支出	其他资本性支出			基本建设支出
			专项公用支出	专项项目支出	
5524146	**3130951**	**2393195**	**894444**	**1498751**	**211847**
88347	78159	10187	6306	3882	
54405	47268	7137	6552	585	
232824	114451	118373	34061	84312	325
177509	99761	77748	30835	46913	
132547	65971	66576	29334	37242	541
122338	95873	26465	11151	15314	302
75222	51710	23513	17716	5797	
105817	69069	36747	25234	11513	1000
198361	154415	43946	39830	4116	
340984	191254	149730	67804	81926	15466
317447	176148	141299	42012	99287	6539
286756	146298	140458	36451	104008	
255984	112389	143596	42934	100662	
249631	77650	171981	40322	131659	
438169	209662	228506	80032	148474	8000
180681	137568	43113	20300	22813	
213663	117281	96382	20205	76177	
234861	132909	101952	31225	70727	
710028	386317	323711	123773	199938	43399
123541	71526	52015	26487	25528	37480
50230	31694	18536	12762	5774	22
93245	57040	36205	12493	23712	
296494	171500	124994	52961	72033	1000
98977	78079	20898	14311	6586	10737
107361	71737	35624	11348	24276	10
24445	11934	12511	1389	11121	
122414	58556	63858	24390	39467	51940
63703	30677	33025	9956	23070	20102
26706	13241	13465	3517	9948	692
59794	38917	20877	9577	11300	
41663	31897	9767	9175	591	14292
17134	14546	2588	2256	332	
40640	28171	12469	7122	5346	
49293	31890	17402	13546	3856	
66180	39464	26715	21768	4947	
192786	103606	89180	27674	61506	29180

5-47 财政补助支出明细

地区	合计	个人部分	工资福利支出	对个人和家庭的补助支出	#助学金
合计	**839299**	**549328**	**509839**	**39489**	**7589**
北京	124559	92728	85154	7574	970
天津	9437	7640	6344	1296	
河北					
山西	21313	13720	13689	32	
内蒙古					
辽宁	48914	40459	37239	3220	33
吉林	11455	8101	7594	507	326
黑龙江	5778	4008	3563	445	6
上海	159050	110614	107164	3450	484
江苏	32067	19662	18622	1040	82
浙江	21519	11383	11064	320	75
安徽	16575	13047	9490	3557	
福建					
江西	13175	8666	8666		
山东					
河南	20649	13495	11825	1670	13
湖北	18309	15671	14193	1478	
湖南	19877	16001	15191	809	60
广东	48103	31941	30049	1892	54
广西	14464	6006	5923	84	
海南					
重庆	8959	7665	6761	903	1
四川	60703	41330	39812	1518	262
贵州	90480	62996	54614	8382	4486
云南	57304	14106	13614	492	
西藏					
陕西	35121	9350	9269	82	
甘肃					
青海					
宁夏					
新疆	1487	738		738	738
大连	11177	8877	8494	383	
宁波					
厦门					
青岛					
深圳	5650	3497	2898	599	54

（工读学校）

单位：千元

公用部分	商品和服务支出	其他资本性支出			基本建设支出
			专项公用支出	专项项目支出	
289971	**157188**	**132783**	**39205**	**93577**	
31831	20354	11477	11477		
1797	1618	179	179		
7593	5850	1743	827	916	
8455	6272	2183	961	1222	
3354	2958	396	396		
1770	1729	41	41		
48436	36433	12002	11463	540	
12405	3970	8435	2923	5512	
10136	3533	6603	403	6200	
3528	2941	587	587		
4509	1633	2875	91	2784	
7154	4348	2806	371	2435	
2639	2394	245	245		
3876	2430	1447	764	683	
16162	14129	2034	2034		
8458	6307	2151	1928	223	
1294	1145	149	6	143	
19373	13313	6059	2660	3400	
27484	19136	8348	1332	7016	
43198	4194	39004	519	38485	
25771	1751	24020		24020	
749	749				
2300	1577	723	723		
2153	1670	483	483		

5-48 财政补助支出明细

地区	合计	个人部分	工资福利支出	对个人和家庭的补助支出	#助学金
合计	**248742216**	**143547495**	**131977433**	**11570063**	**5969295**
北京	14053329	8593632	8442377	151255	1409
天津	3860529	2509391	2438883	70508	3212
河北	9128116	6391530	6118743	272787	42479
山西	3341231	2044851	1884716	160135	124271
内蒙古	5566675	3474784	3237744	237040	112939
辽宁	2061864	1318298	1232363	85935	26321
吉林	2173895	1290019	1238002	52017	13018
黑龙江	2628867	1423378	1290551	132827	9689
上海	15257386	10033736	9961560	72176	18789
江苏	18707629	11326287	10796926	529361	185978
浙江	19160162	10300358	10032978	267380	63814
安徽	7779949	4112969	3824452	288516	119302
福建	9190537	5395168	5231814	163354	45860
江西	8983168	3697379	3500198	197181	102793
山东	11475174	6185388	5628989	556399	322299
河南	7159649	3882697	3589970	292727	184378
湖北	5369573	3090681	2863333	227347	113444
湖南	5501399	2744205	2421572	322633	230576
广东	22070120	11849658	9719802	2129856	578830
广西	4768962	2274553	2055271	219283	128191
海南	3148638	1123506	1042924	80581	37775
重庆	4562396	1980848	1625059	355789	251827
四川	12550910	6246649	5335573	911076	563262
贵州	9804303	6109057	5419887	689170	495026
云南	6674982	4511735	4079996	431739	270514
西藏	3039018	2083584	1636651	446933	414952
陕西	9213077	5199954	4883332	316621	233478
甘肃	5901634	3952197	3629005	323193	145973
青海	1489545	777590	626453	151137	113169
宁夏	1545048	614799	517579	97221	54666
新疆	12574454	9008614	7670729	1337885	961060
大连	683080	504824	491823	13001	2341
宁波	3315586	2005496	1979515	25981	7874
厦门	2346170	1432259	1386572	45687	302
青岛	2068622	1223220	1176314	46906	16667
深圳	9861829	4494642	3463457	1031186	255254

(幼儿园)

单位：千元

公用部分	商品和服务支出	其他资本性支出	专项公用支出	专项项目支出	基本建设支出
99912259	**46959427**	**52952832**	**14084861**	**38867971**	**5282462**
4983828	4407816	576012	412160	163852	475868
1338943	620633	718310	260608	457702	12195
2690856	1042440	1648416	494370	1154046	45730
1247495	692305	555190	198933	356256	48885
1984369	744295	1240074	247787	992287	107522
732407	492512	239895	60161	179734	11158
832685	285346	547339	127077	420262	51191
1183672	353055	830617	94341	736276	21816
5201496	3928284	1273211	751263	521948	22154
7302485	3465478	3837007	1018777	2818230	78857
8423212	4020976	4402235	832342	3569893	436592
3569952	1123917	2446035	580631	1865405	97028
3727627	1677348	2050278	609926	1440352	67742
5192006	870550	4321456	857402	3464054	93782
5276986	2403253	2873733	606074	2267660	12800
3148829	835741	2313088	525566	1787522	128123
2278893	1138922	1139971	348969	791002	
2591256	1377789	1213468	215536	997932	165938
8894848	5225875	3668973	1911023	1757950	1325614
2291688	821259	1470430	309677	1160752	202721
1952723	547802	1404921	645834	759087	72409
2429874	1316831	1113044	177487	935556	151674
5976139	2406134	3570005	902334	2667671	328122
3615275	1098593	2516682	296639	2220042	79970
2072829	842201	1230627	188876	1041752	90418
815037	351172	463865	122924	340941	140396
3713209	1815221	1897988	598337	1299651	299914
1913589	889387	1024202	181188	843014	35847
637209	240357	396851	47044	349807	74747
930248	211669	718579	138354	580225	
2962592	1712264	1250328	323218	927110	603248
177656	164727	12930	5681	7248	600
1310089	601579	708510	86917	621593	
894141	554735	339406	163847	175559	19770
845402	481571	363831	172989	190842	
4122572	2452389	1670183	1147743	522439	1244615

5-49 财政补助支出明细

地 区	合 计	个人部分	工资福利支出	对个人和家庭的补助支出	#助学金
合 计	**247089354**	**142440212**	**130973635**	**11466576**	**5950760**
北 京	13432236	8148386	7999593	148793	1408
天 津	3857591	2506784	2436276	70508	3212
河 北	9120150	6384302	6111945	272357	42479
山 西	3341231	2044851	1884716	160135	124271
内蒙古	5566422	3474784	3237744	237040	112939
辽 宁	2057701	1314208	1228273	85935	26321
吉 林	2173895	1290019	1238002	52017	13018
黑龙江	2572897	1383097	1253881	129216	9630
上 海	15179753	9986345	9914222	72123	18789
江 苏	18688100	11310347	10781301	529047	185905
浙 江	19160162	10300358	10032978	267380	63814
安 徽	7779902	4112969	3824452	288516	119302
福 建	9190537	5395168	5231814	163354	45860
江 西	8983168	3697379	3500198	197181	102793
山 东	11475174	6185388	5628989	556399	322299
河 南	7147624	3871277	3578564	292714	184365
湖 北	5357775	3084506	2857207	227299	113396
湖 南	5486606	2738842	2416277	322564	230542
广 东	22067014	11847846	9718403	2129444	578441
广 西	4768962	2274553	2055271	219283	128191
海 南	3146803	1123427	1042845	80581	37775
重 庆	4562396	1980848	1625059	355789	251827
四 川	12532816	6243366	5332337	911030	563262
贵 州	9804303	6109057	5419887	689170	495026
云 南	6673686	4510439	4078701	431738	270514
西 藏	3039018	2083584	1636651	446933	414952
陕 西	9201644	5195041	4878774	316267	233427
甘 肃	5887294	3939111	3617440	321671	145025
青 海	1489184	777229	626372	150857	112889
宁 夏	1545048	614799	517579	97221	54666
新 疆	11800263	8511901	7267887	1244015	944420
大 连	681254	503012	490010	13001	2341
宁 波	3315586	2005496	1979515	25981	7874
厦 门	2346170	1432259	1386572	45687	302
青 岛	2068622	1223220	1176314	46906	16667
深 圳	9861111	4494044	3462859	1031186	255254

(地方幼儿园)

单位：千元

公用部分	商品和服务支出	其他资本性支出			基本建设支出
			专项公用支出	专项项目支出	
99380252	**46585521**	**52794731**	**14001210**	**38793521**	**5268890**
4807981	4255917	552064	392056	160008	475868
1338612	620302	718310	260608	457702	12195
2690119	1041944	1648175	494370	1153805	45730
1247495	692305	555190	198933	356256	48885
1984116	744123	1239994	247707	992287	107522
732335	492440	239895	60161	179734	11158
832685	285346	547339	127077	420262	51191
1167984	346873	821111	91409	729702	21816
5171254	3908485	1262769	740821	521948	22154
7298896	3463368	3835528	1017791	2817737	78857
8423212	4020976	4402235	832342	3569893	436592
3569905	1123917	2445989	580584	1865405	97028
3727627	1677348	2050278	609926	1440352	67742
5192006	870550	4321456	857402	3464054	93782
5276986	2403253	2873733	606074	2267660	12800
3148224	835300	2312924	525402	1787522	128123
2273269	1134444	1138825	348053	790772	
2581827	1368768	1213059	215127	997932	165938
8893553	5224740	3668813	1910863	1757950	1325614
2291688	821259	1470430	309677	1160752	202721
1951105	546504	1404601	645634	758968	72271
2429874	1316831	1113044	177487	935556	151674
5961328	2391357	3569971	902301	2667671	328122
3615275	1098593	2516682	296639	2220042	79970
2072829	842201	1230627	188876	1041752	90418
815037	351172	463865	122924	340941	140396
3706689	1808999	1897690	598039	1299651	299914
1912336	889061	1023274	180810	842464	35847
637209	240357	396851	47044	349807	74747
930248	211669	718579	138354	580225	
2698548	1557118	1141430	276719	864711	589814
177642	164713	12930	5681	7248	600
1310089	601579	708510	86917	621593	
894141	554735	339406	163847	175559	19770
845402	481571	363831	172989	190842	
4122452	2452269	1670183	1147743	522439	1244615

5-50 财政补助支出明细

地区	合计	个人部分	工资福利支出	对个人和家庭的补助支出	#助学金
合计	**115979785**	**71824115**	**65529214**	**6294901**	**4352773**
北京	2649489	1630314	1615242	15073	476
天津	548025	369812	356520	13293	1593
河北	6521322	4559331	4415302	144028	37810
山西	2149578	1351642	1240870	110772	88895
内蒙古	3521149	2303757	2141806	161951	69125
辽宁	510234	351112	342228	8884	4825
吉林	971974	685443	671524	13919	3993
黑龙江	1226093	765530	706363	59168	7982
上海	2036081	1522083	1509581	12503	2866
江苏	6240334	3825610	3602620	222990	107980
浙江	7593738	4041045	3903837	137208	34576
安徽	5008385	2944366	2770559	173806	72425
福建	4373186	2599658	2522489	77169	28418
江西	5820409	2550666	2440183	110483	88249
山东	5584284	3213394	2890487	322907	200089
河南	4139696	2287667	2115209	172458	140654
湖北	2124694	1285047	1161930	123117	98792
湖南	3391846	1788281	1569871	218410	184536
广东	4028974	2482039	2209157	272882	190120
广西	2880418	1367297	1214600	152697	104031
海南	1855038	836755	774239	62516	34406
重庆	1893644	973762	779187	194575	163053
四川	6791692	3788253	3180097	608156	452158
贵州	6597990	4737951	4196538	541412	442440
云南	4142953	3096673	2802646	294027	210155
西藏	1936681	1428943	1091462	337481	317393
陕西	5130490	3252117	3045848	206269	160370
甘肃	4633300	3173136	2981269	191867	64204
青海	1175068	599805	483030	116775	99866
宁夏	735387	363563	312842	50722	30067
新疆	9767634	7649062	6481679	1167383	911227
大连	94184	69893	68922	971	419
宁波	1266872	683821	676250	7571	4135
厦门	296787	170582	155242	15340	13
青岛	434608	265156	257101	8055	5358
深圳	5749	2538	1898	639	582

（农村幼儿园）

单位：千元

公用部分	商品和服务支出	其他资本性支出	专项公用支出	专项项目支出	基本建设支出
42413728	**17798922**	**24614805**	**5369761**	**19245044**	**1741942**
941647	810981	130666	78944	51723	77527
172137	74241	97896	12111	85785	6075
1946166	717293	1228873	379437	849436	15825
754486	451159	303326	114944	188383	43450
1201425	426158	775267	166774	608493	15968
158751	87688	71063	18671	52392	371
270749	109432	161317	27570	133747	15782
438746	159901	278844	45611	233233	21816
513998	382318	131680	116989	14690	
2414724	1118712	1296012	315677	980335	
3288024	1356870	1931154	315582	1615571	264669
1991770	704256	1287514	282640	1004874	72250
1738896	672959	1065938	269925	796012	34631
3221199	471281	2749918	568810	2181108	48544
2358090	1026947	1331144	179653	1151490	12800
1743226	417626	1325600	310104	1015496	108803
839647	304551	535097	89368	445729	
1579046	814837	764209	135132	629077	24520
1546768	863417	683351	246067	437284	167
1446748	521815	924933	176243	748690	66374
1011686	265380	746307	324888	421419	6597
902742	432341	470402	60924	409477	17140
2761519	1130998	1630521	257987	1372534	241919
1806803	536491	1270313	180590	1089722	53236
1016067	496623	519444	76570	442874	30213
444361	199704	244656	68454	176203	63377
1805726	1036736	768990	179393	589597	72647
1429355	655229	774126	122610	651517	30808
517001	188697	328304	38554	289750	58262
371823	100234	271589	71060	200529	
1780400	1264049	516351	138477	377874	338171
24291	18461	5830	1074	4756	
583051	211849	371202	25562	345640	
124756	71404	53352	14907	38445	1450
169452	73979	95472	15437	80036	
3211	2244	967	514	453	

5-51 财政补助支出明细

地区	合计	个人部分	工资福利支出	对个人和家庭的补助支出	#助学金
合计	115313758	71374888	65165633	6209255	4337727
北京	2644023	1628290	1613217	15073	476
天津	548025	369812	356520	13293	1593
河北	6521322	4559331	4415302	144028	37810
山西	2149578	1351642	1240870	110772	88895
内蒙古	3521149	2303757	2141806	161951	69125
辽宁	510234	351112	342228	8884	4825
吉林	971974	685443	671524	13919	3993
黑龙江	1183248	731567	675812	55755	7924
上海	2036081	1522083	1509581	12503	2866
江苏	6240334	3825610	3602620	222990	107980
浙江	7593738	4041045	3903837	137208	34576
安徽	5008385	2944366	2770559	173806	72425
福建	4373186	2599658	2522489	77169	28418
江西	5820409	2550666	2440183	110483	88249
山东	5584284	3213394	2890487	322907	200089
河南	4139696	2287667	2115209	172458	140654
湖北	2124598	1284969	1161852	123117	98792
湖南	3391829	1788280	1569871	218409	184535
广东	4027632	2481144	2208674	272470	189730
广西	2880418	1367297	1214600	152697	104031
海南	1854917	836676	774160	62516	34406
重庆	1893644	973762	779187	194575	163053
四川	6791692	3788253	3180097	608156	452158
贵州	6597990	4737951	4196538	541412	442440
云南	4142953	3096673	2802646	294027	210155
西藏	1936681	1428943	1091462	337481	317393
陕西	5130476	3252116	3045848	206268	160368
甘肃	4619255	3160345	2969705	190641	63552
青海	1175068	599805	483030	116775	99866
宁夏	735387	363563	312842	50722	30067
新疆	9165551	7249668	6162878	1086791	897282
大连	94184	69893	68922	971	419
宁波	1266872	683821	676250	7571	4135
厦门	296787	170582	155242	15340	13
青岛	434608	265156	257101	8055	5358
深圳	5749	2538	1898	639	582

(地方农村幼儿园)

单位：千元

公用部分	商品和服务支出	其他资本性支出			基本建设支出
			专项公用支出	专项项目支出	
42203133	**17668018**	**24535115**	**5333508**	**19201607**	**1735737**
938206	808268	129938	78446	51492	77527
172137	74241	97896	12111	85785	6075
1946166	717293	1228873	379437	849436	15825
754486	451159	303326	114944	188383	43450
1201425	426158	775267	166774	608493	15968
158751	87688	71063	18671	52392	371
270749	109432	161317	27570	133747	15782
429864	155812	274052	43673	230379	21816
513998	382318	131680	116989	14690	
2414724	1118712	1296012	315677	980335	
3288024	1356870	1931154	315582	1615571	264669
1991770	704256	1287514	282640	1004874	72250
1738896	672959	1065938	269925	796012	34631
3221199	471281	2749918	568810	2181108	48544
2358090	1026947	1331144	179653	1151490	12800
1743226	417626	1325600	310104	1015496	108803
839630	304533	535097	89368	445729	
1579030	814821	764209	135132	629077	24520
1546321	863070	683251	245967	437284	167
1446748	521815	924933	176243	748690	66374
1011644	265380	746265	324846	421419	6597
902742	432341	470402	60924	409477	17140
2761519	1130998	1630521	257987	1372534	241919
1806803	536491	1270313	180590	1089722	53236
1016067	496623	519444	76570	442874	30213
444361	199704	244656	68454	176203	63377
1805714	1036724	768990	179393	589597	72647
1428102	654903	773199	122232	650967	30808
517001	188697	328304	38554	289750	58262
371823	100234	271589	71060	200529	
1583916	1140665	443251	105180	338072	331966
24291	18461	5830	1074	4756	
583051	211849	371202	25562	345640	
124756	71404	53352	14907	38445	1450
169452	73979	95472	15437	80036	
3211	2244	967	514	453	

5-52 财政补助支出明细

地区	合计	个人部分	工资福利支出	对个人和家庭的补助支出	#助学金
合计	**38040837**	**22393958**	**18411249**	**3982710**	
北京	996086	722711	634485	88226	
天津	356412	275730	258464	17267	
河北	901199	569135	468194	100941	
山西	1073567	718045	643478	74567	
内蒙古	746764	473269	397514	75755	
辽宁	766624	497369	361625	135744	
吉林	439771	293380	235214	58166	
黑龙江	1258810	537848	392379	145468	
上海	387508	281592	270066	11526	
江苏	1809231	1240435	1048856	191580	
浙江	2006157	1022117	919131	102986	
安徽	1239563	682995	534703	148292	
福建	642316	377943	326762	51181	
江西	880302	442032	372024	70008	
山东	2513238	1814911	1626717	188194	
河南	1416860	738354	604150	134204	
湖北	1431641	857152	709400	147752	
湖南	2572038	1566648	1307016	259632	
广东	4657835	2462901	1769538	693362	
广西	525828	343469	305392	38076	
海南	388482	232862	204241	28620	
重庆	1454465	355033	256772	98262	
四川	2410753	1342774	963990	378784	
贵州	1619718	1122209	993288	128921	
云南	1468296	936118	820792	115326	
西藏	449586	304917	290967	13950	
陕西	1347004	547400	392196	155204	
甘肃	587860	403232	331101	72131	
青海	246396	182415	147777	34638	
宁夏	176011	127948	118809	9139	
新疆	1270515	921015	706207	214808	
大连	147003	109037	62555	46481	
宁波	156289	124996	116240	8756	
厦门	145926	57528	47259	10268	
青岛	319594	240414	225732	14683	
深圳	884296	448202	218890	229311	

(教育行政单位)

单位：千元

公用部分	商品和服务支出	其他资本性支出			基本建设支出
			专项公用支出	专项项目支出	
15012206	**11488406**	**3523800**	**1564714**	**1959086**	**634672**
266756	257626	9130	8674	456	6620
80682	74532	6150	5036	1114	
332064	221426	110638	66171	44468	
352750	247782	104968	62358	42609	2773
272722	226520	46203	36372	9831	773
267424	218257	49167	24622	24545	1830
146391	130098	16294	15855	439	
664559	297726	366834	125069	241765	56403
105917	98923	6993	5677	1317	
568796	487923	80873	68136	12737	
984040	882259	101781	81967	19814	
556568	427241	129327	51065	78262	
217793	194396	23397	20003	3394	46580
438270	263313	174957	119587	55370	
697727	536210	161516	93149	68367	600
662728	579771	82957	60595	22362	15778
574489	486989	87499	53173	34326	
1004940	885645	119296	78712	40584	450
2110128	1646115	464013	208523	255491	84806
182359	162048	20312	13755	6557	
155620	140259	15362	14347	1015	
817064	325612	491452	15600	475852	282368
1066750	875221	191528	75677	115851	1230
493509	430791	62719	57511	5208	4000
531602	374575	157027	25046	131981	576
144669	99517	45152	19704	25448	
736245	457987	278258	96567	181691	63359
184628	154495	30133	17625	12508	
63981	55802	8179	7579	600	
48063	39776	8287	4234	4054	
282973	209574	73399	32330	41070	66527
37882	30721	7161	5720	1441	85
31293	27866	3427	3427		
41819	39652	2166	1655	511	46580
79180	76192	2989	2989		
401373	348558	52815	45667	7148	34722

5-53 财政补助支出明细

地区	合计	个人部分	工资福利支出	对个人和家庭的补助支出	#助学金
合计	**37481778**	**22071003**	**18223517**	**3847486**	
北京	703405	539940	479730	60210	
天津	356412	275730	258464	17267	
河北	901199	569135	468194	100941	
山西	1073567	718045	643478	74567	
内蒙古	746764	473269	397514	75755	
辽宁	766624	497369	361625	135744	
吉林	439771	293380	235214	58166	
黑龙江	1250904	533706	389068	144638	
上海	387508	281592	270066	11526	
江苏	1809231	1240435	1048856	191580	
浙江	2006157	1022117	919131	102986	
安徽	1239563	682995	534703	148292	
福建	642316	377943	326762	51181	
江西	880302	442032	372024	70008	
山东	2513238	1814911	1626717	188194	
河南	1416860	738354	604150	134204	
湖北	1431641	857152	709400	147752	
湖南	2572038	1566648	1307016	259632	
广东	4657835	2462901	1769538	693362	
广西	525828	343469	305392	38076	
海南	388482	232862	204241	28620	
重庆	1454465	355033	256772	98262	
四川	2410753	1342774	963990	378784	
贵州	1619718	1122209	993288	128921	
云南	1468296	936118	820792	115326	
西藏	449586	304917	290967	13950	
陕西	1347004	547400	392196	155204	
甘肃	587860	403232	331101	72131	
青海	246396	182415	147777	34638	
宁夏	176011	127948	118809	9139	
新疆	1012043	784971	676541	108430	
大连	147003	109037	62555	46481	
宁波	156289	124996	116240	8756	
厦门	145926	57528	47259	10268	
青岛	319594	240414	225732	14683	
深圳	884296	448202	218890	229311	

(地方教育行政单位)

单位：千元

公用部分	商品和服务支出	其他资本性支出	专项公用支出	专项项目支出	基本建设支出
14827715	**11331047**	**3496668**	**1545492**	**1951176**	**583060**
156845	149569	7276	6820	456	6620
80682	74532	6150	5036	1114	
332064	221426	110638	66171	44468	
352750	247782	104968	62358	42609	2773
272722	226520	46203	36372	9831	773
267424	218257	49167	24622	24545	1830
146391	130098	16294	15855	439	
660794	295999	364795	123030	241765	56403
105917	98923	6993	5677	1317	
568796	487923	80873	68136	12737	
984040	882259	101781	81967	19814	
556568	427241	129327	51065	78262	
217793	194396	23397	20003	3394	46580
438270	263313	174957	119587	55370	
697727	536210	161516	93149	68367	600
662728	579771	82957	60595	22362	15778
574489	486989	87499	53173	34326	
1004940	885645	119296	78712	40584	450
2110128	1646115	464013	208523	255491	84806
182359	162048	20312	13755	6557	
155620	140259	15362	14347	1015	
817064	325612	491452	15600	475852	282368
1066750	875221	191528	75677	115851	1230
493509	430791	62719	57511	5208	4000
531602	374575	157027	25046	131981	576
144669	99517	45152	19704	25448	
736245	457987	278258	96567	181691	63359
184628	154495	30133	17625	12508	
63981	55802	8179	7579	600	
48063	39776	8287	4234	4054	
212157	161999	50159	16999	33160	14914
37882	30721	7161	5720	1441	85
31293	27866	3427	3427		
41819	39652	2166	1655	511	46580
79180	76192	2989	2989		
401373	348558	52815	45667	7148	34722

5-54 财政补助支出明细

地 区	合 计	个人部分	工资福利支出	对个人和家庭的补助支出	#助学金
合 计	**69627651**	**41899874**	**37408857**	**4491017**	
北 京	9124361	3873595	3636021	237574	
天 津	1422246	1040679	992668	48010	
河 北	2279982	1762860	1550846	212015	
山 西	2011356	1361866	1263079	98788	
内蒙古	1505993	1159454	1074375	85079	
辽 宁	2627976	1993629	1886536	107093	
吉 林	1259602	756969	692212	64758	
黑龙江	1048826	722151	570242	151908	
上 海	5551920	2597771	2546667	51104	
江 苏	4438249	3119185	2670492	448693	
浙 江	5064253	3050548	2790713	259836	
安 徽	1116994	626769	538225	88544	
福 建	2347206	1319987	1211058	108929	
江 西	1733868	1001789	912145	89644	
山 东	2893847	1924610	1717126	207483	
河 南	2807552	1799604	1590920	208683	
湖 北	2681732	1727007	1528874	198133	
湖 南	1211005	722592	634776	87816	
广 东	4963171	2747948	2065054	682894	
广 西	1401973	966274	903398	62876	
海 南	374669	197686	178415	19271	
重 庆	1091599	562985	448591	114394	
四 川	3272889	2145118	1844355	300762	
贵 州	414551	280416	244778	35638	
云 南	1240021	840915	732453	108462	
西 藏	1094392	546355	438831	107524	
陕 西	1979208	1131911	1039559	92352	
甘 肃	923364	683138	637839	45299	
青 海	499910	420775	373953	46823	
宁 夏	270903	206259	191905	14353	
新 疆	974035	609028	502751	106278	
大 连	477140	314290	306777	7513	
宁 波	740626	472914	434328	38586	
厦 门	510027	248867	208708	40159	
青 岛	555951	386525	337806	48719	
深 圳	1275710	541688	373915	167773	

(教育事业单位)

单位：千元

公用部分	商品和服务支出	其他资本性支出	专项公用支出	专项项目支出	基本建设支出
26918147	**20142244**	**6775903**	**3713376**	**3062527**	**809630**
5133273	4742881	390392	323226	67165	117493
381567	326851	54716	47015	7701	
516840	393573	123268	78975	44293	281
616600	479809	136791	78136	58655	32890
346079	248843	97237	47434	49803	460
619301	554242	65058	40205	24853	15047
468978	300184	168794	131244	37550	33655
323771	249999	73772	28032	45740	2905
2629541	1918055	711486	549071	162415	324608
1315310	950420	364890	226291	138600	3755
2006910	1227967	778943	318141	460802	6795
490225	414730	75495	57029	18465	
1003967	605713	398254	158071	240182	23252
689393	528112	161281	141864	19417	42686
959237	562556	396682	64522	332160	10000
985057	693246	291810	135467	156343	22892
954724	481252	473472	132732	340740	
488413	315430	172983	66215	106768	
2161958	1725885	436072	223281	212791	53266
362117	283597	78520	70468	8052	73582
176972	151296	25676	24712	964	11
528613	320369	208245	82188	126057	
1127771	771932	355839	261859	93980	
134134	119561	14574	14217	357	
399105	346401	52705	35699	17006	
545407	376142	169265	92385	76880	2630
836656	563117	273539	165056	108483	10641
240226	152410	87816	32572	55245	
79135	71346	7789	3791	3998	
64644	52287	12357	9760	2597	
332223	214039	118184	73718	44466	32783
154811	131941	22870	8216	14654	8038
267712	194482	73230	40528	32702	
258540	180845	77695	49267	28428	2620
169426	147143	22283	13330	8952	
680931	628351	52579	49268	3311	53091

5-55 财政补助支出明细

地区	合计	个人部分	工资福利支出	对个人和家庭的补助支出	#助学金
合计	**65816560**	**41514090**	**37048199**	**4465891**	
北京	5418123	3540108	3319206	220902	
天津	1422246	1040679	992668	48010	
河北	2279982	1762860	1550846	212015	
山西	2011356	1361866	1263079	98788	
内蒙古	1505993	1159454	1074375	85079	
辽宁	2627976	1993629	1886536	107093	
吉林	1259602	756969	692212	64758	
黑龙江	1044864	719026	568227	150799	
上海	5551920	2597771	2546667	51104	
江苏	4438249	3119185	2670492	448693	
浙江	5064253	3050548	2790713	259836	
安徽	1116994	626769	538225	88544	
福建	2347206	1319987	1211058	108929	
江西	1733868	1001789	912145	89644	
山东	2893847	1924610	1717126	207483	
河南	2807552	1799604	1590920	208683	
湖北	2681732	1727007	1528874	198133	
湖南	1211005	722592	634776	87816	
广东	4963171	2747948	2065054	682894	
广西	1401973	966274	903398	62876	
海南	374669	197686	178415	19271	
重庆	1091599	562985	448591	114394	
四川	3272889	2145118	1844355	300762	
贵州	414551	280416	244778	35638	
云南	1240021	840915	732453	108462	
西藏	1094392	546355	438831	107524	
陕西	1979208	1131911	1039559	92352	
甘肃	923364	683138	637839	45299	
青海	499910	420775	373953	46823	
宁夏	270903	206259	191905	14353	
新疆	873145	559856	460924	98932	
大连	477140	314290	306777	7513	
宁波	740626	472914	434328	38586	
厦门	510027	248867	208708	40159	
青岛	555951	386525	337806	48719	
深圳	1275710	541688	373915	167773	

(地方教育事业单位)

单位：千元

公用部分	商品和服务支出	其他资本性支出			基本建设支出
			专项公用支出	专项项目支出	
23543291	**16875680**	**6667612**	**3615674**	**3051937**	**759179**
1798761	1494889	303872	236952	66920	79253
381567	326851	54716	47015	7701	
516840	393573	123268	78975	44293	281
616600	479809	136791	78136	58655	32890
346079	248843	97237	47434	49803	460
619301	554242	65058	40205	24853	15047
468978	300184	168794	131244	37550	33655
322932	249316	73617	27876	45740	2905
2629541	1918055	711486	549071	162415	324608
1315310	950420	364890	226291	138600	3755
2006910	1227967	778943	318141	460802	6795
490225	414730	75495	57029	18465	
1003967	605713	398254	158071	240182	23252
689393	528112	161281	141864	19417	42686
959237	562556	396682	64522	332160	10000
985057	693246	291810	135467	156343	22892
954724	481252	473472	132732	340740	
488413	315430	172983	66215	106768	
2161958	1725885	436072	223281	212791	53266
362117	283597	78520	70468	8052	73582
176972	151296	25676	24712	964	11
528613	320369	208245	82188	126057	
1127771	771932	355839	261859	93980	
134134	119561	14574	14217	357	
399105	346401	52705	35699	17006	
545407	376142	169265	92385	76880	2630
836656	563117	273539	165056	108483	10641
240226	152410	87816	32572	55245	
79135	71346	7789	3791	3998	
64644	52287	12357	9760	2597	
292717	196149	96568	62447	34121	20572
154811	131941	22870	8216	14654	8038
267712	194482	73230	40528	32702	
258540	180845	77695	49267	28428	2620
169426	147143	22283	13330	8952	
680931	628351	52579	49268	3311	53091

5-56 财政补助支出明细

地区	合计	个人部分	工资福利支出	对个人和家庭的补助支出	#助学金
合计	**62731464**	**20122113**	**16928684**	**3193429**	**30758**
北京	6591858	1284759	907960	376798	15485
天津	905500	396345	336185	60161	
河北	1473314	722263	642754	79509	
山西	1559234	545409	486623	58786	
内蒙古	1199644	441367	403970	37396	
辽宁	1896627	758860	628752	130108	
吉林	760402	402532	339146	63386	669
黑龙江	734794	488088	409354	78733	720
上海	1489742	435269	413478	21791	4846
江苏	2580066	1161823	995953	165870	770
浙江	5551126	1259014	807700	451315	191
安徽	1263837	500994	447208	53785	
福建	1754484	544366	489020	55346	2393
江西	1731328	453894	415290	38604	
山东	2791342	1310874	1201242	109632	
河南	2335634	790111	695686	94425	
湖北	2714211	692880	549210	143670	645
湖南	1812476	917749	633230	284519	1382
广东	3295962	1397174	1102331	294844	1331
广西	991600	421482	390300	31182	
海南	1230626	83522	81034	2489	
重庆	713325	295987	257702	38285	932
四川	7100470	970257	814122	156136	1395
贵州	1596310	565143	494744	70399	
云南	1370073	693975	629180	64795	
西藏	281865	141271	139314	1957	
陕西	1580420	367333	351322	16011	
甘肃	933873	427927	389024	38903	
青海	755161	255282	229447	25835	
宁夏	286717	128056	118427	9628	
新疆	3449443	1268106	1128974	139132	
大连	273288	130168	107435	22733	
宁波	1110719	265354	109345	156009	
厦门	104458	67428	57643	9785	
青岛	289366	152505	137801	14704	
深圳	967437	212552	167363	45189	

(其他教育机构)

单位：千元

公用部分	商品和服务支出	其他资本性支出	专项公用支出	专项项目支出	基本建设支出
36358350	**17775267**	**18583083**	**4296205**	**14286877**	**6251001**
5220710	4524006	696704	667600	29104	86389
114897	105038	9858	9858		394259
577123	223772	353351	84155	269196	173928
651361	251645	399716	120603	279113	362464
594068	221234	372835	157382	215452	164209
1058798	822095	236702	44163	192539	78969
336696	252910	83786	9113	74672	21174
223907	158599	65309	22900	42409	22798
884791	779772	105018	61884	43134	169682
1355793	653802	701991	91320	610671	62450
3269857	1213923	2055934	873876	1182058	1022255
760686	306863	453823	34754	419069	2158
581786	242590	339196	33853	305343	628332
931590	249635	681956	229172	452783	345844
1418868	846840	572028	64260	507767	61600
1414723	638400	776323	76297	700026	130801
2021331	867425	1153906	187182	966724	
780266	417072	363195	151982	211213	114460
1119420	796275	323145	70103	253042	779367
514729	256637	258092	76073	182019	55389
417104	82481	334622	7694	326928	730000
413264	270840	142424	41986	100437	4074
5959952	1390313	4569639	287555	4282084	170260
1030902	294041	736861	133620	603240	264
596413	247527	348886	73792	275094	79685
133009	64452	68557	20220	48337	7586
1180620	463131	717490	62796	654693	32467
469098	184842	284256	62214	222042	36848
423578	100425	323153	45721	277431	76301
158661	66210	92451	14643	77808	
1744350	782472	961878	479432	482446	436987
98346	94401	3946	2028	1918	44774
76365	61254	15111	8624	6487	769000
36888	27334	9555	8742	813	141
136861	69026	67835	10172	57662	
244440	230332	14108	9432	4676	510445

5-57 财政补助支出明细

地区	合计	个人部分	工资福利支出	对个人和家庭的补助支出	#助学金
合计	**59392532**	**19619697**	**16501188**	**3118509**	**9472**
北京	4021121	966490	646358	320132	
天津	904093	396345	336185	60161	
河北	1469376	722263	642754	79509	
山西	1558642	545409	486623	58786	
内蒙古	1198868	441367	403970	37396	
辽宁	1891843	758860	628752	130108	
吉林	759502	402532	339146	63386	669
黑龙江	725150	484709	406492	78217	720
上海	1248993	364508	346135	18373	1438
江苏	2535962	1161823	995953	165870	770
浙江	5546818	1259014	807700	451315	191
安徽	1263327	500994	447208	53785	
福建	1708369	532858	479930	52929	
江西	1730920	453894	415290	38604	
山东	2783181	1310874	1201242	109632	
河南	2330630	790111	695686	94425	
湖北	2697543	692880	549210	143670	645
湖南	1810199	917749	633230	284519	1382
广东	3295962	1397174	1102331	294844	1331
广西	991600	421482	390300	31182	
海南	1230626	83522	81034	2489	
重庆	713325	295987	257702	38285	932
四川	7066509	970257	814122	156136	1395
贵州	1594817	565143	494744	70399	
云南	1368318	693975	629180	64795	
西藏	281865	141271	139314	1957	
陕西	1560980	367333	351322	16011	
甘肃	927570	427927	389024	38903	
青海	755161	255282	229447	25835	
宁夏	286717	128056	118427	9628	
新疆	3134542	1169605	1042376	127229	
大连	273288	130168	107435	22733	
宁波	1110719	265354	109345	156009	
厦门	104458	67428	57643	9785	
青岛	289366	152505	137801	14704	
深圳	967437	212552	167363	45189	

(地方其他教育机构)

单位：千元

公用部分	商品和服务支出	其他资本性支出	专项公用支出	专项项目支出	基本建设支出
33625665	**15167557**	**18458107**	**4208878**	**14249229**	**6147170**
2968241	2303193	665048	638004	27044	86389
113489	103631	9858	9858		394259
573185	219834	353351	84155	269196	173928
650769	251053	399716	120603	279113	362464
593292	220458	372835	157382	215452	164209
1054014	817311	236702	44163	192539	78969
335796	252010	83786	9113	74672	21174
217643	152334	65309	22900	42409	22798
714803	652961	61842	52025	9817	169682
1311689	609699	701991	91320	610671	62450
3265549	1209615	2055934	873876	1182058	1022255
760176	306353	453823	34754	419069	2158
547179	209807	337372	32029	305343	628332
931182	249227	681956	229172	452783	345844
1410707	838679	572028	64260	507767	61600
1409719	633396	776323	76297	700026	130801
2004663	850757	1153906	187182	966724	
777989	414794	363195	151982	211213	114460
1119420	796275	323145	70103	253042	779367
514729	256637	258092	76073	182019	55389
417104	82481	334622	7694	326928	730000
413264	270840	142424	41986	100437	4074
5925991	1356352	4569639	287555	4282084	170260
1029410	292549	736861	133620	603240	264
594658	245772	348886	73792	275094	79685
133009	64452	68557	20220	48337	7586
1161180	443691	717490	62796	654693	32467
462795	178539	284256	62214	222042	36848
423578	100425	323153	45721	277431	76301
158661	66210	92451	14643	77808	
1631781	718223	913558	433383	480175	333156
98346	94401	3946	2028	1918	44774
76365	61254	15111	8624	6487	769000
36888	27334	9555	8742	813	141
136861	69026	67835	10172	57662	
244440	230332	14108	9432	4676	510445

第六部分

各地区各级各类教育机构一般公共预算教育事业费和基本建设支出明细

6-1 一般公共预算教育事业费和

地区	合计	个人部分	工资福利支出	对个人和家庭的补助支出	#助学金
合计	3469779780	2370543461	2071537857	299005604	172586476
北京	150083464	95344317	82409821	12934496	10691655
天津	48434289	35256039	32111412	3144627	1473080
河北	153038661	108668782	96004527	12664254	6135905
山西	71131877	48459805	43820585	4639220	3014121
内蒙古	59674283	40248800	36107496	4141304	3486039
辽宁	75657664	55159608	49156447	6003161	3051716
吉林	53636641	36727732	32790841	3936890	1908518
黑龙江	64631678	47194011	38898735	8295276	2478518
上海	94854614	59208839	55124816	4084023	3501465
江苏	233145059	173040198	154070846	18969352	7928419
浙江	183652834	127248439	117961923	9286516	4827188
安徽	123842170	82784463	70913262	11871201	5792963
福建	101410214	71178412	65536708	5641704	2706083
江西	119619451	70005558	62711132	7294426	4811412
山东	219890907	164445135	148209453	16235682	6466304
河南	174103434	109936738	97400788	12535950	10236385
湖北	132969384	90541686	78308927	12232758	6412373
湖南	135135506	94152005	80847765	13304240	7491186
广东	342687018	233611540	199606326	34005214	10336969
广西	102571837	67115343	56105288	11010054	7725076
海南	29363803	15418609	13854632	1563977	1032980
重庆	78537892	50272404	43197606	7074798	5391204
四川	169069162	116065436	96597770	19467667	12394984
贵州	102090768	76164926	62020642	14144284	9204746
云南	111533953	81880110	69326548	12553562	11192295
西藏	26569048	17090339	13241941	3848398	3432855
陕西	105220613	64363469	55064261	9299208	6401550
甘肃	66197877	45641683	39334647	6307036	4241862
青海	22122296	12998159	11352683	1645476	1380194
宁夏	20337632	12436754	11064127	1372627	1046994
新疆	98565751	67884123	58385901	9498221	6391436
大连	11195571	8418295	7832749	585546	149997
宁波	25451736	18697365	17535462	1161903	505631
厦门	14650289	10709633	10040681	668952	167710
青岛	25593394	18804663	17038024	1766639	284643
深圳	78687479	38503451	28351897	10151553	2374562

基本建设支出明细(各级各类教育机构)

单位：千元

公用部分	商品和服务支出	其他资本性支出			基本建设支出
			专项公用支出	专项项目支出	
1010961588	**550969823**	**459991766**	**175436357**	**284555409**	**88274731**
48723790	38017147	10706643	8634779	2071864	6015356
12477017	7287495	5189523	2003837	3185686	701233
42655024	21421596	21233428	6774306	14459121	1714856
21272946	12485671	8787275	4176327	4610948	1399126
18260058	8738241	9521817	3833035	5688782	1165424
19182850	13782076	5400774	2575908	2824866	1315206
16136836	9136457	7000379	3002762	3997617	772074
16539325	9342126	7197200	2989152	4208048	898342
32074415	24452621	7621794	6022322	1599473	3571359
58520709	34373706	24147003	10009991	14137012	1584153
51409473	29447191	21962282	9347978	12614304	4994922
38620817	18337787	20283031	7128067	13154964	2436889
29189780	15041484	14148296	5288054	8860242	1042021
47720480	12925140	34795339	9388127	25407212	1893413
54799403	27532738	27266665	9370974	17895691	646369
61419112	31813952	29605160	9048841	20556320	2747584
41532282	19519535	22012747	6528031	15484716	895417
39033673	22167159	16866514	5366059	11500454	1949829
84723561	55948711	28774850	16083240	12691610	24351917
33487062	15378532	18108530	6931031	11177500	1969432
12645216	5566575	7078641	3577394	3501247	1299978
24975406	15379354	9596053	3992452	5603601	3290081
49885143	28293644	21591500	8015364	13576136	3118583
24968437	12593982	12374455	3573794	8800661	957406
27593293	12805531	14787762	3185235	11602528	2060550
7259744	2884973	4374771	1334904	3039868	2218965
36342796	18924771	17418025	6467476	10950549	4514348
19496678	8632352	10864325	3449085	7415240	1059517
7616226	2548319	5067907	2033864	3034043	1507911
7638979	3258303	4380676	1868547	2512129	261900
24761057	12932657	11828400	3435422	8392978	5920571
2483319	1946713	536606	323275	213331	293957
6392259	3369089	3023170	798602	2224568	362111
3786345	3062264	724081	556798	167283	154311
6788731	3264650	3524081	1236090	2287991	
19615347	15064108	4551239	4470401	80838	20568681

6-2 一般公共预算教育事业费和

地区	合计				
		个人部分			
			工资福利支出	对个人和家庭的补助支出	
					#助学金
合计	**3294925862**	**2258495740**	**1991686570**	**266809170**	**150052450**
北京	104934370	68220850	65773622	2447229	1383578
天津	43291013	32187318	30076525	2110793	1032395
河北	151762902	107826013	95333937	12492076	6066077
山西	71131877	48459805	43820585	4639220	3014121
内蒙古	59674030	40248800	36107496	4141304	3486039
辽宁	70445995	51450869	46658036	4792833	2516722
吉林	48699592	33192661	30285231	2907430	1477598
黑龙江	59549842	43424367	36058967	7365400	1890877
上海	80035192	50115872	47651029	2464843	2027405
江苏	221181682	164997627	148308973	16688654	6354178
浙江	179030585	124238687	115633817	8604870	4315746
安徽	120739575	80446614	69177607	11269008	5303511
福建	98466715	69192829	64094130	5098699	2431223
江西	119619219	70005514	62711132	7294382	4811368
山东	214208499	161147810	145604612	15543198	5961019
河南	173736104	109818881	97304398	12514483	10231893
湖北	118459441	80725174	71840111	8885063	4504968
湖南	131042878	91411982	78981605	12430377	6796531
广东	333817614	227683266	194764112	32919154	9605098
广西	102571837	67115343	56105288	11010054	7725076
海南	29362047	15418609	13854632	1563977	1032980
重庆	73976569	47353622	40987377	6366244	4910091
四川	159726556	109874268	91619494	18254774	11535709
贵州	102090768	76164926	62020642	14144284	9204746
云南	111532657	81878814	69325252	12553561	11192294
西藏	26569048	17090339	13241941	3848398	3432855
陕西	95043528	57524571	50374509	7150062	5334081
甘肃	63342853	43821180	37981947	5839233	4018149
青海	22121934	12997798	11352602	1645196	1379914
宁夏	19616468	11956168	10682314	1273854	979691
新疆	89144467	62505162	53954646	8550515	6096517
大连	11193744	8416483	7830937	585546	149997
宁波	25451316	18697365	17535462	1161903	505631
厦门	14650289	10709633	10040681	668952	167710
青岛	25593394	18804663	17038024	1766639	284643
深圳	78022402	38373532	28225749	10147783	2370792

基本建设支出明细(地方各级各类教育机构)

单位：千元

公用部分	商品和服务支出	其他资本性支出			基本建设支出
			专项公用支出	专项项目支出	
954755483	**513174452**	**441581032**	**161037445**	**280543587**	**81674639**
32366457	25489990	6876467	5362672	1513794	4347063
10636323	6341091	4295231	1613014	2682218	467373
42283264	21204676	21078588	6665365	14413222	1653625
21272946	12485671	8787275	4176327	4610948	1399126
18259806	8738069	9521737	3832955	5688782	1165424
17753684	12839976	4913708	2154774	2758933	1241443
14785487	8114760	6670727	2712050	3958677	721444
15280262	8606866	6673395	2665442	4007954	845213
26991849	20791893	6199956	4771001	1428956	2927471
54893123	32102609	22790514	8730267	14060247	1290931
49948139	28670307	21277832	8792206	12485627	4843759
37897451	17840159	20057292	6902328	13154964	2395510
28363644	14558048	13805595	5037735	8767861	910242
47720291	12924952	34795339	9388127	25407212	1893413
52563181	25774328	26788853	8948382	17840471	497508
61319906	31746888	29573017	9016698	20556320	2597318
37661206	16910883	20750323	5466034	15284289	73061
37812867	21326714	16486153	5039821	11446332	1818028
81961024	54567951	27393073	14886519	12506554	24173325
33487062	15378532	18108530	6931031	11177500	1969432
12643598	5565276	7078321	3577193	3501128	1299840
23460384	14196429	9263955	3666514	5597440	3162564
47042442	26364608	20677834	7211288	13466546	2809846
24968437	12593982	12374455	3573794	8800661	957406
27593293	12805531	14787762	3185235	11602528	2060550
7259744	2884973	4374771	1334904	3039868	2218965
33354562	17033390	16321172	5574647	10746525	4164396
18566228	8102178	10464051	3093218	7370833	955445
7616226	2548319	5067907	2033864	3034043	1507911
7424700	3108392	4316308	1820837	2495471	235600
21567898	11557010	10010888	2873205	7137683	5071407
2483305	1946699	536606	323275	213331	293957
6391839	3368677	3023163	798595	2224568	362111
3786345	3062264	724081	556798	167283	154311
6788731	3264650	3524081	1236090	2287991	
19080189	14952367	4127822	4046984	80838	20568681

6-3 一般公共预算教育事业费和

地区	合计	个人部分			
			工资福利支出	对个人和家庭的补助支出	
					#助学金
合计	**668566591**	**392584847**	**296798558**	**95786289**	**72152718**
北京	57356857	36651269	24718310	11932959	10333452
天津	14600336	8476361	6479656	1996705	1262950
河北	23424124	14714745	11006912	3707833	2473652
山西	14033074	7924005	5963512	1960493	1586700
内蒙古	11250499	6235434	4673452	1561981	1485031
辽宁	19668299	11814693	8802124	3012568	2203757
吉林	13823086	8001317	5917103	2084214	1294880
黑龙江	16703394	10552980	8026546	2526435	1730632
上海	34659163	18667749	15590238	3077511	2762876
江苏	44488187	26640110	21045139	5594971	4187294
浙江	29438883	16541215	13252536	3288679	2270678
安徽	19327840	11329459	8406230	2923228	2290559
福建	16027828	9420300	7336506	2083794	1398598
江西	19503555	11409472	9183705	2225767	1723342
山东	38004217	25586026	20646752	4939274	3013985
河南	27876185	14748142	11222518	3525624	2848480
湖北	32484110	20842101	14942851	5899250	3792259
湖南	23051193	15584382	12084333	3500049	2606447
广东	65812116	35563783	28987960	6575823	3651452
广西	13430310	5799340	2911217	2888123	2519239
海南	4649463	1900184	1248266	651918	583280
重庆	14602640	8212714	5712411	2500303	2131365
四川	30310106	19482182	15154599	4327583	3572438
贵州	13096500	7813656	5199669	2613988	2145891
云南	12526978	8023120	6260185	1762935	1688063
西藏	3511733	1508197	913710	594487	556516
陕西	25199047	14627065	10419577	4207488	2882862
甘肃	11069851	5561568	3796533	1765035	1439224
青海	3333379	1147195	947529	199667	179479
宁夏	3265104	1746697	1303827	442870	346231
新疆	12038535	6059384	4644651	1414733	1191107
大连	648805	387604	339723	47881	35713
宁波	2587744	1207167	945187	261980	155499
厦门	1310428	602051	551215	50836	32629
青岛	1819618	344921	222649	122272	84673
深圳	20168261	5937869	5068574	869295	505106

基本建设支出明细(高等学校)

单位：千元

公用部分	商品和服务支出	其他资本性支出	专项公用支出	专项项目支出	基本建设支出
245923984	**140847195**	**105076789**	**68500183**	**36576605**	**30057760**
18330948	13049528	5281420	4652832	628588	2374640
5883436	2740735	3142702	1033725	2108977	240538
7757023	4417714	3339309	2002292	1337017	952357
5727601	2977763	2749838	1503447	1246392	381468
4706079	1690564	3015515	1578158	1437357	308986
7455896	5307514	2148382	1675490	472892	397710
5592705	3784177	1808528	1411818	396710	229064
5776137	3005745	2770391	1509270	1261122	374277
13271506	9903805	3367701	3130458	237243	2719908
17055020	11396002	5659018	4430172	1228846	793057
11952213	6356943	5595270	3366638	2228632	945455
7202084	3949101	3252983	2233879	1019105	796297
6451876	3874037	2577839	1950284	627556	155652
7867744	3387095	4480649	1896255	2584394	226339
12098139	5509187	6588952	4057852	2531100	320052
12470219	7461292	5008927	3665678	1343249	657824
10765653	6000393	4765259	2810703	1954556	876356
6737513	4303023	2434489	1549085	885404	729299
19494334	10906129	8588205	5538901	3049305	10753998
7412618	3366775	4045843	3105482	940361	218352
2654945	994423	1660522	1273033	387489	94334
6056443	4077325	1979118	1795110	184008	333482
9769656	5401139	4368517	3124635	1243882	1058268
4905227	2625103	2280125	1406574	873551	377616
4239985	2463580	1776405	1128999	647406	263873
1319008	396407	922601	288368	634233	684529
9545595	6071159	3474436	2554114	920322	1026388
5166406	2605510	2560897	1443164	1117733	341876
1852417	336203	1516214	1098184	418030	333767
1446507	843346	603161	466234	136926	71900
4959052	1645480	3313571	819351	2494220	1020099
248212	120444	127767	94289	33478	12989
1380577	527521	853056	220186	632870	
708378	609738	98640	98640		
1474698	72053	1402645	211559	1191086	
5781793	3511932	2269861	2267467	2394	8448599

6-4 一般公共预算教育事业费和

地区	合计	个人部分	工资福利支出	对个人和家庭的补助支出	#助学金
合计	**510660626**	**288887605**	**224144587**	**64743018**	**49868107**
北京	19244075	11671306	10114755	1556551	1044991
天津	9494499	5435585	4464190	971395	822519
河北	22161439	13884313	10348228	3536084	2403824
山西	14033074	7924005	5963512	1960493	1586700
内蒙古	11250499	6235434	4673452	1561981	1485031
辽宁	14458557	8107866	6305625	1802241	1668764
吉林	9110125	4636968	3571216	1065752	863960
黑龙江	12224913	7241645	5533842	1707803	1147505
上海	20219648	9770186	8307241	1462945	1292225
江苏	32549513	18614369	15298891	3315478	2614017
浙江	24816635	13531463	10924430	2607033	1759237
安徽	16225579	8991886	6670851	2321035	1801107
福建	13125286	7446225	5903019	1543206	1126131
江西	19503555	11409472	9183705	2225767	1723342
山东	32321809	22288701	18041911	4246789	2508699
河南	27531172	14649675	11145148	3504527	2844358
湖北	18433249	11361074	8762192	2598882	1890599
湖南	18992190	12867985	10241648	2626336	1911826
广东	56988627	29667747	24170775	5496972	2920880
广西	13430310	5799340	2911217	2888123	2519239
海南	4649463	1900184	1248266	651918	583280
重庆	10231709	5441882	3645597	1796285	1650800
四川	21011356	13312292	10193887	3118406	2716588
贵州	13096500	7813656	5199669	2613988	2145891
云南	12526978	8023120	6260185	1762935	1688063
西藏	3511733	1508197	913710	594487	556516
陕西	15269941	7958499	5889833	2068666	1815918
甘肃	8230875	3754475	2455058	1299418	1217654
青海	3333379	1147195	947529	199667	179479
宁夏	2543940	1266112	922015	344097	278928
新疆	10139997	5226748	3932988	1293760	1100039
大连	648805	387604	339723	47881	35713
宁波	2587324	1207167	945187	261980	155499
厦门	1310428	602051	551215	50836	32629
青岛	1819618	344921	222649	122272	84673
深圳	19503903	5808549	4943024	865525	501336

基本建设支出明细(地方高等学校)

单位：千元

公用部分	商品和服务支出	其他资本性支出	专项公用支出	专项项目支出	基本建设支出
197584685	**109327478**	**88257207**	**54786099**	**33471108**	**24188336**
6828184	5164766	1663418	1581774	81644	744585
4052237	1800655	2251581	646073	1605509	6678
7386000	4201290	3184710	1893351	1291359	891126
5727601	2977763	2749838	1503447	1246392	381468
4706079	1690564	3015515	1578158	1437357	308986
6026744	4365428	1661316	1254356	406959	323947
4294723	2800341	1494382	1127113	367269	178434
4662121	2345153	2316967	1212736	1104231	321148
8373443	6368083	2005359	1905316	100044	2076020
13435308	9131300	4304009	3151434	1152575	499836
10490880	5580059	4910821	2810866	2099954	794292
6478776	3451484	3027291	2008187	1019105	754918
5655188	3418225	2236963	1701788	535175	23873
7867744	3387095	4480649	1896255	2584394	226339
9861917	3750777	6111140	3635261	2475879	171191
12373939	7396990	4976948	3633700	1343249	507558
7018175	3502828	3515348	1758499	1756849	54000
5526707	3472169	2054537	1223255	831282	597498
16745473	9534500	7210973	4343506	2867466	10575407
7412618	3366775	4045843	3105482	940361	218352
2654945	994423	1660522	1273033	387489	94334
4583862	2928478	1655384	1477536	177848	205965
6949532	3492186	3457346	2320593	1136753	749531
4905227	2625103	2280125	1406574	873551	377616
4239985	2463580	1776405	1128999	647406	263873
1319008	396407	922601	288368	634233	684529
6625007	4228075	2396932	1670171	726761	686435
4238595	2077195	2161400	1087690	1073710	237804
1852417	336203	1516214	1098184	418030	333767
1232228	693435	538793	418525	120268	45600
4060024	1386146	2673877	645871	2028006	853225
248212	120444	127767	94289	33478	12989
1380157	527109	853049	220179	632870	
708378	609738	98640	98640		
1474698	72053	1402645	211559	1191086	
5246755	3400311	1846444	1844050	2394	8448599

6-5 一般公共预算教育事业费和

地区	合计				
		个人部分			
			工资福利支出	对个人和家庭的补助支出	
					#助学金
合计	**661403351**	**387504061**	**292208309**	**95295752**	**71999729**
北京	56484023	36035107	24124879	11910228	10333452
天津	14408834	8312123	6323198	1988925	1262093
河北	22981548	14368613	10694000	3674613	2459854
山西	13903947	7821104	5863640	1957464	1585014
内蒙古	11167482	6183466	4621894	1561572	1484880
辽宁	19475142	11651662	8644737	3006925	2202101
吉林	13547901	7811766	5744762	2067004	1288405
黑龙江	16446161	10339001	7847731	2491270	1730291
上海	34018917	18309590	15236471	3073119	2762811
江苏	44419117	26590532	20998920	5591612	4185890
浙江	28827782	16095226	12825520	3269706	2265298
安徽	19169731	11240363	8329126	2911237	2285244
福建	15846673	9298950	7232808	2066142	1388746
江西	19263998	11225918	9018568	2207350	1710994
山东	37863634	25480154	20556527	4923627	3013985
河南	27783755	14673730	11149230	3524500	2848219
湖北	32413322	20778294	14888682	5889611	3788255
湖南	22836080	15411556	11932947	3478609	2606132
广东	64952102	34906419	28446410	6460009	3642167
广西	13326007	5740901	2863973	2876928	2513088
海南	4600329	1867462	1222446	645017	576534
重庆	14600094	8210645	5710341	2500303	2131365
四川	30063599	19321565	15005246	4316319	3572328
贵州	12902219	7706901	5127061	2579840	2116487
云南	12317774	7884237	6139057	1745180	1671987
西藏	3511733	1508197	913710	594487	556516
陕西	24893929	14470027	10288869	4181158	2861972
甘肃	10980631	5499575	3741578	1757997	1438827
青海	3317103	1131935	932268	199667	179479
宁夏	3265104	1746697	1303827	442870	346231
新疆	11814680	5882344	4479882	1402462	1191087
大连	575979	326762	279868	46894	35713
宁波	2464436	1112605	852863	259742	154564
厦门	1310428	602051	551215	50836	32629
青岛	1794607	324988	205697	119291	84673
深圳	20093865	5883625	5031167	852458	505106

基本建设支出明细(普通高等学校)

单位：千元

公用部分	商品和服务支出	其他资本性支出			基本建设支出
			专项公用支出	专项项目支出	
243921879	**139287096**	**104634783**	**68180169**	**36454615**	**29977411**
18074277	12825478	5248799	4632350	616449	2374640
5856173	2719367	3136806	1027829	2108977	240538
7661592	4368264	3293328	1980456	1312872	951343
5701376	2955840	2745536	1499740	1245795	381468
4675030	1669462	3005567	1568710	1436857	308986
7425769	5279809	2145960	1673547	472413	397710
5507071	3732731	1774340	1396654	377685	229064
5739483	2978433	2761050	1501948	1259102	367677
12989419	9641227	3348193	3112886	235306	2719908
17035528	11378280	5657249	4428750	1228499	793057
11827101	6254480	5572621	3355921	2216700	905455
7133070	3885295	3247775	2228676	1019099	796297
6392071	3824976	2567095	1939539	627556	155652
7811741	3368223	4443518	1863730	2579788	226339
12063428	5482197	6581231	4050131	2531100	320052
12452201	7445679	5006522	3664701	1341821	657824
10758673	5994357	4764316	2810104	1954212	876356
6695875	4269423	2426452	1545441	881011	728649
19291685	10748937	8542748	5502321	3040427	10753998
7366754	3332879	4033875	3100797	933078	218352
2638532	982454	1656078	1268589	387489	94334
6055968	4076849	1979118	1795110	184008	333482
9683766	5343702	4340064	3103549	1236515	1058268
4839257	2575768	2263489	1393032	870457	356061
4169665	2414232	1755432	1108109	647324	263873
1319008	396407	922601	288368	634233	684529
9399794	5949559	3450235	2534146	916090	1024108
5139180	2589401	2549779	1439106	1110673	341876
1851401	336163	1515238	1097208	418030	333767
1446507	843346	603161	466234	136926	71900
4920487	1623878	3296609	802486	2494123	1011849
236228	109961	126268	93269	32999	12989
1351831	510969	840862	218200	622661	
708378	609738	98640	98640		
1469619	67645	1401974	210888	1191086	
5761641	3495233	2266409	2264014	2394	8448599

6-6　一般公共预算教育事业费和

地　区	合　计	个人部分	工资福利支　出	对个人和家庭的补助支出	#助学金
合　计	**503709204**	**283918226**	**219656390**	**64261836**	**49715118**
北　京	18546940	11130616	9592872	1537743	1044991
天　津	9302998	5271347	4307732	963615	821662
河　北	21718862	13538181	10035317	3502865	2390026
山　西	13903947	7821104	5863640	1957464	1585014
内蒙古	11167482	6183466	4621894	1561572	1484880
辽　宁	14265400	7944835	6148238	1796598	1667107
吉　林	8834941	4447417	3398875	1048542	857485
黑龙江	11967680	7027666	5355027	1672639	1147164
上　海	19579402	9412026	7953474	1458552	1292160
江　苏	32480443	18564791	15252673	3312118	2612613
浙　江	24205533	13085474	10497415	2588059	1753857
安　徽	16067470	8902790	6593747	2309043	1795792
福　建	12944130	7324874	5799320	1525554	1116279
江　西	19263998	11225918	9018568	2207350	1710994
山　东	32181226	22182829	17951686	4231143	2508699
河　南	27438742	14575263	11071860	3503403	2844096
湖　北	18362461	11297266	8708023	2589243	1886595
湖　南	18777076	12695159	10090262	2604897	1911512
广　东	56128613	29010383	23629225	5381158	2911594
广　西	13326007	5740901	2863973	2876928	2513088
海　南	4600329	1867462	1222446	645017	576534
重　庆	10229164	5439813	3643527	1796285	1650800
四　川	20764850	13151675	10044534	3107142	2716478
贵　州	12902219	7706901	5127061	2579840	2116487
云　南	12317774	7884237	6139057	1745180	1671987
西　藏	3511733	1508197	913710	594487	556516
陕　西	14964822	7801461	5759125	2042336	1795028
甘　肃	8141656	3692482	2400103	1292379	1217257
青　海	3317103	1131935	932268	199667	179479
宁　夏	2543940	1266112	922015	344097	278928
新　疆	9952263	5085644	3798724	1286920	1100019
大　连	575979	326762	279868	46894	35713
宁　波	2464016	1112605	852863	259742	154564
厦　门	1310428	602051	551215	50836	32629
青　岛	1794607	324988	205697	119291	84673
深　圳	19429506	5754304	4905616	848688	501336

基本建设支出明细(地方普通高等学校)

单位：千元

公用部分	商品和服务支出	其他资本性支出	专项公用支出	专项项目支出	基本建设支出
195682991	**107865576**	**87817415**	**54468297**	**33349118**	**24107987**
6671739	5038729	1633010	1563505	69506	744585
4024974	1779288	2245686	640177	1605509	6678
7290569	4151840	3138729	1871515	1267214	890112
5701376	2955840	2745536	1499740	1245795	381468
4675030	1669462	3005567	1568710	1436857	308986
5996617	4337723	1658894	1252413	406480	323947
4209089	2748895	1460194	1111949	348244	178434
4625467	2317841	2307626	1205415	1102211	314548
8091356	6105505	1985851	1887744	98107	2076020
13415816	9113577	4302239	3150011	1152228	499836
10365767	5477596	4888171	2800149	2088023	754292
6409762	3387679	3022083	2002984	1019099	754918
5595383	3369164	2226218	1691044	535175	23873
7811741	3368223	4443518	1863730	2579788	226339
9827206	3723787	6103419	3627539	2475879	171191
12355921	7381377	4974544	3632722	1341821	507558
7011195	3496791	3514404	1757900	1756504	54000
5485069	3438569	2046500	1219611	826889	596848
16542824	9377308	7165516	4306927	2858588	10575407
7366754	3332879	4033875	3100797	933078	218352
2638532	982454	1656078	1268589	387489	94334
4583387	2928003	1655384	1477536	177848	205965
6863643	3434750	3428893	2299507	1129386	749531
4839257	2575768	2263489	1393032	870457	356061
4169665	2414232	1755432	1108109	647324	263873
1319008	396407	922601	288368	634233	684529
6479207	4106475	2372732	1650203	722529	684155
4211369	2061087	2150282	1083631	1066651	237804
1851401	336163	1515238	1097208	418030	333767
1232228	693435	538793	418525	120268	45600
4021643	1364728	2656915	629007	2027909	844975
236228	109961	126268	93269	32999	12989
1351411	510557	840854	218193	622661	
708378	609738	98640	98640		
1469619	67645	1401974	210888	1191086	
5226603	3383612	1842991	1840597	2394	8448599

6-7 一般公共预算教育事业费和

地区	合计	个人部分	工资福利支出	对个人和家庭的补助支出	#助学金
合计	**515439290**	**304537693**	**227986085**	**76551608**	**57388833**
北京	53078435	34083184	22363045	11720140	10223997
天津	12129661	6792919	5026317	1766601	1086296
河北	16571814	10888089	8019166	2868923	1875210
山西	10452308	5922047	4394063	1527984	1207799
内蒙古	8011176	4189100	3137698	1051402	1003297
辽宁	16022787	9824959	7248577	2576383	1797604
吉林	11868474	6946187	5138203	1807984	1120053
黑龙江	13568802	8518689	6550643	1968046	1380489
上海	32719787	17664696	14672591	2992105	2697659
江苏	33354975	20205398	15456045	4749353	3532547
浙江	22577754	12372569	9629662	2742908	1831729
安徽	13061295	8226364	6087404	2138959	1652323
福建	12188927	7410910	5646056	1764854	1155988
江西	13650394	7853337	6312465	1540872	1233287
山东	27082884	18254860	14690082	3564778	2171225
河南	18448108	9393676	7218540	2175137	1836112
湖北	26490922	17328449	12311817	5016632	3198864
湖南	15216234	10515536	7994427	2521109	1901608
广东	51875255	26234670	21257635	4977034	2808744
广西	8738310	3995763	1910891	2084872	1785153
海南	3958522	1524439	1038137	486303	421933
重庆	10854565	6380700	4566739	1813961	1529236
四川	22947701	15156181	12179721	2976460	2432545
贵州	8285255	5115930	3482904	1633026	1298863
云南	9021138	5948445	4746501	1201944	1141950
西藏	2449090	1238455	697066	541388	508266
陕西	20384751	12160929	8507268	3653661	2383742
甘肃	8109300	4202378	2977015	1225363	965568
青海	2004728	860287	700327	159961	139942
宁夏	2309254	1325161	963132	362029	269097
新疆	8006682	4003383	3061946	941437	797708
大连	392153	230693	194236	36457	25649
宁波	1523493	750329	533851	216478	114136
厦门	958208	459255	428838	30417	15812
青岛	1379821	117597	47927	69671	60917
深圳	18285618	4596140	3851859	744282	441067

基本建设支出明细(普通高等本科学校)

单位：千元

公用部分	商品和服务支出	其他资本性支出			基本建设支出
			专项公用支出	专项项目支出	
184180835	**110286133**	**73894702**	**50087648**	**23807054**	**26720762**
16784318	11970698	4813620	4230954	582666	2210933
5096205	2256015	2840189	742721	2097468	240538
4927868	3278146	1649721	1228448	421274	755857
4235491	2176667	2058824	1136340	922485	294770
3583573	1079950	2503623	1185138	1318485	238503
5893066	4385452	1507614	1181074	326540	304762
4718742	3322224	1396519	1102794	293725	203545
4770103	2414322	2355782	1133955	1221826	280010
12398390	9140216	3258174	3026678	231496	2656701
12374985	8599162	3775824	3231349	544474	774591
9374032	4825549	4548483	2739870	1808613	831153
4129516	2510317	1619199	1289011	330188	705416
4625740	2981525	1644216	1342520	301695	152276
5644971	2415992	3228979	1265000	1963979	152085
8576652	4116616	4460036	3068179	1391857	251372
8458914	5540621	2918293	2165712	752581	595519
8286117	4963587	3322530	2144381	1178149	876356
4161842	2943903	1217939	900787	317151	538856
14998130	8600079	6398052	4460172	1937879	10642455
4536965	2330106	2206859	1810557	396302	205582
2339748	783387	1556361	1194616	361745	94334
4212187	3025289	1186898	1155056	31842	261678
6986327	3935844	3050483	2219498	830985	805193
3019710	1802284	1217426	760249	457177	149616
2843212	1678003	1165208	835500	329708	229482
991546	343563	647983	208408	439575	219089
7470093	4910106	2559987	2000321	559666	753729
3592217	2096092	1496125	920856	575269	314706
1089982	205880	884102	555222	328880	54458
912193	522824	389369	293531	95839	71900
3148000	1131715	2016285	558751	1457534	855299
148471	69819	78652	46005	32647	12989
773164	299379	473785	150659	323126	
498953	409810	89143	89143		
1262224	38242	1223982	172500	1051482	
5319833	3186419	2133413	2131019	2394	8369645

6-8 一般公共预算教育事业费和

地 区	合 计	个人部分			
			工资福利支 出	对个人和家庭的补助支出	
					#助学金
合 计	359366306	201530689	155873318	45657371	35208945
北 京	15345832	9242890	7884358	1358533	941368
天 津	7023825	3752142	3010851	741291	645864
河 北	15309129	10057657	7360483	2697175	1805382
山 西	10452308	5922047	4394063	1527984	1207799
内蒙古	8011176	4189100	3137698	1051402	1003297
辽 宁	10813046	6118133	4752078	1366055	1262610
吉 林	7155514	3581838	2792317	789522	689133
黑龙江	9152980	5252886	4079061	1173825	805246
上 海	18362618	8818807	7436063	1382744	1232207
江 苏	21416301	12179658	9709798	2469860	1959270
浙 江	17955505	9362817	7301556	2061261	1320288
安 徽	9959035	5888791	4352025	1536766	1162871
福 建	9286384	5436835	4212569	1224266	883521
江 西	13650394	7853337	6312465	1540872	1233287
山 东	21400477	14957534	12085241	2872294	1665939
河 南	18103095	9295209	7141170	2154039	1831989
湖 北	12514784	7892942	6143490	1749452	1327521
湖 南	11239208	7832341	6184945	1647397	1206987
广 东	43202722	20443369	16536990	3906379	2086367
广 西	8738310	3995763	1910891	2084872	1785153
海 南	3958522	1524439	1038137	486303	421933
重 庆	6554768	3625025	2499925	1125100	1063829
四 川	13812118	9089581	7301549	1788032	1595840
贵 州	8285255	5115930	3482904	1633026	1298863
云 南	9021138	5948445	4746501	1201944	1141950
西 藏	2449090	1238455	697066	541388	508266
陕 西	10455644	5492363	3977524	1514839	1316798
甘 肃	5270325	2395285	1635540	759745	743998
青 海	2004728	860287	700327	159961	139942
宁 夏	1588090	844576	581319	263256	201795
新 疆	6873984	3322204	2474414	847789	719633
大 连	392153	230693	194236	36457	25649
宁 波	1523073	750329	533851	216478	114136
厦 门	958208	459255	428838	30417	15812
青 岛	1379821	117597	47927	69671	60917
深 圳	17621259	4466820	3726308	740511	437297

基本建设支出明细(地方普通高等本科学校)

单位：千元

公用部分	商品和服务支出	其他资本性支出	专项公用支出	专项项目支出	基本建设支出
136882156	**79181675**	**57700481**	**36499241**	**21201239**	**20953461**
5458732	4230931	1227800	1192078	35723	644210
3265005	1315936	1949069	355069	1594000	6678
4556845	3061723	1495122	1119507	375615	694626
4235491	2176667	2058824	1136340	922485	294770
3583573	1079950	2503623	1185138	1318485	238503
4463914	3443366	1020548	759940	260608	230999
3420760	2338388	1082372	818089	264284	152915
3673214	1765756	1907458	842522	1064936	226881
7530998	5630495	1900503	1806206	94297	2012812
8755273	6334459	2420814	1952611	468203	481370
7912698	4048665	3864033	2184098	1679935	679990
3406208	2012701	1393507	1063319	330188	664037
3829052	2525713	1303339	1094025	209314	20497
5644971	2415992	3228979	1265000	1963979	152085
6340431	2358206	3982224	2645587	1336637	102511
8362633	5476319	2886314	2133734	752581	445253
4567842	2489480	2078361	1096620	981742	54000
2999811	2120054	879757	580254	299504	407055
12295490	7268287	5027203	3271161	1756041	10463863
4536965	2330106	2206859	1810557	396302	205582
2339748	783387	1556361	1194616	361745	94334
2795582	1932418	863164	837483	25681	134160
4226081	2084317	2141763	1417907	723856	496456
3019710	1802284	1217426	760249	457177	149616
2843212	1678003	1165208	835500	329708	229482
991546	343563	647983	208408	439575	219089
4549505	3067022	1482483	1116378	366105	413776
2664405	1567777	1096628	565382	531246	210634
1089982	205880	884102	555222	328880	54458
697915	372913	325002	245821	79180	45600
2824563	920915	1903649	450421	1453227	727217
148471	69819	78652	46005	32647	12989
772744	298967	473778	150652	323126	
498953	409810	89143	89143		
1262224	38242	1223982	172500	1051482	
4784795	3074799	1709996	1707602	2394	8369645

6-9 一般公共预算教育事业费和

地区	合计	个人部分	工资福利支出	对个人和家庭的补助支出	#助学金
合 计	**145964061**	**82966368**	**64222224**	**18744144**	**14610896**
北 京	3405588	1951922	1761834	190088	109455
天 津	2279173	1519204	1296880	222324	175797
河 北	6409734	3480524	2674834	805690	584644
山 西	3451639	1899057	1469577	429480	377215
内蒙古	3156306	1994366	1484195	510170	481583
辽 宁	3452354	1826703	1396160	430543	404497
吉 林	1679427	865579	606558	259021	168352
黑龙江	2877359	1820312	1297088	523224	349803
上 海	1299131	644894	563880	81014	65152
江 苏	11064142	6385133	5542875	842259	653343
浙 江	6250028	3722657	3195859	526798	433570
安 徽	6108435	3014000	2241722	772278	632921
福 建	3657745	1888040	1586752	301288	232757
江 西	5613604	3372581	2706102	666478	477707
山 东	10780750	7225294	5866445	1358849	842760
河 南	9335647	5280054	3930690	1349364	1012107
湖 北	5922401	3449845	2576866	872979	589391
湖 南	7619846	4896020	3938520	957500	704525
广 东	13076847	8671749	7188775	1482974	833423
广 西	4587696	1745138	953082	792056	727936
海 南	641807	343023	184309	158714	154601
重 庆	3745530	1829945	1143602	686343	602128
四 川	7115898	4165384	2825525	1339859	1139782
贵 州	4616964	2590972	1644157	946814	817624
云 南	3296636	1935792	1392556	543236	530037
西 藏	1062644	269742	216644	53099	48250
陕 西	4509178	2309098	1781601	527497	478230
甘 肃	2871331	1297197	764563	532634	473259
青 海	1312375	271647	231942	39706	39537
宁 夏	955849	421536	340695	80841	77134
新 疆	3807998	1878961	1417936	461025	393378
大 连	183826	96069	85632	10437	10064
宁 波	940943	362276	319013	43263	40428
厦 门	352221	142795	122376	20419	16817
青 岛	414786	207391	157770	49620	23756
深 圳	1808247	1287484	1179308	108176	64039

基本建设支出明细(普通高职高专学校)

单位：千元

公用部分	商品和服务支出	其他资本性支出			基本建设支出
			专项公用支出	专项项目支出	
59741044	**29000963**	**30740081**	**18092520**	**12647561**	**3256648**
1289959	854780	435179	401396	33783	163707
759969	463352	296617	285108	11509	
2733724	1090117	1643606	752008	891599	195486
1465884	779173	686711	363401	323311	86698
1091457	589512	501945	383572	118372	70484
1532703	894357	638346	492473	145873	92949
788329	410508	377821	293861	83961	25519
969380	564111	405268	367993	37276	87667
591029	501011	90019	86208	3810	63207
4660543	2779118	1881425	1197400	684025	18466
2453069	1428931	1024138	616051	408087	74302
3003554	1374978	1628576	939665	688911	90881
1766330	843451	922879	597019	325861	3376
2166770	952231	1214539	598730	615809	74254
3486775	1365581	2121195	981952	1139242	68680
3993287	1905058	2088229	1498988	589241	62305
2472556	1030770	1441786	665724	776063	
2534033	1325520	1208513	644653	563860	189793
4293555	2148858	2144696	1042149	1102547	111543
2829788	1002773	1827016	1290241	536775	12770
298784	199067	99716	73972	25744	
1843781	1051561	792220	640053	152167	71804
2697439	1407857	1289582	884052	405530	253075
1819547	773485	1046063	632783	413280	206445
1326453	736229	590224	272608	317616	34391
327462	52844	274618	79959	194658	465439
1929701	1039453	890248	533825	356423	270379
1546964	493310	1053654	518250	535404	27170
761419	130283	631136	541986	89149	279308
534313	320522	213791	172704	41088	
1772487	492162	1280324	243735	1036589	156550
87757	40142	47615	47264	352	
578666	211590	367076	67541	299535	
209425	199929	9497	9497		
207395	29403	177992	38388	139604	
441809	308814	132995	132995		78954

6-10　一般公共预算教育事业费和

地　区	合　计	个人部分			
			工资福利支　出	对个人和家庭的补助支出	
					#助学金
合　计	**144342898**	**82387537**	**63783073**	**18604465**	**14506173**
北　京	3201108	1887725	1708515	179210	103623
天　津	2279173	1519204	1296880	222324	175797
河　北	6409734	3480524	2674834	805690	584644
山　西	3451639	1899057	1469577	429480	377215
内蒙古	3156306	1994366	1484195	510170	481583
辽　宁	3452354	1826703	1396160	430543	404497
吉　林	1679427	865579	606558	259021	168352
黑龙江	2814700	1774780	1275967	498814	341918
上　海	1216785	593219	517411	75808	59953
江　苏	11064142	6385133	5542875	842259	653343
浙　江	6250028	3722657	3195859	526798	433570
安　徽	6108435	3014000	2241722	772278	632921
福　建	3657745	1888040	1586752	301288	232757
江　西	5613604	3372581	2706102	666478	477707
山　东	10780750	7225294	5866445	1358849	842760
河　南	9335647	5280054	3930690	1349364	1012107
湖　北	5847677	3404324	2564533	839791	559073
湖　南	7537868	4862817	3905317	957500	704525
广　东	12925891	8567014	7092235	1474779	825227
广　西	4587696	1745138	953082	792056	727936
海　南	641807	343023	184309	158714	154601
重　庆	3674396	1814787	1143602	671185	586971
四　川	6952731	4062094	2742984	1319110	1120638
贵　州	4616964	2590972	1644157	946814	817624
云　南	3296636	1935792	1392556	543236	530037
西　藏	1062644	269742	216644	53099	48250
陕　西	4509178	2309098	1781601	527497	478230
甘　肃	2871331	1297197	764563	532634	473259
青　海	1312375	271647	231942	39706	39537
宁　夏	955849	421536	340695	80841	77134
新　疆	3078278	1763440	1324309	439131	380386
大　连	183826	96069	85632	10437	10064
宁　波	940943	362276	319013	43263	40428
厦　门	352221	142795	122376	20419	16817
青　岛	414786	207391	157770	49620	23756
深　圳	1808247	1287484	1179308	108176	64039

基本建设支出明细(地方普通高职高专学校)

单位：千元

公用部分					基本建设支出
	商品和服务支出	其他资本性支出			
			专项公用支出	专项项目支出	
58800835	**28683901**	**30116934**	**17969056**	**12147878**	**3154525**
1213007	807797	405210	371427	33783	100376
759969	463352	296617	285108	11509	
2733724	1090117	1643606	752008	891599	195486
1465884	779173	686711	363401	323311	86698
1091457	589512	501945	383572	118372	70484
1532703	894357	638346	492473	145873	92949
788329	410508	377821	293861	83961	25519
952253	552085	400168	362892	37276	87667
560358	475010	85348	81538	3810	63207
4660543	2779118	1881425	1197400	684025	18466
2453069	1428931	1024138	616051	408087	74302
3003554	1374978	1628576	939665	688911	90881
1766330	843451	922879	597019	325861	3376
2166770	952231	1214539	598730	615809	74254
3486775	1365581	2121195	981952	1139242	68680
3993287	1905058	2088229	1498988	589241	62305
2443354	1007311	1436043	661280	774763	
2485258	1318515	1166742	639357	527385	189793
4247334	2109021	2138313	1035766	1102547	111543
2829788	1002773	1827016	1290241	536775	12770
298784	199067	99716	73972	25744	
1787804	995584	792220	640053	152167	71804
2637562	1350432	1287130	881600	405530	253075
1819547	773485	1046063	632783	413280	206445
1326453	736229	590224	272608	317616	34391
327462	52844	274618	79959	194658	465439
1929701	1039453	890248	533825	356423	270379
1546964	493310	1053654	518250	535404	27170
761419	130283	631136	541986	89149	279308
534313	320522	213791	172704	41088	
1197080	443813	753267	178585	574681	117758
87757	40142	47615	47264	352	
578666	211590	367076	67541	299535	
209425	199929	9497	9497		
207395	29403	177992	38388	139604	
441809	308814	132995	132995		78954

6-11 一般公共预算教育事业费和

地区	合计	个人部分	工资福利支出	对个人和家庭的补助支出	#助学金
合计	**7163240**	**5080787**	**4590249**	**490537**	**152989**
北京	872833	616162	593431	22731	
天津	191501	164238	156459	7780	857
河北	442576	346131	312912	33220	13798
山西	129127	102902	99872	3030	1686
内蒙古	83017	51968	51559	409	151
辽宁	193157	163030	157387	5643	1657
吉林	275185	189551	172341	17210	6475
黑龙江	257233	213979	178815	35165	340
上海	640246	358159	353766	4393	65
江苏	69070	49578	46219	3360	1404
浙江	611101	445989	427016	18974	5380
安徽	158109	89095	77104	11991	5316
福建	181156	121350	103698	17652	9853
江西	239557	183554	165138	18416	12348
山东	140583	105872	90225	15646	
河南	92430	74412	73288	1124	262
湖北	70788	63808	54169	9639	4004
湖南	215113	172826	151386	21440	314
广东	860013	657364	541550	115814	9285
广西	104304	58439	47244	11195	6151
海南	49135	32721	25820	6901	6746
重庆	2545	2070	2070		
四川	246507	160617	149353	11264	110
贵州	194281	106755	72607	34148	29405
云南	209204	138883	121128	17755	16077
西藏					
陕西	305118	157038	130708	26330	20890
甘肃	89219	61993	54955	7039	397
青海	16276	15261	15261		
宁夏					
新疆	223855	177040	164769	12271	20
大连	72826	60842	59855	987	
宁波	123309	94562	92323	2239	935
厦门					
青岛	25011	19933	16952	2981	
深圳	74396	54245	37407	16837	

基本建设支出明细(成人高等学校)

单位：千元

公用部分	商品和服务支出	其他资本性支出	专项公用支出	专项项目支出	基本建设支出
2002104	**1560099**	**442005**	**320015**	**121991**	**80349**
256671	224050	32621	20482	12139	
27263	21367	5895	5895		
95431	49450	45981	21836	24145	1014
26225	21923	4303	3706	597	
31049	21102	9948	9448	500	
30127	27705	2422	1943	479	
85634	51445	34188	15164	19024	
36654	27313	9341	7322	2020	6600
282087	262578	19508	17571	1937	
19492	17723	1769	1422	347	
125112	102463	22649	10718	11932	40000
69014	63805	5209	5203	6	
59805	49061	10744	10744		
56003	18872	37131	32524	4606	
34711	26990	7721	7721		
18018	15613	2405	977	1427	
6980	6037	944	599	345	
41637	33600	8037	3644	4393	650
202649	157192	45457	36579	8878	
45865	33896	11968	4684	7284	
16414	11969	4444	4444		
476	476				
85890	57437	28453	21086	7367	
65970	49334	16636	13542	3094	21555
70321	49348	20973	20891	82	
145800	121600	24201	19968	4232	2280
27226	16108	11118	4059	7059	
1016	40	976	976		
38565	21603	16962	16865	97	8250
11983	10484	1500	1021	479	
28747	16552	12195	1986	10209	
5079	4407	671	671		
20152	16699	3453	3453		

6-12　一般公共预算教育事业费和

地区	合计	个人部分	工资福利支出	对个人和家庭的补助支出	#助学金
合　计	**6951422**	**4969379**	**4488197**	**481182**	**152989**
北　京	697135	540691	521883	18808	
天　津	191501	164238	156459	7780	857
河　北	442576	346131	312912	33220	13798
山　西	129127	102902	99872	3030	1686
内蒙古	83017	51968	51559	409	151
辽　宁	193157	163030	157387	5643	1657
吉　林	275185	189551	172341	17210	6475
黑龙江	257233	213979	178815	35165	340
上　海	640246	358159	353766	4393	65
江　苏	69070	49578	46219	3360	1404
浙　江	611101	445989	427016	18974	5380
安　徽	158109	89095	77104	11991	5316
福　建	181156	121350	103698	17652	9853
江　西	239557	183554	165138	18416	12348
山　东	140583	105872	90225	15646	
河　南	92430	74412	73288	1124	262
湖　北	70788	63808	54169	9639	4004
湖　南	215113	172826	151386	21440	314
广　东	860013	657364	541550	115814	9285
广　西	104304	58439	47244	11195	6151
海　南	49135	32721	25820	6901	6746
重　庆	2545	2070	2070		
四　川	246507	160617	149353	11264	110
贵　州	194281	106755	72607	34148	29405
云　南	209204	138883	121128	17755	16077
西　藏					
陕　西	305118	157038	130708	26330	20890
甘　肃	89219	61993	54955	7039	397
青　海	16276	15261	15261		
宁　夏					
新　疆	187734	141104	134264	6840	20
大　连	72826	60842	59855	987	
宁　波	123309	94562	92323	2239	935
厦　门					
青　岛	25011	19933	16952	2981	
深　圳	74396	54245	37407	16837	

基本建设支出明细(地方成人高等学校)

单位：千元

公用部分	商品和服务支出	其他资本性支出	专项公用支出	专项项目支出	基本建设支出
1901693	1461902	439792	317801	121991	80349
156445	126037	30407	18269	12139	
27263	21367	5895	5895		
95431	49450	45981	21836	24145	1014
26225	21923	4303	3706	597	
31049	21102	9948	9448	500	
30127	27705	2422	1943	479	
85634	51445	34188	15164	19024	
36654	27313	9341	7322	2020	6600
282087	262578	19508	17571	1937	
19492	17723	1769	1422	347	
125112	102463	22649	10718	11932	40000
69014	63805	5209	5203	6	
59805	49061	10744	10744		
56003	18872	37131	32524	4606	
34711	26990	7721	7721		
18018	15613	2405	977	1427	
6980	6037	944	599	345	
41637	33600	8037	3644	4393	650
202649	157192	45457	36579	8878	
45865	33896	11968	4684	7284	
16414	11969	4444	4444		
476	476				
85890	57437	28453	21086	7367	
65970	49334	16636	13542	3094	21555
70321	49348	20973	20891	82	
145800	121600	24201	19968	4232	2280
27226	16108	11118	4059	7059	
1016	40	976	976		
38380	21418	16962	16865	97	8250
11983	10484	1500	1021	479	
28747	16552	12195	1986	10209	
5079	4407	671	671		
20152	16699	3453	3453		

6-13 一般公共预算教育事业费和

地区	合计	个人部分	工资福利支出	对个人和家庭的补助支出	#助学金
合计	190472828	119901282	104091797	15809485	9884440
北京	4875764	3191672	3065719	125953	54384
天津	1951546	1589117	1476430	112687	42161
河北	10298896	7113352	6390318	723033	312917
山西	4841631	2899122	2649331	249790	182700
内蒙古	3192204	2010470	1742936	267535	243207
辽宁	3837224	2602652	2321756	280896	103655
吉林	2894084	1951239	1774478	176761	94201
黑龙江	3157171	2222227	1842237	379990	78605
上海	3235398	2239184	2131926	107258	79616
江苏	14750352	10234478	9453246	781232	240759
浙江	13916884	8771454	8432725	338729	177014
安徽	7157502	3728947	2902175	826772	585911
福建	5656228	3642000	3416156	225844	91573
江西	5396654	2640766	2049108	591658	487682
山东	14485757	9784235	8756100	1028135	380666
河南	9574771	5488925	4852629	636296	553195
湖北	6360555	3561172	3024315	536857	352179
湖南	7140082	4569422	3719524	849897	575816
广东	21409412	14649040	12813446	1835594	390772
广西	5841993	3103113	2600145	502967	417813
海南	1622591	865248	695413	169835	136404
重庆	4881741	2627685	2084964	542721	510387
四川	8401339	5275231	4137764	1137467	831251
贵州	3865632	2375677	1700447	675230	586759
云南	6375646	4100249	3166323	933926	862928
西藏	1314583	590703	487305	103398	90177
陕西	4026622	2518779	2116572	402207	338407
甘肃	3130142	1936994	1608486	328509	250571
青海	1100517	469715	347580	122135	111951
宁夏	1044658	469052	387176	81877	73050
新疆	4735248	2679361	1945066	734295	647732
大连	834929	526977	510651	16326	13352
宁波	2600939	1547515	1505874	41641	17239
厦门	1031966	705122	671765	33357	8913
青岛	2036343	1613561	1440449	173112	32687
深圳	2105882	1312375	1012541	299834	54735

基本建设支出明细(中等职业学校)

单位：千元

公用部分	商品和服务支出	其他资本性支出	专项公用支出	专项项目支出	基本建设支出
65668663	**36022621**	**29646042**	**14615245**	**15030796**	**4902882**
1593207	1006578	586629	482787	103842	90885
362429	279390	83040	75837	7203	
3134744	1713295	1421450	636907	784542	50800
1821368	1025654	795714	461933	333781	121141
1113536	592446	521090	355509	165582	68198
1132331	807575	324755	90431	234324	102241
887402	509965	377437	237058	140379	55442
849796	557571	292225	157384	134841	85147
994078	762061	232017	118637	113380	2137
4499766	2389043	2110723	874684	1236038	16109
4141900	2392861	1749039	883197	865842	1003531
2905619	1375389	1530230	657663	872567	522935
1972921	944988	1027932	381720	646212	41307
2662567	742321	1920247	679798	1240449	93321
4662522	2734314	1928208	923914	1004294	39000
3928942	2312826	1616116	976307	639809	156904
2784392	1099695	1684697	530966	1153731	14991
2517772	1572105	945667	343813	601854	52889
6528230	3842495	2685735	1714381	971354	232142
2375381	1144148	1231234	695669	535565	363499
713909	410205	303704	212557	91147	43434
2037254	1455394	581860	269257	312603	216802
2956885	1760267	1196617	618879	577738	169223
1442135	779035	663101	372242	290859	47820
2171899	1143897	1028003	558431	469571	103497
233087	138694	94393	81190	13204	490792
1375557	736203	639354	275219	364135	132287
1001082	458891	542191	219877	322314	192065
559822	167955	391867	200560	191307	70979
555606	227616	327990	173252	154738	20000
1752524	939745	812779	355188	457591	303363
287313	186571	100742	18338	82403	20640
861813	395749	466065	116488	349577	191611
326844	279428	47417	31627	15790	
422782	292947	129835	71547	58288	
673961	585379	88582	85687	2895	119546

6-14 一般公共预算教育事业费和

地区	合计				
		个人部分			
			工资福利支出	对个人和家庭的补助支出	
					#助学金
合　计	**189778273**	**119582529**	**103835311**	**15747218**	**9848457**
北　京	4780860	3147791	3023646	124145	53157
天　津	1950006	1588514	1476081	112434	41907
河　北	10293788	7108244	6385210	723033	312917
山　西	4841631	2899122	2649331	249790	182700
内蒙古	3192204	2010470	1742936	267535	243207
辽　宁	3837224	2602652	2321756	280896	103655
吉　林	2894084	1951239	1774478	176761	94201
黑龙江	3085809	2166301	1791488	374814	78366
上　海	3233168	2236954	2129696	107258	79616
江　苏	14745178	10233588	9453246	780342	239868
浙　江	13916884	8771454	8432725	338729	177014
安　徽	7157215	3728671	2901899	826772	585911
福　建	5656228	3642000	3416156	225844	91573
江　西	5396422	2640722	2049108	591614	487638
山　东	14485757	9784235	8756100	1028135	380666
河　南	9571754	5486651	4850543	636109	553008
湖　北	6353810	3554427	3024315	530112	346955
湖　南	7140082	4569422	3719524	849897	575816
广　东	21366604	14618613	12789816	1828797	389863
广　西	5841993	3103113	2600145	502967	417813
海　南	1622591	865248	695413	169835	136404
重　庆	4881741	2627685	2084964	542721	510387
四　川	8377346	5257418	4123497	1133921	827947
贵　州	3865632	2375677	1700447	675230	586759
云　南	6375646	4100249	3166323	933926	862928
西　藏	1314583	590703	487305	103398	90177
陕　西	4026019	2518721	2116572	402149	338350
甘　肃	3130142	1936994	1608486	328509	250571
青　海	1100517	469715	347580	122135	111951
宁　夏	1044658	469052	387176	81877	73050
新　疆	4298699	2526883	1829349	697534	624081
大　连	834929	526977	510651	16326	13352
宁　波	2600939	1547515	1505874	41641	17239
厦　门	1031966	705122	671765	33357	8913
青　岛	2036343	1613561	1440449	173112	32687
深　圳	2105882	1312375	1012541	299834	54735

基本建设支出明细(地方中等职业学校)

单位：千元

公用部分	商品和服务支出	其他资本性支出	专项公用支出	专项项目支出	基本建设支出
65335147	**35863345**	**29471802**	**14568506**	**14903296**	**4860597**
1542184	957959	584225	480383	103842	90885
361491	278451	83040	75837	7203	
3134744	1713295	1421450	636907	784542	50800
1821368	1025654	795714	461933	333781	121141
1113536	592446	521090	355509	165582	68198
1132331	807575	324755	90431	234324	102241
887402	509965	377437	237058	140379	55442
834361	545738	288622	155095	133527	85147
994078	762061	232017	118637	113380	2137
4495482	2384759	2110723	874684	1236038	16109
4141900	2392861	1749039	883197	865842	1003531
2905608	1375378	1530230	657663	872567	522935
1972921	944988	1027932	381720	646212	41307
2662379	742132	1920247	679798	1240449	93321
4662522	2734314	1928208	923914	1004294	39000
3928199	2312082	1616116	976307	639809	156904
2784392	1099695	1684697	530966	1153731	14991
2517772	1572105	945667	343813	601854	52889
6515849	3834498	2681351	1713214	968137	232142
2375381	1144148	1231234	695669	535565	363499
713909	410205	303704	212557	91147	43434
2037254	1455394	581860	269257	312603	216802
2950706	1756550	1194156	618879	575277	169223
1442135	779035	663101	372242	290859	47820
2171899	1143897	1028003	558431	469571	103497
233087	138694	94393	81190	13204	490792
1375010	735657	639354	275219	364135	132287
1001082	458891	542191	219877	322314	192065
559822	167955	391867	200560	191307	70979
555606	227616	327990	173252	154738	20000
1510738	859347	651391	314308	337083	261078
287313	186571	100742	18338	82403	20640
861813	395749	466065	116488	349577	191611
326844	279428	47417	31627	15790	
422782	292947	129835	71547	58288	
673961	585379	88582	85687	2895	119546

6-15 一般公共预算教育事业费和

地区	合计	个人部分	工资福利支出	对个人和家庭的补助支出	#助学金
合计	**88336673**	**54595033**	**46590857**	**8004176**	**5126093**
北京	1689839	1048282	978850	69432	27521
天津	1141834	915686	854617	61069	28240
河北	3005934	2025813	1722230	303583	139052
山西	1846609	1094304	996042	98261	77086
内蒙古	1116829	689146	571985	117161	107331
辽宁	2006625	1394030	1204026	190004	42843
吉林	935668	602654	552275	50379	31491
黑龙江	729736	466303	380956	85347	36834
上海	1774671	1277764	1223903	53860	39423
江苏	10867841	7581698	6969813	611884	179835
浙江	2478971	1277554	1215987	61567	38819
安徽	6314254	3276585	2579902	696684	474312
福建	4309935	2737863	2567708	170155	78148
江西	3119416	1685967	1384078	301890	235656
山东	6689681	4624964	4065284	559679	259943
河南	3682094	2019610	1687952	331658	294299
湖北	4296324	2443989	2068206	375783	259247
湖南	1133329	712207	550940	161267	113913
广东	9619923	6455152	5610739	844413	193150
广西	4238085	2266828	1900393	366434	302995
海南	924398	483697	395772	87925	74196
重庆	804461	364800	243876	120924	114655
四川	2835282	1727305	1306668	420637	324988
贵州	1505669	870140	592046	278094	241840
云南	2637822	1639343	1149692	489651	469646
西藏	959878	583620	480775	102845	89639
陕西	696644	420261	364700	55561	47026
甘肃	2195413	1333428	1108244	225184	167238
青海	1096416	466121	346913	119208	109062
宁夏	418468	202062	175722	26340	25336
新疆	3264622	1907857	1340561	567296	502329
大连	423010	260872	251543	9329	8092
宁波	703080	322343	316886	5457	1970
厦门	843317	589494	566507	22987	6732
青岛	214934	161582	134096	27486	944
深圳	527817	329373	275032	54340	8552

基本建设支出明细(中等专业学校)

单位：千元

公用部分	商品和服务支出	其他资本性支出			基本建设支出
			专项公用支出	专项项目支出	
31221967	**16492596**	**14729371**	**7147301**	**7582069**	**2519673**
570536	385321	185215	161715	23499	71022
226148	176195	49953	42921	7032	
970364	588230	382134	161385	220749	9756
704025	397922	306103	145563	160540	48281
401112	233029	168083	115000	53083	26572
577817	381700	196117	53785	142332	34778
323013	205078	117934	98435	19499	10001
230496	167487	63009	55574	7436	32937
494770	349023	145747	35360	110387	2137
3286144	1717945	1568199	673598	894601	
818131	326251	491880	134750	357130	383286
2520734	1238828	1281907	591174	690732	516935
1531764	716197	815567	289891	525676	40307
1359701	488477	871224	383398	487826	73748
2043718	1191153	852564	400729	451835	21000
1620088	997050	623038	360230	262808	42396
1849335	803550	1045785	388330	657455	3000
421122	225875	195247	90366	104880	
3082307	1684627	1397680	756583	641097	82465
1708309	792172	916137	518920	397217	262948
404138	218814	185324	114430	70894	36563
401241	277125	124116	53288	70828	38421
1014600	646298	368302	197311	170991	93376
624640	259942	364698	265605	99092	10889
916831	491171	425659	269441	156218	81648
231483	137090	94393	81190	13204	144774
269510	160701	108809	46921	61888	6873
721584	349916	371668	158092	213576	140401
559316	167449	391867	200560	191307	70979
196407	93638	102769	47234	55535	20000
1142585	624341	518244	255519	262724	214180
161692	71168	90524	11270	79254	446
380737	90651	290086	34011	256075	
253822	227596	26226	20636	5590	
53352	42699	10653	3376	7277	
143755	134037	9718	9414	304	54690

6-16 一般公共预算教育事业费和

地 区	合 计	个人部分	工资福利支出	对个人和家庭的补助支出	#助学金
合 计	**87746217**	**54355683**	**46404179**	**7951504**	**5094476**
北 京	1594935	1004401	936777	67624	26295
天 津	1141834	915686	854617	61069	28240
河 北	3000826	2020705	1717122	303583	139052
山 西	1846609	1094304	996042	98261	77086
内蒙古	1116829	689146	571985	117161	107331
辽 宁	2006625	1394030	1204026	190004	42843
吉 林	935668	602654	552275	50379	31491
黑龙江	729736	466303	380956	85347	36834
上 海	1772441	1275534	1221673	53860	39423
江 苏	10867841	7581698	6969813	611884	179835
浙 江	2478971	1277554	1215987	61567	38819
安 徽	6314254	3276585	2579902	696684	474312
福 建	4309935	2737863	2567708	170155	78148
江 西	3119184	1685923	1384078	301846	235612
山 东	6689681	4624964	4065284	559679	259943
河 南	3682094	2019610	1687952	331658	294299
湖 北	4289578	2437243	2068206	369037	254023
湖 南	1133329	712207	550940	161267	113913
广 东	9577115	6424724	5587108	837616	192240
广 西	4238085	2266828	1900393	366434	302995
海 南	924398	483697	395772	87925	74196
重 庆	804461	364800	243876	120924	114655
四 川	2831000	1726742	1306668	420074	324425
贵 州	1505669	870140	592046	278094	241840
云 南	2637822	1639343	1149692	489651	469646
西 藏	959878	583620	480775	102845	89639
陕 西	696644	420261	364700	55561	47026
甘 肃	2195413	1333428	1108244	225184	167238
青 海	1096416	466121	346913	119208	109062
宁 夏	418468	202062	175722	26340	25336
新 疆	2830475	1757506	1226924	530582	478679
大 连	423010	260872	251543	9329	8092
宁 波	703080	322343	316886	5457	1970
厦 门	843317	589494	566507	22987	6732
青 岛	214934	161582	134096	27486	944
深 圳	527817	329373	275032	54340	8552

基本建设支出明细(地方中等专业学校)

单位：千元

公用部分	商品和服务支出	其他资本性支出	专项公用支出	专项项目支出	基本建设支出
30913146	**16351942**	**14561204**	**7102860**	**7458344**	**2477389**
519512	336701	182810	159311	23499	71022
226148	176195	49953	42921	7032	
970364	588230	382134	161385	220749	9756
704025	397922	306103	145563	160540	48281
401112	233029	168083	115000	53083	26572
577817	381700	196117	53785	142332	34778
323013	205078	117934	98435	19499	10001
230496	167487	63009	55574	7436	32937
494770	349023	145747	35360	110387	2137
3286144	1717945	1568199	673598	894601	
818131	326251	491880	134750	357130	383286
2520734	1238828	1281907	591174	690732	516935
1531764	716197	815567	289891	525676	40307
1359513	488288	871224	383398	487826	73748
2043718	1191153	852564	400729	451835	21000
1620088	997050	623038	360230	262808	42396
1849335	803550	1045785	388330	657455	3000
421122	225875	195247	90366	104880	
3069926	1676630	1393296	755417	637879	82465
1708309	792172	916137	518920	397217	262948
404138	218814	185324	114430	70894	36563
401241	277125	124116	53288	70828	38421
1010882	642580	368302	197311	170991	93376
624640	259942	364698	265605	99092	10889
916831	491171	425659	269441	156218	81648
231483	137090	94393	81190	13204	144774
269510	160701	108809	46921	61888	6873
721584	349916	371668	158092	213576	140401
559316	167449	391867	200560	191307	70979
196407	93638	102769	47234	55535	20000
901074	544209	356865	214648	142216	171895
161692	71168	90524	11270	79254	446
380737	90651	290086	34011	256075	
253822	227596	26226	20636	5590	
53352	42699	10653	3376	7277	
143755	134037	9718	9414	304	54690

6-17 一般公共预算教育事业费和

地区	合计	个人部分	工资福利支出	对个人和家庭的补助支出	#助学金
合计	**69041939**	**45170141**	**39485207**	**5684934**	**3738236**
北京	1625984	1297663	1287703	9960	6875
天津	457134	389874	361487	28387	3549
河北	5446327	3651686	3359992	291693	152468
山西	2314604	1318458	1204298	114160	87727
内蒙古	1798603	1080118	935451	144667	133642
辽宁	1519338	1012369	929724	82646	56540
吉林	1218620	729893	684951	44942	23869
黑龙江	1404426	940852	755913	184939	35831
上海	1217365	843497	790793	52704	40194
江苏	2419690	1801810	1703542	98268	24989
浙江	9981410	6540075	6305999	234076	116329
安徽	603525	323360	208391	114969	103850
福建	589484	397093	374660	22433	5524
江西	1510250	561455	352764	208691	186909
山东	4399725	3173884	2884886	288997	75073
河南	3574858	2214571	1978696	235875	217127
湖北	1452090	939042	801750	137292	84372
湖南	5122356	3292492	2683380	609112	414197
广东	5114200	3765096	3227075	538021	97448
广西	81952	45675	37502	8173	3817
海南	461539	240654	186593	54061	35891
重庆	3017689	1821895	1429715	392180	372091
四川	4645979	3018998	2398907	620091	450457
贵州	2041864	1379929	1053487	326442	277926
云南	2250033	1586271	1273921	312350	278538
西藏					
陕西	2396566	1492608	1249207	243402	199860
甘肃	781716	497663	404553	93110	78622
青海	4101	3594	668	2927	2889
宁夏	626190	266990	211454	55537	47714
新疆	964323	542574	407744	134830	123918
大连	334227	228755	222052	6702	5146
宁波	1567959	992051	963902	28149	14522
厦门					
青岛	1586446	1267834	1126955	140879	29495
深圳	1016851	626269	476694	149575	17415

基本建设支出明细(职业高中)

单位：千元

公用部分	商品和服务支出	其他资本性支出			基本建设支出
			专项公用支出	专项项目支出	
22406994	**12482963**	**9924030**	**4685875**	**5238155**	**1464805**
308458	255788	52670	39815	12855	19863
67260	52272	14988	14988		
1753609	878358	875251	356199	519052	41033
932385	498700	433686	261719	171966	63760
676859	337058	339802	234233	105568	41626
459998	353901	106097	32900	73197	46970
443286	204797	238489	126050	112439	45441
428639	253696	174943	78046	96897	34935
373868	294856	79012	76019	2994	
617772	317101	300671	106531	194140	109
2840626	1728193	1112433	623502	488931	600708
274165	76421	197744	33727	164017	6000
192391	88380	104011	52121	51890	
929222	119863	809359	227250	582109	19573
1207841	726211	481630	249762	231868	18000
1332202	714355	617847	373617	244230	28084
507053	229644	277409	111728	165681	5996
1786515	1132205	654311	209050	445261	43349
1285932	929723	356209	250789	105420	63172
36277	11739	24538	13459	11079	
214014	130067	83947	67016	16931	6870
1118809	749538	369271	146304	222967	76985
1566999	926505	640494	364734	275760	59982
625004	344585	280419	96239	184180	36931
641914	338988	302926	82369	220556	21849
798544	327470	471074	205989	265085	105414
236063	97949	138114	45255	92859	47990
506	506				
359199	133978	225221	126018	99203	
391583	230119	161464	80443	81022	30166
105472	98907	6565	6269	296	
387820	230802	157018	73207	83812	188088
318612	210320	108291	57280	51011	
331602	283400	48202	48202		58980

6-18 一般公共预算教育事业费和

地 区	合 计	个人部分	工资福利支出	对个人和家庭的补助支出	#助学金
合 计	**69025511**	**45160259**	**39477638**	**5682621**	**3738049**
北 京	1625984	1297663	1287703	9960	6875
天 津	457134	389874	361487	28387	3549
河 北	5446327	3651686	3359992	291693	152468
山 西	2314604	1318458	1204298	114160	87727
内蒙古	1798603	1080118	935451	144667	133642
辽 宁	1519338	1012369	929724	82646	56540
吉 林	1218620	729893	684951	44942	23869
黑龙江	1387998	930970	748344	182627	35644
上 海	1217365	843497	790793	52704	40194
江 苏	2419690	1801810	1703542	98268	24989
浙 江	9981410	6540075	6305999	234076	116329
安 徽	603525	323360	208391	114969	103850
福 建	589484	397093	374660	22433	5524
江 西	1510250	561455	352764	208691	186909
山 东	4399725	3173884	2884886	288997	75073
河 南	3574858	2214571	1978696	235875	217127
湖 北	1452090	939042	801750	137292	84372
湖 南	5122356	3292492	2683380	609112	414197
广 东	5114200	3765096	3227075	538021	97448
广 西	81952	45675	37502	8173	3817
海 南	461539	240654	186593	54061	35891
重 庆	3017689	1821895	1429715	392180	372091
四 川	4645979	3018998	2398907	620091	450457
贵 州	2041864	1379929	1053487	326442	277926
云 南	2250033	1586271	1273921	312350	278538
西 藏					
陕 西	2396566	1492608	1249207	243402	199860
甘 肃	781716	497663	404553	93110	78622
青 海	4101	3594	668	2927	2889
宁 夏	626190	266990	211454	55537	47714
新 疆	964323	542574	407744	134830	123918
大 连	334227	228755	222052	6702	5146
宁 波	1567959	992051	963902	28149	14522
厦 门					
青 岛	1586446	1267834	1126955	140879	29495
深 圳	1016851	626269	476694	149575	17415

基本建设支出明细(地方职业高中)

单位：千元

公用部分					基本建设支出
	商品和服务支出	其他资本性支出			
			专项公用支出	专项项目支出	
22400447	**12479747**	**9920701**	**4683859**	**5236842**	**1464805**
308458	255788	52670	39815	12855	19863
67260	52272	14988	14988		
1753609	878358	875251	356199	519052	41033
932385	498700	433686	261719	171966	63760
676859	337058	339802	234233	105568	41626
459998	353901	106097	32900	73197	46970
443286	204797	238489	126050	112439	45441
422093	250480	171613	76030	95583	34935
373868	294856	79012	76019	2994	
617772	317101	300671	106531	194140	109
2840626	1728193	1112433	623502	488931	600708
274165	76421	197744	33727	164017	6000
192391	88380	104011	52121	51890	
929222	119863	809359	227250	582109	19573
1207841	726211	481630	249762	231868	18000
1332202	714355	617847	373617	244230	28084
507053	229644	277409	111728	165681	5996
1786515	1132205	654311	209050	445261	43349
1285932	929723	356209	250789	105420	63172
36277	11739	24538	13459	11079	
214014	130067	83947	67016	16931	6870
1118809	749538	369271	146304	222967	76985
1566999	926505	640494	364734	275760	59982
625004	344585	280419	96239	184180	36931
641914	338988	302926	82369	220556	21849
798544	327470	471074	205989	265085	105414
236063	97949	138114	45255	92859	47990
506	506				
359199	133978	225221	126018	99203	
391583	230119	161464	80443	81022	30166
105472	98907	6565	6269	296	
387820	230802	157018	73207	83812	188088
318612	210320	108291	57280	51011	
331602	283400	48202	48202		58980

6-19 一般公共预算教育事业费和

地区	合计	个人部分	工资福利支出	对个人和家庭的补助支出	#助学金
合计	**31049966**	**19677867**	**17025121**	**2652746**	**2047653**
北京	119723	84625	83817	808	791
天津	94399	77467	75876	1590	370
河北	3149924	2056838	1878099	178739	112644
山西	1414087	818615	745663	72952	55164
内蒙古	1295743	770347	674874	95473	88145
辽宁	415871	308465	290305	18160	12783
吉林	520156	299796	280011	19785	15633
黑龙江	558012	379546	308621	70925	20682
上海	104590	81788	77997	3791	3601
江苏	1003968	736449	701593	34856	12146
浙江	3620439	2437856	2329227	108629	59598
安徽	440967	207813	137371	70442	62723
福建	122735	72680	68545	4135	2166
江西	979266	329821	245084	84737	66457
山东	1474925	1017521	946619	70903	28155
河南	2025530	1274964	1135166	139798	123245
湖北	440735	281536	230509	51027	42988
湖南	2799905	1682897	1391009	291888	222424
广东	572364	399643	369201	30443	8739
广西	80548	45087	37502	7585	3230
海南	175311	89106	66943	22163	19177
重庆	1003461	672471	535257	137215	132275
四川	2542858	1620240	1261610	358630	284289
贵州	1279115	854676	643671	211005	184371
云南	1574533	1144315	942822	201494	178311
西藏					
陕西	1444873	893300	747860	145440	111243
甘肃	655850	421729	352689	69040	57821
青海	2241	1735	668	1067	1029
宁夏	277705	146592	115947	30645	26464
新疆	860133	469947	350566	119381	110990
大连	44043	38884	38164	720	10
宁波	468839	372613	362365	10248	6600
厦门					
青岛	21640	21369	20035	1334	1182
深圳					

基本建设支出明细(农村职业高中)

单位：千元

公用部分	商品和服务支出	其他资本性支出			基本建设支出
			专项公用支出	专项项目支出	
10844163	**5406286**	**5437877**	**2292506**	**3145371**	**527936**
17777	16536	1241	1241		17320
16932	9010	7922	7922		
1063103	522942	540161	207824	332337	29983
531712	260354	271358	168496	102862	63760
508161	235960	272201	183345	88857	17235
101444	78221	23222	10649	12574	5962
174919	93687	81232	42509	38722	45441
143532	85032	58500	30729	27771	34935
22802	16014	6788	6788		
267520	121019	146501	57350	89151	
1125586	660864	464722	232611	232112	56997
227154	41707	185447	26482	158965	6000
50055	18143	31912	18912	13000	
629872	83677	546196	173471	372725	19573
442404	226370	216034	86207	129827	15000
727934	358478	369456	163291	206165	22632
159199	65700	93499	25538	67961	
1081898	617899	463999	138463	325537	35110
172603	108385	64217	22833	41384	118
35460	11679	23781	13459	10322	
79335	41243	38092	29385	8707	6870
326228	231936	94292	45748	48545	4762
891791	509235	382555	185633	196923	30827
405449	233483	171966	47684	124282	18990
408369	219017	189352	51727	137625	21849
533210	191614	341595	131425	210170	18364
201130	77156	123974	42279	81695	32990
506	506				
131113	57671	73441	62004	11438	
366967	212747	154219	78502	75717	23219
5159	4629	530	530		
96227	70593	25633	22738	2895	
271	271				

6-20 一般公共预算教育事业费和

地 区	合 计	个人部分	工资福利支出	对个人和家庭的补助支出	#助学金
合 计	**31041828**	**19672861**	**17022126**	**2650735**	**2047506**
北 京	119723	84625	83817	808	791
天 津	94399	77467	75876	1590	370
河 北	3149924	2056838	1878099	178739	112644
山 西	1414087	818615	745663	72952	55164
内蒙古	1295743	770347	674874	95473	88145
辽 宁	415871	308465	290305	18160	12783
吉 林	520156	299796	280011	19785	15633
黑龙江	549874	374540	305626	68914	20535
上 海	104590	81788	77997	3791	3601
江 苏	1003968	736449	701593	34856	12146
浙 江	3620439	2437856	2329227	108629	59598
安 徽	440967	207813	137371	70442	62723
福 建	122735	72680	68545	4135	2166
江 西	979266	329821	245084	84737	66457
山 东	1474925	1017521	946619	70903	28155
河 南	2025530	1274964	1135166	139798	123245
湖 北	440735	281536	230509	51027	42988
湖 南	2799905	1682897	1391009	291888	222424
广 东	572364	399643	369201	30443	8739
广 西	80548	45087	37502	7585	3230
海 南	175311	89106	66943	22163	19177
重 庆	1003461	672471	535257	137215	132275
四 川	2542858	1620240	1261610	358630	284289
贵 州	1279115	854676	643671	211005	184371
云 南	1574533	1144315	942822	201494	178311
西 藏					
陕 西	1444873	893300	747860	145440	111243
甘 肃	655850	421729	352689	69040	57821
青 海	2241	1735	668	1067	1029
宁 夏	277705	146592	115947	30645	26464
新 疆	860133	469947	350566	119381	110990
大 连	44043	38884	38164	720	10
宁 波	468839	372613	362365	10248	6600
厦 门					
青 岛	21640	21369	20035	1334	1182
深 圳					

基本建设支出明细(地方农村职业高中)

单位：千元

公用部分	商品和服务支出	其他资本性支出			基本建设支出
			专项公用支出	专项项目支出	
10841031	**5404847**	**5436184**	**2291432**	**3144752**	**527936**
17777	16536	1241	1241		17320
16932	9010	7922	7922		
1063103	522942	540161	207824	332337	29983
531712	260354	271358	168496	102862	63760
508161	235960	272201	183345	88857	17235
101444	78221	23222	10649	12574	5962
174919	93687	81232	42509	38722	45441
140399	83593	56807	29655	27152	34935
22802	16014	6788	6788		
267520	121019	146501	57350	89151	
1125586	660864	464722	232611	232112	56997
227154	41707	185447	26482	158965	6000
50055	18143	31912	18912	13000	
629872	83677	546196	173471	372725	19573
442404	226370	216034	86207	129827	15000
727934	358478	369456	163291	206165	22632
159199	65700	93499	25538	67961	
1081898	617899	463999	138463	325537	35110
172603	108385	64217	22833	41384	118
35460	11679	23781	13459	10322	
79335	41243	38092	29385	8707	6870
326228	231936	94292	45748	48545	4762
891791	509235	382555	185633	196923	30827
405449	233483	171966	47684	124282	18990
408369	219017	189352	51727	137625	21849
533210	191614	341595	131425	210170	18364
201130	77156	123974	42279	81695	32990
506	506				
131113	57671	73441	62004	11438	
366967	212747	154219	78502	75717	23219
5159	4629	530	530		
96227	70593	25633	22738	2895	
271	271				

6-21 一般公共预算教育事业费和

地区	合计	个人部分			
			工资福利支出	对个人和家庭的补助支出	#助学金
合计	**25369164**	**14397043**	**12695405**	**1701637**	**929244**
北京	1504855	801451	756288	45163	19988
天津	301911	241999	222699	19300	10354
河北	727956	498075	423292	74783	20693
山西	386999	231040	201453	29587	16538
内蒙古	64589	49663	46527	3137	2233
辽宁	308299	194173	186133	8040	4272
吉林	149592	99132	56914	42218	38632
黑龙江	528498	368274	323200	45074	4642
上海	110664	84449	84349	100	
江苏	1302004	730572	670260	60313	32971
浙江	1027342	645015	614927	30089	21530
安徽	167701	73665	68254	5411	4498
福建	726327	480219	448201	32019	7885
江西	257852	165400	99615	65785	65038
山东	3009318	1692877	1533599	159277	43781
河南	1631594	754781	714391	40390	23752
湖北	575134	152015	136542	15472	6032
湖南	376156	243425	211761	31665	19831
广东	6437057	4266083	3829462	436622	98643
广西	1489360	762043	636183	125860	110961
海南	235221	140896	113047	27849	26318
重庆	591680	157497	136533	20964	19774
四川	639369	335263	268875	66388	44746
贵州	254392	97994	28591	69403	65751
云南	1122033	567122	444344	122778	114142
西藏	354705	7083	6530	553	538
陕西	662204	382130	286303	95827	88960
甘肃	99850	54770	46012	8757	4117
青海					
宁夏					
新疆	326501	119937	101122	18815	12626
大连	76497	36866	36584	281	114
宁波	75066	41956	41104	852	747
厦门	188650	115627	105257	10370	2181
青岛	234735	183937	179189	4747	2249
深圳	511100	335564	244717	90847	27755

基本建设支出明细(技工学校)

单位：千元

公用部分	商品和服务支出	其他资本性支出			基本建设支出
			专项公用支出	专项项目支出	
10068889	**5693662**	**4375227**	**2497247**	**1877980**	**903232**
703405	355484	347921	280433	67488	
59912	45186	14726	14580	146	
229881	147069	82812	46063	36749	
146858	96051	50807	50032	775	9101
14926	7661	7265	444	6822	
93632	71130	22502	3708	18795	20493
50461	44451	6010	4041	1969	
142949	95752	47197	18268	28929	17275
26216	22774	3442	3442		
555431	324750	230682	91345	139337	16000
362790	240425	122365	112372	9992	19537
94036	45106	48930	32183	16748	
245108	136884	108224	39578	68646	1000
92452	43716	48736	25694	23042	
1316441	767340	549102	257660	291442	
790390	460934	329456	219169	110287	86423
417124	60540	356584	30290	326295	5996
123730	59035	64696	31081	33614	9000
2084468	1169328	915140	698546	216594	86506
626766	336458	290308	163099	127209	100551
94325	59905	34420	31098	3323	
332787	271932	60855	49482	11373	101396
288241	122462	165779	37839	127940	15865
156398	156098	300	300		
554911	269820	285091	206033	79058	
1604	1604				346018
260074	216228	43846	20203	23643	20000
41406	9182	32224	16345	15880	3674
162167	56361	105807	13919	91888	44396
19438	15824	3614	761	2854	20193
29586	24655	4931	4931		3524
73022	51831	21191	10991	10200	
50798	39908	10890	10890		
169658	139244	30414	27823	2591	5877

6-22　一般公共预算教育事业费和

地　区	合　计	个人部分	工资福利支　出	对个人和家庭的补助支出	#助学金
合　计	**25297462**	**14342237**	**12645074**	**1697163**	**925064**
北　京	1504855	801451	756288	45163	19988
天　津	300370	241396	222349	19047	10101
河　北	727956	498075	423292	74783	20693
山　西	386999	231040	201453	29587	16538
内蒙古	64589	49663	46527	3137	2233
辽　宁	308299	194173	186133	8040	4272
吉　林	149592	99132	56914	42218	38632
黑龙江	487130	334818	289847	44971	4591
上　海	110664	84449	84349	100	
江　苏	1296829	729682	670260	59422	32081
浙　江	1027342	645015	614927	30089	21530
安　徽	167414	73389	67978	5411	4498
福　建	726327	480219	448201	32019	7885
江　西	257852	165400	99615	65785	65038
山　东	3009318	1692877	1533599	159277	43781
河　南	1628577	752507	712305	40203	23565
湖　北	575134	152015	136542	15472	6032
湖　南	376156	243425	211761	31665	19831
广　东	6437057	4266083	3829462	436622	98643
广　西	1489360	762043	636183	125860	110961
海　南	235221	140896	113047	27849	26318
重　庆	591680	157497	136533	20964	19774
四　川	619658	318013	254609	63404	42006
贵　州	254392	97994	28591	69403	65751
云　南	1122033	567122	444344	122778	114142
西　藏	354705	7083	6530	553	538
陕　西	661600	382072	286303	95769	88902
甘　肃	99850	54770	46012	8757	4117
青　海					
宁　夏					
新　疆	326501	119937	101122	18815	12626
大　连	76497	36866	36584	281	114
宁　波	75066	41956	41104	852	747
厦　门	188650	115627	105257	10370	2181
青　岛	234735	183937	179189	4747	2249
深　圳	511100	335564	244717	90847	27755

基本建设支出明细(地方技工学校)

单位：千元

公用部分	商品和服务支出	其他资本性支出			基本建设支出
			专项公用支出	专项项目支出	
10051993	**5679500**	**4372493**	**2496974**	**1875519**	**903232**
703405	355484	347921	280433	67488	
58973	44247	14726	14580	146	
229881	147069	82812	46063	36749	
146858	96051	50807	50032	775	9101
14926	7661	7265	444	6822	
93632	71130	22502	3708	18795	20493
50461	44451	6010	4041	1969	
135037	88113	46924	17995	28929	17275
26216	22774	3442	3442		
551147	320466	230682	91345	139337	16000
362790	240425	122365	112372	9992	19537
94025	45095	48930	32183	16748	
245108	136884	108224	39578	68646	1000
92452	43716	48736	25694	23042	
1316441	767340	549102	257660	291442	
789647	460191	329456	219169	110287	86423
417124	60540	356584	30290	326295	5996
123730	59035	64696	31081	33614	9000
2084468	1169328	915140	698546	216594	86506
626766	336458	290308	163099	127209	100551
94325	59905	34420	31098	3323	
332787	271932	60855	49482	11373	101396
285780	122462	163318	37839	125479	15865
156398	156098	300	300		
554911	269820	285091	206033	79058	
1604	1604				346018
259528	215682	43846	20203	23643	20000
41406	9182	32224	16345	15880	3674
162167	56361	105807	13919	91888	44396
19438	15824	3614	761	2854	20193
29586	24655	4931	4931		3524
73022	51831	21191	10991	10200	
50798	39908	10890	10890		
169658	139244	30414	27823	2591	5877

6-23 一般公共预算教育事业费和

地区	合计	个人部分	工资福利支出	对个人和家庭的补助支出	#助学金
合计	**7725051**	**5739066**	**5320328**	**418738**	**90868**
北京	55086	44276	42878	1399	
天津	50667	41558	37627	3931	18
河北	1118679	937778	884804	52974	704
山西	293419	255320	247538	7782	1349
内蒙古	212182	191544	188973	2570	
辽宁	2962	2079	1874	206	
吉林	590204	519561	480338	39222	209
黑龙江	494511	446799	382169	64630	1297
上海	132698	33474	32881	593	
江苏	160817	120398	109631	10767	2964
浙江	429161	308809	295812	12998	336
安徽	72021	55337	45628	9709	3250
福建	30482	26824	25587	1238	17
江西	509136	227943	212652	15292	78
山东	387033	292511	272330	20181	1870
河南	686225	499963	471589	28374	18018
湖北	37007	26127	17817	8310	2528
湖南	508242	321298	273444	47854	27876
广东	238231	162709	146170	16538	1531
广西	32596	28566	26067	2500	39
海南	1432				
重庆	467911	283494	274840	8654	3867
四川	280710	193665	163313	30352	11060
贵州	63707	27613	26323	1290	1242
云南	365758	307514	298367	9147	602
西藏					
陕西	271208	223779	216363	7417	2562
甘肃	53163	51134	49677	1457	594
青海					
宁夏					
新疆	179802	108992	95638	13354	8859
大连	1195	484	471	13	
宁波	254834	191164	183982	7182	
厦门					
青岛	228	208	208		
深圳	50114	21169	16097	5072	1013

基本建设支出明细(成人中等专业学校)

单位：千元

公用部分	商品和服务支出	其他资本性支出			基本建设支出
			专项公用支出	专项项目支出	
1970814	**1353400**	**617414**	**284822**	**332591**	**15172**
10809	9986	823	823		
9109	5737	3372	3348	25	
180890	99637	81253	73260	7993	11
38099	32981	5118	4618	500	
20639	14699	5940	5831	109	
883	844	39	39		
70643	55639	15004	8532	6472	
47712	40636	7076	5496	1580	
99224	95407	3817	3817		
40419	29248	11171	3210	7961	
120352	97991	22361	12573	9789	
16684	15036	1649	579	1070	
3658	3527	130	130		
281193	90265	190927	43455	147472	
94522	49610	44912	15762	29150	
186262	140487	45775	23291	22484	
10880	5961	4919	619	4300	
186404	154990	31415	13316	18099	540
75523	58817	16705	8462	8243	
4030	3778	251	191	60	
1432	1420	12	12		
184418	156799	27618	20183	7435	
87045	65002	22042	18994	3048	
36094	18410	17684	10097	7587	
58244	43918	14326	587	13739	
47429	31804	15625	2105	13519	
2029	1845	184	184		
56189	28925	27264	5307	21957	14621
711	672	39	39		
63670	49640	14029	4339	9691	
20	20				
28946	28697	248	248		

6-24 一般公共预算教育事业费和

地区	合计	个人部分			
			工资福利支出	对个人和家庭的补助支出	
					#助学金
合计	**7709083**	**5724350**	**5308419**	**415931**	**90868**
北京	55086	44276	42878	1399	
天津	50667	41558	37627	3931	18
河北	1118679	937778	884804	52974	704
山西	293419	255320	247538	7782	1349
内蒙古	212182	191544	188973	2570	
辽宁	2962	2079	1874	206	
吉林	590204	519561	480338	39222	209
黑龙江	480946	434210	372341	61869	1297
上海	132698	33474	32881	593	
江苏	160817	120398	109631	10767	2964
浙江	429161	308809	295812	12998	336
安徽	72021	55337	45628	9709	3250
福建	30482	26824	25587	1238	17
江西	509136	227943	212652	15292	78
山东	387033	292511	272330	20181	1870
河南	686225	499963	471589	28374	18018
湖北	37007	26127	17817	8310	2528
湖南	508242	321298	273444	47854	27876
广东	238231	162709	146170	16538	1531
广西	32596	28566	26067	2500	39
海南	1432				
重庆	467911	283494	274840	8654	3867
四川	280710	193665	163313	30352	11060
贵州	63707	27613	26323	1290	1242
云南	365758	307514	298367	9147	602
西藏					
陕西	271208	223779	216363	7417	2562
甘肃	53163	51134	49677	1457	594
青海					
宁夏					
新疆	177399	106865	93558	13308	8859
大连	1195	484	471	13	
宁波	254834	191164	183982	7182	
厦门					
青岛	228	208	208		
深圳	50114	21169	16097	5072	1013

基本建设支出明细(地方成人中等专业学校)

单位：千元

公用部分	商品和服务支出	其他资本性支出	专项公用支出	专项项目支出	基本建设支出
1969561	**1352157**	**617404**	**284813**	**332591**	**15172**
10809	9986	823	823		
9109	5737	3372	3348	25	
180890	99637	81253	73260	7993	11
38099	32981	5118	4618	500	
20639	14699	5940	5831	109	
883	844	39	39		
70643	55639	15004	8532	6472	
46736	39659	7076	5496	1580	
99224	95407	3817	3817		
40419	29248	11171	3210	7961	
120352	97991	22361	12573	9789	
16684	15036	1649	579	1070	
3658	3527	130	130		
281193	90265	190927	43455	147472	
94522	49610	44912	15762	29150	
186262	140487	45775	23291	22484	
10880	5961	4919	619	4300	
186404	154990	31415	13316	18099	540
75523	58817	16705	8462	8243	
4030	3778	251	191	60	
1432	1420	12	12		
184418	156799	27618	20183	7435	
87045	65002	22042	18994	3048	
36094	18410	17684	10097	7587	
58244	43918	14326	587	13739	
47429	31804	15625	2105	13519	
2029	1845	184	184		
55913	28658	27255	5298	21957	14621
711	672	39	39		
63670	49640	14029	4339	9691	
20	20				
28946	28697	248	248		

6-25 一般公共预算教育事业费和

地区	合计	个人部分	工资福利支出	对个人和家庭的补助支出	#助学金
合计	**1090039915**	**794120672**	**717176560**	**76944112**	**42339532**
北京	28675692	19893254	19670341	222912	131998
天津	13208824	10913124	10499745	413379	90417
河北	49058010	35455858	32424032	3031827	1434504
山西	22477392	16533019	15435092	1097926	700449
内蒙古	19035483	13339127	12177326	1161801	962947
辽宁	23430547	18836465	17767483	1068982	374830
吉林	15931689	11421069	10701916	719153	297791
黑龙江	21170652	16367003	14227719	2139283	317497
上海	20678574	14497646	14121392	376254	282296
江苏	74823137	59143419	54258864	4884554	1636791
浙江	55275911	41995087	40035186	1959901	1029849
安徽	40866894	29279825	25735495	3544330	1545360
福建	32051381	24402307	23106489	1295818	660449
江西	40357338	23535161	21460613	2074548	1396749
山东	77982682	61932413	57271934	4660479	1567569
河南	62168018	40651479	36676148	3975330	3363731
湖北	41870536	30913562	28364412	2549150	1075921
湖南	45733749	33465842	29516500	3949342	2011615
广东	103852481	77336638	68394047	8942592	2026924
广西	34470880	24214909	20712944	3501965	2637875
海南	9040439	5107635	4795644	311990	162794
重庆	26806891	18685173	16382375	2302798	1759679
四川	53792151	39993521	34050861	5942660	3713775
贵州	33922918	26875410	22574277	4301133	3093553
云南	40237843	28914986	24693547	4221439	3878703
西藏	7444489	5093821	4132095	961727	884608
陕西	30160754	19433356	17558074	1875281	1397325
甘肃	20702672	15493551	13830455	1663097	1134926
青海	7162833	4781647	4295747	485900	411536
宁夏	6957438	4532645	4116515	416131	329551
新疆	30691616	21081720	18189292	2892428	2027520
大连	4245956	3419125	3279810	139315	55718
宁波	7737513	6152115	5889021	263094	143012
厦门	4326419	3511405	3359401	152003	45306
青岛	9491237	7401285	6721838	679448	87259
深圳	19722576	10706465	7903295	2803169	428888

基本建设支出明细(中学)

单位：千元

公用部分	商品和服务支出	其他资本性支出			基本建设支出
			专项公用支出	专项项目支出	
271840001	**133862419**	**137977582**	**36900942**	**101076640**	**24079243**
7247888	5489399	1758489	1033485	725005	1534550
2295643	1531486	764157	348520	415637	57
13285967	5996978	7288989	1725487	5563501	316184
5646598	3290689	2355909	861796	1494113	297775
5297262	2803664	2493598	864183	1629414	399095
4104876	2808545	1296330	308987	987344	489207
4333054	1945412	2387642	564436	1823206	177566
4553073	2709437	1843637	593202	1250435	250576
5877482	4285312	1592170	1006736	585435	303446
15332008	7472197	7859811	2037582	5822229	347709
11937587	6484915	5452672	1611715	3840957	1343237
10865568	5031124	5834444	1791969	4042475	721501
7498470	3600734	3897736	1015864	2881872	150603
16067937	3430910	12637027	3051989	9585038	754241
15923546	7156069	8767477	2090855	6676622	126723
20355337	9129744	11225593	2209562	9016031	1161202
10956974	4343563	6613411	1334987	5278424	
11793155	6276034	5517121	1181940	4335181	474752
20486158	14104430	6381728	3097201	3284527	6029685
9629972	4210144	5419828	1300394	4119434	625998
3692665	1602342	2090323	840895	1249428	240139
6891181	3825529	3065652	1018875	2046777	1230537
13137664	7353434	5784230	1614691	4169539	660966
6888709	3402166	3486543	595678	2890864	158799
10358938	3649509	6709429	557034	6152395	963920
1866180	609651	1256529	390414	866114	484488
9088092	4146790	4941301	1304997	3636304	1639306
4947556	1909176	3038381	759667	2278713	261564
2072154	705569	1366585	330016	1036569	309033
2336062	876691	1459371	549080	910291	88731
7072244	3680776	3391469	908706	2482763	2537651
701504	582377	119127	67204	51923	125328
1554898	722456	832442	197937	634505	30500
773647	666106	107540	75131	32409	41368
2089952	1003249	1086703	606535	480168	
3657312	3198058	459255	436219	23036	5358798

6-26 一般公共预算教育事业费和

地区	合计	个人部分	工资福利支出	对个人和家庭的补助支出	#助学金
合计	**1084569636**	**790600916**	**714076984**	**76523932**	**42230505**
北京	27498176	19012192	18811800	200392	130139
天津	13208824	10913124	10499745	413379	90417
河北	49058010	35455858	32424032	3031827	1434504
山西	22477392	16533019	15435092	1097926	700449
内蒙古	19035483	13339127	12177326	1161801	962947
辽宁	23430547	18836465	17767483	1068982	374830
吉林	15786165	11304289	10591982	712307	297791
黑龙江	20884493	16155551	14070301	2085250	314338
上海	20553156	14394977	14019919	375058	282296
江苏	74823137	59143419	54258864	4884554	1636791
浙江	55275911	41995087	40035186	1959901	1029849
安徽	40866894	29279825	25735495	3544330	1545360
福建	32051381	24402307	23106489	1295818	660449
江西	40357338	23535161	21460613	2074548	1396749
山东	77982682	61932413	57271934	4660479	1567569
河南	62166049	40650049	36674802	3975248	3363648
湖北	41577018	30700294	28179274	2521020	1075448
湖南	45723593	33456161	29506876	3949286	2011615
广东	103852481	77336638	68394047	8942592	2026924
广西	34470880	24214909	20712944	3501965	2637875
海南	9040439	5107635	4795644	311990	162794
重庆	26681979	18592844	16292895	2299950	1759131
四川	53791145	39993399	34050861	5942538	3713654
贵州	33922918	26875410	22574277	4301133	3093553
云南	40237843	28914986	24693547	4221439	3878703
西藏	7444489	5093821	4132095	961727	884608
陕西	30036352	19339796	17469917	1869879	1396941
甘肃	20699662	15491822	13828730	1663092	1134921
青海	7162833	4781647	4295747	485900	411536
宁夏	6957438	4532645	4116515	416131	329551
新疆	27514927	19286046	16692554	2593491	1925127
大连	4245956	3419125	3279810	139315	55718
宁波	7737513	6152115	5889021	263094	143012
厦门	4326419	3511405	3359401	152003	45306
青岛	9491237	7401285	6721838	679448	87259
深圳	19722576	10706465	7903295	2803169	428888

基本建设支出明细(地方中学)

单位：千元

公用部分					基本建设支出
	商品和服务支出	其他资本性支出	专项公用支出	专项项目支出	
270298218	**133004791**	**137293426**	**36626187**	**100667239**	**23670503**
6951434	5254917	1696518	972324	724193	1534550
2295643	1531486	764157	348520	415637	57
13285967	5996978	7288989	1725487	5563501	316184
5646598	3290689	2355909	861796	1494113	297775
5297262	2803664	2493598	864183	1629414	399095
4104876	2808545	1296330	308987	987344	489207
4304310	1921033	2383277	562591	1820686	177566
4478365	2667700	1810665	582752	1227913	250576
5854733	4267420	1587314	1001879	585435	303446
15332008	7472197	7859811	2037582	5822229	347709
11937587	6484915	5452672	1611715	3840957	1343237
10865568	5031124	5834444	1791969	4042475	721501
7498470	3600734	3897736	1015864	2881872	150603
16067937	3430910	12637027	3051989	9585038	754241
15923546	7156069	8767477	2090855	6676622	126723
20354798	9129205	11225593	2209562	9016031	1161202
10876725	4267833	6608892	1330468	5278424	
11792679	6275558	5517121	1181940	4335181	474752
20486158	14104430	6381728	3097201	3284527	6029685
9629972	4210144	5419828	1300394	4119434	625998
3692665	1602342	2090323	840895	1249428	240139
6858598	3798595	3060003	1013226	2046777	1230537
13136779	7352549	5784230	1614691	4169539	660966
6888709	3402166	3486543	595678	2890864	158799
10358938	3649509	6709429	557034	6152395	963920
1866180	609651	1256529	390414	866114	484488
9057251	4120845	4936405	1300479	3635926	1639306
4946276	1907995	3038281	759617	2278663	261564
2072154	705569	1366585	330016	1036569	309033
2336062	876691	1459371	549080	910291	88731
6099970	3273327	2826643	726999	2099644	2128911
701504	582377	119127	67204	51923	125328
1554898	722456	832442	197937	634505	30500
773647	666106	107540	75131	32409	41368
2089952	1003249	1086703	606535	480168	
3657312	3198058	459255	436219	23036	5358798

6-27 一般公共预算教育事业费和

地 区	合 计				
		个人部分	工资福利支 出	对个人和家庭的补助支出	#助学金
合 计	**1089506338**	**793740445**	**716818288**	**76922156**	**42339293**
北 京	28627140	19868049	19648443	219606	131767
天 津	13177753	10882627	10469883	412745	90417
河 北	49058010	35455858	32424032	3031827	1434504
山 西	22477392	16533019	15435092	1097926	700449
内蒙古	19035483	13339127	12177326	1161801	962947
辽 宁	23430547	18836465	17767483	1068982	374830
吉 林	15930194	11419782	10700637	719145	297791
黑龙江	21170652	16367003	14227719	2139283	317497
上 海	20674918	14495133	14118886	376247	282296
江 苏	74687171	59036081	54157931	4878150	1636783
浙 江	55058058	41821808	39869363	1952444	1029849
安 徽	40866894	29279825	25735495	3544330	1545360
福 建	32051381	24402307	23106489	1295818	660449
江 西	40357338	23535161	21460613	2074548	1396749
山 东	77982682	61932413	57271934	4660479	1567569
河 南	62168018	40651479	36676148	3975330	3363731
湖 北	41821834	30913036	28363885	2549150	1075921
湖 南	45731613	33463865	29514523	3949342	2011615
广 东	103808336	77299033	68360581	8938452	2026924
广 西	34470880	24214909	20712944	3501965	2637875
海 南	9040439	5107635	4795644	311990	162794
重 庆	26806891	18685173	16382375	2302798	1759679
四 川	53792151	39993521	34050861	5942660	3713775
贵 州	33922918	26875410	22574277	4301133	3093553
云 南	40237843	28914986	24693547	4221439	3878703
西 藏	7444489	5093821	4132095	961727	884608
陕 西	30160754	19433356	17558074	1875281	1397325
甘 肃	20702672	15493551	13830455	1663097	1134926
青 海	7162833	4781647	4295747	485900	411536
宁 夏	6957438	4532645	4116515	416131	329551
新 疆	30691616	21081720	18189292	2892428	2027520
大 连	4245956	3419125	3279810	139315	55718
宁 波	7737513	6152115	5889021	263094	143012
厦 门	4326419	3511405	3359401	152003	45306
青 岛	9491237	7401285	6721838	679448	87259
深 圳	19722576	10706465	7903295	2803169	428888

基本建设支出明细(普通中学)

单位：千元

公用部分	商品和服务支出	其他资本性支出	专项公用支出	专项项目支出	基本建设支出
271688321	**133782543**	**137905777**	**36893694**	**101012083**	**24077573**
7224541	5474408	1750132	1030913	719219	1534550
2295068	1530935	764133	348497	415637	57
13285967	5996978	7288989	1725487	5563501	316184
5646598	3290689	2355909	861796	1494113	297775
5297262	2803664	2493598	864183	1629414	399095
4104876	2808545	1296330	308987	987344	489207
4332846	1945214	2387632	564426	1823206	177566
4553073	2709437	1843637	593202	1250435	250576
5876339	4284328	1592011	1006576	585435	303446
15303381	7454955	7848425	2036587	5811838	347709
11894683	6445246	5449437	1608721	3840716	1341567
10865568	5031124	5834444	1791969	4042475	721501
7498470	3600734	3897736	1015864	2881872	150603
16067937	3430910	12637027	3051989	9585038	754241
15923546	7156069	8767477	2090855	6676622	126723
20355337	9129744	11225593	2209562	9016031	1161202
10908799	4343408	6565391	1334987	5230404	
11792996	6275918	5517078	1181897	4335181	474752
20479618	14098461	6381157	3096748	3284409	6029685
9629972	4210144	5419828	1300394	4119434	625998
3692665	1602342	2090323	840895	1249428	240139
6891181	3825529	3065652	1018875	2046777	1230537
13137664	7353434	5784230	1614691	4169539	660966
6888709	3402166	3486543	595678	2890864	158799
10358938	3649509	6709429	557034	6152395	963920
1866180	609651	1256529	390414	866114	484488
9088092	4146790	4941301	1304997	3636304	1639306
4947556	1909176	3038381	759667	2278713	261564
2072154	705569	1366585	330016	1036569	309033
2336062	876691	1459371	549080	910291	88731
7072244	3680776	3391469	908706	2482763	2537651
701504	582377	119127	67204	51923	125328
1554898	722456	832442	197937	634505	30500
773647	666106	107540	75131	32409	41368
2089952	1003249	1086703	606535	480168	
3657312	3198058	459255	436219	23036	5358798

6-28　一般公共预算教育事业费和

地　区	合　计	个人部分			
			工资福利支　出	对个人和家庭的补助支出	
					#助学金
合　计	**1084036059**	**790220689**	**713718712**	**76501977**	**42230266**
北　京	27449624	18986987	18789901	197086	129908
天　津	13177753	10882627	10469883	412745	90417
河　北	49058010	35455858	32424032	3031827	1434504
山　西	22477392	16533019	15435092	1097926	700449
内蒙古	19035483	13339127	12177326	1161801	962947
辽　宁	23430547	18836465	17767483	1068982	374830
吉　林	15784669	11303002	10590703	712299	297791
黑龙江	20884493	16155551	14070301	2085250	314338
上　海	20549501	14392465	14017413	375051	282296
江　苏	74687171	59036081	54157931	4878150	1636783
浙　江	55058058	41821808	39869363	1952444	1029849
安　徽	40866894	29279825	25735495	3544330	1545360
福　建	32051381	24402307	23106489	1295818	660449
江　西	40357338	23535161	21460613	2074548	1396749
山　东	77982682	61932413	57271934	4660479	1567569
河　南	62166049	40650049	36674802	3975248	3363648
湖　北	41528317	30699767	28178748	2521020	1075448
湖　南	45721456	33454184	29504898	3949286	2011615
广　东	103808336	77299033	68360581	8938452	2026924
广　西	34470880	24214909	20712944	3501965	2637875
海　南	9040439	5107635	4795644	311990	162794
重　庆	26681979	18592844	16292895	2299950	1759131
四　川	53791145	39993399	34050861	5942538	3713654
贵　州	33922918	26875410	22574277	4301133	3093553
云　南	40237843	28914986	24693547	4221439	3878703
西　藏	7444489	5093821	4132095	961727	884608
陕　西	30036352	19339796	17469917	1869879	1396941
甘　肃	20699662	15491822	13828730	1663092	1134921
青　海	7162833	4781647	4295747	485900	411536
宁　夏	6957438	4532645	4116515	416131	329551
新　疆	27514927	19286046	16692554	2593491	1925127
大　连	4245956	3419125	3279810	139315	55718
宁　波	7737513	6152115	5889021	263094	143012
厦　门	4326419	3511405	3359401	152003	45306
青　岛	9491237	7401285	6721838	679448	87259
深　圳	19722576	10706465	7903295	2803169	428888

基本建设支出明细(地方普通中学)

单位：千元

公用部分	商品和服务支出	其他资本性支出	专项公用支出	专项项目支出	基本建设支出
270146537	**132924916**	**137221622**	**36618939**	**100602683**	**23668833**
6928087	5239926	1688161	969753	718408	1534550
2295068	1530935	764133	348497	415637	57
13285967	5996978	7288989	1725487	5563501	316184
5646598	3290689	2355909	861796	1494113	297775
5297262	2803664	2493598	864183	1629414	399095
4104876	2808545	1296330	308987	987344	489207
4304102	1920835	2383267	562581	1820686	177566
4478365	2667700	1810665	582752	1227913	250576
5853590	4266435	1587155	1001720	585435	303446
15303381	7454955	7848425	2036587	5811838	347709
11894683	6445246	5449437	1608721	3840716	1341567
10865568	5031124	5834444	1791969	4042475	721501
7498470	3600734	3897736	1015864	2881872	150603
16067937	3430910	12637027	3051989	9585038	754241
15923546	7156069	8767477	2090855	6676622	126723
20354798	9129205	11225593	2209562	9016031	1161202
10828549	4267678	6560872	1330468	5230404	
11792520	6275442	5517078	1181897	4335181	474752
20479618	14098461	6381157	3096748	3284409	6029685
9629972	4210144	5419828	1300394	4119434	625998
3692665	1602342	2090323	840895	1249428	240139
6858598	3798595	3060003	1013226	2046777	1230537
13136779	7352549	5784230	1614691	4169539	660966
6888709	3402166	3486543	595678	2890864	158799
10358938	3649509	6709429	557034	6152395	963920
1866180	609651	1256529	390414	866114	484488
9057251	4120845	4936405	1300479	3635926	1639306
4946276	1907995	3038281	759617	2278663	261564
2072154	705569	1366585	330016	1036569	309033
2336062	876691	1459371	549080	910291	88731
6099970	3273327	2826643	726999	2099644	2128911
701504	582377	119127	67204	51923	125328
1554898	722456	832442	197937	634505	30500
773647	666106	107540	75131	32409	41368
2089952	1003249	1086703	606535	480168	
3657312	3198058	459255	436219	23036	5358798

6-29 一般公共预算教育事业费和

地区	合计	个人部分	工资福利支出	对个人和家庭的补助支出	#助学金
合计	**371573026**	**270059146**	**247503126**	**22556020**	**12210930**
北京	10731767	7358292	7287905	70388	34322
天津	4768053	3992949	3863672	129277	27987
河北	17200975	12446006	11516453	929553	466707
山西	8892165	6484059	6036697	447362	292194
内蒙古	7995740	5146927	4599066	547861	476662
辽宁	7749336	5974258	5679160	295098	113342
吉林	5269234	3550989	3318179	232810	142113
黑龙江	6821169	5050380	4473831	576549	116488
上海	6944756	4871550	4798523	73027	38303
江苏	25963430	20323525	19016440	1307085	291290
浙江	19049289	14461679	13946884	514795	190381
安徽	12893060	9553743	8592682	961061	465277
福建	10137022	7925018	7621282	303736	114119
江西	12704436	7594287	6970538	623749	402643
山东	24498669	20484434	19390057	1094377	349671
河南	20232583	13054930	11978988	1075941	898064
湖北	14311439	10375746	9635821	739925	330572
湖南	15098843	11572039	10429213	1142826	536425
广东	37369763	28234809	25425160	2809650	514256
广西	10714517	7520377	6530618	989758	724609
海南	2955891	1717541	1622272	95269	54125
重庆	9339194	6535153	5843202	691951	495394
四川	17024793	13080417	11494456	1585960	996008
贵州	11264161	8827637	7522234	1305404	896069
云南	15181658	8933167	7802071	1131096	1017787
西藏	2717989	1705856	1409767	296089	270329
陕西	11349449	7215832	6625711	590121	429254
甘肃	7608519	5773893	5244245	529648	353946
青海	2751519	1725580	1580968	144612	125907
宁夏	2455873	1603581	1457112	146470	120432
新疆	9577732	6964491	5789920	1174572	926250
大连	1321481	1116548	1086621	29926	12688
宁波	2587721	1922473	1871927	50546	19220
厦门	1425372	1146897	1119035	27862	5321
青岛	2812081	2349411	2169220	180191	34975
深圳	7676961	3754198	2854122	900076	96569

基本建设支出明细(普通高中)

单位：千元

公用部分	商品和服务支出	其他资本性支出	专项公用支出	专项项目支出	基本建设支出
90993738	**43448216**	**47545522**	**12930945**	**34614577**	**10520142**
2706218	2017789	688429	449514	238914	667257
775104	551784	223319	136969	86350	
4620508	1918775	2701732	571446	2130286	134461
2205677	1212109	993568	311080	682488	202429
2535030	1400036	1134994	438004	696991	313783
1462146	952349	509797	122269	387529	312931
1670687	698573	972114	169799	802315	47558
1561270	904891	656378	221615	434763	209520
1858045	1348282	509763	320797	188966	215162
5439002	2459793	2979209	768188	2211022	200902
4052872	2196347	1856525	601592	1254933	534738
2902008	1386401	1515607	457820	1057787	437309
2161019	1071971	1089049	359859	729190	50985
4867218	1171335	3695883	922442	2773441	242931
3947646	2044240	1903406	474107	1429299	66590
6545169	2841266	3703903	971883	2732020	632485
3935692	1564702	2370990	504057	1866933	
3332381	1916830	1415552	332823	1082729	194423
6378064	4144422	2233642	1064183	1169459	2756889
2868115	1237531	1630584	464525	1166059	326026
1190456	537802	652654	294938	357716	47895
2435651	1305195	1130457	422006	708451	368390
3792229	2315770	1476459	483417	993041	152148
2366805	973566	1393240	245687	1147553	69718
5708438	1110308	4598130	218889	4379242	540053
785828	224119	561709	124494	437215	226305
3506766	1789027	1717739	528319	1189420	626851
1728134	666005	1062129	284084	778044	106492
952532	243302	709229	206647	502582	73407
813332	318076	495256	228474	266783	38960
1889696	925621	964075	231019	733056	723545
200234	186938	13296	12012	1284	4700
634748	253135	381612	88652	292961	30500
244298	197009	47290	26237	21053	34176
462670	232971	229699	48434	181265	
1303669	1100690	202978	192027	10951	2619094

6-30 一般公共预算教育事业费和

地区	合计	个人部分	工资福利支出	对个人和家庭的补助支出	#助学金
合计	**368981963**	**268296278**	**245937829**	**22358448**	**12156902**
北京	9934502	6756788	6702104	54684	32868
天津	4768053	3992949	3863672	129277	27987
河北	17200975	12446006	11516453	929553	466707
山西	8892165	6484059	6036697	447362	292194
内蒙古	7995740	5146927	4599066	547861	476662
辽宁	7749336	5974258	5679160	295098	113342
吉林	5172693	3476336	3250372	225964	142113
黑龙江	6694396	4958314	4406593	551721	114127
上海	6861644	4804670	4732699	71971	38303
江苏	25963430	20323525	19016440	1307085	291290
浙江	19049289	14461679	13946884	514795	190381
安徽	12893060	9553743	8592682	961061	465277
福建	10137022	7925018	7621282	303736	114119
江西	12704436	7594287	6970538	623749	402643
山东	24498669	20484434	19390057	1094377	349671
河南	20232583	13054930	11978988	1075941	898064
湖北	14068237	10192182	9477403	714778	330278
湖南	15093180	11566641	10423846	1142795	536425
广东	37369763	28234809	25425160	2809650	514256
广西	10714517	7520377	6530618	989758	724609
海南	2955891	1717541	1622272	95269	54125
重庆	9270688	6484516	5794128	690389	495094
四川	17024258	13080352	11494456	1585896	995943
贵州	11264161	8827637	7522234	1305404	896069
云南	15181658	8933167	7802071	1131096	1017787
西藏	2717989	1705856	1409767	296089	270329
陕西	11277957	7163514	6575904	587611	429028
甘肃	7607981	5773893	5244245	529648	353946
青海	2751519	1725580	1580968	144612	125907
宁夏	2455873	1603581	1457112	146470	120432
新疆	8480297	6328708	5273958	1054750	876924
大连	1321481	1116548	1086621	29926	12688
宁波	2587721	1922473	1871927	50546	19220
厦门	1425372	1146897	1119035	27862	5321
青岛	2812081	2349411	2169220	180191	34975
深圳	7676961	3754198	2854122	900076	96569

基本建设支出明细(地方普通高中)

单位：千元

公用部分	商品和服务支出	其他资本性支出			基本建设支出
			专项公用支出	专项项目支出	
90385129	**43009311**	**47375817**	**12825734**	**34550084**	**10300556**
2510456	1867480	642976	404873	238103	667257
775104	551784	223319	136969	86350	
4620508	1918775	2701732	571446	2130286	134461
2205677	1212109	993568	311080	682488	202429
2535030	1400036	1134994	438004	696991	313783
1462146	952349	509797	122269	387529	312931
1648800	680356	968443	168648	799795	47558
1526563	886785	639778	219795	419983	209520
1841812	1335772	506040	317074	188966	215162
5439002	2459793	2979209	768188	2211022	200902
4052872	2196347	1856525	601592	1254933	534738
2902008	1386401	1515607	457820	1057787	437309
2161019	1071971	1089049	359859	729190	50985
4867218	1171335	3695883	922442	2773441	242931
3947646	2044240	1903406	474107	1429299	66590
6545169	2841266	3703903	971883	2732020	632485
3876055	1508656	2367399	500466	1866933	
3332116	1916564	1415552	332823	1082729	194423
6378064	4144422	2233642	1064183	1169459	2756889
2868115	1237531	1630584	464525	1166059	326026
1190456	537802	652654	294938	357716	47895
2417782	1290423	1127358	418907	708451	368390
3791758	2315300	1476459	483417	993041	152148
2366805	973566	1393240	245687	1147553	69718
5708438	1110308	4598130	218889	4379242	540053
785828	224119	561709	124494	437215	226305
3487591	1772993	1714598	525401	1189197	626851
1727597	665468	1062129	284084	778044	106492
952532	243302	709229	206647	502582	73407
813332	318076	495256	228474	266783	38960
1647630	773983	873647	186751	686896	503959
200234	186938	13296	12012	1284	4700
634748	253135	381612	88652	292961	30500
244298	197009	47290	26237	21053	34176
462670	232971	229699	48434	181265	
1303669	1100690	202978	192027	10951	2619094

6-31 一般公共预算教育事业费和

地区	合计	个人部分	工资福利支出	对个人和家庭的补助支出	#助学金
合计	**152761460**	**113119712**	**102662306**	**10457406**	**7235980**
北京	538513	348681	347149	1532	552
天津	695796	628059	613248	14810	4883
河北	9129152	6241656	5764856	476801	302927
山西	4147951	3180199	2924785	255414	174898
内蒙古	4033607	2485063	2211181	273882	239838
辽宁	1900696	1464553	1418571	45982	27431
吉林	2174682	1335969	1244242	91727	53631
黑龙江	2891530	2000294	1688026	312267	64001
上海	617897	503612	499989	3623	3015
江苏	8791038	7090553	6664335	426218	138311
浙江	7455467	5859401	5626332	233070	87130
安徽	7337984	5674548	5127965	546583	265246
福建	5014322	3982015	3839689	142326	63849
江西	6607331	3723893	3423281	300612	223558
山东	8438746	7211874	6924248	287626	160134
河南	10697692	6943051	6306964	636087	536238
湖北	4315843	3202976	2944989	257988	184857
湖南	8343364	6315234	5743618	571617	377570
广东	7633840	6312667	5915266	397401	185354
广西	5127055	3835046	3197590	637457	514622
海南	1378152	781582	719352	62230	32325
重庆	3218765	2528666	2243593	285073	241415
四川	8696153	6781315	5873769	907546	627474
贵州	6628118	5378983	4574636	804347	621773
云南	8743364	5494636	4727310	767326	698838
西藏	780950	655444	522011	133433	128038
陕西	5534306	3639544	3304329	335215	261995
甘肃	4740572	3833981	3456964	377017	254617
青海	1560740	1113372	1012656	100716	96662
宁夏	831729	627834	570126	57709	44689
新疆	4756107	3945013	3231237	713775	620110
大连	105646	85591	83829	1762	187
宁波	863510	676148	663664	12484	5198
厦门	130749	106195	103135	3060	542
青岛	354716	305929	288651	17278	4710
深圳					

基本建设支出明细(农村高中)

单位：千元

公用部分	商品和服务支出	其他资本性支出	专项公用支出	专项项目支出	基本建设支出
37477922	**16654594**	**20823328**	**4899613**	**15923715**	**2163826**
175882	134272	41610	25782	15829	13950
67737	59761	7976	6554	1422	
2784158	1073600	1710558	336075	1374483	103337
911813	534049	377764	146759	231004	55939
1278092	701763	576329	237234	339096	270452
393488	177873	215615	28105	187510	42655
835518	220198	615320	60546	554774	3196
749917	404803	345114	151147	193967	141319
114285	91010	23275	23238	37	
1700485	762339	938146	256204	681942	
1506526	723423	783103	145522	637581	89539
1626456	793997	832459	260007	572452	36980
1027374	495909	531465	192652	338813	4932
2802094	660257	2141837	562565	1579273	81344
1186372	621963	564410	105160	459250	40500
3618871	1558935	2059936	422237	1637699	135770
1112866	405525	707342	141815	565527	
1840960	1056133	784827	163485	621342	187170
1299194	848789	450405	223309	227096	21979
1223850	607065	616785	140580	476204	68159
558290	257941	300349	154048	146301	38280
686663	379181	307482	86739	220743	3436
1808914	1073017	735897	156009	579889	105925
1225671	514014	711657	141778	569879	23464
2962032	576897	2385135	120489	2264646	286697
125505	83850	41655	19706	21949	
1721103	894248	826855	218055	608801	173659
849515	357229	492286	147549	344737	57076
417269	106826	310443	50322	260121	30100
195534	96950	98585	62411	36174	8360
671486	382778	288708	113533	175174	139608
20055	16923	3132	1848	1284	
187362	106767	80595	40600	39996	
24554	22043	2511	2410	101	
48787	28021	20766	1298	19468	

6-32 一般公共预算教育事业费和

地区	合计	个人部分	工资福利支出	对个人和家庭的补助支出	#助学金
合 计	**152237855**	**112760680**	**102370107**	**10390574**	**7226549**
北 京	538513	348681	347149	1532	552
天 津	695796	628059	613248	14810	4883
河 北	9129152	6241656	5764856	476801	302927
山 西	4147951	3180199	2924785	255414	174898
内蒙古	4033607	2485063	2211181	273882	239838
辽 宁	1900696	1464553	1418571	45982	27431
吉 林	2174682	1335969	1244242	91727	53631
黑龙江	2785072	1923596	1634716	288880	62362
上 海	617897	503612	499989	3623	3015
江 苏	8791038	7090553	6664335	426218	138311
浙 江	7455467	5859401	5626332	233070	87130
安 徽	7337984	5674548	5127965	546583	265246
福 建	5014322	3982015	3839689	142326	63849
江 西	6607331	3723893	3423281	300612	223558
山 东	8438746	7211874	6924248	287626	160134
河 南	10697692	6943051	6306964	636087	536238
湖 北	4189575	3102081	2851242	250840	184857
湖 南	8343364	6315234	5743618	571617	377570
广 东	7633840	6312667	5915266	397401	185354
广 西	5127055	3835046	3197590	637457	514622
海 南	1378152	781582	719352	62230	32325
重 庆	3218765	2528666	2243593	285073	241415
四 川	8696153	6781315	5873769	907546	627474
贵 州	6628118	5378983	4574636	804347	621773
云 南	8743364	5494636	4727310	767326	698838
西 藏	780950	655444	522011	133433	128038
陕 西	5534306	3639544	3304329	335215	261995
甘 肃	4740035	3833981	3456964	377017	254617
青 海	1560740	1113372	1012656	100716	96662
宁 夏	831729	627834	570126	57709	44689
新 疆	4465765	3763574	3086096	677478	612318
大 连	105646	85591	83829	1762	187
宁 波	863510	676148	663664	12484	5198
厦 门	130749	106195	103135	3060	542
青 岛	354716	305929	288651	17278	4710
深 圳					

基本建设支出明细(地方农村高中)

单位：千元

公用部分	商品和服务支出	其他资本性支出	专项公用支出	专项项目支出	基本建设支出
37351655	**16568243**	**20783413**	**4881948**	**15901465**	**2125520**
175882	134272	41610	25782	15829	13950
67737	59761	7976	6554	1422	
2784158	1073600	1710558	336075	1374483	103337
911813	534049	377764	146759	231004	55939
1278092	701763	576329	237234	339096	270452
393488	177873	215615	28105	187510	42655
835518	220198	615320	60546	554774	3196
720157	389883	330274	149939	180335	141319
114285	91010	23275	23238	37	
1700485	762339	938146	256204	681942	
1506526	723423	783103	145522	637581	89539
1626456	793997	832459	260007	572452	36980
1027374	495909	531465	192652	338813	4932
2802094	660257	2141837	562565	1579273	81344
1186372	621963	564410	105160	459250	40500
3618871	1558935	2059936	422237	1637699	135770
1087493	382154	705340	139813	565527	
1840960	1056133	784827	163485	621342	187170
1299194	848789	450405	223309	227096	21979
1223850	607065	616785	140580	476204	68159
558290	257941	300349	154048	146301	38280
686663	379181	307482	86739	220743	3436
1808914	1073017	735897	156009	579889	105925
1225671	514014	711657	141778	569879	23464
2962032	576897	2385135	120489	2264646	286697
125505	83850	41655	19706	21949	
1721103	894248	826855	218055	608801	173659
848978	356692	492286	147549	344737	57076
417269	106826	310443	50322	260121	30100
195534	96950	98585	62411	36174	8360
600889	335254	265635	99078	166557	101302
20055	16923	3132	1848	1284	
187362	106767	80595	40600	39996	
24554	22043	2511	2410	101	
48787	28021	20766	1298	19468	

6-33 一般公共预算教育事业费和

地区	合计	个人部分	工资福利支出	对个人和家庭的补助支出	#助学金
合计	**717933313**	**523681299**	**469315162**	**54366136**	**30128363**
北京	17895372	12509757	12360538	149219	97445
天津	8409700	6889678	6606211	283467	62430
河北	31857035	23009852	20907579	2102273	967797
山西	13585227	10048960	9398395	650565	408255
内蒙古	11039743	8192199	7578260	613940	486285
辽宁	15681211	12862206	12088323	773884	261488
吉林	10660960	7868793	7382458	486335	155678
黑龙江	14349483	11316623	9753888	1562735	201008
上海	13730162	9623583	9320363	303220	243993
江苏	48723741	38712556	35141491	3571065	1345493
浙江	36008769	27360129	25922479	1437650	839468
安徽	27973833	19726082	17142813	2583269	1080083
福建	21914359	16477289	15485207	992083	546330
江西	27652902	15940873	14490074	1450799	994106
山东	53484013	41447980	37881878	3566102	1217897
河南	41935435	27596549	24697160	2899389	2465667
湖北	27510396	20537290	18728064	1809225	745349
湖南	30632770	21891826	19085310	2806516	1475190
广东	66438573	49064224	42935421	6128802	1512668
广西	23756363	16694532	14182326	2512207	1913266
海南	6084547	3390094	3173372	216722	108669
重庆	17467698	12150021	10539174	1610847	1264285
四川	36767358	26913104	22556405	4356700	2717768
贵州	22658757	18047773	15052044	2995729	2197484
云南	25056185	19981819	16891476	3090343	2860916
西藏	4726501	3387965	2722328	665637	614279
陕西	18811305	12217524	10932364	1285160	968071
甘肃	13094153	9719659	8586210	1133448	780980
青海	4411314	3056067	2714779	341288	285629
宁夏	4501565	2929064	2659403	269661	209119
新疆	21113884	14117229	12399372	1717857	1101270
大连	2924475	2302577	2193188	109389	43031
宁波	5149792	4229642	4017094	212547	123791
厦门	2901047	2364508	2240366	124141	39985
青岛	6679156	5051875	4552618	499257	52284
深圳	12045615	6952267	5049173	1903094	332319

基本建设支出明细(普通初中)

单位：千元

公用部分	商品和服务支出	其他资本性支出			基本建设支出
			专项公用支出	专项项目支出	
180694583	**90334327**	**90360255**	**23962749**	**66397507**	**13557431**
4518323	3456619	1061704	581399	480305	867293
1519964	979151	540814	211527	329286	57
8665460	4078203	4587256	1154041	3433215	181723
3440921	2078579	1362342	550717	811625	95346
2762232	1403628	1358603	426180	932424	85312
2642729	1856197	786533	186718	599815	176276
2662159	1246641	1415519	394627	1020891	130008
2991803	1804545	1187258	371586	815672	41057
4018294	2936046	1082248	685779	396469	88284
9864379	4995163	4869216	1268400	3600816	146807
7841811	4248900	3592911	1007128	2585783	806829
7963560	3644723	4318837	1334150	2984687	284191
5337451	2528764	2808687	656005	2152683	99619
11200719	2259575	8941144	2129547	6811597	511310
11975901	5111829	6864071	1616748	5247323	60133
13810169	6288479	7521690	1237679	6284011	528717
6973106	2778706	4194400	830930	3363471	
8460614	4359088	4101526	849074	3252452	280330
14101554	9954039	4147515	2032565	2114950	3272796
6761858	2972613	3789245	835869	2953376	299972
2502209	1064540	1437669	545957	891712	192245
4455530	2520334	1935195	596869	1338326	862147
9345435	5037663	4307772	1131274	3176498	508818
4521903	2428600	2093303	349991	1743312	89081
4650499	2539201	2111299	338145	1773154	423867
1080352	385532	694820	265921	428899	258184
5581326	2357763	3223563	776678	2446884	1012455
3219422	1243170	1976252	475583	1500669	155072
1119622	462267	657356	123368	533987	235625
1522730	558615	964115	320606	643509	49771
5182548	2755154	2427394	677687	1749707	1814107
501270	395439	105831	55192	50640	120628
920150	469321	450830	109286	341544	
529348	469098	60251	48894	11356	7191
1627282	770278	857004	558101	298903	
2353644	2097367	256277	244192	12084	2739704

6-34 一般公共预算教育事业费和

地 区	合 计	个人部分			
			工资福利支出	对个人和家庭的补助支出	
					#助学金
合 计	**715054096**	**521924411**	**467780883**	**54143528**	**30073364**
北 京	17515122	12230199	12087797	142402	97041
天 津	8409700	6889678	6606211	283467	62430
河 北	31857035	23009852	20907579	2102273	967797
山 西	13585227	10048960	9398395	650565	408255
内蒙古	11039743	8192199	7578260	613940	486285
辽 宁	15681211	12862206	12088323	773884	261488
吉 林	10611976	7826666	7340331	486335	155678
黑龙江	14190096	11197237	9663708	1533529	200211
上 海	13687857	9587795	9284714	303081	243993
江 苏	48723741	38712556	35141491	3571065	1345493
浙 江	36008769	27360129	25922479	1437650	839468
安 徽	27973833	19726082	17142813	2583269	1080083
福 建	21914359	16477289	15485207	992083	546330
江 西	27652902	15940873	14490074	1450799	994106
山 东	53484013	41447980	37881878	3566102	1217897
河 南	41933466	27595120	24695814	2899306	2465584
湖 北	27460080	20507586	18701344	1806242	745170
湖 南	30628277	21887543	19081052	2806491	1475190
广 东	66438573	49064224	42935421	6128802	1512668
广 西	23756363	16694532	14182326	2512207	1913266
海 南	6084547	3390094	3173372	216722	108669
重 庆	17411292	12108328	10498767	1609561	1264037
四 川	36766887	26913047	22556405	4356643	2717711
贵 州	22658757	18047773	15052044	2995729	2197484
云 南	25056185	19981819	16891476	3090343	2860916
西 藏	4726501	3387965	2722328	665637	614279
陕 西	18758396	12176281	10894013	1282268	967912
甘 肃	13091681	9717929	8584486	1133443	780975
青 海	4411314	3056067	2714779	341288	285629
宁 夏	4501565	2929064	2659403	269661	209119
新 疆	19034630	12957338	11418596	1538742	1048202
大 连	2924475	2302577	2193188	109389	43031
宁 波	5149792	4229642	4017094	212547	123791
厦 门	2901047	2364508	2240366	124141	39985
青 岛	6679156	5051875	4552618	499257	52284
深 圳	12045615	6952267	5049173	1903094	332319

基本建设支出明细(地方普通初中)

单位：千元

公用部分	商品和服务支出	其他资本性支出			基本建设支出
			专项公用支出	专项项目支出	
179761408	**89915604**	**89845804**	**23793205**	**66052599**	**13368277**
4417630	3372446	1045184	564880	480305	867293
1519964	979151	540814	211527	329286	57
8665460	4078203	4587256	1154041	3433215	181723
3440921	2078579	1362342	550717	811625	95346
2762232	1403628	1358603	426180	932424	85312
2642729	1856197	786533	186718	599815	176276
2655302	1240478	1414824	393932	1020891	130008
2951802	1780916	1170887	362957	807930	41057
4011778	2930663	1081115	684646	396469	88284
9864379	4995163	4869216	1268400	3600816	146807
7841811	4248900	3592911	1007128	2585783	806829
7963560	3644723	4318837	1334150	2984687	284191
5337451	2528764	2808687	656005	2152683	99619
11200719	2259575	8941144	2129547	6811597	511310
11975901	5111829	6864071	1616748	5247323	60133
13809629	6287939	7521690	1237679	6284011	528717
6952494	2759021	4193473	830002	3363471	
8460404	4358878	4101526	849074	3252452	280330
14101554	9954039	4147515	2032565	2114950	3272796
6761858	2972613	3789245	835869	2953376	299972
2502209	1064540	1437669	545957	891712	192245
4440816	2508172	1932644	594318	1338326	862147
9345021	5037249	4307772	1131274	3176498	508818
4521903	2428600	2093303	349991	1743312	89081
4650499	2539201	2111299	338145	1773154	423867
1080352	385532	694820	265921	428899	258184
5569659	2347852	3221807	775079	2446728	1012455
3218679	1242527	1976152	475533	1500619	155072
1119622	462267	657356	123368	533987	235625
1522730	558615	964115	320606	643509	49771
4452340	2499344	1952996	540248	1412747	1624953
501270	395439	105831	55192	50640	120628
920150	469321	450830	109286	341544	
529348	469098	60251	48894	11356	7191
1627282	770278	857004	558101	298903	
2353644	2097367	256277	244192	12084	2739704

6-35 一般公共预算教育事业费和

地区	合计	个人部分	工资福利支出	对个人和家庭的补助支出	#助学金
合计	**413181813**	**308892997**	**275146560**	**33746436**	**21145852**
北京	3300769	2359259	2304080	55179	28975
天津	2376325	2085131	2038577	46554	1071
河北	21412393	15364849	13992737	1372112	711655
山西	8238460	6297784	5884579	413205	274014
内蒙古	6955249	5222962	4804778	418184	356759
辽宁	6973941	5998836	5680413	318424	121422
吉林	6720572	4962194	4715810	246384	90370
黑龙江	8349383	6419695	5450203	969491	107665
上海	1779702	1383761	1354740	29021	26033
江苏	22119467	17915146	16453182	1461964	334496
浙江	16651270	12691970	11901925	790045	457313
安徽	20408472	15111553	13152524	1959029	856378
福建	12908343	10118203	9630711	487491	209650
江西	19025690	10846383	10084264	762120	500924
山东	28764363	22811558	20779503	2032055	731572
河南	29066838	19209378	17124389	2084989	1814163
湖北	15479989	11895259	10759444	1135815	568000
湖南	21338820	15521098	13375720	2145378	1176904
广东	24393229	18751799	17331818	1419981	564139
广西	17000280	12538574	10395656	2142918	1670131
海南	3859822	2245685	2086198	159487	83872
重庆	9434204	7321555	6320441	1001113	853991
四川	25720836	19135097	16112592	3022505	1929940
贵州	17273059	14276684	11787409	2489275	2005042
云南	19654984	16284907	13639278	2645629	2495252
西藏	3142521	2388159	1907048	481111	455346
陕西	10771995	7617607	6686209	931398	750383
甘肃	10080288	7524660	6560386	964274	684069
青海	3089324	2285958	1986269	299689	256076
宁夏	2522570	1857680	1679721	177959	137213
新疆	14368654	10449615	9165957	1283658	893032
大连	617646	506005	484746	21259	5736
宁波	1981873	1611727	1526055	85672	57405
厦门	410694	336671	295299	41372	4923
青岛	1826262	1435331	1267852	167479	12329
深圳					

基本建设支出明细(农村初中)

单位：千元

公用部分	商品和服务支出	其他资本性支出	专项公用支出	专项项目支出	基本建设支出
100225642	**48159735**	**52065907**	**12424854**	**39641052**	**4063175**
710267	540972	169295	102610	66685	231243
291137	184975	106161	36108	70053	57
5927324	2796833	3130490	843857	2286633	120221
1882397	1191819	690578	299172	391406	58279
1698143	853928	844216	269471	574745	34143
947667	677123	270544	50753	219791	27438
1663690	735803	927887	283014	644872	94688
1910140	1111660	798479	229128	569352	19549
395941	331901	64040	53262	10778	
4189321	2100147	2089174	488914	1600260	15000
3579981	1871009	1708972	429779	1279193	379319
5181028	2510164	2670864	823614	1847250	115891
2765827	1324001	1441825	346370	1095455	24314
7999808	1551329	6448479	1512949	4935530	179499
5921747	2535143	3386604	625537	2761067	31058
9688653	4494191	5194462	746671	4447790	168807
3584730	1433351	2151379	280794	1870585	
5656659	2592109	3064549	536648	2527901	161064
5497430	3610271	1887159	769356	1117803	144000
4339376	2141063	2198313	519451	1678862	122330
1490547	548438	942109	417575	524534	123590
2060950	1212350	848600	281139	567461	51700
6219160	3298457	2920702	692885	2227818	366579
2918129	1656982	1261146	219639	1041508	78246
3152871	1950068	1202804	193917	1008887	217206
641290	249504	391786	144261	247525	113072
3043762	1267443	1776319	327195	1449123	110626
2408318	915539	1492779	370409	1122370	147311
642192	304627	337565	92488	245078	161173
627000	308471	318528	123142	195386	37890
3190159	1860061	1330098	314746	1015352	728881
98141	93718	4424	1101	3322	13500
370146	190847	179298	52056	127242	
74023	62670	11353	8506	2847	
390930	114050	276881	139213	137667	

6-36　一般公共预算教育事业费和

地　区	合　计	个人部分	工资福利支出	对个人和家庭的补助支出	#助学金
合　计	**411438070**	**307902522**	**274318578**	**33583944**	**21113470**
北　京	3300769	2359259	2304080	55179	28975
天　津	2376325	2085131	2038577	46554	1071
河　北	21412393	15364849	13992737	1372112	711655
山　西	8238460	6297784	5884579	413205	274014
内蒙古	6955249	5222962	4804778	418184	356759
辽　宁	6973941	5998836	5680413	318424	121422
吉　林	6720572	4962194	4715810	246384	90370
黑龙江	8208482	6312164	5370177	941987	107427
上　海	1779702	1383761	1354740	29021	26033
江　苏	22119467	17915146	16453182	1461964	334496
浙　江	16651270	12691970	11901925	790045	457313
安　徽	20408472	15111553	13152524	1959029	856378
福　建	12908343	10118203	9630711	487491	209650
江　西	19025690	10846383	10084264	762120	500924
山　东	28764363	22811558	20779503	2032055	731572
河　南	29066838	19209378	17124389	2084989	1814163
湖　北	15479989	11895259	10759444	1135815	568000
湖　南	21338820	15521098	13375720	2145378	1176904
广　东	24393229	18751799	17331818	1419981	564139
广　西	17000280	12538574	10395656	2142918	1670131
海　南	3859822	2245685	2086198	159487	83872
重　庆	9434204	7321555	6320441	1001113	853991
四　川	25720836	19135097	16112592	3022505	1929940
贵　州	17273059	14276684	11787409	2489275	2005042
云　南	19654984	16284907	13639278	2645629	2495252
西　藏	3142521	2388159	1907048	481111	455346
陕　西	10771995	7617607	6686209	931398	750383
甘　肃	10077816	7522930	6558661	964269	684064
青　海	3089324	2285958	1986269	299689	256076
宁　夏	2522570	1857680	1679721	177959	137213
新　疆	12768284	9568399	8419725	1148674	860894
大　连	617646	506005	484746	21259	5736
宁　波	1981873	1611727	1526055	85672	57405
厦　门	410694	336671	295299	41372	4923
青　岛	1826262	1435331	1267852	167479	12329
深　圳					

基本建设支出明细(地方农村初中)

单位：千元

公用部分	商品和服务支出	其他资本性支出		基本建设支出
			专项公用支出	专项项目支出	

公用部分	商品和服务支出	其他资本性支出	专项公用支出	专项项目支出	基本建设支出
99589301	**47983027**	**51606275**	**12292402**	**39313873**	**3946247**
710267	540972	169295	102610	66685	231243
291137	184975	106161	36108	70053	57
5927324	2796833	3130490	843857	2286633	120221
1882397	1191819	690578	299172	391406	58279
1698143	853928	844216	269471	574745	34143
947667	677123	270544	50753	219791	27438
1663690	735803	927887	283014	644872	94688
1876769	1090629	786140	221141	565000	19549
395941	331901	64040	53262	10778	
4189321	2100147	2089174	488914	1600260	15000
3579981	1871009	1708972	429779	1279193	379319
5181028	2510164	2670864	823614	1847250	115891
2765827	1324001	1441825	346370	1095455	24314
7999808	1551329	6448479	1512949	4935530	179499
5921747	2535143	3386604	625537	2761067	31058
9688653	4494191	5194462	746671	4447790	168807
3584730	1433351	2151379	280794	1870585	
5656659	2592109	3064549	536648	2527901	161064
5497430	3610271	1887159	769356	1117803	144000
4339376	2141063	2198313	519451	1678862	122330
1490547	548438	942109	417575	524534	123590
2060950	1212350	848600	281139	567461	51700
6219160	3298457	2920702	692885	2227818	366579
2918129	1656982	1261146	219639	1041508	78246
3152871	1950068	1202804	193917	1008887	217206
641290	249504	391786	144261	247525	113072
3043762	1267443	1776319	327195	1449123	110626
2407575	914896	1492679	370359	1122320	147311
642192	304627	337565	92488	245078	161173
627000	308471	318528	123142	195386	37890
2587932	1705027	882905	190331	692575	611953
98141	93718	4424	1101	3322	13500
370146	190847	179298	52056	127242	
74023	62670	11353	8506	2847	
390930	114050	276881	139213	137667	

6-37 一般公共预算教育事业费和

地区	合计	个人部分	工资福利支出	对个人和家庭的补助支出	#助学金
合计	**533577**	**380227**	**358271**	**21956**	**239**
北京	48552	25204	21899	3306	231
天津	31071	30497	29862	635	
河北					
山西					
内蒙古					
辽宁					
吉林	1496	1287	1279	8	
黑龙江					
上海	3656	2512	2506	7	
江苏	135965	107338	100934	6404	8
浙江	217853	173280	165823	7457	
安徽					
福建					
江西					
山东					
河南					
湖北	48702	526	526		
湖南	2136	1977	1977		
广东	44146	37605	33465	4140	
广西					
海南					
重庆					
四川					
贵州					
云南					
西藏					
陕西					
甘肃					
青海					
宁夏					
新疆					
大连					
宁波					
厦门					
青岛					
深圳					

基本建设支出明细(成人中学)

单位：千元

公用部分	商品和服务支出	其他资本性支出			基本建设支出
			专项公用支出	专项项目支出	
151681	**79876**	**71805**	**7248**	**64557**	**1670**
23348	14991	8357	2571	5786	
575	552	23	23		
208	198	10	10		
1143	984	159	159		
28628	17242	11386	994	10392	
42903	39669	3235	2994	241	1670
48175	155	48020		48020	
159	116	43	43		
6540	5970	571	452	118	

6-38 一般公共预算教育事业费和

地区	合计	个人部分	工资福利支出	对个人和家庭的补助支出	#助学金
合计	**1159682245**	**856844035**	**765188160**	**91655875**	**42035747**
北京	32177597	22871010	22658432	212578	149138
天津	12760640	10429145	9994545	434601	73982
河北	57205821	42194760	37558081	4636679	1861843
山西	22659688	16851475	15825492	1025983	420341
内蒙古	18854937	14143564	13163552	980011	701496
辽宁	22249973	17881954	16592414	1289540	338321
吉林	16746512	12897283	12093574	803708	204067
黑龙江	18839358	15213577	12347756	2865821	332872
上海	18520262	13169704	12731512	438192	347706
江苏	75494955	61122682	54617786	6504896	1653426
浙江	58928540	45259985	42528290	2731695	1274657
安徽	46337422	32919493	28823930	4095563	1241133
福建	35632615	26268619	24532916	1735703	495173
江西	42181192	27034610	25016625	2017985	1091781
山东	71068020	55803592	51248479	4555113	1146386
河南	63364930	42996079	38948943	4047136	3291986
湖北	40868909	29339603	26677136	2662467	1068149
湖南	48616364	34506891	30436422	4070469	2048238
广东	120935817	89314799	75486445	13828355	3698898
广西	42019193	30440113	26626014	3814099	2014126
海南	9722577	6207000	5867998	339001	115556
重庆	26050437	18166006	16848967	1317039	729102
四川	58198255	42018074	35440142	6577932	3703794
贵州	40336738	31783016	26077764	5705252	2885736
云南	43685386	35199584	30043515	5156069	4482036
西藏	9668724	7035221	5417173	1618048	1482821
陕西	32852840	20810748	18533272	2277475	1541559
甘肃	23822132	17809628	15659921	2149708	1273375
青海	7967267	5327857	4647609	680248	562397
宁夏	7109412	4779441	4447982	331459	241730
新疆	34805730	27048522	24295474	2753048	1563924
大连	4172610	3173464	2856578	316885	42991
宁波	8627443	7113286	6730387	382899	179754
厦门	5290723	4200398	3831865	368533	80043
青岛	9257341	7480388	6832504	647884	55651
深圳	25298045	15414776	10512476	4902300	1156568

基本建设支出明细(小学)

单位：千元

公用部分	商品和服务支出	其他资本性支出	专项公用支出	专项项目支出	基本建设支出
284821914	**151906504**	**132915410**	**36237824**	**96677586**	**18016296**
7893390	6354538	1538852	1149377	389475	1413197
2272509	1636307	636202	290816	345386	58985
14835748	7393077	7442671	1872970	5569701	175312
5593191	3701665	1891526	932239	959288	215022
4557034	2299762	2257272	636551	1620721	154339
4124276	2927906	1196369	362775	833594	243743
3634447	1936731	1697716	512398	1185318	214782
3539290	2063055	1476235	501955	974281	86491
5313769	3960625	1353143	843371	509772	36790
14105163	8160197	5944966	1702135	4242831	267111
12797026	7569052	5227974	1788039	3439936	871529
13115532	5817737	7297795	1850236	5447560	302398
9148093	4196300	4951792	1328262	3623530	215903
14796822	3515253	11281569	2630855	8650714	349761
15196834	7897680	7299153	1567006	5732148	67594
19880611	10281832	9598780	1641781	7956999	488240
11525236	5153229	6372008	1190501	5181507	4070
13689501	7073548	6615953	1886073	4729880	419972
26415136	18567608	7847528	3591542	4255985	5205882
11145258	5114265	6030993	1445033	4585960	433823
3368864	1679427	1689437	658193	1031244	146713
6747669	3969594	2778075	648285	2129790	1136762
15431199	8717516	6713683	1558219	5155464	748983
8274389	4059780	4214608	792946	3421662	279333
7887621	3977508	3910113	665166	3244947	598181
2217684	843189	1374495	323005	1051490	415819
10778447	4956470	5821977	1619149	4202828	1263645
5837654	2342504	3495150	753484	2741666	174850
1993416	879110	1114306	307777	806529	645995
2248701	964109	1284592	530644	753948	81269
6457405	3896931	2560475	657042	1903433	1299802
904665	742021	162644	129833	32811	94481
1514157	964548	549609	171949	377661	
1036663	818965	217698	164862	52836	53662
1776953	1186371	590582	179918	410664	
5060333	4547447	512885	486193	26693	4822936

6-39　一般公共预算教育事业费和

地　区	合　计	个人部分	工资福利支　出	对个人和家庭的补助支出	#助学金
合　计	**1155935456**	**854185409**	**762909127**	**91276282**	**41971193**
北　京	31755707	22632959	22425797	207162	148091
天　津	12727530	10404261	9977931	426330	73982
河　北	57205821	42194760	37558081	4636679	1861843
山　西	22659688	16851475	15825492	1025983	420341
内蒙古	18854937	14143564	13163552	980011	701496
辽　宁	22249973	17881954	16592414	1289540	338321
吉　林	16667947	12843341	12043784	799556	204067
黑龙江	18663658	15072154	12252591	2819563	331814
上　海	18503118	13156057	12717869	438188	347706
江　苏	75494955	61122682	54617786	6504896	1653426
浙　江	58928540	45259985	42528290	2731695	1274657
安　徽	46337422	32919493	28823930	4095563	1241133
福　建	35632615	26268619	24532916	1735703	495173
江　西	42181192	27034610	25016625	2017985	1091781
山　东	71068020	55803592	51248479	4555113	1146386
河　南	63357940	42990137	38943087	4047050	3291899
湖　北	40721850	29230308	26580243	2650065	1068149
湖　南	48607689	34498310	30427865	4070445	2048238
广　东	120935817	89314799	75486445	13828355	3698898
广　西	42019193	30440113	26626014	3814099	2014126
海　南	9722577	6207000	5867998	339001	115556
重　庆	25984957	18110385	16795033	1315351	729102
四　川	58197492	42018014	35440082	6577932	3703794
贵　州	40336738	31783016	26077764	5705252	2885736
云　南	43685386	35199584	30043515	5156069	4482036
西　藏	9668724	7035221	5417173	1618048	1482821
陕　西	32741300	20738946	18465979	2272967	1541526
甘　肃	23815333	17803561	15655063	2148498	1272165
青　海	7967267	5327857	4647609	680248	562397
宁　夏	7109412	4779441	4447982	331459	241730
新　疆	32132657	25119212	22661737	2457475	1502805
大　连	4172610	3173464	2856578	316885	42991
宁　波	8627443	7113286	6730387	382899	179754
厦　门	5290723	4200398	3831865	368533	80043
青　岛	9257341	7480388	6832504	647884	55651
深　圳	25298045	15414776	10512476	4902300	1156568

基本建设支出明细(地方小学)

单位：千元

公用部分	商品和服务支出	其他资本性支出			基本建设支出
			专项公用支出	专项项目支出	
283830562	**151279834**	**132550728**	**36125943**	**96424785**	**17919485**
7709550	6183846	1525705	1140395	385310	1413197
2264283	1631253	633031	287645	345386	58985
14835748	7393077	7442671	1872970	5569701	175312
5593191	3701665	1891526	932239	959288	215022
4557034	2299762	2257272	636551	1620721	154339
4124276	2927906	1196369	362775	833594	243743
3609825	1923249	1686575	508237	1178339	214782
3505014	2050884	1454129	492642	961487	86491
5310271	3958148	1352122	842350	509772	36790
14105163	8160197	5944966	1702135	4242831	267111
12797026	7569052	5227974	1788039	3439936	871529
13115532	5817737	7297795	1850236	5447560	302398
9148093	4196300	4951792	1328262	3623530	215903
14796822	3515253	11281569	2630855	8650714	349761
15196834	7897680	7299153	1567006	5732148	67594
19879563	10280784	9598780	1641781	7956999	488240
11487472	5122312	6365161	1186144	5179017	4070
13689407	7073454	6615953	1886073	4729880	419972
26415136	18567608	7847528	3591542	4255985	5205882
11145258	5114265	6030993	1445033	4585960	433823
3368864	1679427	1689437	658193	1031244	146713
6737810	3962449	2775361	645571	2129790	1136762
15430495	8716812	6713683	1558219	5155464	748983
8274389	4059780	4214608	792946	3421662	279333
7887621	3977508	3910113	665166	3244947	598181
2217684	843189	1374495	323005	1051490	415819
10748709	4940886	5807822	1615078	4192744	1253645
5836922	2342034	3494888	753372	2741516	174850
1993416	879110	1114306	307777	806529	645995
2248701	964109	1284592	530644	753948	81269
5800454	3530096	2270358	583064	1687294	1212991
904665	742021	162644	129833	32811	94481
1514157	964548	549609	171949	377661	
1036663	818965	217698	164862	52836	53662
1776953	1186371	590582	179918	410664	
5060333	4547447	512885	486193	26693	4822936

6-40 一般公共预算教育事业费和

地区	合计	个人部分	工资福利支出	对个人和家庭的补助支出	#助学金
合计	**1159676435**	**856841709**	**765185835**	**91655875**	**42035747**
北京	32177597	22871010	22658432	212578	149138
天津	12760640	10429145	9994545	434601	73982
河北	57205821	42194760	37558081	4636679	1861843
山西	22659688	16851475	15825492	1025983	420341
内蒙古	18854937	14143564	13163552	980011	701496
辽宁	22249973	17881954	16592414	1289540	338321
吉林	16746512	12897283	12093574	803708	204067
黑龙江	18839358	15213577	12347756	2865821	332872
上海	18520262	13169704	12731512	438192	347706
江苏	75494955	61122682	54617786	6504896	1653426
浙江	58928540	45259985	42528290	2731695	1274657
安徽	46337422	32919493	28823930	4095563	1241133
福建	35630389	26266572	24530869	1735703	495173
江西	42181192	27034610	25016625	2017985	1091781
山东	71068020	55803592	51248479	4555113	1146386
河南	63364930	42996079	38948943	4047136	3291986
湖北	40868909	29339603	26677136	2662467	1068149
湖南	48616364	34506891	30436422	4070469	2048238
广东	120935817	89314799	75486445	13828355	3698898
广西	42015930	30440113	26626014	3814099	2014126
海南	9722577	6207000	5867998	339001	115556
重庆	26050116	18165727	16848689	1317039	729102
四川	58198255	42018074	35440142	6577932	3703794
贵州	40336738	31783016	26077764	5705252	2885736
云南	43685386	35199584	30043515	5156069	4482036
西藏	9668724	7035221	5417173	1618048	1482821
陕西	32852840	20810748	18533272	2277475	1541559
甘肃	23822132	17809628	15659921	2149708	1273375
青海	7967267	5327857	4647609	680248	562397
宁夏	7109412	4779441	4447982	331459	241730
新疆	34805730	27048522	24295474	2753048	1563924
大连	4172610	3173464	2856578	316885	42991
宁波	8627443	7113286	6730387	382899	179754
厦门	5290723	4200398	3831865	368533	80043
青岛	9257341	7480388	6832504	647884	55651
深圳	25298045	15414776	10512476	4902300	1156568

基本建设支出明细(普通小学)

单位：千元

公用部分	商品和服务支出	其他资本性支出			基本建设支出
			专项公用支出	专项项目支出	
284818429	**151906283**	**132912147**	**36234561**	**96677586**	**18016296**
7893390	6354538	1538852	1149377	389475	1413197
2272509	1636307	636202	290816	345386	58985
14835748	7393077	7442671	1872970	5569701	175312
5593191	3701665	1891526	932239	959288	215022
4557034	2299762	2257272	636551	1620721	154339
4124276	2927906	1196369	362775	833594	243743
3634447	1936731	1697716	512398	1185318	214782
3539290	2063055	1476235	501955	974281	86491
5313769	3960625	1353143	843371	509772	36790
14105163	8160197	5944966	1702135	4242831	267111
12797026	7569052	5227974	1788039	3439936	871529
13115532	5817737	7297795	1850236	5447560	302398
9147914	4196122	4951792	1328262	3623530	215903
14796822	3515253	11281569	2630855	8650714	349761
15196834	7897680	7299153	1567006	5732148	67594
19880611	10281832	9598780	1641781	7956999	488240
11525236	5153229	6372008	1190501	5181507	4070
13689501	7073548	6615953	1886073	4729880	419972
26415136	18567608	7847528	3591542	4255985	5205882
11141995	5114265	6027730	1441770	4585960	433823
3368864	1679427	1689437	658193	1031244	146713
6747626	3969551	2778075	648285	2129790	1136762
15431199	8717516	6713683	1558219	5155464	748983
8274389	4059780	4214608	792946	3421662	279333
7887621	3977508	3910113	665166	3244947	598181
2217684	843189	1374495	323005	1051490	415819
10778447	4956470	5821977	1619149	4202828	1263645
5837654	2342504	3495150	753484	2741666	174850
1993416	879110	1114306	307777	806529	645995
2248701	964109	1284592	530644	753948	81269
6457405	3896931	2560475	657042	1903433	1299802
904665	742021	162644	129833	32811	94481
1514157	964548	549609	171949	377661	
1036663	818965	217698	164862	52836	53662
1776953	1186371	590582	179918	410664	
5060333	4547447	512885	486193	26693	4822936

6-41 一般公共预算教育事业费和

地区	合计	个人部分	工资福利支出	对个人和家庭的补助支出	#助学金
合计	**1155929646**	**854183084**	**762906802**	**91276282**	**41971193**
北京	31755707	22632959	22425797	207162	148091
天津	12727530	10404261	9977931	426330	73982
河北	57205821	42194760	37558081	4636679	1861843
山西	22659688	16851475	15825492	1025983	420341
内蒙古	18854937	14143564	13163552	980011	701496
辽宁	22249973	17881954	16592414	1289540	338321
吉林	16667947	12843341	12043784	799556	204067
黑龙江	18663658	15072154	12252591	2819563	331814
上海	18503118	13156057	12717869	438188	347706
江苏	75494955	61122682	54617786	6504896	1653426
浙江	58928540	45259985	42528290	2731695	1274657
安徽	46337422	32919493	28823930	4095563	1241133
福建	35630389	26266572	24530869	1735703	495173
江西	42181192	27034610	25016625	2017985	1091781
山东	71068020	55803592	51248479	4555113	1146386
河南	63357940	42990137	38943087	4047050	3291899
湖北	40721850	29230308	26580243	2650065	1068149
湖南	48607689	34498310	30427865	4070445	2048238
广东	120935817	89314799	75486445	13828355	3698898
广西	42015930	30440113	26626014	3814099	2014126
海南	9722577	6207000	5867998	339001	115556
重庆	25984636	18110106	16794754	1315351	729102
四川	58197492	42018014	35440082	6577932	3703794
贵州	40336738	31783016	26077764	5705252	2885736
云南	43685386	35199584	30043515	5156069	4482036
西藏	9668724	7035221	5417173	1618048	1482821
陕西	32741300	20738946	18465979	2272967	1541526
甘肃	23815333	17803561	15655063	2148498	1272165
青海	7967267	5327857	4647609	680248	562397
宁夏	7109412	4779441	4447982	331459	241730
新疆	32132657	25119212	22661737	2457475	1502805
大连	4172610	3173464	2856578	316885	42991
宁波	8627443	7113286	6730387	382899	179754
厦门	5290723	4200398	3831865	368533	80043
青岛	9257341	7480388	6832504	647884	55651
深圳	25298045	15414776	10512476	4902300	1156568

基本建设支出明细(地方普通小学)

单位：千元

公用部分	商品和服务支出	其他资本性支出			基本建设支出
			专项公用支出	专项项目支出	
283827077	**151279612**	**132547465**	**36122680**	**96424785**	**17919485**
7709550	6183846	1525705	1140395	385310	1413197
2264283	1631253	633031	287645	345386	58985
14835748	7393077	7442671	1872970	5569701	175312
5593191	3701665	1891526	932239	959288	215022
4557034	2299762	2257272	636551	1620721	154339
4124276	2927906	1196369	362775	833594	243743
3609825	1923249	1686575	508237	1178339	214782
3505014	2050884	1454129	492642	961487	86491
5310271	3958148	1352122	842350	509772	36790
14105163	8160197	5944966	1702135	4242831	267111
12797026	7569052	5227974	1788039	3439936	871529
13115532	5817737	7297795	1850236	5447560	302398
9147914	4196122	4951792	1328262	3623530	215903
14796822	3515253	11281569	2630855	8650714	349761
15196834	7897680	7299153	1567006	5732148	67594
19879563	10280784	9598780	1641781	7956999	488240
11487472	5122312	6365161	1186144	5179017	4070
13689407	7073454	6615953	1886073	4729880	419972
26415136	18567608	7847528	3591542	4255985	5205882
11141995	5114265	6027730	1441770	4585960	433823
3368864	1679427	1689437	658193	1031244	146713
6737767	3962407	2775361	645571	2129790	1136762
15430495	8716812	6713683	1558219	5155464	748983
8274389	4059780	4214608	792946	3421662	279333
7887621	3977508	3910113	665166	3244947	598181
2217684	843189	1374495	323005	1051490	415819
10748709	4940886	5807822	1615078	4192744	1253645
5836922	2342034	3494888	753372	2741516	174850
1993416	879110	1114306	307777	806529	645995
2248701	964109	1284592	530644	753948	81269
5800454	3530096	2270358	583064	1687294	1212991
904665	742021	162644	129833	32811	94481
1514157	964548	549609	171949	377661	
1036663	818965	217698	164862	52836	53662
1776953	1186371	590582	179918	410664	
5060333	4547447	512885	486193	26693	4822936

6-42 一般公共预算教育事业费和

地区	合计	个人部分	工资福利支出	对个人和家庭的补助支出	#助学金
合计	**691877301**	**525445359**	**466689417**	**58755942**	**30332226**
北京	6022009	4220268	4151954	68314	37153
天津	3177574	2744978	2648883	96095	1242
河北	41860215	31244051	27662241	3581810	1621416
山西	14743339	11299277	10628026	671251	298329
内蒙古	13056421	10097555	9358486	739069	536200
辽宁	10352280	8987526	8273514	714012	157370
吉林	10981360	8599357	8164859	434497	120488
黑龙江	11759302	9636004	7669179	1966826	137654
上海	2407493	1869394	1824865	44529	39221
江苏	33784107	28131151	25049687	3081464	408463
浙江	27440124	21167389	19627689	1539700	630535
安徽	33752903	24861777	21844475	3017301	995778
福建	21082926	15844661	14859323	985338	103016
江西	30133491	19405634	18146310	1259324	641839
山东	40562655	32424474	29844159	2580315	605294
河南	46298663	31620639	28514088	3106551	2602060
湖北	22699915	16962097	15242358	1719740	840421
湖南	32401425	24029346	21004599	3024747	1742823
广东	44376120	34196280	30621541	3574740	1277449
广西	31717542	23842924	20535217	3307707	1765209
海南	6685947	4592695	4320421	272274	88663
重庆	14473717	11374394	10424258	950136	569393
四川	41876307	30613541	25724287	4889255	2875432
贵州	31402545	25706647	21042987	4663660	2600873
云南	35058918	29289593	24998687	4290906	3811099
西藏	7649536	5627899	4284203	1343696	1242553
陕西	19417605	12994462	11295882	1698580	1196880
甘肃	19267914	14484519	12652173	1832346	1157902
青海	6021559	4275757	3639793	635964	543218
宁夏	4317171	3258143	3023627	234516	175871
新疆	27096215	22042925	19611646	2431279	1508382
大连	922325	760081	593600	166481	3983
宁波	3278556	2665835	2512663	153172	76698
厦门	990017	799862	624670	175192	3086
青岛	2322908	2027654	1846977	180678	9029
深圳	52654	29951	26444	3507	

基本建设支出明细(农村小学)

单位：千元

公用部分	商品和服务支出	其他资本性支出	专项公用支出	专项项目支出	基本建设支出
160789372	**81197652**	**79591719**	**18894726**	**60696993**	**5642571**
1483171	1128856	354315	203807	150508	318570
420436	312679	107757	44572	63185	12160
10486446	5344653	5141793	1314991	3826801	129718
3298006	2203162	1094843	483974	610869	146056
2889206	1506702	1382505	353001	1029504	69659
1331402	989487	341915	65815	276100	33352
2315994	1171052	1144942	358744	786198	66010
2074334	1175127	899207	301677	597530	48964
538099	459324	78775	56439	22336	
5652956	3431161	2221795	623190	1598605	
5815398	3266307	2549091	899306	1649785	457337
8810739	4142379	4668360	1287634	3380725	80388
5112492	2264988	2847504	674046	2173458	125773
10480155	2382190	8097964	1850179	6247785	247702
8091935	4100007	3991927	743623	3248304	46247
14485001	7577908	6907093	1040574	5866519	193022
5737818	2505248	3232569	445618	2786951	
8121659	3940189	4181471	916270	3265201	250420
10178675	6522236	3656439	1397866	2258573	1165
7635597	3800844	3834754	870500	2964253	239021
1982324	912742	1069582	331236	738345	110929
3004426	1777025	1227401	310953	916448	94897
10614629	5674759	4939869	909046	4030823	648137
5528200	2812442	2715758	606894	2108864	167697
5452486	2889366	2563120	384206	2178914	316839
1745342	655691	1089651	225454	864197	276296
6239666	2594485	3645181	801278	2843903	183478
4638338	1777232	2861105	614909	2246196	145058
1399362	624989	774373	227615	546758	346439
1009578	552225	457353	178754	278599	49450
4215502	2702194	1513307	372553	1140755	837788
151244	145873	5371	1931	3441	11000
612721	359587	253135	64170	188965	
190155	120517	69638	37406	32232	
295254	187050	108204	23824	84380	
22703	18326	4377	4144	234	

6-43 一般公共预算教育事业费和

地区	合计	个人部分	工资福利支出	对个人和家庭的补助支出	#助学金
合计	**689565769**	**523673975**	**465226756**	**58447218**	**30274636**
北京	6022009	4220268	4151954	68314	37153
天津	3177574	2744978	2648883	96095	1242
河北	41860215	31244051	27662241	3581810	1621416
山西	14743339	11299277	10628026	671251	298329
内蒙古	13056421	10097555	9358486	739069	536200
辽宁	10352280	8987526	8273514	714012	157370
吉林	10981360	8599357	8164859	434497	120488
黑龙江	11606229	9508693	7585919	1922774	137399
上海	2407493	1869394	1824865	44529	39221
江苏	33784107	28131151	25049687	3081464	408463
浙江	27440124	21167389	19627689	1539700	630535
安徽	33752903	24861777	21844475	3017301	995778
福建	21082926	15844661	14859323	985338	103016
江西	30133491	19405634	18146310	1259324	641839
山东	40562655	32424474	29844159	2580315	605294
河南	46298663	31620639	28514088	3106551	2602060
湖北	22699915	16962097	15242358	1719740	840421
湖南	32401425	24029346	21004599	3024747	1742823
广东	44376120	34196280	30621541	3574740	1277449
广西	31717542	23842924	20535217	3307707	1765209
海南	6685947	4592695	4320421	272274	88663
重庆	14473717	11374394	10424258	950136	569393
四川	41876307	30613541	25724287	4889255	2875432
贵州	31402545	25706647	21042987	4663660	2600873
云南	35058918	29289593	24998687	4290906	3811099
西藏	7649536	5627899	4284203	1343696	1242553
陕西	19417605	12994462	11295882	1698580	1196880
甘肃	19261115	14478452	12647316	1831136	1156693
青海	6021559	4275757	3639793	635964	543218
宁夏	4317171	3258143	3023627	234516	175871
新疆	24944556	20404919	18237103	2167816	1452257
大连	922325	760081	593600	166481	3983
宁波	3278556	2665835	2512663	153172	76698
厦门	990017	799862	624670	175192	3086
青岛	2322908	2027654	1846977	180678	9029
深圳	52654	29951	26444	3507	

基本建设支出明细(地方农村小学)

单位：千元

公用部分					基本建设支出
	商品和服务支出	其他资本性支出			
			专项公用支出	专项项目支出	
160279224	**80919623**	**79359600**	**18828263**	**60531338**	**5612571**
1483171	1128856	354315	203807	150508	318570
420436	312679	107757	44572	63185	12160
10486446	5344653	5141793	1314991	3826801	129718
3298006	2203162	1094843	483974	610869	146056
2889206	1506702	1382505	353001	1029504	69659
1331402	989487	341915	65815	276100	33352
2315994	1171052	1144942	358744	786198	66010
2048572	1165712	882860	293130	589730	48964
538099	459324	78775	56439	22336	
5652956	3431161	2221795	623190	1598605	
5815398	3266307	2549091	899306	1649785	457337
8810739	4142379	4668360	1287634	3380725	80388
5112492	2264988	2847504	674046	2173458	125773
10480155	2382190	8097964	1850179	6247785	247702
8091935	4100007	3991927	743623	3248304	46247
14485001	7577908	6907093	1040574	5866519	193022
5737818	2505248	3232569	445618	2786951	
8121659	3940189	4181471	916270	3265201	250420
10178675	6522236	3656439	1397866	2258573	1165
7635597	3800844	3834754	870500	2964253	239021
1982324	912742	1069582	331236	738345	110929
3004426	1777025	1227401	310953	916448	94897
10614629	5674759	4939869	909046	4030823	648137
5528200	2812442	2715758	606894	2108864	167697
5452486	2889366	2563120	384206	2178914	316839
1745342	655691	1089651	225454	864197	276296
6239666	2594485	3645181	801278	2843903	183478
4637605	1776762	2860843	614797	2246046	145058
1399362	624989	774373	227615	546758	346439
1009578	552225	457353	178754	278599	49450
3731848	2434051	1297797	314748	983049	807788
151244	145873	5371	1931	3441	11000
612721	359587	253135	64170	188965	
190155	120517	69638	37406	32232	
295254	187050	108204	23824	84380	
22703	18326	4377	4144	234	

6-44　一般公共预算教育事业费和

地区	合计	个人部分	工资福利支出	对个人和家庭的补助支出	#助学金
合　计	**5810**	**2326**	**2326**		
北　京					
天　津					
河　北					
山　西					
内蒙古					
辽　宁					
吉　林					
黑龙江					
上　海					
江　苏					
浙　江					
安　徽					
福　建	2226	2047	2047		
江　西					
山　东					
河　南					
湖　北					
湖　南					
广　东					
广　西	3263				
海　南					
重　庆	322	279	279		
四　川					
贵　州					
云　南					
西　藏					
陕　西					
甘　肃					
青　海					
宁　夏					
新　疆					
大　连					
宁　波					
厦　门					
青　岛					
深　圳					

基本建设支出明细(成人小学)

单位：千元

公用部分	商品和服务支出	其他资本性支出			基本建设支出
			专项公用支出	专项项目支出	
3484	**222**	**3263**	**3263**		
179	179				
3263		3263	3263		
43	43				

6-45 一般公共预算教育事业费和

地区	合计	个人部分	工资福利支出	对个人和家庭的补助支出	#助学金
合计	**16214696**	**11137637**	**10300206**	**837431**	**352074**
北京	558675	455758	446066	9692	6074
天津	222892	169005	163436	5568	381
河北	697709	477385	446286	31100	10824
山西	334354	236446	222750	13697	7863
内蒙古	331662	215387	208630	6757	4301
辽宁	506776	402889	377983	24905	4977
吉林	286504	219065	206053	13011	4981
黑龙江	393634	288977	255662	33315	8623
上海	645029	481956	472451	9506	6616
江苏	1195003	911233	826730	84503	24895
浙江	894787	615895	590373	25522	15970
安徽	569892	289181	255951	33231	11789
福建	630196	430283	402810	27473	13703
江西	479511	248396	231619	16777	9732
山东	1317017	946398	851861	94537	42375
河南	631339	454016	433582	20434	16364
湖北	533461	341762	313734	28027	12775
湖南	646572	449521	409015	40506	18169
广东	1826763	1217656	1094321	123335	17418
广西	403943	252308	235980	16328	7887
海南	108708	60330	54248	6082	3112
重庆	260342	171848	158945	12902	8990
四川	725084	448822	401413	47409	22745
贵州	456246	334614	294571	40043	19081
云南	458442	311612	282587	29025	26101
西藏	106687	82301	76425	5876	5350
陕西	420762	235284	222182	13102	8170
甘肃	222785	141554	132716	8838	3908
青海	66714	40776	36817	3959	2929
宁夏	75552	53945	51013	2932	2157
新疆	207658	153034	143995	9039	3813
大连	97084	81040	80164	877	
宁波	126222	89319	85028	4291	2588
厦门	90148	67179	64819	2360	517
青岛	202938	167649	144166	23483	7825
深圳	261581	139849	104202	35647	155

基本建设支出明细(特殊教育)

单位：千元

公用部分					基本建设支出
	商品和服务支出	其他资本性支出			
			专项公用支出	专项项目支出	
4865977	**2928172**	**1937806**	**743814**	**1193992**	**211082**
102918	93198	9719	9140	580	
53888	47070	6817	6233	585	
220061	108599	111462	29529	81933	263
97907	68762	29145	19740	9405	
115735	59767	55967	28926	27042	541
103585	85856	17730	8236	9493	302
67439	45912	21527	17394	4133	
103656	68688	34968	23455	11513	1000
163072	127468	35605	33776	1828	
268303	183287	85017	50532	34484	15466
272354	169548	102807	36295	66511	6537
280711	146394	134317	33397	100920	
199912	93036	106876	26420	80456	
231115	76293	154822	38601	116220	
362619	194568	168051	58936	109115	8000
177324	136877	40447	18281	22165	
191699	96803	94896	19719	75177	
197050	125511	71539	18042	53497	
565707	345125	220582	104469	116113	43399
114156	72328	41828	23854	17975	37480
48355	30859	17496	11723	5774	22
88494	56065	32429	12281	20148	
275261	174845	100417	35548	64869	1000
110895	90520	20375	15570	4805	10737
146830	73102	73728	11628	62100	
24387	11876	12511	1389	11121	
133539	59479	74059	23063	50996	51940
61129	30252	30876	9479	21397	20102
25938	12638	13300	3351	9948	
21607	12313	9294	6200	3094	
40332	31134	9198	8607	591	14292
16044	14533	1511	1179	332	
36903	25396	11507	6431	5075	
22970	19344	3626	2111	1515	
35289	28845	6445	6058	387	
92552	76060	16491	16491		29180

6-46 一般公共预算教育事业费和

地区	合计	个人部分	工资福利支出	对个人和家庭的补助支出	#助学金
合计	15531199	10690816	9877358	813458	344923
北京	459879	381287	372876	8411	5104
天津	214779	162689	158082	4606	381
河北	697709	477385	446286	31100	10824
山西	316520	224993	211328	13665	7863
内蒙古	331662	215387	208630	6757	4301
辽宁	470673	371132	348276	22856	4945
吉林	277887	212370	199865	12504	4655
黑龙江	389480	286593	253344	33249	8617
上海	528876	398177	390257	7920	6152
江苏	1168704	893910	810444	83466	24813
浙江	879111	606265	580890	25375	15895
安徽	556574	279225	248018	31208	11789
福建	630196	430283	402810	27473	13703
江西	470351	240961	224184	16777	9732
山东	1317017	946398	851861	94537	42375
河南	615038	444665	424282	20382	16351
湖北	517884	328824	302275	26549	12775
湖南	628657	433567	393871	39697	18109
广东	1780190	1186660	1065199	121462	17383
广西	391440	246981	230737	16244	7887
海南	108708	60330	54248	6082	3112
重庆	254041	166698	153922	12777	8989
四川	672731	415716	369037	46679	22484
贵州	382374	280799	248575	32224	14993
云南	405358	300905	272372	28533	26101
西藏	106687	82301	76425	5876	5350
陕西	387451	227743	214723	13020	8170
甘肃	222785	141554	132716	8838	3908
青海	66714	40776	36817	3959	2929
宁夏	75552	53945	51013	2932	2157
新疆	206171	152296	143995	8301	3076
大连	90617	74655	73876	779	
宁波	126222	89319	85028	4291	2588
厦门	90148	67179	64819	2360	517
青岛	202938	167649	144166	23483	7825
深圳	257461	137297	102230	35067	119

基本建设支出明细(特殊教育学校)

单位：千元

公用部分	商品和服务支出	其他资本性支出			基本建设支出
			专项公用支出	专项项目支出	
4629301	**2792792**	**1836509**	**717603**	**1118906**	**211082**
78592	73559	5032	4453	580	
52090	45452	6638	6053	585	
220061	108599	111462	29529	81933	263
91527	63209	28318	18913	9405	
115735	59767	55967	28926	27042	541
99239	81666	17573	8080	9493	302
65518	44238	21279	17146	4133	
101887	66959	34928	23415	11513	1000
130699	102456	28244	26890	1353	
259328	179316	80012	47610	32402	15466
266308	166015	100294	35892	64402	6537
277349	143619	133730	32810	100920	
199912	93036	106876	26420	80456	
229390	74660	154730	38510	116220	
362619	194568	168051	58936	109115	8000
170373	132572	37801	17911	19890	
189060	94409	94651	19474	75177	
195090	123943	71147	17650	53497	
550130	331465	218665	102552	116113	43399
106979	67222	39757	22005	17752	37480
48355	30859	17496	11723	5774	22
87342	54919	32423	12275	20148	
256016	161618	94397	32928	61469	1000
90838	73744	17094	14305	2789	10737
104453	69729	34724	11108	23616	
24387	11876	12511	1389	11121	
107768	57728	50040	23063	26976	51940
61129	30252	30876	9479	21397	20102
25938	12638	13300	3351	9948	
21607	12313	9294	6200	3094	
39583	30385	9198	8607	591	14292
15963	14452	1511	1179	332	
36903	25396	11507	6431	5075	
22970	19344	3626	2111	1515	
35289	28845	6445	6058	387	
90983	74859	16125	16125		29180

6-47 一般公共预算教育事业费和

地区	合计	个人部分	工资福利支出	对个人和家庭的补助支出	#助学金
合计	**683497**	**446821**	**422847**	**23973**	**7152**
北京	98797	74471	73190	1281	970
天津	8113	6316	5354	962	
河北					
山西	17833	11453	11422	32	
内蒙古					
辽宁	36103	31756	29707	2049	33
吉林	8616	6695	6188	507	326
黑龙江	4154	2384	2318	66	6
上海	116153	83780	82194	1586	464
江苏	26298	17323	16286	1037	82
浙江	15676	9630	9483	147	75
安徽	13317	9956	7933	2023	
福建					
江西	9159	7435	7435		
山东					
河南	16301	9351	9299	52	13
湖北	15577	12938	11460	1478	
湖南	17915	15954	15145	809	60
广东	46573	30996	29122	1874	36
广西	12503	5327	5243	84	
海南					
重庆	6301	5149	5023	126	1
四川	52352	33107	32376	731	262
贵州	73872	53815	45997	7818	4088
云南	53084	10707	10214	492	
西藏					
陕西	33311	7540	7459	82	
甘肃					
青海					
宁夏					
新疆	1487	738		738	738
大连	6467	6386	6288	98	
宁波					
厦门					
青岛					
深圳	4120	2552	1971	580	36

基本建设支出明细(工读学校)

单位：千元

公用部分	商品和服务支出	其他资本性支出	专项公用支出	专项项目支出	基本建设支出
236676	**135380**	**101297**	**26211**	**75085**	
24326	19639	4687	4687		
1797	1618	179	179		
6380	5553	827	827		
4347	4190	157	157		
1921	1673	248	248		
1770	1729	41	41		
32373	25012	7361	6886	475	
8975	3970	5005	2923	2082	
6046	3533	2513	403	2110	
3362	2775	587	587		
1725	1633	91	91		
6951	4305	2646	371	2275	
2639	2394	245	245		
1961	1569	392	392		
15577	13661	1917	1917		
7176	5105	2071	1848	223	
1151	1145	6	6		
19246	13226	6019	2620	3400	
20057	16776	3281	1265	2016	
42377	3373	39004	519	38485	
25771	1751	24020		24020	
749	749				
81	81				
1568	1202	366	366		

6-48 一般公共预算教育事业费和

地区	合计	个人部分	工资福利支出	对个人和家庭的补助支出	#助学金
合计	**206911163**	**126761836**	**116707688**	**10054148**	**5791206**
北京	12674518	7519499	7500762	18737	1125
天津	3238004	2167022	2100572	66450	3189
河北	8147515	5949787	5731078	218709	42166
山西	2891759	1776981	1632291	144690	116068
内蒙古	4315216	2774154	2650909	123245	89058
辽宁	1717044	1114857	1040544	74313	26176
吉林	1859183	1083463	1046061	37402	11930
黑龙江	1975496	1176102	1086245	89857	9570
上海	11083131	7695479	7660541	34937	17509
江苏	15279889	10463153	9994809	468343	184485
浙江	14998511	9385741	9154897	230845	58828
安徽	6511483	3728393	3466609	261784	118211
福建	7543196	5042618	4899978	142640	44194
江西	7774599	3412850	3220483	192366	102127
山东	9678298	5819108	5280461	538647	315323
河南	5465864	3163981	2959803	204178	162628
湖北	4673976	2746249	2562307	183942	110446
湖南	4995823	2627011	2316418	310593	229520
广东	18657952	10506400	8726046	1780355	550174
广西	3990373	1964873	1768114	196759	128135
海南	2730502	917183	854038	63145	31834
重庆	3752696	1587450	1287961	299489	250749
四川	10405757	5360348	4525725	834623	549585
贵州	7287634	5364468	4739838	624631	473725
云南	5161133	3567196	3225225	341971	254464
西藏	2868947	1916644	1472031	444614	413384
陕西	8335666	4901484	4598637	302848	233226
甘肃	5198571	3462482	3168315	294168	139859
青海	1305603	669937	536550	133387	111902
宁夏	1318909	513754	427449	86304	54276
新疆	11073914	8383167	7072991	1310176	957341
大连	592321	430745	420681	10064	2222
宁波	2596752	1839049	1816247	22802	7540
厦门	1968725	1313060	1278440	34620	302
青岛	1803830	1125432	1080124	45308	16548
深圳	8723001	4158778	3216831	941946	229111

基本建设支出明细(幼儿园)

单位：千元

公用部分					基本建设支出
	商品和服务支出	其他资本性支出	专项公用支出	专项项目支出	
75510060	**42331601**	**33178459**	**10592888**	**22585571**	**4639267**
4756816	4232821	523995	373951	150044	398203
1063589	572314	491275	192191	299083	7394
2151998	1003645	1148354	309373	838981	45730
1083181	640767	442413	177275	265138	31597
1471223	679518	791705	180496	611209	69839
591029	447924	143105	44649	98457	11158
732330	270351	461978	119008	342970	43391
777578	345727	431851	88853	342998	21816
3365498	2872868	492630	443491	49139	22154
4738239	2910759	1827481	635077	1192404	78497
5183983	3577519	1606464	575520	1030945	428786
2689331	1033325	1656006	465103	1190903	93758
2442534	1399250	1043284	444620	598663	58044
4267967	847582	3420385	700942	2719443	93782
3846390	2207329	1639061	488185	1150876	12800
2178941	746970	1431971	341062	1090909	122943
1927727	1086118	841609	281269	560339	
2202874	1288922	913952	193776	720177	165938
6855329	4675233	2180095	1659853	520243	1296223
1824541	794791	1029749	220538	809211	200959
1767984	521897	1246087	543792	702295	45335
2063066	1247155	815911	153761	662150	102180
4720987	2271200	2449787	558682	1891105	324422
1844328	889373	954955	212695	742261	78837
1527561	739778	787782	140812	646971	66376
811907	350256	461650	120709	340941	140396
3134268	1761405	1372863	422958	949905	299914
1700993	859970	841023	163601	677422	35095
563829	233723	330106	39758	290349	71837
805156	198450	606706	122382	484324	
2418884	1624660	794223	178507	615717	271863
160976	151296	9680	4673	5007	600
757703	483874	273829	50235	223594	
645535	444663	200872	146683	54189	10130
678398	413429	264969	150224	114745	
3319746	2203275	1116470	1100744	15727	1244478

6-49 一般公共预算教育事业费和

地区	合计	个人部分	工资福利支出	对个人和家庭的补助支出	#助学金
合计	**205389914**	**125760016**	**115802441**	**9957575**	**5772705**
北京	12077786	7090973	7074375	16598	1125
天津	3235216	2164564	2098115	66450	3189
河北	8139550	5942559	5724280	218279	42166
山西	2891759	1776981	1632291	144690	116068
内蒙古	4314963	2774154	2650909	123245	89058
辽宁	1715118	1112944	1038631	74313	26176
吉林	1859183	1083463	1046061	37402	11930
黑龙江	1920945	1137239	1050702	86536	9512
上海	11016070	7658616	7623684	34932	17509
江苏	15260359	10447213	9979184	468029	184412
浙江	14998511	9385741	9154897	230845	58828
安徽	6511436	3728393	3466609	261784	118211
福建	7543196	5042618	4899978	142640	44194
江西	7774599	3412850	3220483	192366	102127
山东	9678298	5819108	5280461	538647	315323
河南	5455524	3154237	2950072	204165	162615
湖北	4662216	2740074	2556181	183893	110397
湖南	4981030	2621648	2311123	310525	229486
广东	18654846	10504589	8724647	1779942	549785
广西	3990373	1964873	1768114	196759	128135
海南	2728746	917183	854038	63145	31834
重庆	3752696	1587450	1287961	299489	250749
四川	10387663	5357065	4522489	834577	549585
贵州	7287634	5364468	4739838	624631	473725
云南	5159837	3565900	3223930	341971	254464
西藏	2868947	1916644	1472031	444614	413384
陕西	8324233	4896572	4594079	302493	233176
甘肃	5192332	3456869	3163672	293197	138930
青海	1305242	669576	536469	133107	111621
宁夏	1318909	513754	427449	86304	54276
新疆	10382697	7951697	6729689	1222009	940716
大连	590495	428933	418869	10064	2222
宁波	2596752	1839049	1816247	22802	7540
厦门	1968725	1313060	1278440	34620	302
青岛	1803830	1125432	1080124	45308	16548
深圳	8722283	4158180	3216233	941946	229111

基本建设支出明细(地方幼儿园)

单位：千元

公用部分	商品和服务支出	其他资本性支出			基本建设支出
			专项公用支出	专项项目支出	
75004141	**41970117**	**33034024**	**10517980**	**22516044**	**4625756**
4588610	4088335	500275	354075	146200	398203
1063258	571983	491275	192191	299083	7394
2151261	1003148	1148113	309373	838740	45730
1083181	640767	442413	177275	265138	31597
1470970	679345	791625	180416	611209	69839
591015	447910	143105	44649	98457	11158
732330	270351	461978	119008	342970	43391
761890	339545	422345	85921	336424	21816
3335299	2853112	482187	433049	49139	22154
4734650	2908649	1826001	634090	1191911	78497
5183983	3577519	1606464	575520	1030945	428786
2689285	1033325	1655960	465057	1190903	93758
2442534	1399250	1043284	444620	598663	58044
4267967	847582	3420385	700942	2719443	93782
3846390	2207329	1639061	488185	1150876	12800
2178345	746538	1431806	340898	1090909	122943
1922142	1081679	840463	280354	560109	
2193445	1279901	913544	193367	720177	165938
6854034	4674099	2179935	1659692	520243	1296223
1824541	794791	1029749	220538	809211	200959
1766366	520599	1245767	543591	702176	45197
2063066	1247155	815911	153761	662150	102180
4706176	2256423	2449753	558648	1891105	324422
1844328	889373	954955	212695	742261	78837
1527561	739778	787782	140812	646971	66376
811907	350256	461650	120709	340941	140396
3127747	1755182	1372565	422660	949905	299914
1700368	859761	840607	163370	677237	35095
563829	233723	330106	39758	290349	71837
805156	198450	606706	122382	484324	
2172510	1474258	698252	140376	557875	258490
160962	151282	9680	4673	5007	600
757703	483874	273829	50235	223594	
645535	444663	200872	146683	54189	10130
678398	413429	264969	150224	114745	
3319626	2203155	1116470	1100744	15727	1244478

6-50 一般公共预算教育事业费和

地区	合计	个人部分			
			工资福利支出	对个人和家庭的补助支出	
					#助学金
合计	**99818609**	**64271101**	**58455709**	**5815392**	**4258179**
北京	2356222	1453484	1451138	2346	476
天津	492853	323990	310851	13139	1587
河北	5719351	4231986	4122663	109323	37583
山西	1867086	1176948	1074089	102860	84254
内蒙古	2695381	1855080	1764827	90253	67005
辽宁	446308	302215	294509	7707	4789
吉林	862666	585478	575693	9786	3911
黑龙江	1076202	655369	612425	42944	7952
上海	1532197	1169196	1165612	3584	2303
江苏	5332697	3566656	3369817	196839	107141
浙江	5893319	3784103	3657173	126930	31066
安徽	4363372	2666299	2504854	161445	71426
福建	3763586	2494524	2419659	74864	27739
江西	5182855	2335091	2226335	108757	87745
山东	4710111	3038445	2723255	315190	196246
河南	3347641	1872852	1732679	140173	118909
湖北	1931459	1160020	1042181	117839	96022
湖南	3134623	1710549	1495437	215112	183749
广东	3350928	2135394	1895112	240282	189693
广西	2510331	1199080	1052750	146331	103980
海南	1654030	678107	628038	50069	28577
重庆	1560922	796262	620071	176191	162071
四川	5965915	3275002	2694117	580885	441861
贵州	5353242	4180924	3670785	510139	424375
云南	3351565	2491575	2232337	259238	207661
西藏	1822648	1317140	981785	335356	315825
陕西	4776222	3051953	2847515	204438	160122
甘肃	4116798	2785568	2612412	173156	58090
青海	1046627	522164	415340	106824	98768
宁夏	672876	308944	262409	46535	29677
新疆	8928578	7146703	5999843	1146860	907575
大连	85327	62174	61284	891	410
宁波	905392	625673	619302	6370	3854
厦门	280459	161554	146338	15216	13
青岛	365438	249820	241767	8053	5358
深圳	5629	2538	1898	639	582

基本建设支出明细(农村幼儿园)

单位：千元

公用部分	商品和服务支出	其他资本性支出	专项公用支出	专项项目支出	基本建设支出
34129215	**16678012**	**17451203**	**4151376**	**13299828**	**1418292**
893666	768378	125288	75386	49902	9073
162788	70472	92316	12111	80205	6075
1471540	697328	774212	204950	569261	15825
663976	418963	245013	102917	142096	26161
824333	381441	442892	113753	329138	15968
143721	84473	59249	18053	41196	371
261905	106149	155756	23112	132645	15282
399017	157208	241809	43851	197958	21816
363001	308292	54708	54117	591	
1766041	963011	803030	221158	581872	
1851343	1169430	681913	198195	483718	257873
1624823	651363	973460	206065	767395	72250
1235431	630639	604793	188913	415880	33631
2799220	461689	2337531	456435	1881096	48544
1658866	966392	692475	151252	541222	12800
1371167	376583	994584	183612	810972	103623
771438	300719	470720	88666	382053	
1399554	786775	612779	124717	488062	24520
1215534	790616	424918	197246	227672	
1244887	506061	738826	135095	603731	66363
969326	254666	714660	308018	406642	6597
756767	418677	338090	56845	281245	7893
2448995	1085511	1363483	223113	1140370	241919
1120015	501325	618691	158545	460145	52302
833619	464468	369151	73304	295847	26371
442131	199689	242441	66239	176203	63377
1651623	996487	655135	148700	506435	72647
1300435	640474	659960	114596	545364	30795
469111	183133	285979	31327	254652	55352
363932	97054	266878	68437	198441	
1651010	1240546	410464	102646	307818	130864
23152	17721	5432	773	4659	
279720	165435	114284	17788	96497	
118455	70547	47909	13652	34257	450
115618	61695	53923	11857	42066	
3091	2124	967	514	453	

6-51 一般公共预算教育事业费和

地区	合计	个人部分	工资福利支出	对个人和家庭的补助支出	#助学金
合计	**99226237**	**63878359**	**58144865**	**5733493**	**4243166**
北京	2350756	1451460	1449113	2346	476
天津	492853	323990	310851	13139	1587
河北	5719351	4231986	4122663	109323	37583
山西	1867086	1176948	1074089	102860	84254
内蒙古	2695381	1855080	1764827	90253	67005
辽宁	446308	302215	294509	7707	4789
吉林	862666	585478	575693	9786	3911
黑龙江	1034776	622823	583003	39820	7894
上海	1532197	1169196	1165612	3584	2303
江苏	5332697	3566656	3369817	196839	107141
浙江	5893319	3784103	3657173	126930	31066
安徽	4363372	2666299	2504854	161445	71426
福建	3763586	2494524	2419659	74864	27739
江西	5182855	2335091	2226335	108757	87745
山东	4710111	3038445	2723255	315190	196246
河南	3347641	1872852	1732679	140173	118909
湖北	1931363	1159942	1042103	117839	96022
湖南	3134606	1710548	1495437	215111	183748
广东	3349585	2134498	1894629	239869	189304
广西	2510331	1199080	1052750	146331	103980
海南	1653988	678107	628038	50069	28577
重庆	1560922	796262	620071	176191	162071
四川	5965915	3275002	2694117	580885	441861
贵州	5353242	4180924	3670785	510139	424375
云南	3351565	2491575	2232337	259238	207661
西藏	1822648	1317140	981785	335356	315825
陕西	4776209	3051951	2847515	204436	160120
甘肃	4110855	2780250	2607769	172481	57457
青海	1046627	522164	415340	106824	98768
宁夏	672876	308944	262409	46535	29677
新疆	8390552	6794824	5725649	1069174	893645
大连	85327	62174	61284	891	410
宁波	905392	625673	619302	6370	3854
厦门	280459	161554	146338	15216	13
青岛	365438	249820	241767	8053	5358
深圳	5629	2538	1898	639	582

基本建设支出明细(地方农村幼儿园)

单位：千元

公用部分	商品和服务支出	其他资本性支出			基本建设支出
			专项公用支出	专项项目支出	
33935730	**16551898**	**17383832**	**4123436**	**13260396**	**1412148**
890224	765665	124559	74888	49671	9073
162788	70472	92316	12111	80205	6075
1471540	697328	774212	204950	569261	15825
663976	418963	245013	102917	142096	26161
824333	381441	442892	113753	329138	15968
143721	84473	59249	18053	41196	371
261905	106149	155756	23112	132645	15282
390136	153119	237017	41913	195104	21816
363001	308292	54708	54117	591	
1766041	963011	803030	221158	581872	
1851343	1169430	681913	198195	483718	257873
1624823	651363	973460	206065	767395	72250
1235431	630639	604793	188913	415880	33631
2799220	461689	2337531	456435	1881096	48544
1658866	966392	692475	151252	541222	12800
1371167	376583	994584	183612	810972	103623
771421	300701	470720	88666	382053	
1399538	786759	612779	124717	488062	24520
1215087	790269	424818	197146	227672	
1244887	506061	738826	135095	603731	66363
969284	254666	714618	307976	406642	6597
756767	418677	338090	56845	281245	7893
2448995	1085511	1363483	223113	1140370	241919
1120015	501325	618691	158545	460145	52302
833619	464468	369151	73304	295847	26371
442131	199689	242441	66239	176203	63377
1651611	996475	655135	148700	506435	72647
1299809	640265	659544	114365	545179	30795
469111	183133	285979	31327	254652	55352
363932	97054	266878	68437	198441	
1471008	1121837	349172	77515	271656	124720
23152	17721	5432	773	4659	
279720	165435	114284	17788	96497	
118455	70547	47909	13652	34257	450
115618	61695	53923	11857	42066	
3091	2124	967	514	453	

6-52 一般公共预算教育事业费和

地区	合计	个人部分	工资福利支出	对个人和家庭的补助支出	#助学金
合计	**30961121**	**18142882**	**15477548**	**2665334**	
北京	743597	516246	492308	23938	
天津	322164	245665	228705	16960	
河北	810343	511941	429345	82597	
山西	857014	590440	539984	50456	
内蒙古	560780	335694	312179	23515	
辽宁	602144	380660	285735	94925	
吉林	363878	228694	199275	29419	
黑龙江	966753	424830	316040	108790	
上海	294660	191401	187566	3835	
江苏	1528276	1005725	863709	142016	
浙江	1686917	867803	810093	57710	
安徽	1039165	570493	463943	106550	
福建	567851	327802	301349	26453	
江西	741591	394743	333409	61334	
山东	2305609	1640097	1486251	153845	
河南	1125441	527677	475017	52659	
湖北	1285324	747417	632933	114484	
湖南	2366048	1431961	1197837	234123	
广东	3631702	1871466	1464700	406766	
广西	420137	250278	223145	27133	
海南	305256	166136	149542	16594	
重庆	976385	217291	184916	32375	
四川	1799393	1036862	769599	267263	
贵州	1352038	923160	821977	101183	
云南	1072604	660193	607583	52610	
西藏	401677	261424	247931	13493	
陕西	978844	491421	363085	128336	
甘肃	488421	328405	284760	43645	
青海	174845	114476	99277	15199	
宁夏	126226	94567	91839	2728	
新疆	1066038	787915	613514	174400	
大连	109186	82976	46151	36825	
宁波	128885	98775	94229	4546	
厦门	131699	44122	42037	2085	
青岛	295212	219301	204619	14683	
深圳	714423	345595	156899	188696	

基本建设支出明细(教育行政单位)

单位：千元

公用部分	商品和服务支出	其他资本性支出	专项公用支出	专项项目支出	基本建设支出
12222454	**9901169**	**2321285**	**1210811**	**1110475**	**595785**
227351	218419	8932	8476	456	
76500	70350	6150	5036	1114	
298402	214776	83626	65354	18272	
265981	202504	63477	52368	11110	593
225018	189838	35180	28368	6812	68
219653	188547	31106	17139	13968	1830
135184	119390	15794	15374	420	
488592	256706	231887	74133	157753	53331
103259	97582	5677	5677		
522551	454040	68511	63998	4513	
819114	738424	80690	65453	15238	
468671	381400	87272	30789	56482	
193469	181813	11656	8263	3394	46580
346848	224622	122226	69285	52941	
664913	521900	143013	79848	63165	600
581986	517879	64108	44638	19470	15778
537907	452197	85710	52118	33592	
933637	833797	99841	68467	31374	450
1678443	1408545	269898	149372	120526	81793
169859	151728	18131	11574	6557	
139120	124862	14258	13243	1015	
492850	251226	241624	12393	229231	266244
761530	687748	73783	51507	22276	1000
424878	371176	53702	49013	4689	4000
412411	279057	133354	22216	111139	
140252	96635	43617	18921	24696	
429662	274307	155355	72424	82931	57761
160016	133802	26214	17426	8788	
60369	53858	6511	6511		
31659	30706	953	953		
212367	173338	39030	30476	8554	65757
26126	19301	6824	5383	1441	85
30110	26766	3344	3344		
40998	38832	2166	1655	511	46580
75911	72922	2989	2989		
334105	289237	44868	38147	6722	34722

6-53 一般公共预算教育事业费和

地区	合计	个人部分	工资福利支出	对个人和家庭的补助支出	#助学金
合计	**30526167**	**17903787**	**15347986**	**2555802**	
北京	542026	401055	390234	10821	
天津	322164	245665	228705	16960	
河北	810343	511941	429345	82597	
山西	857014	590440	539984	50456	
内蒙古	560780	335694	312179	23515	
辽宁	602144	380660	285735	94925	
吉林	363878	228694	199275	29419	
黑龙江	958847	420689	312729	107960	
上海	294660	191401	187566	3835	
江苏	1528276	1005725	863709	142016	
浙江	1686917	867803	810093	57710	
安徽	1039165	570493	463943	106550	
福建	567851	327802	301349	26453	
江西	741591	394743	333409	61334	
山东	2305609	1640097	1486251	153845	
河南	1125441	527677	475017	52659	
湖北	1285324	747417	632933	114484	
湖南	2366048	1431961	1197837	234123	
广东	3631702	1871466	1464700	406766	
广西	420137	250278	223145	27133	
海南	305256	166136	149542	16594	
重庆	976385	217291	184916	32375	
四川	1799393	1036862	769599	267263	
贵州	1352038	923160	821977	101183	
云南	1072604	660193	607583	52610	
西藏	401677	261424	247931	13493	
陕西	978844	491421	363085	128336	
甘肃	488421	328405	284760	43645	
青海	174845	114476	99277	15199	
宁夏	126226	94567	91839	2728	
新疆	840561	668152	589337	78815	
大连	109186	82976	46151	36825	
宁波	128885	98775	94229	4546	
厦门	131699	44122	42037	2085	
青岛	295212	219301	204619	14683	
深圳	714423	345595	156899	188696	

基本建设支出明细(地方教育行政单位)

单位：千元

公用部分	商品和服务支出	其他资本性支出			基本建设支出
			专项公用支出	专项项目支出	
12078207	**9775199**	**2303008**	**1192641**	**1110367**	**544172**
140970	133755	7215	6759	456	
76500	70350	6150	5036	1114	
298402	214776	83626	65354	18272	
265981	202504	63477	52368	11110	593
225018	189838	35180	28368	6812	68
219653	188547	31106	17139	13968	1830
135184	119390	15794	15374	420	
484827	254979	229848	72095	157753	53331
103259	97582	5677	5677		
522551	454040	68511	63998	4513	
819114	738424	80690	65453	15238	
468671	381400	87272	30789	56482	
193469	181813	11656	8263	3394	46580
346848	224622	122226	69285	52941	
664913	521900	143013	79848	63165	600
581986	517879	64108	44638	19470	15778
537907	452197	85710	52118	33592	
933637	833797	99841	68467	31374	450
1678443	1408545	269898	149372	120526	81793
169859	151728	18131	11574	6557	
139120	124862	14258	13243	1015	
492850	251226	241624	12393	229231	266244
761530	687748	73783	51507	22276	1000
424878	371176	53702	49013	4689	4000
412411	279057	133354	22216	111139	
140252	96635	43617	18921	24696	
429662	274307	155355	72424	82931	57761
160016	133802	26214	17426	8788	
60369	53858	6511	6511		
31659	30706	953	953		
158266	133759	24507	16061	8446	14144
26126	19301	6824	5383	1441	85
30110	26766	3344	3344		
40998	38832	2166	1655	511	46580
75911	72922	2989	2989		
334105	289237	44868	38147	6722	34722

6-54 一般公共预算教育事业费和

地 区	合 计	个人部分	工资福利支出	对个人和家庭的补助支出	#助学金
合 计	**58031488**	**34555636**	**31616993**	**2938643**	
北 京	8058397	3044029	3014110	29919	
天 津	1274710	906629	864589	42039	
河 北	2045377	1607903	1429823	178080	
山 西	1645022	1197464	1132151	65313	
内蒙古	1180047	873914	863061	10853	
辽 宁	2037121	1553336	1489486	63850	
吉 林	1050667	591913	571175	20738	
黑龙江	830988	567015	466197	100819	
上 海	4538838	1967064	1944434	22630	
江 苏	3677073	2630954	2241514	389441	
浙 江	4067733	2683232	2461661	221571	
安 徽	900131	518249	465774	52474	
福 建	2012191	1187551	1112756	74795	
江 西	1588510	915759	834482	81278	
山 东	2559692	1748009	1573939	174070	
河 南	2133054	1342965	1289058	53908	
湖 北	2419644	1497819	1353595	144224	
湖 南	1055059	677563	599046	78517	
广 东	3916991	2140451	1744855	395596	
广 西	1193986	770365	726065	44300	
海 南	278594	135454	131266	4188	
重 庆	720935	405343	343307	62036	
四 川	2648366	1711831	1473831	238000	
贵 州	361894	240453	209122	31331	
云 南	907792	608617	565162	43455	
西 藏	1029485	489502	384531	104971	
陕 西	1785403	1017797	938413	79385	
甘 肃	781136	571798	540009	31789	
青 海	347054	276707	273291	3416	
宁 夏	199913	150756	144238	6517	
新 疆	785686	525193	436052	89141	
大 连	314013	227449	225556	1893	
宁 波	607911	412624	382408	30216	
厦 门	421803	216852	192390	24462	
青 岛	457679	322851	277106	45745	
深 圳	854470	335573	257118	78454	

基本建设支出明细(教育事业单位)

单位：千元

公用部分	商品和服务支出	其他资本性支出			基本建设支出
			专项公用支出	专项项目支出	
22696059	**17999484**	**4696575**	**2684477**	**2012098**	**779794**
4896875	4574297	322578	264797	57781	117493
368081	318133	49948	42247	7701	
437193	359563	77630	48567	29062	281
415138	336551	78587	52904	25683	32420
305853	222938	82914	36579	46335	280
477699	444070	33629	24832	8797	6085
425099	279087	146013	116205	29808	33655
261068	191799	69268	25114	44155	2905
2247167	1809334	437833	378292	59541	324608
1042364	859946	182418	138468	43950	3755
1381909	1014226	367683	181586	186097	2592
381883	332854	49029	30954	18075	
801808	525777	276031	105634	170397	22832
630115	487810	142305	126772	15533	42636
801683	491945	309738	46532	263206	10000
776196	604199	171997	81586	90411	13892
921825	464694	457131	126838	330293	
377496	296681	80815	40992	39823	
1723448	1361387	362061	169806	192255	53091
350152	275533	74619	69799	4819	73469
143140	122926	20213	19250	964	
315592	260539	55054	45797	9256	
936535	665040	271495	181917	89578	
121441	107515	13926	13806	120	
299175	254970	44205	29646	14560	
537354	373979	163374	91835	71539	2630
756965	525491	231474	133171	98303	10641
209338	135365	73972	24425	49547	
70347	62855	7492	3494	3998	
49157	39446	9711	9711		
233962	200532	33431	22921	10509	26530
84479	79655	4824	731	4092	2085
195288	165102	30185	29540	646	
202451	159175	43276	34031	9244	2500
134828	125989	8839	3016	5822	
465806	432980	32826	30265	2561	53091

6-55 一般公共预算教育事业费和

地区	合计	个人部分	工资福利支出	对个人和家庭的补助支出	#助学金
合计	**54521198**	**34383891**	**31460442**	**2923449**	
北京	4640228	2912760	2892035	20726	
天津	1274710	906629	864589	42039	
河北	2045377	1607903	1429823	178080	
山西	1645022	1197464	1132151	65313	
内蒙古	1180047	873914	863061	10853	
辽宁	2037121	1553336	1489486	63850	
吉林	1050667	591913	571175	20738	
黑龙江	827026	563891	464182	99709	
上海	4538838	1967064	1944434	22630	
江苏	3677073	2630954	2241514	389441	
浙江	4067733	2683232	2461661	221571	
安徽	900131	518249	465774	52474	
福建	2012191	1187551	1112756	74795	
江西	1588510	915759	834482	81278	
山东	2559692	1748009	1573939	174070	
河南	2133054	1342965	1289058	53908	
湖北	2419644	1497819	1353595	144224	
湖南	1055059	677563	599046	78517	
广东	3916991	2140451	1744855	395596	
广西	1193986	770365	726065	44300	
海南	278594	135454	131266	4188	
重庆	720935	405343	343307	62036	
四川	2648366	1711831	1473831	238000	
贵州	361894	240453	209122	31331	
云南	907792	608617	565162	43455	
西藏	1029485	489502	384531	104971	
陕西	1785403	1017797	938413	79385	
甘肃	781136	571798	540009	31789	
青海	347054	276707	273291	3416	
宁夏	199913	150756	144238	6517	
新疆	697527	487842	403591	84250	
大连	314013	227449	225556	1893	
宁波	607911	412624	382408	30216	
厦门	421803	216852	192390	24462	
青岛	457679	322851	277106	45745	
深圳	854470	335573	257118	78454	

基本建设支出明细(地方教育事业单位)

单位：千元

公用部分	商品和服务支出	其他资本性支出	专项公用支出	专项项目支出	基本建设支出
19407964	**14810116**	**4597848**	**2596140**	**2001709**	**729343**
1648214	1403194	245020	187484	57536	79253
368081	318133	49948	42247	7701	
437193	359563	77630	48567	29062	281
415138	336551	78587	52904	25683	32420
305853	222938	82914	36579	46335	280
477699	444070	33629	24832	8797	6085
425099	279087	146013	116205	29808	33655
260230	191117	69113	24958	44155	2905
2247167	1809334	437833	378292	59541	324608
1042364	859946	182418	138468	43950	3755
1381909	1014226	367683	181586	186097	2592
381883	332854	49029	30954	18075	
801808	525777	276031	105634	170397	22832
630115	487810	142305	126772	15533	42636
801683	491945	309738	46532	263206	10000
776196	604199	171997	81586	90411	13892
921825	464694	457131	126838	330293	
377496	296681	80815	40992	39823	
1723448	1361387	362061	169806	192255	53091
350152	275533	74619	69799	4819	73469
143140	122926	20213	19250	964	
315592	260539	55054	45797	9256	
936535	665040	271495	181917	89578	
121441	107515	13926	13806	120	
299175	254970	44205	29646	14560	
537354	373979	163374	91835	71539	2630
756965	525491	231474	133171	98303	10641
209338	135365	73972	24425	49547	
70347	62855	7492	3494	3998	
49157	39446	9711	9711		
195367	182950	12417	12052	365	14319
84479	79655	4824	731	4092	2085
195288	165102	30185	29540	646	
202451	159175	43276	34031	9244	2500
134828	125989	8839	3016	5822	
465806	432980	32826	30265	2561	53091

6-56 一般公共预算教育事业费和

地区	合计	个人部分	工资福利支出	对个人和家庭的补助支出	#助学金
合计	**48899732**	**16494634**	**14180347**	**2314287**	**30758**
北京	4962367	1201581	843773	357808	15485
天津	855172	359971	303734	56237	
河北	1350865	643050	588653	54397	
山西	1391945	450853	419982	30871	
内蒙古	953455	321058	315452	5606	
辽宁	1608537	572103	478921	93182	
吉林	681039	333689	281205	52485	669
黑龙江	594232	381298	330332	50966	720
上海	1199559	298657	284757	13900	4846
江苏	1908188	888444	769049	119395	770
浙江	4444667	1128027	696163	431864	191
安徽	1131842	420424	393155	27269	
福建	1288727	456931	427748	29182	2393
江西	1596501	413802	381089	32713	
山东	2489615	1185257	1093675	91583	
河南	1763831	563474	543090	20384	
湖北	2472869	552000	437643	114357	645
湖南	1530616	839412	568669	270742	1382
广东	2643783	1011306	894506	116800	1331
广西	801021	320043	301663	18380	
海南	905672	59440	58216	1224	
重庆	485824	198894	193759	5135	932
四川	2788711	738564	643835	94728	1395
贵州	1411170	454471	402977	51494	
云南	1108129	494553	482421	12132	
西藏	222722	112526	110741	1785	
陕西	1460675	327535	314448	13087	
甘肃	782168	335702	313454	22248	
青海	664083	169848	168284	1565	
宁夏	240420	95896	94087	1809	
新疆	3161326	1165826	1044867	120959	
大连	180665	88915	73436	15479	
宁波	438327	237516	87082	150434	
厦门	78378	49446	48749	697	
青岛	229194	129275	114571	14704	
深圳	839240	152171	119960	32211	

基本建设支出明细(其他教育机构)

单位：千元

公用部分	商品和服务支出	其他资本性支出			基本建设支出
			专项公用支出	专项项目支出	
27412476	**15170658**	**12241818**	**3950172**	**8291646**	**4992623**
3674396	2998368	676028	659935	16093	86389
100943	91709	9233	9233		394259
533887	213949	319938	83827	236111	173928
621982	241317	380665	114627	266038	319110
468320	199744	268575	124266	144309	164077
973505	764138	209367	43369	165998	62929
329176	245433	83743	9070	74672	18174
190135	143398	46737	15786	30951	22798
738585	633567	105018	61884	43134	162317
957294	548234	409059	77344	331716	62450
2923386	1143704	1779682	839535	940147	393255
711418	270463	440955	34076	406879	
480697	225548	255149	26988	228162	351099
849365	213255	636110	193631	442479	333334
1242758	819746	423011	57846	365165	61600
1069556	622333	447222	69946	377277	130801
1920869	822842	1098027	180929	917098	
584675	397539	187136	83873	103263	106529
976775	737757	239017	57716	181301	655703
465125	248820	216305	58688	157617	15853
116233	79633	36600	4709	31891	730000
282856	236528	46329	36690	9638	4074
1895427	1262456	632971	271286	361685	154720
956435	269314	687121	115270	571851	264
548873	224131	324742	71304	253438	64703
109886	64286	45601	19072	26528	311
1100673	393468	707205	62381	644823	32467
412502	156881	255621	57961	197660	33964
417934	96407	321527	44214	277313	76301
144524	65626	78898	10091	68808	
1614286	740061	874225	454624	419600	381214
54001	50514	3487	1644	1843	37749
60811	57678	3133	2493	640	140000
28860	26013	2848	2058	790	71
99919	68844	31075	4244	26831	
229739	219740	9999	9189	810	457330

6-57 一般公共预算教育事业费和

地区	合计	个人部分	工资福利支出	对个人和家庭的补助支出	#助学金
合计	**47334135**	**16057342**	**13812292**	**2245051**	**9472**
北京	3836838	896056	594914	301142	
天津	855172	359971	303734	56237	
河北	1350865	643050	588653	54397	
山西	1391945	450853	419982	30871	
内蒙古	953455	321058	315452	5606	
辽宁	1608537	572103	478921	93182	
吉林	681039	333689	281205	52485	669
黑龙江	590517	377920	327470	50450	720
上海	1031506	258662	248171	10491	1438
江苏	1908188	888444	769049	119395	770
浙江	4444667	1128027	696163	431864	191
安徽	1131842	420424	393155	27269	
福建	1247772	445424	418658	26765	
江西	1596501	413802	381089	32713	
山东	2489615	1185257	1093675	91583	
河南	1763831	563474	543090	20384	
湖北	2472869	552000	437643	114357	645
湖南	1530616	839412	568669	270742	1382
广东	2643783	1011306	894506	116800	1331
广西	801021	320043	301663	18380	
海南	905672	59440	58216	1224	
重庆	485824	198894	193759	5135	932
四川	2788711	738564	643835	94728	1395
贵州	1411170	454471	402977	51494	
云南	1108129	494553	482421	12132	
西藏	222722	112526	110741	1785	
陕西	1460675	327535	314448	13087	
甘肃	782168	335702	313454	22248	
青海	664083	169848	168284	1565	
宁夏	240420	95896	94087	1809	
新疆	2933981	1088942	974211	114731	
大连	180665	88915	73436	15479	
宁波	438327	237516	87082	150434	
厦门	78378	49446	48749	697	
青岛	229194	129275	114571	14704	
深圳	839240	152171	119960	32211	

基本建设支出明细(地方其他教育机构)

单位：千元

公用部分	商品和服务支出	其他资本性支出			基本建设支出
			专项公用支出	专项项目支出	
26351428	**14216186**	**12135242**	**3880195**	**8255047**	**4925365**
2854393	2210021	644372	630339	14033	86389
100943	91709	9233	9233		394259
533887	213949	319938	83827	236111	173928
621982	241317	380665	114627	266038	319110
468320	199744	268575	124266	144309	164077
973505	764138	209367	43369	165998	62929
329176	245433	83743	9070	74672	18174
189799	143062	46737	15786	30951	22798
610528	548685	61842	52025	9817	162317
957294	548234	409059	77344	331716	62450
2923386	1143704	1779682	839535	940147	393255
711418	270463	440955	34076	406879	
451249	197923	253325	25164	228162	351099
849365	213255	636110	193631	442479	333334
1242758	819746	423011	57846	365165	61600
1069556	622333	447222	69946	377277	130801
1920869	822842	1098027	180929	917098	
584675	397539	187136	83873	103263	106529
976775	737757	239017	57716	181301	655703
465125	248820	216305	58688	157617	15853
116233	79633	36600	4709	31891	730000
282856	236528	46329	36690	9638	4074
1895427	1262456	632971	271286	361685	154720
956435	269314	687121	115270	571851	264
548873	224131	324742	71304	253438	64703
109886	64286	45601	19072	26528	311
1100673	393468	707205	62381	644823	32467
412502	156881	255621	57961	197660	33964
417934	96407	321527	44214	277313	76301
144524	65626	78898	10091	68808	
1531084	686779	844305	425926	418379	313956
54001	50514	3487	1644	1843	37749
60811	57678	3133	2493	640	140000
28860	26013	2848	2058	790	71
99919	68844	31075	4244	26831	
229739	219740	9999	9189	810	457330

第七部分

各地区教育和其他部门各级各类学校生均教育经费

7-1　各级各类学校生均

地　区	普通高等学校	普通高等本科学校	普通高职高专学校	中等职业学校	普通高中	农村高中
合　计	**22407.39**	**25226.90**	**16033.90**	**17446.93**	**18671.83**	**14583.00**
北　京	39637.63	38538.97	69384.61	70571.51	76460.76	91134.55
天　津	24222.12	27181.63	15202.69	22510.41	31045.20	23779.81
河　北	18197.19	20061.89	14836.54	17178.79	16258.17	14464.98
山　西	17584.61	18802.93	14778.35	18515.10	17212.75	15460.90
内蒙古	22066.55	24863.23	17064.86	23498.69	22050.06	21875.68
辽　宁	17581.21	18656.98	13980.80	18122.00	16340.59	12322.34
吉　林	20367.16	20979.58	17387.04	27275.62	15236.55	16907.85
黑龙江	20528.44	21712.61	15750.99	21682.89	13776.92	12638.99
上　海	37291.33	38106.07	24391.16	62184.53	58426.50	41750.96
江　苏	23129.66	24930.05	18950.27	21723.04	30964.71	23909.13
浙　江	26123.88	30096.95	18167.23	27006.24	33188.97	30302.18
安　徽	16590.96	17713.26	14589.68	15764.01	15241.26	13501.93
福　建	20483.91	23076.01	14773.17	19852.36	18833.65	17001.33
江　西	18962.91	22835.81	13496.09	15840.60	14943.20	13577.99
山　东	18757.56	20530.53	15454.75	19664.00	18285.33	14524.46
河　南	15137.90	16859.74	12625.20	9937.74	12359.99	10063.44
湖　北	22099.97	25680.43	13416.89	16185.57	19079.30	14843.87
湖　南	16769.38	18544.06	14167.16	13930.04	15577.70	13070.34
广　东	37361.18	48321.06	19768.02	20377.74	23769.10	15319.32
广　西	14130.41	15431.04	12087.45	10722.40	11217.17	9075.23
海　南	32843.46	36324.12	18471.22	13499.66	20219.28	21363.78
重　庆	18224.74	20328.72	13593.31	14245.83	16159.83	12583.19
四　川	20425.70	21906.64	16670.86	13787.02	14100.12	12169.09
贵　州	19562.70	23946.54	14731.17	9053.86	14346.09	12023.34
云　南	16570.48	17901.94	13644.81	12794.24	18449.37	15488.45
西　藏	91263.60	87447.62	102312.10	59486.19	42357.22	28296.84
陕　西	21594.87	23134.48	16558.93	14426.42	19495.28	17023.70
甘　肃	19831.95	21972.18	15597.98	18499.60	15957.36	14732.76
青　海	39749.32	36641.34	45774.45	19245.95	21719.00	18680.63
宁　夏	29606.96	31662.44	25938.90	18099.82	16757.76	14043.04
新　疆	25899.98	31879.21	17779.36	15861.93	19133.31	15989.37
大　连	23360.59	31107.54	13630.51	26543.18	20174.63	18341.77
宁　波	25039.06	25247.61	24725.28	37793.48	38793.89	34394.70
厦　门	40341.27	40209.54	40708.07	33876.15	30964.59	26974.24
青　岛	135293.49		38502.68	30870.51	29673.57	26763.46
深　圳	158137.36	214096.78	53382.67	47562.18	75051.60	

一般公共预算教育经费

单位：元

普通初中	农村初中	普通小学	农村小学	幼儿园	农村幼儿园
17803.60	**15731.01**	**12330.58**	**11541.34**	**9410.76**	**6860.06**
62729.46	97982.30	35475.08	51749.40	37064.98	40094.51
30806.65	24835.54	18831.02	18307.01	22022.16	11878.75
13806.52	12834.46	9769.69	9786.12	7188.32	6184.7
16600.15	16226.54	11382.23	12813.01	5272.27	4556.92
19239.92	20322.68	15208.50	17803.07	14454.40	13799.46
17686.43	17421.60	12229.89	15433.10	5777.09	3378.29
19807.56	21467.74	15440.03	18435.02	13088.94	11842.67
17572.45	18953.58	15446.62	19350.67	10597.38	10356.67
44970.99	40520.95	30741.79	28169.19	30920.03	30009.21
25071.46	21463.31	15257.91	13055.38	10009.91	7112.77
27258.20	26980.02	18715.85	19217.04	15509.06	14983.26
17415.92	16571.11	11428.19	10912.01	7562.80	6499.89
18390.48	17936.64	11227.52	11080.48	8865.77	7161.37
14196.33	13718.91	10970.34	11118.21	10280.96	9197.5
17833.11	16804.04	10838.61	10275.50	5411.33	4312.38
11575.54	10734.77	7665.87	7476.57	4459.81	3446.09
18555.68	17157.07	11433.93	10857.79	7083.86	4720.97
14626.14	13905.39	9807.34	9507.64	5170.46	4394.04
21708.59	16347.89	14654.73	11311.36	9512.77	3587.56
11597.45	10803.40	8886.27	8867.57	4204.28	3173.81
18760.32	19241.80	13159.59	14583.07	18665.82	16868.22
17612.28	16431.69	13312.21	14261.45	8326.28	6513.03
15483.34	14627.87	11587.23	11732.86	8892.72	6635.48
14394.85	13711.03	11230.24	11093.37	9101.35	7714.16
15081.79	14169.26	12003.17	11859.53	7344.95	5562.6
35390.99	30967.11	30080.91	29177.29	25298.33	19834.54
19828.57	18532.93	13233.29	13470.28	12805.97	11040.28
15810.99	16063.22	12696.24	13551.01	9658.65	8824.93
19603.16	19376.27	15646.86	16016.62	8413.59	8102.33
16563.20	15297.22	12578.20	12252.28	10965.39	7112.26
21540.37	20071.22	13259.28	13069.76	9069.84	8081.42
21364.03	30387.68	12539.54	21813.34	7386.19	7246.19
30200.51	28993.22	20305.27	19451.08	17123.87	16514.1
25152.13	28153.97	17839.07	17353.16	17650.08	14412.96
28863.05	32346.09	17717.06	23007.15	10772.86	9260.8
48704.59		36750.22	42318.40	39512.37	77302.82

7-2 各级各类地方学校生均

地区	普通高等学校	普通高等本科学校	普通高职高专学校	中等职业学校	普通高中	农村高中
合计	**20573.23**	**23230.00**	**16047.65**	**17442.41**	**18639.11**	**14578.55**
北京	65374.15	64308.36	71160.48	71693.45	78176.50	91134.55
天津	20269.75	22720.92	15202.69	22510.41	31045.20	23779.81
河北	17966.55	19839.00	14836.54	17171.07	16258.17	14464.98
山西	17584.61	18802.93	14778.35	18515.10	17212.75	15460.90
内蒙古	22066.55	24863.23	17064.86	23498.69	22050.06	21875.68
辽宁	15705.47	16376.64	13980.80	18122.00	16340.59	12322.34
吉林	17639.83	17712.64	17387.04	27275.62	15224.32	16907.85
黑龙江	18205.30	19010.22	15750.99	21682.89	13776.92	12638.99
上海	39714.38	41052.78	27112.72	62184.53	58846.54	41750.96
江苏	21684.34	23439.69	18950.27	21723.04	30964.71	23909.13
浙江	24756.22	28717.31	18167.23	27006.24	33188.97	30302.18
安徽	15224.85	15651.32	14589.68	15764.01	15241.26	13501.93
福建	19564.27	22323.86	14773.17	19852.36	18833.65	17001.33
江西	18962.91	22835.81	13496.09	15840.60	14943.20	13577.99
山东	17509.59	18800.65	15454.75	19664.00	18285.33	14524.46
河南	15017.60	16664.26	12625.20	9937.74	12359.99	10063.44
湖北	18269.60	21954.60	13491.76	16199.22	19001.05	14675.20
湖南	15832.02	17079.40	14333.50	13930.04	15588.31	13070.34
广东	36894.01	50065.04	19926.38	20377.74	23769.10	15319.32
广西	14130.41	15431.04	12087.45	10722.40	11217.17	9075.23
海南	32843.46	36324.12	18471.22	13499.66	20219.28	21363.78
重庆	15638.75	16978.43	13593.31	14245.83	16132.18	12583.19
四川	18208.03	19095.92	16670.86	13787.02	14104.09	12169.09
贵州	19562.70	23946.54	14731.17	9053.86	14346.09	12023.34
云南	16570.48	17901.94	13644.81	12794.24	18449.37	15488.45
西藏	91263.60	87447.62	102312.10	59486.19	42357.22	28296.84
陕西	17675.37	18213.52	16558.93	14426.42	19532.78	17023.70
甘肃	17332.97	18458.71	15597.98	18502.17	15960.85	14737.42
青海	39749.32	36641.34	45774.45	19245.95	21719.00	18680.63
宁夏	29047.35	31587.70	25938.90	18099.82	16757.76	14043.04
新疆	25899.98	31879.21	17779.36	15861.93	19133.31	15989.37
大连	23360.59	31107.54	13630.51	26543.18	20174.63	18341.77
宁波	25034.85	25240.60	24725.28	37793.48	38793.89	34394.70
厦门	40341.27	40209.54	40708.07	33876.15	30964.59	26974.24
青岛	135293.49		38502.68	30870.51	29673.57	26763.46
深圳	149269.94	200492.43	53382.67	47562.18	75051.60	

一般公共预算教育经费

单位：元

普通初中	农村初中	普通小学	农村小学	幼儿园	农村幼儿园
17798.86	**15731.05**	**12327.17**	**11541.37**	**9424.29**	**6860.97**
63603.26	97982.30	35411.73	51749.40	42575.20	40368.99
30806.65	24835.54	18850.84	18307.01	22666.82	12017.91
13806.52	12834.46	9769.69	9786.12	7189.84	6184.7
16600.15	16226.54	11382.57	12813.69	5276.64	4558.26
19239.92	20322.68	15208.50	17803.07	14486.64	13799.46
17686.43	17421.60	12229.89	15433.10	5910.97	3378.29
19796.78	21467.74	15483.11	18435.02	13235.59	11842.67
17572.45	18953.58	15446.62	19350.67	10648.35	10356.67
45036.47	40520.95	30765.87	28169.19	30942.78	30009.21
25071.46	21463.31	15257.91	13055.38	10007.24	7112.77
27258.20	26980.02	18715.85	19217.04	15516.33	14983.26
17415.92	16571.11	11428.19	10912.01	7581.24	6499.89
18390.48	17936.64	11227.52	11080.48	8882.01	7161.37
14196.33	13718.91	10970.34	11118.21	10280.96	9197.5
17833.11	16804.04	10838.61	10275.50	5411.33	4312.38
11575.74	10734.77	7665.53	7476.57	4472.83	3449.52
18547.58	17157.07	11426.27	10857.79	7126.49	4721.55
14633.79	13905.39	9810.41	9507.64	5169.95	4394.17
21708.59	16347.89	14654.73	11311.36	9521.44	3587.59
11597.45	10803.40	8886.27	8867.57	4204.45	3173.97
18760.32	19241.80	13159.59	14583.07	18926.15	16913.97
17612.65	16431.69	13307.02	14261.45	8372.54	6513.03
15485.75	14627.87	11588.73	11732.86	8895.39	6636.87
14394.85	13711.03	11230.24	11093.37	9101.35	7714.16
15081.79	14169.26	12003.17	11859.53	7353.07	5562.6
35390.99	30967.11	30080.91	29177.29	25298.33	19834.54
19865.37	18532.93	13245.49	13470.28	12844.37	11041.26
15812.01	16064.68	12697.20	13552.78	9694.75	8828.48
19603.16	19376.27	15646.86	16016.62	8479.61	8102.33
16563.20	15297.22	12578.20	12252.28	10990.65	7112.26
21540.37	20071.22	13259.28	13069.76	9091.45	8082.21
21364.03	30387.68	12539.54	21813.34	7664.22	7246.19
30200.51	28993.22	20305.27	19451.08	17123.87	16514.1
25152.13	28153.97	17839.07	17353.16	17842.25	14412.96
28863.05	32346.09	17717.06	23007.15	10772.86	9260.8
48704.59		36750.22	42318.40	39549.66	77302.82

7-3 生均教育经费支出(高等学校)

单位：元

地区	教育经费支出	个人和公用部分支出	个人部分	公用部分	基本建设支出
合计	**36670.40**	**35723.71**	**18983.99**	**16739.72**	**946.69**
北京	69942.25	68477.77	36851.15	31626.62	1464.48
天津	43527.27	43140.88	22560.80	20580.08	386.39
河北	27222.56	26477.89	14193.02	12284.87	744.66
山西	25283.71	24806.68	13837.42	10969.26	477.03
内蒙古	33365.83	32752.92	18327.87	14425.04	612.92
辽宁	30553.86	30097.69	17471.68	12626.01	456.17
吉林	29670.31	29375.87	15695.05	13680.82	294.44
黑龙江	32221.09	31748.09	17228.83	14519.27	473.00
上海	70566.56	67871.24	32346.86	35524.38	2695.32
江苏	39736.76	39369.32	22581.49	16787.83	367.44
浙江	49795.54	48980.98	24068.70	24912.28	814.56
安徽	29095.68	28253.41	14984.01	13269.40	842.28
福建	37198.09	36897.27	20476.83	16420.44	300.82
江西	26172.93	25953.33	14979.35	10973.98	219.60
山东	30862.29	30708.18	16367.39	14340.78	154.12
河南	23038.71	22714.86	12216.47	10498.39	323.85
湖北	36353.81	35752.48	21118.33	14634.15	601.32
湖南	25934.02	25452.04	13934.80	11517.24	481.98
广东	48266.13	43446.57	22318.48	21128.10	4819.55
广西	29299.61	29094.96	12555.91	16539.05	204.66
海南	50657.47	50054.00	19780.60	30273.40	603.48
重庆	33441.80	32991.43	18468.84	14522.60	450.37
四川	32947.48	32273.22	17966.31	14306.91	674.26
贵州	28110.40	27577.68	14786.23	12791.45	532.72
云南	26364.40	26036.57	13929.87	12106.70	327.83
西藏	80587.62	66466.01	34818.20	31647.81	14121.61
陕西	41705.59	40855.79	19628.76	21227.03	849.80
甘肃	30211.68	29572.15	15644.30	13927.86	639.53
青海	52967.19	49219.16	21291.56	27927.60	3748.03
宁夏	36635.20	36050.48	19692.38	16358.11	584.72
新疆	32547.60	30704.21	14176.30	16527.91	1843.39
大连	33885.08	32014.72	18131.17	13883.55	1870.36
宁波	48249.30	48249.30	22452.19	25797.11	
厦门	50125.30	48085.00	20598.62	27486.37	2040.31
青岛	83386.14	83386.14	15877.15	67508.99	
深圳	177299.67	119445.76	54563.24	64882.52	57853.91

7-4 生均一般公共预算教育事业费和基本建设支出(高等学校)

单位：元

地区	一般公共预算教育事业费和基本建设支出	事业费支出	个人部分	公用部分	基本建设支出
合计	**22071.85**	**21065.13**	**12913.69**	**8151.45**	**1006.72**
北京	38400.76	36802.03	24483.49	12318.54	1598.73
天津	24185.28	23784.22	13992.63	9791.60	401.05
河北	18226.53	17492.23	11245.85	6246.39	734.29
山西	18265.38	17764.42	10261.96	7502.46	500.96
内蒙古	22083.17	21473.24	12221.16	9252.08	609.93
辽宁	17400.48	17043.41	10376.31	6667.10	357.07
吉林	19302.04	18976.79	11083.76	7893.03	325.25
黑龙江	20445.82	19974.16	12834.67	7139.49	471.66
上海	37411.90	34480.61	20291.43	14189.18	2931.29
江苏	21963.39	21566.30	13097.44	8468.86	397.09
浙江	26220.23	25377.03	15082.20	10294.83	843.20
安徽	16526.06	15833.00	9616.07	6216.93	693.06
福建	21010.07	20802.45	12386.45	8416.00	207.62
江西	20137.06	19898.96	11742.23	8156.74	238.09
山东	18933.61	18771.26	12693.98	6077.28	162.36
河南	14439.57	14085.72	7410.22	6675.50	353.84
湖北	21686.38	21090.25	13840.97	7249.28	596.13
湖南	16237.13	15715.10	10932.49	4782.61	522.02
广东	36473.59	30406.94	19502.04	10904.90	6066.65
广西	13496.90	13263.99	5758.54	7505.46	232.90
海南	31036.78	30374.48	12165.21	18209.27	662.30
重庆	18157.52	17710.04	10221.54	7488.50	447.48
四川	20191.91	19461.87	12931.09	6530.78	730.04
贵州	18825.48	18273.06	11156.53	7116.53	552.42
云南	16454.79	16100.31	10424.61	5675.70	354.48
西藏	81968.02	65990.31	35203.11	30787.20	15977.71
陕西	21521.56	20622.36	12472.49	8149.86	899.20
甘肃	19304.73	18703.95	9626.15	9077.80	600.78
青海	40067.36	36049.43	13749.77	22299.66	4017.93
宁夏	27907.49	27267.58	14918.40	12349.18	639.91
新疆	24905.85	22823.23	12874.40	9948.83	2082.62
大连	20816.96	20400.21	12436.32	7963.89	416.75
宁波	23939.00	23939.00	10979.70	12959.29	
厦门	35421.24	35421.24	16301.25	19120.00	
青岛	127852.74	127852.74	20105.36	107747.38	
深圳	150881.04	86316.34	42360.03	43956.31	64564.70

7-5 生均教育经费支出(中央属高等学校)

单位：元

地区	教育经费支出	个人和公用部分支出			基本建设支出
			个人部分	公用部分	
合计	**65263.38**	**64105.58**	**32590.12**	**31515.46**	**1157.80**
北京	70895.74	69594.61	36294.14	33300.47	1301.13
天津	77133.50	75527.35	35590.39	39936.96	1606.15
河北	30865.98	29845.75	18526.38	11319.37	1020.22
山西					
内蒙古					
辽宁	51574.45	50811.20	28772.14	22039.06	763.25
吉林	50699.91	50395.88	28893.86	21502.02	304.03
黑龙江	65318.94	64916.64	27685.54	37231.09	402.30
上海	87728.96	86284.29	38187.19	48097.10	1444.67
江苏	51220.32	50629.76	28270.21	22359.55	590.56
浙江	99342.91	97703.79	39887.58	57816.21	1639.12
安徽	63443.37	61138.16	28859.00	32279.17	2305.21
福建	53898.42	52713.97	31342.68	21371.29	1184.45
江西					
山东	62007.98	61262.13	30761.67	30500.46	745.85
河南	74509.89	43595.21	23055.66	20539.56	30914.67
湖北	54629.62	52887.86	31902.87	20984.99	1741.76
湖南	51628.68	50884.92	26672.08	24212.84	743.76
广东	71203.12	70258.80	34965.58	35293.22	944.32
广西					
海南					
重庆	47097.54	46242.23	25950.00	20292.24	855.30
四川	63965.65	63104.09	34334.93	28769.16	861.56
贵州					
云南					
西藏					
陕西	77106.17	76066.48	29966.40	46100.08	1039.68
甘肃	50314.75	49072.70	28433.16	20639.55	1242.04
青海					
宁夏	37381.87	36219.84	22925.26	13294.58	1162.04
新疆					
大连					
宁波					
厦门					
青岛					
深圳					

7-6 生均一般公共预算教育事业费和基本建设支出(中央属高等学校)

单位：元

地区	一般公共预算教育事业费和基本建设支出	事业费支出			基本建设支出
			个人部分	公用部分	
合计	**30199.04**	**29092.80**	**19916.88**	**9175.93**	**1106.24**
北京	32390.21	31004.91	21229.26	9775.64	1385.30
天津	35176.27	33565.11	20949.20	12615.91	1611.16
河北	22234.24	21156.05	14622.82	6533.22	1078.20
山西					
内蒙古					
辽宁	26164.41	25793.96	18616.46	7177.50	370.45
吉林	28371.86	28067.07	20253.26	7813.81	304.79
黑龙江	28432.66	28090.57	21027.90	7062.67	342.09
上海	33033.10	31560.08	20354.84	11205.24	1473.02
江苏	26027.00	25387.77	17496.58	7891.18	639.24
浙江	38674.94	37410.14	25182.98	12227.16	1264.80
安徽	25657.01	25314.79	19332.72	5982.07	342.22
福建	26586.85	25379.77	18082.23	7297.54	1207.08
江西					
山东	30421.39	29624.45	17652.59	11971.86	796.94
河南	70980.69	40066.02	20258.00	19808.03	30914.67
湖北	28258.03	26599.78	19055.71	7544.07	1658.26
湖南	23801.89	23029.02	15928.89	7100.14	772.87
广东	36194.39	35461.80	24185.83	11275.97	732.59
广西					
海南					
重庆	27384.60	26572.47	17550.38	9022.09	812.14
四川	27706.11	26769.79	18398.60	8371.19	936.33
贵州					
云南					
西藏					
陕西	31460.45	30383.31	21129.40	9253.90	1077.14
甘肃	34015.42	32768.47	21651.83	11116.64	1246.94
青海					
宁夏	31863.86	30701.83	21234.15	9467.67	1162.04
新疆					
大连					
宁波					
厦门					
青岛					
深圳					

7-7 生均教育经费支出(地方高等学校)

单位：元

地区	教育经费支出	个人和公用部分支出			基本建设支出
			个人部分	公用部分	
合计	**30831.26**	**29927.68**	**16205.40**	**13722.28**	**903.57**
北京	66296.89	64207.90	38980.71	25227.19	2088.99
天津	33267.32	33253.32	18582.88	14670.44	14.00
河北	27055.54	26323.51	13994.38	12329.13	732.03
山西	25283.71	24806.68	13837.42	10969.26	477.03
内蒙古	33365.83	32752.92	18327.87	14425.04	612.92
辽宁	26207.64	25814.96	15135.19	10679.77	392.68
吉林	23942.83	23651.00	12100.32	11550.68	291.82
黑龙江	24653.22	24164.05	14837.88	9326.17	489.17
上海	56038.18	52284.16	27402.88	24881.27	3754.02
江苏	36184.48	35886.06	20821.77	15064.30	298.41
浙江	43904.81	43188.28	22187.98	21000.30	716.53
安徽	25325.00	24643.33	13460.81	11182.52	681.68
福建	34515.50	34356.62	18731.44	15625.18	158.88
江西	26172.93	25953.33	14979.35	10973.98	219.60
山东	27706.51	27612.34	14908.91	12703.43	94.16
河南	22917.37	22665.64	12190.92	10474.72	251.74
湖北	27538.32	27487.10	15916.32	11570.78	51.22
湖南	22736.85	22287.44	12349.90	9937.54	449.41
广东	45302.41	39982.13	20684.33	19297.80	5320.28
广西	29299.61	29094.96	12555.91	16539.05	204.66
海南	50657.47	50054.00	19780.60	30273.40	603.48
重庆	29812.04	29469.30	16480.31	12989.00	342.74
四川	24310.03	23687.92	13408.23	10279.69	622.10
贵州	28110.40	27577.68	14786.23	12791.45	532.72
云南	26364.40	26036.57	13929.87	12106.70	327.83
西藏	80587.62	66466.01	34818.20	31647.81	14121.61
陕西	28139.43	27362.40	15667.18	11695.22	777.03
甘肃	26869.15	26329.81	13517.90	12811.91	539.35
青海	52967.19	49219.16	21291.56	27927.60	3748.03
宁夏	36466.77	36012.28	18963.12	17049.16	454.49
新疆	32547.60	30704.21	14176.30	16527.91	1843.39
大连	33885.08	32014.72	18131.17	13883.55	1870.36
宁波	48245.73	48245.73	22452.19	25793.54	
厦门	50125.30	48085.00	20598.62	27486.37	2040.31
青岛	83386.14	83386.14	15877.15	67508.99	
深圳	172718.44	114864.53	53677.68	61186.85	57853.91

7-8　生均一般公共预算教育事业费和基本建设支出(地方高等学校)

单位：元

地　区	一般公共预算教育事业费和基本建设支出	事业费支出	个人部分	公用部分	基本建设支出
合　计	**20353.89**	**19368.20**	**11433.32**	**7934.89**	**985.68**
北　京	61314.82	58902.44	36889.60	22012.84	2412.38
天　津	20676.06	20661.37	11771.53	8889.85	14.69
河　北	18032.34	17314.71	11082.22	6232.49	717.63
山　西	18265.38	17764.42	10261.96	7502.46	500.96
内蒙古	22083.17	21473.24	12221.16	9252.08	609.93
辽　宁	15492.33	15138.17	8582.20	6555.97	354.16
吉　林	16502.45	16170.89	8253.41	7917.48	331.56
黑龙江	18502.27	17999.08	10840.90	7158.18	503.19
上　海	41412.20	37148.69	20233.50	16915.19	4263.51
江　苏	20751.80	20426.90	11785.81	8641.10	324.89
浙　江	24650.70	23860.63	13809.31	10051.32	790.07
安　徽	15452.13	14717.80	8473.24	6244.56	734.33
福　建	20059.57	20022.30	11415.67	8606.63	37.27
江　西	20137.06	19898.96	11742.23	8156.74	238.09
山　东	17731.14	17635.20	12174.94	5460.26	95.93
河　南	14291.35	14017.62	7376.54	6641.08	273.73
湖　北	18340.97	18285.54	11186.33	7099.21	55.43
湖　南	15185.35	14698.21	10237.82	4460.39	487.14
广　东	36518.11	29600.93	18755.20	10845.73	6917.18
广　西	13496.90	13263.99	5758.54	7505.46	232.90
海　南	31036.78	30374.48	12165.21	18209.27	662.30
重　庆	15694.58	15344.44	8265.29	7079.15	350.14
四　川	17979.45	17310.15	11321.25	5988.90	669.30
贵　州	18825.48	18273.06	11156.53	7116.53	552.42
云　南	16454.79	16100.31	10424.61	5675.70	354.48
西　藏	81968.02	65990.31	35203.11	30787.20	15977.71
陕　西	17723.26	16892.06	9164.13	7727.94	831.20
甘　肃	16776.34	16286.62	7559.24	8727.38	489.72
青　海	40067.36	36049.43	13749.77	22299.66	4017.93
宁　夏	26909.53	26401.33	13325.32	13076.01	508.21
新　疆	24905.85	22823.23	12874.40	9948.83	2082.62
大　连	20816.96	20400.21	12436.32	7963.89	416.75
宁　波	23934.84	23934.84	10979.70	12955.14	
厦　门	35421.24	35421.24	16301.25	19120.00	
青　岛	127852.74	127852.74	20105.36	107747.38	
深　圳	145803.97	81239.27	41371.75	39867.52	64564.70

7-9 生均教育经费支出(普通高等学校)

单位：元

地区	教育经费支出	个人和公用部分支出			基本建设支出
			个人部分	公用部分	
合　计	**37655.02**	**36672.50**	**19487.72**	**17184.78**	**982.51**
北　京	73145.79	71583.54	38641.81	32941.73	1562.25
天　津	44242.17	43844.51	22843.73	21000.78	397.66
河　北	27776.55	27001.09	14433.25	12567.84	775.46
山　西	25612.73	25123.97	13973.83	11150.13	488.77
内蒙古	33637.56	33013.21	18468.37	14544.84	624.35
辽　宁	30320.75	29862.38	17343.87	12518.51	458.37
吉　林	30261.76	29954.09	15972.01	13982.08	307.67
黑龙江	32687.96	32207.94	17372.34	14835.61	480.02
上　海	71887.82	69103.04	32895.79	36207.25	2784.78
江　苏	39776.81	39408.25	22600.58	16807.67	368.56
浙　江	51012.36	50200.99	24582.17	25618.82	811.37
安　徽	30395.77	29505.76	15633.47	13872.28	890.02
福　建	38100.83	37787.08	21017.96	16769.12	313.75
江　西	27230.66	26998.03	15586.27	11411.76	232.63
山　东	30988.13	30832.37	16475.39	14356.98	155.76
河　南	23837.10	23500.03	12624.89	10875.15	337.06
湖　北	36534.19	35928.41	21214.11	14714.30	605.79
湖　南	27483.95	26966.15	14794.16	12171.99	517.80
广　东	53368.79	47938.62	24599.89	23338.73	5430.17
广　西	29879.79	29668.26	12824.51	16843.75	211.53
海　南	53143.17	52501.41	20626.17	31875.25	641.76
重　庆	33508.21	33056.30	18502.78	14553.52	451.91
四　川	33672.46	32974.78	18386.83	14587.95	697.68
贵　州	28896.52	28371.77	15214.71	13157.05	524.75
云　南	26195.04	25861.55	13889.53	11972.02	333.49
西　藏	80587.62	66466.01	34818.20	31647.81	14121.61
陕　西	43158.60	42269.84	20248.98	22020.86	888.76
甘　肃	31093.74	30427.92	16081.03	14346.89	665.82
青　海	53896.80	50048.72	21519.78	28528.94	3848.08
宁　夏	36635.20	36050.48	19692.38	16358.11	584.72
新　疆	35134.97	33107.58	15250.25	17857.33	2027.40
大　连	33566.92	31461.99	17349.47	14112.53	2104.92
宁　波	50088.54	50088.54	23113.66	26974.88	
厦　门	50125.30	48085.00	20598.62	27486.37	2040.31
青　岛	153130.38	153130.38	28242.16	124888.22	
深　圳	181175.10	121685.05	55399.52	66285.53	59490.05

7-10 生均一般公共预算教育事业费和基本建设支出(普通高等学校)

单位：元

地区	一般公共预算教育事业费和基本建设支出	事业费支出	个人部分	公用部分	基本建设支出
合计	**21927.61**	**20919.17**	**12799.65**	**8119.51**	**1008.45**
北京	38359.75	36737.91	24416.59	12321.31	1621.84
天津	23902.35	23500.95	13746.42	9754.54	401.40
河北	18022.11	17282.24	11059.75	6222.50	739.86
山西	18279.02	17772.99	10229.36	7543.63	506.03
内蒙古	21919.28	21309.35	12118.56	9190.78	609.93
辽宁	17227.04	16869.96	10229.91	6640.05	357.07
吉林	19055.66	18727.93	10897.17	7830.76	327.73
黑龙江	20121.66	19658.32	12565.02	7093.30	463.34
上海	36712.66	33781.37	19900.26	13881.10	2931.29
江苏	21956.58	21558.99	13089.17	8469.81	397.59
浙江	25891.54	25078.19	14803.09	10275.10	813.35
安徽	16441.45	15746.14	9569.37	6176.78	695.30
福建	20791.97	20584.11	12238.44	8345.67	207.85
江西	20104.69	19863.95	11676.48	8187.47	240.74
山东	18862.32	18699.97	12640.29	6059.68	162.36
河南	14389.98	14036.14	7370.32	6665.81	353.84
湖北	21680.84	21083.54	13824.74	7258.80	597.30
湖南	16230.37	15704.04	10907.73	4796.31	526.33
广东	36068.21	29988.11	19173.61	10814.50	6080.10
广西	13409.50	13176.18	5706.35	7469.82	233.32
海南	30691.77	30029.48	11935.47	18094.01	662.30
重庆	18154.11	17706.63	10218.76	7487.87	447.48
四川	20021.90	19291.86	12820.31	6471.55	730.04
贵州	18694.25	18169.06	11091.12	7077.95	525.18
云南	16444.18	16083.77	10409.22	5674.55	360.41
西藏	81968.02	65990.31	35203.11	30787.20	15977.71
陕西	21532.27	20623.33	12496.27	8127.07	908.94
甘肃	19158.80	18557.69	9522.61	9035.08	601.12
青海	39871.37	35853.45	13566.04	22287.40	4017.93
宁夏	27907.49	27267.58	14918.40	12349.18	639.91
新疆	24647.19	22567.45	12629.77	9937.68	2079.74
大连	18480.41	18063.66	10484.23	7579.43	416.75
宁波	23005.15	23005.15	10170.37	12834.78	
厦门	35421.24	35421.24	16301.25	19120.00	
青岛	126009.91	126009.91	18638.06	107371.85	
深圳	150312.37	85747.73	41945.45	43802.28	64564.64

7-11 生均教育经费支出(中央属普通高等学校)

单位：元

地区	教育经费支出	个人和公用部分支出	个人部分	公用部分	基本建设支出
合 计	**65868.68**	**64695.69**	**32946.35**	**31749.34**	**1172.99**
北 京	73767.94	72394.64	38010.54	34384.10	1373.30
天 津	77133.50	75527.35	35590.39	39936.96	1606.15
河 北	30865.98	29845.75	18526.38	11319.37	1020.22
山 西					
内蒙古					
辽 宁	51634.69	50869.77	28788.01	22081.76	764.92
吉 林	50699.91	50395.88	28893.86	21502.02	304.03
黑龙江	65318.94	64916.64	27685.54	37231.09	402.30
上 海	87728.96	86284.29	38187.19	48097.10	1444.67
江 苏	51220.32	50629.76	28270.21	22359.55	590.56
浙 江	99342.91	97703.79	39887.58	57816.21	1639.12
安 徽	63443.37	61138.16	28859.00	32279.17	2305.21
福 建	53898.42	52713.97	31342.68	21371.29	1184.45
江 西					
山 东	62007.98	61262.13	30761.67	30500.46	745.85
河 南	74509.89	43595.21	23055.66	20539.56	30914.67
湖 北	54629.62	52887.86	31902.87	20984.99	1741.76
湖 南	51628.68	50884.92	26672.08	24212.84	743.76
广 东	71203.12	70258.80	34965.58	35293.22	944.32
广 西					
海 南					
重 庆	47097.54	46242.23	25950.00	20292.24	855.30
四 川	63965.65	63104.09	34334.93	28769.16	861.56
贵 州					
云 南					
西 藏					
陕 西	77106.17	76066.48	29966.40	46100.08	1039.68
甘 肃	50314.75	49072.70	28433.16	20639.55	1242.04
青 海					
宁 夏	37381.87	36219.84	22925.26	13294.58	1162.04
新 疆					
大 连					
宁 波					
厦 门					
青 岛					
深 圳					

7-12 生均一般公共预算教育事业费和基本建设支出(中央属普通高等学校)

单位：元

地区	一般公共预算教育事业费和基本建设支出	事业费支出	个人部分	公用部分	基本建设支出
合 计	**30282.36**	**29171.81**	**19979.69**	**9192.12**	**1110.54**
北 京	32797.94	31388.70	21530.80	9857.89	1409.24
天 津	35176.27	33565.11	20949.20	12615.91	1611.16
河 北	22234.24	21156.05	14622.82	6533.22	1078.20
山 西					
内蒙古					
辽 宁	26164.44	25793.99	18616.48	7177.51	370.45
吉 林	28371.86	28067.07	20253.26	7813.81	304.79
黑龙江	28432.66	28090.57	21027.90	7062.67	342.09
上 海	33033.10	31560.08	20354.84	11205.24	1473.02
江 苏	26027.00	25387.77	17496.58	7891.18	639.24
浙 江	38674.94	37410.14	25182.98	12227.16	1264.80
安 徽	25657.01	25314.79	19332.72	5982.07	342.22
福 建	26586.85	25379.77	18082.23	7297.54	1207.08
江 西					
山 东	30421.39	29624.45	17652.59	11971.86	796.94
河 南	70980.69	40066.02	20258.00	19808.03	30914.67
湖 北	28258.03	26599.78	19055.71	7544.07	1658.26
湖 南	23801.89	23029.02	15928.89	7100.14	772.87
广 东	36194.39	35461.80	24185.83	11275.97	732.59
广 西					
海 南					
重 庆	27384.60	26572.47	17550.38	9022.09	812.14
四 川	27706.11	26769.79	18398.60	8371.19	936.33
贵 州					
云 南					
西 藏					
陕 西	31460.45	30383.31	21129.40	9253.90	1077.14
甘 肃	34015.42	32768.47	21651.83	11116.64	1246.94
青 海					
宁 夏	31863.86	30701.83	21234.15	9467.67	1162.04
新 疆					
大 连					
宁 波					
厦 门					
青 岛					
深 圳					

7-13 生均教育经费支出(地方普通高等学校)

单位：元

地区	教育经费支出	个人和公用部分支出			基本建设支出
			个人部分	公用部分	
合计	**31702.96**	**30760.63**	**16648.44**	**14112.19**	**942.33**
北京	70639.19	68315.71	41185.11	27130.60	2323.48
天津	33814.86	33800.32	18802.74	14997.58	14.54
河北	27628.64	26864.90	14237.28	12627.62	763.74
山西	25612.73	25123.97	13973.83	11150.13	488.77
内蒙古	33637.56	33013.21	18468.37	14544.84	624.35
辽宁	25899.97	25505.19	14970.22	10534.98	394.78
吉林	24373.20	24064.48	12249.02	11815.47	308.71
黑龙江	24934.30	24435.82	14921.75	9514.07	498.48
上海	57632.33	53641.59	28134.05	25507.54	3990.74
江苏	36222.68	35923.06	20839.70	15083.36	299.61
浙江	44965.66	44257.85	22667.29	21590.56	707.81
安徽	26538.18	25813.35	14089.68	11723.68	724.82
福建	35435.77	35268.91	19276.17	15992.74	166.86
江西	27230.66	26998.03	15586.27	11411.76	232.63
山东	27808.07	27712.80	15010.80	12702.00	95.27
河南	23712.75	23450.72	12599.29	10851.43	262.03
湖北	27709.34	27657.55	16001.36	11656.19	51.79
湖南	24223.14	23735.85	13190.02	10545.83	487.28
广东	50729.22	44635.13	23065.72	21569.41	6094.10
广西	29879.79	29668.26	12824.51	16843.75	211.53
海南	53143.17	52501.41	20626.17	31875.25	641.76
重庆	29880.42	29536.19	16514.67	13021.52	344.22
四川	24858.62	24208.61	13746.71	10461.91	650.00
贵州	28896.52	28371.77	15214.71	13157.05	524.75
云南	26195.04	25861.55	13889.53	11972.02	333.49
西藏	80587.62	66466.01	34818.20	31647.81	14121.61
陕西	29267.95	28440.94	16272.81	12168.14	827.01
甘肃	27743.55	27178.17	13928.08	13250.09	565.39
青海	53896.80	50048.72	21519.78	28528.94	3848.08
宁夏	36466.77	36012.28	18963.12	17049.16	454.49
新疆	35134.97	33107.58	15250.25	17857.33	2027.40
大连	33566.92	31461.99	17349.47	14112.53	2104.92
宁波	50084.65	50084.65	23113.66	26970.99	
厦门	50125.30	48085.00	20598.62	27486.37	2040.31
青岛	153130.38	153130.38	28242.16	124888.22	
深圳	176464.31	116974.26	54488.92	62485.34	59490.05

7-14 生均一般公共预算教育事业费和基本建设支出(地方普通高等学校)

单位：元

地 区	一般公共预算教育事业费和基本建设支出	事业费支出			基本建设支出
			个人部分	公用部分	
合 计	**20160.40**	**19173.55**	**11280.92**	**7892.63**	**986.85**
北 京	59283.05	56861.41	35272.81	21588.60	2421.65
天 津	20298.72	20284.01	11444.10	8839.91	14.71
河 北	17816.15	17092.83	10885.52	6207.31	723.32
山 西	18279.02	17772.99	10229.36	7543.63	506.03
内蒙古	21919.28	21309.35	12118.56	9190.78	609.93
辽 宁	15281.12	14926.96	8403.93	6523.03	354.16
吉 林	16151.23	15816.35	7980.30	7836.04	334.88
黑龙江	18099.23	17606.38	10505.63	7100.75	492.85
上 海	40074.16	35810.64	19484.98	16325.66	4263.52
江 苏	20740.96	20415.53	11772.91	8642.62	325.43
浙 江	24263.44	23507.58	13481.10	10026.49	755.85
安 徽	15353.64	14616.66	8416.90	6199.76	736.98
福 建	19802.99	19765.67	11241.11	8524.55	37.32
江 西	20104.69	19863.95	11676.48	8187.47	240.74
山 东	17652.38	17556.45	12115.63	5440.82	95.93
河 南	14241.63	13967.90	7336.54	6631.36	273.73
湖 北	18322.65	18267.05	11153.91	7113.14	55.60
湖 南	15166.66	14674.97	10202.32	4472.65	491.69
广 东	36048.04	29113.08	18372.35	10740.73	6934.97
广 西	13409.50	13176.18	5706.35	7469.82	233.32
海 南	30691.77	30029.48	11935.47	18094.01	662.30
重 庆	15690.26	15340.12	8261.78	7078.35	350.14
四 川	17759.38	17090.08	11177.86	5912.22	669.30
贵 州	18694.25	18169.06	11091.12	7077.95	525.18
云 南	16444.18	16083.77	10409.22	5674.55	360.41
西 藏	81968.02	65990.31	35203.11	30787.20	15977.71
陕 西	17669.13	16825.64	9137.04	7688.60	843.49
甘 肃	16603.64	16113.60	7436.52	8677.07	490.04
青 海	39871.37	35853.45	13566.04	22287.40	4017.93
宁 夏	26909.53	26401.33	13325.32	13076.01	508.21
新 疆	24647.19	22567.45	12629.77	9937.68	2079.74
大 连	18480.41	18063.66	10484.23	7579.43	416.75
宁 波	23000.94	23000.94	10170.37	12830.57	
厦 门	35421.24	35421.24	16301.25	19120.00	
青 岛	126009.91	126009.91	18638.06	107371.85	
深 圳	145235.30	80670.66	40957.18	39713.49	64564.64

7-15 生均教育经费支出(普通高等本科学校)

单位：元

地 区	教育经费支出	个人和公用部分支出			基本建设支出
			个人部分	公用部分	
合 计	**42812.54**	**41577.78**	**22310.08**	**19267.70**	**1234.76**
北 京	73097.09	71593.61	38503.79	33089.82	1503.48
天 津	50656.93	50130.28	25381.02	24749.26	526.65
河 北	27213.93	26308.08	16513.25	9794.84	905.85
山 西	27473.66	26939.19	14934.96	12004.24	534.47
内蒙古	37059.88	36301.01	19885.93	16415.08	758.87
辽 宁	33445.56	32959.74	19130.94	13828.79	485.82
吉 林	31274.84	30948.85	16965.55	13983.30	325.98
黑龙江	34924.12	34461.11	18232.28	16228.83	463.01
上 海	73809.49	70885.26	33759.89	37125.37	2924.23
江 苏	45267.05	44749.72	25428.69	19321.02	517.33
浙 江	60451.33	59350.96	28372.04	30978.91	1100.37
安 徽	35056.77	33826.02	18605.40	15220.62	1230.76
福 建	43923.63	43473.46	25261.95	18211.51	450.16
江 西	31636.78	31376.60	18261.92	13114.68	260.18
山 东	34027.22	33854.70	18512.67	15342.03	172.52
河 南	27192.13	26697.93	14842.38	11855.55	494.19
湖 北	42535.84	41695.03	24714.04	16980.99	840.80
湖 南	31940.43	31349.94	16951.37	14398.58	590.49
广 东	63694.07	55407.51	28709.21	26698.30	8286.57
广 西	31022.84	30712.94	14321.02	16391.92	309.91
海 南	58347.17	57555.93	20999.40	36556.52	791.24
重 庆	37123.36	36606.88	21347.45	15259.43	516.48
四 川	37500.03	36815.43	20562.47	16252.96	684.60
贵 州	35629.23	35213.50	19035.47	16178.03	415.73
云 南	27267.44	26857.54	15311.78	11545.76	409.89
西 藏	77693.56	71597.59	38693.35	32904.24	6095.97
陕 西	48202.42	47374.37	22348.28	25026.09	828.05
甘 肃	33501.75	32581.37	18536.73	14044.64	920.39
青 海	52884.50	51944.16	24382.44	27561.72	940.34
宁 夏	39416.53	38539.88	21945.76	16594.12	876.65
新 疆	43107.38	40084.56	17611.90	22472.66	3022.82
大 连	40697.70	37015.03	20831.21	16183.82	3682.67
宁 波	58019.22	58019.22	27308.78	30710.44	
厦 门	57626.39	54606.05	23340.72	31265.33	3020.34
青 岛					
深 圳	240507.97	150782.58	63133.88	87648.69	89725.40

7-16 生均一般公共预算教育事业费和基本建设支出(普通高等本科学校)

单位：元

地 区	一般公共预算教育事业费和基本建设支出	事业费支出			基本建设支出
			个人部分	公用部分	
合 计	**24758.39**	**23458.93**	**14580.78**	**8878.16**	**1299.45**
北 京	37382.13	35816.32	23952.23	11864.10	1565.80
天 津	26758.87	26225.76	14933.67	11292.09	533.11
河 北	20141.28	19240.40	12998.41	6241.99	900.87
山 西	19711.17	19150.39	11105.74	8044.65	560.78
内蒙古	24519.20	23785.16	12802.59	10982.57	734.04
辽 宁	18491.49	18136.06	11268.82	6867.23	355.43
吉 林	20153.10	19802.03	11716.00	8086.03	351.07
黑龙江	21245.13	20804.80	13305.32	7499.48	440.33
上 海	37730.11	34645.27	20450.93	14194.34	3084.83
江 苏	23537.88	22982.25	14197.51	8784.74	555.62
浙 江	30179.26	29065.07	17075.73	11989.34	1114.19
安 徽	17605.87	16644.50	11043.09	5601.41	961.37
福 建	23438.48	23142.84	14196.69	8946.15	295.64
江 西	24228.04	23950.39	13875.37	10075.01	277.66
山 东	20785.45	20589.48	13954.96	6634.51	195.97
河 南	16276.34	15736.50	8102.47	7634.03	539.83
湖 北	25140.68	24297.09	16321.16	7975.92	843.60
湖 南	18257.28	17602.59	12551.11	5051.47	654.69
广 东	46802.91	37037.48	23375.20	13662.29	9765.42
广 西	14255.94	13896.42	6577.52	7318.90	359.53
海 南	33618.46	32795.77	12546.81	20248.96	822.69
重 庆	20211.53	19700.89	11884.02	7816.88	510.64
四 川	21616.72	20842.18	14282.47	6559.71	774.54
贵 州	23054.54	22633.63	14166.17	8467.46	420.91
云 南	17635.62	17179.54	11544.95	5634.58	456.08
西 藏	76908.44	70028.42	38891.04	31137.38	6880.03
陕 西	22976.55	22103.06	13709.50	8393.56	873.49
甘 肃	21302.04	20468.98	10960.06	9508.92	833.06
青 海	36490.50	35496.75	15606.93	19889.82	993.75
宁 夏	30445.58	29447.08	17470.99	11976.09	998.50
新 疆	29610.33	26435.57	14353.39	12082.18	3174.77
大 连	22600.18	21851.61	13295.06	8556.55	748.56
宁 波	22591.99	22591.99	10883.98	11708.01	
厦 门	35336.58	35336.58	16929.79	18406.78	
青 岛					
深 圳	209407.85	111278.80	49257.52	62021.29	98129.05

7-17 生均教育经费支出(中央属普通高等本科学校)

单位：元

地区	教育经费支出	个人和公用部分支出			基本建设支出
			个人部分	公用部分	
合计	**66109.45**	**64953.03**	**33077.53**	**31875.50**	**1156.42**
北京	73819.28	72498.53	38071.23	34427.30	1320.76
天津	77133.50	75527.35	35590.39	39936.96	1606.15
河北	30865.98	29845.75	18526.38	11319.37	1020.22
山西					
内蒙古					
辽宁	51634.69	50869.77	28788.01	22081.76	764.92
吉林	50699.91	50395.88	28893.86	21502.02	304.03
黑龙江	65318.94	64916.64	27685.54	37231.09	402.30
上海	88689.30	87217.58	38608.77	48608.82	1471.71
江苏	51220.32	50629.76	28270.21	22359.55	590.56
浙江	99342.91	97703.79	39887.58	57816.21	1639.12
安徽	63443.37	61138.16	28859.00	32279.17	2305.21
福建	53898.42	52713.97	31342.68	21371.29	1184.45
江西					
山东	62007.98	61262.13	30761.67	30500.46	745.85
河南	74509.89	43595.21	23055.66	20539.56	30914.67
湖北	55017.20	53256.63	32149.85	21106.77	1760.58
湖南	53713.65	52925.88	27619.53	25306.36	787.77
广东	72641.00	71911.47	35730.43	36181.05	729.52
广西					
海南					
重庆	47097.54	46242.23	25950.00	20292.24	855.30
四川	63965.65	63104.09	34334.93	28769.16	861.56
贵州					
云南					
西藏					
陕西	77106.17	76066.48	29966.40	46100.08	1039.68
甘肃	50314.75	49072.70	28433.16	20639.55	1242.04
青海					
宁夏	37381.87	36219.84	22925.26	13294.58	1162.04
新疆					
大连					
宁波					
厦门					
青岛					
深圳					

7-18 生均一般公共预算教育事业费和基本建设支出(中央属普通高等本科学校)

单位：元

地区	一般公共预算教育事业费和基本建设支出	事业费支出	个人部分	公用部分	基本建设支出
合计	**30414.33**	**29307.36**	**20086.26**	**9221.10**	**1106.96**
北京	32743.62	31384.05	21555.92	9828.12	1359.57
天津	35176.27	33565.11	20949.20	12615.91	1611.16
河北	22234.24	21156.05	14622.82	6533.22	1078.20
山西					
内蒙古					
辽宁	26164.44	25793.99	18616.48	7177.51	370.45
吉林	28371.86	28067.07	20253.26	7813.81	304.79
黑龙江	28432.66	28090.57	21027.90	7062.67	342.09
上海	33492.31	31990.25	20635.63	11354.62	1502.06
江苏	26027.00	25387.77	17496.58	7891.18	639.24
浙江	38674.94	37410.14	25182.98	12227.16	1264.80
安徽	25657.01	25314.79	19332.72	5982.07	342.22
福建	26586.85	25379.77	18082.23	7297.54	1207.08
江西					
山东	30421.39	29624.45	17652.59	11971.86	796.94
河南	70980.69	40066.02	20258.00	19808.03	30914.67
湖北	28494.73	26818.10	19237.23	7580.87	1676.63
湖南	24758.49	23937.99	16703.91	7234.08	820.51
广东	37496.27	36724.12	25039.07	11685.04	772.15
广西					
海南					
重庆	27384.60	26572.47	17550.38	9022.09	812.14
四川	27706.11	26769.79	18398.60	8371.19	936.33
贵州					
云南					
西藏					
陕西	31460.45	30383.31	21129.40	9253.90	1077.14
甘肃	34015.42	32768.47	21651.83	11116.64	1246.94
青海					
宁夏	31863.86	30701.83	21234.15	9467.67	1162.04
新疆					
大连					
宁波					
厦门					
青岛					
深圳					

7-19 生均教育经费支出(地方普通高等本科学校)

单位：元

地区	教育经费支出	个人和公用部分支出			基本建设支出
			个人部分	公用部分	
合计	**35273.49**	**34013.38**	**18825.65**	**15187.73**	**1260.11**
北京	69681.69	67314.04	40549.43	26764.61	2367.64
天津	38266.49	38245.02	20603.27	17641.76	21.46
河北	26943.28	26045.91	16364.05	9681.85	897.37
山西	27473.66	26939.19	14934.96	12004.24	534.47
内蒙古	37059.88	36301.01	19885.93	16415.08	758.87
辽宁	28287.88	27881.20	16392.60	11488.60	406.68
吉林	24209.95	23875.98	12627.24	11248.74	333.97
黑龙江	25451.00	24969.06	15285.99	9683.08	481.93
上海	59329.03	54991.27	29041.15	25950.12	4337.76
江苏	42194.24	41714.71	23962.03	17752.68	479.53
浙江	52740.08	51746.53	26088.79	25657.73	993.55
安徽	29649.97	28623.86	16652.39	11971.47	1026.11
福建	41269.54	41014.76	23644.00	17370.76	254.79
江西	31636.78	31376.60	18261.92	13114.68	260.18
山东	29586.04	29504.52	16568.48	12936.04	81.52
河南	27002.22	26630.12	14809.42	11820.70	372.11
湖北	32318.50	32230.63	18627.04	13603.59	87.87
湖南	27096.26	26549.66	14577.88	11971.78	546.60
广东	61590.70	51527.51	27058.56	24468.95	10063.19
广西	31022.84	30712.94	14321.02	16391.92	309.91
海南	58347.17	57555.93	20999.40	36556.52	791.24
重庆	32752.99	32384.97	19330.76	13054.21	368.02
四川	25913.79	25306.67	14533.11	10773.56	607.12
贵州	35629.23	35213.50	19035.47	16178.03	415.73
云南	27267.44	26857.54	15311.78	11545.76	409.89
西藏	77693.56	71597.59	38693.35	32904.24	6095.97
陕西	31040.50	30338.11	17824.93	12513.18	702.39
甘肃	28743.67	27914.32	15736.04	12178.28	829.36
青海	52884.50	51944.16	24382.44	27561.72	940.34
宁夏	40191.98	39424.10	21572.46	17851.65	767.88
新疆	43107.38	40084.56	17611.90	22472.66	3022.82
大连	40697.70	37015.03	20831.21	16183.82	3682.67
宁波	58012.71	58012.71	27308.78	30703.93	
厦门	57626.39	54606.05	23340.72	31265.33	3020.34
青岛					
深圳	233335.93	143610.54	61747.52	81863.01	89725.40

7-20 生均一般公共预算教育事业费和基本建设支出(地方普通高等本科学校)

单位：元

地区	一般公共预算教育事业费和基本建设支出	事业费支出			基本建设支出
			个人部分	公用部分	
合计	**22874.72**	**21511.16**	**12747.22**	**8763.94**	**1363.56**
北京	57968.84	55487.74	34587.54	20900.19	2481.11
天津	22766.75	22744.93	12080.69	10664.25	21.82
河北	19977.71	19090.70	12871.46	6219.23	887.02
山西	19711.17	19150.39	11105.74	8044.65	560.78
内蒙古	24519.20	23785.16	12802.59	10982.57	734.04
辽宁	16170.74	15819.85	9046.46	6773.39	350.89
吉林	16852.80	16483.15	8287.81	8195.35	369.65
黑龙江	18922.46	18450.38	10809.74	7640.64	472.08
上海	41929.96	37276.53	20267.89	17008.64	4653.43
江苏	22317.24	21802.62	12579.69	9222.93	514.62
浙江	28446.76	27363.29	15422.44	11940.85	1083.47
安徽	16017.41	14933.88	9407.57	5526.31	1083.52
福建	22591.68	22541.18	13151.62	9389.56	50.50
江西	24228.04	23950.39	13875.37	10075.01	277.66
山东	19143.08	19049.54	13324.73	5724.81	93.54
河南	16034.23	15628.83	8048.67	7580.15	405.41
湖北	22140.60	22042.12	13712.84	8329.28	98.48
湖南	16680.82	16066.34	11544.12	4522.22	614.48
广东	49310.18	37121.91	22926.94	14194.97	12188.27
广西	14255.94	13896.42	6577.52	7318.90	359.53
海南	33618.46	32795.77	12546.81	20248.96	822.69
重庆	17042.83	16665.38	9380.90	7284.48	377.45
四川	18788.13	18088.75	12370.49	5718.26	699.38
贵州	23054.54	22633.63	14166.17	8467.46	420.91
云南	17635.62	17179.54	11544.95	5634.58	456.08
西藏	76908.44	70028.42	38891.04	31137.38	6880.03
陕西	18084.15	17328.11	9430.68	7897.43	756.04
甘肃	17696.76	16981.07	7928.07	9053.01	715.68
青海	36490.50	35496.75	15606.93	19889.82	993.75
宁夏	29795.47	28871.94	15746.04	13125.90	923.54
新疆	29610.33	26435.57	14353.39	12082.18	3174.77
大连	22600.18	21851.61	13295.06	8556.55	748.56
宁波	22584.98	22584.98	10883.98	11701.00	
厦门	35336.58	35336.58	16929.79	18406.78	
青岛					
深圳	201618.65	103489.59	47741.31	55748.29	98129.05

7-21 生均教育经费支出(地方普通高职高专学校)

单位：元

地 区	教育经费支出	个人和公用部分支出			基本建设支出
			个人部分	公用部分	
合 计	**25156.07**	**24796.42**	**12656.33**	**12140.09**	**359.65**
北 京	76025.05	73950.00	44760.73	29189.27	2075.05
天 津	24465.86	24465.86	15021.40	9444.47	
河 北	28879.45	28359.60	10355.80	18003.80	519.85
山 西	21129.29	20750.62	11658.24	9092.39	378.67
内蒙古	27456.94	27075.53	15908.30	11167.24	381.41
辽 宁	19395.58	19033.22	11095.81	7937.42	362.36
吉 林	24995.47	24783.02	10807.26	13975.76	212.45
黑龙江	23276.35	22724.78	13753.00	8971.78	551.58
上 海	40940.50	40363.68	19210.15	21153.53	576.83
江 苏	27200.79	27173.00	16122.46	11050.54	27.79
浙 江	31671.35	31452.16	16816.50	14635.66	219.19
安 徽	21612.40	21364.49	10033.06	11331.43	247.91
福 建	25329.18	25314.64	11709.23	13605.41	14.54
江 西	20171.70	19983.21	11299.67	8683.54	188.50
山 东	24565.12	24444.77	12169.66	12275.11	120.35
河 南	18536.64	18447.82	9121.56	9326.26	88.82
湖 北	21093.56	21093.56	12232.59	8860.97	
湖 南	20365.84	19958.19	11326.75	8631.44	407.66
广 东	34505.23	34339.84	17101.53	17238.31	165.39
广 西	27823.17	27788.65	10131.94	17656.71	34.52
海 南	30800.84	30800.84	19023.74	11777.09	
重 庆	25401.34	25094.22	12123.67	12970.54	307.12
四 川	22767.76	22032.80	12188.44	9844.36	734.96
贵 州	21251.81	20603.27	10876.41	9726.86	648.54
云 南	23567.80	23421.49	10405.20	13016.29	146.32
西 藏	88886.17	51751.53	23706.44	28045.09	37134.64
陕 西	25338.55	24235.31	12832.06	11403.25	1103.25
甘 肃	26139.92	25997.79	11029.11	14968.67	142.13
青 海	55929.87	46241.98	15770.51	30471.47	9687.89
宁 夏	31064.41	31064.41	15179.01	15885.39	
新 疆	23933.66	23304.84	11932.11	11372.73	628.82
大 连	24053.51	24053.51	12704.37	11349.14	
宁 波	38333.61	38333.61	16895.62	21437.99	
厦 门	34508.94	34508.94	14889.90	19619.04	
青 岛	51119.30	51119.30	22903.85	28215.45	
深 圳	67612.81	65992.79	40596.06	25396.73	1620.02

7-22 生均一般公共预算教育事业费和基本建设支出(地方普通高职高专学校)

单位：元

地区	一般公共预算教育事业费和基本建设支出	事业费支出			基本建设支出
			个人部分	公用部分	
合计	**15536.80**	**15191.64**	**8783.21**	**6408.44**	**345.16**
北京	66418.05	64319.22	38993.20	25326.02	2098.82
天津	15196.80	15196.80	10128.14	5068.66	
河北	14202.83	13753.16	7565.79	6187.37	449.68
山西	14980.22	14600.30	8210.70	6389.60	379.91
内蒙古	17269.46	16881.50	10895.21	5986.29	387.96
辽宁	12995.13	12632.56	6752.87	5879.69	362.57
吉林	13715.43	13501.25	6912.68	6588.57	214.18
黑龙江	15589.13	15032.94	9578.36	5454.58	556.19
上海	22600.81	22008.58	12113.49	9895.09	592.24
江苏	18285.80	18255.05	10516.30	7738.75	30.75
浙江	17304.79	17093.90	10251.81	6842.09	210.89
安徽	14365.07	14144.21	6941.45	7202.76	220.86
福建	14961.35	14946.91	7924.16	7022.75	14.44
江西	14284.35	14095.73	8572.61	5523.11	188.63
山东	15279.80	15180.05	10191.22	4988.83	99.74
河南	11637.19	11554.77	6301.89	5252.88	82.42
湖北	13372.43	13372.43	7836.09	5536.34	
湖南	13347.67	13003.48	8590.37	4413.10	344.19
广东	18963.04	18795.66	12504.87	6290.79	167.38
广西	12079.94	12044.86	4337.97	7706.88	35.08
海南	18606.97	18606.97	9411.12	9195.86	
重庆	13625.16	13316.72	6553.10	6763.63	308.44
四川	15978.35	15361.12	9113.11	6248.01	617.23
贵州	13888.66	13248.56	7702.03	5546.53	640.10
云南	13826.16	13675.98	7913.62	5762.36	150.19
西藏	96617.14	54298.69	24525.38	29773.32	42318.45
陕西	16808.13	15783.22	8527.85	7255.37	1024.91
甘肃	14918.91	14776.63	6678.94	8097.68	142.28
青海	46425.53	36544.94	9609.58	26935.36	9880.59
宁夏	23378.20	23378.20	10363.24	13014.96	
新疆	17906.56	17314.01	10288.84	7025.17	592.55
大连	13306.03	13306.03	6953.84	6352.19	
宁波	23626.80	23626.80	9096.65	14530.15	
厦门	35657.01	35657.01	14550.96	21106.05	
青岛	29587.08	29587.08	14371.99	15215.10	
深圳	39687.03	37954.17	28257.44	9696.73	1732.86

7-23 生均教育经费支出(地方中等职业学校)

单位：元

地区	教育经费支出	个人和公用部分支出			基本建设支出
			个人部分	公用部分	
合计	**22571.36**	**22098.48**	**12626.97**	**9471.51**	**472.89**
北京	87140.40	85780.57	57725.00	28055.56	1359.84
天津	29105.15	29105.15	23175.93	5929.21	
河北	20740.84	20657.99	12209.36	8448.63	82.85
山西	24406.26	23798.33	13488.75	10309.58	607.93
内蒙古	28175.03	27657.98	17559.48	10098.51	517.05
辽宁	21905.68	21457.44	14649.76	6807.68	448.24
吉林	31311.61	30851.17	20133.84	10717.33	460.44
黑龙江	27407.61	26837.57	18944.84	7892.73	570.03
上海	80597.02	80571.36	38714.37	41856.99	25.65
江苏	27195.42	27172.70	17925.43	9247.27	22.72
浙江	36307.33	34154.78	19722.91	14431.87	2152.54
安徽	20786.10	19647.75	9295.43	10352.32	1138.34
福建	23801.12	23461.60	12573.80	10887.80	339.52
江西	19486.10	19224.34	8124.26	11100.08	261.76
山东	24665.72	24594.45	12960.26	11634.19	71.27
河南	12434.73	12193.66	6806.88	5386.77	241.08
湖北	21289.64	21250.77	11629.79	9620.98	38.87
湖南	17012.39	16914.08	9350.16	7563.92	98.31
广东	25820.49	25607.52	16304.01	9303.51	212.97
广西	15075.00	14313.61	7494.03	6819.58	761.39
海南	16944.51	16574.30	9695.43	6878.87	370.22
重庆	20435.15	19769.12	11207.03	8562.10	666.02
四川	18769.92	18475.33	10279.93	8195.40	294.58
贵州	15188.14	14981.81	6714.90	8266.91	206.33
云南	20233.90	20014.29	10405.61	9608.68	219.61
西藏	52914.48	34441.88	23743.77	10698.11	18472.60
陕西	19049.49	18501.37	10512.63	7988.74	548.11
甘肃	24413.29	23419.52	13282.60	10136.92	993.77
青海	27403.26	26094.38	12264.67	13829.71	1308.88
宁夏	19929.60	19611.75	9369.27	10242.48	317.85
新疆	22783.62	21633.31	11532.54	10100.77	1150.31
大连	33200.38	32477.22	22289.95	10187.27	723.16
宁波	49878.70	47162.05	28041.70	19120.35	2716.65
厦门	38724.95	36803.84	21689.73	15114.11	1921.10
青岛	39543.32	39543.32	21320.09	18223.22	
深圳	60370.42	57924.73	33652.97	24271.76	2445.69

7-24 生均一般公共预算教育事业费和基本建设支出(地方中等职业学校)

单位：元

地区	一般公共预算教育事业费和基本建设支出	事业费支出			基本建设支出
			个人部分	公用部分	
合计	**16042.61**	**15620.14**	**10133.68**	**5486.46**	**422.48**
北京	69811.50	68451.66	45850.60	22601.06	1359.84
天津	23422.83	23422.83	19185.81	4237.02	
河北	15697.86	15616.98	11027.70	4589.28	80.88
山西	18275.04	17802.56	10983.32	6819.23	472.48
内蒙古	21497.67	21021.61	13638.62	7382.99	476.06
辽宁	15906.18	15479.02	10827.44	4651.57	427.16
吉林	23699.97	23239.53	15966.40	7273.13	460.44
黑龙江	20590.76	20020.73	14481.32	5539.41	570.03
上海	37362.59	37337.85	25833.19	11504.66	24.73
江苏	19950.19	19928.07	13985.50	5942.57	22.12
浙江	26137.82	24204.22	16438.10	7766.13	1933.60
安徽	14247.91	13173.47	7393.90	5779.57	1074.44
福建	16867.24	16741.55	10829.83	5911.72	125.69
江西	14515.84	14254.08	6901.47	7352.61	261.76
山东	16754.62	16707.52	11480.54	5226.97	47.11
河南	8981.95	8827.44	5229.41	3598.03	154.51
湖北	16231.86	16193.00	9040.65	7152.34	38.87
湖南	12528.15	12429.85	8140.65	4289.20	98.31
广东	19108.24	18908.31	13125.28	5783.03	199.93
广西	10483.78	9817.15	5547.55	4269.59	666.64
海南	13347.55	12977.33	7116.61	5860.72	370.22
重庆	13503.26	12879.80	7264.66	5615.13	623.46
四川	13431.73	13137.15	8358.51	4778.64	294.58
贵州	8080.48	7977.93	4931.01	3046.92	102.55
云南	12524.68	12308.71	7896.07	4412.64	215.97
西藏	49478.69	31006.09	22233.07	8773.02	18472.60
陕西	13987.35	13498.43	8729.18	4769.26	488.92
甘肃	17273.51	16279.74	10737.44	5542.30	993.77
青海	19614.01	18391.65	8487.10	9904.55	1222.36
宁夏	16208.66	15890.81	7236.23	8654.58	317.85
新疆	15581.74	14627.97	9114.10	5513.87	953.77
大连	24965.74	24348.58	15757.46	8591.12	617.16
宁波	36454.32	33756.24	21688.13	12068.10	2698.08
厦门	27232.75	27232.75	18499.41	8733.35	
青岛	22157.74	22157.74	17545.25	4612.49	
深圳	40537.12	38091.43	24572.88	13518.55	2445.69

7-25 生均教育经费支出(地方中等专业学校)

单位：元

地区	教育经费支出	个人和公用部分支出			基本建设支出
			个人部分	公用部分	
合计	**21780.33**	**21266.53**	**12115.07**	**9151.46**	**513.81**
北京	75766.84	73134.98	47997.53	25137.45	2631.86
天津	26070.68	26070.68	20384.16	5686.52	
河北	18940.43	18876.79	12639.75	6237.04	63.65
山西	26545.81	25933.77	14525.67	11408.10	612.04
内蒙古	23555.79	23150.50	13589.00	9561.50	405.30
辽宁	21713.33	21454.39	14557.28	6897.11	258.94
吉林	23678.32	23474.64	14685.40	8789.24	203.68
黑龙江	16412.72	15862.81	10945.21	4917.60	549.92
上海	75240.72	75199.64	36586.12	38613.52	41.08
江苏	28637.24	28637.24	18878.05	9759.19	
浙江	42666.38	37070.35	20368.08	16702.28	5596.03
安徽	20475.10	19212.19	9189.50	10022.69	1262.91
福建	22759.27	22323.80	12552.19	9771.61	435.47
江西	15949.60	15665.69	7343.39	8322.30	283.91
山东	24341.67	24235.30	13163.54	11071.75	106.37
河南	10859.57	10760.77	5828.46	4932.31	98.80
湖北	19089.20	19078.49	10898.97	8179.52	10.71
湖南	15075.02	15075.02	8076.24	6998.78	
广东	26063.77	25863.50	16056.67	9806.83	200.27
广西	15596.69	14781.66	7638.58	7143.08	815.03
海南	14176.43	13730.07	8073.72	5656.35	446.36
重庆	21852.45	21101.91	10622.80	10479.11	750.53
四川	16189.11	15727.27	9457.22	6270.05	461.84
贵州	15951.07	15589.10	7025.97	8563.13	361.97
云南	19999.64	19602.35	8732.65	10869.70	397.29
西藏	39709.18	34111.67	23921.49	10190.17	5597.51
陕西	22992.32	22814.50	14217.33	8597.18	177.82
甘肃	23942.48	22896.13	12527.48	10368.65	1046.35
青海	27368.78	26059.90	12230.19	13829.71	1308.88
宁夏	18722.83	17981.11	9352.96	8628.15	741.72
新疆	20217.15	19214.58	10724.09	8490.49	1002.57
大连	38297.88	38268.49	25142.51	13125.98	29.39
宁波	53109.51	53096.79	28034.22	25062.57	12.72
厦门	40023.05	37697.91	22884.99	14812.92	2325.15
青岛	55396.89	55396.89	30360.53	25036.36	
深圳	73527.99	68203.33	44957.82	23245.51	5324.65

7-26 生均一般公共预算教育事业费和基本建设支出(地方中等专业学校)

单位：元

地 区	一般公共预算教育事业费和基本建设支出	事业费支出	个人部分	公用部分	基本建设支出
合 计	**15384.64**	**14935.48**	**9552.60**	**5382.88**	**449.15**
北 京	55087.45	52455.59	34309.41	18146.18	2631.86
天 津	21334.46	21334.46	17196.58	4137.88	
河 北	15636.96	15580.47	11101.19	4479.28	56.49
山 西	19198.43	18687.27	11338.62	7348.66	511.16
内蒙古	16113.03	15707.73	10123.61	5584.12	405.30
辽 宁	14875.64	14616.70	10363.00	4253.70	258.94
吉 林	18744.78	18541.10	12025.06	6516.04	203.68
黑龙江	12017.05	11467.13	7732.44	3734.69	549.92
上 海	32768.04	32728.44	23560.04	9168.41	39.60
江 苏	20832.64	20832.64	14621.43	6211.21	
浙 江	28847.73	24247.58	14577.28	9670.31	4600.15
安 徽	14103.95	12912.70	7304.62	5608.08	1191.24
福 建	16910.20	16751.29	10759.46	5991.83	158.91
江 西	11619.88	11335.97	6206.35	5129.62	283.91
山 东	16688.63	16634.15	11699.48	4934.67	54.48
河 南	7661.56	7565.03	4398.79	3166.24	96.53
湖 北	15108.63	15097.92	8553.65	6544.27	10.71
湖 南	10731.72	10731.72	6706.27	4025.46	
广 东	19095.00	18923.52	12854.39	6069.13	171.48
广 西	11047.13	10342.06	5887.02	4455.04	705.07
海 南	11173.07	10726.71	5821.67	4905.04	446.36
重 庆	11744.93	11164.21	5209.47	5954.74	580.72
四 川	12583.23	12121.39	7563.54	4557.84	461.84
贵 州	9084.64	9018.05	5210.56	3807.48	66.60
云 南	11434.05	11037.18	6676.09	4361.09	396.87
西 藏	37112.50	31514.99	22564.96	8950.02	5597.51
陕 西	17634.64	17456.82	10629.11	6827.71	177.82
甘 肃	16361.54	15315.19	9937.51	5377.68	1046.35
青 海	19579.53	18357.17	8452.62	9904.55	1222.36
宁 夏	14775.57	14033.84	7005.27	7028.57	741.72
新 疆	14577.79	13682.82	8998.74	4684.09	894.96
大 连	27854.07	27824.68	17177.72	10646.96	29.39
宁 波	40521.02	40521.02	18577.76	21943.26	
厦 门	27953.08	27953.08	19539.74	8413.34	
青 岛	28473.15	28473.15	21405.38	7067.78	
深 圳	51389.08	46064.43	32068.24	13996.19	5324.65

7-27 生均教育经费支出(地方职业高中)

单位：元

地 区	教育经费支出	个人和公用部分支出	个人部分	公用部分	基本建设支出
合 计	**24272.53**	**23886.45**	**13571.85**	**10314.61**	**386.08**
北 京	147948.97	146569.62	117632.11	28937.51	1379.34
天 津	37850.97	37850.97	32063.52	5787.44	
河 北	20499.11	20390.02	10526.00	9864.02	109.08
山 西	22924.14	22373.30	12004.85	10368.45	550.84
内蒙古	27920.42	27354.89	17250.48	10104.41	565.52
辽 宁	21738.77	21189.93	14523.25	6666.68	548.84
吉 林	29871.90	29031.12	16638.52	12392.60	840.79
黑龙江	32186.71	31530.99	21524.69	10006.30	655.72
上 海	84591.78	84591.78	39358.21	45233.57	
江 苏	26166.17	26165.20	18115.17	8050.03	0.97
浙 江	34931.52	33313.13	19720.62	13592.51	1618.39
安 徽	21947.77	21773.39	9914.18	11859.22	174.38
福 建	27232.63	27232.63	12685.23	14547.40	
江 西	28329.23	28049.01	8306.65	19742.37	280.22
山 东	32190.30	32108.50	16008.44	16100.06	81.80
河 南	13567.56	13484.69	8064.69	5420.00	82.87
湖 北	22502.21	22430.30	13937.45	8492.84	71.91
湖 南	16533.82	16421.40	9146.59	7274.81	112.41
广 东	33050.07	32734.70	22688.77	10045.93	315.37
广 西	19782.34	19782.34	11985.14	7797.19	
海 南	27769.37	27396.51	16038.13	11358.38	372.87
重 庆	20361.61	19939.96	12077.14	7862.83	421.64
四 川	19953.13	19770.32	10522.99	9247.34	182.81
贵 州	17871.22	17696.20	7269.34	10426.85	175.03
云 南	22623.74	22476.18	13169.94	9306.24	147.57
西 藏					
陕 西	22408.76	21501.70	11426.32	10075.37	907.06
甘 肃	24620.07	23746.87	14383.56	9363.31	873.20
青 海					
宁 夏	20834.53	20834.53	9381.50	11453.02	
新 疆	22365.87	21712.61	10370.54	11342.07	653.26
大 连	28715.62	28715.62	20966.54	7749.08	
宁 波	43931.08	40120.54	24857.66	15262.89	3810.54
厦 门					
青 岛	47699.53	47699.53	25236.72	22462.80	
深 圳	66893.78	64002.66	39177.62	24825.04	2891.11

7-28 生均一般公共预算教育事业费和基本建设支出(地方职业高中)

单位：元

地区	一般公共预算教育事业费和基本建设支出	事业费支出			基本建设支出
			个人部分	公用部分	
合计	**17353.54**	**16978.64**	**11381.00**	**5597.63**	**374.91**
北京	112900.30	111520.96	90113.40	21407.55	1379.34
天津	32050.09	32050.09	27331.28	4718.81	
河北	14433.50	14324.41	9695.86	4628.55	109.08
山西	17564.82	17055.53	10110.44	6945.09	509.29
内蒙古	22898.09	22352.86	13758.23	8594.63	545.24
辽宁	17009.44	16477.59	11373.61	5103.98	531.86
吉林	22139.88	21299.09	13207.73	8091.37	840.79
黑龙江	26050.05	25394.33	17473.92	7920.41	655.72
上海	40342.35	40342.35	27945.94	12396.40	
江苏	21305.59	21304.62	15982.52	5322.11	0.97
浙江	26097.38	24486.96	17118.46	7368.50	1610.42
安徽	16797.40	16623.02	8816.08	7806.95	174.38
福建	17160.29	17160.29	11509.73	5650.57	
江西	20632.05	20351.83	7235.47	13116.35	280.22
山东	19570.30	19488.49	14247.30	5241.19	81.80
河南	10231.35	10148.48	6312.07	3836.40	82.87
湖北	17255.67	17183.76	11188.12	5995.63	71.91
湖南	12500.11	12387.69	8194.91	4192.78	112.41
广东	25031.70	24716.34	18510.66	6205.68	315.37
广西	16314.26	16314.26	9092.53	7221.73	
海南	22470.92	22098.06	11784.86	10313.19	372.87
重庆	15420.40	15017.42	9251.39	5766.02	402.98
四川	13351.85	13169.04	8602.02	4567.02	182.81
贵州	9285.46	9110.91	6247.65	2863.26	174.55
云南	13618.19	13481.03	9687.63	3793.40	137.16
西藏					
陕西	17221.95	16434.53	10605.23	5829.30	787.42
甘肃	19319.07	18445.87	12545.06	5900.81	873.20
青海					
宁夏	17283.31	17283.31	7409.43	9873.88	
新疆	15392.92	14909.94	8640.33	6269.61	482.98
大连	22416.77	22416.77	15342.71	7074.06	
宁波	31512.35	27723.92	19953.14	7770.78	3788.43
厦门					
青岛	26713.05	26713.05	21330.67	5382.38	
深圳	49362.83	46471.72	30216.99	16254.73	2891.11

7-29 生均教育经费支出(地方农村职业高中)

单位：元

地区	教育经费支出	个人和公用部分支出	个人部分	公用部分	基本建设支出
合计	**20773.09**	**20503.51**	**10977.92**	**9525.59**	**269.58**
北京	149814.87	131608.84	107945.27	23663.58	18206.03
天津	30133.20	30133.20	25402.29	4730.91	
河北	18827.73	18695.26	9649.89	9045.38	132.47
山西	22516.86	21648.56	12071.32	9577.24	868.30
内蒙古	28400.78	28044.91	17214.86	10830.04	355.88
辽宁	16649.95	16463.56	11864.14	4599.43	186.39
吉林	27056.89	25312.60	13647.22	11665.38	1744.29
黑龙江	30228.04	28733.93	19617.37	9116.57	1494.11
上海	68378.34	68378.34	42410.24	25968.09	
江苏	23934.25	23934.25	16283.91	7650.34	
浙江	32706.31	32316.01	17680.93	14635.08	390.30
安徽	31976.25	31579.30	13907.83	17671.47	396.95
福建	26544.92	26544.92	12839.47	13705.45	
江西	29300.16	28829.15	7782.12	21047.03	471.01
山东	23543.41	23382.51	11395.13	11987.38	160.90
河南	12410.09	12303.11	7345.91	4957.19	106.98
湖北	15586.05	15586.05	9768.21	5817.83	
湖南	14895.06	14743.10	7911.44	6831.66	151.95
广东	30182.93	30178.90	16262.64	13916.26	4.03
广西	19502.77	19502.77	11868.22	7634.55	
海南	32754.63	31614.94	18489.63	13125.31	1139.69
重庆	17655.23	17590.04	11844.75	5745.29	65.19
四川	19356.54	19199.53	9308.24	9891.29	157.01
贵州	19489.45	19355.31	6823.60	12531.71	134.14
云南	22078.60	21866.83	13643.54	8223.29	211.77
西藏					
陕西	21522.25	21316.02	10372.59	10943.43	206.23
甘肃	23968.97	22997.54	13981.39	9016.15	971.43
青海					
宁夏	20520.05	20520.05	11163.40	9356.65	
新疆	19287.91	18687.72	9995.62	8692.10	600.19
大连	21149.73	21149.73	19152.34	1997.39	
宁波	39559.67	39559.67	22199.40	17360.27	
厦门					
青岛	54444.08	54444.08	14539.44	39904.64	
深圳					

7-30 生均一般公共预算教育事业费和基本建设支出(地方农村职业高中)

单位：元

地区	一般公共预算教育事业费和基本建设支出	事业费支出			基本建设支出
			个人部分	公用部分	
合计	**14864.59**	**14605.28**	**9425.51**	**5179.77**	**259.31**
北京	125655.87	107449.84	88954.41	18495.43	18206.03
天津	26375.66	26375.66	21644.76	4730.91	
河北	13889.81	13757.34	9078.33	4679.01	132.47
山西	17372.56	16569.75	10128.91	6440.84	802.81
内蒙古	23822.71	23496.18	14153.11	9343.06	326.53
辽宁	12883.19	12696.80	9578.19	3118.61	186.39
吉林	19638.90	17894.60	11241.53	6653.07	1744.29
黑龙江	23517.32	22023.21	16018.52	6004.68	1494.11
上海	38447.48	38447.48	30065.39	8382.09	
江苏	20950.48	20950.48	15370.10	5580.38	
浙江	23191.27	22813.40	15692.64	7120.77	377.87
安徽	27993.27	27596.32	12875.44	14720.88	396.95
福建	18616.00	18616.00	10891.02	7724.98	
江西	22549.75	22078.75	7047.76	15030.99	471.01
山东	15398.79	15237.88	10673.29	4564.59	160.90
河南	9319.61	9212.63	5793.05	3419.59	106.98
湖北	13456.74	13456.74	8596.00	4860.74	
湖南	11721.06	11569.11	7140.05	4429.06	151.95
广东	19266.71	19262.68	13585.22	5677.45	4.03
广西	16034.69	16034.69	8975.61	7059.09	
海南	27029.33	25889.64	14502.51	11387.12	1139.69
重庆	13493.30	13428.11	9057.85	4370.26	65.19
四川	12131.47	11974.47	7658.31	4316.16	157.01
贵州	8833.93	8699.79	5855.96	2843.82	134.14
云南	13738.83	13541.99	10112.18	3429.81	196.84
西藏					
陕西	15849.86	15643.63	9747.87	5895.76	206.23
甘肃	19190.13	18218.70	12354.71	5863.99	971.43
青海					
宁夏	16759.06	16759.06	8912.52	7846.54	
新疆	15249.14	14837.50	8331.61	6505.89	411.64
大连	16514.13	16514.13	14579.70	1934.43	
宁波	24252.39	24252.39	19346.90	4905.49	
厦门					
青岛	11181.62	11181.62	11035.13	146.49	
深圳					

7-31 生均教育经费支出(地方技工学校)

单位：元

地区	教育经费支出	个人和公用部分支出			基本建设支出
			个人部分	公用部分	
合计	**18236.12**	**17664.84**	**9562.06**	**8102.77**	**571.28**
北京	62687.25	62687.25	32350.73	30336.52	
天津	26553.70	26553.70	20432.29	6121.41	
河北	14282.61	14282.61	9292.74	4989.88	
山西	20445.13	19291.29	10855.79	8435.50	1153.84
内蒙古	69069.88	69069.88	53649.52	15420.36	
辽宁	25961.08	24413.22	17117.17	7296.05	1547.86
吉林	18192.44	18192.44	11334.23	6858.21	
黑龙江	23251.72	22718.44	13662.20	9056.25	533.27
上海	85773.83	85773.83	58279.99	27493.84	
江苏	20340.61	20154.28	12085.50	8068.78	186.34
浙江	29831.86	29009.39	14250.96	14758.43	822.47
安徽	27592.50	27592.50	9494.79	18097.71	
福建	28060.61	28031.75	12559.93	15471.82	28.86
江西	10629.27	10629.27	6308.33	4320.94	
山东	16170.63	16170.63	8554.12	7616.51	
河南	10739.70	9955.67	4432.23	5523.45	784.03
湖北	46198.47	45865.95	13032.06	32833.89	332.52
湖南	16921.15	16700.06	8389.42	8310.63	221.09
广东	21379.65	21200.63	12988.41	8212.22	179.02
广西	13855.36	13169.79	7003.17	6166.62	685.57
海南	21346.33	21346.33	12396.31	8950.02	
重庆	16616.41	14935.64	7278.22	7657.41	1680.78
四川	20481.92	19972.72	9828.06	10144.66	509.20
贵州	6864.61	6864.61	4753.96	2110.66	
云南	13096.60	13096.60	6046.32	7050.28	
西藏	537600.26	46562.10	17220.88	29341.22	491038.16
陕西	10296.45	10079.65	5550.39	4529.26	216.80
甘肃	34799.95	33794.17	19869.39	13924.79	1005.78
青海					
宁夏					
新疆	30735.70	27132.91	7739.42	19393.49	3602.79
大连	29611.18	22518.07	15016.46	7501.61	7093.12
宁波	29647.97	28732.20	13399.60	15332.60	915.77
厦门	32614.69	32595.44	16063.64	16531.81	19.25
青岛	15372.02	15372.02	9280.19	6091.83	
深圳	50930.62	50546.30	23586.31	26959.99	384.32

7-32 生均一般公共预算教育事业费和基本建设支出(地方技工学校)

单位：元

地区	一般公共预算教育事业费和基本建设支出	事业费支出			基本建设支出
			个人部分	公用部分	
合计	**12823.02**	**12344.78**	**7244.63**	**5100.14**	**478.25**
北京	59345.07	59345.07	31623.28	27721.80	
天津	18489.03	18489.03	15004.53	3484.49	
河北	11693.83	11693.83	8061.27	3632.56	
山西	15061.76	14700.91	8882.71	5818.20	360.85
内蒙古	53530.65	53530.65	40979.04	12551.61	
辽宁	19581.00	18261.41	12439.61	5821.80	1319.60
吉林	10759.03	10759.03	7249.59	3509.43	
黑龙江	15037.20	14503.92	10335.48	4168.44	533.27
上海	48480.35	48480.35	36995.57	11484.78	
江苏	13645.91	13464.53	8038.53	5426.00	181.39
浙江	17384.27	17043.96	10843.28	6200.68	340.31
安徽	12312.27	12312.27	5397.30	6914.97	
福建	16518.03	16492.33	10630.11	5862.22	25.69
江西	8745.03	8745.03	4869.60	3875.43	
山东	12991.95	12991.95	7419.44	5572.51	
河南	7293.97	6903.05	3380.41	3522.64	390.92
湖北	30886.23	30553.71	7574.47	22979.24	332.52
湖南	8974.10	8753.01	5825.40	2927.61	221.09
广东	15724.26	15545.24	10433.13	5112.11	179.02
广西	9136.42	8516.55	4655.47	3861.08	619.86
海南	16803.53	16803.53	10065.22	6738.31	
重庆	8425.35	6744.58	2215.21	4529.36	1680.78
四川	17583.08	17073.88	8621.64	8452.24	509.20
贵州	3052.66	3052.66	1175.91	1876.74	
云南	9909.33	9909.33	4983.00	4926.34	
西藏	503365.82	12327.66	10051.54	2276.12	491038.16
陕西	5703.95	5487.16	3333.22	2153.93	216.80
甘肃	27331.21	26325.43	14991.67	11333.76	1005.78
青海					
宁夏					
新疆	17584.71	15193.60	6459.59	8734.01	2391.10
大连	22857.68	16823.81	11015.68	5808.13	6033.87
宁波	17273.12	16357.35	9382.27	6975.08	915.77
厦门	23842.12	23842.12	13602.50	10239.62	
青岛	9427.60	9427.60	7387.41	2040.19	
深圳	25929.76	25545.44	15312.08	10233.37	384.32

7-33 生均教育经费支出(地方普通中学)

单位：元

地区	教育经费支出	个人和公用部分支出	个人部分	公用部分	基本建设支出
合计	**21371.72**	**20953.39**	**14883.70**	**6069.69**	**418.32**
北京	80455.54	76568.28	56397.74	20170.54	3887.26
天津	35929.52	35717.35	28701.05	7016.30	212.17
河北	15856.36	15756.85	10934.84	4822.01	99.51
山西	19672.35	19394.13	14003.22	5390.91	278.22
内蒙古	23775.77	23320.91	16712.27	6608.64	454.86
辽宁	20829.52	20459.12	16350.69	4108.43	370.40
吉林	20854.62	20652.75	14888.97	5763.77	201.87
黑龙江	18960.16	18744.29	14596.56	4147.73	215.87
上海	59252.49	58678.65	37349.18	21329.47	573.84
江苏	30947.07	30812.91	22284.74	8528.16	134.17
浙江	35301.92	34543.80	24279.24	10264.56	758.12
安徽	19838.98	19553.45	13625.48	5927.98	285.53
福建	21648.55	21554.53	15035.89	6518.64	94.01
江西	15950.34	15660.96	9182.25	6478.71	289.38
山东	20310.87	20278.06	14623.52	5654.53	32.81
河南	14409.25	14148.06	9328.58	4819.48	261.19
湖北	22659.13	22658.97	16045.48	6613.49	0.16
湖南	16931.50	16780.52	11732.78	5047.75	150.97
广东	27936.09	26591.36	19713.02	6878.34	1344.73
广西	13880.94	13669.98	9584.26	4085.71	210.97
海南	24866.74	24208.60	14538.30	9670.30	658.14
重庆	22720.51	21695.61	15794.01	5901.61	1024.90
四川	18404.38	18213.90	13163.24	5050.65	190.48
贵州	16974.17	16890.48	12516.59	4373.89	83.69
云南	19475.48	19117.10	14258.96	4858.14	358.38
西藏	38306.58	35988.68	26900.43	9088.25	2317.90
陕西	21074.79	20056.35	13033.27	7023.09	1018.43
甘肃	18116.63	17897.93	13373.61	4524.32	218.70
青海	28262.16	27232.33	19102.07	8130.27	1029.83
宁夏	20451.38	20245.85	13513.02	6732.83	205.53
新疆	24384.36	22385.08	15985.05	6400.03	1999.28
大连	27211.26	26554.24	22123.79	4430.45	657.02
宁波	38350.56	38225.86	27798.29	10427.57	124.70
厦门	33540.18	33208.59	23257.71	9950.89	331.58
青岛	32933.47	32933.47	23291.73	9641.74	
深圳	73746.39	58488.48	38459.39	20029.09	15257.91

7-34 生均一般公共预算教育事业费和基本建设支出(地方普通中学)

单位：元

地 区	一般公共预算教育事业费和基本建设支出	事业费支出			基本建设支出
			个人部分	公用部分	
合 计	**17179.98**	**16803.86**	**12583.06**	**4220.79**	**376.12**
北 京	66037.19	62372.54	45775.56	16596.99	3664.65
天 津	30519.04	30518.90	25260.75	5258.15	0.13
河 北	13864.41	13773.03	10127.05	3645.98	91.38
山 西	15925.31	15708.36	11807.81	3900.55	216.95
内蒙古	18802.43	18405.84	13216.10	5189.74	396.59
辽 宁	16204.38	15865.05	13057.04	2808.01	339.33
吉 林	16834.11	16643.54	12069.11	4574.43	190.57
黑龙江	15347.74	15163.51	11875.75	3287.76	184.23
上 海	38572.26	37998.42	27171.22	10827.19	573.84
江 苏	24452.77	24338.02	19444.76	4893.26	114.75
浙 江	27742.32	27056.36	21119.03	5937.34	685.96
安 徽	15850.53	15565.24	11419.01	4146.23	285.29
福 建	17814.23	17729.95	13619.28	4110.67	84.28
江 西	13917.70	13654.37	8149.98	5504.39	263.33
山 东	16766.69	16738.90	13367.91	3370.99	27.79
河 南	11093.54	10879.23	7298.38	3580.86	214.31
湖 北	18778.79	18778.79	13897.66	4881.13	
湖 南	14311.64	14160.67	10561.17	3599.50	150.97
广 东	21611.98	20313.39	16163.89	4149.50	1298.60
广 西	11211.27	11006.45	7902.77	3103.68	204.82
海 南	18880.84	18376.33	10691.38	7684.95	504.51
重 庆	16763.33	15988.53	11688.83	4299.70	774.80
四 川	14337.66	14159.00	10716.17	3442.83	178.66
贵 州	13657.49	13592.65	10845.63	2747.03	64.84
云 南	15571.03	15260.17	11375.65	3884.52	310.86
西 藏	35613.19	33295.28	24367.37	8927.91	2317.90
陕 西	18655.55	17675.39	12105.57	5569.82	980.17
甘 肃	15221.43	15028.58	11390.01	3638.57	192.85
青 海	20677.56	19787.06	13802.40	5984.65	890.51
宁 夏	16017.70	15812.17	10431.95	5380.21	205.53
新 疆	20556.41	18965.42	14410.09	4555.34	1590.99
大 连	20054.53	19462.41	16148.14	3314.27	592.12
宁 波	30426.92	30304.48	24175.87	6128.61	122.44
厦 门	24376.34	24142.91	19781.28	4361.63	233.43
青 岛	25980.78	25980.78	20335.60	5645.17	
深 圳	53315.99	38058.09	27775.70	10282.39	15257.90

7-35 生均教育经费支出(地方普通高中)

单位：元

地　区	教育经费支　出	个人和公用部分支出			基本建设支　出
			个人部分	公用部分	
合　计	**23432.88**	**22923.63**	**15727.60**	**7196.03**	**509.25**
北　京	92489.44	87098.37	63527.76	23570.61	5391.07
天　津	37678.08	37678.08	30502.20	7175.88	
河　北	18725.34	18595.95	12250.09	6345.87	129.39
山　西	20931.22	20469.18	14449.32	6019.86	462.04
内蒙古	25645.54	24799.01	16725.54	8073.47	846.53
辽　宁	20399.48	19761.65	15050.24	4711.41	637.83
吉　林	17899.66	17770.93	11840.19	5930.74	128.73
黑龙江	16928.09	16520.61	12389.42	4131.19	407.49
上　海	73889.22	72417.72	45868.85	26548.86	1471.50
江　苏	37168.30	36954.50	25657.90	11296.60	213.80
浙　江	43563.32	42589.29	29074.17	13515.11	974.03
安　徽	20688.49	20188.19	13884.67	6303.53	500.30
福　建	23245.76	23152.68	16018.46	7134.22	93.08
江　西	17550.17	17261.89	10083.82	7178.07	288.28
山　东	22210.27	22153.98	15945.86	6208.12	56.29
河　南	16437.45	16043.68	9785.31	6258.37	393.76
湖　北	26958.42	26958.42	17371.06	9587.36	
湖　南	19024.01	18836.43	12904.11	5932.32	187.58
广　东	31728.34	29970.88	21761.70	8209.18	1757.46
广　西	14363.47	14020.90	9759.27	4261.63	342.57
海　南	26575.95	26248.11	16121.16	10126.96	327.84
重　庆	23002.01	22239.58	15739.21	6500.37	762.42
四　川	18826.53	18682.80	13360.02	5322.78	143.73
贵　州	18627.99	18538.39	12530.87	6007.52	89.60
云　南	22645.43	22197.74	14106.54	8091.20	447.68
西　藏	42028.98	38733.06	27167.65	11565.41	3295.92
陕　西	21306.91	20372.55	12842.51	7530.05	934.35
甘　肃	18980.44	18765.45	13938.45	4827.00	214.99
青　海	31715.73	30958.88	20159.59	10799.29	756.85
宁　夏	22230.12	21969.67	14306.58	7663.09	260.45
新　疆	22762.89	21550.94	15758.24	5792.70	1211.95
大　连	26783.51	26586.62	22599.63	3986.99	196.88
宁　波	50286.37	49839.96	35290.09	14549.86	446.41
厦　门	38927.98	38223.94	27241.20	10982.74	704.03
青　岛	36180.20	36180.20	25634.17	10546.02	
深　圳	95065.10	69885.94	48921.02	20964.92	25179.16

7-36 生均一般公共预算教育事业费和基本建设支出(地方普通高中)

单位：元

地区	一般公共预算教育事业费和基本建设支出	事业费支出			基本建设支出
			个人部分	公用部分	
合计	**17643.62**	**17156.44**	**12858.30**	**4298.14**	**487.18**
北京	75356.08	70295.87	51296.88	18998.99	5060.21
天津	31723.15	31723.15	26583.95	5139.20	
河北	15447.09	15324.98	11167.38	4157.60	122.11
山西	16292.37	15911.18	11921.13	3990.05	381.19
内蒙古	20521.80	19709.55	13242.36	6467.19	812.25
辽宁	15340.49	14720.10	11842.95	2877.15	620.39
吉林	13963.38	13834.65	9390.07	4444.58	128.73
黑龙江	13015.94	12608.45	9639.98	2968.47	407.49
上海	46838.71	45367.21	32856.03	12511.18	1471.50
江苏	27513.07	27299.28	21568.73	5730.55	213.80
浙江	31519.98	30601.88	23913.09	6688.79	918.10
安徽	14562.58	14062.97	10794.06	3268.92	499.61
福建	17858.08	17768.04	13971.11	3796.93	90.03
江西	14296.54	14019.48	8564.95	5454.53	277.07
山东	17067.18	17020.03	14279.49	2740.54	47.15
河南	11591.06	11221.52	7431.45	3790.07	369.54
湖北	19123.91	19123.91	13834.84	5289.07	
湖南	14412.83	14225.25	11080.12	3145.13	187.58
广东	22900.58	21185.95	17287.89	3898.07	1714.62
广西	11003.39	10666.71	7731.58	2935.13	336.69
海南	20105.53	19777.68	11708.86	8068.83	327.84
重庆	15860.07	15226.47	11091.28	4135.19	633.59
四川	13454.96	13333.26	10401.38	2931.88	121.70
贵州	13399.41	13314.89	10532.78	2782.11	84.52
云南	17917.02	17470.43	10909.74	6560.70	446.59
西藏	39576.01	36280.09	24836.19	11443.90	3295.92
陕西	18289.72	17359.52	11734.17	5625.36	930.20
甘肃	15290.78	15075.80	11594.17	3481.62	214.99
青海	22497.11	21896.49	14103.12	7793.37	600.62
宁夏	16349.18	16088.74	10657.63	5431.10	260.45
新疆	19029.83	17898.40	14202.05	3696.36	1131.42
大连	19361.42	19292.56	16358.88	2933.68	68.86
宁波	36823.92	36377.51	27272.36	9105.15	446.41
厦门	27928.19	27257.97	22472.85	4785.12	670.22
青岛	25473.26	25473.26	21322.09	4151.17	
深圳	71598.45	46419.29	34066.47	12352.82	25179.16

7-37 生均教育经费支出(地方农村高中)

单位：元

地区	教育经费支出	个人和公用部分支出	个人部分	公用部分	基本建设支出
合计	**18203.74**	**18012.36**	**12555.41**	**5456.95**	**191.38**
北京	114340.32	112222.91	75054.47	37168.44	2117.41
天津	29065.66	29065.66	25854.86	3210.80	
河北	17214.36	17045.49	10453.76	6591.74	168.87
山西	18819.43	18535.84	13829.16	4706.68	283.59
内蒙古	24776.51	23372.90	15569.12	7803.79	1403.60
辽宁	15496.20	15227.24	11372.81	3854.43	268.97
吉林	19381.41	19358.09	11923.88	7434.20	23.32
黑龙江	15629.86	15008.54	10895.55	4112.99	621.31
上海	54538.01	54538.01	40099.55	14438.46	
江苏	28396.07	28396.07	20604.20	7791.87	
浙江	38909.38	38510.57	27502.72	11007.85	398.81
安徽	17647.43	17580.18	12457.75	5122.42	67.25
福建	20572.68	20556.06	14926.80	5629.26	16.61
江西	16029.38	15866.40	8527.01	7339.38	162.99
山东	17672.84	17605.45	12744.92	4860.53	67.39
河南	13562.83	13437.51	8072.36	5365.15	125.32
湖北	18959.14	18959.14	13377.31	5581.83	
湖南	16255.03	15975.60	11034.01	4941.59	279.43
广东	21199.20	21151.75	15324.80	5826.95	47.45
广西	11915.76	11792.79	8477.52	3315.27	122.98
海南	25774.53	25182.29	15918.39	9263.90	592.24
重庆	17592.83	17572.41	13774.48	3797.93	20.42
四川	16405.01	16243.19	11757.42	4485.77	161.82
贵州	15420.55	15378.04	11088.19	4289.85	42.51
云南	18850.42	18595.43	12814.66	5780.77	255.00
西藏	27183.11	27183.11	23082.65	4100.47	
陕西	18186.41	17658.62	11473.84	6184.78	527.78
甘肃	17169.71	16998.74	13295.07	3703.67	170.97
青海	29220.06	28836.66	19704.46	9132.20	383.40
宁夏	17868.50	17727.09	13768.29	3958.81	141.41
新疆	18391.43	17997.23	15128.56	2868.67	394.21
大连	24708.94	24708.94	20870.62	3838.33	
宁波	45541.71	45541.71	34366.09	11175.61	
厦门	33560.47	33560.47	24358.20	9202.26	
青岛	32908.14	32908.14	22578.28	10329.86	
深圳					

7-38 生均一般公共预算教育事业费和基本建设支出(地方农村高中)

单位：元

地区	一般公共预算教育事业费和基本建设支出	事业费支出	个人部分	公用部分	基本建设支出
合计	**14110.28**	**13924.21**	**10482.20**	**3442.01**	**186.07**
北京	93992.26	91874.85	61173.93	30700.92	2117.41
天津	24724.92	24724.92	22317.79	2407.13	
河北	13993.30	13832.27	9535.73	4296.54	161.03
山西	14833.34	14628.90	11373.62	3255.29	204.44
内蒙古	20840.41	19440.15	12856.60	6583.54	1400.26
辽宁	11966.51	11697.54	9233.89	2463.65	268.97
吉林	15830.03	15806.71	9727.53	6079.18	23.32
黑龙江	12242.90	11621.59	8455.40	3166.19	621.31
上海	35215.16	35215.16	28701.83	6513.33	
江苏	21904.40	21904.40	17667.49	4236.91	
浙江	29671.91	29297.56	23276.13	6021.44	374.35
安徽	13178.59	13111.34	10195.86	2915.48	67.25
福建	16845.95	16829.34	13398.92	3430.41	16.61
江西	13006.85	12843.87	7331.31	5512.56	162.99
山东	13623.97	13556.58	11610.37	1946.21	67.39
河南	9606.57	9481.25	6189.66	3291.59	125.32
湖北	14608.84	14608.84	10754.25	3854.59	
湖南	12312.67	12033.24	9336.20	2697.04	279.43
广东	15052.94	15009.18	12492.44	2516.74	43.75
广西	9186.35	9063.67	6871.74	2191.93	122.68
海南	21277.25	20685.01	12077.65	8607.37	592.24
重庆	12581.52	12568.01	9876.46	2691.55	13.51
四川	11783.72	11638.23	9260.18	2378.06	145.49
贵州	11823.49	11780.98	9578.54	2202.45	42.51
云南	15263.00	15008.20	10123.02	4885.17	254.81
西藏	25252.20	25252.20	21193.95	4058.25	
陕西	16464.14	15936.35	10827.72	5108.63	527.78
甘肃	14176.06	14005.09	11464.47	2540.63	170.97
青海	19879.57	19496.18	14181.26	5314.92	383.40
宁夏	14059.60	13918.19	10619.28	3298.91	141.41
新疆	16212.40	15844.61	13663.14	2181.47	367.79
大连	18649.99	18649.99	15109.59	3540.40	
宁波	34474.36	34474.36	26771.88	7702.47	
厦门	25060.43	25060.43	20354.28	4706.16	
青岛	20501.66	20501.66	17894.33	2607.33	
深圳					

7-39 生均教育经费支出(地方普通初中)

单位：元

地 区	教育经费支出	个人和公用部分支出	个人部分	公用部分	基本建设支出
合 计	**20346.15**	**19973.06**	**14463.81**	**5509.26**	**373.08**
北 京	74856.62	71669.02	53080.41	18588.61	3187.59
天 津	34993.54	34667.80	27736.92	6930.88	325.74
河 北	14517.11	14431.55	10320.88	4110.67	85.57
山 西	18877.94	18715.72	13721.71	4994.01	162.22
内蒙古	22609.83	22399.20	16703.99	5695.21	210.63
辽 宁	21060.95	20834.48	17050.56	3783.92	226.47
吉 林	22795.95	22546.03	16891.95	5654.08	249.92
黑龙江	20195.24	20095.84	15938.06	4157.78	99.40
上 海	53658.42	53427.66	34093.01	19334.65	230.76
江 苏	28150.62	28052.25	20768.50	7283.75	98.37
浙 江	31731.74	31066.93	22207.10	8859.83	664.81
安 徽	19389.34	19217.49	13488.29	5729.20	171.85
福 建	20907.59	20813.15	14580.07	6233.08	94.45
江 西	15244.54	14954.67	8784.50	6170.17	289.87
山 东	19458.60	19436.32	14030.18	5406.14	22.28
河 南	13472.76	13272.78	9117.69	4155.09	199.98
湖 北	20517.36	20517.13	15385.11	5132.01	0.24
湖 南	15902.73	15769.75	11156.90	4612.85	132.97
广 东	25927.30	24801.19	18627.81	6173.38	1126.11
广 西	13657.16	13507.23	9503.10	4004.13	149.93
海 南	24109.83	23305.43	13837.35	9468.08	804.41
重 庆	22555.62	21376.97	15826.11	5550.86	1178.65
四 川	18188.91	17974.57	13062.81	4911.76	214.34
贵 州	16134.25	16053.56	12509.34	3544.23	80.69
云 南	18003.28	17686.37	14329.75	3356.62	316.91
西 藏	36485.61	34646.15	26769.71	7876.44	1839.47
陕 西	20931.62	19861.33	13150.92	6710.42	1070.29
甘 肃	17619.64	17398.80	13048.63	4350.17	220.84
青 海	26376.76	25197.91	18524.74	6673.17	1178.86
宁 夏	19508.26	19331.85	13092.25	6239.59	176.41
新 疆	25193.42	22801.29	16098.22	6703.07	2392.13
大 连	27414.84	26538.83	21897.32	4641.51	876.02
宁 波	33839.67	33836.55	24966.92	8869.64	3.12
厦 门	31363.59	31182.47	21648.44	9534.03	181.12
青 岛	31522.59	31522.59	22273.81	9248.78	
深 圳	64775.64	53692.52	34057.22	19635.30	11083.12

7-40 生均一般公共预算教育事业费和基本建设支出(地方普通初中)

单位：元

地区	一般公共预算教育事业费和基本建设支出	事业费支出			基本建设支出
			个人部分	公用部分	
合计	**16949.28**	**16628.42**	**12446.11**	**4182.30**	**320.86**
北京	61701.46	58686.11	43206.69	15479.42	3015.34
天津	29874.49	29874.29	24552.46	5321.83	0.20
河北	13125.61	13048.58	9641.42	3407.16	77.03
山西	15693.67	15580.37	11736.30	3844.07	113.30
内蒙古	17730.27	17592.88	13199.73	4393.15	137.39
辽宁	16669.31	16481.23	13710.43	2770.80	188.08
吉林	18720.11	18488.92	13829.18	4659.74	231.20
黑龙江	16765.00	16716.47	13234.64	3481.83	48.53
上海	35412.87	35182.11	24998.53	10183.58	230.76
江苏	23077.16	23006.93	18490.03	4516.90	70.22
浙江	26109.80	25524.17	19911.57	5612.60	585.64
安徽	16532.23	16360.38	11749.80	4610.58	171.85
福建	17793.89	17712.28	13456.06	4256.22	81.61
江西	13750.57	13493.30	7966.91	5526.38	257.27
山东	16631.85	16612.75	12958.88	3653.87	19.10
河南	10863.82	10721.18	7236.93	3484.25	142.63
湖北	18606.87	18606.87	13928.96	4677.91	
湖南	14261.89	14128.91	10306.03	3822.88	132.97
广东	20929.40	19851.18	15568.49	4282.69	1078.22
广西	11307.68	11164.02	7982.16	3181.85	143.67
海南	18338.49	17755.75	10240.80	7514.95	582.75
重庆	17292.44	16434.93	12038.86	4396.07	857.52
四川	14788.19	14580.46	10876.84	3703.62	207.73
贵州	13788.56	13733.72	11004.51	2729.21	54.84
云南	14481.49	14233.67	11592.03	2641.64	247.83
西藏	33674.61	31835.14	24138.03	7697.11	1839.47
陕西	18881.18	17870.20	12334.63	5535.56	1010.98
甘肃	15181.53	15001.41	11272.55	3728.86	180.12
青海	19684.22	18635.46	13638.23	4997.23	1048.76
宁夏	15841.94	15665.52	10312.29	5353.23	176.41
新疆	21318.13	19497.83	14513.89	4983.94	1820.30
大连	20384.40	19543.25	16047.84	3495.41	841.15
宁波	28009.30	28009.30	23005.61	5003.69	
厦门	22941.44	22884.47	18693.92	4190.55	56.97
青岛	26201.32	26201.32	19906.92	6294.40	
深圳	45622.88	34539.77	25128.60	9411.17	11083.11

7-41 生均教育经费支出(地方农村初中)

单位：元

地区	教育经费支出	个人和公用部分支出			基本建设支出
			个人部分	公用部分	
合计	**17739.53**	**17571.36**	**13201.11**	**4370.25**	**168.17**
北京	110131.63	103956.07	79181.71	24774.37	6175.55
天津	28834.78	28834.16	25292.30	3541.86	0.62
河北	13559.37	13483.52	9691.59	3791.92	75.86
山西	18707.91	18582.03	14304.66	4277.37	125.88
内蒙古	23717.53	23601.58	17851.48	5750.10	115.95
辽宁	20182.67	20088.38	17397.14	2691.24	94.29
吉林	25005.63	24690.19	18841.82	5848.37	315.44
黑龙江	21255.18	21211.44	16679.81	4531.63	43.74
上海	51080.63	51080.63	39437.37	11643.26	
江苏	23464.30	23450.48	18155.26	5295.23	13.81
浙江	30553.96	29822.68	21725.17	8097.51	731.28
安徽	18387.31	18294.48	13523.42	4771.07	92.83
福建	19410.62	19373.91	14772.73	4601.19	36.71
江西	14643.08	14489.93	8427.89	6062.03	153.16
山东	18178.06	18160.60	13595.86	4564.73	17.46
河南	12477.61	12414.32	8571.63	3842.69	63.28
湖北	18472.00	18472.00	14325.11	4146.89	
湖南	14894.03	14790.30	10751.62	4038.68	103.73
广东	19112.02	19013.92	14930.87	4083.05	98.10
广西	12503.32	12419.57	9360.44	3059.13	83.74
海南	24171.74	23209.62	14811.60	8398.01	962.12
重庆	21005.19	20932.31	16496.77	4435.55	72.87
四川	17042.72	16831.68	12667.45	4164.23	211.04
贵州	15205.10	15141.70	12373.84	2767.87	63.39
云南	16846.45	16689.26	14130.34	2558.93	157.19
西藏	33394.92	32293.66	25928.81	6364.84	1101.26
陕西	19404.66	19216.79	13503.70	5713.09	187.87
甘肃	17966.40	17735.56	13416.07	4319.49	230.83
青海	25415.83	24345.02	19419.78	4925.24	1070.81
宁夏	18387.44	18160.18	13968.46	4191.72	227.26
新疆	23521.73	22136.24	16707.31	5428.93	1385.49
大连	38630.54	37996.42	31917.21	6079.21	634.12
宁波	34115.67	34115.67	24037.82	10077.85	
厦门	31900.79	31747.46	24511.48	7235.98	153.33
青岛	35654.95	35654.95	27381.41	8273.53	
深圳					

7-42 生均一般公共预算教育事业费和基本建设支出(地方农村初中)

单位：元

地 区	一般公共预算教育事业费和基本建设支出	事业费支出	个人部分	公用部分	基本建设支出
合 计	**15259.43**	**15112.14**	**11478.57**	**3633.56**	**147.30**
北 京	91584.76	85541.74	65931.48	19610.26	6043.01
天 津	25569.76	25569.15	22440.39	3128.75	0.62
河 北	12377.51	12306.17	9026.05	3280.12	71.34
山 西	15588.39	15474.96	12016.84	3458.12	113.43
内蒙古	19078.24	18984.99	14356.52	4628.46	93.26
辽 宁	16829.60	16763.22	14498.78	2264.43	66.38
吉 林	20907.53	20612.06	15460.15	5151.91	295.47
黑龙江	18359.92	18316.18	14122.73	4193.45	43.74
上 海	36509.44	36509.44	28386.97	8122.47	
江 苏	20165.68	20151.86	16457.56	3694.31	13.81
浙 江	25984.96	25381.11	19809.31	5571.81	603.85
安 徽	16015.87	15923.04	11962.66	3960.38	92.83
福 建	17668.11	17634.71	13883.32	3751.39	33.40
江 西	13350.18	13223.08	7629.30	5593.78	127.10
山 东	15866.60	15849.14	12665.48	3183.66	17.46
河 南	10223.09	10161.17	6844.51	3316.66	61.92
湖 北	17259.74	17259.74	13273.51	3986.23	
湖 南	13531.91	13428.18	9930.17	3498.01	103.73
广 东	16140.15	16043.35	12507.93	3535.43	96.80
广 西	10710.63	10633.22	7921.07	2712.15	77.40
海 南	18886.41	18280.28	10995.60	7284.67	606.14
重 庆	16313.58	16242.71	12696.57	3546.14	70.87
四 川	14227.90	14023.44	10608.38	3415.06	204.46
贵 州	13240.30	13179.72	10954.47	2225.25	60.58
云 南	13878.03	13723.88	11507.48	2216.40	154.14
西 藏	30606.48	29505.22	23259.40	6245.82	1101.26
陕 西	18037.28	17849.41	12779.80	5069.61	187.87
甘 肃	15677.61	15448.40	11703.11	3745.28	229.21
青 海	19389.28	18381.77	14350.78	4030.99	1007.51
宁 夏	15125.39	14898.13	11141.93	3756.20	227.26
新 疆	20037.00	19076.65	15015.82	4060.83	960.35
大 连	28998.57	28364.45	23754.57	4609.88	634.12
宁 波	26664.55	26664.55	21644.69	5019.86	
厦 门	26147.74	26147.74	21434.91	4712.82	
青 岛	30475.97	30475.97	23967.51	6508.46	
深 圳					

7-43 生均教育经费支出(地方普通小学)

单位：元

地区	教育经费支出	个人和公用部分支出			基本建设支出
			个人部分	公用部分	
合计	**14102.55**	**13887.63**	**10225.90**	**3661.73**	**214.92**
北京	41649.21	40041.80	30410.44	9631.36	1607.41
天津	21476.47	21263.69	17209.45	4054.24	212.78
河北	10341.06	10310.40	7541.44	2768.96	30.66
山西	13017.33	12865.24	9526.98	3338.26	152.10
内蒙古	18157.23	18003.49	13661.24	4342.25	153.74
辽宁	14577.22	14399.04	11624.91	2774.13	178.18
吉林	18105.22	17880.00	14024.31	3855.69	225.22
黑龙江	17795.18	17702.64	14535.02	3167.62	92.54
上海	36265.71	36215.47	24578.94	11636.53	50.24
江苏	16999.56	16921.64	12704.40	4217.25	77.92
浙江	22137.77	21826.02	15446.66	6379.35	311.76
安徽	12646.58	12574.22	8953.85	3620.37	72.37
福建	12737.96	12632.40	8786.04	3846.36	105.56
江西	11796.22	11699.34	7492.91	4206.43	96.88
山东	11811.26	11798.25	8794.92	3003.33	13.01
河南	8952.23	8879.60	6312.01	2567.59	72.63
湖北	12588.59	12587.44	9084.66	3502.78	1.15
湖南	10721.77	10636.78	7457.52	3179.26	84.99
广东	17373.80	16723.61	12637.53	4086.08	650.19
广西	10422.89	10307.74	7555.38	2752.36	115.16
海南	16904.56	16467.62	11272.25	5195.37	436.95
重庆	17800.69	17069.47	12705.98	4363.49	731.23
四川	13472.52	13319.36	9662.61	3656.75	153.17
贵州	12510.45	12434.94	9633.69	2801.25	75.51
云南	14426.78	14251.38	11757.95	2493.43	175.41
西藏	30326.89	29117.23	22488.83	6628.40	1209.66
陕西	13984.87	13429.80	8585.40	4844.40	555.08
甘肃	14266.06	14160.02	10612.07	3547.95	106.04
青海	20903.55	19450.64	14485.24	4965.40	1452.91
宁夏	15370.69	15230.81	10546.12	4684.69	139.88
新疆	15231.37	14454.76	11168.37	3286.39	776.61
大连	15838.01	15521.90	12138.44	3383.46	316.11
宁波	24093.95	24092.61	17430.39	6662.23	1.34
厦门	22530.66	21950.32	15622.27	6328.05	580.34
青岛	19617.11	19617.11	14699.03	4918.07	
深圳	44599.49	37293.54	25837.83	11455.71	7305.95

7-44 生均一般公共预算教育事业费和基本建设支出(地方普通小学)

单位：元

地 区	一般公共预算教育事业费和基本建设支出	事业费支出			基本建设支出
			个人部分	公用部分	
合 计	**11837.86**	**11652.02**	**8780.06**	**2871.97**	**185.84**
北 京	35113.55	33546.46	25074.38	8472.08	1567.10
天 津	18649.71	18562.97	15275.39	3287.58	86.74
河 北	9356.22	9327.11	6973.11	2353.99	29.12
山 西	10890.08	10785.58	8139.60	2645.99	104.50
内蒙古	14092.99	13977.45	10588.02	3389.43	115.54
辽 宁	11709.43	11581.00	9417.76	2163.24	128.43
吉 林	14895.57	14703.03	11491.29	3211.73	192.54
黑龙江	14992.79	14923.30	12109.69	2813.61	69.49
上 海	25133.96	25083.73	17935.76	7147.97	50.24
江 苏	14110.45	14060.21	11485.48	2574.73	50.24
浙 江	18009.08	17737.25	13880.88	3856.36	271.83
安 徽	10951.88	10879.76	7807.19	3072.57	72.12
福 建	10966.76	10900.04	8086.53	2813.51	66.73
江 西	10661.18	10572.37	6847.74	3724.63	88.81
山 东	10261.50	10251.61	8095.11	2156.50	9.89
河 南	7295.12	7236.81	5030.11	2206.70	58.31
湖 北	11456.43	11455.28	8237.18	3218.10	1.15
湖 南	9719.87	9635.20	6932.56	2702.64	84.67
广 东	14105.46	13464.75	10417.53	3047.22	640.71
广 西	8711.94	8621.69	6329.09	2292.60	90.26
海 南	12811.34	12616.58	8202.30	4414.28	194.76
重 庆	13120.09	12544.47	9155.35	3389.12	575.62
四 川	11078.60	10934.69	8022.96	2911.73	143.91
贵 州	10753.23	10678.38	8486.24	2192.15	74.85
云 南	11566.59	11407.41	9354.15	2053.26	159.19
西 藏	28098.92	26889.26	20442.54	6446.72	1209.66
陕 西	12728.99	12242.53	8094.07	4148.46	486.46
甘 肃	12202.26	12112.62	9123.62	2989.00	89.63
青 海	15926.49	14633.37	10654.39	3978.98	1293.12
宁 夏	12225.36	12085.48	8223.17	3862.31	139.88
新 疆	13034.87	12542.67	10191.06	2351.62	492.20
大 连	11974.07	11702.86	9106.00	2596.86	271.21
宁 波	19312.86	19312.86	15932.77	3380.09	
厦 门	17053.52	16876.88	13543.10	3333.79	176.64
青 岛	16325.74	16325.74	13238.75	3086.98	
深 圳	34138.06	26832.25	19278.26	7553.99	7305.80

7-45 生均教育经费支出(地方农村小学)

单位：元

地区	教育经费支出	个人和公用部分支出			基本建设支出
			个人部分	公用部分	
合计	**13152.64**	**13042.40**	**9961.75**	**3080.64**	**110.24**
北京	61568.02	58824.99	43230.49	15594.49	2743.03
天津	21364.13	20788.21	18163.44	2624.77	575.92
河北	10449.92	10418.40	7743.66	2674.74	31.53
山西	15011.48	14870.97	11484.97	3386.00	140.51
内蒙古	21599.95	21507.33	16893.37	4613.96	92.62
辽宁	17919.55	17864.11	15682.62	2181.50	55.44
吉林	21927.57	21804.73	17507.62	4297.11	122.85
黑龙江	22031.59	21951.58	18361.80	3589.78	80.02
上海	35502.98	35502.98	27774.89	7728.09	
江苏	14307.12	14307.03	11262.72	3044.31	0.09
浙江	22530.71	22159.89	15880.66	6279.23	370.81
安徽	12175.38	12149.09	8988.29	3160.80	26.29
福建	12288.62	12212.64	8852.49	3360.15	75.98
江西	11914.78	11813.47	7735.85	4077.62	101.31
山东	11082.25	11070.88	8533.06	2537.83	11.36
河南	8760.39	8728.15	6307.62	2420.53	32.23
湖北	11725.26	11725.26	8824.52	2900.74	
湖南	10180.61	10107.74	7458.18	2649.56	72.87
广东	13528.25	13525.66	10625.80	2899.86	2.59
广西	10284.49	10211.33	7816.84	2394.48	73.17
海南	19087.79	18474.58	13657.06	4817.52	613.21
重庆	19190.08	19068.55	15424.93	3643.62	121.53
四川	13667.49	13487.74	10077.03	3410.72	179.75
贵州	12390.45	12332.75	9982.24	2350.51	57.70
云南	14341.47	14230.26	12140.63	2089.63	111.21
西藏	30102.09	29097.49	22600.19	6497.29	1004.60
陕西	14159.61	14034.25	9299.76	4734.50	125.36
甘肃	15353.03	15236.48	11546.11	3690.37	116.55
青海	21029.45	19998.94	15527.10	4471.83	1030.52
宁夏	15431.27	15290.08	11881.00	3409.08	141.19
新疆	14909.76	14230.86	11754.57	2476.29	678.90
大连	26840.08	26588.58	22359.73	4228.85	251.51
宁波	24061.35	24061.35	16911.54	7149.81	
厦门	24333.27	24009.33	17578.01	6431.32	323.94
青岛	25221.93	25221.93	21104.51	4117.42	
深圳	51434.61	51434.61	31196.28	20238.33	

7-46 生均一般公共预算教育事业费和基本建设支出(地方农村小学)

单位：元

地区	一般公共预算教育事业费和基本建设支出	事业费支出			基本建设支出
			个人部分	公用部分	
合计	**11271.19**	**11178.75**	**8592.00**	**2586.75**	**92.44**
北京	51310.20	48607.77	36030.28	12577.49	2702.43
天津	18692.41	18620.86	16152.00	2468.86	71.55
河北	9469.87	9440.05	7141.10	2298.95	29.82
山西	12420.73	12296.29	9561.98	2734.31	124.43
内蒙古	16824.02	16734.35	13019.64	3714.71	89.67
辽宁	15013.74	14965.32	13041.39	1923.93	48.42
吉林	18125.35	18016.22	14208.60	3807.62	109.12
黑龙江	18964.48	18884.47	15539.28	3345.18	80.02
上海	25200.36	25200.36	19567.84	5632.52	
江苏	12213.75	12213.75	10216.27	1997.49	
浙江	18673.57	18358.59	14417.31	3941.29	314.98
安徽	10797.09	10771.14	7981.24	2789.90	25.96
福建	11010.12	10944.37	8278.27	2666.10	65.75
江西	10885.66	10795.88	7021.47	3774.41	89.78
山东	9839.51	9828.14	7907.90	1920.25	11.36
河南	7257.93	7226.44	5046.91	2179.53	31.49
湖北	10913.62	10913.62	8163.49	2750.13	
湖南	9307.52	9235.11	6930.13	2304.97	72.41
广东	11183.81	11183.51	8670.65	2512.85	0.30
广西	8789.05	8722.73	6613.23	2109.50	66.32
海南	14322.15	14083.46	9860.67	4222.79	238.70
重庆	14165.44	14072.42	11136.85	2935.57	93.03
四川	11470.00	11291.47	8396.85	2894.62	178.53
贵州	10763.42	10705.73	8814.35	1891.38	57.69
云南	11583.37	11478.65	9677.30	1801.35	104.72
西藏	27813.50	26808.89	20462.88	6346.01	1004.60
陕西	13164.68	13039.40	8821.79	4217.61	125.28
甘肃	13255.01	13155.17	9964.25	3190.92	99.84
青海	16267.74	15331.45	11561.05	3770.40	936.29
宁夏	12322.64	12181.45	9302.48	2878.98	141.19
新疆	13069.95	12646.60	10692.47	1954.13	423.35
大连	21087.08	20835.57	17377.51	3458.06	251.51
宁波	18631.55	18631.55	15143.46	3488.09	
厦门	19316.93	19316.93	15623.62	3693.31	
青岛	21526.26	21526.26	18873.17	2653.08	
深圳	39148.05	39148.05	22268.38	16879.68	

7-47 生均教育经费支出(地方特殊教育学校)

单位：元

地区	教育经费支出	个人和公用部分支出			基本建设支出
			个人部分	公用部分	
合计	**61767.40**	**61063.57**	**42330.23**	**18733.35**	**703.83**
北京	183475.03	183475.03	152441.01	31034.02	
天津	77255.31	77255.31	58402.19	18853.12	
河北	43859.80	43840.59	30232.87	13607.72	19.21
山西	64499.28	64499.28	40946.37	23552.91	
内蒙古	71524.95	71429.04	48054.60	23374.44	95.91
辽宁	73580.28	73543.37	58345.94	15197.43	36.91
吉林	62846.04	62846.04	48671.35	14174.69	
黑龙江	40630.11	40542.13	31165.73	9376.40	87.98
上海	169662.84	169662.84	123328.94	46333.90	
江苏	75426.71	74584.84	55666.46	18918.38	841.87
浙江	95312.99	94723.83	62916.26	31807.56	589.17
安徽	44099.28	44099.28	23075.01	21024.27	
福建	66801.74	66801.74	42717.03	24084.71	
江西	43689.39	43689.39	22352.27	21337.11	
山东	72509.19	72101.22	51081.86	21019.36	407.97
河南	32574.39	32574.39	24706.79	7867.60	
湖北	62156.57	62156.57	40865.87	21290.70	
湖南	41464.72	41464.72	27425.48	14039.24	
广东	103490.41	101486.44	68155.11	33331.33	2003.97
广西	44714.25	41121.46	29300.20	11821.26	3592.79
海南	66632.79	66621.34	40544.20	26077.14	11.45
重庆	59412.24	59412.24	41928.14	17484.10	
四川	51847.88	51786.06	33320.23	18465.83	61.83
贵州	34454.94	33622.48	25443.00	8179.47	832.46
云南	40675.89	40675.11	31068.01	9607.10	0.79
西藏	111754.20	111754.20	87707.17	24047.02	
陕西	72321.00	63523.08	42768.98	20754.10	8797.92
甘肃	60079.85	55336.19	39207.84	16128.35	4743.66
青海	48927.60	48536.55	33098.47	15438.09	391.05
宁夏	85555.20	85555.20	52768.87	32786.33	
新疆	55808.44	52616.66	36784.87	15831.80	3191.78
大连	87135.62	87135.62	74324.29	12811.34	
宁波	124056.60	124056.60	87047.97	37008.63	
厦门	164240.60	164240.60	98579.97	65660.62	
青岛	118345.50	118345.50	87316.71	31028.79	
深圳	287594.99	267744.65	136314.62	131430.04	19850.34

7-48 生均一般公共预算教育事业费和基本建设支出(地方特殊教育学校)

单位：元

地 区	一般公共预算教育事业费和基本建设支出	事业费支出	个人部分	公用部分	基本建设支出
合 计	**51233.18**	**50531.89**	**35342.79**	**15189.10**	**701.29**
北 京	155574.62	155574.62	128987.46	26587.16	
天 津	66888.51	66888.51	50666.05	16222.46	
河 北	41003.64	40988.05	28156.59	12831.46	15.59
山 西	41357.16	41357.16	29944.72	11412.44	
内蒙古	58590.76	58494.85	38182.37	20312.48	95.91
辽 宁	57562.88	57525.98	45389.18	12136.79	36.91
吉 林	51524.25	51524.25	39469.98	12054.28	
黑龙江	34267.10	34179.11	25214.95	8964.17	87.98
上 海	121181.37	121181.37	91234.22	29947.16	
江 苏	63555.52	62713.65	48614.72	14098.93	841.87
浙 江	78785.28	78196.30	54281.55	23914.75	588.99
安 徽	40258.01	40258.01	20224.56	20033.45	
福 建	57367.00	57367.00	39168.90	18198.10	
江 西	39876.78	39876.78	20412.67	19464.11	
山 东	64430.78	64022.81	46964.41	17058.40	407.97
河 南	26778.53	26778.53	19411.10	7367.43	
湖 北	49627.50	49627.50	31536.91	18090.58	
湖 南	37234.15	37234.15	25749.93	11484.22	
广 东	82068.69	80064.71	54696.18	25368.53	2003.97
广 西	37396.00	33803.21	23675.33	10127.88	3592.79
海 南	56247.54	56236.08	31216.06	25020.02	11.45
重 庆	47100.12	47100.12	30955.83	16144.29	
四 川	41591.66	41529.83	25701.64	15828.19	61.83
贵 州	29646.74	28814.29	21771.29	7042.99	832.46
云 南	33094.05	33094.05	24574.79	8519.26	
西 藏	102847.47	102847.47	79338.53	23508.94	
陕 西	64888.59	56090.66	38184.03	17906.64	8797.92
甘 肃	52572.57	47828.90	33403.79	14425.11	4743.66
青 海	37677.13	37677.13	23028.50	14648.63	
宁 夏	37577.83	37577.83	27157.98	10419.85	
新 疆	45097.77	41905.99	33254.64	8651.35	3191.78
大 连	66695.82	66695.82	54946.90	11748.92	
宁 波	107118.82	107118.82	75801.06	31317.77	
厦 门	113679.89	113679.89	84714.42	28965.47	
青 岛	93575.24	93575.24	77413.03	16162.21	
深 圳	175143.21	155292.87	93399.49	61893.39	19850.34

7-49 生均教育经费支出(地方幼儿园)

单位：元

地 区	教育经费支出	个人和公用部分支出	个人部分	公用部分	基本建设支出
合 计	**12917.31**	**12668.81**	**7561.19**	**5107.62**	**248.50**
北 京	49669.47	47658.60	31962.27	15696.33	2010.87
天 津	30107.60	30015.76	19206.55	10809.21	91.84
河 北	8820.96	8780.72	5880.02	2900.70	40.24
山 西	7504.88	7411.28	4443.14	2968.14	93.60
内蒙古	19121.08	18783.55	11374.73	7408.82	337.53
辽 宁	8890.21	8853.91	5571.37	3282.54	36.30
吉 林	15810.08	15459.20	9220.14	6239.06	350.88
黑龙江	15018.04	14899.40	8259.97	6639.43	118.64
上 海	38696.93	38641.89	25310.75	13331.15	55.04
江 苏	14305.20	14255.52	9494.54	4760.98	49.69
浙 江	24507.56	24049.71	13098.65	10951.06	457.84
安 徽	10648.62	10532.76	5862.95	4669.81	115.86
福 建	12470.43	12386.55	7257.75	5128.81	83.88
江 西	13446.00	13321.73	5661.71	7660.02	124.27
山 东	8639.10	8631.58	4991.94	3639.64	7.52
河 南	7283.96	7182.35	3694.64	3487.71	101.61
湖 北	10178.27	10178.27	6230.55	3947.72	
湖 南	8869.26	8687.96	4849.27	3838.69	181.29
广 东	14474.07	13676.81	8639.60	5037.22	797.26
广 西	6938.87	6703.60	3754.61	2948.99	235.27
海 南	23561.97	23035.98	8495.02	14540.96	525.99
重 庆	12441.83	12072.29	5465.37	6606.92	369.55
四 川	11450.86	11172.43	5517.65	5654.78	278.43
贵 州	12769.82	12669.61	7565.02	5104.60	100.21
云 南	10329.37	10199.60	6761.53	3438.07	129.77
西 藏	23524.78	22398.61	16023.10	6375.51	1126.17
陕 西	14773.48	14264.94	8530.35	5734.59	508.54
甘 肃	10728.38	10659.89	7191.64	3468.24	68.49
青 海	11771.38	11175.93	6014.93	5161.00	595.45
宁 夏	12156.28	12156.28	4642.41	7513.87	
新 疆	10248.93	9742.74	7341.85	2400.90	506.18
大 连	11558.65	11550.00	7878.00	3672.00	8.65
宁 波	26578.64	26578.64	15721.27	10857.37	
厦 门	23329.17	23112.18	14915.64	8196.54	216.99
青 岛	14550.59	14550.59	9024.94	5525.65	
深 圳	42924.69	36243.34	20962.41	15280.92	6681.36

7-50 生均一般公共预算教育事业费和基本建设支出(地方幼儿园)

单位：元

地区	一般公共预算教育事业费和基本建设支出	事业费支出			基本建设支出
			个人部分	公用部分	
合计	**8869.99**	**8651.79**	**5597.81**	**3053.98**	**218.20**
北京	40776.70	39094.01	26127.39	12966.63	1682.68
天津	22877.38	22821.70	15799.45	7022.25	55.68
河北	7001.06	6960.83	5206.75	1754.08	40.24
山西	5225.05	5164.85	3252.59	1912.26	60.20
内蒙古	13490.74	13276.07	8808.66	4467.40	214.67
辽宁	5264.53	5228.23	3429.65	1798.58	36.30
吉林	12165.04	11867.63	7084.37	4783.26	297.41
黑龙江	10074.40	9955.76	6152.48	3803.28	118.64
上海	27235.00	27179.96	18986.43	8193.53	55.04
江苏	8896.77	8847.31	6329.04	2518.27	49.46
浙江	14543.25	14092.10	9170.68	4921.43	451.15
安徽	7399.47	7287.51	4400.66	2886.85	111.96
福建	8642.66	8570.79	5932.79	2638.01	71.87
江西	10021.48	9897.22	4422.26	5474.96	124.27
山东	5061.58	5054.06	3197.26	1856.80	7.52
河南	4156.70	4059.19	2430.09	1629.10	97.51
湖北	7194.75	7194.75	4539.66	2655.09	
湖南	4982.28	4800.98	2768.18	2032.80	181.29
广东	8718.24	7938.67	5278.55	2660.12	779.58
广西	4218.20	3984.98	2152.58	1832.39	233.22
海南	18530.82	18201.88	6113.00	12088.88	328.94
重庆	7921.33	7670.94	3477.80	4193.15	250.39
四川	8200.70	7925.41	4181.54	3743.86	275.29
贵州	8685.02	8586.23	6349.25	2236.99	98.79
云南	7115.00	7020.30	5037.90	1982.41	94.70
西藏	22043.56	20917.39	14673.18	6244.21	1126.17
陕西	12242.76	11734.22	7531.99	4202.23	508.54
甘肃	9060.79	8993.74	6155.47	2838.27	67.05
青海	8685.01	8112.74	4464.91	3647.82	572.27
宁夏	9275.28	9275.28	3556.47	5718.81	
新疆	8833.41	8611.57	6768.97	1842.60	221.84
大连	7693.47	7684.81	5481.53	2203.28	8.65
宁波	15751.88	15751.88	11023.72	4728.16	
厦门	17966.12	17854.94	12623.17	5231.77	111.18
青岛	9981.47	9981.47	6450.57	3530.90	
深圳	34384.97	27704.34	17700.31	10004.03	6680.63

7-51 生均教育经费支出(地方农村幼儿园)

单位: 元

地区	教育经费支出	个人和公用部分支出			基本建设支出
			个人部分	公用部分	
合计	**9256.10**	**9132.66**	**5655.78**	**3476.88**	**123.44**
北京	45123.00	43717.06	28988.56	14728.50	1405.94
天津	15120.13	14960.54	10157.89	4802.66	159.58
河北	7703.19	7686.08	5114.53	2571.55	17.11
山西	6288.97	6176.81	3844.77	2332.04	112.16
内蒙古	18400.14	18320.01	11384.82	6935.19	80.13
辽宁	5170.10	5167.34	3399.65	1767.69	2.76
吉林	13457.10	13237.08	9259.88	3977.20	220.02
黑龙江	12576.45	12366.47	7789.23	4577.23	209.98
上海	37261.42	37261.42	27379.86	9881.56	
江苏	10243.30	10243.30	6857.85	3385.45	
浙江	23926.44	23235.30	12572.74	10662.56	691.14
安徽	8671.25	8559.71	5045.59	3514.12	111.54
福建	10021.82	9952.73	5798.21	4154.52	69.09
江西	11715.32	11628.15	5088.50	6539.65	87.17
山东	6891.71	6879.71	4092.82	2786.89	12.00
河南	5458.67	5350.72	2713.95	2636.77	107.95
湖北	6718.35	6718.35	4166.97	2551.38	
湖南	7377.87	7344.16	4144.39	3199.77	33.71
广东	6786.65	6786.44	4446.72	2339.72	0.21
广西	5330.69	5232.81	2900.00	2332.80	97.89
海南	20261.07	20190.50	9053.92	11136.58	70.57
重庆	9347.75	9265.77	4726.24	4539.52	81.98
四川	8418.42	8141.27	4488.39	3652.88	277.15
贵州	10262.65	10183.02	6929.22	3253.80	79.63
云南	7749.00	7696.48	5496.26	2200.22	52.52
西藏	19210.27	18585.13	14090.60	4494.53	625.15
陕西	12342.00	12154.90	7817.56	4337.34	187.10
甘肃	9867.24	9798.33	6744.94	3053.39	68.91
青海	11115.80	10563.94	5580.01	4983.94	551.85
宁夏	8388.01	8388.01	3882.61	4505.40	
新疆	8937.54	8616.88	7048.66	1568.21	320.66
大连	9458.98	9458.98	6768.91	2690.06	
宁波	27885.46	27885.46	15218.60	12666.86	
厦门	19440.98	19335.59	10793.58	8542.01	105.39
青岛	10979.98	10979.98	6732.47	4247.50	
深圳	77397.12	77397.12	26206.59	51190.54	

7-52 生均一般公共预算教育事业费和基本建设支出(地方农村幼儿园)

单位：元

地 区	一般公共预算教育事业费和基本建设支出	事业费支出			基本建设支出
			个人部分	公用部分	
合 计	**6644.44**	**6544.02**	**4368.95**	**2175.08**	**100.42**
北 京	38099.96	37935.43	25036.31	12899.12	164.53
天 津	12648.94	12489.35	8395.82	4093.53	159.58
河 北	6052.13	6035.02	4551.14	1483.88	17.11
山 西	4535.30	4468.22	2906.47	1561.75	67.08
内蒙古	12850.62	12770.49	8996.17	3774.32	80.13
辽 宁	3252.21	3249.45	2234.32	1015.13	2.76
吉 林	11115.85	10902.79	7543.33	3359.46	213.05
黑龙江	9709.20	9499.22	5961.70	3537.52	209.98
上 海	27143.03	27143.03	20719.04	6424.00	
江 苏	6444.06	6444.06	4456.43	1987.63	
浙 江	14330.52	13653.50	9296.81	4356.69	677.03
安 徽	6415.53	6303.99	4076.23	2227.76	111.54
福 建	7162.07	7094.98	4822.78	2272.20	67.09
江 西	9058.58	8971.41	4080.76	4890.65	87.17
山 东	4037.38	4025.38	2737.80	1287.58	12.00
河 南	3170.17	3067.36	1788.23	1279.13	102.81
湖 北	4767.16	4767.16	2890.79	1876.37	
湖 南	4316.48	4282.77	2494.97	1787.81	33.71
广 东	3469.10	3469.10	2385.33	1083.77	
广 西	3310.85	3212.98	1628.17	1584.81	97.87
海 南	16501.42	16430.85	6762.85	9668.00	70.57
重 庆	6308.13	6270.38	3375.26	2895.12	37.75
四 川	6380.50	6103.34	3471.23	2632.11	277.15
贵 州	7616.30	7538.07	5906.72	1631.34	78.24
云 南	5525.13	5479.21	4192.85	1286.36	45.92
西 藏	17953.16	17328.01	12985.25	4342.76	625.15
陕 西	10733.12	10546.02	7111.93	3434.10	187.10
甘 肃	8568.47	8499.59	5892.60	2606.99	68.88
青 海	8476.78	7952.49	4327.24	3625.26	524.29
宁 夏	7022.04	7022.04	3175.63	3846.41	
新 疆	8065.25	7944.78	6536.02	1408.76	120.47
大 连	7162.23	7162.23	5208.11	1954.12	
宁 波	15658.95	15658.95	10768.40	4890.55	
厦 门	17285.63	17252.92	9693.47	7559.45	32.71
青 岛	8060.83	8060.83	5515.86	2544.97	
深 圳	77153.38	77153.38	26206.59	50946.79	

附 录

简要说明

简要说明

为了便于参考和使用教育经费统计年鉴，现就教育经费统计指标、统计范围、统计时间等作简要说明。

一、教育经费来源主要指标

教育经费来源包括国家财政性教育经费，民办学校中举办者投入，捐赠收入，事业收入及其他教育经费。

1. **国家财政性教育经费：**指学校（单位）取得的所有属于财政性质的经费。包括一般公共预算安排的教育经费，政府性基金预算安排的教育经费，国有及国有控股企业办学中的企业拨款，校办产业和社会服务收入用于教育的经费，其他属于国家财政性教育经费。

（1）**一般公共预算安排的教育经费：**指学校（单位）从同级财政部门取得的一般公共预算拨款。包括教育事业费、基本建设经费、教育费附加、科研经费和其他经费。

①**教育事业费：**指学校（单位）从同级财政部门取得的、列《政府收支分类科目》一般公共预算205类“教育支出”的拨款，不含基本建设经费和教育费附加。

②**基本建设经费：** 指学校（单位）从同级发展与改革部门取得的、列《政府收支分类科目》309类 “资本性支出（基本建设）”的拨款。

③**教育费附加：**指学校（单位）从同级财政部门取得的、列《政府收支分类科目》205类09款 “教育费附加安排的教育支出”的拨款。

④**科研经费：**指学校（单位）从同级财政部门取得的、列《政府收支分类科目》206类“科学技术支出”的拨款。

⑤**其他：** 指学校（单位）从同级财政部门取得的《政府收支分类科目》205类“教育支出”、206类“科学技术支出”以外（如208类“社会保障和就业支出”、210类“医疗卫生与计划生育支出”、219类“援助其他地区支出”、221类“住房保障支出”等）的其他一般公共预算拨款。

（2）**政府性基金预算安排的教育经费：**指学校（单位）从同级财政部门取得的政府性基金预算拨款。包括城市基础设施配套费收入、彩票公益金收入等安排用于学校（单位）的支出。

（3）**国有及国有控股企业办学中的企业拨款：**指中央和地方所属国有及国有控股企业在企业营业外资金列支或企业自有资金列支，并实际拨付所属学校的办学经费。

（4）**校办产业和社会服务收入用于教育的经费：**指非民办学校举办的校办产业和各种经营取得的收益及投资收益中用于补充教育经费的部分。

（5）**其他属于国家财政性教育经费：**指学校（单位）取得的除上述财政性收入以外的其他属于财政性质的经费。

2. **民办学校中举办者投人：**指民办学校举办者投入给民办学校的办学经费。

3. **捐赠收入：**指境内外社会各界及个人对教育的资助和捐赠资金。

4. **事业收入：** 指学校（单位）开展教学、科研及其辅助活动依法取得的、经财政部门核准留用的资金和从财政专户核拨回的资金。

其中，学费：指学校经财政部门核准留用或经财政专户核拨回的学费金额。

5．**其他教育经费**：指学校（单位）取得的除上述各项收入以外的其他收入。

二、教育经费支出主要指标

教育经费支出包括个人部分支出、公用部分支出和基本建设支出三部分。

1．**个人部分支出**：包括工资福利支出、对个人和家庭的补助支出。

（1）工资福利支出：指学校（单位）开支的在职教职工和编制外长期聘用人员的各类劳动报酬，以及为上述人员缴纳的各项社会保险费等。

（2）对个人和家庭的补助支出：指学校（单位）对个人和家庭的补助支出。

2．**公用部分支出**：包括商品和服务支出、资本性支出。

（1）商品和服务支出：指学校（单位）购买商品和服务的支出（不包括用于购置固定资产的支出）。

（2）资本性支出：指非发展与改革部门集中安排用于学校（单位）购置固定资产、土地、无形资产和大型修缮等所发生的支出。包括专项公用支出和专项项目支出。

① 专项公用支出：指非发展与改革部门集中安排用于学校（单位）购置办公设备、专用设备、交通工具和无形资产等所发生的支出。

② 专项项目支出：指非发展与改革部门集中安排用于学校（单位）房屋建筑物构建、大型修缮所发生的支出。

3．**基本建设支出**：指各级发展与改革部门集中安排的一般公共预算（不包括政府性基金以及各类拼盘自筹资金等）用于学校（单位）购置固定资产、土地、无形资产和大型修缮所发生的支出。

财政补助支出：指学校（单位）取得的一般公共预算安排的教育经费和政府性基金预算安排的教育经费列支的支出。

一般公共预算教育事业费和基本建设支出：指学校（单位）取得的一般公共预算教育事业费和基本建设列支的支出。

三、统计范围

1．教育部门举办的各级各类学校（包括幼儿园，以下简称各级各类学校）、教育事业单位；其他部门举办的各级各类学校、列一般公共预算支出功能分类科目205类“教育支出”的教育事业单位；县级及以上教育行政部门；独立师资并按学校体制管理的中央、省（自治区、直辖市）、地（市、州、盟）、县（市、区、旗）各级党委举办的党校，各级政府举办的社会主义学院、行政学院（不含行业、部门举办的党校和行政学院）；财政部举办的国家会计学院。

2．国有及国有控股企业举办的各级各类学校和经过教育主管部门批准承认学历的成人高校、成人中等专业学校、成人中学、成人小学等。

3．由国家机构以外的社会组织或者个人，利用非国家财政性经费，面向社会举办的，经政府部门按照国家规定的权限审批的各级各类学校等。

4．由外国教育机构同中国教育机构在中国境内合作举办以中国公民为主要招生对象的各级各类学校，以及香港特别行政区、澳门特别行政区和台湾地区的教育机构与内地教育机构合作举办的各级各类学校。

香港特别行政区、澳门特别行政区和台湾地区的教育经费统计资料暂缺。

四、统计时间

2020 年 1 月 1 日至 2020 年 12 月 31 日。

五、其他

1. 本年鉴 1-1（续）表和第二部分所有表中央和地方教育经费按经费来源划分。其余表中央和地方教育经费按学校与其他教育机构隶属关系划分，即中央教育经费指中央属学校及其他教育机构的经费，地方教育经费指地方属学校及其他教育机构的经费。

2. 2013 年及以前教育经费统计城乡划分标准以民政部门口径为准，即城市指城镇，包括城市（设区市的市辖区城区和不设区市的市政府所在地城区）以及县城（县政府所在地的城区）；农村指除城市、县城以外的区域。从 2014 年开始，教育经费统计采用了国家统计局颁布的《统计用城乡划分代码》，新的城乡划分标准调整为三大类七小类，即城区（主城区和城乡结合部）、镇区（镇中心区、镇乡结合区、特殊区域）、乡村（乡中心区和村庄），其中城市指城区，农村指镇区和乡村。

3. 本年鉴中部分数据合计数或相对数由于单位取舍不同而产生的误差，均未做机械调整。